PRÉCIS DE FISCALITÉ INTERNATIONALE

AF861537

FISCALITÉ

COLLECTION DIRIGÉE PAR
BERNARD CASTAGNÈDE
ET
DANIEL GUTMANN

BERNARD CASTAGNÈDE

Professeur à l'Université de Paris 1 - Panthéon-Sorbonne

PRÉCIS DE FISCALITÉ INTERNATIONALE

2e édition mise à jour

Presses Universitaires de France

ISBN 2 13 055468 7

Dépôt légal — 1re édition : 2002, janvier
2e édition mise à jour : 2006, février

© Presses Universitaires de France, 2002
6, avenue Reille, 75014 Paris

Sommaire

DEUXIÈME PARTIE

LES BASES DU DROIT FISCAL INTERNATIONAL FRANÇAIS

TROISIÈME PARTIE

FISCALITÉ DIRECTE DES IMPLANTATIONS INTERNATIONALES D'ENTREPRISES

Tableau des abréviations

aff.	affaire
AN	Assemblée nationale
art.	article
Ass.	Assemblée
BDCF	*Bulletin des conclusions fiscales*
BGFE	*Bulletin de gestion fiscale des entreprises*
BF	*Bulletin Francis Lefebvre*
BOCD	*Bulletin officiel des contributions directes*
BODGI	*Bulletin officiel de la direction générale des impôts*
BOI	*Bulletin officiel des impôts*
CAA	Cour administrative d'appel
Cass.	Cour de cassation
CE	Conseil d'État
CE	Communauté européenne
CEDH	Convention européenne de sauvegarde des droits de l'homme et des libertés fondamentales
CEDH	Cour européenne des droits de l'homme
CGI	Code général des impôts
chr.	chronique
CJCE	Cour de justice des Communautés européennes
comm.	commentaire
concl.	conclusions
CRDS	contribution pour le remboursement de la dette sociale
CSG	contribution sociale généralisée
DB	*Documentation de base de la Direction générale des impôts*
DF	*Revue Droit fiscal*
DGI	direction générale des impôts
éd.	édition
EEE	Espace économique européen
ex.	exemple
GP	*Gazette du Palais*
instr.	instruction
IFA	Imposition forfaitaire annuelle des sociétés
IFA	International Fiscal Association
IS	impôt sur les sociétés
ISF	impôt de solidarité sur la fortune
JCP	*Jurisclasseur périodique*

JO	*Journal officiel de la République française*
JOCE	*Journal officiel des Communautés européennes*
JOUE	*Journal officiel de l'Union européenne*
Leb	*Recueil Lebon des arrêts du Conseil d'État*
LPF	*Livre des procédures fiscales*
n°	numéro
OCDE	Organisation pour la coopération et le développement économique
OPCVM	Organisme collectif de placement en valeurs mobilières
Plén.	Assemblée plénière
req.	requête
RFDA	*Revue française de droit administratif*
RJF	*Revue de jurisprudence fiscale*
RM	réponse ministérielle
RO	*Recueil des arrêts du Conseil d'État*
s.	suivants
UE	Union européenne
v.	voir

Avant-propos

Les problèmes fiscaux internationaux naissent de la contradiction entre la mobilité des personnes, des marchandises, des services ou des capitaux et la segmentation de l'espace planétaire en juridictions fiscales distinctes recherchant, à partir d'un territoire déterminé, la captation des produits résultant de leurs lois d'impôt.

Le droit fiscal international *exprime cette contradiction en même temps qu'il en poursuit la régulation. Il s'est édifié alors que s'étendait à l'ensemble de la planète une géométrie des pouvoirs fondée sur le modèle de l'État-nation. Il est ainsi, aujourd'hui encore, un droit des États, un droit par lequel les États s'efforcent, unilatéralement, ou par la voie de traités bilatéraux, de faire en sorte que la coexistence de souverainetés fiscales concurrentes ne porte pas d'atteinte excessive à leurs intérêts respectifs, à ceux de leurs nationaux, particuliers ou entreprises, comme à ceux du développement des échanges internationaux.*

Avec les dernières années du XXe siècle s'est cependant esquissée, avec l'affaiblissement du pouvoir souverain des États et l'affirmation d'une économie mondialisée, une crise de la relation entre l'impôt, l'État et son territoire.

Des pouvoirs fiscaux infra-étatiques ont vu le jour, parfois dotés d'une autonomie suffisante à la mise en œuvre de véritables politiques fiscales locales ou régionales. Les processus d'intégration économique régionale, notamment celui à l'œuvre dans le cadre de l'Union européenne, ont favorisé l'émergence d'espaces supra-étatiques où certains segments de fiscalité font l'objet d'une harmonisation, alors que des principes communs viennent limiter, en fiscalité non harmonisée, le libre exercice des souverainetés nationales. Au-delà des accords fiscaux internationaux classiques, des tendances nouvelles s'affirment en vue d'une coopération fiscale globale entre États, visant à éviter la concurrence fiscale dommageable ou l'usage abusif des paradis fiscaux.

La place considérable occupée par les échanges intra-groupes dans le commerce mondial, par ailleurs, affaiblit la pertinence d'une évaluation territoriale des assiettes taxables. Les éléments permettant de fonder l'appréhension d'un potentiel fiscal sur des critères territoriaux, de même, s'avèrent particulièrement ténus dans le cas des opérations commerciales ou de prestations de services « en ligne ».

Le droit fiscal international est affecté par ces évolutions : ses contours manquent de netteté, notamment par rapport aux droits issus des processus d'intégration économique régionale ; ses développements, favorisés par le succès du mouvement conventionnel, le rendent complexe, d'autant que son enracinement partiel dans les dispositifs fiscaux de chaque État, en ce qu'ils intéressent les opérations internationales, conduit à y faire une place importante aux considérations de droit comparé.

Ses conditions d'élaboration sont profondément modifiées : le libre exercice de leur compétence fiscale, par les États, fait l'objet de restrictions régulièrement renforcées, liées à des engagements internationaux, bilatéraux ou multilatéraux, régionaux ou mondiaux, nouveaux ou sollicités de façon nouvelle. Les législateurs nationaux, particulièrement dans le contexte de l'Union européenne, n'ont plus la possibilité de définir comme ils l'entendent des politiques fiscales d'attraction territoriale, ou de mettre en œuvre à leur convenance des mécanismes de lutte contre la fraude ou l'évasion fiscale internationales.

La pertinence de ses cadres et concepts traditionnels est mise en doute : les phénomènes de double imposition économique, longtemps considérés comme secondaires, revêtent désormais une grande importance, rejoignant celle des doubles impositions juridiques, dont la définition est parfois mise en question. Il n'est pas assuré que la place éminente du concept d'établissement stable, dans la répartition conventionnelle des pouvoirs d'imposer les bénéfices des entreprises, résiste à la montée en puissance du commerce électronique. De façon générale, les conventions fiscales bilatérales ne constituent plus les instruments permettant d'assurer, à eux seuls, le nouvel ordre fiscal international qu'appelle la mondialisation des échanges.

Si le droit fiscal international se transforme, il en est de même, plus généralement, de la manière d'aborder les questions fiscales internationales. Longtemps privilégiée, l'approche juridique des phénomènes de double imposition internationale est loin de résumer, aujourd'hui, la problématique fiscale internationale. Celle-ci inclut des préoccupations d'ordre économique et financier, en particulier de la part des États, à la fois enclins à rechercher, par des moyens fiscaux, la poursuite d'objectifs de développement territorial, et conduits à préserver leurs intérêts financiers dans le contexte d'une concurrence pour la captation de la base taxable des groupes internationaux. La perspective fiscale internationale est en outre un élément important de la stratégie des opérateurs économiques, soucieux de performances financières ou confrontés à la nécessité de concilier la constatation d'un résultat économique global et la segmentation de sa taxation.

Englobant ces différentes approches, juridique, économique et de gestion, la fiscalité internationale *représente un champ d'investigations multidisciplinaires considérable, dont l'exploration détaillée représente un chantier de proportions sans cesse croissantes.*

L'objet du présent ouvrage est seulement de favoriser l'accès à cette problématique complexe. Il s'agit, dans ce Précis de fiscalité internationale, *d'abord d'en exposer les différentes approches, afin d'en mieux situer les enjeux contemporains, ensuite de fixer, à partir de l'exemple français, les principaux éléments du cadre juridique déterminant le traitement fiscal des activités internationales ; enfin, d'illustrer celui-ci, dans le domaine de la fiscalité directe, au regard des opérations d'implantations en France d'entreprises étrangères et du déploiement international des entreprises françaises.*

I. Approche classique et nouveaux enjeux de la fiscalité internationale
II. Les bases du droit fiscal international français
III. Fiscalité directe des implantations internationales d'entreprises

PREMIÈRE PARTIE

APPROCHE CLASSIQUE ET NOUVEAUX ENJEUX DE LA FISCALITÉ INTERNATIONALE

Chapitre 1

L'approche juridique classique de la fiscalité internationale : la question des doubles impositions internationales

SECTION 1 – LA DOUBLE IMPOSITION INTERNATIONALE

1 – L'origine des phénomènes de double imposition

1 Si l'impôt est fort ancien, l'émergence d'une problématique fiscale internationale est relativement récente, et s'est trouvée liée au phénomène de la double imposition.

Jusqu'à la seconde moitié du XIXe siècle, et réserve faite de la question spécifique des droits de douane, ou de possibles difficultés en matière de recouvrement de l'impôt, les prélèvements fiscaux opérés par les États ne soulevaient guère de problèmes d'ordre international. Les impôts directs traditionnels, à l'image des quatre « vieilles » contributions issues de la Révolution française, avaient le plus souvent la nature d'impôts réels, atteignant les contribuables à raison de la détention de biens ou de l'acquisition de revenus taxables en eux-mêmes, et non à raison d'une capacité contributive globale qu'il eût fallu apprécier sans considération des frontières. Les revenus imposables étaient ceux trouvant leur source sur le territoire de l'État d'imposition ; leur origine ne prêtait généralement pas à discussion, notamment dans le cas, le plus ordinaire, d'impôts assis sur le revenu d'immeubles bâtis ou non bâtis.

L'institution d'impôts directs personnels, prenant en compte la capacité contributive d'ensemble des assujettis, et comportant un tarif progressif destiné à assurer l'égalisation du sacrifice fiscal, a conduit à une modification de la conception des juridictions fiscales : sauf à perdre une part de leur signification, les impôts personnels et progressifs doivent en effet atteindre l'ensemble des revenus acquis par un contribuable, quelle que soit la source, nationale ou extérieure, de ces revenus. Les États mettant en œuvre de tels impôts ont été conduits, ainsi, à étendre leur juridiction fiscale à des revenus trouvant leur source sur le territoire d'autres États, lesquels n'étaient pas pour autant privés du pouvoir de taxer des revenus trouvant leur source chez eux.

Générant une mutation des formes de la création de richesse, la révolution industrielle a par ailleurs favorisé l'apparition de nouvelles formes d'impôts, notamment applicables à des catégories de revenus, bénéfices industriels et commerciaux ou revenus de valeurs et capitaux mobiliers, dont la source territoriale n'est pas toujours assurée, et qui, de ce fait, peuvent être le lieu de prétentions concurrentes de juridictions fiscales distinctes.

De ces transformations des systèmes fiscaux, intervenant dans un contexte de développement des échanges internationaux, ont surgi des phénomènes de double imposition internationale.

2 – La définition de la double imposition internationale

2 Suivant une analyse classique, une double imposition internationale est constituée lorsqu'un même contribuable se trouve atteint, au titre d'une même base imposable et d'une même période, par des impôts de nature comparable appliqués par deux ou plusieurs États, dans des conditions telles que la charge fiscale globale qu'il supporte s'avère supérieure à celle qui résulterait de l'intervention, dans des conditions de droit commun, d'un seul pouvoir fiscal.

Les éléments de cette définition caractérisent la *double imposition internationale* dite *juridique,* usuellement distinguée de la double imposition dite *économique* qui, n'ayant pas nécessairement d'aspect international, désigne l'application à une même matière imposable d'impôts successifs atteignant des contribuables distincts, ainsi qu'il est fréquemment prévu en ce qui concerne les bénéfices des sociétés de capitaux, frappés par l'impôt sur les sociétés avant d'être taxés entre les mains des associés à raison des distributions effectuées.

Une double imposition économique peut être également constituée en cas de redressement appliqué dans un État à une entreprise qui s'y trouve établie, à raison des prix de transferts pratiqués par celle-ci dans le cadre de transactions effectuées avec une entreprise apparentée située dans un autre État, lorsque ce dernier ne procède pas aux ajustements corrélatifs permettant d'éviter la surcharge fiscale atteignant alors le bénéfice des deux entreprises. Elle pourrait également apparaître dans le cas de succession d'imposition des bénéfices d'une même entreprise, d'abord taxés par l'État de résidence de celle-ci, puis inclus dans le bénéfice imposable d'une autre entreprise, dont elle dépend, résidente d'un autre État mettant en œuvre un régime d'imposition mondial ou consolidé des bénéfices des entreprises, si la législation du second État n'assurait pas, ou pas complètement, l'élimination de la surcharge fiscale.

Outre l'identité de matière imposable, de période d'imposition, de personne imposable, et la comparabilité des impositions appliquées par deux ou plusieurs juridictions fiscales, la *double imposition juridique internationale* requiert également, pour être constituée, la constatation d'une surcharge fiscale. Le concours de deux États en vue de l'imposition du même revenu perçu par le même contribuable n'est pas constitutif d'une double imposition internationale si, par exemple, il s'effectue dans les conditions, exclusives de surtaxation, prévues par une convention fiscale.

3 – Les cas de double imposition juridique internationale

3 Une double imposition juridique internationale peut apparaître dans trois cas :

Le premier est celui d'une superposition d'impôts personnels, deux États appliquant à un même contribuable un impôt sur son revenu total, ou sa fortune totale. Cette situation est le résultat d'un conflit des lois régissant l'assujettissement à l'obligation fiscale personnelle. Toute juridiction fiscale mettant en œuvre une imposition globale des revenus (ou de la fortune) doit en effet définir la condition de l'assujettissement à l'obligation fiscale illimitée. Le plus souvent, celle-ci atteint les contribuables ayant leur domicile fiscal dans l'État d'imposition. Plus rarement, elle concerne les contribuables possédant la nationalité de cet État (cas des États-Unis). Une personne domiciliée dans un État, mais détenant la nationalité d'un autre État, pourrait de la sorte se trouver assujettie à deux impôts personnels. Le domicile fiscal, d'autre part, fait en règle générale l'objet d'une définition spécifique, de la part de chaque législation nationale ; de sorte qu'un même contribuable peut fort bien satisfaire aux critères de la domiciliation dans plus d'un État. Un tel conflit de règles de domicile est à l'origine des cas les plus usuels de double imposition personnelle.

Le second cas, plus fréquent, de surcharge fiscale internationale, est celui dans lequel celle-ci résulte du concours d'un impôt personnel et d'un impôt réel. Elle peut apparaître chaque fois qu'un contribuable dispose d'un revenu (ou d'un bien) lié au territoire d'un État dont la juridiction fiscale s'exerce précisément sur les revenus trouvant leur source chez lui (ou sur les biens qui s'y trouvent situés), alors que le même élément imposable ressortit à la juridiction fiscale d'un autre État (celui du domicile, ou de la nationalité, du contribuable), au titre de l'application d'un impôt personnel global.

De telles doubles impositions sont d'autant moins rares que la plupart des États qui mettent en œuvre un impôt personnel sur l'ensemble des revenus imputables aux contribuables qui satisfont au critère d'assujettissement à l'obligation fiscale illimitée, n'ont nullement renoncé à appliquer simultanément leur impôt aux autres personnes, mais uniquement à raison des revenus trouvant leur source sur leur territoire.

La double imposition internationale peut également résulter d'une superposition d'impôts réels, causée par un conflit de règles de source. L'État qui met en œuvre un impôt territorial doit en effet préciser les conditions du rattachement à son territoire des différents éléments imposables. Ces règles de source, qui font inévitablement une place à la subjectivité des législateurs, ne peuvent être rigoureusement identiques d'une juridiction fiscale à l'autre. L'application, par deux États, de règles de source discordantes à un même élément taxable, tel que le bénéfice d'opérations commerciales, détermine ainsi une surcharge fiscale par superposition d'impôts réels.

Les doubles impositions internationales portent atteinte à la justice fiscale et constituent des entraves au développement des échanges. C'est à travers la recherche de leur élimination qu'ont été forgés les premiers instruments spécifiques du droit fiscal international.

4 – La prévention des doubles impositions

4 Le risque de double imposition internationale peut être atténué par le recours à différentes techniques, que les États peuvent incorporer de manière unilatérale à leur dispositif de taxation.

L'exemption des revenus de source extérieure, qu'elle procède de la définition du champ d'application territorial d'un impôt, ou de la fixation de règles spéciales d'exonération, assure en principe une large protection contre les surcharges fiscales internationales : si le revenu de source extérieure est imposé par une juridiction fiscale étrangère, du moins ne l'est-il pas dans le cadre de la juridiction nationale considérée ; à condition, toutefois, que celle-ci ne considère pas comme lui étant rattachable, à raison de ses propres règles de source, un revenu déjà taxé à l'étranger. La discordance des règles nationales relatives à la source des revenus peut laisser subsister un risque de double taxation.

Dans le cas de la France, ainsi, le principe de territorialité de l'impôt sur les sociétés permet *a priori* d'exclure de l'imposition, en France, les résultats acquis par les sociétés françaises dans leurs exploitations sises dans un pays étranger, où elles ont en général à supporter la fiscalité prévue par celui-ci. La conception française de l'entreprise exploitée hors de France peut cependant s'avérer différente de celle retenue par le pays étranger concerné, en ce qui concerne l'identification d'une entreprise exploitée chez lui, de sorte que les revenus d'une même activité pourront se voir taxés par le pays étranger, en tant que revenus d'une entreprise s'y trouvant exploitée, et par la France, en tant que revenus rattachables à l'exploitation française.

Le crédit d'impôt étranger permet aussi d'écarter, pour l'essentiel, le risque de surcharge fiscale qui s'attache à l'application d'un impôt répondant à une conception mondiale de la juridiction fiscale, à l'exemple de *l'income tax* américain. L'impôt, calculé sur une base comprenant, le cas échéant, des revenus trouvant leur source sur le territoire de juridictions fiscales étrangères, est, selon cette autre méthode, diminué du montant des impôts acquittés à l'étranger, au titre des revenus de source étrangère. Mais le jeu du crédit d'impôt rencontre, entre autres limites, celle afférente à l'origine des éléments (revenus, biens) y ouvrant droit : l'imputation de l'impôt étranger sera refusée dès lors que celui-ci aura atteint un revenu considéré par la législation de l'État accordant le crédit d'impôt comme trouvant sa source sur son territoire.

L'élimination complète des phénomènes de double imposition ne peut en fait procéder que d'un ajustement précis des compétences fiscales, impliquant la suppression des conflits de règles de source, ou de domicile, ainsi qu'une répartition non pénalisante du droit d'imposition. Les États ont tôt compris qu'un tel ajustement ne pouvait être obtenu que par la négociation d'accords internationaux.

SECTION 2 – LE MOUVEMENT CONVENTIONNEL EN MATIÈRE FISCALE

5 La conclusion de conventions internationales contre la double imposition a été fortement stimulée par les travaux d'organisations internationales.

Dès sa création, convaincue que le développement des solidarités économiques était le meilleur moyen d'éviter un nouveau conflit mondial, la Société des Nations entreprit de favoriser l'élimination de tous les obstacles aux échanges internationaux, au nombre desquels figuraient les doubles impositions. Les travaux engagés à son initiative conduisirent à l'établissement de premiers modèles de conventions contre la double imposition, en 1928. Leur perfectionnement, par le comité fiscal permanent de la SDN, aboutit à l'adoption des conventions modèles de Mexico (1943), révisées à Londres (1946).

Ultérieurement, la réflexion sur les doubles impositions internationales devait être reprise par l'OCDE. Celle-ci, prenant pour base les travaux de la SDN, et les adaptant au nouveau contexte international, proposa à son tour, en 1963, un modèle de convention contre la double imposition en matière d'impôts sur le revenu et la fortune (ci-après désigné le Modèle), révisé en 1977, puis en 1992, et faisant désormais l'objet d'une actualisation régulière. L'OCDE a également publié, en 1966, un modèle de convention applicable aux droits de succession et, en 1981, un modèle de convention concernant l'assistance administrative en matière de recouvrement des créances fiscales.

L'OCDE a publié en septembre 2005 une nouvelle version mise à jour de son modèle de convention fiscale contre la double imposition en matière d'impôts sur le revenu et la fortune. L'édition de 2005 intègre les dernières modifications du modèle qui ont été approuvées par le Conseil de l'OCDE le 15 juillet 2005 et qui résultent des travaux effectués par le Comité des affaires fiscales, notamment dans les domaines suivants :

— le régime fiscal des activités liées aux transports maritimes et aériens ;
— les problèmes d'imposition des revenus transfrontaliers liés aux plans d'option d'achat d'actions pour les salariés ;
— les problèmes fiscaux posés par les retraites transfrontalières ;
— la question des établissements stables multiples ;
— la révision de l'article 26 et de ses commentaires concernant les échanges de renseignements ;
— diverses questions techniques concernant l'interprétation de conventions fiscales.

Les conventions modèles de l'OCDE, cependant, sont des instruments appropriés à l'ajustement des juridictions fiscales d'États entretenant des courants d'échanges relativement équilibrés. L'ONU s'est préoccupée du problème particulier posé par les relations fiscales entre pays industrialisés et pays en développement. Un groupe spécial d'experts, constitué en 1968 pour conduire la réflexion en ce domaine, a élaboré à son tour un modèle de convention contre les doubles impositions en matière d'impôts sur le revenu et sur la fortune, adopté en 1979. Le modèle de l'ONU apporte au dispositif élaboré par l'OCDE les correctifs permettant aux pays en développement, récepteurs de capitaux et de techniques étrangers, d'accéder plus largement à la faculté d'imposer les revenus trouvant leur source sur leur territoire.

6 S'inspirant des modèles élaborés par les organisations internationales, les États ont conclu entre eux de nombreux accords tendant à l'élimination de la double imposition.

Certains de ces accords s'attachent à un aspect limité des relations entre juridictions fiscales : ceux visant, par exemple, le problème particulier de l'imposition des transporteurs aériens ou maritimes internationaux, ou encore le statut fiscal de travailleurs frontaliers. L'expression « conventions fiscales » désigne plus volontiers les accords visant à un ajustement d'ensemble des juridictions fiscales concernées, du moins pour une catégorie d'impositions : impôts sur le revenu et, éventuellement, la fortune, impôts sur les successions, ou sur les donations, une même convention fiscale pouvant, le cas échéant, englober plusieurs de ces catégories fiscales.

À l'image des conventions modèles, les traités fiscaux conservent aujourd'hui, en règle générale, un caractère *bilatéral* qu'expliquent à la fois l'attachement des États à leur souveraineté fiscale, à laquelle ils n'entendent apporter de restrictions qu'au coup par coup, et la singularité des relations économiques d'un État à l'autre, justifiant une adaptation de l'accord fiscal à chacun des contextes rencontrés.

Jusqu'ici rarement empruntée en matière fiscale, l'approche *multilatérale* pourrait, dans l'avenir, jouer un rôle utile en des domaines tels que la lutte contre la fraude ou l'évasion fiscales internationales, la répartition des bases d'imposition imputables aux groupes internationaux, le règlement des situations triangulaires, mettant en présence trois juridictions fiscales (l'État de la source des revenus, l'État de résidence de l'entreprise, bénéficiaire final des revenus, l'État d'implantation d'un établissement de cette entreprise, recueillant les revenus en provenance du premier), ou plus simplement en vue d'éliminer la double imposition juridique dans les échanges transfrontaliers au sein d'un ensemble régional, telle que l'Union européenne.

Le caractère bilatéral des conventions fiscales, ajouté à l'intérêt qu'elles présentent, en explique le nombre élevé. Chaque État engagé dans le mouvement conventionnel dispose d'un éventail, plus ou moins large, de traités fiscaux qui, les uns et les autres, forment alors un réseau de densité variable selon les différentes régions du monde. La France a conclu de nombreuses conventions fiscales d'abord avec les pays industrialisés d'économie libérale, puis avec ses anciennes possessions d'outre-mer, avant d'étendre son réseau de conventions en direction de l'Europe centrale et orientale, et des pays en développement ou nouvellement industrialisés des différents continents. Le mouvement conventionnel a plus récemment gagné l'Amérique latine, longtemps réticente vis-à-vis des schémas conventionnels usuels. La France était, en 2005, liée par conventions fiscales à 108 États ou territoires.

Pour être nombreuses, les conventions fiscales sont néanmoins proches les unes des autres. Inspirées des mêmes modèles, principalement de celui de l'OCDE, elles comportent une structure en général commune, font appel aux mêmes concepts et aux mêmes méthodes. Elles se différencient par le détail des rédactions, auquel il convient d'être attentif, et qui reflète le particularisme de chaque négociation.

7 Le mouvement conventionnel en matière fiscale, et surtout les travaux qui, au sein d'organisations internationales, l'ont favorisé, ont ainsi permis l'émergence d'une culture scientifique à la fois commune et spécifique. C'est dans un tel contexte conventionnel, ou préconventionnel, qu'ont été forgés les principaux concepts de la fiscalité internationale et, qu'est aujourd'hui discutée leur adaptation aux mutations de l'environnement économique ou technologique.

De ce fait, les conventions fiscales internationales sont apparues comme les instruments fondamentaux de la fiscalité internationale, et leur objet premier, l'élimination des doubles impositions, comme le problème central des relations fiscales entre États.

8 Aujourd'hui, cependant, les conventions fiscales poursuivent des objectifs diversifiés.

À côté de l'ajustement des souverainetés fiscales, les traités fiscaux permettent la collaboration des administrations fiscales, en matière de recouvrement de l'impôt, comme en matière d'assiette. L'assistance administrative conventionnellement organisée est un moyen efficace de lutte contre la fraude et l'évasion fiscales internationales.

Pour prévenir ou réprimer celle-ci, les États ont en outre tendance à insérer dans les dispositifs conventionnels des clauses les autorisant à déroger, le cas échéant, aux principes gouvernant la distribution des compétences fiscales entre les États contractants, en vue de préserver l'efficacité de mesures unilatérales protectrices des intérêts financiers publics. De même cherchent-ils à se prémunir contre tout usage abusif des conventions fiscales.

Celles-ci participent d'autre part de la politique économique extérieure des gouvernements : de manière générale, par la libération des échanges qu'assure l'élimination de la double imposition, mais parfois de façon plus précise, à travers l'adoption de dispositifs qui reflètent des choix de politique fiscale internationale.

Dans la poursuite de ces deux derniers objectifs, toutefois, les conventions fiscales peuvent rencontrer l'obstacle de normes spécifiques, liées à des engagements multilatéraux, tel que le Traité CE. Par leur caractère bilatéral, en outre, les conventions fiscales traditionnelles ne s'avèrent pas d'une complète efficacité au regard des objectifs plus fondamentaux d'élimination de la double imposition, et de coopération administrative, dans un contexte de large régionalisation, ou de mondialisation, des marchés et de leur régulation.

La diversification des objectifs des conventions fiscales attestait d'un enrichissement de la problématique fiscale internationale. Les premiers symptômes de crise du système conventionnel bilatéral révèlent aujourd'hui les limites de l'approche juridique classique de la fiscalité internationale.

Le phénomène des doubles impositions juridiques en demeure une composante majeure, à la mesure de l'intérêt qui s'attache à la libéralisation et au développement des échanges économiques, et par suite à l'élimination des entraves fiscales pouvant y faire obstacle. Mais les tensions nées de la division de l'espace mondial en pouvoirs fiscaux multiples alors que s'affirme une économie globale ne se résument pas au seul risque de double imposition dont pourraient souffrir les agents économiques. D'autres enjeux ont surgi, dont les dimensions excèdent largement le seul domaine conventionnel :

Les dispositifs fiscaux internationaux, le cas échéant conventionnels, mais plus volontiers unilatéraux, sont mis au service des *poli-*

tiques économiques publiques. Les différences d'exigence des juridictions fiscales sont prises en compte dans la définition des *stratégies des opérateurs* internationaux. Un enjeu majeur de la problématique fiscale internationale, au regard des *intérêts financiers publics,* est désormais représenté par la localisation et la répartition des bases taxables des groupes internationaux.

Chapitre 2

Fiscalité internationale et politiques économiques publiques

9 L'utilisation des dispositifs fiscaux, y compris dans leurs aspects internationaux, à des fins de politique économique, n'est pas une pratique nouvelle des États. Ceux-ci ont mis en œuvre, tout au long de la seconde moitié du XXe siècle, des politiques fiscales internationales parfois vigoureuses, en vue de favoriser la réalisation d'objectifs de politique économique extérieure, tels que l'amélioration de leur balance commerciale, le déploiement international de leurs entreprises, ou l'attraction sur leur territoire de capitaux, de technologie ou d'emploi.

Au cours des années récentes se sont toutefois multipliées les restrictions à un tel usage économique de la loi fiscale, conduisant non pas à la disparition des politiques fiscales internationales, entendues au sens de définitions des règles fiscales applicables aux échanges internationaux appropriées à des objectifs de politique économique publique, mais à la transformation de leur contenu et de leurs conditions d'exercice. La prévalence du principe de neutralité oblige à un renouvellement des méthodes d'interventionnisme.

SECTION 1 – LES RESTRICTIONS À L'INTERVENTIONNISME FISCAL INTERNATIONAL

1 – Principes de politique fiscale internationale et pratiques des États

10 Dans un contexte où serait intacte la souveraineté d'États libres de choisir leur mode de développement, au regard des diverses conceptions du meilleur ordre économique, les politiques fis-

cales internationales pourraient se définir à partir de l'un ou l'autre des deux principes directeurs de neutralité et d'interventionnisme.

Le *principe de neutralité* traduit, sur le terrain fiscal, le souci d'un jeu libre et sincère des mécanismes du marché, que ne doit pas perturber l'offre d'avantages, ou l'application de pénalisations, venant fausser les conditions de la concurrence. Appliqué aux relations internationales, il conduit à prohiber toutes mesures fiscales protectionnistes ou discriminatoires, le soutien fiscal aux exportations ou la pénalisation des importations, les dispositions en faveur du déploiement extérieur des entreprises nationales ou, au contraire, celles tendant à renforcer l'attractivité d'un territoire.

Le principe d'*interventionnisme* fonde les dispositions permettant, dans une lecture critique du libéralisme économique, de remédier aux déséquilibres que le libre jeu du marché produit ou ne peut corriger, et plus généralement celles reflétant la mise en œuvre de politiques publiques volontaristes. Il a pu justifier l'offre systématique d'avantages fiscaux des codes des investissements de nombreux pays en développement, les statuts de zones franches, comme toutes mesures fiscales favorisant des productions, des entreprises ou des territoires.

De nombreux États sont aujourd'hui engagés dans le processus de libération mondiale des échanges, ou dans celui de l'intégration économique régionale, en sorte que, liés par leurs engagements internationaux, ils ne disposent plus d'une complète liberté dans la définition de leur politique fiscale internationale. Celle-ci est nécessairement l'expression d'un compromis entre le principe de neutralité fiscale, désormais dominant, et les dispositions interventionnistes qu'autorise la régulation du marché.

11 Les marges de libre exercice des politiques fiscales varient en fonction de la nature des engagements internationaux des États, les membres de l'Union européenne étant par exemple assujettis au respect des règles communautaires de concurrence, en sus de celles découlant de leur appartenance à l'Organisation mondiale du commerce.

Les pays en développement, longtemps admis à pratiquer des politiques fiscales fortement interventionnistes, sont désormais concernés par le processus de libération des échanges, impliquant l'abaissement de leurs protections douanières, ou la révision d'accords de non-réciprocité tels que ceux qui ont durablement fondé les relations entre la Communauté européenne et les pays ACP, autorisant ceux-ci à protéger leurs marchés alors même que celui de la Communauté leur était librement ouvert. Leurs dispositifs d'incitation fiscale à l'investissement d'opérateurs extérieurs pourraient être mis en cause par l'aboutissement d'un accord multilatéral sur les investissements qui s'inspirerait des principes contenus dans celui (AMI) écarté en 1998. Leur adhésion fréquente à des organisations économiques régionales (UEMOA, CEMAC, ASEAN, etc.) les conduisent, vis-à-vis de leurs partenaires régionaux, au respect de restrictions de politique fiscale comparables à celles en vigueur au sein de l'Union européenne.

Les pays industrialisés sont en principe plus strictement tenus, et depuis plus longtemps, au respect du principe de neutralité dans la définition de leur politique fiscale internationale. Mais l'appréciation des dispositifs fiscaux au regard de ce principe ou, plus précisément, des règles internationales fondant l'obligation des États, peut être diverse, les États *a priori* les plus favorables au développement d'une saine concurrence n'étant pas à l'abri d'écarts interventionnistes.

12 Les États-Unis, ainsi, sont fondés à mettre en avant les vertus de neutralité de leur système d'imposition des revenus et des bénéfices *(income tax),* en matière de localisation internationale des investissements, l'écart entre les traitements fiscaux réservés par les différents pays d'accueil aux bénéfices des investissements réalisés par les opérateurs américains se trouvant en principe compensé par la réintégration des résultats mondiaux dans la base de l'impôt américain et l'imputation, sur celui-ci, des impôts acquittés auprès des juridictions fiscales étrangères. Mais cette orientation neutraliste n'imprègne pas tous les aspects de la politique fiscale internationale américaine.

Faute de consolidation, d'abord, la neutralité structurelle de l'*income tax* s'avère incomplète : le choix du lieu d'investissement peut n'être pas fiscalement neutre, dès lors que l'investissement extérieur s'opère par voie de filiale.

Surtout, les États-Unis ont durablement recherché un soutien fiscal de leurs exportations.

Institué en 1971, le régime des DISC *(domestic international sales corporation)* visait à encourager les sociétés des États-Unis à développer leurs exportations à partir de filiales locales américaines. Jugé contraire aux accords du GATT sur les aides à l'exportation, et contrevenant aux accords du *Tokyo Round* sur les négociations commerciales multilatérales, il devait être fortement atténué par la loi de réforme fiscale de 1976, avant d'être remplacé, en 1985, par un nouveau dispositif dérogatoire au droit commun de l'*income tax,* le régime des FSC *(foreign sales corporation).*

Schématiquement, celui-ci consistait en l'interposition, entre un producteur des États-Unis et son client à l'étranger, d'une société filiale implantée dans un État ou territoire à fiscalité privilégiée situé hors du territoire douanier américain (îles Vierges américaines, Barbade, Luxembourg, etc.), captant, par manipulation des règles de source, l'essentiel de la marge bénéficiaire, ainsi préservée de charge fiscale significative. Contraire aux principes communs de fixation des prix de transfert, et dérogatoire aux dispositions de la loi fiscale américaine prévoyant l'intégration dans la base imposable d'une société américaine des bénéfices de ses filiales implantées dans un paradis fiscal (*subpart F* de l'Internal Revenue Code), ce régime devait être également qualifié d'aide indirecte contraire aux règles du commerce international, cette fois-ci par l'Organisation mondiale du commerce (OMC).

Le Congrès américain lui substitua, par une loi du 15 novembre 2000, un nouveau régime d'aide fiscale à l'exportation, dit ETI (pour *extra territorial income*), n'impliquant pas le recours à une structure étrangère. Ce régime prévoyait l'exclusion du revenu brut taxable du « revenu extra-territorial » lié à des opérations de commerce international (opérations de vente hors des États-Unis ou de location en vue d'une utilisation hors des États-Unis), portant sur des biens en principe produits ou non aux États-Unis mais qui devaient l'être en fait par des entreprises exerçant leur activité industrielle dans ce pays, et qui, en tout état de cause, devaient comporter au moins 50 % de valeur américaine. Le régime ETI a été son tour regardé par l'OMC comme une mesure d'aide indirecte du gouvernement des États-Unis aux entreprises exportatrices américaines, l'Union européenne s'estimant alors fondée à mettre en œuvre un dispositif de sanctions applicable aux États-Unis, sauf abrogation du régime prohibé.

Le régime ETI a été finalement abrogé par le « Jobs act » (pour « the american jobs creation act ») du 22 octobre 2004 qui, entre autres dispositions, institue un régime d'incitation fiscale générale applicable à certaines activités réalisées sur le territoire des États-Unis. Le nouveau régime a vocation à s'appliquer à tout contribuable américain et non plus seulement aux exportateurs, ainsi qu'à une plus grande variété d'activités que le dispositif ETI (soit à tous les revenus de biens fabriqués, produits, cultivés ou extraits, incluant les produits de l'agriculture, les produits d'exploitation des ressources naturelles, du raffinage, des logiciels, des films, de la musique, de certains services d'engineering ou d'architecture). Le nouvel avantage fiscal consiste en une déduction progressive de l' « US qualified production activities income, US QPAI » de l'exercice en cours, conduisant à réduire le taux effectif d'imposition sur six ans, de 35 % (2004) à 33,95 % (2005-2006), 32,90 % (2007-2009) et enfin 31,85 % (2010 et au-delà).

Sur le régime FSC et le régime ETI, voir Guy Gest, *La politique américaine de soutien fiscal aux exportations industrielles,* Actes du colloque « Fiscalité des résultats et déploiement international des entreprises », La Sorbonne 23 mai 2001, Centre d'étude des politiques fiscales, Université Paris 1. Sur le *Jobs Act,* voir Patrick Donsimoni, revue de l'actualité fiscale américaine pour 2004, *L'Année fiscale 2005,* p. 463 et s.

13 Les pays européens, pour leur part, considèrent volontiers leur système de taxe sur la valeur ajoutée comme la meilleure illustration de la neutralité fiscale recherchée. Mais ce point de vue n'est pas unanimement partagé. Sans doute la TVA assure-t-elle, au sein même du territoire sur lequel elle s'applique, la neutralité de la charge fiscale indirecte, quelle que soit la configuration du circuit économique emprunté par un produit taxable. De même est-il avéré qu'elle garantit la neutralité concurrentielle entre les produits provenant de pays qui appliquent tous un tel dispositif de taxation du chiffre d'affaires. Mais les États qui n'ont pas adopté la TVA, et dont le système fiscal repose essentiellement sur l'imposition directe, dont la charge est malaisément déductible à l'exportation, mettent en question la prétendue neutralité de la TVA. Celle-ci, autorisant une détaxation complète des exportations, assurerait au produit exporté un avantage concurrentiel d'autant plus substantiel qu'est importante la place de la taxation du chiffre d'affaires dans le système fiscal du pays d'origine, et donc la charge fiscale incorporée dans le prix du produit.

En dépit de cette analyse, notamment faite par les autorités américaines, l'exonération de TVA appliquée aux exportations, conforme à la règle suivant laquelle l'impôt indirect doit atteindre le produit dans le pays de sa destination, n'a pas été jugée incompatible avec les principes du GATT.

Mais d'autres volets des législations fiscales européennes comportent des marques plus nettes d'interventionnisme, qu'il s'agisse de garantir l'attrait fiscal des territoires ou des marchés financiers européens, ou de favoriser l'expansion internationale des entreprises du vieux continent.

14 La politique fiscale internationale de la France a été longtemps marquée par la préoccupation d'équilibre de la balance commerciale. Le principe de territorialité de l'impôt sur les sociétés, l'adoption précoce de la taxe sur la valeur ajoutée en portent témoignage.

À partir des années 1960 se sont affirmées des politiques favorables, d'une part à l'attraction du marché français des capitaux (institution de l'avoir fiscal, dans certains cas transférable à des non-résidents, exclusion de la base imposable à l'impôt sur le revenu des plus-values financières des non-résidents, et de la base imposable à l'ISF des valeurs mobilières françaises détenues par des non-résidents, exonération de prélèvement à la source d'intérêts de source française perçus par les non-résidents), d'autre part au déploiement international des entreprises françaises (régime des provisions pour implantations à l'étranger, régimes du bénéfice mondial et consolidé, exonération d'impôt sur le revenu des salaires des personnels d'entreprises françaises détachés à l'étranger, etc.).

Celles des mesures de politique fiscale internationale qui tendent à favoriser le *commerce extérieur* de la France sont répertoriées, sous cette rubrique, dans la liste des dépenses fiscales figurant dans l'annexe « voies et moyens » au projet de loi de finances annuelle.

Les préoccupations actuelles concernent plus volontiers la pérennité de l'activité et de l'emploi sur le territoire national, et sont à l'origine de propositions, ou de dispositions, tendant à conforter l'*attractivité du territoire* français.

Voir notamment : M. Charzat, parlementaire en mission, Rapport au Premier ministre sur l'*attractivité du territoire français,* juillet 2001 ; D. Badre et A. Ferrand, *Mondialisation : réagir ou subir ? La France face à l'expatriation des compétences, des capitaux et des entreprises,* rapport d'information du Sénat n° 386 (2000-2001) ; S. Huyghe, *L'attractivité du territoire pour les sièges sociaux des grands groupes internationaux,* rapport au Premier ministre, novembre 2003 ; F. Grignon, *Délocalisations : pour un néo-colbertisme européen,* rapport d'information du Sénat n° 374 (2003-2004) ; Conseil des impôts, *La concurrence fiscale et l'entreprise,* XXIIe rapport au président de la République, septembre 2004 ; L. Fontagné et J.-H. Lorenzi, *Désindustrialisation, délocalisations,* rapport du Conseil d'analyse économique, février 2005 ; sur les mesures fiscales d'attraction territoriale adoptées dans le cadre de la loi de finances pour 2005, B. Castagnède, Chronique de fiscalité internationale, *L'Année fiscale 2005,* p. 423 et s. Le projet de loi de finances rectificative pour 2005 confirme l'orientation de la politique fiscale française en faveur de l'attractivité du territoire français, justifiant des mesures telles que l'allégement progressif et l'exonération à terme des plus-values de cessions de titres.

Celles-ci, cependant, se développent dans un contexte d'étrécissement des marges de libre exercice des politiques fiscales nationales, auquel contribue grandement le droit communautaire, et qu'il est indispensable de rappeler.

2 – L'encadrement des politiques fiscales internationales des États membres de l'Union européenne

15 Les politiques fiscales internationales des États membres de l'Union européenne ne peuvent se déployer que dans le strict respect des obligations que leur impose l'appartenance à l'Union. De façon générale, le Traité CE prohibe toute mesure de politique fiscale qui aurait un caractère protecteur ou discriminatoire. Il contraint les États à mettre leur législation en conformité avec les règles communes le cas échéant adoptées en vue d'une harmonisation des dispositifs d'imposition. Dans le champ de la fiscalité non harmonisée, les États exercent librement leur compétence fiscale, mais doivent néanmoins respecter les principes du droit communautaire. Certaines dispositions communautaires déterminent en outre des restrictions spécifiques au libre exercice des politiques fiscales nationales, dès lors que celui-ci pourrait affecter les conditions de la concurrence au sein du marché commun ; il s'agit du régime des aides fiscales d'État, et des prescriptions du Code de conduite en matière de fiscalité directe des entreprises.

La portée de ces restrictions excède en fait le périmètre des seuls États membres, et concerne également l'ensemble des pays candidats à l'adhésion à la Communauté, tenus, pour y être admis, au respect de l'acquis communautaire, y compris en matière fiscale.

Pour une analyse d'ensemble des incidences du droit communautaire sur la souveraineté fiscale des États membres, v. A. Maitrot de La Motte, *Souveraineté fiscale et construction communautaire,* Paris, LGDJ, Bibl. de science financière, 2005.

A – Les restrictions générales au libre exercice des politiques fiscales nationales

1 – La prohibition des droits de douane, taxes d'effet équivalent, impositions intérieures discriminatoires

16 La réalisation du marché commun a déterminé l'élimination des droits de douane entre États membres, la prohibition des taxes d'effet équivalent (Traité CE, art. 25), ainsi que des impositions intérieures protectrices ou discriminatoires (Traité CE, art. 90).

Suivant la jurisprudence de la Cour de justice, constitue une *taxe d'effet équivalent* à celui d'un droit de douane toute charge pécuniaire unilatéralement imposée, quelles que soient son appellation et sa technique, frappant les marchandises nationales ou étrangères à raison du fait qu'elles franchissent la frontière.

Celle-ci pourrait être une frontière *régionale,* ainsi que l'a jugé la Cour à propos de l'octroi de mer longtemps appliqué aux seules marchandises introduites dans les départements français d'outre-mer, dans des conditions qui assuraient une protection aux productions locales (cf. CJCE, 16 juillet 1992, aff. 163/90, *Legros* ; 9 août 1994, aff. 363/93 et 407 à 411/93, *Lancry*), seulement susceptibles de bénéficier des exonérations nécessaires, proportionnelles, précisément déterminées, et respectant les conditions strictes du dispositif les prévoyant (CJCE, 19 février 1998, aff. 212/96, *Chevassus-Marche,* à propos de la décision 89/688 du Conseil autorisant, à des conditions strictes, un système d'exonération de l'octroi de mer).

17 L'article 90 du Traité CE interdit les discriminations fiscales au détriment des produits importés (al. 1er), comme les mesures fiscales de caractère protectionniste (al. 2).

La prohibition des discriminations fiscales s'applique quelle que soit la forme qu'elle revêt. La Cour de justice des Communautés Européennes a par exemple jugé contraire aux dispositions de l'ancien article 95 du Traité le dispositif français de « supervignette » atteignant les véhicules de tourisme de plus de 16 CV qui, en l'absence de production nationale de tels véhicules, ne pouvait atteindre que des voitures importées (CJCE, 9 mai 1985, aff. 112/84, *Humblot, Rec.*, p. 1367, *DF,* 1985, comm. 1456, concl. Verboren Van Themaat ; voir ég. 17 septembre 1987, aff. 433/85, *Feldain, Rec.*, p. 3521).

2 – Les contraintes de l'harmonisation fiscale

18 L'article 93 du Traité CE fournit la base d'un processus d'harmonisation de la *fiscalité indirecte,* en permettant au « Conseil, statuant à l'unanimité sur proposition de la Commission et après consultation du Parlement européen et du Comité économique et social » d'arrêter « les dispositions touchant à l'harmonisation des législations relatives aux taxes sur le chiffre d'affaires, aux droits d'accises et autres impôts indirects dans la mesure où cette harmonisation est nécessaire pour assurer l'établissement et le fonctionnement du marché intérieur » au 1er janvier 1993.

L'objectif d'harmonisation a assez tôt concerné les *droits d'apport* perçus par les États membres à l'occasion d'opérations entraînant une augmentation du patrimoine des sociétés de capitaux (constitutions de sociétés de capitaux, transformations en sociétés de capitaux, augmentations de capital de telles sociétés, émissions d'obligations). Selon la directive 69/335/CEE du 17 juillet 1969 relative aux impôts indirects sur les rassemblements de capitaux, modifiée en dernier lieu par la directive 85/303/CEE du 10 juin 1985, les États membres sont libres d'appliquer ou non un droit d'apport sur les opérations concernées. Lorsqu'il s'applique, le droit d'apport doit porter uniformément sur l'ensemble de ces opérations, son taux ne pouvant excéder 1 %. La directive précitée du 10 juin 1985 a prévu l'exonération des fusions, scissions et apports de branche d'activité, tardivement prise en compte par la législation française (loi n° 93-1352 du 30 décembre 1993. Sur le contentieux relatif à l'ancien droit de 1,20 % sur les fusions et opérations assimilées, voir notamment, CJCE, 13 février 1996, aff. 197 et 252/94, *Société Bautiaa* et *Société française maritime*).

L'effort d'harmonisation des fiscalités indirectes a principalement porté, cependant, sur la TVA et les droits d'accise.

19 L'institution d'un système commun de TVA dans les États membres de la CEE a été préconisée, tant par les groupes de travail de la Commission que par le « Rapport Neumark » (Rapport « COFIFI » des 7 et juillet 1962, Public. des CE, n° 8070/62), dans le but d'assurer la neutralité fiscale des échanges entre les États membres et avec les pays tiers. Les systèmes cumulatifs ou mixtes de taxes sur le chiffre d'affaires appliqués par les États membres autres que la France, outre leur défaut de neutralité dans les échanges internes, ne permettaient pas, en effet, une détermination exacte de la charge fiscale comprise dans le prix des biens ou des services, variable selon la configuration du circuit économique emprunté, et rendaient aléatoires l'exacte détaxation des exportations, comme la juste taxation des importations.

Les deux premières directives du 11 avril 1967 ont fixé les grands principes de la TVA européenne, impôt général sur la consommation applicable aux biens et aux services, exactement proportionnel à leur prix, applicable jusqu'au stade du commerce de détail, et dont la neutralité est assurée par la déduction, lors de chaque transaction, de la taxe ayant grevé le coût des éléments constitutifs du prix. L'harmonisation des taxes sur le chiffre d'affaires a été ensuite favorisée par la décision prise en 1970 d'affecter au budget communautaire, en tant que ressource propre, une fraction des recettes nationales de la TVA calculée à partir d'une base harmonisée. La 6e directive (77/388/CEE) du 17 mai 1977 a déterminé l'assiette uniforme de la TVA dans les États membres, et constitué une sorte de corps législatif auquel ont été incorporées les dispositions des directives modificatives ultérieures.

Pour satisfaire à l'objectif de réalisation d'un grand marché intérieur, les directives des 16 décembre 1991 et 14 décembre 1992 ont défini un *régime transitoire* permettant de supprimer les frontières fiscales, les échanges entre États membres n'étant plus désormais traités comme des exportations ou des importations. Sauf exceptions (achats de véhicules neufs, ventes à distance), le principe de la *taxation à l'origine* est appliqué aux *particuliers* qui, se déplaçant dans un autre État membre, peuvent y acheter des biens et des services destinés à leur usage personnel dans les mêmes conditions que les ressortissants de cet État, sans être à nouveau imposés chez eux. En revanche, le régime transitoire conserve, pour les *entreprises,* le principe d'une *taxation aux taux et conditions du pays de destination,* mis en œuvre à partir d'un double mécanisme d'exonération des *livraisons* dans le pays de départ et de taxation des *acquisitions* dans le pays d'arrivée.

L'application uniforme de la TVA dans le contexte d'un grand marché intérieur sans frontières fiscales implique logiquement, toutefois, la généralisation du principe de taxation dans le *pays d'origine.* Un *régime définitif* de TVA, conçu sur ce modèle, a été proposé dès 1987 par la Commission. Son adoption s'est jusqu'ici heurtée aux difficultés de définition d'un système acceptable de *compensation* permettant la récupération, par le pays où a lieu la consommation finale, du montant de la taxe perçue dans le pays de départ, ainsi qu'à l'insuffisance des progrès accomplis en matière de rapprochement des *taux.*

La directive « taux » du 19 octobre 1992 prévoit l'application, par les États membres, d'un taux normal qui ne peut être inférieur à 15 %, et d'un ou deux taux réduits, qui ne peuvent être inférieurs à 5 %, applicables aux livraisons de biens et prestations de services des catégories visées à l'annexe H à la 6e directive. Un certain nombre de taux dérogatoires sont néanmoins acceptés à titre transitoire (taux zéro, taux réduits inférieurs à 5 %, application de taux réduits à des opérations non visées à l'annexe H, etc.), en sorte que le panorama les taux de TVA effectivement pratiqués au sein de la Communauté offre une image faite de disparité et de complexité.

Ayant renoncé à un passage rapide au régime définitif encore espéré en 1996 (programme de juillet 1996), la Commission a développé, à partir de 2000, une stratégie d'amélioration du fonctionnement du système actuel de TVA, axée sur les objectifs de simplification, de modernisation et d'application plus uniforme des règles existantes, ainsi que sur un renforcement de la coopération administrative.

Cf. Communication de la Commission du 7 juillet 2000, *Stratégie visant à améliorer le fonctionnement du système de TVA dans le cadre du marché intérieur,* COM(2000)348 final.

La mise à jour de cette stratégie, exposée en 2003, comporte la proposition d'un système de *guichet unique,* qui permettrait à un opérateur de satisfaire à toutes ses obligations pour l'ensemble des activités déployées au sein de l'UE dans le seul État membre dans lequel il est établi. La Commission souligne également, dès lors que ne sont pas réunies les conditions de mise en place du régime définitif, l'intérêt de favoriser la taxation au lieu de *destination,* notamment en matière de prestation de services, afin de prévenir les distorsions de concurrence et d'assurer que la TVA revient à l'État membre dans lequel la consommation a effectivement lieu.

Cf. Communication du 20 octobre 2003, *Bilan et mise à jour des priorités de la stratégie TVA,* COM(2003)614 final.

La Commission a proposé en ce sens que, par exception au principe selon lequel l'opérateur qui fournit un service à un particulier est tenu d'appliquer la TVA au taux du pays dans lequel il a son lieu d'établissement, le lieu de taxation de certains services fournis aux particuliers soit le lieu d'établissement du client. Cette disposition concernerait notamment certains services susceptibles d'être fournis à distance, tels que les services électroniques et l'enseignement à distance, les services de restaurant et de restauration, la location à court terme de moyens de transport, le crédit-bail de longue durée.

Cf. la proposition de directive du conseil du 20 juillet 2005 [COM(2005)334 final] portant modification de la directive 77/388/CEE en ce qui concerne le lieu des prestations de services.

Dans le même sens, la directive 2003/92/CE du 7 octobre 2003 (*JO,* L 260 du 11 octobre) avait déjà prévu la taxation des fournitures de gaz et d'électricité aux consommateurs au lieu de consommation.

Ne pouvant plus constituer l'instrument de politiques fiscales nationales, notamment en matière de relations économiques extérieures, la réglementation en matière de TVA peut être en revanche adaptée à des objectifs de compétitivité de l'Union européenne. La Commission a rattaché explicitement à ce but les dispositions adoptées en matière de *services fournis par voie électronique* [cf. directive 2002/38/CE et règlement 792/2002 du 7 mai 2002 - *JO,* L 128 du 15 mai 2002. Voir ég. (COM(2000)349], ou de *facturation* [directive 2001/115/CE du 20 décembre 2001 - *JO,* L 15 du 17 janvier 2002. Voir ég. COM(2000)650].

20 Un régime commun de *droits d'accises,* lesquels s'entendent de taxes indirectes sur la consommation ou l'utilisation de certains produits, généralement exprimées en montants monétaires par quantité de produit (taxes spécifiques, et non *ad valorem*), s'applique, depuis le 1er janvier 1993, aux tabacs manufacturés, aux boissons alcooliques et aux huiles minérales. Ce régime comporte des structures harmonisées de taxation (définition des produits, unités de mesure, exonérations), des règles de taux minimum d'imposition, ainsi que des règles communes relatives à la circulation des produits soumis. à accise entre les États membres.

Cf. la directive 92/12/CEE du Conseil du 25 février 1992 relative au régime général, à la détention, à la circulation et aux contrôles des produits soumis à accise.

Les marges de fixation des taux laissées aux États membres, au-delà des taux minimum, ainsi que, le cas échéant, la dualité de tarifs autorisés (tarif spécifique et tarif *ad valorem,* en matière de taxation des cigarettes), laissent cependant subsister d'importants écarts de taxation entre les États membres, et n'excluent pas entièrement la recherche de dispositifs favorables aux productions nationales. Les autorités communautaires s'efforcent en conséquence de développer une politique tendant au relèvement et au rapprochement des niveaux d'imposition de ces produits entre les États membres.

Cf. la directive 2002/10/CE du Conseil du 12 février 2002 modifiant les directives 92/79/CEE, 92/80/CEE et 95/59/CE en ce qui concerne la structure et les taux des droits de contributions indirectes applicables aux tabacs manufacturés.

En 2003, l'Union européenne est parvenue à étendre au charbon, au gaz naturel et à l'électricité, le régime de taxation des produits énergétiques auparavant réservé aux seules huiles minérales. La directive 2003/96/CE du Conseil du 27 octobre 2003, restructurant le cadre communautaire de taxation des produits énergétiques et de l'électricité, fixe les taux minimaux d'imposition applicables aux produits énergétiques, utilisés comme carburant ou combustible de chauffage, et à l'électricité. Le dispositif permet de réduire les distorsions de concurrence entre les produits pétroliers (huiles minérales) et les autres produits énergétiques. Il comporte également un encouragement à une utilisation de l'énergie permettant de réduire la dépendance par rapport aux énergies importées et à limiter les émissions de gaz à effet de serre. Il autorise les États membres à accorder des avantages fiscaux aux entreprises qui s'engagent à atteindre des objectifs de protection de l'environnement ou à améliorer l'efficacité énergétique.

L'utilisation de biocarburants ou autres carburants renouvelables dans les transports est par ailleurs encouragée.

Cf. directive 2003/30/CE du Parlement européen et du Conseil du 8 mai 2003, *JO,* L 123 du 17 mai 2003.

21 Le Traité ne comporte pas de disposition précise en vue d'une harmonisation des *fiscalités directes* des États membres. L'article 94 prévoit seulement que « le Conseil, statuant à l'unanimité sur proposition de la Commission et après consultation du Parlement européen et du Comité économique et social, arrête des directives pour le rapprochement des dispositions législatives, réglementaires et administratives des États membres qui ont une incidence directe sur l'établissement ou le fonctionnement du marché commun ».

Ce texte a d'abord permis l'adoption de deux directives en date du 23 juillet 1990, la directive 90/434/CEE concernant le régime fiscal commun applicable aux *fusions, scissions, apports d'actifs et échanges d'actions* intéressant des sociétés d'États membres différents, modifiée par la directive 2005/19/CE du 17 février 2005 (*JO,* L 58 du 4 mars 2005) et la directive 90/435/CEE concernant le régime fiscal commun applicable aux *sociétés mères et filiales* d'États membres différents, modifiée par la directive 2003/123/CE du 22 décembre 2003 (*JO,* L 7 du 13 janvier 2004).

Il a ensuite fondé, outre d'autres propositions plus anciennes de la Commission, non adoptées par le Conseil ou retirées, les propositions faisant suite au « paquet fiscal » proposé par la Commission dans sa communication du 5 novembre 1997 « Un ensemble de mesures pour lutter contre la concurrence fiscale dommageable dans l'Union européenne » [COM (1997) 564 final], qui ont conduit à l'adoption de la directive 2003/49/CE du 3 juin 2003 (*JO,* L 157 du 26 juin 2003) concernant un régime fiscal commun applicable aux *paiements d'intérêts et de redevances effectuées entre des sociétés associées d'États membres différents,* et de la directive 2003/48/CE de même date, relative à la *fiscalité des revenus de l'épargne sous forme d'intérêts* (*JO,* L 157 préc.).

Un rapprochement plus significatif des fiscalités directes des États membres se heurte à la résistance d'un certain nombre d'entre eux. La Commission admet pour sa part qu'un certain degré de concurrence fiscale au sein de l'Union européenne est sans doute inévitable et peut contribuer à diminuer la pression de l'impôt, mais entend poursuivre ses efforts en vue de la réduction des distorsions de concurrence et de l'élimination des entraves fiscales qui freinent les activités économiques transfrontalières au sein du marché intérieur.

22 Recourant, dans cette perspective, à des instruments plus appropriés que l'harmonisation législative, la Commission a entrepris de formuler des *recommandations* destinées à guider les États dans l'application du traité CE et de l'interprétation de la jurisprudence de la Cour, et de promouvoir une *coordination* des dispositions fiscales des États membres. Elle rappelle en outre son rôle de *gardienne du Traité,* qui lui permet notamment, conformément à l'article 226 du Traité CE, de saisir la Cour de justice lorsqu'elle constate l'incompatibilité des mesures fiscales des États membres avec le droit communautaire. Exposée de manière générale dans sa communication du 23 mai 2001, *Politique fiscale de l'Union européenne – Priorités pour les prochaines années* [COM (2001) 260 final], cette approche a été en particulier illustrée par une communication du 19 avril 2001 relative à l'*élimination des entraves fiscales à la fourniture transfrontalière des retraites professionnelles* [COM (2001) 214 final] et, plus récemment, par la communication du 19 décembre 2003 concernant l'*imposition des dividendes au niveau des personnes physiques dans le marché intérieur* [COM (2003) 810 final].

23 S'agissant de l'imposition directe des bénéfices des entreprises, la Commission évoquait, dans la communication précitée du 23 mai 2001, la perspective ambitieuse d'une unification des règles régissant l'assiette de l'impôt sur les sociétés pour leurs activités menées à l'échelle communautaire, par le recours à des règles nationales existantes, dans le cadre d'une approche fondée sur la reconnaissance mutuelle (imposition selon les règles de l'État de résidence), ou encore sur la base de règles communes qui seraient élaborées au niveau communautaire. Cette perspective a été développée dans une communication du 23 octobre 2001, *Vers un marché intérieur sans entraves fiscales – Une stratégie pour permettre aux entreprises d'être imposées sur la base d'une assiette consolidée de l'impôt sur les sociétés couvrant l'ensemble de leurs activités dans l'Union européenne* – [COM (2001) 582 final], où était notamment affirmée la nécessité de doter les entreprises d'une base consolidée d'imposition des sociétés pour leurs activités menées à l'échelle de l'UE, assortie d'un mécanisme de répartition de la base taxable entre tous les participants, acceptable par eux, les États membres devant conserver la faculté de déterminer les taux nationaux de l'impôt sur les sociétés.

Une conférence européenne sur la fiscalité des entreprises, organisée par la Commission en avril 2002, a permis l'examen des différents modèles de base commune pour l'UE (assiette unique harmonisée pour l'imposition des sociétés, impôt européen sur le revenu des sociétés, imposition selon les règles de l'État de résidence, imposition sur une base commune consolidée).

24 L'imposition selon les règles de l'État de résidence *(home state taxation)* a été regardée comme une solution particulièrement favorable aux PME, exposées à des coûts significatifs de mise en conformité avec les différentes législations fiscales rencontrées. Dans ce système, les bénéfices d'un groupe d'entreprises exerçant des activités dans plus d'un État membre sont calculés selon les règles d'un seul régime d'imposition, celui de l'État dans lequel la société mère ou le siège du groupe sont établis. La base d'imposition ainsi calculée est répartie entre les États membres participants selon une clé de répartition à déterminer, qui peut être simple (masse salariale, ou nombre de salariés, par exemple), ou à plusieurs composantes (masse salariale, chiffre d'affaires, valeur des actifs de la PME dans les États concernés). Chaque État participant applique son propre taux d'imposition à la part de bénéfice lui revenant.

Les avantages de la méthode, qui supprime les principales entraves fiscales à l'activité transfrontalière (coûts de mise en conformité fiscale, difficultés de compensation transfrontalière des pertes, problèmes posés par les prix de transfert au sein des groupes, etc.), ont conduit la Commission à développer l'idée d'un *projet pilote* d'imposition selon les règles de l'État de résidence pour les petites et moyennes entreprises, qui pourrait prendre l'appui juridique des conventions de double imposition existantes, ou d'une convention multilatérale appropriée.

Cf. la communication de la Commission du 24 novembre 2003, *Un marché intérieur sans obstacles liés à la fiscalité des entreprises : réalisations, initiatives en cours et défis restants,* [COM (2003) 726 final], et *Description de l'application expérimentale éventuelle d'un système d'imposition selon les règles de l'État de résidence aux petites et moyennes entreprises,* Commission, DG XXI, 24 juin 2004, TAXUD C.1/DOC(04) 1410. Voir ég. le « non paper » de la Commission pour le Conseil Ecofin informel des 10-11 septembre 2004, *imposition selon les règles de l'État de résidence pour les petites et moyennes entreprises,* 7 juillet 2004.

25 La Commission a parallèlement poussé la réflexion relative à l'établissement d'une *base d'imposition commune consolidée* pour les sociétés opérant dans l'UE, susceptible de trouver l'appui technique des normes internationales d'information financière (IFRS), obligatoirement appliquées depuis 2005 aux comptes consolidés de quelque 7 000 sociétés en vertu du règlement (CE) n° 1606/2002 (*JO,* L 243 du 11 septembre 2002). Dès lors qu'il comporterait la dimension d'une consolidation à l'échelle de l'UE, le système de la base commune d'imposition devrait, comme celui de l'imposition selon les règles de l'État de résidence, se trouver pourvu d'un mécanisme de répartition de la base taxable entre les États membres. Comme en matière de « home state taxation », il pourrait s'inspirer des méthodes de répartition proportionnelle (ventes, capital, travail) déjà mises en œuvre aux États-Unis, pour les besoins de la fiscalité des États fédérés.

Cf. la communication précitée de la Commission du 24 novembre 2003.

Un groupe de travail « assiette commune consolidée pour l'impôt des sociétés » (GT ACCIS) a été institué par la Commission. Présidé par un fonctionnaire de la DG fiscalité et union douanière, il est composé d'experts nommés par chaque État membre, et le cas échéant, d'experts supplémentaires invités par la Commission. Le groupe, dont les fonctions sont purement consultatives, est chargé d'examiner les principes fiscaux de base, les éléments structurels fondamentaux d'une ACCIS, et d'autres points techniques tels que le mécanisme de répartition de la base entre États membres. Les premiers travaux du groupe, et de ses sous-groupes, sont disponibles sur le site de la Commission.

Voir notamment les travaux de la réunion du 23 novembre 2004 : principes fiscaux généraux, GT/ACCIS/001Rev1/doc/fr ; actifs et amortissement fiscal, CCCTB/WP04 ; et les travaux de la réunion du 2 juin 2005 : amortissement fiscal des actifs, CCCTB/WP/012/doc/fr, réserves, provisions et passifs, GT/ACCIS/011/doc/en, plus-values et moins-values, CCCTB/WP/010/doc/fr.

3 – Le respect du droit communautaire

26 Hors le cadre de processus de rapprochement, notamment engagés sur le fondement de l'article 94 du Traité CE, la politique fiscale des pays membres de l'Union dans le domaine de la fiscalité directe peut être affectée par l'obligation générale faite aux États membres de respecter les principes du marché commun.

Selon une formule traditionnelle de la Cour de justice des Communautés Européennes, « si la fiscalité directe relève de la compétence des États membres, il n'en reste pas moins que ces derniers doivent l'exercer *dans le respect du droit communautaire* ».

Voir notamment les arrêts des : 14 février 1995, *Schumacker,* C-279/93, point 21, *Rec.*, p. I-225, *DF,* 1995, n° 20, comm. 1089, obs. A. de Waal, *RJF,* 1995, n° 425, concl. Ph. Léger ; 11 août 1995, *Wielockx,* C-80/94, point 16, *Rec.*, p. I-2493 ; 27 juin 1996, *Asscher,* C-107/94, point 36, *Rec.*, p. I-3089 ; 15 mai 1997, *Futura Participations SA et Singer,* C-250/95, point 19, *Rec.*, p. I-2471 ; 28 avril 1998, *Jessica, Safir,* C-118/96, point 21, *Rec.*, p. 1897 ; 16 juillet 1998, *Imperial Chemical Industries,* C-264/96, point 19, *Rec.*, p. I-4695, *RJF,* 1998, p. 940, chr. J. Turot, *DF,* 1998, n° 48, chr. P. Dibout, p. 1475 et s. ; 29 avril 1999, *Royal Bank of Scotland,* C-391/97, point 19, *Rec.*, p. I-2651 ; 13 avril 2000, *C. Baars,* C-251/98, point 32, *Rec.*, p. I-2787 ; 12 décembre 2002, *Lankhorst-Hohorst,* C-324/00, point 26, *Rec.*, p. I-11779 ; 7 septembre 2004, *Manninen,* C-319/02, point 19, *Rec.*, p. I-7477.

Les États membres sont en particulier tenus de respecter le principe général *d'interdiction des discriminations fondées sur la nationalité,* posé à l'article 12 du Traité, et mis en œuvre de manière spécifique dans le domaine des activités salariées et non salariées par les articles 39 et 43 relatifs à la *libre circulation des travailleurs* et à la *liberté d'établissement.* Ils doivent également respecter les dispositions du Traité relatives à la *libre circulation des marchandises* (art. 28) et *des capitaux* (art. 56), ainsi qu'à la *libre prestation des services* (art. 49), soit, au total, ce qu'il est convenu d'appeler les quatre grandes libertés de circulation du Traité (personnes, marchandises, services, capitaux).

27 Les règles du traité en matière d'égalité de traitement conduisent à exclure non seulement les discriminations ostensibles, directement fondées sur la nationalité, mais également toutes formes indirectes de discrimination, aboutissant en fait au même résultat, en particulier celles fondées sur la *résidence.*

La Cour de justice des Communautés européennes admet que les États membres puissent appliquer un traitement fiscal différent selon le siège d'une société ou la résidence d'une personne physique, dès lors que les catégories de contribuables ne se trouvent pas dans une situation comparable (CJCE, 28 janvier 1986, 270/83, *Commission c/ France, Rec.*, p. I-273 ; 14 février 1995, 279/93, *Schumacker,* préc. point 34) ; mais, sachant que les réglementations nationales réservant certains avantages fiscaux aux seuls résidents risquent en fait de jouer au détriment des ressortissants non nationaux, généralement non-résidents, elle sanctionne les différences de traitement fiscal fondées sur le critère de la résidence qui ne seraient pas justifiées par une différence de situation objective (14 février 1995, 279/93, *Schumacker,* préc.).

28 La politique fiscale des États membres, en ce qu'elle intéresse leurs relations économiques extérieures, rencontre une limite particulièrement significative lorsque le principe de non-discrimination vient conforter l'interdiction des *restrictions à l'établissement* des ressortissants d'un État membre dans le territoire d'un autre État membre posée à l'article 43 du Traité, qui s'étend notamment aux restrictions à la création d'agences, de succursales ou de filiales.

Les dispositions de l'article 158 du CGI conduisant à refuser aux succursales et agences en France de sociétés d'assurances ayant leur siège dans un autre État membre le bénéfice de l'avoir fiscal au titre de dividendes de sociétés françaises perçus par ces succursales et agences ont été ainsi regardées comme une discrimination constitutive d'une restriction à leur liberté d'établissement, contraire à l'article 52 du Traité (devenu article 43) (CJCE, 28 janvier 1986, 270/83, *Commission c/ France,* préc.).

De façon générale, la législation fiscale d'un État membre ne peut exclure, pour les sociétés ayant leur siège dans un autre État membre et exerçant des activités dans le premier État par l'intermédiaire d'un établissement stable qui y est situé, le bénéfice d'avantages fiscaux reconnus aux sociétés ayant leur siège dans le premier État membre, dès lors qu'il n'existe aucune différence de situation objective entre ces deux catégories de sociétés susceptible de justifier une telle différence de traitement.

Cf. notamment, CJCE, 29 avril 1999, 311/97, *Royal Bank of Scotland, Rec.*, p. I-2652, concl. Alber, *RJF,* 1999, n° 948, *DF,* 1999, p. 827 ; 21 septembre 1999, 307/97, *Cie de Saint-Gobain, Rec.*, p. I-6163, concl. Mischo, *RJF,* 1999, n° 1629 ; CJCE, 8 mars 2001, aff. 397/98 et 410/98, *Metallgesellschaft et Hoechst, RJF,* 5/01, n° 734.

29 La jurisprudence fiscale de la Cour de justice en matière de liberté d'établissement a d'abord été fondée sur le principe de non-discrimination, directe ou indirecte, en raison de la nationalité. À la fin des années 1990, le juge communautaire a fait application au domaine de la fiscalité directe d'une conception plus large de la liberté d'établissement, dégagée dans un arrêt *Kraus* du 31 mars 1993 (aff. C-19/92, *Rec.*, p. I-1663), et selon laquelle les dispositions du traité s'opposent à toute mesure nationale qui, même applicable sans discrimination tenant à la nationalité, est susceptible de gêner ou de rendre moins attrayant l'exercice, par les ressortissants communautaires, des libertés fondamentales garanties par le traité. L'interdiction des *restrictions* ou *entraves fiscales* à la liberté d'établissement a pu être alors sanctionnée, indépendamment de la discrimination fondée sur la nationalité (*ICI,* 16 juillet 1998, aff. C-264/96, *Rec.*, p. I-4695, point 21 : « Même si, selon leur libellé, les dispositions relatives à la liberté d'établissement visent notamment à assurer le bénéfice du traitement national dans l'État membre d'accueil, elles s'opposent également à ce que l'État d'origine entrave l'établissement dans un autre État membre d'un de ses ressortissants ou d'une société en conformité avec sa législation »).

La règle de non-discrimination n'est pas absente, mais n'est plus, alors, nécessairement liée au critère de la nationalité. Elle peut reposer sur l'usage du droit à la liberté de circulation. La Cour met en cause la mesure nationale qui « impose un désavantage spécifique aux opérateurs qui souhaitent circuler ou s'établir dans la Communauté » (conclusions de l'avocat général M. Poiares Maduro du 7 avril 2005 dans l'affaire *Marks & Spencer,* C-446/03, point 28).

Sur cette évolution, cf. L. Hinnekens, Tendances récentes de la jurisprudence de la CJCE en matière de fiscalité directe, *L'Année fiscale 2004,* p. 39 et s. Voir ég. M. Wathelet, Refus d'harmonisation fiscale et condamnations de la Cour de justice : cohabitation diabolique ?, *RJF,* 7/05, p. 469 et s.

Suivant la jurisprudence de la Cour, ainsi développée, la liberté d'établissement consacrée par l'article 43 du Traité CE s'oppose non seulement aux restrictions mises par la législation fiscale d'un État membre *à l'entrée* d'opérateurs provenant d'un autre État membre, mais aussi aux *restrictions à la sortie,* par lesquelles pourrait être découragé l'établissement de sociétés nationales sur le territoire d'un autre État membre (CJCE, 16 juillet 1998, 264/96, *ICI,* préc. ; 13 avril 2000, *C. Baars,* aff. C-251/98, *DF,* 2000, n° 44, comm. 840 ; 18 septembre 2003, *Bosal Holding,* aff. C-168/01 ; v. D. Gutmann, Chronique de fiscalité européenne, *L'Année fiscale 2004,* p. 267 et s.).

La Cour condamne, de même, la restriction mise à l'exercice, par un contribuable, de son droit d'établissement dans un autre État membre, résultant d'un dispositif d'*exit tax* tel que celui qui était prévu par l'article 167 *bis* du CGI (imposition des plus-values latentes) en cas de transfert du domicile hors de France (cf. CJCE, 11 mars 2004, *de Lasteyrie du Saillant,* aff. C-9/02, *DF,* 2004, n° 20, comm. 483). Le législateur français en a tiré la conséquence en supprimant le dispositif concerné (cf. art. 19 de la loi de finances pour 2005 et art. 30 de la loi de finances rectificative pour 2004. V. *infra,* n° 202).

La jurisprudence de la Cour vient ainsi fortement réduire la capacité d'utilisation de l'instrument fiscal, par les législateurs des États membres, tant à des fins de promotion des entreprises nationales ou de poursuite d'objectifs économiques spécifiques qu'à des fins de protection des intérêts financiers publics.

La Cour de justice ayant condamné le dispositif allemand de lutte contre la sous-capitalisation, qui comportait un traitement fiscal plus défavorable des intérêts versés par des filiales allemandes à leurs sociétés mères lorsque celles-ci étaient étrangères, et non allemandes, mesure rendant « moins attrayant l'exercice de la liberté d'établissement par des sociétés établies dans d'autres États membres » et constituant par là une entrave à la liberté d'établissement (12 décembre 2002, *Lankhorst-Hohorst,* C-324/00. Cf. D. Gutmann, Chronique de fiscalité européenne, *L'Année fiscale 2003,* p. 367 et s.), le Conseil d'État en a tiré la conclusion que le dispositif français poursuivant le même objectif (CGI, art. 212), conduisait de même, en soumettant la société filiale d'une société ressortissante d'un autre État membre à un régime fiscal différent de celui auquel sont soumises les sociétés filiales de sociétés établies en France et imposables selon le régime des sociétés mères, à établir une restriction à la liberté d'établissement énoncée à l'article 43 du Traité CE (CE, sect. 30 décembre 2003, *Rec.*, n° 249047, *SARL Coreal Gestion, DF,* 2004, n° 16, comm. 428 ; V. *infra,* n°s 70 et 384).

30 Comportant une *discrimination* fondée sur la nationalité, une mesure nationale ne pourrait être jugée compatible avec le droit communautaire qu'à condition de relever d'une des dérogations expressément prévues par le Traité. S'agissant du droit d'établissement, son article 46 admet l'applicabilité des mesures prévoyant un régime spécial pour les ressortissants étrangers, lorsqu'elles sont justifiées « par des raisons d'ordre public, de sécurité publique et de santé publique ».

Dans le cas de mesures apparemment non discriminatoires selon le lieu d'établissement, puisque s'appliquant indistinctement aux nationaux et aux étrangers, mais déterminant, par effet dissuasif, une *restriction* à l'exercice de la liberté d'établissement, ou aux autres libertés affirmées par le Traité, leur conformité au droit communautaire pourrait être justifiée, selon la Cour de justice, par des *raisons impérieuses d'intérêt général.*

Un objectif de nature purement *économique,* tel que l'intention de promouvoir l'économie d'un pays en encourageant l'investissement des particuliers dans des sociétés ayant leur siège dans celui-ci (6 juin 2000, C-35/98, *Verkooijen, Rec.*, p. I-4071, *DF,* 2000, n° 42, comm. 792 et étude P. Dibout, p. 1365 et s.) ne pourrait cependant constituer une telle justification.

La perspective d'une *perte de recettes fiscales* ne pourrait davantage être considérée comme une raison impérieuse d'intérêt général pouvant valablement fonder une mesure contraire aux principes du Traité (voir par ex., 16 juillet 1998, 264/96, *Imperial Chemical Industries,* préc., 21 septembre 1999, aff. C-307/97, *Compagnie Saint-Gobain, Rec.*, p. I-6161).

L'efficacité des *contrôles fiscaux* serait susceptible de justifier une restriction à l'exercice des grandes libertés, mais dans le respect du principe de proportionnalité (CJCE, 15 mai 1997, aff. C-250/95, *Futura Participations & Singer, Rec.*, p. I-2471 ; 8 juillet 1999, aff. C-254/97, *société Baxter, Rec.*, p. I-4809).

L'objectif de *prévention de l'évasion fiscale* pourrait sans doute justifier une mesure ayant pour objet spécifique d'exclure d'un avantage fiscal les *montages purement artificiels* dont le but serait de contourner la législation fiscale française, mais non valablement fonder une disposition faisant présumer l'intention de contourner la loi française de tout contribuable qui transfère son domicile hors de France (cf. CJCE, 11 mars 2004, *de Lasteyrie du Saillant,* préc., points 50 à 52 ; v. *infra,* n° 202 ; cf. ég. n° 114, n° 121 et n° 205).

31 Une restriction à l'exercice du droit d'établissement pourrait être d'autre part justifiée par la nécessité de garantir la *cohérence du régime fiscal applicable* (CJCE, 28 janvier 1992, *Bachmann,* 204/90, *Rec.*, p. I-249 ; *DF,* 1992, comm. 1503, note Kornprobst).

Des nombreux arrêts par lesquels la Cour a écarté l'exception de cohérence du régime d'imposition admise dans l'affaire Bachmann, il ressort que, pour être pertinemment invoquée, une telle cause de justification à une entrave ou restriction fiscale devrait cependant s'appliquer à une situation fiscale concernant un même contribuable, une même imposition, et faisant apparaître un lien direct entre la déduction d'une charge, ou l'octroi d'un avantage fiscal, et la taxation d'un produit (v. notamment, CJCE, 11 août 1995, *Wielockx,* C-80/94, *Rec.*, p. I-2493 ; 14 novembre 1995, *Svensson* et *Gustavsson, Rec.*, p. I-3955, 16 juillet 1998, *ICI,* préc.).

L'exigence d'une appréciation de la cohérence fiscale dans le chef d'un seul contribuable est toutefois discutée dès lors que pourrait « exceptionnellement exister un lien justifiant la cohérence fiscale lorsqu'une charge pesant sur un contribuable est compensée par un allégement pour un autre contribuable » (concl. avocate générale Kokott du 18 mars 2004, dans l'affaire *Manninen* préc., C-319/02, *BDCF,* 11/04, n° 141, § 61).

Selon l'avocat général M. Poiares Maduro, la cohérence fiscale devrait être d'abord jugée au regard de la *finalité et de la logique du régime fiscal* en cause. Ainsi, le but du régime britannique de dégrèvement de groupe étant de neutraliser fiscalement les effets de la constitution d'un groupe de sociétés, la cohérence de ce régime fiscal voudrait que la circulation des pertes n'ait pas pour effet de permettre une double prise en compte de celles-ci, circonstance qui se rencontrerait si les pertes des filiales étrangères autorisaient un dégrèvement pour une entité du groupe établie au Royaume-Uni, alors qu'elles auraient été transférées ou reportées dans l'État d'établissement desdites filiales (cf. concl. présentées le 7 avril 2005 dans l'affaire *Marks & Spencer,* C-446/03, n°s 71 et s.). Pour une critique de cette conception, voir M. Wathelet, étude préc., *RJF,* 7/05.

32 Principes de *liberté de circulation des capitaux* et de *libre prestation des services.*

La *liberté de circulation des capitaux,* d'abord prévue de façon progressive et conditionnelle par le traité de Rome, puis de manière plus franche et définitive par la directive 88/361 du 24 juin 1988, et clairement réaffirmée par l'article 56, § 1 du Traité CE, dans sa rédaction issue du traité de Maastricht, trouve également application en matière fiscale.

Statuant sur le cas d'une législation néerlandaise en matière d'imposition des dividendes, qui réservait le bénéfice d'une exonération d'impôt sur le revenu, à concurrence d'un certain montant, aux seuls dividendes distribués par les sociétés établies aux Pays-Bas, soumis à une retenue à la source, la Cour de justice des Communautés européennes, dans l'arrêt *Verkooijen,* précité, rendu le 6 juin 2000, a clairement affirmé (point 36) que « le fait de subordonner l'octroi d'un avantage fiscal en matière d'impôt sur le revenu des personnes physiques actionnaires, tel que l'exonération des dividendes, à la condition que les dividendes proviennent de sociétés établies sur le territoire national constitue une restriction aux mouvements de capitaux », interdite par le droit communautaire.

En vue d'assurer une conformité plus satisfaisante au droit communautaire des dispositions de la loi en matière d'imposition des produits financiers, le législateur français a procédé à des ajustements successifs du régime fiscal applicable aux supports d'épargne réglementée, en particulier au plan d'épargne en actions (PEA), dont les avantages étaient initialement réservés aux actions et parts sociales émises par des sociétés ayant leur siège en France. Ont été rendues éligibles au PEA, les actions de sociétés européennes reçues dans le cadre de certaines opérations d'échange (art. 14 de la loi de finances rectificative pour 1999, n° 99-1173 du 30 décembre 1999) puis, plus généralement, les titres de sociétés européennes (art. 79-I-B de la loi de finances pour 2002, n° 2001-1275 du 28 décembre 2001) et, plus récemment, les titres émis par une société située dans un État non membre de l'Union européenne mais membre de l'espace économique européen (EEE, incluant le Liechtenstein, la Norvège et l'Islande) et ayant conclu avec la France une convention fiscale comportant une clause d'assistance administrative (art. 40 de la loi de finances pour 2005, n° 2004-1484 du 30 décembre 2004).

L'Accord sur l'espace économique européen, de fait, comporte une protection de la liberté de circulation des capitaux que la Cour de l'Association européenne de libre-échange interprète de la même façon que la CJCE (cf. Cour AELE, 23 novembre 2004, aff. E-1/04, *Fokus Bank Asa, DF,* 2004, act. 230).

Par un arrêt *Manninen* du 7 septembre 2004 (aff. C-319/02), la Cour de justice des Communautés européennes a surtout regardé comme une restriction à la libre circulation des capitaux prohibée, en principe, par l'article 56 CE, le dispositif finlandais d'*avoir fiscal,* applicable uniquement en faveur de dividendes versés par des sociétés établies en Finlande et ayant de ce fait, selon la Cour, l'effet de « dissuader les personnes assujetties à l'impôt à titre principal en Finlande d'investir leurs capitaux dans des sociétés ayant leur siège dans un autre État membre » et d'exercer un autre effet restrictif à l'égard des sociétés établies dans d'autres États membres en constituant un obstacle à la collecte de capitaux en Finlande. L'analyse était à l'évidence transposable à l'ancien dispositif français d'avoir fiscal. Aussi peut-on déceler dans la contradiction avec le droit communautaire l'une des raisons qui ont conduit à l'abandon de celui-ci, opéré par la loi de finances pour 2004.

La suppression nécessaire des obstacles aux mouvements de capitaux explique également l'extension à des revenus de source étrangère d'avantages jusqu'ici réservés aux seuls revenus de source française. Ainsi de l'extension du prélèvement libératoire concernant les revenus visés aux articles 125-O A et 125 A du CGI à des produits de placements à revenus fixes de source européenne (art. 40 de la loi de finances rectificative pour 2004, n° 2004-1485 du 30 décembre 2004).

Sur l'incompatibilité du dispositif antérieur de prélèvement libératoire avec les articles 49 et 56 CE, cf. CJCE, 4 mars 2004, Commission c/ France, aff. C-334/02, *DF,* 2004, n° 44-45, comm. 813.

Le principe de *libre prestation des services* (Traité CE, art. 49) s'oppose par exemple, selon la CJCE, à une « réglementation d'un État membre qui réserve aux seules opérations de recherche réalisées sur son territoire, le bénéfice d'un crédit d'impôt recherche » (10 mars 2005, aff. C-39/04, *Laboratoires Fournier*), et a conduit le législateur français à modifier, par anticipation de la jurisprudence citée, le régime du *crédit d'impôt-recherche* (cf. art. 45 de la loi de finances rectificative pour 2004, n° 2004-1485 du 30 décembre 2004).

Le dispositif antérieur ne permettait pas aux entreprises de prendre en compte dans la base du crédit d'impôt les dépenses de recherche effectuées hors de France et, pouvant ainsi les dissuader de confier leurs opérations de recherche à des prestataires situés dans d'autres États membres de l'Union européenne, opérait une discrimination à l'égard des entreprises étrangères situées en France dont les centres de recherche sont en principe situés dans l'État où la société mère a son siège.

Le nouveau dispositif (CGI, art. 244 *quater* B-II) supprime l'obligation de localisation en France des dépenses de recherche, seules étant toutefois éligibles au crédit d'impôt celles retenues pour la détermination du résultat imposable à l'impôt sur le revenu ou à l'impôt sur les sociétés dans les conditions de droit commun, et qui, sauf le cas des dépenses relatives aux frais de défense de brevets et de veille technologique, correspondent à des opérations localisées dans un État membre de l'Union européenne ou un autre État partie à l'Espace économique européen ayant conclu avec la France une convention fiscale contenant une clause d'assistance administrative (soit, exception faite du Liechtenstein).

B – Les restrictions spécifiques au libre exercice des politiques fiscales

1 – Le régime des aides fiscales d'État

33 L'article 87 du Traité CE pose en principe l'incompatibilité avec le marché commun, dans la mesure où elles affectent les échanges entre États membres, des aides accordées par les États ou au moyen de ressources d'État sous quelque forme que ce soit qui faussent ou qui menacent de fausser la concurrence en favorisant certaines entreprises ou certaines productions.

La Commission a précisé les conditions d'application de ce texte en matière fiscale, dans une Communication de 1998 *« sur l'application des règles relatives aux aides d'État aux mesures relevant de la fiscalité directe des entreprises »* [*JO,* n° C 384 du 10 décembre 1998, p. 3. Voir ég. Le *Rapport* du 9 février 2004 *sur la mise en œuvre de la Communication de la Commission sur l'application des règles en matière d'aides d'État aux mesures relevant de la fiscalité directe des entreprises,* C(2004)434].

La Commission y expose que pour être qualifiée d'aide au sens de l'article 87, une mesure fiscale doit répondre cumulativement à quatre critères :

1 / La mesure doit procurer à ses bénéficiaires un avantage qui allège les charges qui normalement grèvent leur budget. Il peut s'agir d'une réduction de l'assiette imposable, d'une réduction totale ou partielle du montant de l'impôt (exonération, crédit d'impôt...), d'un ajournement, d'une annulation ou d'un rééchelonnement exceptionnel de la dette fiscale.

2 / L'avantage doit être octroyé par l'État ou au moyen de ressources d'État, ce critère englobant les aides accordées par des entités régionales et locales des États membres. Les mesures d'aide concernées peuvent être de nature législative ou réglementaire, mais consister, aussi bien, en mesures administratives ou en pratiques de l'administration fiscale.

3 / La mesure en cause doit affecter la concurrence et les échanges entre États membres. Selon une jurisprudence constante de la Cour de justice, la condition de l'affectation des échanges est remplie dès lors que l'entreprise bénéficiaire d'une aide exerce une activité économique qui fait l'objet d'échanges entre les États membres. Le simple fait que l'aide renforce la position d'une entreprise par rapport à d'autres entreprises concurrentes dans les échanges intracommunautaires permet de considérer que ces échanges ont été

affectés, nonobstant la modicité de l'aide, ou de la taille du bénéficiaire, comme l'absence d'activité à l'exportation de celui-ci.

4 / La mesure doit être spécifique ou sélective, au sens qu'elle favorise certaines entreprises ou certaines productions.

Les aides d'État doivent être à cet égard distinguées des *mesures générales,* ouvertes à tous les acteurs économiques opérant sur le territoire d'un État. Sous réserve qu'elles s'appliquent indifféremment à toutes les entreprises et à toutes les productions, ne constituent pas des aides d'État les mesures de pure technique fiscale (par exemple, la fixation des taux d'imposition, des règles d'amortissement ou de reports de pertes, les dispositions destinées à éviter la double taxation ou l'évasion fiscale), non plus que les mesures poursuivant un objectif de politique économique générale en réduisant la charge fiscale liée à certains coûts de production (par exemple, recherche et développement, environnement, formation, emploi).

Ce qui, selon la Commission, est avant tout pertinent pour l'application de l'article 87 à une mesure fiscale, « c'est que cette mesure instaure, en faveur de certaines entreprises de l'État membre, une exception à l'application du système fiscal. Il convient donc d'abord de déterminer le régime commun applicable. Il est ensuite nécessaire d'examiner si l'exception ou des différenciations à l'intérieur de ce régime sont justifiées » par la nature ou l'économie du système fiscal «, c'est-à-dire si elles résultent directement des principes fondateurs ou directeurs du système fiscal de l'État membre concerné. Si tel n'est pas le cas, il s'agit d'une aide d'État. » (Comm. préc. du 10 décembre 1998, point 16).

La sélectivité d'une mesure peut être matérielle, mais aussi *géographique*. La qualification de mesure sélective se fonde alors sur une comparaison entre le traitement fiscal avantageux accordé à certaines entreprises et celui réservé à d'autres entreprises qui se trouvent dans le même cadre de référence, le contexte de cette comparaison étant le territoire de l'État membre. Autrement dit, la réduction spécifique d'un impôt, relevant du système fiscal national, mise en œuvre par une collectivité locale, est considérée comme une mesure sélective (cf. le Rapport du 9 février 2004 préc., n°s 30 à 33 et la décision du 11 décembre 2002 relative au système fiscal des Açores, *JO,* L 150 du 18 juin 2003, p. 52).

34 Le principe d'interdiction des aides d'État souffre certaines exceptions.

L'article 87-2 du traité déclare d'abord compatibles avec le marché commun les aides à caractère social octroyées aux consommateurs individuels, à condition qu'elles soient accordées sans discrimination liée à l'origine des produits, les aides destinées à remédier aux dommages causés par les calamités naturelles ou par d'autres événements extraordinaires, ainsi que les aides octroyées à l'économie de certaines régions de la République fédérale d'Allemagne affectées par la division de l'Allemagne, dans la mesure où elles sont nécessaires pour compenser les désavantages économiques causés par cette division.

L'article 87-3 ajoute que peuvent être considérées comme compatibles avec le marché commun :

a) les aides destinées à favoriser le développement économique de régions dans lesquelles le niveau de vie est anormalement bas ou dans lesquelles sévit un grave sous-emploi ;
b) les aides destinées à promouvoir la réalisation d'un projet important d'intérêt européen commun ou à remédier à une perturbation grave de l'économie d'un État membre ;
c) les aides destinées à faciliter le développement de certaines activités ou de certaines régions économiques, quand elles n'altèrent pas les conditions des échanges dans une mesure contraire à l'intérêt commun ;
d) les aides destinées à promouvoir la culture et la conservation du patrimoine, quand elles n'altèrent pas les conditions des échanges et de la concurrence dans la Communauté dans une mesure contraire à l'intérêt commun,
e) les autres catégories d'aides déterminées par décision du Conseil statuant à la majorité qualifiée sur proposition de la Commission.

35 Les régimes d'aides, y compris de nature fiscale, institués par les États sont cependant soumis à un strict contrôle de la Commission, prévu à l'article 88 du Traité, et dont les modalités d'application ont été précisées par un règlement du 22 mars 1999 (*JO,* L 83 du 27 mars 1999, p. 1), modifié par le règlement 794/2004 du 21 avril 2004 (*JO,* L 140 du 30 avril 2004).

La Commission examine la compatibilité des *aides existantes* (sur cette notion, voir Rapport préc. du 9 février 2004, n° 51) au regard des règles du traité. Si elle les juge incompatibles, elle propose à l'État concerné des mesures utiles visant à éliminer la distorsion de concurrence résultant de l'application de ces aides. Elle ne peut cependant ordonner leur récupération auprès des bénéficiaires.

Les *aides nouvelles* doivent être notifiées à la Commission avant leur mise en exécution. La mesure susceptible d'être qualifiée d'aide d'État appliquée avant autorisation préalable de la Commission est illégale. Si elle s'avère incompatible, elle doit en principe faire l'objet d'un ordre de remboursement.

Si la Commission constate, après un examen préliminaire, que la mesure notifiée suscite des doutes quant à sa compatibilité avec le marché commun, elle décide d'ouvrir une procédure formelle d'examen, clôturée par une décision pouvant constater que la mesure ne constitue pas une aide, ou que l'aide est compatible avec le marché commun (décision positive), la décision pouvant être assortie de conditions et d'obligations (décision conditionnelle), ou que la mesure est incompatible avec le marché commun et ne peut être mise à exécution (décision négative).

Si l'État membre concerné ne se conforme pas à une décision conditionnelle ou négative, la Commission peut saisir la Cour de justice.

36 Le règlement (CE) n° 994/98 du Conseil du 7 mai 1998 permet à la Commission de déclarer, par voie de règlements, que certaines catégories d'aides sont compatibles avec le marché commun et ne sont pas soumises à l'obligation de notification prévue à l'article 88-3 du traité. Ces catégories comprennent les aides en faveur de petites et moyennes entreprises (cf. le règlement n° 70/2001 de la Commission du 12 janvier 2001), de la recherche et du développement, de la protection de l'environnement, de l'emploi (cf. le règlement n° 2204/2002 de la Commission du 12 décembre 2002, *JO,* L 337 du 13 décembre) et de la formation (cf. le règlement n° 68/2001 de la Commission du 12 janvier 2001, *JO,* L 10 du 13 janvier), ainsi que les aides respectant la carte approuvée par la Commission pour chaque État membre pour l'octroi des aides à finalité régionale.

Les règlements pris par la Commission précisent pour chaque catégorie d'aides : l'objectif des aides, les catégories de bénéficiaires, les seuils des aides concernées, les conditions relatives au cumul des aides et les conditions de contrôle des aides.

Par ailleurs, la Commission peut décider, par voie de règlements, que certaines aides ne satisfont pas à tous les critères de l'article 87-1 du traité et qu'elles sont exemptées de la procédure de notification prévue à l'article 88-3 pour autant que les aides accordées à une même entreprise sur une période donnée ne dépassent pas un montant fixe déterminé. Ce dispositif, dit des aides *de minimis,* a été précisé par le règlement n° 69/2001 de la Commission du 12 janvier 2001 (*JO,* L 10 du 13 janvier), qui exempte de la procédure de notification les aides accordées à une entreprise qui n'excèdent pas un plafond de 100 000 € sur une période de trois ans. Le bénéficiaire d'une aide *de minimis* peut obtenir d'autres aides d'État, autorisées par la Commission ou couvertes par un règlement d'exemption, pour le même projet, dès lors que le montant de *minimis* ne constitue pas juridiquement une aide d'État. En revanche, en cas de pluralité d'aides *de minimis,* il y a lieu de s'assurer qu'est bien respecté le plafond prévu pour les aides octroyées conformément à ce régime.

2 – Le Code de conduite dans le domaine de la fiscalité des entreprises

37 Le *Code de conduite dans le domaine de la fiscalité des entreprises* a été adopté par une résolution du Conseil et des représentants des gouvernements des États membres réunis au sein du Conseil en date du 1er décembre 1997, dans le cadre d'une action coordonnée au niveau européen pour lutter contre la concurrence fiscale dommageable. Il constitue un engagement politique, en vue du gel puis du démantèlement des mesures ayant, ou pouvant avoir une incidence sensible sur la *localisation* des activités économiques au sein de la Communauté.

La résolution du 1er décembre 1997 énonçait les caractéristiques générales, ainsi que les critères d'identification, des mesures potentiellement dommageables couvertes par le Code. Leur sélection et leur évaluation ont été assurées par un Groupe *ad hoc,* qui, présidé par Mme Primarolo, a remis son rapport final le 29 novembre 1999.

Selon la résolution du 1er décembre 1997, les dispositifs méritant examen au regard de l'objectif de lutte contre la concurrence dommageable devaient s'entendre des mesures fiscales, à caractère législatif, réglementaire ou purement administratif, « établissant un niveau d'imposition effective nettement inférieur, y compris une imposition nulle, par rapport à ceux qui s'appliquent normalement dans l'État membre concerné ».

Comme le régime des aides d'État, le Code de conduite concerne ainsi des dispositifs dérogatoires à la règle fiscale commune, plus particulièrement ceux ayant pour objet particulier l'attraction d'activités économiques sur le territoire d'un État membre, même s'il s'agit d'activités principalement tournées vers l'extérieur, et ayant, par elles-mêmes, une substance réduite. Le dispositif concerne autant, autrement dit, les mesures visant à la localisation de bases taxables sur un territoire leur offrant des conditions favorables, que celles visant à l'implantation d'activités économiques substantielles.

En ce qui concerne la France, le groupe *Primarolo* a admis au nombre des mesures dommageables le régime de taxation au taux des plus-values à long terme des redevances sur brevet (CGI, art. 39 *terdecies*-1, 1 *bis* et 1 *ter*), ainsi que les régimes de provisions pour reconstitution de gisements miniers et pétroliers (CGI, art. 39 *ter* et 39 *ter* B). Il a également retenu, en tant que mesure ayant un effet dommageable sur la concurrence, le régime fiscal des quartiers généraux et centres de logistique, défini par une simple instruction administrative (instruction du 21 janvier 1997, *BOI,* 13-G-1-97. Voir *infra,* n°s 421 et s.).

La même qualification a été appliquée aux régimes belges des centres de coordination, de distribution et de services, aux régimes applicables aux centres de coordination établis au Pays basque et en Navarre, au régime des centres de coordination du Luxembourg, à celui des centres de contrôle et de coordination des sociétés étrangères en Allemagne, à certaines méthodes de détermination du bénéfice applicables aux Pays-Bas, sur la base de *rulings,* aux activités de caractère préparatoire ou auxiliaire ayant lieu entre des entités apparentées.

Au terme de l'examen des mesures fiscales potentiellement dommageables mises en œuvre par les États membres de l'Union, rangées en cinq catégories – services intragroupes, services financiers et sociétés offshore, autres régimes sectoriels spécifiques, incitations à caractère régional et autres mesures –, auxquelles a été ajoutée celle destinée à couvrir les territoires dépendants et associés, soit au total 285 régimes fiscaux de faveur, le groupe Code de conduite a attribué une évaluation positive à 66 d'entre eux.

Outre les régimes d'incitation à l'implantation de centres de services intragroupe, ont été en particulier retenus en tant que mesures d'effet dommageable sur la concurrence certains régimes de sociétés holding (Danemark, Luxembourg, Pays-Bas), de centres de services financiers (Dublin, Trieste) ou d'activités de financement (Luxembourg, Pays-Bas), le traitement fiscal de faveur des activités manufacturières en Irlande et celui appliqué dans la zone de l'aéroport de Shannon, le régime des zones franches de Madère et des Açores, ainsi que de nombreux régimes fiscaux mis en œuvre dans des territoires dépendants ou associés d'États membres de l'Union (Gibraltar, Guernesey, île de Man, Jersey, îles Vierges britanniques, Antilles néerlandaises) en vue d'y favoriser l'exercice d'activités off-shore dans les domaines financier, commercial, de l'assurance et de la gestion de patrimoines.

38 Par lui-même, le Code de conduite n'exerce pas d'effets juridiques contraignants sur les États membres. L'engagement politique pris à son égard en 1997 a été cependant renouvelé lors du Conseil des ministres de l'économie et des finances (ECOFIN) du 27 novembre 2000, où a été retenu le principe d'un démantèlement au 1er janvier 2003 des mesures fiscales dommageables, dont les bénéfices ne devraient pas, sauf exceptions, produire d'effets au-delà de la fin de 2005.

La France, pour sa part, a :

— réduit la portée du régime de provision pour reconstitution de gisement de substances minérales solides, en supprimant la dispense de réintégration au résultat imposable des dotations déduites, précédemment admise en cas de remploi dans des investissements éligibles (cf. art. 54 de la loi de finances rectificative pour 2001, n° 2001-1276 ; cf. instr. du 3 janvier 2003, *BOI,* 4-E-1-03) ;
— comme celle du régime de provision pour reconstitution de gisements d'hydrocarbures (cf. art. 11 de la loi de finances pour 2001, n° 2000-1352 du 30 décembre 2000) ;
— modifié le régime fiscal des redevances de propriété industrielle versées à l'intérieur d'un même groupe d'entreprises, de façon à supprimer la discrimination existante en faveur des entreprises fiscalement non résidentes (cf. art. 54-I-A et C de la loi de finances rectificative pour 2001, n° 2001-1276 du 28 décembre 2001).

Plusieurs modifications ont été également apportées à l'instruction du 21 janvier 1997 définissant le régime fiscal des quartiers généraux et centres de logistique (v. *BOI,* 4-C-5-02, n° 175 du 11 octobre 2002 et *BOI,* 4-C-6-03, n° 139 du 14 août 2003).

Certaines des mesures visées par le Code de conduite peuvent, simultanément, constituer des aides fiscales d'État au sens de l'article 87 du Traité CE, pouvant justifier l'intervention de la Commission. C'est sur cette base que celle-ci a entrepris, en 2001, l'examen critique des régimes fiscaux applicables aux quartiers généraux de groupes transnationaux.

3 – L'action de l'OCDE en faveur de la neutralité fiscale

39 L'OCDE a également engagé, depuis 1996, des travaux relatifs au problème de la concurrence fiscale déloyale, par laquelle certains États ou territoires cherchent, au moyen de régimes préférentiels ou par un statut de paradis fiscal, à attirer les activités d'agents non-résidents, et, ce faisant, perturbent le fonctionnement des économies et risquent de priver de ressources d'autres États, conduits à s'engager à leur tour dans une course au « moins-disant fiscal ».

Sur la base du rapport « Concurrence fiscale dommageable : un problème mondial » présenté en 1998, l'OCDE a entrepris, d'une part une identification des régimes fiscaux préférentiels potentiellement dommageables dans les pays membres, d'autre part une identification des juridictions présentant les caractéristiques d'un paradis fiscal.

Un nouveau rapport publié en 2000 (« Vers une coopération fiscale globale ») dressait une liste de *régimes fiscaux préférentiels* potentiellement dommageables en matière de services mobiles aux entreprises et d'activités financières, excluant les régimes de sociétés holding, en vue d'un démantèlement des mesures effectivement dommageables à l'horizon 2003, conformément aux engagements politiques des États membres.

Un *rapport d'étape sur les pratiques fiscales dommageables* publié en 2004 faisait état des progrès considérables obtenus, tant en matière de démantèlement des régimes potentiellement dommageables identifiés chez les pays membres qu'en matière de coopération avec les pays et territoires extérieurs à l'OCDE, et fixait un cadre pour l'application coordonnée de mesures défensives de lutte contre les pratiques fiscales dommageables.

Les actions parallèles de l'Union européenne et de l'OCDE ont par exemple conduit à l'abolition : du centre de services financiers et d'assurance de Trieste en Italie, des régimes préférentiels irlandais de la zone aéroportuaire de Shannon et du centre de services financiers internationaux, ou du centre d'affaires internationales de Madère au Portugal.

S'agissant des *paradis fiscaux,* le rapport « Vers une coopération fiscale globale » de l'OCDE en fournissait une liste sur la base des critères définis en 1998. Selon l'OCDE, quatre facteurs clés conduisent à d'identification d'un paradis fiscal : 1 / les revenus correspondants (d'activités financières et autres activités de services mobiles sur le plan géographique) sont soumis à un impôt nul ou négligeable ; 2 / il n'existe pas d'échanges de renseignements effectifs concernant ce régime ; 3 / les régimes applicables dans la juridiction en question manquent de transparence ; et 4 / la juridiction facilite l'établissement d'entités sous contrôle étranger sans obligation d'une présence locale substantielle ou interdit à ces entités d'avoir un impact commercial sur l'activité économique locale.

L'OCDE a ensuite fait le partage entre paradis fiscaux « coopératifs » et paradis fiscaux « non coopératifs », c'est-à-dire n'ayant pas souhaité prendre d'engagements en matière de transparence et d'échange effectif de renseignements. En 2005, 33 juridictions avaient pris des engagements de cette nature, la liste des paradis fiscaux non coopératifs regroupant seulement le Liberia, la principauté du Liechtenstein, la République des îles Marshall, la principauté de Monaco et Andorre, qui annonçait toutefois sa prochaine participation aux travaux du Forum mondial de l'OCDE sur la transparence et l'échange de renseignements.

4 – Le contrôle juridictionnel de conformité des règles fiscales nationales au droit communautaire et au droit européen

40 Le *droit communautaire* est un élément des normes internationales auxquelles l'article 55 de la Constitution française reconnaît, à certaines conditions, une autorité supérieure à celle des lois. On sait qu'après avoir exclu, à propos d'un règlement communautaire, de sanctionner la supériorité des traités sur les lois postérieures (Cons. d'État, Sect., 1er mars 1968, *Syndicat général des fabricants de semoule de France, Rec.*, p. 149, *AJDA,* 1968, p. 235, concl. Questiaux), le Conseil d'État a finalement admis sa compétence pour vérifier la compatibilité de la loi avec la norme internationale (Cons. d'État, Ass., 20 octobre 1989, *Nicolo, Rec.*, p. 190, concl. Frydman), dans des conditions permettant d'assurer le respect, par les lois françaises, du droit communautaire originaire (traités) comme du droit dérivé (règlements, directives dans certaines limites, décisions). Le juge administratif se rangeait ainsi à la position déjà adoptée par la Cour de cassation (Cass. mixte, 24 mai 1975, Société des cafés Jacques Vabre, *Bull. civ.*, n° 4, Dalloz, 1975, J, p. 497, concl. Touffait) et bien entendu soutenue par la

Cour de justice des Communautés européennes (cf. CJCE, 9 mars 1978, SA Simmenthal, *Rec.*, p. 629).

Le ralliement du Conseil d'État à une solution permettant une sanction effective de la hiérarchie des normes a été d'autant plus déterminant que, si le juge communautaire – Cour de justice des Communautés européennes (CJCE) ou Tribunal de première instance (TPI) – assure, dans le cadre de sa compétence d'attribution, un contrôle de conformité des règles nationales, notamment en matière fiscale, au droit communautaire, c'est le juge national qui est le juge de droit commun de celui-ci.

41 Le *juge communautaire* connaît de différents *recours,* principalement :

— *recours en manquement* au droit communautaire (art. 226 à 228 CE), à l'initiative de la Commission (art. 226 du Traité CE) ou de tout État membre (art. 227), pouvant faire suite à la plainte d'une entreprise ou d'un particulier, et visant à sanctionner la violation par tout État membre d'une disposition contenue dans les traités, en ce compris les règles issues du droit dérivé (règlements, directives, décisions) ;
— *recours en annulation,* ouvert aux personnes privées, contre un acte émanant d'une institution communautaire, décision formelle ou règlement s'apparentant à une décision individuelle ;
— *recours en carence, recours en indemnisation.*

Il connaît également des *questions préjudicielles,* touchant à l'interprétation ou la validité du droit communautaire, qui lui sont renvoyées par une juridiction d'un des États membres.

Seule, une *juridiction* au sens de l'article 234 du Traité CE, satisfaisant aux critères dégagés par la Cour de justice (CJCE, 30 juin 1966, aff. 61/65, *Vaassen-Göbbels, Rec.*, p. 377 et s. ; 17 septembre 1997, aff. C-54/96, *Dorsch Consult, Rec.*, I, p. 4961) a la possibilité de saisir celle-ci afin qu'elle se prononce sur l'interprétation ou la validité d'un texte communautaire.

Sur le refus, par la CJCE (30 mai 2002, aff. C-516/99, Schmid, *Rec.*, 2002, p. I-4573), d'accueillir un recours préjudiciel émanant de l'organe autrichien de dernière instance dans la procédure contentieuse fiscale *(Finanzlandesdirektion),* et la réforme en ayant résulté de l'organisation du contentieux fiscal en Autriche, v. E. Burgstaller, Le contrôle de conventionnalité par les juridictions nationales en matière fiscale en Autriche, *L'Année fiscale 2005,* p. 53 et s.

Le recours préjudiciel en interprétation ou en appréciation de validité est en principe facultatif. Toutefois, lorsque la question est soulevée dans une affaire pendante devant une juridiction nationale dont les décisions ne sont pas susceptibles d'un recours juridictionnel de droit interne, cette juridiction est tenue de saisir la Cour de justice (art. 234, anciennement 177, du Traité).

Les limites nécessaires à la démarche préjudicielle ont pu trouver, en France, le fondement de la théorie de *l'acte clair,* permettant au juge national d'écarter le recours au juge communautaire lorsque la norme communautaire concernée ne suscite pas de difficultés particulières d'interprétation. L'interprétation par la Cour de justice de l'ancien article 177 tend à substituer à la théorie de l'acte clair celle, plutôt, de l'acte évident (cf. CJCE, 6 octobre 1982, aff. 283/81, *Cilfit, Rec.*, 1982, p. 3415 ; v. M.-C. Bergerès, *Contentieux communautaire,* Paris, PUF, 1re éd., p. 239), la pratique du Conseil d'État révélant toujours une certaine ambiguïté (cf. M.-C. Bergerès, La pratique de la question préjudicielle par le Conseil d'État : des réponses ambiguës (à propos de l'arrêt du Conseil d'État du 30 décembre 2003 *SARL Coréal Gestion*), *DF,* 2004, n° 49, p. 1719 ; v. ég. E. Ginter, *note* sous CJCE, 21 novembre 2002, aff. C-436/00, *X et Y, DF,* 2003, n° 15, p. 588).

Pour un exemple de censure directe, par le Conseil d'État, d'un dispositif national non conforme au droit communautaire tel qu'interprété par la Cour de justice, voir, à propos de l'article 212 du CGI, l'arrêt du 30 décembre 2003, *Rec.*, n° 249047, *SARL Coréal Gestion.* V. *infra,* n° 70.

Sur les pratiques européennes comparées de contrôle de conventionnalité, voir *Le contrôle de conventionnalité par les juridictions nationales en matière fiscale, pratiques européennes* (Allemagne, Autriche, Espagne, Grèce, Portugal, Royaume-Uni), dossier, *L'Année fiscale 2005,* p. 9 et s.

42 Le contrôle de conventionnalité assuré par le juge national en matière fiscale, notamment au regard des normes du droit communautaire, peut, bien entendu, s'exercer dans le cadre du contentieux de l'application individuelle de l'impôt.

Il tend également à s'exercer de manière anticipée, sans qu'il y ait lieu d'attendre l'opportunité du règlement d'un litige fiscal particulier, à la faveur de l'élargissement du rôle du *recours pour excès de pouvoir* en matière fiscale.

Ce recours est plus aisément offert, en particulier, à l'encontre des circulaires administratives depuis l'intervention de l'arrêt *Duvignères* (CE, Sect., 18 décembre 2002, *RFDA,* 2003.274, concl. P. Fombeur), par lequel le Conseil d'État a admis sa recevabilité à l'encontre des dispositions *impératives* à caractère général d'une circulaire ou instruction, qui doivent être regardées comme faisant grief, alors qu'auparavant, seuls étaient recevables les recours dirigés contre des circulaires qui innovaient par rapport au droit existant, et présentaient de ce fait un caractère réglementaire les entachant d'incompétence (CE, Ass., 29 janvier 1954, *Notre-Dame du Kreisker,* p. 64). Le critère de recevabilité du recours contre les circulaires étant désormais, non plus le bien-fondé de celles-ci, mais le caractère impératif ou non de leurs dispositions, l'examen du juge peut porter non seulement sur la compétence de l'auteur de la norme mais aussi, en cas de compétence de celui-ci, sur la conformité de la règle aux normes de rang supérieur, y compris celles issues du droit communautaire.

Appliquée à la matière fiscale, où les instructions tiennent une place considérable, la jurisprudence *Duvignères* offre au juge de l'excès de pouvoir de vastes perspectives de contrôle de la conformité au droit communautaire des normes énoncées par une instruction et, à travers elles, des normes supérieures (règlements, lois) néanmoins tenues au respect des normes communautaires (cf. A. Geslin, Le droit communautaire est-il transparent face à la doctrine administrative fiscale ?, *BF,* 8-9/03, p. 605 et s.). Transposée du domaine administratif au domaine fiscal (cf. CE, 19 février 2003, n° 235697, *Sté Auberge Ferme des Genêts, RJF,* 5/03, n° 616. V. ég. P. Collin, Chr. de Procédures fiscales, *L'Année fiscale 2004,* p. 260), la jurisprudence *Duvignères* y a cependant fait l'objet d'une interprétation restrictive dans une décision du 4 février 2004, *OPHLM de Seine-et-Marne* (n° 248647, *RJF,* 4/04, 405, avec la chr. de L. Olléon, p. 271, Recours pour excès de pouvoir contre les instructions fiscales : la photographie du droit existant n'est pas contestable, et concl. G. Bachelier, *BDCF,* 4/04, n° 53), par laquelle le Conseil d'État a jugé que l'instruction qui recopie la loi fiscale ne présente pas de caractère impératif. La notion d'impérativité pourrait néanmoins connaître des évolutions ultérieures susceptibles de restituer une portée plus significative, en matière fiscale, à la jurisprudence *Duvignères.*

Sur le recours pour excès de pouvoir en matière fiscale, cf. E. Ginter, Le recours pour excès de pouvoir en matière fiscale après l'arrêt du Conseil d'État du 10 novembre 2004 *« Lasteyrie du Saillant », DF,* 2005, n° 3, p. 145 et s. ; M. Collet, La recevabilité du recours en annulation contre les instructions fiscales, *DF,* 2005, n° 25, p. 1071 et s.

43 *Convention européenne des droits de l'homme.* Le respect, par le législateur national, des normes internationales, dans les conditions prévues à l'article 55 de la Constitution, s'étend notamment à celles fixées par la Convention européenne de sauvegarde des droits de l'homme et des libertés fondamentales.

L'application à la matière fiscale de cette Convention demeure cependant de portée limitée. Son article 6, § 1, relatif au droit à un tribunal indépendant et impartial, intéresse le domaine des sanctions fiscales relevant du domaine *pénal* (CEDH, 24 février 1994, *Bendenoun,* n° 3/1993/398/476, *RJF,* 4/94, n° 503, chr. G. Goulard, *RJF,* 6/94, p. 383), mais le volet « civil » de l'article 6, § 1 est inopérant en ce qui concerne l'imposition *stricto sensu,* laquelle « ressortit encore au noyau dur des prérogatives de puissance publique, le caractère public du rapport entre le contribuable et la collectivité restant prédominant » (CEDH, 12 juillet 2001, n° 44759/98, *Ferrazini c/ Italie, RJF,* 1/02, n° 128 ; v. J. Maïa, Illusions et promesses de l'application à la matière fiscale de la Convention européenne des droits de l'homme, *RJF,* 1/02, p. 3 et s.), de sorte que « le contentieux fiscal échappe au champ des droits et obligations de caractère civil, en dépit des effets patrimoniaux qu'il a nécessairement quant à la situation des contribuables » *(ibid.).*

Après le Conseil d'État (cf. 2 juin 1989, *M. de Saint-Pern,* n° 66-604, *DF,* 1990, n° 1, comm. 4), la Cour de cassation s'est rangée à cette analyse dans un arrêt *Consorts Pelat* du 12 juillet 2004, excluant l'applicabilité de l'article 6-1 à la contestation des droits en principal et des sommes qui ne sont pas considérées comme des sanctions pénales, au sens européen, en ce compris les intérêts de retard (Ch. com., n° 01-11.403, *Bull. civ.*, IV, n° 153 ; v. L. Ayrault, Le volet civil de l'article 6-1 et le droit fiscal : au lendemain de l'arrêt *Cass., 12 juillet 2004, Consorts Pelat, L'Année fiscale 2005,* p. 195 et s. ; B. Hatoux, Application de l'article 6-1 de la Convention européenne des droits de l'homme au contentieux fiscal. Analyse et perspectives d'un revirement du juge judiciaire, *RJF,* 11/04, p. 804 et s. ; *note* E. Garaud, *LPA,* 14 janvier 2005, n° 10, p. 16 et s. ; *note* T. Lambert, *LPA,* 27 janvier 2005, n° 19, p. 10 et s. ; v. ég. Instr. de la DGI du 7 janvier 2005, *BOI,* 13-O-1-05).

Le débat entretenu entre les juridictions suprêmes nationales au sujet de l'application de la CEDH en matière fiscale, y compris à certaines dispositions intéressant les relations internationales, n'est pas pour autant épuisé. Reste ainsi l'objet de jurisprudences divergentes du Conseil d'État et de la Cour de cassation la question des pouvoirs de modulation du taux des pénalités fiscales par le juge de l'impôt, exclus par le premier (CE, Avis, 8 juillet 1998, n° 195.664, *Fatelle, DF,* 1998, n° 40, comm. 842), admis par la seconde (Cass. Com., 29 avril 1997, n° 1068, *Ferreira, RJF,* 6/97, n° 641).

S'agissant des dispositions de l'article 1 du premier protocole additionnel à la convention, qui garantit le droit de chacun au respect de ses biens, le Conseil d'État reconnaît, dans son principe, la possibilité d'invoquer les stipulations combinées de ce texte et de l'article 14 de la convention à l'encontre de discriminations injustifiées opérées par la loi fiscale entre contribuables, mais hors du cadre des rapports institués entre un contribuable et la puissance publique à l'occasion de l'établissement et du recouvrement de l'impôt (CE, Avis Ass. 12 avril 2002, n° 239693, *SA financière Labeyrie, RJF,* 6/02, n° 83, chr. L. Olléon, p. 447, concl. F. Seners, *BDCF,* 6/02, n° 83).

Sur la portée de l'avis préc. du Conseil *Financière Labeyrie* sur les règles applicables aux non-résidents, ou en ce qui concerne l'invocabilité d'une clause de non-discrimination contenue dans une convention fiscale par une société résidente contre sa propre administration, v. D. Gutmann, Chronique de fiscalité européenne, *L'Année fiscale 2003,* p. 363.

Sur la compatibilité du dispositif prévu à l'article L 13 B du *LPF* (v. *infra,* n° 90) avec le droit de ne pas s'auto-incriminer reconnu, selon la CEDH, par l'article 6 de la Convention (cf. CEDH, 3 mai 2001, n° 31.827/96, *J. B. c/ Suisse, RJF,* 12/01, n° 1618), voir C. Silberztein et J.-M. Priol, Contrôle des prix de transfert : un dispositif critiquable ?, *DF,* 1998, n° 42, p. 1285 et s.

SECTION 2 – UNE NOUVELLE MÉTHODOLOGIE DE LA POLITIQUE FISCALE INTERNATIONALE

44 Dans le contexte général d'un amenuisement des marges de libre définition de leurs politiques fiscales par les États, plus accusé dans le cas de ceux qui sont membres de communautés économiques régionales telle que l'Union européenne, et plus sensible lorsque les mesures d'intervention touchent aux relations économiques extérieures, les politiques fiscales internationales, désormais sous surveillance, sont nécessairement appelées à une certaine perte d'intensité. Les États n'y ont pas pour autant renoncé, mais doivent les mettre en œuvre selon une méthodologie renouvelée. Celle-ci concerne les politiques fondées sur le recours à la *dépense fiscale,* souvent assujetties, désormais, à des conditions qui en assurent, à vrai dire, une meilleure pertinence. Les restrictions appliquées aux politiques par la dépense fiscale peuvent cependant favoriser le développement de politiques fiscales *normatives,* c'est-à-dire reposant, non plus sur des dérogations à la règle générale, mais sur une définition attractive de celle-ci.

1 – La rationalisation des politiques d'intervention par la dépense fiscale

45 Les mesures d'interventionnisme fiscal s'analysent le plus souvent en des *dépenses fiscales,* c'est-à-dire en des dispositions dérogatoires à la structure de normes logiquement inhérente à chaque impôt, et qui représentent un coût pour les finances publiques. Par l'offre d'un avantage fiscal est recherché un comportement conforme à l'objectif économique poursuivi.

Parfois, la disposition dérogatoire, visant alors à décourager le recours à certaines options ou pratiques, détermine une *pénalisation fiscale,* comme il s'en rencontre, dans la législation de nombreux pays, en matière de lutte contre la fraude ou l'évasion fiscales internationales.

La nature des dépenses fiscales à finalité de politique économique extérieure est fonction des caractéristiques de chaque système fiscal ou de chaque impôt, particulièrement de la conception de la juridiction fiscale qui s'y trouve mise en œuvre. Par une mesure dérogatoire, on recherchera, ou bien la correction d'un inconvénient économique naturellement attaché à l'impôt considéré, ou bien l'accentuation d'un avantage ou d'un stimulant qui lui sont structurellement incorporés.

Dans le cas d'un impôt territorial sur le bénéfice des entreprises, un objectif de redéploiement international peut ainsi fonder une possibilité, dérogatoire au droit commun, de prendre en compte, dans la détermination du résultat imposable par l'État de résidence de l'entreprise, les charges ou pertes des exploitations extérieures de celle-ci. Tel était le sens du régime français des provisions pour implantations industrielles, commerciales ou de services à l'étranger, supprimé par la loi de finances rectificative pour 2003 du 30 décembre 2003 (voir *infra,* n°s 515 et s.).

Dans un système mondial de taxation des résultats des sociétés, n'incluant pas ceux des implantations extérieures à forme de filiales, le soutien fiscal aux exportations pourra prendre la forme d'un déplacement du bénéfice d'exportation vers des filiales interposées, dans des conditions dérogatoires aux règles normales de fixation des prix de transfert, ainsi qu'il a été évoqué à propos de la politique fiscale des États-Unis (*supra,* n° 12).

D'autres formes de dérogation aux règles fiscales communes peuvent contribuer de manière indirecte à une politique de déploiement international des entreprises. Il en est ainsi du dispositif d'exonération des salariés d'entreprises françaises détachés à l'étranger, susceptible d'entraîner un allégement effectif de charges pour les entreprises qui, en l'absence d'un tel dispositif, pourraient être contraintes de supporter, d'une manière ou d'une autre, le coût de la double imposition pouvant alors frapper le salarié ayant conservé son domicile fiscal en France. De même, les crédits d'impôt fictifs qui, dans certaines conventions fiscales conclues, notamment, par la France, visent à préserver l'effort d'attraction du capital ou de la technique consenti par le pays partenaire sous la forme d'une réduction de ses prélèvements à la source, favorisent du même coup le déploiement vers ce pays des entreprises de l'autre État, dont la charge fiscale globale se trouve allégée.

46 En règle générale, les mesures d'encadrement des politiques fiscales adoptées en vue d'assurer une meilleure neutralité concurrentielle, à l'échelle mondiale ou à celle d'un ensemble économique régional tel que l'Union européenne, concernent précisément les dispositions fiscales dérogatoires au droit commun, par lesquelles les États poursuivent des objectifs économiques nationaux tels que l'attraction sur leur territoire d'emploi, d'activité, de capitaux ou de technique, ou encore le soutien aux exportations ou au déploiement international de leurs entreprises.

Pour être qualifiée d'aide d'État, et relever du régime des articles 87 et 88 du Traité CE, une mesure fiscale doit ainsi s'avérer dérogatoire par rapport à un régime normal d'imposition, et déterminer un coût pour les finances publiques. De même, les dispositifs méritant examen au regard du Code de conduite en matière de fiscalité des entreprises s'entendent des mesures fiscales « établissant un niveau d'imposition effective nettement inférieur, y compris une imposition nulle, par rapport à ceux qui s'appliquent *normalement* dans l'État membre concerné ». Comme le régime des aides d'État, autrement dit, la contrainte « Code de conduite » concerne exclusivement les dépenses fiscales.

La jurisprudence de la Cour de justice en matière de respect, par la législation fiscale des États membres, des « grandes libertés » instituées par le Traité fait également place à la considération de la rationalité fiscale, une mesure déterminant une restriction à la liberté de circulation des personnes pouvant trouver, on l'a rappelé, la justification de la cohérence d'un régime d'imposition.

47 Spécialement visées par les dispositifs internationaux ou communautaires de régulation du marché, les mesures d'intervention à caractère de dépenses fiscales ne sont pas toutes proscrites, mais, selon les cas, font l'objet d'une surveillance ou sont soumises à contrôle.

Le Code de conduite européen, celui de l'OCDE, illustrent le développement de la surveillance exercée sur la politique fiscale internationale des États.

Le régime des aides d'État défini aux articles 87 et 88 du Traité CE détermine un assujettissement partiel des politiques fiscales des États membres au contrôle préalable d'une autorité communautaire. Le principe d'incompatibilité des aides d'État, notamment fiscales, avec le marché commun s'accommode, on l'a rappelé, de dérogations mais qui, sauf cas particuliers, relèvent d'une procédure d'autorisation préalable de la Commission.

Lorsqu'elle doit intervenir, cette autorisation est généralement subordonnée à la constatation du caractère nécessaire de l'aide, de l'absence d'effets dommageables excessifs sur la concurrence, à la limitation dans le temps de l'aide accordée, ainsi qu'à la proportionnalité de son montant à l'importance du problème à régler.

Le droit communautaire, ainsi, non seulement conduit à soumettre à contrôle préalable l'adoption, par les États membres, de dépenses fiscales pouvant fausser la concurrence au sein du marché commun, mais contraint également les États à définir des politiques de dépenses fiscales d'un type nouveau, caractérisées par la transparence, la modération et l'adaptation à l'objectif poursuivi (cf. B. Castagnède, Théorie et pratique des dépenses fiscales dans le contexte de l'Union européenne, *RFFP,* n° 72, 11/2000, p. 219 et s.).

Certaines mesures d'aide rattachables à une politique fiscale internationale ne sauraient cependant être autorisées. Les *aides à l'exportation* entre États membres, en particulier, sont regardées comme incompatibles avec le marché commun. La Cour de justice, par exemple, en a jugé ainsi à propos de l'aide fiscale à l'exportation instituée par la Grèce sous la forme d'une exonération de surtaxe sur les bénéfices pour la part de ceux-ci correspondant à des exportations (10 juin 1993, aff. C-183/91, *Rec.*, p. I-3131).

En règle générale, les aides susceptibles d'être autorisées consistent en aides à l'*investissement*. Les aides au fonctionnement sont par principe interdites, sauf des cas très particuliers, tels que celui de la compensation des handicaps structurels des régions ultrapériphériques de l'Union.

48 Le dispositif de lutte contre les délocalisations défini par la loi de finances pour 2005 (n° 2004-1484 du 30 décembre 2004) est une bonne illustration des politiques territoriales par la dépense fiscale susceptibles d'être mises en œuvre dans le contexte de l'Union européenne.

Il emprunte à la fois aux facilités offertes par la réglementation communautaire en matière d'aides *de minimis,* qui échappent, on le sait, aux contraintes propres aux aides d'État mais sont d'une intensité nécessairement réduite, et aux disciplines propres, soit aux régimes d'aide susceptibles d'être autorisés par la Commission, soit aux régimes dispensés de notification préalable mais assujettis au respect des prescriptions établies par les règlements pertinents pris par la Commission.

Le crédit de base, offert dans le cadre du dispositif de *crédit d'impôt relocalisation* institué par l'article 22 de la loi de finances pour 2005 (v. *infra,* n°s 429 et s.), s'applique dans les limites prévues par la réglementation en matière d'aides *de minimis.* Il en est de même du régime de franchise fiscale prévu à l'article 24 de la même loi en faveur du développement de *pôles de compétitivité* (v. *infra,* n° 435), et du crédit d'impôt en matière de taxe professionnelle institué par l'article 28 en faveur des entreprises situées dans les *zones d'emploi en grande difficulté* (v. *infra,* n° 436).

Les mesures d'aide excédant les limites des aides *de minimis,* notamment le crédit d'impôt supplémentaire en matière de *crédit d'impôt relocalisation,* sont définies avec le clair souci de respecter les réglementations communautaires, particulièrement en matière d'aides aux PME ou d'aides respectant la carte approuvée par la Commission pour l'octroi des aides à finalité régionale. Sont délibérément exclues du dispositif d'aide les activités faisant l'objet d'encadrements communautaires spécifiques, telles que l'agriculture, la pêche, les transports, la sidérurgie, la construction automobile ou la construction navale, ainsi que, pour tenir compte des engagements convenus dans le cadre du Code de conduite dans le domaine de la fiscalité directe des entreprises, les activités aisément localisables telles que celles exercées dans les secteurs de l'assurance et du crédit.

Les contraintes communautaires en matière de politique par la dépense fiscale en déterminent une rationalisation sans doute utile, dès lors qu'elles assurent la transparence des régimes d'aide, subordonnent leur mise en œuvre à la vérification de leur nécessité économique, et fixent des limites à l'intensité des aides accordées. En même temps, elles peuvent être à l'origine d'une complexité des régimes d'aide que ne justifie pas toujours, notamment en cas de recours au régime *de minimis,* la portée de l'avantage économique effectivement accordé.

Les limites désormais assignées aux politiques fiscales nationales fondées sur le recours aux dépenses fiscales peuvent dès lors favoriser un développement des politiques fiscales internationales par la norme.

2 – Le développement des politiques fiscales par la norme

49 Des objectifs de politique économique extérieure peuvent être favorisés par des moyens fiscaux, hors le recours aux dépenses fiscales. Les politiques fiscales internationales *par la norme* s'entendent de celles par lesquelles une juridiction fiscale offre un cadre fiscal *de droit commun* propice à l'attraction d'activités sur son territoire, ou au déploiement international de ses entreprises, ou s'attache à réformer le cadre commun existant de façon à le débarrasser de ses aspects pénalisants pour les activités transfrontalières.

Ce contexte favorable peut être celui du système fiscal d'ensemble, d'un segment de celui-ci, ou d'éléments de droit commun (règles d'assiette, règles de taux) d'un dispositif particulier d'imposition, notamment celui applicable aux résultats des entreprises soumises à l'impôt sur les sociétés.

A – L'incidence économique du système fiscal d'ensemble

50 Dans la mesure où le développement international repose sur la compétitivité, une politique de modération globale de la pression fiscale peut apparaître comme le plus efficace des stimulants économiques. La Commission européenne semble retenir une telle approche, en admettant au nombre des objectifs généraux de la politique fiscale de l'Union européenne la « réduction durable de la pression fiscale globale » (Comm. préc. du 23 mai 2001, p. 9).

La seule considération de la pression fiscale globale ne fournit cependant qu'une approche sommaire des avantages, ou des handicaps, de compétitivité d'une économie. Outre le fait que des facteurs non fiscaux peuvent être déterminants dans les choix de localisation d'activités, y compris tournées vers des marchés extérieurs, la structure des prélèvements financiers obligatoires représente un important élément d'appréciation de compétitivité. La mesure de l'incidence d'un système fiscal sur les échanges économiques extérieurs justifie par exemple la recherche de la part de fiscalité qui demeure incorporée au prix des produits exportés.

Dans le cas de la France, ainsi, *a priori* considérée comme peu favorisée sur le terrain de la compétitivité internationale compte tenu d'un taux de pression fiscale globale élevé, on doit rappeler que la moitié des ressources fiscales d'État est fournie par la TVA, soit par une charge dont les produits exportés sont dégrevés.

De façon générale, les comparaisons internationales de charges fiscales, en particulier de celles atteignant les entreprises, s'avèrent aléatoires. Elles ne sauraient bien entendu être seulement fondées sur la seule considération des *taux nominaux* d'imposition des bénéfices. Elles doivent s'étendre aux règles d'assiette et, au-delà, à l'ensemble des charges financières obligatoires qui, en définitive, représentent un coût pour les entreprises, affectant leur politique de prix et le niveau de leur marge nette.

51 La recherche des *taux effectifs* d'imposition des sociétés peut procéder de différentes méthodes. Une approche macro-économique tentera de dégager le taux effectif d'imposition des données issues de la comptabilité nationale. Il s'agira alors de comparer les taux effectifs d'imposition des sociétés par rapport à des données tel que le produit intérieur brut, ou, de façon plus pertinente, le profit brut généré par elles. Une approche micro-économique s'efforcera d'atteindre le même objectif à partir des états financiers des entreprises (bilans, comptes de résultats), établis *a posteriori* ou de caractère prévisionnel, compte tenu des réglementations fiscales en vigueur.

Selon la méthode utilisée, les résultats s'avèrent sensiblement différents, ainsi qu'il ressort d'une étude publiée par la Commission européenne (G. Nicodème, Computing effective corporate tax rates : Comparisons and results, *Economic Paper,* n° 153, juin 2001, ECFIN E2/358/01-EN). La comparaison, sur la base d'une méthode micro-économique *a posteriori,* des taux effectifs d'imposition atteignant les sociétés de onze pays européens, des États-Unis et du Japon, donne cependant des résultats surprenants, puisqu'il en ressort que sur la décennie 90, ce taux effectif d'imposition s'est avéré plus faible en Europe que dans ces deux derniers pays, qui connaissent pourtant un niveau de pression fiscale globale moins élevé.

L'étude évoquée situe la France en position intermédiaire, en Europe, en ce qui concerne le niveau de taxation effective de ses entreprises, sauf le cas des secteurs de l'eau et de l'énergie et des transports et de la communication, où les taux effectifs d'imposition atteignant les grands opérateurs ont été, au contraire de la situation faite aux petites entreprises, parmi les plus faibles.

52 Les aléas de la comparaison des charges fiscales réelles des entreprises, ou les surprises qu'elle peut susciter, n'affectent que modérément la conviction largement partagée que l'abaissement des charges fiscales est, dans le contexte d'une libération mondiale des échanges, un facteur de compétitivité et de prospérité économique. Ce sentiment s'applique volontiers, dans le cas français, à la situation du *taux global de pression fiscale,* souvent jugé excessif, dans une appréciation faisant peu de cas, à la vérité, de la composition des prélèvements obligatoires, de leur impact sur la compétitivité des entreprises, ou plus généralement du lien existant entre la pression fiscale globale et les données structurelles sur lesquelles repose le consensus social.

Les comparaisons internationales ou européennes sont pourtant instructives à cet égard, qui révèlent notamment que la France est l'un des pays de l'Union européenne où, appréciés en pourcentage du produit intérieur brut, les prélèvements obligatoires effectués au profit des administrations centrales, c'est-à-dire de l'État à proprement parler, sont les plus faibles (18,1 % en 2002 du PIB selon la Commission européenne et Eurostat, contre une moyenne de 20,9 % pour l'Europe des 15 ou des 25 et, par exemple, 33,8 % pour le Royaume-Uni, généralement regardé comme un État « libéral ». Cf. Structures of the taxation systems in the European Union, data 1995-2202, *Communautés européennes 2004,* p. 264. Selon le rapport économique, social et financier de présentation du projet de loi de finances pour 2006, les prélèvements obligatoires de l'État devaient s'établir à 16 % du PIB en 2005 et à 14,8 % en 2006).

Le niveau relativement élevé de la pression fiscale globale en France (44, 2 % en 2002, selon les statistiques communautaires) trouve à l'évidence son origine dans l'importance des prélèvements sociaux obligatoires, de loin les plus élevés de l'Union en pourcentage du PIB (21,4 % en 2002, contre une moyenne de 12,4 % pour l'Europe des 15, ou des 25. Cf. Structures of the taxation systems in the European Union, préc., p. 270), beaucoup plus que dans la fiscalité d'État, pourtant régulièrement sollicitée en tant que lieu privilégié des politiques de « baisse d'impôt ».

Sur le débat relatif au niveau de la pression fiscale globale, cf. B. Castagnède et P. Salin, Faut-il baisser les impôts ?, *L'Année fiscale 2003,* p. 10 et s.

53 Bien que, de manière générale, les opérateurs internationaux ne soient évidemment pas insensibles au contexte fiscal d'ensemble d'un territoire, et notamment au niveau global de pression fiscale, la compétitivité territoriale peut être plus précisément affectée par la structure du prélèvement fiscal, envisagée sous l'angle de sa répartition entre facteurs de production, ainsi que par certains aspects particuliers du dispositif d'imposition, spécialement pénalisants, ou regardés comme tels.

Sur la base des travaux de la Commission faisant apparaître l'accroissement de la part du fardeau fiscal atteignant le travail salarié, dont le taux d'imposition implicite est passé, dans l'Europe des 11, de 36,1 % à 44,5 % entre 1980 et 1997 (cf. *Structures des systèmes d'imposition dans l'Union européenne, 1970-1997,* Eurostat, OPOCE 2000, tableau p. 134), les États membres de l'Union européenne ont ainsi engagé un effort d'inflexion de la structure de leurs systèmes fiscaux, en vue d'une répartition de la charge fiscale moins défavorable au facteur travail. L'élargissement de l'assiette du financement de la sécurité sociale par la substitution de la CSG à d'anciennes cotisations sociales seulement assises sur les revenus du travail, la suppression, dans l'assiette de la taxe professionnelle, de la base constituée par les salaires versés, sont, dans le cas français, l'illustration d'une telle démarche, pouvant à la fois favoriser l'emploi et, dans une certaine mesure, la compétitivité des entreprises.

La taxe professionnelle, dont la charge atteint désormais le seul investissement, demeure cependant un élément du système fiscal français souvent regardé comme pénalisant au regard des choix de localisation territoriale. La taxe sur les salaires constituerait un handicap pour la compétitivité des banques et sociétés d'assurances françaises par rapport à leurs concurrentes européennes (cf. Rapport préc. de M. Charzat). Les caractéristiques de l'impôt sur le revenu, de taux nominal élevé, et non prélevé à la source sur les salariés résidents, à la différence du régime de perception à peu près partout ailleurs appliqué, le rendent particulièrement sensible pour les titulaires de hauts revenus, qui peuvent être tentés, comme certains titulaires de patrimoines exposés à l'impôt de solidarité sur la fortune, par l'expatriation.

La réforme de la taxe professionnelle prévue par le projet de loi de finances pour 2006 (art. 67), comportant le plafonnement du montant de cotisation à 3,5 % de la valeur ajoutée, comme la réforme annoncée du barème de l'impôt sur le revenu pour l'imposition en 2007 des revenus de 2006 (art. 59 et 60 du même projet de loi), par réduction du nombre des tranches et surtout, abaissement des taux par intégration dans l'assiette de l'abattement de 20 % sur certains revenus (notamment les revenus salariaux), répondent clairement au souci de corriger certains des handicaps évoqués.

B – L'adaptation des dispositifs techniques d'imposition

54 L'objectif de modération de la pression fiscale réelle, dans un contexte de compétition économique renforcée, ou le souci d'un abaissement des taux nominaux d'imposition, auxquels sont sensibles les agents économiques, ont en tout cas été à l'origine, au cours de la période récente, de réformes fiscales caractérisées par le recours à des solutions normatives avantageuses, plutôt qu'à l'utilisation de dépenses fiscales.

L'impulsion initiale, en faveur de telles politiques, a été donnée, dans le courant des années 1980, par la réforme *Reagan,* aux États-Unis, où l'élargissement de l'assiette taxable obtenu par la suppression de nombreuses dépenses fiscales a permis un abaissement significatif des taux nominaux d'imposition.

À cet exemple, de nombreux pays ont procédé à l'abaissement des taux d'imposition en matière de taxation des revenus, ou des bénéfices des sociétés, sans d'ailleurs qu'une telle mesure soit toujours accompagnée de la recherche de compensations par la correction des règles d'assiette.

Fixé à 50 % pour les exercices ouverts jusqu'au 31 décembre 1985, le taux de l'impôt français sur les sociétés a été ainsi progressivement abaissé jusqu'à son niveau actuel de 33 1/3 %, en deçà duquel l'administration estimait jadis que devait être constaté un régime de « paradis fiscal » (voir l'instruction du 26 juin 1975, *BODGI,* 4C-8-75).

55 La fixation, en droit commun, d'un faible taux d'imposition des bénéfices des sociétés peut être une alternative délibérée à une politique par la dépense fiscale, en vue de l'attraction d'activités économiques sur un territoire. La politique fiscale de l'*Irlande* en fournit l'illustration : les régimes préférentiels sur la base desquels était appliqué, dans ce pays, un taux d'impôt sur les sociétés réduit à 10 %, au lieu du taux normal de 32 % (régime dit « 10 % scheme » en faveur des activités manufacturières, régime de la zone aéroportuaire de Shannon, régime du Centre international de services financiers de Dublin) ayant fait l'objet de critiques au regard du droit communautaire (et visés en tant que mesures dommageables par le Code de conduite), ont été supprimés. L'Irlande, en revanche, a abaissé le taux normal de son impôt sur les sociétés à 12,5 %.

La réforme fiscale adoptée en 2000 par l'*Allemagne,* comportant la fixation d'un taux unique de 25 % pour l'impôt sur les sociétés (compte non tenu d'une majoration temporaire de 5,5 % de l'impôt, soit un taux effectif de 26,37 %), l'exonération générale des dividendes reçus par les sociétés passibles de cet impôt, et l'exonération générale du même impôt des plus-values de cession de participations, participe clairement, de même, d'un objectif de définition d'un cadre fiscal commun favorable à l'activité des entreprises.

Sur la réforme fiscale allemande 1999-2005, cf. J. Viegener, La réforme fiscale en Allemagne, *DF,* 2000, n° 45-46, p. 1484 et s. Voir ég. *L'Année fiscale, chroniques de fiscalités étrangères,* 2003, p. 421 et s., 2004, p. 354 et s.

De nombreux autres pays membres de l'Union européenne cherchent à renforcer l'attractivité de leur territoire par une telle approche, reposant notamment sur la fixation à un faible niveau du taux de l'imposition des bénéfices des sociétés (v. *infra,* n° 57), voire sur la généralisation à un ensemble d'impôts de l'application d'un taux proportionnel modéré (système de la *flat tax,* par exemple mis en œuvre en Slovaquie, où s'applique un même taux de 19 % en matière d'impôt sur le revenu, d'impôt sur les sociétés et de taxe sur la valeur ajoutée).

Certaines des dispositions fiscales adoptées par le législateur français se rattachent de même à une telle politique fiscale « normative » d'attraction territoriale.

Il en est ainsi de la mesure de suppression en deux ans de la *contribution additionnelle à l'impôt sur les sociétés de 3 %* prévue à l'article 25 de la loi de finances pour 2005, n° 2004-1484 du 30 décembre 2004, destinée, selon la présentation du projet de loi faite par le gouvernement, à « permettre à nos entreprises de faire face au contexte accru de concurrence fiscale, notamment dans le cadre d'une Union européenne élargie ».

Relève d'une approche comparable la réforme du *régime d'imposition des plus-values à long terme* réalisées par les sociétés passibles de l'impôt sur les sociétés, prévue par l'article 39 de la loi de finances rectificative n° 2004-1485 du 30 décembre 2004, ayant notamment pour effet d'assurer, à compter de 2007, l'exonération d'imposition des plus-values de cession de titres de participations. Par là se trouve supprimé un élément de la fiscalité française des sociétés jugé pénalisant au regard de l'objectif d'attractivité territoriale, les groupes français étant jusqu'ici incités à délocaliser leurs participations dans les pays, désormais nombreux, où les plus-values concernées étaient exemptes d'impôt.

Les réformes fiscales prévues par le projet de loi de finances pour 2006, précédemment évoquées (v. *supra*, n° 53), s'inscrivent dans la même démarche.

56 À la différence des politiques s'appuyant sur des mesures dérogatoires, exposées aux rigueurs du régime des aides fiscales d'État, ou aux désignations peu flatteuses du Code de conduite, le développement des politiques fiscales par la norme, en particulier celles fondées sur une définition attractive des taux, ne se heurte pas aux objections des institutions communautaires. Elles sont jusqu'ici perçues comme l'expression d'une concurrence fiscale acceptable. La Commission reconnaît que « la fixation des taux d'imposition des entreprises relève de la compétence exclusive des États membres » (*Communication* du 23 mai 2001 préc., p. 28).

L'analyse faite par la Commission des mesures dérogatoires, par opposition aux dispositions normatives d'un système fiscal, laisse place, cependant, à une interprétation assez large de ces dernières, fournissant ainsi un espace plus confortable au déploiement des politiques fiscales nationales.

Contrairement aux évaluations de la doctrine scientifique en matière de dépenses fiscales (voir en particulier Paul R. McDaniel, Stanley S. Surrey *et al., International Aspects of Tax Expenditures : A Comparative Study,* Kluwer, 1985, p. 50, Guideline 34), la Commission juge ainsi comparable à la logique présidant à la progressivité d'un barème d'imposition en matière d'impôt sur le revenu, et par là non constitutive d'une dépense fiscale, celle qui sous-tend certaines dispositions spécifiques en matière de fiscalité des petites et moyennes entreprises (cf. Communication « sur l'application des règles relatives aux aides d'État aux mesures relevant de la fiscalité directe des entreprises » (*JO,* n° C 384 du 10 décembre 1998). Une telle appréciation a pu fournir un point d'appui à la fixation, par la loi de finances française pour 2001, d'un taux réduit d'impôt sur les sociétés en faveur des petites et moyennes entreprises.

Une approche plus rigoureuse du critère de la dépense fiscale, pour l'appréciation des politiques fiscales nationales au regard des dispositions du droit communautaire, pourrait de même conduire à s'interroger sur l'exacte nature – disposition normative, ou dépense fiscale – de l'exonération des plus-values de cession de titres de participation prévue par les législations fiscales de certains États membres de l'Union européenne. L'apparente appartenance d'un tel dispositif au registre communautaire des *mesures générales* a en tout cas autorisé le législateur français, dans le contexte de concurrence fiscale renforcée aujourd'hui constaté au sein de l'Union européenne, à en prévoir le bénéfice, pour les sociétés françaises, à compter de 2007 (cf. art. 39 de la loi de finances rectificative n° 2004-1485 du 30 décembre 2004).

57 Le développement sans bornes d'une concurrence au sein de l'Union, fondée sur des politiques du « moins-disant fiscal » mises en œuvre, soit de manière globale, soit au niveau de segments de régimes fiscaux suffisamment larges pour que les mesures concernées (régime des plus-values de cessions de titres, régime des PME, etc.) puissent être regardées comme normatives, dans une appréciation peu rigoureuse de la rationalité d'un régime fiscal d'ensemble, pourrait cependant s'avérer préjudiciable aux intérêts financiers publics, sans être nécessairement à l'avantage du développement économique commun.

La Commission entend sans doute y apporter des limites, ainsi qu'il ressort, par exemple, de l'interprétation large qu'elle délivre désormais de la « sélectivité géographique » applicable à l'identification des aides d'État (v. *supra,* n°s 33 et s.), susceptible de freiner le libre élan des politiques fiscales mises en œuvre par certaines collectivités territoriales.

Le libre choix, par les États, de leurs taux généraux d'imposition semble toutefois demeurer hors d'atteinte des entreprises régulatrices de la Commission, alors même que l'élargissement récent de l'Union à des États pratiquant de faibles taux d'imposition des bénéfices des sociétés (0 % pour les bénéfices réinvestis en Estonie, 10 % pour Chypre, 15 % pour la Lettonie et la Lituanie, 16 % pour la Hongrie, 19 % pour la Pologne ou la Slovaquie) a favorisé un mouvement général d'abaissement des taux d'imposition de tels bénéfices. La réforme fiscale autrichienne de 2004, ainsi, notamment caractérisée par l'abaissement de 34 % à 25 % du taux de l'impôt sur les sociétés, a été présentée comme une réponse au contexte fiscal particulièrement attractif qu'offre désormais l'environnement immédiat de l'Autriche.

Sur la réforme fiscale autrichienne de 2004, cf. *L'Année fiscale 2005,* p. 455 et s. et, sur l'évolution des taux d'imposition des sociétés en Europe, p. 540 et 541.

58 Un recours mesuré à la politique fiscale par la norme peut cependant représenter un utile substitut à des mesures d'incitation à l'effet économique incertain, et de conformité douteuse au droit communautaire.

La suppression récente, en France, du dispositif de l'avoir fiscal, assorti du précompte mobilier, peut être ainsi regardée comme une mesure de simplification fiscale non désavantageuse au regard de l'objectif de déploiement international des sociétés françaises, désormais admises à distribuer à leurs actionnaires sans pénalisation fiscale les bénéfices de leurs exploitations directes ou indirectes à l'étranger.

De même, la renonciation au principe de territorialité en matière d'impôt sur les sociétés, au bénéfice d'une taxation des résultats mondiaux, voire consolidés, des entreprises soumises à cet impôt pourrait autoriser la compensation transfrontalière des profits et des pertes et favoriser, dans un contexte de neutralité fiscale approprié à l'exercice d'activités dans un espace élargi, le déploiement international des entreprises françaises.

Chapitre 3

Stratégie fiscale des opérateurs internationaux et protection des intérêts financiers publics

SECTION 1 – FISCALITÉ INTERNATIONALE ET STRATÉGIE DES ENTREPRISES

1 – Structure fiscale internationale et objectifs des opérateurs

59 Une entreprise peut être engagée à des degrés variables dans des activités de caractère international. Au regard de la nature des problèmes fiscaux posés par de telles activités, il y a lieu de distinguer entre les entreprises dont l'ouverture internationale se résume à une simple activité d'exportation, ne comportant pas le recours à des implantations extérieures, et celles dont le déploiement international s'exprime par la présence de succursales ou de filiales à l'étranger. Les premières ne sont pas véritablement concernées par la problématique fiscale internationale, même si elles ne peuvent ignorer les dispositifs fiscaux inhérents à l'activité d'exportation, notamment en matière de TVA. Les secondes se trouvent nécessairement insérées dans une *structure fiscale internationale,* faite, dans son expression la plus simple, de trois données élémentaires : le dispositif fiscal de leur État de résidence, le dispositif fiscal de l'État d'accueil de l'implantation extérieure, et la relation, formalisée ou non par une convention fiscale, entre ces deux dispositifs.

La structure fiscale internationale est évidemment d'autant plus complexe que le nombre d'implantations extérieures est élevé, à raison de la multiplicité des dispositifs d'imposition rencontrés, mais aussi des perspectives d'articulation, directe ou indirecte, reliant ces différents dispositifs.

60 L'entreprise opérant au sein d'une telle structure fiscale internationale ne va pas manquer de constater les différences d'exigence des juridictions fiscales, et d'ajuster en conséquence ses décisions de gestion. Elle va bien entendu chercher à éviter la *pénalisation* fiscale représentée par la double imposition internationale, mais aussi, le cas échéant, poursuivre d'autres objectifs fiscaux, telles que la recherche d'une *économie d'impôts* ou celle d'une *égalisation fiscale*. Ce dernier objectif peut en particulier inspirer la gestion fiscale des groupes internationaux qui, compte tenu de la segmentation de leurs résultats taxables en fonction des juridictions fiscales d'accueil et, le cas échéant, de la multiplicité d'entités distinctement imposables au sein de chacune d'elles, sont exposés à des contradictions, au titre d'un même exercice, entre leur résultat économique consolidé et la charge fiscale effectivement supportée. L'impossibilité d'une compensation des résultats taxables peut suggérer des mesures préventives de « lissage », tendant à réduire l'écart entre le résultat effectif global et la charge fiscale totale.

La perspective fiscale internationale est en fait susceptible d'influencer la stratégie des entreprises à deux niveaux distincts. Elle peut déterminer une inflexion des choix économiques réels de l'opérateur international, en particulier affecter la localisation de ses investissements productifs. Elle peut également exercer des effets sur la stratégie formelle de l'entreprise internationale, en particulier sur ses choix de gestion administrative, juridique, comptable ou financière.

2 – Le facteur fiscal des décisions d'investissement

61 Une place importante est volontiers réservée au facteur fiscal des décisions d'investissement. La seconde moitié du XXe siècle a vu se multiplier les *codes des investissements,* comportant l'offre d'avantages fiscaux par lesquels de nombreux pays en développement ont pensé pouvoir attirer les opérateurs internationaux. L'accent est plus volontiers placé, aujourd'hui, sur les *risques de délocalisation* d'activités qui seraient liés, dans un contexte de libération généralisée des échanges, à une pression fiscale excessive.

En fait, les politiques fiscales d'attraction de l'investissement, comme de prévention des phénomènes de délocalisation, surestiment souvent le facteur fiscal des décisions économiques des opérateurs, du moins en ce qui concerne le choix du lieu d'implantation *d'investissements productifs.* L'accessibilité des marchés, la stabilité et l'orientation des régimes politiques, la disponibilité et la qualification de la main-d'œuvre, l'existence d'infrastructures, les considérations monétaires et financières, représentent des facteurs parfois plus décisifs, dont l'importance respective varie selon la nature des investissements à réaliser.

Le facteur fiscal, en outre, ne peut s'apprécier exclusivement au regard des conditions faites par le pays d'accueil. L'impact de la fiscalité de celui-ci dépend pour partie de la situation de l'investisseur au regard de sa propre juridiction fiscale, ainsi que de la nature des rapports existants entre celle-ci et le pays d'implantation. C'est dans cette perspective globale, embrassant tous les éléments de la structure fiscale d'une opération internationale, que se révèlent les avantages respectifs, en termes de coût fiscal, des diverses localisations potentielles d'investissement.

Dans certaines circonstances, les conditions fiscales de réalisation et d'exploitation de l'investissement peuvent toutefois s'avérer déterminantes au regard de la décision d'investir. Il peut en être ainsi dans le cas *d'investissements miniers,* où le régime d'imposition auquel est soumis l'opérateur est susceptible de corriger les écarts de marge déterminés par la seule considération de la rente minière, variable, pour chaque type de minerai, et compte tenu d'un prix unique de marché, en fonction des coûts d'exploitation de chaque gisement. L'influence, au cas particulier, du facteur fiscal, explique la singularité de la fiscalité minière, dont les conditions d'application sont souvent précisées dans le cadre de conventions d'établissement.

Le facteur fiscal retrouve nécessairement une certaine importance, par ailleurs, lorsque les conditions générales, autres que fiscales, de l'investissement, s'avèrent comparables. C'est notamment parce qu'une telle situation n'a rien d'exceptionnel au sein du *marché européen* que la Commission entend accorder une attention particulière aux effets des dispositifs fiscaux nationaux sur la localisation des activités économiques.

3 – La gestion fiscale internationale

62 L'exercice d'activités économiques dans un cadre transfrontalier conduit les entreprises à développer une gestion spécifique, notamment caractérisée par l'inflexion, pour des motifs fiscaux, des choix relatifs à leur organisation ou à leur financement.

A – Inflexions fiscales de l'organisation spatiale des groupes internationaux

63 Les considérations fiscales jouent ainsi un rôle significatif dans l'*organisation spatiale* des groupes internationaux, notamment dans le choix des lieux d'implantation d'activités préparatoires ou auxiliaires : *quartiers généraux, centres de logistique,* centres de services. La surenchère à laquelle se livrent les États, dans l'offre de statuts fiscaux privilégiés pour de telles activités de services, génératrices d'activité et d'emploi, est à l'origine des efforts conduits dans le cadre de l'Union européenne comme de l'OCDE pour limiter cette coûteuse concurrence fiscale.

Sur le régime français des quartiers généraux, v. *infra,* n°s 421 et s.

64 Le choix du lieu d'implantation des *sociétés holdings* ne répond pas seulement à des préoccupations fiscales. La souplesse du droit néerlandais des sociétés explique pour partie, ainsi, la fréquente localisation aux Pays-Bas de holdings créées, notamment, dans le cadre de regroupements européens d'entreprises. Il reste que de nombreux pays se sont efforcés d'attirer l'implantation de sociétés holdings sur leur territoire par l'offre d'un régime fiscal favorable en ce qui concerne le traitement réservé aux dividendes et aux plus-values.

Le groupe « Code de conduite » de l'Union européenne (voir *supra,* n°s 37 et s.) a de fait rangé certains des régimes de holdings examinés au nombre des mesures fiscales ayant un effet dommageable sur la concurrence. Cette appréciation a été volontiers retenue pour les régimes permettant d'exonérer d'impôt les dividendes de source étrangère lorsque les bénéfices donnant lieu aux dividendes ont été imposés à des conditions particulièrement favorables dans le pays d'origine. Elle a concerné le régime dit de « participation-exemption » des *Pays-Bas,* permettant d'obtenir l'exonération à la fois des dividendes et des plus-values de cession des participations, sur la base d'une procédure de *ruling,* ou encore le régime spécial des sociétés holdings prévu au *Luxembourg* par une loi du 31 juillet 1929, comportant une exonération générale d'impôt sur les sociétés.

Le Luxembourg dispose cependant d'un autre régime pour les sociétés de participations financières, dit régime SOPARFI, et qui n'a pas encouru les mêmes qualifications. Comportant l'exonération des dividendes de filiales ainsi que des plus-values de cession des participations, ce régime requiert en effet le respect de conditions plus strictes, tenant en particulier au niveau des participations (au moins 10 % du capital des filiales ou 50 millions de francs luxembourgeois pour l'exonération des dividendes, au moins 25 % du capital ou 250 millions de francs luxembourgeois pour l'exonération des plus-values), à leur durée de détention (douze mois au moins), à l'assujettissement à l'impôt sur les sociétés au taux plein des sociétés filiales étrangères, qui doivent être des sociétés de capitaux.

Progressivement, en fait, la plupart des pays européens se sont dotés de régimes fiscaux favorables à l'implantation de holdings, prévoyant notamment, outre l'exonération des dividendes de filiales, et selon des conditions variables d'importance de participation ou de durée de détention, une exonération des plus-values de cession de participation.

La *Belgique* prévoit l'exclusion de la base imposable des dividendes de titres de participations, à hauteur de 95 % de leur montant, dès lors qu'ils proviennent de sociétés soumises à un régime normal d'imposition (« revenus définitivement taxés »), ainsi que l'exonération des plus-values de cessions des titres correspondants.

Le régime *allemand* d'imposition des sociétés comporte désormais une exonération générale des dividendes reçus par une société passible de l'impôt sur les sociétés (sous réserve de la réintégration d'une quote-part en cas de dividendes de source étrangère), ainsi qu'une exonération générale des plus-values résultant des cessions de participations, dans des sociétés résidentes et non résidentes, réalisées par les sociétés de capitaux, quelle que soit l'importance de la participation.

Le *Royaume-Uni,* en 2002, l'*Italie* en 2004, ont également adopté un régime d'exonération des plus-values de cession de titres de participation. Les législations fiscales de l'*Espagne* ou de la *Suède* comportent des dispositions comparables.

65 Le régime fiscal *français,* quoique non spécifique aux sociétés holdings, assure à celles-ci l'exonération des *dividendes* provenant de leurs filiales, dès lors qu'est franchi le seuil de participation de 5 % prévu par l'article 9-III de la loi de finances pour 2001, et sous réserve de la réintégration d'une quote-part de frais et charges égale à 5 % du produit total des participations, crédit d'impôt compris.

Jusqu'à l'abrogation, à compter de 2005, du système de l'avoir fiscal et du précompte, la redistribution des dividendes de filiales par la société holding donnait lieu à l'application du précompte, sur lequel pouvaient toutefois s'imputer les avoirs fiscaux auxquels ouvraient droit les dividendes distribués par les filiales françaises et les crédits d'impôt attachés aux produits des filiales étrangères.

Le précompte était par ailleurs remboursé aux actionnaires non-résidents qui, domiciliés dans des pays liés à la France par convention fiscale, ne bénéficiaient pas du transfert de l'avoir fiscal. Dans certains cas, l'avoir fiscal était transféré aux non-résidents.

Jusque récemment, le traitement fiscal français des holdings conservait cependant l'élément de pénalisation représenté par la taxation des *plus-values* de cession des participations. La plus-value était imposable au taux normal de l'impôt sur les sociétés si elle était à court terme. Les plus-values au titre de cession de participations détenues depuis plus de deux ans étaient considérées comme relevant du régime des plus-values à long terme, et bénéficiaient du taux réduit de 19 %, sous condition d'inscription des plus-values nettes à la réserve spéciale des plus-values à long terme.

L'article 39 de la loi de finances rectificative pour 2004, n° 2004-1485 du 30 décembre 2004, a sensiblement modifié le régime fiscal français des titres de participation.

Le taux réduit d'imposition applicable à certaines plus-values et produits de concession de brevets a d'abord été abaissé de 19 % à 15 % dès l'année 2005, dans la perspective d'une exonération complète des plus-values de cession de titres de participation à compter de 2007, les plus-values dégagées en 2006 devant être imposées à un taux intermédiaire de 8 %. L'obligation de doter la réserve spéciale des plus-values à long terme est supprimée au titre des exercices ouverts à compter du 1er janvier 2004. Une taxe exceptionnelle de 2,5 % sur la réserve spéciale permet de financer la réforme des plus-values à long terme.

L'exonération des plus-values sur cession de titres de participation prévue à compter des exercices ouverts en 2007 concernera les seules plus-values à long terme portant sur des titres de participation tels que définis au troisième alinéa du *a quinquies* de l'article 219-I du CGI, soit les titres de participation revêtant ce caractère sur le plan comptable, les actions acquises en exécution d'une offre publique d'achat ou d'échange par l'entreprise qui en est l'initiatrice, les titres ouvrant droit au régime des sociétés mères, si ces actions ou titres sont inscrits en comptabilité au compte titres de participation ou à une subdivision spéciale d'un autre compte du bilan correspondant à leur qualification comptable. Ces titres, éligibles au régime des plus-values à long terme, feront l'objet d'un régime d'imposition séparée, comportant notamment une compensation entre plus-values et moins-values de même nature, pouvant exercer une incidence sur l'imposition résiduelle d'une quote-part pour frais et charges déduits et afférents aux titres exonérés, fixée à 5 % du résultat net.

Les plus-values de cession de titres ne remplissant pas les conditions ci-dessus rappelées (notamment, les parts de fonds communs de placement à risques ou les titres de sociétés de capital-risque, les titres de sociétés à prépondérance immobilière) resteront imposables dans les conditions du régime antérieur à la réforme, sous le bénéfice du nouveau taux réduit de 15 % pour les plus-values relevant du long terme.

Issu d'un amendement présenté par la Commission des finances du Sénat, le nouveau régime fiscal français des plus-values de cession de titres de participation a été présenté comme une mesure de « salubrité économique », visant à supprimer un handicap de compétitivité pour la France, dans la compétition fiscale sévissant entre grands pays industrialisés.

La suppression de l'avoir fiscal et du précompte rend par ailleurs sans objet, à compter de 2006, le régime particulier des *holdings de participations étrangères* défini par la loi n° 89-936 du 29 décembre 1989, et qui prévoyait, dans le cas de sociétés à prépondérance de participations étrangères, l'exonération de *précompte* des distributions effectuées, l'avoir fiscal étant alors exclu (v. Instruction du 17 juillet 1992, *BOI,* 4-J-1-92). Les sociétés holdings concernées ont pu bénéficier, en 2005, de l'exonération du prélèvement exceptionnel de 25 % prévu au titre des distributions réalisées cette année.

66 Certains États ou territoires ayant le caractère de *paradis fiscaux* au sens géographique, dont les travaux récents de l'OCDE ou du groupe « Code de conduite » de l'Union européenne fournissent une bonne illustration, ont assis leur développement sur l'offre de conditions fiscales particulièrement attractives pour l'accueil d'activités *off-shore* : activités bancaires ou financières, activités d'assurance ou de réassurance, notamment celle des sociétés « captives » prenant en charge, contre paiement de primes déductibles, les risques couverts par une société d'assurances, autres activités de services ou de gestion de patrimoine.

Ils peuvent, le cas échéant, favoriser la réalisation d'opérations clairement rattachables à un objectif de fraude ou d'évasion fiscale internationale : accueil de sièges sociaux fictifs permettant la localisation de bénéfices d'activités commerciales internationales hors du champ des juridictions fiscales où résident effectivement les opérateurs, transformation par interposition de société fictive de produits taxables, telles que des redevances, en produits exonérés, tels que des dividendes de filiales, localisation avantageuse de marge bénéficiaire par manipulation de prix de transfert au profit d'une société locale exemptée d'imposition, etc.

L'action conjuguée de l'OCDE et des institutions de la Communauté européenne a cependant conduit, au cours des dernières années, à une réduction sensible de l'offre d'avantages, par les « paradis fiscaux » concernés, à l'accueil d'activités off-shore.

B – Options juridiques internationales

67 Les choix de gestion juridique des opérateurs internationaux font également une large place à la perspective fiscale.

Une question classique, à cet égard, est celle du choix à exercer, pour la réalisation d'une implantation extérieure, entre la solution de l'implantation directe, par voie de simple *succursale* dépourvue de personnalité juridique propre, et celle de l'implantation indirecte, par création de *filiale*. Le facteur fiscal, à vrai dire, est rarement, ici, le plus décisif, et cède généralement le pas à des considérations telles que l'étendue des responsabilités ou les exigences d'une adaptation au marché local. Il trouve, en certaines circonstances, une importance que justifie la comparaison de la charge fiscale nette, selon les deux formes possibles d'implantation, compte tenu de tous les éléments de la structure fiscale internationale : fiscalité du pays d'accueil, mais aussi fiscalité du pays d'origine de l'investisseur, articulation entre l'une et l'autre. Les entreprises minières ou pétrolières américaines, ainsi, relevant du régime d'imposition mondial, mais non consolidé, caractéristique de l'*income tax* américain, ont avantage à obtenir des pays d'accueil de leurs activités la possibilité d'opérer sous forme d'établissements, plutôt que de filiales, afin de bénéficier d'une compensation entre leurs coûts de recherche et d'exploitation extérieurs et leurs bénéfices intérieurs, avant imputation sur l'impôt américain, le cas échéant, des crédits d'impôts étrangers.

68 Le recours aux *sociétés de personnes,* ou *partnerships,* pour l'organisation d'opérations internationales, peut d'autre part offrir des intérêts fiscaux, en particulier celui de permettre, par la transparence, ou translucidité, fiscale généralement prévue pour cette forme de sociétés, la remontée vers d'autres entités bénéficiaires associées, de déficits constatés au niveau de la société de personnes. Les sociétés de personnes peuvent être également des

« conduits » utiles pour le retour de produits, hors application d'un impôt sur les sociétés, vers les bénéficiaires finaux des produits concernés, comme on peut en trouver l'exemple dans l'affaire *Diebold,* jugée par le Conseil d'État le 13 octobre 1999, à propos du transfert de redevances de source française vers les associés d'une société de personnes hollandaise (n° 191, *DF,* 1999, n° 52, comm. 948, *DF,* 2000, n° 15, étude J.-P. Le Gall, *BF,* 9-10/2000, étude B. Gouthière). L'usage des sociétés de personnes dans un contexte international n'est cependant pas dépourvu d'incertitudes, compte tenu des différences de conception que révèle la pratique des États, en ce qui concerne la situation juridique et fiscale de ces entités (v. *infra,* n°s 263 et s.).

C – Choix des modes de financement

69 À côté du choix des structures juridiques, la perspective fiscale internationale exerce également des effets sur l'organisation contractuelle des opérations, particulièrement en matière de financement.

Le *crédit-bail international,* le cas échéant assorti d'une sous-location, est parfois utilisé, ainsi, pour tirer parti des différences de conception fiscale de l'amortissement entre juridictions fiscales, certaines en réservant le droit au propriétaire juridique du bien (le crédit-bailleur), d'autres au propriétaire économique (le crédit-preneur), et pratiquer, à ce même titre, une double déduction (« double dip ») pouvant s'ajouter à la déduction des redevances locatives acquittées par l'utilisateur final (voir notamment P.-J. Douvier, Aspects fiscaux du leasing mobilier transfrontières, *BF,* 3/90, p. 171 et s.).

70 *Sous-capitalisation.* Des considérations fiscales, de même, peuvent conduire les groupes internationaux à préférer le *recours à l'emprunt,* plutôt que l'apport en capital, pour financer les opérations ou le développement d'une société. La rémunération du prêteur, en effet, est en principe, pour la société qui la verse, une charge déductible de son bénéfice imposable, alors que la rémunération de l'actionnaire apporteur de capitaux est un emploi de bénéfices après impôt. De nombreuses législations fiscales, en outre, exonèrent de retenues ou prélèvements à la source les intérêts servis à des prêteurs étrangers, les versements de dividendes pouvant être assujettis à un traitement fiscal plus défavorable.

La loi fiscale française comporte plusieurs dispositions permettant de lutte contre les pratiques de sous-capitalisation *(thin capitalization)*. De façon générale, l'article 39-1-3° du CGI subordonne la déductibilité des intérêts servis aux associés à la libération du capital social, et fixe une limite à leur déduction, égale à la moyenne annuelle des taux effectifs moyens pratiqués par les établissements de crédit pour des prêts à taux variable aux entreprises, d'une durée initiale supérieure à deux ans (4,58 % pour l'année 2004).

L'article 212 du CGI n'admet d'autre part la déduction des intérêts des sommes mises à la disposition d'une société passible de l'impôt sur les sociétés, par les associés ou actionnaires possédant, en droit ou en fait, la direction de l'entreprise ou détenant plus de 50 % des droits financiers ou des droits de vote, que dans la mesure où ces sommes n'excèdent pas, pour l'ensemble desdits associés ou actionnaires, une fois et demie le montant du capital social.

Ce texte, établissant un ratio entre fonds d'emprunt et capital, est cependant assorti d'une exception en faveur des sociétés mères françaises, la limitation évoquée n'étant pas applicable « aux intérêts afférents aux avances consenties par une société à une autre société lorsque la première possède, au regard de la seconde, la qualité de société mère au sens de l'article 145 ».

La limitation évoquée ne concerne pas les avances consenties à des filiales par les établissements stables de sociétés étrangères admis au régime des sociétés mères (cf. Instr. du 31 juillet 1986, *BODGI,* 4J-1-86), mais affecte donc, en principe, les intérêts servis aux sociétés mères étrangères ne disposant pas d'un établissement en France.

Le Conseil d'État a cependant jugé que ladite limitation doit être écartée dans le cas où la société mère est établie dans un État membre de l'Union européenne, son application étant alors constitutive d'une restriction à la liberté d'établissement dont le principe est énoncé à l'article 43 du Traité CE (cf. Conseil d'État, 30 décembre 2003, *Rec.*, n° 249047, SARL *Coréal Gestion, DF,* 2004, n° 16, comm. 428, note A. Lefeure, *RJF,* 3/04, n° 233). La haute juridiction administrative a censuré ici le dispositif national sans renvoi préjudiciel à la Cour de justice des Communautés européennes, compte tenu de la position prise par celle-ci au regard d'un dispositif comparable de lutte contre la sous-capitalisation prévu par la législation allemande (cf. CJCE, 12 décembre 2002, aff. C-324/00 *Lankhorst-Hohorst GmbH, RJF,* 3/03, n° 391 ; *BDCF,* 3/03, concl. J. Mischo, p. 59 et s. ; v. *supra,* n° 29).

L'exclusion de la limitation de déductibilité des intérêts servis aux associés prévue à l'article 212 du CGI peut être également invoquée par la filiale dont la société mère est établie dans un État, non membre de l'Union européenne, ayant conclu avec la France une convention contenant une clause de non-discrimination (cf. Conseil d'État, 30 décembre 2003, *Rec.*, n° 233894, *SA Andritz, DF,* 2004, n° 16, comm. 427, concl. G. Bachelier ; v. ég., P. Juilhard et X. Daluzeau, *Sous-capitalisation : le naufrage de l'article 212 du CGI..., BF,* 3/04, p. 159 et s. ; N. de Vernejoul, Sous-capitalisation et déductibilité des intérêts : les incidences pratiques des deux dernières jurisprudences, *DF,* 2004, n° 16, p. 743 et s.).

L'administration a pris acte de cette jurisprudence (cf. instr. du 12 janvier 2005, *BOI,* 13-O-2-05 ; voir *infra,* n° 384).

Le projet de loi de finances pour 2006 prévoit de tirer plus nettement les conséquences de la jurisprudence rapportée (cf. la présentation du projet) et de « moderniser le dispositif de lutte contre la sous-capitalisation prévu à l'article 212 du CGI et de le rendre compatible sur le plan communautaire et conventionnel ». Sur ce projet de réforme, v. *infra,* n° 384.

Le législateur allemand a, de même, procédé à des aménagements du dispositif de lutte contre la sous-capitalisation afin de prendre en compte la jurisprudence de la CJCE (12 décembre 2002, *Lankhorst-Hohorst,* préc.) sanctionnant l'entrave à la liberté d'établissement que constituait la différence de traitement entre filiales résidentes prévue par ce dispositif, selon que la société mère avait ou non son siège en Allemagne.

Telle qu'issue de la réforme fiscale de 2000, la loi fiscale allemande (§ 8 *a* KStG) réputait bénéfices distribués les intérêts de prêts versés par les sociétés de capitaux résidentes à des associés, sous certaines conditions (intérêts de plus de 250 000 €, non calculés en fonction d'une participation au capital social, servis à un associé détenant directement ou indirectement une participation de plus du quart du capital social), à moins que les associés ne soient des résidents et n'aient déclaré ces intérêts comme revenu. La loi du 22 décembre 2003 a abrogé l'exception prévue en faveur des intérêts versés à des associés résidents, répondant ainsi aux limites assignées par la Cour de justice au recours, par les États, à des mesures spécifiques de lutte contre l'évasion fiscale internationale par une extension du traitement fiscal plus rigoureux, désormais applicable, au cas particulier, aux opérations internes, et non plus seulement internationales, de financement par la dette.

D – Aspects fiscaux de la gestion internationale des résultats

71 L'importance de la place occupée par les groupes internationaux dans l'économie mondiale a rendu particulièrement sensible la question de la localisation apparente de leurs résultats taxables.

Généralement organisés en entités juridiques distinctes, les groupes internationaux sont conduits à fonder leurs échanges internes de biens sur des contrats de vente internationale, dans lesquels les prix facturés ne sont pas naturellement des prix de marché, résultant du jeu de l'offre et de la demande, mais des prix décidés par l'autorité compétente au sein du groupe. *A priori,* la libre fixation de tels *prix de transfert* pourrait fonder une localisation artificielle des résultats fiscaux.

En admettant ainsi que le prix d'un produit sortie usine, incluant une marge bénéficiaire normale, d'un producteur américain soit, pour chaque unité, de 1 000, l'acquisition du produit à ce prix par une filiale de commercialisation française détermine pour celle-ci, pour un prix de revente s'établissant, compte tenu de la situation du marché français, à 2 000, un bénéfice brut de 1 000. Abstraction faite, par hypothèse simplificatrice, des charges déductibles, ce bénéfice est en principe exposé à un impôt sur les sociétés au taux principal de 33 %, autorisant un retour financier sous forme de dividendes de 666, compte non tenu de la retenue à la source. La fixation du prix de transfert à 1 500 plutôt qu'à 1 000 réduit à 500 le bénéfice brut en France, à 166 l'impôt correspondant, et à 333 le retour financier distribué, cependant augmenté des 500 captés sous forme de majoration du prix d'achat facturé à la filiale.

L'exercice de leur activité industrielle ou commerciale, par les multiples entités d'un groupe international, requiert d'autre part l'usage de droits qui, concédé par d'autres entités titulaires, justifie le paiement de redevances. Celles-ci, dès lors qu'elles concourent à la réalisation d'un profit taxable, constituent normalement des charges déductibles du bénéfice imposable de l'entité utilisatrice. Une filiale industrielle doit, pour concourir aux productions du groupe, disposer du droit d'utiliser les inventions brevetées ou les procédés techniques indispensables à leur fabrication. Une filiale de commercialisation n'est juridiquement fondée à distribuer les produits identifiés par certaines marques qu'à la condition d'être concessionnaire de celles-ci. Le versement de redevances de concession de droits de propriété industrielle ou commerciale à l'entité qui en est titulaire est à la fois l'opportunité d'une diminution de base imposable et la source d'un flux financier susceptible de recevoir une direction avantageuse. La libre fixation du taux des redevances entre entités contrôlées pourrait ainsi contribuer au déplacement du bénéfice taxable dans des conditions assurant un allégement de la charge fiscale globale du groupe.

D'autres charges déductibles peuvent être constituées, auprès de telle entité d'un groupe international, par la rémunération de prestations diverses accomplies en sa faveur par d'autres entités apparentées : versements d'intérêts au titre de prêts ou avances, contributions à des charges communes d'administration *(management fees),* à des campagnes communes de marketing ou de publicité, paiement d'études, rémunérations de locations de matériels, etc. Dans tous les cas, le prix du transfert des services, mais aussi l'organisation même de leurs prestations peuvent influer sur la consistance du résultat imposable dans une juridiction fiscale déterminée.

Les perspectives de délocalisation du résultat liés à la fixation des prix de transfert de biens ou de services entre entités contrôlées ne sauraient être seulement évaluées au regard d'une géographie des juridictions fiscales qui attirerait l'attention sur l'importance des flux dirigés vers des États ou territoires à régime fiscal privilégié. La variation dans le temps des résultats des différentes entités d'un groupe peut inspirer une gestion des prix de transferts de nature à assurer une égalisation des résultats entre sociétés implantées dans des juridictions fiscales appliquant des impositions normales ou élevées, mais qui n'affectent un résultat qu'à partir du moment où celui-ci devient bénéficiaire.

72 Bien entendu, les administrations fiscales n'ignorent pas les effets de la fixation des prix de transferts sur la détermination des bases d'imposition. Aussi appliquent-elles une vigilance particulière aux transactions internationales effectuées entre des entités apparentées. En règle générale, celles-ci sont tenues de retenir, pour les besoins de l'imposition, des valeurs d'échanges établies sur la base du *prix de pleine concurrence,* c'est-à-dire du prix qui aurait été convenu entre des entreprises indépendantes pour des transactions et dans des circonstances comparables.

Dans certains cas, les entreprises associées de groupes multinationaux disposant d'une large autonomie et réagissant en fonction des conditions économiques du marché se réfèrent effectivement à des prix de pleine concurrence pour l'évaluation financière de leurs échanges de biens ou de services. Parfois au contraire, les prix de transferts font apparaître des distorsions par rapport aux prix du marché libre, pour des raisons diverses, non toujours liées à des considérations fiscales, tenant par exemple à la recherche d'une rentabilité élevée au niveau de la société mère, quelle que soit la segmentation du groupe en entités distinctement imposables. Ces distorsions justifient, de la part des administrations fiscales, un ajustement au titre du principe de pleine concurrence.

Il est parfois difficile, cependant, de déterminer un prix sur le marché libre, soit que les entreprises associées se livrent à des transactions dans lesquelles des entreprises indépendantes ne s'engageraient pas, soit que les informations nécessaires pour appliquer le principe de pleine concurrence ne soient pas disponibles, soit que les produits ou services en cause, à raison de leur spécificité ou de la situation concurrentielle, ne trouvent pas d'équivalent sur le marché libre.

Compte tenu du caractère inévitablement approximatif du prix de pleine concurrence, les entreprises apparentées conservent une marge d'appréciation personnelle pour la fixation des prix de transferts, cependant que les administrations fiscales sont portées à rechercher leur ajustement.

La question des prix de transfert a longtemps été abordée, dans ces conditions, en tant qu'un point de fixation des tensions entre administrations fiscales et contribuables, donnant généralement lieu à discussion contradictoire puis à solution de compromis.

Le débat s'est aujourd'hui déplacé, en ce sens que son élément central n'est sans doute plus la relation entre administrations fiscales et entreprises dépendantes, mais bien le rapport de concurrence existant entre les juridictions fiscales, au regard de la captation des bases taxables des groupes internationaux. Dans un contexte où plus de la moitié du commerce mondial est un commerce intra-groupe, le partage des assiettes taxables entre juridictions fiscales est devenu un enjeu majeur de la fiscalité internationale.

SECTION 2 – LE PARTAGE DES BASES TAXABLES DES GROUPES INTERNATIONAUX

73 La répartition des assiettes taxables des groupes internationaux entre juridictions fiscales demeure fondée sur le principe de pleine concurrence, qui a fait l'objet d'utiles précisions, en particulier de la part de l'OCDE, mais aussi de controverses, au regard des méthodes utilisées pour sa mise en œuvre. Les juridictions fiscales, par ailleurs, notamment la France, tendent à se doter des moyens permettant d'améliorer l'information des administrations, comme la sécurité des entreprises, en matière d'imposition des résultats des groupes internationaux. Les limites du principe de pleine concurrence conduisent toutefois à s'interroger sur l'éventualité d'un fondement alternatif à la répartition des bases taxables des groupes entre juridictions fiscales.

1 - Les méthodes de mise en œuvre du principe de pleine concurrence

74 Un consensus relatif est maintenu autour du principe de pleine concurrence, au moins entre les pays membres de l'OCDE. L'article 9 du modèle de convention contre la double imposition mis au point par cette organisation en fournit l'exposé, en stipulant que « (lorsque)... les deux entreprises (associés) sont, dans leurs relations commerciales ou financières, liées par des conditions convenues ou imposées, qui diffèrent de celles qui seraient convenues entre des entreprises indépendantes, les bénéfices qui, sans ces conditions, auraient été réalisés par l'une des entreprises, mais n'ont pu l'être en fait à cause de ces conditions, peuvent être inclus dans les bénéfices de cette entreprise et imposés en conséquence ».

Après un premier rapport, publié en 1979, sur *Prix de transfert et entreprises multinationales,* l'OCDE en a fourni en 1995 une version révisée et augmentée, sous le titre *Principes applicables en matière de prix de transfert à l'intention des entreprises multinationales et des administrations fiscales* (OCDE, 1995. Voir ég. *Les aspects fiscaux des prix de transfert pratiqués au sein des entreprises multinationales : les propositions américaines de règlement,* OCDE, 1993).

Ce document fondamental, après l'exposé du principe et l'indication de références utiles, notamment en matière d'analyse de comparabilité des transactions, présente les différentes méthodes permettant de déterminer si les conditions qui régissent les relations entre entreprises associées sont conformes au principe de pleine concurrence. L'OCDE y marque sa préférence pour les méthodes traditionnelles fondées sur les transactions, tout en accordant une place aux méthodes transactionnelles de bénéfices.

75 *Méthodes fondées sur les transactions.* Traditionnellement, l'application du principe de pleine concurrence fait appel à des méthodes d'appréciation des prix pratiqués dans le cadre de transactions contrôlées au regard des prix pratiqués dans le cadre de transactions comparables entre entreprises indépendantes. L'OCDE identifie trois types de méthodes fondées sur les transactions :

La *méthode du prix comparable sur le marché libre* consiste à comparer le prix d'un bien ou d'un service transféré dans le cadre d'une transaction contrôlée à celui d'un bien ou d'un service transféré entre entreprises indépendantes dans des circonstances comparables. Cette méthode est jugée préférable à toute autre lorsqu'il est possible d'identifier, sur le marché libre, des transactions comparables, c'est-à-dire lorsque aucune différence entre les transactions faisant l'objet de la comparaison ou entre les entreprises effectuant ces transactions n'est susceptible d'avoir une incidence sensible sur le prix du marché libre, ou encore lorsque des correctifs suffisamment exacts peuvent être apportés pour supprimer les effets de ces différences. La méthode du prix comparable sur le marché libre est particulièrement fiable dans les cas où une entreprise indépendante vend le même produit que celui qui est vendu entre deux entreprises associées.

La *méthode du prix de revente* s'attache au prix auquel est revendu à une entreprise indépendante le produit acheté à une entreprise associée. De ce prix de revente est défalquée une marge brute appropriée (la « marge sur prix de revente »), correspondant à la couverture des frais de vente et autres dépenses d'exploitation ainsi qu'à la réalisation d'un bénéfice convenable. Le prix obtenu après défalcation de la marge sur prix de revente peut être considéré, après correction des autres coûts liés à l'achat du produit (droits de douane, etc.), comme un prix de pleine concurrence pour le transfert initial du bien entre entreprises associées.

La *méthode du prix de revient majoré* repose sur l'évaluation des coûts supportés par le fournisseur de biens ou de services dans le cadre d'une transaction entre entreprises associées. Au prix de revient ainsi déterminé est ajoutée une marge appropriée, correspondant à la réalisation d'un bénéfice convenable, compte tenu des fonctions exercées, des actifs utilisés, des risques encourus et des conditions du marché. Le résultat obtenu après addition de la marge aux coûts de revient peut être considéré comme un prix de pleine concurrence pour la transaction entre les entreprises associées. Cette méthode est jugée appropriée, en particulier, à l'évaluation des prix de transfert de produits semi-finis entre entreprises associées, ou à l'évaluation des prix de transfert de services. La détermination de la marge sur le prix de revient du fournisseur s'effectue utilement par référence à la marge sur le prix de revient du même fournisseur dans le cadre de transactions comparables sur le marché libre, ou à la marge sur le prix de revient qui aurait été obtenue dans des transactions comparables par une entreprise indépendante.

76 *Méthodes transactionnelles de bénéfices.* De façon générale, les méthodes de détermination du prix de pleine concurrence fondées sur la comparaison des transactions se heurtent à la difficulté d'identification de transactions comparables, renforcée lorsque les échanges portent des biens incorporels dont la valorisation est aléatoire (marques, images commerciales, savoir-faire, etc.).

Leur usage préférentiel a par ailleurs été remis en question par l'administration américaine, préoccupée de ce que, à son avis, les entreprises étrangères, notamment européennes ou japonaises, implantées sur le territoire américain n'y supportaient pas une juste part d'impôt. Selon elle, l'égalisation des rentabilités entre entreprises étrangères et américaines pouvait justifier le recours à des évaluations de bénéfices taxables fondées, non sur la comparaison des transactions, mais sur celle des marges de profit.

Annoncée par un Livre blanc présentant, en 1986, les propositions de l'*Internal Revenue Service,* la nouvelle réglementation américaine sur les prix de transfert, fondée sur les dispositions de l'article 482 de l'IRC *(Internal Revenue Code),* en vigueur depuis le 1er janvier 1994, marque l'abandon de la préférence pour les méthodes transactionnelles. Le contribuable est libre d'appliquer la méthode de détermination des prix de transfert qui lui convient, qu'elle soit transactionnelle ou fondée sur le profit, sous réserve du droit, pour l'administration, de contester la méthode choisie et de redresser l'entreprise sur la base d'une approche différente des prix de transfert, tout en lui appliquant de lourdes pénalités d'erreur.

En dépit des critiques adressées aux nouvelles pratiques américaines, marquant l'effritement du consensus international sur la détermination des prix de transfert, l'OCDE, tout en retenant une hiérarchie favorable aux méthodes traditionnelles, admet la possibilité, dans certains cas, du recours à ce qu'elle désigne comme « méthodes transactionnelles de bénéfices », qui consistent à prendre en compte les bénéfices réalisés à la suite de transactions entre entreprises associées.

La *méthode du partage des bénéfices* cherche, à propos de transactions intimement liées, à éliminer l'incidence sur les bénéfices de conditions spéciales convenues ou imposées entre entreprises associées, en déterminant la répartition des bénéfices à laquelle des entreprises indépendantes auraient normalement procédé si elles avaient effectué les mêmes transactions dans le cadre d'une société de personnes, ou d'une coentreprise.

Le montant global des bénéfices provenant des transactions contrôlées effectuées doit être tout d'abord identifié, avant d'être réparti entre les entreprises associées en fonction d'une base économiquement valable, se rapprochant du partage des bénéfices qui aurait été anticipé dans un accord réalisé en pleine concurrence. La contribution de chaque entreprise doit être déterminée sur la base d'une analyse des fonctions exercées par elle, en tenant compte des actifs mis en œuvre et des risques assumés. Les critères de référence au marché libre peuvent être les pourcentages de partage de bénéfices ou les rendements observés dans les relations entre des entreprises indépendantes exerçant des fonctions comparables.

L'analyse fonctionnelle est déterminante, la juste répartition des bénéfices reposant sur la répartition des fonctions entre les entreprises associées.

La *méthode transactionnelle de la marge nette* consiste à déterminer, à partir d'une base appropriée, par exemple les ventes, les coûts ou les actifs, la marge bénéficiaire nette que réalise un contribuable au titre d'une transaction contrôlée. Il s'agit par exemple d'identifier le ratio bénéfice d'exploitation/chiffre d'affaires, ou marge brute/coûts d'exploitation, ou encore résultat d'exploitation/actifs d'exploitation, puis de comparer la marge nette constatée à celle que le contribuable obtient sur le marché libre, ou aux marges nettes réalisées par les entreprises similaires pour des transactions comparables.

Appliquée à chaque transaction, la recherche conduisant à l'identification de la marge nette n'est pas très éloignée de celle requise dans les méthodes traditionnelles du prix de revient majoré ou du prix de revente.

Mise en œuvre de façon plus globale, la méthode s'éloigne d'une analyse des transferts intra-groupe en termes de prix, au profit d'une comparaison des rentabilités. L'entreprise contrôlée doit pratiquer des prix de transfert lui permettant de dégager un niveau de rentabilité comparable à celui qu'obtient une entreprise indépendante similaire. La recherche des éléments de comparaison, dès lors, va porter davantage sur des entreprises que sur des transactions. Admise par les États-Unis, une telle méthode des profits comparables est évoquée avec prudence par l'OCDE.

Celle-ci souligne la difficulté de déterminer de manière exacte et fiable des marges nettes de pleine concurrence, compte tenu, notamment, de la possible influence de facteurs n'ayant pas d'incidence marquée sur le prix ou les marges brutes : position concurrentielle, efficacité de la gestion, différences quant au coût du capital, expérience industrielle ou commerciale, stratégies individuelles, etc. L'admission d'un « intervalle de pleine concurrence » peut atténuer le degré d'inexactitude des comparaisons, sans en établir à coup sûr la pertinence.

L'OCDE n'admet en fait le recours aux méthodes fondées sur les bénéfices qu'à titre complémentaire, ou exceptionnel, et de préférence celle du partage des bénéfices, l'usage de la méthode transactionnelle de la marge nette pouvant conduire, en l'absence d'une prise en compte pertinente des différences entre les entreprises associées et les entreprises indépendantes faisant l'objet de la comparaison, à des situations peu acceptables, telles que la surtaxation d'entreprises réalisant des bénéfices inférieurs à la moyenne pour des raisons tenant à une conjoncture concurrentielle défavorable ou à des erreurs de gestion.

L'OCDE rejette clairement, en tout cas, toute méthode qui ne reposerait pas sur le principe de pleine concurrence, notamment la méthode de répartition globale selon une formule préétablie.

2 – La question de la taxation unitaire

77 La méthode désignée par l'OCDE en tant que méthode *de répartition globale selon une formule préétablie* consiste à répartir les bénéfices globaux d'un groupe multinational entre ses entités implantées dans différents pays au moyen d'une formule prédéterminée. Elle suppose un accord sur le périmètre de consolidation du groupe imposable (filiales et succursales dont les résultats doivent être pris en compte), sur le mode de détermination du bénéfice global, et sur la clé de répartition de celui-ci entre les composantes du groupe. La formule retenue, ou envisageable, peut être une combinaison du chiffre d'affaires (ratio chiffre d'affaires dans un pays / chiffre d'affaires consolidé), des actifs (valeur des actifs dans un pays / valeur globale des actifs), des salaires et des coûts.

Cette méthode, également dite de *taxation unitaire,* n'a jamais été appliquée, à ce jour, pour la répartition entre États souverains des bénéfices imposables d'un groupe international. Elle a été expérimentée aux États-Unis en vue de l'attribution à un État membre de la fédération américaine d'une fraction du bénéfice imposable d'une entreprise, américaine ou étrangère, présente sur plusieurs des États de l'Union. L'*Unitary Business System,* mis en œuvre par la Californie, permet la récupération par la juridiction locale d'une part d'impôt, alors même que les entités du groupe qui s'y trouvent implantées dégagent un résultat déficitaire, dès lors que le groupe est bénéficiaire au niveau consolidé.

Alternative pour l'instant théorique, au plan international, au principe de pleine concurrence, la méthode de la taxation unitaire est fermement rejetée par l'OCDE. Celle-ci souligne les difficultés que présenterait l'élaboration d'un accord international sur la composition du groupe à imposer, la façon d'en déterminer l'assiette taxable globale, la formule de répartition du bénéfice entre juridictions fiscales. La mise en œuvre de la méthode nécessiterait en outre un degré élevé de coopération internationale, développée sur une base multilatérale, « qu'il n'est pas réaliste d'escompter dans le domaine de la fiscalité internationale », observe l'organisation internationale (*Principes applicables...*, 3.66).

78 Il est clair que l'application à l'échelle globale d'une répartition entre juridictions fiscales, sur la base de critères objectifs, des bénéfices consolidés des groupes internationaux, n'est pas d'une actualité immédiate, tant est vaste le décalage existant entre les progrès de la mondialisation économique et ceux de la coopération politique et administrative. Il n'est pas sûr, pour autant, qu'il faille en reculer indéfiniment la perspective ou en décourager l'étude.

La part prise par les groupes internationaux dans les échanges mondiaux est en effet appelée à de nouveaux renforcements, rendant plus artificielles et aléatoires les attributions bénéficiaires entre entités apparentées fondées sur un « principe de pleine concurrence » qui risque d'être victime d'une insuffisance de termes de comparaison. Les administrations fiscales de nombreux pays, où sont présents les groupes internationaux, ne disposent pas, par ailleurs, des moyens permettant une application efficace et pertinente des méthodes fondées sur le principe de pleine concurrence, ainsi que l'admet l'OCDE pour les méthodes transactionnelles de bénéfices (*Principes applicables...*, 3.56). La recherche indépendante, pays par pays, d'une part appropriée du bénéfice taxable des groupes est susceptible d'aviver les suspicions entre les administrations et les contribuables et de renforcer le sentiment de concurrence fiscale, à armes inégales, entre les juridictions. Les phénomènes de double imposition économique pourraient connaître un accroissement plus rapide que celui des procédures permettant de les prévenir ou de les régler.

Les entreprises internationales, pour leur part, sont supposées préférer un système d'allocation des bases taxables entre juridictions fiscales fondé sur le principe de pleine concurrence, mais en apprécieraient peu les effets dès lors que la contradiction des intérêts financiers publics serait à l'origine d'une excessive incertitude en ce qui concerne la charge fiscale atteignant le bénéfice global. Certains des arguments avancés en faveur du maintien du principe de pleine concurrence sont en outre ambivalents : ainsi, de celui suivant lequel il offre l'avantage de préserver des marges d'optimisation fiscale, notamment par l'implantation dans des États ou territoires à fiscalité privilégiée, ou favorable, d'entités rendant effectivement les services ensuite facturés aux autres entités du groupe (v. H. Israël et F. Mazerolle, Faut-il renoncer au principe de pleine concurrence ?, *DF,* 2001, n° 132, p. 553 et s.). Les prix de transfert, en ce cas, peuvent être regardés comme appropriés au regard du principe de pleine concurrence ; mais l'option de localisation établit du même coup que le même principe favorise des pertes de substance fiscale au détriment des juridictions à fiscalité normale.

La méthode de taxation unitaire, dans ces conditions, mérite de figurer au nombre des thèmes de réflexion que suggère la quête d'un futur droit fiscal commun.

79 Les travaux de la Commission européenne tendant à favoriser la définition d'une base d'imposition consolidée de l'impôt sur les sociétés englobant toutes les activités d'une entreprise dans l'Union européenne se réfèrent expressément, en fait, à la méthodologie de la taxation unitaire, lorsque ils évoquent le recours à un mécanisme de répartition, défini d'un commun accord, de la base imposable ainsi déterminée (cf. la communication précitée du 23 octobre 2001, « Vers un marché intérieur sans entraves fiscales », p. 20 et documents cités *supra,* n°s 24 et 25). D'éventuels progrès dans la voie de l'unification des conditions d'évaluation du bénéfice imposable des sociétés en Europe pourraient ainsi favoriser de nouvelles expériences de « taxation unitaire », à l'échelle d'un continent.

80 Au plan mondial, en dépit de ses imperfections, le principe de pleine concurrence est cependant appelé à demeurer, pour un temps indéterminé, le fondement du partage des bases taxables des groupes internationaux entre les juridictions fiscales. Celles-ci se trouvent dès lors conduites, dans un contexte de globalisation accentuée des échanges, à renforcer leurs moyens de contrôle des opération intra-groupe. De même doivent être améliorés les moyens de prévention et de règlement des doubles impositions auxquelles sont de plus en plus fréquemment exposées les entreprises internationales.

3 – Le contrôle des opérations intra-groupe

81 La mise en œuvre du principe de pleine concurrence suppose, de la part des administrations fiscales, la capacité juridique de rectifier les données comptables fournies par les entreprises associées, en vue de parvenir à un résultat imposable conforme à celui qui résulterait de la réalisation de transactions comparables sur le marché libre. L'analyse de comparabilité requiert, pour s'avérer pertinente, une bonne connaissance des fonctions des entités taxables et de leurs relations avec les autres entités du groupe dont elles dépendent.

A – L'article 57 du Code général des impôts

82 La base juridique du contrôle des opérations internationales intra-groupe est souvent fournie par un texte spécifique. Dans le cas français, les moyens généraux du contrôle fiscal sont à cet égard renforcés par les dispositions de l'article 57 du CGI qui vise, outre à lutter contre l'usage abusif des paradis fiscaux, à protéger la juridiction fiscale française contre les pertes de recettes pouvant résulter de la mise en œuvre, par les groupes internationaux, de stratégies de localisation avantageuse du bénéfice.

Ce texte prévoit l'incorporation aux résultats d'entreprises imposables en France des bénéfices indirectement transférés à des entreprise situées hors de France, dont elles dépendent ou qu'elles contrôlent. Sa mise en œuvre suppose en règle générale la réunion de deux conditions : l'administration doit établir l'existence d'un lien de dépendance entre l'entreprise française et l'entreprise étrangère ; elle doit également démontrer l'existence d'un transfert indirect de bénéfices de l'entreprise française à l'entreprise étrangère.

83 *Lien de dépendance.* L'article 57 ne définit pas la notion de dépendance. Celle-ci peut être de nature juridique, ou constituer une dépendance de fait.

La dépendance juridique découle soit du pourcentage de participation, soit de l'exercice direct ou par personnes interposées, de fonctions comportant le pouvoir de décision. Les exemples les plus courants sont celui de la filiale française d'un groupe étranger, et celui de la société française disposant de filiales à l'étranger.

La dépendance de fait est révélée par les conditions dans lesquelles se déroulent les relations entre les deux entreprises. Elle peut être établie dans le cas d'un contrôle commercial manifeste, la société étrangère fixant les prix d'achat et les prix de vente ; ou encore, dans le cas d'une dépendance financière particulièrement étroite, la société française ne pouvant fonctionner que grâce aux avances consenties par la société étrangère.

Il appartient en principe à l'administration d'apporter la preuve de la dépendance, et non à l'entreprise de démontrer son indépendance. Depuis l'entrée en vigueur de la loi de finances pour 1982, la condition de dépendance ou de contrôle n'est cependant plus exigée lorsque le transfert s'effectue avec des entreprises établies dans un État étranger ou dans un territoire situé hors de France dont le régime fiscal est privilégié au sens du deuxième alinéa de l'article 238 A (v. *infra,* n° 108).

84 *Transferts indirects de bénéfices.* L'administration doit également démontrer l'existence de transferts indirects de bénéfices entre les entreprises apparentées ou dépendantes.

L'article 57 précise qu'il peut s'agir de transferts opérés « par voie de majoration ou de diminution des prix d'achat ou de vente, ou par tout autre moyen ». En fait, le vérificateur devra apporter la preuve d'un *avantage anormal,* consenti par l'entreprise française à l'entreprise étrangère, permettant un tel transfert. Un tel avantage anormal peut consister, à côté d'achats à prix majorés ou de ventes à prix minorés, en versement de redevances excessives ou sans contrepartie, octroi de prêts sans intérêt ou à un taux réduit, remise de dettes, attribution d'un avantage hors de proportion avec le service obtenu (cf. note DGI du 4 mai 1973, *BODGI,* 4A-2-73 ; *DB,* 4A-1211, n° 16, du 1er septembre 1993).

L'existence de tels avantages anormaux fait *présumer* le transfert de bénéfices.

La loi ne fixant aucune règle de preuve particulière, il appartient à l'administration de prouver le caractère anormal de l'opération qu'elle entend redresser selon la procédure de droit commun. Lorsque le contribuable n'accepte pas les redressements envisagés par l'administration, le désaccord peut être soumis à l'appréciation de la commission départementale des impôts directs et des taxes sur le chiffre d'affaires, compétente pour connaître des questions de fait qui se rattachent à l'existence et au montant du transfert de bénéfices à l'étranger (CE, 29 janvier 1964, n° 47515, Dupont, 1964, p. 253 ; *RO,* p. 20 ; *BO,* 4A-2-73). Le contentieux peut être déféré au tribunal administratif, juge de l'impôt direct, qui peut ordonner une expertise, afin d'établir si la société française a, ou non, consenti un avantage à la société étrangère, et, dans l'affirmative, si un tel avantage s'est traduit par un transfert de bénéfices à l'étranger.

L'entreprise française peut toutefois combattre la présomption de transfert de bénéfices à l'étranger en démontrant que les avantages anormaux découlant des opérations réalisées avec une entreprise étrangère répondent à des *nécessités commerciales réelles,* et non au souci d'effectuer des transferts de bénéfices au préjudice du Trésor français.

85 Ayant établi l'existence d'un transfert indirect de bénéfices à l'étranger entre deux entreprises dépendantes, l'administration est fondée à réintégrer le montant des sommes ainsi transférées dans le bénéfice imposable de l'entreprise française. Les sommes réintégrées par l'administration dans les bases de l'impôt sur les sociétés en vertu de l'article 57 du CGI sont en outre considérées comme des *revenus distribués.* Effectuée au bénéfice d'une société ayant son siège hors de France, la distribution indirecte donne ouverture à la retenue à la source au taux de 25/75 (le bénéfice réputé transféré étant présumé net de retenue à la source), sous réserve des conventions internationales.

À propos de la compatibilité des dispositions de l'article 57 du CGI et de l'article L 13B du *LPF* (voir *infra*) avec le droit communautaire, v. M. Taly et P. Schiele, Les dispositions françaises tendant au contrôle des prix de transfert sont-elles euro-compatibles ?, *DF,* 2003, n° 29, p. 960 et s.

B – L'article L 13 B du Livre des procédures fiscales

86 À la différence de la plupart des autres pays industrialisés, la France applique, sauf exceptions, un impôt sur les sociétés territorial. Cette particularité n'a pas favorisé la recherche, de la part des administrations fiscales, d'informations détaillées sur la nature et l'organisation des activités exercées hors de France par les entreprises le cas échéant associées à une entreprise exerçant son activité en France. L'article 57, dans ces conditions, trouvait à s'appliquer à l'occasion de la constatation d'une anomalie, affectant une opération conduite avec une entreprise extérieure apparentée, plutôt que dans le cadre d'une analyse systématique des fonctions exercées par une entité française au sein d'un groupe international associées, ou du mode de formation des prix de transfert.

D'autres administrations, notamment l'administration américaine, se sont assez tôt préoccupées, au contraire, des conditions de fonctionnement des groupes internationaux, en vue d'identifier la juste part d'impôt devant leur revenir. Libre du choix de la méthode de fixation des prix de transfert, l'entreprise assujettie à la juridiction fiscale américaine doit en préparer la justification, par la constitution d'une *documentation* appropriée, de nature à renseigner les services de contrôle, notamment, sur l'environnement économique de l'entreprise, l'organisation du groupe, les raisons du choix exercé au regard des méthodes de fixation des prix de transfert, la consistance des transactions intra-groupe, les éléments de comparabilité retenus. L'entreprise doit disposer d'un modèle économique de détermination des prix, prévoir l'actualisation des données comptables jusqu'à la déclaration des résultats, expliciter son système d'information.

C'est seulement en 1996 que le législateur français a doté l'administration fiscale des moyens d'exiger d'une entreprise, dans le cadre d'une vérification de comptabilité et suivant une procédure spécifique, des éléments d'information sur les conditions de détermination des prix de transfert pratiqués dans le cadre de transactions réalisées avec des entreprises situées à l'étranger.

Issu de l'article 39-I de la loi n° 96-314 du 12 avril 1996, l'article L 13 B du *Livre des procédures fiscales (LPF),* commenté dans une instruction du 23 juillet 1998 (*BOI,* 13-L-7-98), organise une coopération entre l'entreprise et l'administration en matière de documentation sur les prix de transfert (v. P. Dibout, L'extension des prérogatives de l'Administration fiscale dans le contrôle des opérations internationales, *DF,* 1996, n° 18-19, p. 651 et s. ; C. Silberztein et J.-M. Priol, Contrôle des prix de transferts, un dispositif critiquable ?, *DF,* 1998, n° 42, p. 1285 s.).

87 L'administration peut *mettre en œuvre* la procédure spéciale de demande d'informations prévue à l'article L B 13 B du *LPF* lorsque, *au cours d'une vérification de comptabilité,* elle a réuni des éléments faisant *présumer* qu'une entreprise a opéré un transfert indirect de bénéfices, au sens de l'article 57 du CGI.

La procédure, dont l'emploi n'est ni obligatoire ni systématique, ne peut ainsi s'adresser qu'aux entreprises susceptibles d'être sous la dépendance ou de posséder le contrôle d'entreprises situées hors de France, ou encore d'être sous la dépendance d'une entreprise ou d'un groupe possédant également le contrôle d'entreprises situées hors de France, et d'avoir transféré indirectement des bénéfices à ces entreprises situées hors de France. Le lien de dépendance n'aurait cependant pas à être démontré dans le cas de transferts de bénéfices vers des entreprises établies dans un État ou territoire situé hors de France dont le régime fiscal est privilégié au sens du deuxième alinéa de l'article 238 A du CGI.

La présomption d'un transfert de bénéfices au sens de l'article 57 n'oblige pas l'administration à être en possession, au moment de la demande, des éléments nécessaires à la mise en œuvre de cet article. La mise en œuvre de la procédure spéciale devra seulement reposer sur l'existence d'indices concernant les liens de dépendance juridique ou de fait, ou le caractère privilégié du régime fiscal de l'entreprise établie à l'étranger, ainsi que l'anormalité des transactions.

En pratique, le recours à la procédure ne sera envisagé qu'en l'absence d'explications suffisantes de la part de l'entreprise, à l'issue d'un débat oral et contradictoire au cours duquel l'entreprise n'aura pas fourni les informations nécessaires au contrôle des prix de transfert.

88 En application du premier alinéa de l'article L 13 B du *LPF,* l'administration pourra alors *demander à l'entreprise des informations et documents* précisant :

1 / la nature des relations de dépendance ou de contrôle existant entre l'entreprise et l'entité ou les entités établies à l'étranger ;
2 / la méthode de détermination des prix des opérations de nature industrielle, commerciale ou financière qu'elle effectue avec l'entité ou les entités extérieures liées, ainsi que, le cas échéant, les contreparties consenties ;
3 / les activités exercées par les entreprises liées ;
4 / le traitement fiscal appliqué aux entités liées extérieures, au titre des opérations industrielles, commerciales ou financières réalisées avec l'entreprise vérifiée, du moins en ce qui concerne les entités étrangères dont celle-ci possède directement ou indirectement, la majorité du capital ou des droits de vote, ou qu'elle exploite directement (établissements).

Toute méthode de détermination des prix de transfert invoquée par l'entreprise peut être considérée comme recevable, pour satisfaire à l'obligation documentaire de l'article L 13 B, sous réserve que sa présentation soit appuyée de justificatifs d'ordre méthodologique et documentaire (document interne à l'entreprise décrivant la méthode, documents contractuels échangés entre les entités du groupe, etc.), d'ordre comptable (extrait de la comptabilité générale et le cas échéant de la comptabilité analytique), et d'ordre économique (données se rapportant aux marchés et aux fonctions remplies par les entités du groupe concernées explicitant la méthode invoquée par l'entreprise, informations et analyses concernant les comparables retenus, justifiant la pertinence du choix effectué).

Les entreprises doivent dès lors posséder une *documentation* capable d'expliquer la démarche globale suivie par le groupe en matière de fixation des prix de transfert.

89 Les demandes d'informations et documents faites à l'entreprise doivent être précises, et indiquer le *délai de réponse* ouvert à l'entreprise, qui ne peut être inférieur à deux mois. Le contribuable peut en solliciter la prorogation, le délai de réponse ne pouvant dans tous les cas excéder au total une durée de trois mois.

Lorsque les réponses adressées par l'entreprise dans le délai imparti sont jugées suffisantes par l'administration, la procédure de l'article L 13 B du *LPF* prend fin et la vérification de comptabilité se poursuit dans les conditions de droit commun.

En cas de réponse insuffisante (défaut de réponse à une ou plusieurs des questions posées, ou à une partie de la question posée, référence à des principes généraux sans justification concrète relative aux questions posées), l'administration adresse à l'entreprise une *mise en demeure* d'avoir à compléter sa réponse dans un délai de trente jours. Une réponse insuffisante après une mise en demeure est considérée comme un défaut de réponse.

Le défaut de réponse ne peut à lui seul constituer une motivation suffisante pour notifier un redressement, précise l'administration (instr. préc. du 29 juillet 1998, n° 51). Mais, ajoute-t-elle, « il est néanmoins probable que l'entreprise qui aura négligé de répondre à une demande de précisions fondée sur la présomption qu'elle avait opéré un transfert de bénéfice s'exposera à un redressement ».

L'avertissement équivaut à une forte incitation délivrée aux entreprises apparentées à des groupes internationaux d'avoir à constituer la documentation utile à l'appréciation des prix de transferts pratiqués.

Même en cas de défaut de réponse, et sauf le cas d'une société en situation de taxation d'office avant l'emploi de la procédure spéciale prévue à l'article L 13 B du *LPF,* la procédure de redressement contradictoire est suivie. La charge de la preuve obéit à la règle générale et aux dispositions particulières en matière de contrôle des transferts de bénéfices à l'étranger.

En application des dispositions ajoutées à l'article 57 du CGI par la loi du 12 avril 1996, l'administration est toutefois autorisée, en cas de défaut de réponse, à évaluer le montant du transfert de bénéfices concerné par la demande, à partir des éléments dont elle dispose.

Elle peut notamment recourir à la méthode d'évaluation par comparaison prévue au dernier alinéa de l'article 57 du CGI (« À défaut d'éléments précis pour opérer les redressements prévus aux premier, deuxième et troisième alinéas, les produits imposables sont déterminés par comparaison avec ceux des entreprises similaires exploitées normalement »), le recours aux autres méthodes reconnues par l'OCDE devant être toutefois privilégié, dans la mesure du possible et malgré le défaut de réponse de l'entreprise (cf. instr. préc. du 29 juillet 1998, n° 53).

90 *Amende.* En cas de défaut de réponse à une demande d'information et de documentation, l'entreprise est par ailleurs passible d'une amende fiscale égale à 7 500 € pour chaque exercice visé par la demande (CGI, art. 1740 *nonies*), et cela même s'il n'y a pas de redressements. En cas de pluralité de demandes, la pénalité est limitée à 7 500 € pour chaque exercice concerné, même s'il y a plusieurs défauts de réponse.

L'amende doit être motivée et peut être contestée comme les amendes prévues en matière de taxes sur le chiffre d'affaires.

Elle n'est pas une pénalité grave au sens de l'article 8-1 de la convention communautaire d'élimination des doubles impositions en cas de correction des bénéfices d'entreprises associées de l'Union européenne du 23 juillet 1990 (v. *infra,* n° 101) et ne peut donc priver l'entreprise vérifiée de recourir aux procédures prévues par cette convention.

Sur la compatibilité du dispositif prévu à l'article L 13 B du *LPF* avec le droit de ne pas s'auto-incriminer reconnu, selon la CEDH, par l'article 6 de la Convention, v. *supra,* n° 43.

4 – Prévention et règlement des doubles impositions économiques

91 Le redressement opéré dans un État en matière de prix de transfert est de nature à générer une double imposition économique s'il n'est pas assorti d'un ajustement corrélatif effectué par l'administration fiscale du pays où est établie l'autre entreprise partie à la transaction concernée. Le développement des échanges internationaux entre entités dépendantes s'accompagne inévitablement d'un accroissement du risque de surcharges fiscales lié au contrôle des prix de transfert, susceptible d'entraver le cours normal du commerce transfrontalier. Stimulés par les organisations internationales, notamment l'OCDE, les États s'efforcent d'améliorer les conditions de règlement des différends nés du redressement de prix de transfert. Ils cherchent également à prévenir la constitution de doubles impositions économiques, dans le cas de transferts intragroupes, essentiellement par la voie d'accords préalables.

A – La prévention des doubles impositions économiques : les accords préalables en matière de prix de transfert

92 L'OCDE définit l'accord préalable en matière de prix de transfert (APP) comme « un accord qui fixe, préalablement à des transactions entre entreprises associées, un ensemble approprié de critères (concernant par exemple la méthode de calcul, les éléments de comparaison, les correctifs à y apporter et les hypothèses de base concernant l'évolution future) pour la détermination des prix de transfert appliqués à ces transactions au cours d'une certaine période » (*Principes applicables...*, 4.124).

Un certain nombre de juridictions fiscales, le Japon en 1987, les États-Unis en 1991, puis la plupart des pays membres de l'OCDE se sont dotées de telles procédures. Aux États-Unis, ainsi, un accord de prix préalable (APA) peut être demandé à l'administration fiscale pour la détermination des prix de transfert de sociétés apparentées opérant sur le territoire américain. L'Internal Revenue Service (IRS) ne peut dénoncer un APA qu'en cas de fraude ou de mauvaise foi dans son application. Selon le cas, l'APA peut impliquer une autre administration fiscale (accord bilatéral), ou être délivré par la seule administration américaine (accord unilatéral).

L'Espagne, le Japon, le Royaume-Uni, notamment, acceptent également de délivrer des accords préalables unilatéraux. Les Pays-Bas usent largement d'une procédure comparable aux accords unilatéraux sur les prix de transfert *(cost plus rulings, resale minus rulings),* qui a retenu l'attention du groupe « code de conduite » de l'Union européenne.

93 La France a plus tardivement offert un tel élément de sécurité fiscale aux entreprises internationales implantées sur son territoire, à travers, d'abord, les dispositions d'une simple instruction administrative en date du 7 septembre 1999 (*BOI,* 4-A-8-99 ;

v. C. Silberztein et V. Schmitt, Le dispositif français d'accord préalable en matière de prix de transfert : une petite révolution fiscale, *DF,* 2000, n° 5, p. 253 et s.).

La procédure d'accord préalable définie par cette instruction se trouvait liée aux procédures d'accord amiable prévues par de nombreuses conventions fiscales, et qui permettent aux administrations concernées, conformément aux dispositions de l'article 25-3 de la convention modèle OCDE, de se concerter en vue d'éliminer la double imposition dans les cas non prévus par la convention. Sur cette base, un accord pouvait être conclu entre l'administration fiscale française et l'administration fiscale d'un État lié à la France par une convention fiscale comportant une clause d'accord amiable, en vue de prévenir la double imposition économique susceptible d'atteindre les entités d'un même groupe respectivement implantées en France et dans cet autre État, à raison de la contestation des prix fixés pour les échanges de biens et de services intervenant entre les deux entités.

Selon l'instruction du 7 septembre 1999, « l'accord préalable entre autorités compétentes permet à une entreprise multinationale, par la détermination concertée d'une méthode de prix de transfert, de s'assurer auprès de l'administration fiscale française que les prix pratiqués dans ses relations industrielles, commerciales et financières intragroupe n'entrent pas dans les prévisions de transferts de bénéfices, au sens de l'article 57 du CGI ».

L'accord porte sur la méthode de fixation des prix retenue, pour leurs échanges, par les entreprises liées qui en font la demande. Il assure la garantie que la méthode sur laquelle les deux administrations concernées ont marqué leur accord ne sera pas remise en cause pendant la période d'application de celui-ci, sauf présentation erronée des faits, dissimulation d'informations, erreurs ou omissions imputables au contribuable lors de l'établissement de sa demande, ou non-respect des obligations contenues dans l'accord par le contribuable ou manœuvres frauduleuses.

La procédure d'accord préalable sur les prix de transfert instituée par l'instruction du 7 septembre 1999 a connu un succès croissant, une vingtaine de dossiers étant désormais présentés, chaque année, au bureau du contrôle fiscal compétent pour les traiter. La presse économique a fait état de l'accord intervenu en avril 2004 pour la fixation des prix de transfert entre les filiales du groupe Airbus, la combinaison de plusieurs accords bilatéraux ayant permis de lui conférer une allure multilatérale.

94 *Légalisation de la procédure.* L'article 20 de la loi de finances rectificative n° 2004-1485 du 30 décembre 2004 est venu conférer le fondement législatif souhaitable à la procédure française d'accord préalable en matière de prix de transfert, non sans en modifier le sens et la portée.

La garantie offerte aux entreprises participant à des échanges internationaux avec des entreprises liées s'inscrit désormais dans le cadre des procédures de *rescrit* prévues à l'article L 80 B du *Livre des procédures fiscales.* La garantie, assurée par ce texte, de non-rehaussement d'impositions antérieures prévue au premier alinéa de l'article L 80 A devient, à compter du 1er janvier 2005, applicable « lorsque l'administration a conclu un accord préalable portant sur la méthode de détermination des prix mentionnés au 2° de l'article L 13 B, soit avec l'autorité compétente désignée par une convention fiscale bilatérale destinée à éliminer les doubles impositions, soit avec le contribuable ».

À la différence d'autres hypothèses de « rescrit » visées à l'article L 80 B du *LPF,* l'administration, saisie d'une demande d'accord préalable en matière de prix de transfert, n'est pas tenue d'y répondre dans un délai déterminé, dont la fixation, à vrai dire, n'eût guère été compatible avec les conditions de déroulement effectif des procédures d'accord amiable.

Désormais, cependant, la procédure française d'APP n'est plus nécessairement liée à la procédure amiable prévue par une convention fiscale bilatérale. Le dispositif prévu par l'instruction du 7 septembre 1999 est conservé, en ce sens que l'accord préalable peut consister en un accord conclu entre les deux administrations fiscales concernées par la relation commerciale entre deux entreprises liées, au terme d'une procédure amiable fondée sur la clause pertinente d'une convention contre la double imposition, et auquel auraient adhéré les entreprises à l'origine de la démarche amiable. Mais l'accord préalable, à l'égal de ce que prévoient les législations fiscales étrangères précitées, peut également présenter un caractère unilatéral. Il est alors conclu entre l'administration française et le contribuable.

L'accord préalable unilatéral sur les prix de transfert est une garantie pour l'entreprise située en France. Il n'est pas l'assurance que le groupe international auquel elle appartient ne sera pas exposé à une double imposition économique internationale. Il peut également présenter un inconvénient pour l'administration française dans la mesure où, conclu à raison de relations commerciales entretenues par l'entreprise française avec une entreprise située dans un pays lié à la France par une convention fiscale, il ne laisserait guère de flexibilité à ladite administration dans la recherche du règlement amiable d'une double imposition qui ferait suite au redressement de prix de transfert, le cas échéant pratiqué par l'administration de l'autre pays.

95 D'un point de vue pratique, l'instruction précitée de 1999 précisait, en ce qui concerne les demandes d'accords bilatéraux, que l'entreprise qui envisage la conclusion d'un accord préalable sur les prix de transfert avec l'administration française est invitée à se rapprocher de celle-ci afin d'en évoquer l'opportunité et les conditions, préalablement à la formulation d'une demande officielle.

Celle-ci doit être présentée à l'administration centrale (Bureau CF3 de la DGI, Affaires particulières internationales, 64-70 allée de Bercy, Télédoc 872, 75574 Paris cedex 12), six mois au moins avant l'ouverture du premier exercice concerné.

Le contribuable propose une méthode de détermination de ses prix de transfert et fournit l'ensemble des données commerciales, industrielles, financières, juridiques... visant à démontrer que, selon lui, cette méthode conduit à déterminer des prix de manière conforme au principe de pleine concurrence. En annexe à l'instruction du 17 septembre 1999 figure une liste indicative des informations à fournir lors d'une demande d'accord préalable, ainsi que des justificatifs à produire à l'appui de la méthode choisie.

Parallèlement à la présentation de la demande en France, les entreprises doivent formuler leur demande d'accord dans l'autre État concerné.

L'étude de la méthode de prix de transfert et des transactions soumises à l'examen de l'administration fait l'objet de discussions entre celle-ci et l'entreprise. L'instruction de la demande, d'autre part, s'effectue dans le cadre d'un examen conjoint mené par l'administration fiscale française et l'autorité compétente de l'autre État concerné.

Lorsque les deux administrations sont parvenues à un accord, le service chargé de l'instruction adresse au contribuable une lettre définissant les termes de l'accord. Le contribuable fait alors connaître son acceptation et s'engage à respecter les conditions d'application de l'accord. Celui-ci revêt un caractère confidentiel.

L'accord précise notamment les entreprises et transactions qu'il couvre ainsi que la méthode de détermination des prix de transfert retenue. Il comporte la description des hypothèses de base et des modalités de révision ou d'annulation de l'accord, indique la date d'entrée en vigueur de celui-ci, sa durée, les conditions de son renouvellement, en précise les modalités de suivi.

Le dispositif de suivi de l'accord préalable comporte la production obligatoire, par le contribuable, d'un rapport annuel permettant de vérifier la conformité des méthodes pratiquées aux termes de l'accord.

L'administration fiscale s'interdit de revenir sur un accord conclu avec une autre autorité fiscale, sauf dans les cas de présentation erronée des faits, dissimulation d'informations, erreurs ou omissions imputables au contribuable lors de l'établissement de la demande, et en cas de non-respect des obligations contenues dans l'accord par le contribuable ou de manœuvres frauduleuses.

Dans ces hypothèses, l'accord est considéré comme nul et de nul effet dès sa date d'entrée en vigueur, l'autre autorité fiscale étant informée du non respect de l'accord.

En principe, l'accord préalable n'a pas de portée rétroactive. Par exception, toutefois, à la demande de l'entreprise formulée dès l'origine, l'accord pourra s'appliquer à compter de l'exercice durant lequel la demande d'accord a été déposée.

96 Une instruction du 24 juin 2005 (*BOI,* 4-A-11-05) apporte des précisions additionnelles sur l'accord préalable unilatéral de prix prévu par la loi de finances rectificative de 2004.

Selon l'administration, l'accord préalable unilatéral en matière de prix de transfert constitue une prise de position formelle de l'administration fiscale française qui garantit l'entreprise demanderesse que les prix pratiqués dans ses relations industrielles, commerciales ou financières intra-groupe n'entrent pas dans les prévisions d'un transfert de bénéfices au sens de l'article 57 du CGI.

L'administration, indiquant qu'elle privilégiera, chaque fois que cela est possible, la procédure bilatérale, précise que les entreprises qui le souhaitent pourront solliciter un accord unilatéral de prix dans les cas suivants :

— aucune procédure d'accord préalable de prix n'existe dans l'autre État concerné ;
— les transactions concernent un grand nombre de pays ;
— les transactions portent sur des sujets particuliers ou d'une complexité limitée mais source récurrente de divergence d'appréciation (par exemple, les refacturations de frais communs à l'ensemble des sociétés du groupe ou de frais de direction générale) ;

— l'entreprise est une petite ou moyenne entreprise (PME). Pour celles-ci est par ailleurs annoncée l'intervention d'une procédure d'accord préalable bilatérale allégée.

Il est ajouté qu'aucune procédure d'accord préalable unilatérale ne sera engagée à raison des transactions existantes avec des entreprises situées dans des pays avec lesquels aucune convention fiscale n'a été conclue si ceux-ci disposent d'un régime fiscal privilégié au sens de l'article 238 A du CGI.

L'instruction du 24 juin 2005 renvoie à celle du 7 septembre 1999, sauf bien entendu les développements afférents à l'aspect bilatéral de la procédure, pour ce qui concerne le contenu de la demande, le déroulement de la procédure, la conclusion de l'accord, le mécanisme de suivi et le renouvellement de l'accord.

B – Le règlement des doubles impositions économiques

1 – La procédure amiable

97 L'article 9 de la convention modèle OCDE prévoit que lorsqu'un État ajuste les bénéfices imposables d'une entreprise en application du principe de pleine concurrence, « l'autre État procède à un ajustement approprié du montant de l'impôt qui y a été perçu... Pour déterminer cet ajustement, si c'est nécessaire, les autorités compétentes des États contractants se consultent ».

L'appel à la *procédure amiable* prévue dans les conventions fiscales, à laquelle se réfère implicitement l'article précité de la convention modèle OCDE, a longtemps constitué l'unique mode de règlement des phénomènes de double imposition économique nés de redressements en matière de prix de transfert. Cette procédure, exposée à l'article 25 de la convention modèle, permet notamment, en effet, aux administrations des États contractants de se concerter en vue d'éliminer la double imposition dans les cas non prévus par la Convention. En cas d'issue favorable, elle se conclut par un accord amiable.

Même si, le plus souvent, les procédures amiables engagées en vue de régler la double imposition économique née du redressement d'un prix de transfert aboutissent à son élimination effective (dans 98 % des cas en ce qui concerne les procédures impliquant la France, selon les indications contenues dans le rapport fait au nom de la commission des finances de l'assemblée nationale sur le projet de loi de finances rectificative de 2004 par M. Gilles Carrez ; cf. n° 1976, AN, fasc. 2, p. 117), celle-ci n'intervient qu'au terme d'un délai qui peut s'avérer substantiel, et qui est parfois supérieur au délai de reprise de l'administration. Celle-ci, invitée à suspendre la mise en recouvrement dans les affaires donnant lieu à une procédure amiable avec un autre État, pourrait alors se trouver contrainte d'y procéder.

98 C'est pour éviter de telles mises en recouvrement de redressements notifiés, alors qu'une procédure amiable a été ouverte, que l'article 21 de la loi de finances rectificative n° 2004-1485 du 30 décembre 2004 a prévu, pour ce cas, la *suspension du délai de prescription.*

Selon le nouvel article L 189 A du *Livre des procédures fiscales,* « lorsqu'à la suite d'une proposition de rectification, une procédure amiable en vue d'éliminer la double imposition est ouverte sur le fondement d'une convention fiscale bilatérale ou de la convention européenne 90/436/CEE relative à l'élimination des doubles impositions en cas de correction des bénéfices d'entreprises associées du 23 juillet 1990 (voir *infra,* n° 101), le cours du délai d'établissement de l'imposition correspondante est suspendu de la date d'ouverture de la procédure amiable au terme du troisième mois qui suit la date de la notification au contribuable de l'accord ou du constat de désaccord intervenu entre les autorités compétentes ».

Le cours du délai d'établissement de l'imposition doit s'entendre du délai de reprise avant mise en recouvrement. Le point de départ de la suspension correspond à la réception, par l'administration, de la demande d'ouverture d'une procédure amiable faite par le contribuable, et non, bien entendu, à la date de saisine de l'autorité administrative étrangère.

La suspension du délai de prescription ne prive pas l'administration de la possibilité d'une mise en recouvrement effective des redressements notifiés, par exemple si la procédure amiable est interrompue, ou encore si sa prolongation fait craindre que soit atteinte la fin du délai maximal prévu pour exercer le droit de reprise (dix ans à compter du fait générateur, selon les dispositions de l'article L 186 du *Livre des procédures fiscales*).

99 La mesure de suspension du délai de prescription introduite par la loi de finances rectificative pour 2004 s'inscrit dans le cadre plus général d'efforts tendant à un règlement plus efficace des phénomènes de double imposition internationale, notamment liés au développement des échanges intra-groupe internationaux.

Le Centre de politique et d'administration fiscale de l'OCDE a publié en ce sens le 27 juillet 2004, à l'attention de commentaires publics, un projet de rapport d'étape relatif aux perspectives d'amélioration de la procédure amiable, évoquant en outre des techniques supplémentaires de règlement des différends (*Améliorer le processus de résolution des différends fiscaux internationaux,* projet de rapport d'étape du groupe de travail conjoint formé de délégués des groupes de travail n°s 1 et 6).

Le projet de rapport contient des propositions en vue d'améliorer l'accès à la procédure amiable, dont les conditions de déroulement seraient utilement exposées dans un *Manuel pour des procédures amiables efficaces*. La clarification de la procédure devrait intéresser, notamment, le point de départ du délai dont dispose le contribuable pour demander une procédure amiable, ou encore, la portée de la condition mise à l'engagement de la procédure d'une probabilité pratique d'imposition non conforme à la Convention.

Le projet de rapport soulève par ailleurs la question de la suspension du recouvrement de l'impôt, et celle de la suspension ou annulation d'intérêts et sanctions, pendant la procédure amiable. Il suggère l'adoption de délais de traitement, en vue d'accélérer le déroulement de la procédure amiable et d'en renforcer la transparence.

La procédure amiable n'imposant pas aux États de se mettre d'accord, mais seulement de s'efforcer d'y parvenir, certains cas de double imposition peuvent n'être pas résolus. Aussi le projet de rapport envisage-t-il l'ajout de techniques supplémentaires de règlement des différends fiscaux transfrontaliers, telles que l'examen à un niveau supérieur, le recours à l'avis arbitral d'un expert impartial, ou à la médiation de tiers. Une attention particulière est portée à l'*arbitrage,* dans lequel un certain pouvoir de décision est reconnu à des tiers neutres et indépendants afin de faciliter la prise de décision.

2 – L'arbitrage

100 Un certain nombre de conventions fiscales (plus de 60, selon l'OCDE) font d'ores et déjà référence à diverses formes d'arbitrage.

Cf. Hugues Perdriel-Vaissière, Le règlement amiable des conflits en droit fiscal conventionnel français, *L'Année fiscale 2003,* p. 245 et s.

L'avenant du 28 septembre 1989 à la *convention franco-allemande* prévoit ainsi l'intervention d'une commission d'arbitrage si les deux États ne parviennent pas à un accord amiable dans un délai de vingt-quatre mois. Si la saisine de la commission d'arbitrage est seulement facultative, les décisions de celle-ci ont en revanche force obligatoire.

Une procédure d'arbitrage a été également introduite dans la *convention franco-américaine* du 31 août 1994, supposant l'accord des autorités compétentes et du contribuable, ainsi que, suivant l'avenant du 30 novembre 1995, dans la *convention franco-canadienne,* sous réserve de la fixation de la procédure par échange de notes diplomatiques, dans la convention conclue par la France avec le *Kazakhstan* (convention du 3 février 1998, *JO,* 12 octobre 2000, art. 25), sous la même réserve.

Le développement effectif du recours à l'arbitrage, pour le règlement des situations de double imposition économique nées de la correction de prix de transfert, se remarque essentiellement, toutefois, dans le contexte communautaire.

101 Les États membres de la Communauté européenne ont en effet adopté le 23 juillet 1990 une *convention* multilatérale *relative à l'élimination des doubles impositions en cas de corrections des bénéfices des entreprises associées* (*JOCE,* 20 août, n° L 225/10. Voir ég. l'instruction du 26 octobre 1999, *BOI,* 14-F-1-99), qui comporte un mécanisme s'apparentant à l'arbitrage.

La Convention concerne les impôts sur le revenu et sur les sociétés et s'applique à des entreprises associées résidentes des États membres de l'Union européenne, qu'il s'agisse d'entreprises juridiquement distinctes, ou que les transactions concernent un ou des établissements stables d'entreprises résidentes d'un État membre.

La Convention institue en fait deux procédures permettant de remédier aux situations de double imposition, une procédure amiable, comparable à celle prévue par les conventions fiscales bilatérales, et une procédure d'arbitrage.

102 La *procédure amiable* est mise en œuvre lorsque les redressements effectués ou envisagés par l'administration fiscale d'un État contractant sur les résultats d'une entreprise associée entraînent ou peuvent entraîner une double imposition juridique ou économique. Il n'y a pas lieu d'engager cette procédure si les deux entreprises associées concernées et l'autre État contractant informé de la correction des bénéfices envisagée dans le premier État acceptent cette correction. L'autorité compétente d'un État, par ailleurs, n'est pas obligée d'entamer la procédure amiable lorsqu'il est décidé définitivement, par une procédure judiciaire ou administrative, qu'une des entreprises est passible d'une pénalité grave à l'occasion d'une correction de bénéfices.

La procédure amiable est engagée à l'initiative du contribuable, par demande adressée à l'autorité compétente concernée (sous direction E, chargée des relations internationales, de la direction de la législation fiscale, dans le cas de la France). La demande d'ouverture de la procédure amiable doit être présentée dans les trois ans qui suivent la première notification de la mesure qui entraîne ou est susceptible d'entraîner une imposition non conforme à la convention (proposition de rectification, désormais substituée à la notification de redressements, en cas de procédure contradictoire ; cf. l'instruction précitée du 26 octobre 1999, n° 25).

L'autorité compétente saisie s'efforce de résoudre le cas par voie d'accord amiable lorsque la réclamation lui paraît fondée et qu'elle n'est pas en mesure d'y apporter une solution satisfaisante. Si les administrations fiscales des États concernés parviennent à un accord, celui-ci est notifié au contribuable et, s'il est accepté par lui, appliqué dans les deux États. En cas de refus du contribuable, la proposition d'accord devient caduque, la situation fiscale du contribuable étant réglée par chaque administration selon sa propre interprétation, sous réserve des recours du droit interne ouverts au contribuable.

103 Si les autorités compétentes des deux États ne parviennent pas à un accord dans un délai de deux ans à compter de la demande d'engagement de la procédure amiable, elles doivent constituer une *commission consultative* chargée d'émettre un avis sur la façon d'éliminer la double imposition.

La commission consultative est composée de deux représentants de chaque autorité compétente (ou d'un seul représentant, si les États sont d'accord), qui désignent d'un commun accord, ou par tirage au sort avec certaines possibilités de récusation, un nombre pair de personnalités indépendantes inscrites sur une liste constituée d'un ensemble de personnes compétentes et indépendantes désignées par les États contractants, à raison de cinq par État, ainsi que d'un président, choisi sur la même liste par les autres membres.

La commission rend un avis dans un délai de six mois. Cet avis ne lie pas les autorités compétentes, mais celles-ci sont tenues, dans un second délai de six mois, de prendre une décision assurant l'élimination de la double imposition. À défaut de solution qui permettrait une telle élimination tout en s'écartant de l'avis de la

Commission, les autorités compétentes doivent se conformer à celui-ci.

La double imposition est considérée comme éliminée, soit lorsque les bénéfices sont soumis à l'impôt uniquement dans un État, soit lorsque le montant de l'impôt auquel ces bénéfices sont soumis dans un État fait l'objet, pour l'entreprise associée, d'un ajustement corrélatif dans l'autre État.

Dans le cas de la France, compte tenu de l'interdiction faite aux autorités compétentes de déroger aux décisions de leurs instances judiciaires (principe de l'autorité de la chose jugée), la saisine de la Commission consultative n'est effectuée que si l'entreprise a laissé s'écouler le délai de présentation d'un éventuel recours contentieux ou bien s'est désistée d'un tel recours avant qu'une décision n'ait été rendue. L'entreprise concernée doit ainsi choisir entre la poursuite d'une procédure juridictionnelle jusqu'à son terme ou l'engagement de la procédure d'arbitrage.

Seulement invitée à délivrer un avis, la commission instituée par la convention du 23 juillet 1990 n'a pas la pleine compétence d'un véritable arbitre. Le dispositif d'ensemble défini par cette convention, obligeant les autorités compétentes à parvenir à un accord, assure cependant aux entreprises un *droit à l'élimination de la double imposition.*

104 La mise en œuvre de la convention européenne d'arbitrage s'est cependant heurtée à plusieurs difficultés.

Certaines étaient d'ordre juridique, et tenaient à la fois à la nécessité d'une prorogation de la durée d'application de la convention, initialement conclue pour une durée de cinq ans, et à l'élargissement de la Communauté européenne. La convention est entrée en vigueur le 1er janvier 1995, une fois intervenues toutes les ratifications nécessaires. Le protocole du 25 mai 1999, prévoyant la prorogation automatique de la convention pour de nouvelles périodes successives de cinq ans, n'a été cependant ratifié qu'avec retard par les quinze États membres concernés, en sorte que la convention était inopérante depuis le 1er janvier 2000. Elle est à nouveau en vigueur depuis le 1er novembre 2004, avec effet rétroactif au 1er janvier 2000.

L'adhésion de l'Autriche, de la Finlande et de la Suède avait été par ailleurs rendue possible par une convention conclue par le Conseil le 21 décembre 1995. Le 7 décembre 2004, le Conseil de l'Union européenne a approuvé une convention d'adhésion qui, lorsqu'elle sera en vigueur, permettra aux dix nouveaux États membres d'adhérer à la convention d'arbitrage. La convention comporte une disposition autorisant son application bilatérale immédiate entre les États membres qui l'auront ratifiée.

D'autres difficultés étaient liées à la différence d'application de l'instrument, d'un État membre à l'autre, ainsi qu'à certaines insuffisances touchant à la procédure prévue par la convention.

La convention européenne d'arbitrage, dans ces conditions, a tardé à apporter la démonstration de son utilité. Un premier règlement d'une question de double imposition en matière de prix de transfert, fondé sur l'avis fourni par la commission consultative constituée en application de la convention, est cependant intervenu en 2003, dans une affaire intéressant les autorités françaises et italiennes. Une commission a été depuis lors également constituée, pour le règlement d'une affaire intéressant les autorités française et allemande.

Les obstacles à un recours plus efficace à la procédure prévue par la convention d'arbitrage ont été identifiés dans le cadre des travaux menés par le *forum conjoint de l'UE sur les prix de transfert* (FCPT) créé à l'initiative de la Commission [cf. la communication de la Commission *Vers un marché intérieur sans entraves fiscales,* COM(2001)582 du 23 octobre 2001, et les conclusions du Conseil du 11 mars 2002], et réunissant des experts des États membres et des milieux d'affaires. Les travaux du forum ont été à l'origine d'une proposition de la Commission d'avril 2004 tendant à l'adoption d'un Code de conduite pour la mise en œuvre effective de la Convention d'arbitrage de l'UE [COM(2004)297 final du 23 avril 2004]. Ce *Code de conduite* a été adopté par le Conseil de l'Union européenne en même temps que la nouvelle convention d'adhésion à la convention d'arbitrage.

Le Code de conduite, visant une application plus uniforme, par les États, des dispositions de la convention d'arbitrage, formule diverses propositions relatives, notamment, au point de départ de la période de trois ans durant laquelle une entreprise peut engager la procédure amiable, aux éléments d'information que doit fournir le contribuable, pour qu'un cas soit considéré comme ayant été soumis à l'autorité compétente concernée, en vue du décompte de la période de deux ans dont disposent les administrations pour parvenir à un accord amiable, ainsi qu'aux modalités pratiques de mise en œuvre de la procédure amiable (cf. B. Castagnède, Chronique de fiscalité internationale, *L'Année fiscale 2005,* p. 420).

Il recommande en outre aux États membres de prendre les mesures permettant d'assurer la suspension du recouvrement des dettes fiscales durant les procédures de règlement de différends transfrontaliers engagées dans le cadre de la Convention d'arbitrage, aux mêmes conditions que celles impliquées dans une procédure de recours interne.

SECTION 3 – LA LUTTE CONTRE L'USAGE ABUSIF DES RÉGIMES FISCAUX PRIVILÉGIÉS

105 Exposées à une déperdition de produit fiscal, au regard de la réalité des opérations effectuées sur leur territoire, par le jeu des prix de transferts pratiqués au sein de groupes internationaux, les juridictions fiscales courent également le risque d'une perte de substance taxable liée à l'usage fait par les opérateurs internationaux, non nécessairement dépendants d'un groupe multinational, des régimes fiscaux privilégiés offerts par les États ou territoires identifiés en tant que « paradis fiscaux », comme, parfois, par des États appliquant de façon plus générale une fiscalité « normale ».

Alors que les récents travaux de l'OCDE suggèrent de distinguer les approches, le dispositif français de lutte contre la fraude ou l'évasion fiscale internationale apparaît confondre en un objectif commun l'ensemble des régimes fiscaux privilégiés, qu'il s'agisse des régimes dérogatoires mis en œuvre dans le cadre de systèmes fiscaux organisés en vue de la poursuite du but normal de l'impôt, ou de ceux offerts aux opérateurs internationaux par des autorités faisant délibérément de leur territoire un lieu dont la caractéristique fiscale principale est l'absence d'imposition ou de segment d'imposition significatif. L'application aux premiers de mesures *a priori* prévues pour les seconds s'avère pourtant discutable.

Les régimes fiscaux de faveur existant au sein de systèmes fiscaux « normaux » y constituent généralement des « dépenses fiscales ». Dans le cadre de l'Union européenne, leur mise en œuvre est subordonnée, notamment, au respect du régime des aides d'État ou aux prescriptions du Code de conduite. Dès lors qu'une vigilance communautaire, de plus en plus exigeante, s'applique à de tels régimes fiscaux privilégiés, on comprend que les États ne soient pas fondés à prendre unilatéralement à l'égard de ces régimes des mesures restrictives générales qui, par un défaut de proportionnalité avec l'objectif poursuivi, contreviendraient aux grandes libertés du marché commun.

À l'égard d'États ou territoires se livrant à une « politique normative » de paradis fiscal, en revanche, des mesures de protection plus systématiques apparaissent fondées. La lutte contre les paradis fiscaux, justifiée par l'importance des flux financiers qui y transitent, se heurte cependant de nombreuses difficultés. Certaines d'entre elles tiennent à l'attitude parfois ambiguë, à leur égard, de juridictions fiscales majeures qui, en même temps qu'elles prennent des mesures préventives ou répressives contre leur utilisation abusive, hésitent à s'engager dans une action commune en ce sens, quand elles n'en recherchent pas clairement, dans certaines circonstances, les services (cf. le régime américain des IFSC, sanctionné par l'OMC, évoqué *supra,* n° 12).

Le dispositif fiscal français comporte en tout cas, outre l'article 57 précité du CGI, un certain nombre de mesures spécifiques de lutte contre l'usage abusif des « États ou territoires à régime fiscal privilégié », indistinctement applicables aux paradis fiscaux avérés comme aux régimes privilégiés de juridictions fiscales plus traditionnelles.

1 – L'article 238 A du CGI

106 Deux méthodes peuvent être envisagées pour préserver une juridiction fiscale des risques de fuite de matière imposable en direction de pays où les produits concernés ne supportent qu'une imposition faible ou nulle : ces produits peuvent faire l'objet d'une retenue à la source ; ou bien, leur paiement peut être exclu des charges admises en déduction du bénéfice imposable des entreprises qui l'effectuent.

Le législateur français a eu recours aux deux méthodes.

Diverses retenues à la source sont appliquées aux paiements effectués à des personnes domiciliées hors de France, parmi lesquelles la retenue de 33 % prévue à l'article 182 B du CGI, appliquée aux redevances versées à des personnes n'ayant pas d'installation professionnelle en France (v. *infra,* n°s 194 et s.).

L'article 238 A du CGI, issu de l'article 14 de la loi de finances pour 1974, limite d'autre part la déductibilité de certains paiements effectués en faveur de personnes établies ou domiciliées dans des pays à fiscalité privilégiée. Dans les cas prévus par ce texte, le débiteur, qu'il relève de l'impôt sur les sociétés ou de l'impôt sur le revenu, ne peut déduire de son bénéfice imposable les paiements concernés qu'à la condition d'apporter la preuve que les dépenses correspondent à des opérations réelles, et qu'elles ne présentent pas un caractère anormal ou exagéré.

107 *Paiements concernés.* L'article 238 A vise les intérêts et autres charges financières, les redevances, les rémunérations de services, payés ou dus à des personnes domiciliées ou établies dans un État étranger ou un territoire situé hors de France, et y sont soumises à un régime fiscal privilégié, ainsi que les versements correspondant aux charges précédentes effectués sur un compte tenu dans un organisme financier établi dans l'un de ces États ou territoires.

Le dispositif de l'article 238 A ne s'applique pas aux opérations d'achats et de ventes, susceptibles de donner lieu à des majorations ou minorations de prix, et qui entrent dans le champ d'application de l'article 57, non plus qu'aux intérêts d'obligations émises avec le bénéfice des régimes spéciaux prévus à l'article 131 *ter* du CGI, compte tenu des besoins de financement de l'économie française, y compris auprès d'opérateurs financiers établis dans les paradis fiscaux.

108 *Notion de régime fiscal privilégié.* Jusque récemment, le deuxième alinéa de l'article 238 A disposait que les personnes sont regardées comme soumises à un régime fiscal privilégié dans l'État ou le territoire considéré « si elles n'y sont pas imposables ou si elles y sont assujetties à des impôts sur les bénéfices ou les revenus notablement moins élevés qu'en France ».

L'article 238 A vise ainsi, non pas des États ou territoires à fiscalité privilégiée, mais le régime fiscal privilégié le cas échéant applicable au bénéficiaire des paiements, quelle que soit par ailleurs la fiscalité d'ensemble de l'État ou du territoire où il se trouve domicilié ou établi.

Le texte est dès lors susceptible de trouver application, au-delà des États ou territoires présentant les caractéristiques d'un « paradis fiscal » (dans une instruction du 26 juin 1975 – *BODGI,* 4-C-8-75 –, la DGI fournissait une liste des États et territoires concernés par les dispositions de l'article 238 A, alors plutôt regardées comme des mesures de lutte contre les juridictions fiscales ayant la nature de paradis fiscal), dans le cas de régimes de faveur dérogatoires à une fiscalité de droit commun « normale ».

L'administration, admettant qu'il n'était pas possible de fixer des critères qui soient significatifs dans toutes les situations, avait exposé qu'à titre de règle pratique, on pourra présumer qu'on se trouve en présence d'un régime fiscal privilégié lorsque le bénéficiaire, étant passible de l'impôt sur les sociétés, est soumis à un prélèvement fiscal global *inférieur d'au moins un tiers* au taux normal de l'impôt français (*DB,* 4C 9113, n° 15 du 30 octobre 1997).

La *loi de finances pour 2005* (n° 2004-1484 du 30 décembre 2004), à la faveur de la réforme du régime prévu à l'article 209 B du CGI (art. 104-II ; v. *infra,* nos 119 et s.), a précisé le différentiel d'imposition à partir duquel un régime fiscal est considéré comme privilégié, le deuxième alinéa de l'article 238 A du CGI disposant désormais que sont regardées comme soumises à un régime fiscal privilégié dans l'État ou le territoire considéré les personnes qui n'y sont pas imposables ou qui y sont assujetties « à des impôts sur les bénéfices ou les revenus dont le montant est *inférieur de plus de la moitié* à celui dont elles auraient été redevables dans les conditions de droit commun en France, si elles y avaient été domiciliées ou établies ».

Cette modification du *critère,* désormais légalisé, *du régime fiscal privilégié* intéresse l'application d'autres dispositions du CGI qui renvoient à l'article 238 A : l'article 57 (v. *supra,* nos 82 et s.), l'article 209 B (v. *infra,* nos 111 et s.), l'article 123 *bis* (v. *infra,* n° 125), l'article 155 A (v. *infra,* n° 208).

Dans tous les cas, il appartient au service fiscal d'apporter la preuve que le bénéficiaire des paiements est soumis à un régime fiscal privilégié, la comparaison avec la charge fiscale qui résulterait de l'application de l'impôt français devant être précise et ne pouvant se borner à une référence à des taux moyens. Le fait, pour l'administration, d'établir que le bénéficiaire est domicilié en Suisse, par exemple, ne peut à lui seul, constituer une preuve suffisante permettant l'application de l'article 238 A (v. CE, 21 mars 1986, n° 53002, *DF,* 1986, n° 31, comm. 1432, concl. Fouquet, *RJF,* 1986, n° 5).

Hors le cas de paiements effectués à des bénéficiaires domiciliés dans des pays, tels que le Liechtenstein, où ils ne supportent aucun impôt sur les bénéfices ou les revenus, le juge fiscal n'admet que rarement l'existence d'un régime fiscal privilégié, faute pour l'administration d'avoir apporté une démonstration suffisamment convaincante.

109 *Présomption de transfert indirect de bénéfices et reconstitution de la situation de droit et de fait.* Le paiement à des personnes bénéficiaires d'un régime fiscal privilégié fait présumer l'insincérité des relations contractuelles et le transfert indirect de bénéfices à l'étranger. Le contribuable peut écarter cette présomption légale, en apportant la preuve que les dépenses correspondent à des opérations réelles et qu'elles ne présentent pas un caractère anormal ou exagéré.

Le débiteur doit dès lors reconstituer la situation de droit et de fait. Il doit d'abord établir la réalité de l'opération, la production de contrats ou de documents analogues ne pouvant évidemment, à cet égard, suffire. Il doit ensuite établir que la dépense ne présente pas un caractère anormal ou exagéré. Il s'agit de démontrer que le contrat est normalement équilibré, c'est-à-dire que le service rendu a été payé à un juste prix.

L'administration, ainsi, inclut dans le champ d'application de l'article 238 A les allocations forfaitaires de frais communs à un groupe d'entreprises, dont certaines sont installées à l'étranger, lorsque le paiement de la participation est effectué à une société établie dans un pays où elle bénéficie d'un régime fiscal privilégié. Le contribuable, dans ce cas, doit apporter la preuve que ce mode de calcul forfaitaire aboutit à lui faire payer le juste prix des services effectivement obtenus.

De même, en matière de redevances, le débiteur doit établir que la transaction s'inscrit dans le cadre d'une gestion normale et que son coût ne peut être regardé comme exagéré. La tâche se heurte aux difficultés rencontrées en matière d'application de l'article 57, renforcées de l'obligation, pour le contribuable, d'apporter la preuve du caractère non excessif des paiements.

110 *Effets de l'article 238 A.* L'application de l'article 238 A entraîne la réintégration dans l'assiette de l'impôt dû par le débiteur des charges qui ont été indûment déduites. Selon le cas, la réintégration portera sur la totalité des paiements, ou sur la fraction de ceux-ci regardée comme anormale ou exagérée.

Lorsque le débiteur est soumis à l'impôt sur les sociétés, les sommes réintégrées doivent être traitées comme des revenus distribués, quelle que soit la qualité du bénéficiaire lorsque les résultats fiscaux sur lesquels ils ont été prélevés sont bénéficiaires, lorsque le bénéficiaire est un associé de la société française dans le cas de résultats déficitaires en dépit de la réintégration.

Lorsque le bénéficiaire est domicilié dans un pays lié à la France par une convention contre la double imposition, la qualification de revenu distribué peut ne pas emporter de conséquences, particulièrement en matière d'application de la retenue à la source, si ladite convention ne permet pas d'inclure dans la catégorie des dividendes les sommes ainsi réputées distribuées.

2 – L'article 209 B du CGI

A – Origine et appréciation

111 L'article 209 B du CGI a été inspiré de la *subpart F* de *l'Internal Revenue Code* (IRC) des États-Unis. Dans le cas de l'impôt américain sur le revenu, établissant un régime d'imposition des bénéfices mondiaux, mais non consolidés, des entreprises résidentes des États-Unis, les revenus des filiales étrangères sont en principe exclus de la base imposable. Par exception, et en vue de lutter contre l' « ajournement illimité » de la charge fiscale devant être normalement supportée par les produits de participation détenus par des actionnaires résidents, par recours à des entités localisées dans des États ou territoires à fiscalité privilégiée, l'IRC prévoit le rattachement aux revenus imposables d'un actionnaire américain de la fraction des revenus des *controlled foreign corporations* (CFC, sociétés étrangères dont plus de 50 % des droits de vote sont détenus par des actionnaires américains) entrant dans l'assiette de la *subpart F* et correspondant à sa participation. De nombreux États, dont l'Allemagne, le Royaume-Uni, l'Espagne, le Portugal, l'Italie, le Japon, ont introduit une « législation CFC », comparable à celle adoptée aux États-Unis en 1962, dans leur arsenal de lutte contre l'évasion fiscale internationale.

Dans sa rédaction initiale, issue de la loi de finances pour 1980, l'article 209 B du CGI prévoyait de même le rattachement à la base imposable en France d'une société assujettie à l'impôt sur les sociétés, des bénéfices réalisés par ses filiales implantées dans des pays à régime fiscal privilégié, dans la proportion des droits sociaux qu'elle y détient. À la différence du régime américain de *l'income tax,* cependant, l'impôt français sur les sociétés est un impôt territorial, conduisant à l'exclusion de la base imposable des résultats imputables, non seulement aux filiales, mais également aux établissements ou succursales établis hors de France. Tel que défini à l'origine, le dispositif de l'article 209 B maintenait dès lors hors de la base imposable les bénéfices réalisés dans une exploitation directe établie dans un paradis fiscal.

La loi de finances pour 1993 (art. 107) lui a conféré une portée plus logique, en prévoyant, entre autres modifications, l'extension de l'imposition extraterritoriale des bénéfices à ceux réalisés dans le cadre d'établissements.

Suivant le dispositif issu de la réforme législative visée, lorsqu'une personne morale passible de l'impôt sur les sociétés exploite une entreprise (établissement), ou contrôle une entité (société ou groupement) directement ou indirectement à 10 % au moins ou détient dans celle-ci une participation dont le prix de revient est égal ou supérieur à 22 800 000 € (150 MF), situés hors de France et bénéficiant d'un *régime fiscal privilégié,* le résultat bénéficiaire de l'entreprise (établissement), ou de l'entité (société ou groupement), « est réputé constituer un résultat de cette personne morale », dans la proportion des actions, parts, droits financiers qu'elle y détient directement ou indirectement. Ce résultat fait l'objet d'une « imposition séparée ».

Ce dispositif, ayant pour effet de taxer dans le chef d'une société française des bénéfices réalisés à l'étranger, constitue une dérogation au principe de territorialité de l'impôt sur les sociétés posé à l'article 209-1 du CGI (v. *infra,* n°s 210 et s.).

112 *L'article 209 B et les conventions fiscales.* Par un arrêt d'assemblée du 28 juin 2002, *Schneider Electric* (n° 232276, *DF,* 2002, n° 36, comm. 657, concl. Austry, *BDCF,* 10/02, p. 13 et s.), mettant un terme à un débat nourri, le Conseil d'État a jugé que l'imposition d'une société française en vertu de l'article 209 B sur les bénéfices de sa filiale suisse était contraire aux stipulations de la Convention fiscale conclue entre la France et la Suisse, et notamment à celles de son article 7-1 qui, reproduisant les dispositions de la convention modèle de l'OCDE, disposait que « les bénéfices d'une entreprise d'un État contractant ne sont imposables que dans cet État, à moins que l'entreprise n'exerce son activité dans l'autre État contractant par l'intermédiaire d'un établissement stable qui y est situé ».

La Haute Assemblée a estimé que la Cour administrative d'appel de Paris n'avait pas commis d'erreur de droit en jugeant (30 janvier 2001, SA *Schneider,* n° 96-1408, concl. D. Mortelecq, *DF,* 2001, n° 10, comm. 207, note P. Dibout ; voir également N. Chahid-Nouraï et P. Couturier, L'article 209 B du CGI est-il soluble dans le droit fiscal international ?, *DF,* 2001, n° 8, p. 333 et s.) qu'il y avait identité de nature entre les bénéfices d'exploitation de la société filiale suisse et les résultats bénéficiaires de la même société imposés en France au nom de la société mère, et que ces bénéfices ne pouvaient être imposés en France dès lors que la filiale n'y disposait pas d'un établissement stable (sur cette analyse, cf. B. Castagnède, Chronique de fiscalité internationale, *L'Année fiscale 2003,* p. 385 et s. ; v. ég. *infra,* n°s 274 et 276).

Principalement occupé par la question de la qualification des revenus concernés, le juge fiscal s'est livré à une *interprétation littérale* de l'article 7-1 de la convention franco-suisse, sans égard particulier pour le contexte de cette disposition, insérée dans un traité dont l'objet est l'élimination de la double imposition juridique internationale, définie par l'OCDE comme « résultant de la perception d'un impôt comparable dans deux (ou plusieurs) États auprès *d'un même contribuable,* sur une même matière imposable et pour une même période de temps » (Modèle de convention de double imposition concernant le revenu et la fortune, rapport du comité des affaires fiscales de l'OCDE, 1977, p. 7).

Répondant à cet objet, l'architecture des conventions fiscales fondées sur le modèle de l'OCDE organise une répartition du droit d'imposer les revenus d'un même contribuable entre l'État de sa résidence et l'État où trouvent leur source des revenus extérieurs au premier. Appréciées dans ce contexte, les prescriptions de l'article 7-1 du modèle de l'OCDE ne peuvent concerner que la situation fiscale de l'entreprise résidente d'un État *exerçant des activités dans un autre État*. Elles visent à la mise en œuvre du concept d'établissement, lequel recouvre une règle de source et d'imposabilité. Elles signifient que l'entreprise d'un État contractant qui a des activités dans l'autre n'est imposable par cet autre État qu'à partir du moment où les activités qu'elle y exerce sont constitutives d'un établissement stable. Elles ne devraient pas concerner le cas d'une entreprise qui, à l'image de la filiale suisse dans l'affaire *Schneider,* n'a aucune activité dans l'État de résidence de sa société mère. Elles n'ont pas pour objet, et ne devraient pas avoir pour effet, de mettre en cause les dispositifs fiscaux nationaux prévoyant l'imposition des bénéfices d'une société sur une base mondiale ou consolidée, dès lors qu'est par ailleurs assurée l'élimination de la double imposition.

L'effet général de territorialisation des juridictions fiscales, dans un contexte conventionnel, induit par la lecture faite par le Conseil d'État de l'article 7 de la convention fiscale franco-suisse, mettant en question non seulement les dispositifs de lutte contre l'évasion fiscale internationale reposant sur une consolidation partielle des bénéfices, tels que l'article 209 du CGI, mais plus généralement des régimes d'imposition tels que le régime français du bénéfice consolidé, n'apparaît d'ailleurs pas confirmé par l'OCDE.

Le commentaire sur l'article 7, point 10.1, dans le *Modèle de convention fiscale concernant le revenu et la fortune* (éd. abrégée) publié en janvier 2003, expose en effet que : « ... ce paragraphe (1 de l'article 7) ne restreint pas le droit d'un État contractant d'imposer ses propres résidents aux termes de dispositions relatives aux sociétés étrangères contrôlées figurant dans sa législation nationale, même si l'impôt ainsi appliqué à ces résidents peut être calculé par référence à la partie des bénéfices d'une entreprise qui est résidente de l'autre État contractant qui est attribuable à la participation de ces résidents dans cette entreprise. L'impôt ainsi appliqué par un État à ses propres résidents ne réduit pas les bénéfices de l'entreprise de l'autre État et on ne saurait donc considérer qu'il est prélevé sur ces bénéfices ».

Sur l'arrêt Schneider Electric du 22 juin 2002, voir : C. Acard, *note, Banque et droit,* n° 84, juillet-août 2002, p. 56 et s., 1133 et s. ; D. Blaise, Fiscalité internationale : article 209 B et conventions fiscales, L'article 209 B est-il devenu une arme obsolète dans la lutte contre l'évasion fiscale ?, *BF,* 11/02, p. 763 et s. ; B. Castagnède, Chronique de fiscalité internationale, *L'Année fiscale 2003,* p. 385 et s. ; P. Dibout, L'inapplicabilité de l'article 209 B du CGI face à la Convention fiscale franco-suisse du 9 septembre 1966, *DF,* 2002, n° 36, p. 1133 et s. ; D. Gutmann, R. J. Danon et H. Salomé, Point de vue franco-suisse sur l'arrêt *Société Schneider Electric* du 28 juin 2002, Réflexions sur le problème de l'attribution du revenu en droit fiscal international, *Revue du droit des affaires internationales,* 2002, n° 8, p. 911 et s. ; L. Olléon, Article 209 B et conventions fiscales internationales : « Après les ténèbres, la lumière », *RJF,* 10/02, p. 755 et s. ; B. Boutemy, E. Meier et Th. Perrot, *note* in *Petites Affiches,* 2002, n° 171, p. 4 et s. ; Ch. Nouel and S. Reeb, *note* in *Bull. Joly,* 2002, n° 8-9, p. 897 et s. ; J.-M. Tirard, *RF compt.,* 2002, n° 348, p. 8.

113 En vue de préserver le système français de lutte contre l'évasion fiscale internationale, l'Administration a en tout cas entrepris d'ajuster les dispositifs conventionnels auxquels la France est partie, afin qu'ils ne fassent pas obstacle à l'application de l'article 209 B.

Dans certains cas, la possibilité pour la France d'appliquer l'article 209 B est affirmée de manière implicite.

L'article 25 de la Convention fiscale franco-suisse, dans sa rédaction issue de l'avenant du 22 juillet 1997 dispose ainsi que « *nonobstant toute autre disposition de la présente Convention,* les revenus qui sont imposables ou ne sont imposables qu'en Suisse conformément aux dispositions de la Convention, et qui constituent des revenus imposables d'un résident de France, sont pris en compte pour le calcul de l'impôt français lorsqu'ils ne sont pas exemptés de l'impôt sur les sociétés en application de la législation interne française ». Il est ensuite prévu d'éliminer la double imposition des bénéfices d'entreprises par le jeu d'un crédit d'impôt égal au montant de l'impôt payé en Suisse, dans la limite du montant de l'impôt français correspondant aux revenus concernés (cf. *infra,* n°s 303 et 340).

Dans d'autres cas, le dispositif conventionnel comporte une validation expresse de l'article 209 B (cf. par exemple, le point 7 du protocole de la convention franco-algérienne du 17 octobre1999).

114 *L'article 209 B et le droit communautaire.* Jugé contraire aux conventions fiscales reproduisant les dispositions de la convention modèle de l'OCDE en matière de répartition du droit d'imposer les bénéfices des entreprises et ne comportant pas d'autre clause autorisant l'application, par la France, de son dispositif de taxation des « CFC », l'article 209 B, dans sa rédaction issue des lois de finances pour 1980, puis pour 1993, pouvait être en outre, et de façon plus incontestable, regardé comme contraire aux principes du droit communautaire en matière de liberté d'établissement.

Sur cet aspect, voir notamment : P. Dibout, L'article 209 B du CGI est-il compatible avec les conventions fiscales internationales et le droit communautaire ?, *DF,* 1990, n° 44, p. 1485 et s. ; A. de Waal, L'article 209 B du CGI : mythe ou réalité ?, *DF,* 1991, n° 30, p. 1149 et s. ; J. Turot, L'article 209 B est-il soluble dans le droit communautaire ? À propos de l'arrêt CJCE 16 juillet 1998, *ICI, RJF,* 12/98, p. 940 et s.

Selon la Cour de justice des Communautés européennes, en effet, la lutte menée par un État membre contre la fraude ou l'évasion fiscale internationale ne peut faire obstacle au principe de liberté d'établissement posé à l'article 43 (ancien article 52) du Traité CE (cf. CJCE, 28 janvier 1986, aff. 270/83, *Commission c/ France, Rec.*, p. 273 ; 27 septembre 1988, aff. 81/87, *Daily Mail, Rec.*, p. 5483 ; 16 juillet 1998, aff. 264/96, *ICI, RJF,* 11/98, n° 1382). Or, ce principe s'oppose non seulement aux restrictions « à l'entrée » sur son territoire que la législation d'un État membre pourrait comporter, mais également aux restrictions « à la sortie » (cf. notamment CJCE *Daily Mail,* préc. et *ICI,* préc.), par lesquelles pourraient être découragées les implantation d'entreprises d'un État membre sur le territoire d'un autre État membre (v. *supra,* n° 29).

Si un État membre peut être fondé à prendre des mesures contre les « montages purement artificiels » (CJCE, *ICI,* préc.), qui caractérisent par exemple, en droit français, l'abus de droit par opération fictive, la portée générale de la pénalisation fiscale introduite par l'article 209 B en ce qui concerne l'implantation d'établissements ou de filiales dans des États ou territoires extérieurs apparaissait, dans sa rédaction antérieure à la loi de finances pour 2005, aller au-delà des restrictions que la Cour de justice regarde comme justifiées par l'objectif de lutte contre l'évasion fiscale. Le texte ne pouvait en outre trouver l'appui de « l'exception de cohérence du régime fiscal » (v. *supra,* n° 31), dans la mesure où l'imposition des bénéfices des succursales et filiales extérieures ne trouve pas de contrepartie logique dans la déduction des pertes ou charges.

La Cour de justice des Communautés européennes doit en tout état de cause se prononcer sur la compatibilité avec le droit communautaire de dispositifs comparables à celui prévu à l'article 209 B du CGI (affaire *Cadbury Schweppes,* C-196/04, *JO,* C 168 du 26 juin 2004, p. 3, à propos du régime britannique).

115 Tenant compte à la fois de la jurisprudence *Schneider Electric* et des exigences du droit communautaire, le législateur a procédé à une réforme substantielle du régime de l'article 209 B dans la loi de finances pour 2005 (n° 2004-1484 du 30 décembre 2004, art. 104). Les nouvelles dispositions s'appliquent à compter du 1er janvier 2006.

B – Le régime défini par la loi de finances pour 1993

116 *Conditions d'application.* Tel qu'initialement défini, le dispositif de lutte contre la délocalisation de bénéfices prévu à l'article 209 B concernait les entreprises passibles de l'impôt sur les sociétés détenant des filiales à 25 % au moins dans un État ou territoire à régime fiscal privilégié.

Selon les règles fixées par la loi de finances pour 1993, exclusivement applicables depuis le 1er janvier 2003, et précisées par une instruction du 17 avril 1998 (*BOI,* 4-H-3-98), le régime vise les personnes morales passibles de l'impôt sur les sociétés qui exploitent une entreprise hors de France ou détiennent directement ou indirectement *10 %* au moins des actions, parts, droits financiers ou droits de vote dans une société ou un groupement établi hors de France, ou qui détiennent dans une telle société ou groupement une participation dont le prix de revient est égal ou supérieur à 22 800 000 €, dès lors que l'entité extérieure est soumise à un régime fiscal privilégié au sens de l'article 238 A.

Le régime fiscal privilégié auquel se réfère le texte est celui applicable de manière particulière à l'entité extérieure, et non le régime fiscal d'ensemble de l'État ou territoire où elle est implantée. Il s'apprécie dans les mêmes conditions que celles concernant l'article 238 A.

La *détention indirecte* s'entend de la détention de droits par l'intermédiaire d'une chaîne de participations, l'appréciation du seuil de déclenchement du régime spécial s'opérant alors par multiplication entre eux des taux de détention successifs, mais aussi des actions, parts, droits financiers ou droits de vote détenus directement ou indirectement :

— par les salariés ou les dirigeants de droit ou de fait de la personne morale française ;
— par une personne physique, son conjoint, ou leurs ascendants ou descendants lorsque l'une au moins de ces personnes est directement ou indirectement actionnaire, porteuse de parts titulaire de droits financiers ou de droits de vote dans cette personne morale ;
— par une société ou un groupement ayant en commun avec cette personne morale un actionnaire, un porteur de parts ou un titulaire de droits financiers ou de droits de vote qui dispose directement ou indirectement du nombre le plus élevé de droits de vote dans cette société ou ce groupement et dans cette personne morale ;
— par un partenaire commercial de la personne morale, dès lors que les relations entre cette personne morale et ce partenaire sont telles qu'il existe entre eux un lien de dépendance économique.

Le niveau de participation est en principe celui constaté à la clôture de l'exercice de la société ou du groupement établi hors de France. Toutefois, il convient de retenir le pourcentage ou le montant du prix de revient de la participation détenue pendant 183 jours au moins au cours de l'exercice, si ce pourcentage ou ce montant est plus élevé.

117 *Clause de sauvegarde.* Alors même qu'elle remplirait les conditions ci-dessus rappelées, la personne morale française serait exclue du champ d'application de l'article 209 B si elle pouvait établir que les opérations de l'entreprise, de la société ou du groupement, établi hors de France n'ont pas principalement pour effet de permettre la localisation de bénéfices dans un État ou territoire où il est soumis à un régime fiscal privilégié. Cette condition est réputée remplie notamment lorsque l'entreprise, la société ou le groupement, établi hors de France a principalement une *activité industrielle ou commerciale effective* et qu'il réalise ses opérations de façon prépondérante sur le *marché local.*

Selon l'administration, les *holdings* « ne peuvent pas être considérés comme exerçant une activité industrielle ou commerciale »

(Instr. préc. du 17 avril 1998, n° 203). Dans ces conditions, les sociétés holdings situées dans des pays où elles bénéficient d'un régime fiscal privilégié sont en principe concernées par l'imposition prévue à l'article 209 B. Toutefois, pour la reconstitution des bénéfices imposables en France de la holding, il sera fait application du régime des sociétés mères et filiales, à raison des dividendes perçus par la holding qui auraient pu être perçus directement par l'entreprise française. De ce fait, l'imposition portera principalement sur les plus-values de cession des titres de participation (sur l'évolution de leur traitement fiscal, v. *infra,* n° 65) et sur les produits financiers de la holding.

Les opérations réalisées sur le *marché local* peuvent être des opérations de vente sur le marché local de produits fabriqués ou non sur place, ou des opérations de prestations de services réalisés sur le marché local. La clause d'exonération s'appliquera si les opérations réalisées sur le marché local sont à l'origine de plus de 50 % du chiffre d'affaires de l'entité étrangère.

Le marché local s'entend de l'État ou du territoire où est implantée l'entité concernée, lorsqu'il s'agit d'une implantation dans un État membre de l'OCDE, la notion de marché local pouvant, dans les autres cas, être exceptionnellement étendue à des zones situées dans le voisinage immédiat de l'État, sur accord préalable de la Direction de la législation fiscale.

118 *Effets de l'article 209 B.* Lorsque les conditions d'application de l'article 209 B sont remplies, la personne morale française concernée est soumise à l'impôt sur les sociétés sur les *résultats bénéficiaires* de l'entité étrangère, dans la proportion, dans le cas de filiales, des droits financiers qu'elle détient directement ou indirectement. Les droits détenus par l'intermédiaire d'une communauté d'intérêts ne sont toutefois pas pris en compte, non plus que les droits financiers indirectement détenus par l'intermédiaire d'autres personnes morales assujetties à l'impôt sur les sociétés en France sur le fondement de l'article 209 B à raison des mêmes résultats.

Les bénéfices de l'entreprise étrangère doivent être reconstitués selon les règles fixées par le Code général des impôts français, à l'exception toutefois de certains régimes fiscaux à caractère incitatif, liés à l'exercice d'une activité en France. Au titre de la première période d'imposition pour laquelle l'article 209 B est applicable, la personne morale passible de l'impôt sur les sociétés doit établir un bilan de départ pour chaque entité établie hors de France entrant dans le champ d'application du régime spécial. Les éléments figurant au bilan de départ doivent être retenus pour la valeur comptable résiduelle qu'ils comportaient au regard de la législation fiscale applicable dans le pays d'accueil de l'entité à la date d'ouverture de la première période d'imposition. Les résultats de l'entité sont déterminés à partir de ce bilan de départ, et le cas échéant convertis en euros sur la base du taux de change en vigueur à la clôture de l'exercice.

Les bénéfices de l'entité étrangère font l'objet d'une *imposition séparée,* au taux normal de l'impôt sur les sociétés, le cas échéant augmenté des contributions additionnelles. Les bénéfices imposables ne peuvent ainsi se compenser avec d'éventuels déficits de la personne morale française. Les déficits étrangers, non imputables sur le résultat français, peuvent être seulement reportés sur les bénéfices ultérieurs de l'entité étrangère.

L'impôt s'applique également aux plus-values à long terme sur une assiette réduite en fonction du taux normalement applicable aux plus-values considérées. Il n'y a pas lieu de constituer de réserve spéciale des plus-values à long terme.

En vue d'éliminer la double imposition des bénéfices, les impôts de même nature que l'impôt sur les sociétés le cas échéant acquittés par l'entité extérieure sont imputables sur l'impôt français.

Sont également imputables sur l'impôt dû au titre de l'article 209 B les prélèvements et retenues à la source effectués sur les distributions faites à la personne morale française, lorsqu'ils sont effectués conformément à une convention internationale.

La personne morale française, en outre, peut déduire de son résultat fiscal le montant des distributions reçues de sa filiale, afin d'éviter la double imposition qui résulterait de la taxation des bénéfices de la filiale, sur la base de l'article 209 B, puis de celle des produits effectivement distribués.

C – Les aménagements apportés par la loi de finances pour 2005

119 *Requalification des revenus imposés.* D'évidence influencé par la décision *Schneider Electric,* et les débats et analyses qui l'ont précédée (en particulier, les conclusions précitées de Stefan Austry), le législateur a choisi de fonder le dispositif de lutte contre l'évasion fiscale prévu à l'article 209 B du CGI sur une nouvelle qualification des revenus imposés.

En sa nouvelle rédaction, ce texte dispose que « lorsqu'ils sont réalisés par une entité juridique », les bénéfices ou revenus positifs de l'entreprise ou entité juridique établie ou constituée hors de France et imposables à l'impôt sur les sociétés en vertu dudit article 209 B « sont réputés constituer un *revenu de capitaux mobiliers* imposable de la personne morale établie en France », dans la proportion des droits de celle-ci.

La base taxable de la personne morale française n'étant plus constituée, selon la qualification légale, des bénéfices de l'entité étrangère, l'obstacle dressé par le Conseil d'État face à l'application de l'article 209 B dans un contexte conventionnel tel que celui rencontré dans l'affaire *Schneider Electric* se trouverait levé.

Bien entendu, la qualification formelle retenue ne peut s'appliquer aux entreprises directement exploitées hors de France par une société française, en sorte que l'imposition exigée d'une telle société qui disposerait d'un établissement implanté dans un État ou territoire à régime fiscal privilégié demeurerait celle d'un bénéfice. Dans ce dernier cas, l'objection née de la jurisprudence *Schneider Electric* perdurerait, l'article 209 B ne trouvant alors d'effet qu'à l'égard d'établissements stables exploités dans des pays liés à la France par une convention *prévoyant expressément la possibilité* d'appliquer ce dispositif, ou prévoyant une dérogation à la territorialité. L'attribution à l'État de la source du droit d'imposer les bénéfices de l'établissement stable n'est généralement pas, dans les termes de l'article 7, une attribution exclusive, cependant que la question posée – celle du pouvoir d'imposer les revenus d'un même contribuable – relève incontestablement de la problématique conventionnelle. Dans ces conditions, des dispositions telles que celles insérées au nouvel article 25 de la convention fiscale franco-suisse devraient s'avérer efficientes.

Bien que réputés constituer un revenu de capitaux mobiliers de la personne morale établie en France, les bénéfices ou revenus positifs de l'entité constituée dans un État ou territoire à régime fiscal privilégié ne sauraient constituer des dividendes au sens des conventions suivant le modèle OCDE. Ils devraient alors relever de la clause conventionnelle relative aux revenus n'entrant pas dans l'une des catégories de revenus identifiées par une convention fiscale *(revenus non dénommés)*, pour lesquels le droit d'imposer est exclusivement attribué, selon le modèle de l'OCDE, à l'État de résidence du bénéficiaire. Cf. convention modèle OCDE, art. 21, « autres revenus ». Voir *infra*, n° 294. Cf. ég., CE, 31 janvier 2001, *SA Bank Polska*, n° 199 543, *RJF*, 4/01, n° 489.

120 *Structures étrangères concernées.* La stratégie de qualification adoptée par le législateur, pour assurer un plein effet à l'article 209 B nonobstant les prescriptions classiques des conventions fiscales, a conduit à d'autres infléchissements du dispositif.

Demeurant applicable aux bénéfices réalisés par une entreprise directement exploitée hors de France par une société française (*établissements,* en général ; v. *infra,* n°s 210 et s., et n° 227) et soumise à un régime fiscal privilégié au sens de l'article 238 A, l'article 209 B n'intéresse plus, désormais, que les *entités juridiques* établies ou constituées hors de France – personnes morales, organismes, fiducies ou institutions comparables – dans lesquelles la personne morale établie en France détient directement ou indirectement *50 %,* et non plus seulement 10 %, des actions, parts, droits financiers ou droits de vote.

Le critère de la participation d'un prix de revient égal ou supérieur à 22 800 000 € a été abandonné. La fixation d'un taux de détention de 50 %, impliquant un pouvoir décisionnel en matière de distribution, s'inscrit dans la logique d'une qualification de revenus distribués des produits imposables. En vue d'éviter un contournement du dispositif par fractionnement des participations, le seuil minimal de participation est abaissé à 5 %, sauf exception (cas des entreprises détenant une société cotée sur un marché réglementé, qui ne connaissant pas nécessairement l'actionnariat de la société cotée), lorsque plus de 50 % de titres sont détenus par des *entreprises établies en France,* ou par des *entreprises* placées directement ou indirectement dans une situation de *contrôle* ou de *dépendance* au sens de l'article 57 du CGI à l'égard de la personne morale établie en France. Le taux de 5 % correspond au taux du régime des sociétés mères-filles.

121 *Localisation de la structure étrangère.* D'autres modifications du dispositif, visant son champ d'application, visent à en assurer la compatibilité avec le droit communautaire, en particulier avec les principes de liberté d'établissement et de libre circulation des capitaux, tels qu'interprétés par la Cour de justice des Communautés européennes.

En principe, l'article 209 B s'applique lorsque la structure étrangère bénéficie d'un *régime fiscal privilégié* au sens de l'article 238 A du CGI, tel que nouvellement précisé par le législateur (v. *supra,* n° 108).

Par exception, l'article 209 B ne pourra plus être appliqué si l'entreprise ou l'entité juridique soumise à un régime fiscal privilégié est établie ou constituée dans un *État de la Communauté européenne,* sauf le cas ou l'exploitation de l'entreprise, ou la détention des actions, parts, droits financiers ou droits de vote de l'entité juridique par la société française pourra être regardée comme un *montage artificiel* dont le but serait de contourner la législation fiscale française.

Cette nouvelle précision législative met le dispositif à l'abri de l'élément de fragilité, au regard du droit communautaire, que constituait la présomption générale d'évasion fiscale qui y était précédemment attachée, alors que, suivant la jurisprudence de la Cour de justice, un État membre n'est pas fondé à déroger au principe de la liberté d'établissement pour prévenir le risque d'évasion fiscale (v. *supra*, n° 30). La prohibition des discriminations « à la sortie » trouverait cependant une limite, selon la Cour, dans le cas de « montages purement artificiels dont le but serait de contourner la loi fiscale » d'un État membre (cf. l'arrêt *ICI* préc., n°s 30 et 114), formule assez exactement transposée dans la nouvelle rédaction de l'article 209 B.

Reste à préciser la portée de la notion de montage artificiel, qui fonderait une application de l'article 209 B à raison d'une entité établie ou constituée dans un État membre de l'Union européenne. Cette notion n'est pas véritablement explicitée par la jurisprudence communautaire.

Le Conseil d'État apparaît lui rattacher les situations dans lesquelles peut être constaté un abus de droit au sens de l'article L 64 du *LPF*, y compris sur le fondement du but exclusivement fiscal ayant animé le contribuable (cf. CE 18 février 2004, n° 247 729, *Société Pléiade*, *RJF*, 5/04, n° 510 et 18 mai 2005, n° 267087, *société Sagal*, *RJF*, 8-9/05, n° 910, *BDCF*, 8-9/05, n° 110, concl. P. Collin ; v. *infra*, n° 203) : le défaut de toute substance correspondant à une réalité économique (société dépourvue de compétence technique et d'autonomie de gestion) établirait qu'une société ne peut avoir été créée dans un but autre que fiscal. Il n'est pas assuré que la Cour de justice partage cette analyse (cf. J. Turot, *L'article 209 B est-il soluble dans le droit communautaire, à propos de l'arrêt ICI*, *RJF*, 12/98, p. 943-944. Sur cette question, v. également G. Goulard, L'abus de droit à la lumière du droit communautaire, *DF*, 2005, n° 44-45, p. 1715 et s.).

122 *Clause de sauvegarde.* La clause de sauvegarde prévue pour les cas de structures implantées hors Communauté européenne ne comporte plus de référence à la notion de *marché local*. Une entité étrangère qui aurait une activité de fabrication dans un pays et commercialiserait les produits fabriqués à l'extérieur de ce pays n'entrerait pas dans le champ d'application de l'article 209 B.

Selon le texte révisé, l'imposition prévue à l'article 209 B s'appliquera lorsque les bénéfices ou revenus positifs de l'établissement ou de l'entité établie ou constituée hors de France proviendront :

— *pour plus de 20 %* d'activités financières ou de la cession ou de la concession de droits incorporels relatifs à la propriété industrielle, littéraire ou artistique ;
— ou *pour plus de 50 %* des activités ci-dessus visées *et* de la fourniture de *prestations internes à un groupe* d'entreprises avec lequel la personne morale établie en France entretient des relations de contrôle ou de dépendance.

L'imposition n'aura pas lieu si la société française *prouve* que les opérations de la structure implantée hors de France ont principalement un effet autre que de permettre la localisation de bénéfices dans un État ou territoire où elle est soumise à un régime fiscal privilégié.

123 *Régime d'imposition.* Déterminés selon les règles fiscales françaises, sous la seule réserve, désormais, de celles relatives à la *fiscalité de groupe,* les bénéfices de la structure implantée hors de France ne *seront plus imposés sous une cote séparée,* et pourront donc se compenser avec les déficits réalisés par la personne morale établie en France.

La remontée des pertes étrangères demeure cependant exclue, dans une approche cohérente avec la qualification retenue des produits taxables.

Les mécanismes préexistants d'élimination de la double imposition sont conservés, la personne morale établie en France ayant en outre, désormais, la possibilité d'imputer les retenues à la source supportées par la structure établie hors de France sur des dividendes, intérêts ou redevances provenant de pays tiers liés à la France par une convention fiscale comportant une clause d'assistance administrative en vue de lutter contre la fraude et l'évasion fiscales. L'imputation est limitée au montant de la retenue à la source correspondant au taux prévu par la convention fiscale entre la France et le pays tiers, et, le cas échéant, à la proportion des actions, parts ou droits financiers que la société établie en France détient directement ou indirectement dans l'entité étrangère.

123 Le régime de l'article 209 B du CGI tel que modifié par la loi de finances pour 2005 est applicable à compter du 1er janvier 2006.

3 – L'article 123 *bis* du CGI

125 L'article 101 de la loi de finances pour 1999 a complété la panoplie française des moyens de lutte contre l'usage abusif des régimes fiscaux privilégiés en prévoyant, en ce qui concerne les contribuables relevant de *l'impôt sur le revenu,* un dispositif de rattachement à leur revenu imposable des revenus de certaines entités extérieures, à certains égards comparable à celui prévu par l'article 209 B.

Ce dispositif, codifié à l'article 123 *bis* du CGI, concerne les personnes physiques domiciliées en France qui détiennent, directement ou indirectement, 10 % au moins des actions, parts, droits financiers ou droits de vote dans une entité établie ou constituée hors de France et soumise à un régime fiscal privilégié.

La détention indirecte s'entend des actions, parts ou droits détenus par l'intermédiaire d'une chaîne de participations, ou sous couvert d'une communauté d'intérêts à caractère familial. Considérés pour l'appréciation du seuil de 10 %, les droits détenus indirectement de cette seconde façon ne sont pas pris en compte pour le calcul du pourcentage de résultat de l'entité étrangère constituant un revenu imposable.

L'entité extérieure peut être une personne morale, un organisme, une fiducie ou une institution comparable. Le caractère privilégié du régime fiscal auquel elle est soumise s'apprécie conformément aux dispositions de l'article 238 A (v. *supra,* n° 108). Seules sont toutefois concernées les entités extérieures dont l'actif ou les biens sont principalement constitués de valeurs mobilières, de créances, de dépôts ou de comptes courants.

Selon les dispositions de l'article 123 *bis,* les bénéfices ou revenus *positifs* de l'entité extérieure présentant les caractéristiques indiquées sont réputés constituer un *revenu de capitaux mobiliers* de la personne physique en proportion des droits qu'elle détient, directement ou par l'intermédiaire d'une chaîne de participations, dans cette entité.

Les personnes physiques se trouvent ainsi imposées au titre de revenus mobiliers, y compris en l'absence de toute distribution.

Les bénéfices et revenus positifs de l'entité extérieure sont déterminés selon les règles fixées par le Code général des impôts français, comme si cette entité était imposable à l'impôt sur les sociétés. Les bénéfices ou revenus sont réputés acquis le premier jour du mois qui suit la clôture de l'exercice de la structure étrangère, ou le 31 décembre à défaut de clôture au cours de l'année. Le revenu taxable est, le cas échéant, diminué de l'impôt acquitté localement par la structure extérieure, à proportion des droits du contribuable.

Lorsque l'entité extérieure est établie ou constituée dans un pays n'ayant pas conclu de convention d'assistance administrative avec la France, le revenu imposable de la personne physique ne peut être inférieur à un montant minimum correspondant au produit de la fraction lui revenant de l'actif net ou de la valeur nette des biens de l'entité extérieure par un taux égal à celui prévu pour la limitation des intérêts déductibles des comptes courants d'associés.

En cas de distribution effective par l'entité extérieure, cette distribution n'est pas imposable à hauteur des revenus antérieurement réputés distribués.

Le dispositif exclut la prise en compte d'éventuels déficits de l'entité étrangère, dont la compensation avec les revenus de capitaux mobiliers de la personne physique imposable en France pourrait déterminer une réduction d'assiette imposable.

Selon les dispositions du projet de loi de finances pour 2006 (art. 60), et afin de tenir compte de la réforme du barème (v. *supra,* n° 53), les bénéfices ou revenus mentionnés à l'article 123 *bis* seront, à compter de 2006, retenus dans les bases de l'impôt pour 125 % de leur montant.

126 L'article 123 *bis* du CGI appelle, au regard des engagements internationaux de la France, certaines des remarques faites à propos de l'article 209 B.

En particulier, dans la mesure où une société holding peut invoquer la liberté d'établissement posée à l'article 43 du Traité CE, l'article 123 *bis* pourrait être regardé comme instituant une entrave à celle-ci, en déterminant une inégalité de traitement fiscal entre les investissements effectués par l'intermédiaire d'une holding française et ceux, plus lourdement taxés, effectués par l'intermédiaire de holdings établies dans des États membres autres que la France, et considérées comme soumises à un régime fiscal privilégié. Compte tenu du caractère général de la présomption d'évasion fiscale sous-jacente au dispositif défini par l'article 123 *bis,* l'entrave constatée ne pourrait trouver la justification d'une mesure proportionnée à l'objectif de lutte contre l'évasion (cf. M. Jazani, Lutte contre l'évasion fiscale internationale, le nouvel article 123 *bis* du CGI est-il compatible avec le droit communautaire ?, *BF,* 8-9/99, p. 511 et s.). Le rattachement au revenu imposable du contribuable des seuls bénéfices ou résultats positifs de l'entité extérieure ne saurait non plus fonder un recours utile à l'exception de cohérence du régime d'imposition.

4 – Transfert d'actifs hors de France (CGI, art. 238 *bis* OI)

127 L'article 238 *bis* OI du CGI relatif aux transferts d'actifs hors de France par les entreprises, issu de l'article 55 de la loi n° 92-1476 du 31 décembre 1992 (loi de finances rectificative de 1992), ne vise pas formellement des opérations comportant le recours à des régimes fiscaux privilégiés, mais y fait implicitement référence.

Ce texte prévoit que les entreprises qui ont transféré ou transfèrent hors de France, directement ou indirectement, par elles-mêmes ou par l'intermédiaire d'un tiers, des éléments de leur actif à une personne, à un organisme, dans un trust ou dans une institution comparable, en vue de les gérer dans leur intérêt ou d'assumer pour leur compte un engagement existant ou futur, doivent comprendre dans leurs résultats imposables les résultats qui proviennent de la gestion ou de la disposition de ces actifs ou des biens acquis en remploi.

Le dispositif concerne en principe l'ensemble des entreprises, relevant de l'impôt sur le revenu ou soumises à l'impôt sur les sociétés, ces dernières étant, en pratique, plus particulièrement concernées. Il représente, pour elles, une entorse au principe de territorialité de l'impôt sur les sociétés, ainsi qu'au principe d'imposition séparée des entités juridiques distinctes. Il repose sur la présomption qu'en fait, les entreprises ne se sont pas véritablement dessaisies des actifs transférés.

Les transferts concernés doivent bien entendu se traduire par une sortie de l'actif du bilan de l'entreprise des biens en cause. En principe, ils doivent correspondre à un transfert du droit de propriété, sans toutefois qu'on puisse exclure l'application du dispositif à des opérations ne comportant pas un tel transfert, mais ayant l'objet défini au I de l'article 238 *bis* OI. Celui-ci vise les transferts d'actif qui sont motivés par une gestion, ou une utilisation des biens au profit de l'entreprise, ayant en conséquence pour contrepartie une obligation de faire, et non une rémunération immédiate. Les transferts d'actif correspondant à des ventes, en particulier, ne sont pas concernés par le dispositif. Sont expressément exclues, par ailleurs, les transferts d'actifs résultant de l'exécution de contrats d'assurance ou de mandats, ces derniers n'ayant pas pour effet de soustraire à l'imposition en France, dans les conditions du droit commun, des résultats de la gestion des actifs en cause, dès lors que le mandataire agit au nom et pour le compte du commettant.

Défini dans le contexte d'un projet de régulation, en France, de la fiducie (voir les dispositions fiscales relatives aux « fiducies-gestion » de l'avant-projet de loi sur la fiducie, *DF,* 1992, n° 13, p. 576), le régime institué par l'article 55 de la loi de finances rectificative de 1992 a eu pour objet principal d'adapter la législation fiscale à certains montages financiers reposant sur l'émission de titres subordonnés à durée indéterminée (TSDI) « reconditionnés », ou la réalisation d'opérations de « défaisance » de dettes.

La « défaisance » *(defeasance)* consiste, pour une entreprise, à transférer des éléments d'actif à un tiers à charge pour lui de se substituer à elle dans le service d'une dette. Le montant des actifs transférés, augmenté des produits que génère leur placement, permet d'assurer les engagements de l'entreprise, laquelle peut « effacer » de son bilan la dette initialement contractée (v. C. David *et al.,* Fiscalité des instruments financiers des entreprises de la Communauté européenne, *Nouvelles Éditions fiduciaires,* n° 30, p. 147).

Les TSDI sont des titres représentatifs d'un prêt d'argent, ayant les particularités que la rémunération du titre est subordonnée à la réalisation d'un bénéfice par l'émetteur, et que la date de remboursement, incertaine, est laissée à l'initiative de celui-ci. La situation des porteurs de TSDI étant proche de celle d'actionnaires, ces titres sont assimilés à des capitaux propres.

Dans le cas des TSDI dits « reconditionnés », ou restructurés, la rémunération effective est limitée à une période de quinze ans, alors qu'en principe, la dette est juridiquement perpétuelle. En pratique, l'émetteur de TSDI transfère à un trust établi dans un État ou territoire où il bénéficie d'un régime fiscal privilégié, une partie des fonds collectés, représentative d'intérêts précomptés qui, capitalisée par le trust, lui permet de récupérer en quinze ans, une valeur correspondant au prix de rachat des titres à cette échéance, auquel il s'engage. Devenant alors la propriété du trust, mais ne donnant plus lieu à rémunération, puisque les intérêts au-delà de quinze ans ont été payés d'avance, les titres n'ont plus de valeur réelle, et peuvent être rachetés pour un prix symbolique par l'émetteur (cf. H. de Feydeau, La fiscalité des TSDI reconditionnés, *BF,* 5/91, p. 319 et s. ; v. ég. le commentaire de l'article 55 de la loi de finances rectificative de 1992, *DF,* 1993, n° 2, p. 111).

La restructuration des TSDI revient ainsi à transformer l'émission des TSDI en un emprunt à quinze ans en permettant à l'émetteur de conserver une présentation de ses fonds propres tenant compte du caractère perpétuel de la dette.

Les actifs transférés hors de France visés par l'article 238 *bis* OI, qui pourraient consister en biens identifiables de quelque nature que ce soit (biens mobiliers ou immobiliers, titres, créances, etc.), sont ainsi, en pratique, les actifs financiers concernés par les opérations évoquées. Les résultats de la gestion des actifs transférés sont imposés au nom de l'entreprise française, laquelle est corrélativement admise à pratiquer certaines déductions (intérêts de la dette « défaite »).

À la différence du régime défini à l'article 209 B du CGI, dans sa rédaction antérieure à la loi de finances pour 2005, celui prévu à l'article 238 *bis* OI a pour effet, non de déterminer l'application d'une imposition séparée, mais de rattacher les résultats de la gestion des actifs hors de France aux résultats de l'entreprise imposable en France.

Les résultats imposables de l'entité extérieure à laquelle a été confiée la gestion des actifs doivent être déterminés selon les règles applicables aux bénéfices de l'entreprise française, à partir d'une comptabilité distincte tenue par l'entité extérieure.

Si l'entreprise est soumise à l'impôt sur les sociétés, elle peut imputer sur l'impôt dont elle est redevable au titre des résultats de la gestion des actifs transférés, l'impôt acquitté localement au titre des mêmes résultats, s'il est comparable à l'impôt sur les sociétés.

Lorsque l'entreprise française ayant transféré ses actifs ne respecte les obligations déclaratives prévues à l'article 238 *bis* OI du CGI, précisées aux articles 64 *bis* à 64 *quater* de l'annexe III du même Code, elle est imposée d'après un bénéfice déterminé forfaitairement, par application à la valeur réelle des actifs, à l'ouverture de l'exercice, du taux de rendement moyen des obligations du secteur privé prévu à l'article 39-1-3° du CGI.

Le projet de loi de finances pour 2006 prévoit de fixer les conditions fiscales du dénouement des opérations de financement réalisées entre le 1er janvier 1988 et le 31 décembre 1991 (ou en 1992 sous réserve que les produits n'aient pas déjà été imposés en application de l'article 238 *bis*-0 I du CGI) par l'émission de TSDI. Il précise, à cet effet, les modalités d'imposition des produits acquis sur la fraction des sommes reçues lors de l'émission des TSDI et placées hors de France dans le cadre de ces opérations. Les dispositions concernées s'appliqueraient aux exercices clos à compter du 31 décembre 2005.

5 – Autres mesures

128 La lutte contre l'usage abusif des régimes fiscaux privilégiés peut prendre appui sur d'autres dispositifs particuliers, tel que celui prévu à l'article 155 A du CGI, plus particulièrement adapté aux montages mis en œuvre dans le domaine du sport professionnel ou du spectacle (v. *infra,* n°s 206 et s.), comme sur certains moyens non spécifiques, utilisables dans le cadre d'un contrôle fiscal (abus de droit, acte anormal de gestion), les uns et les autres se rattachant à l'objectif plus général de prévention ou de répression de la fraude et de l'évasion fiscales internationales (v. *infra,* n°s 203 et s.).

129 Une tendance récente de la législation fiscale française a par ailleurs pour effet d'exclure du bénéfice de dispositions favorables, les situations dans lesquelles l'opération concernée met en cause un État ou territoire n'ayant pas conclu avec la France une convention fiscale contenant une *clause d'assistance administrative en vue de lutter contre la fraude et l'évasion fiscale,* un tel État ou territoire étant en quelque sorte présumé constituer un État ou territoire à régime fiscal privilégié.

La loi de finances pour 2002 (n° 2001-1275 du 28 décembre 2001), en introduisant un certain nombre d'aménagements aux régimes de faveur des *restructurations d'entreprises,* a ainsi exclu de leur bénéfice les opérations de fusion, de scission et d'apport partiel d'actif réalisées par ou avec une société, apporteuse ou bénéficiaire d'un apport, ayant son siège dans un État ou territoire n'ayant pas conclu avec la France une convention fiscale contenant une clause d'assistance administrative en vue de lutter contre la fraude et l'évasion fiscales (CGI, art. 210-0 A-II, v. *infra,* n° 385).

De même, la loi de finances pour 2004, réformant le *régime fiscal des distributions* (art. 93 et 95), a prévu qu'à compter du 1er janvier 2009, le bénéfice de l'abattement de 50 % sur les dividendes perçus par une personne physique (imposition sur la *demi-base*) sera réservé aux dividendes distribués par les sociétés établies dans un État ou territoire ayant conclu avec la France une convention fiscale contenant une clause d'assistance administrative en vue de lutter contre la fraude et l'évasion fiscale, cette disposition restrictive devant conduire à exclure du bénéfice de la demi-base les dividendes provenant, notamment, de Suisse (v. *infra,* n°s 151 et s.).

La même loi de finances a prévu l'application d'un taux réduit de 16 %, au lieu du taux de droit commun de 33, 1/3 %, pour l'imposition des plus-values immobilières réalisées à titre occasionnel par des personnes n'ayant pas leur domicile fiscal en France (CGI, art. 244 *bis* A), lorsque ces plus-values sont réalisées par des personnes physiques ou les associés personnes physiques de sociétés ou groupements dont les bénéfices sont imposés au nom des associés, *résidents* d'un État membre de l'Union européenne ou d'un autre État membre de l'Espace économique européen (EEE) lié à la France par une convention fiscale comportant une clause d'assistance administrative en vue de lutter contre la fraude ou l'évasion fiscale, c'est-à-dire à l'exception du Liechtenstein (v. *infra,* n° 187).

La loi de finances rectificative pour 2004 (n° 2004-1485 du 30 décembre 2004, art. 40), de même, a prévu l'extension aux *produits de source européenne* de l'option pour le *prélèvement libératoire* prévu par l'article 125 A du CGI pour les produits de placement à revenu fixe. Ce prélèvement est désormais applicable aux produits de même nature que ceux pour lesquels le prélèvement forfaitaire était précédemment autorisé, dont le débiteur est établi dans un État membre de la Communauté européenne, ou dans un autre État partie à l'EEE et ayant conclu avec la France une convention fiscale contenant une clause administrative en vue de lutter contre la fraude ou l'évasion fiscale (soit l'Islande et la Norvège, mais non le Liechtenstein ; v. *infra,* n° 158).

V. ég., sur le régime du *crédit d'impôt recherche, supra,* n° 32.

DEUXIÈME PARTIE

LES BASES DU DROIT FISCAL INTERNATIONAL FRANÇAIS

La détermination des obligations fiscales atteignant un contribuable ayant des activités internationales fait d'abord intervenir plusieurs *législations* : celle du pays où ce contribuable a son domicile, ou son siège ; celles des pays d'accueil de ses implantations extérieures.

Chacune de ces législations exprime une certaine conception de la juridiction fiscale, c'est-à-dire de la portée spatiale de la compétence fiscale de l'État ou du territoire concerné, cette conception n'étant généralement pas uniforme pour toutes les impositions formant un même système fiscal, et pouvant d'autre part différer, dans le cadre d'un même impôt, en fonction de la situation des contribuables.

Dans la conception *territoriale* de la juridiction fiscale, le pouvoir d'imposition d'un État s'exerce à l'égard des seuls éléments ayant un lien avec son territoire : biens situés sur ce territoire, revenus y trouvant leur source, etc. L'aspect réel de l'imposition est alors prépondérant.

Dans la conception *mondiale* de la juridiction fiscale, l'impôt s'adresse essentiellement à la personne du contribuable, assujetti à une obligation fiscale illimitée. Tous les éléments, biens ou revenus, qui lui sont imputables entrent en principe dans le champ d'application de l'impôt, quelles que soient leur situation ou leur origine territoriales.

La législation fiscale française emprunte à l'une et à l'autre de ces conceptions.

Le traitement fiscal des activités internationales est également fonction de la manière, réglée ou non par voie conventionnelle, suivant laquelle s'ajustent les uns aux autres les dispositifs nationaux d'imposition. L'application d'une convention fiscale à la situation d'un contribuable a pour effet d'infléchir, compte tenu du partage de compétences fiscales alors organisé entre les États contractants, les règles définissant la juridiction fiscale de chacun d'eux.

Les bases du droit fiscal international français sont essentiellement constituées, ainsi, des dispositions du Code général des impôts relatives aux situations comportant des éléments d'extranéité, et des prescriptions des traités fiscaux conclus par la France, qui doivent s'apprécier par référence au cadre conceptuel commun à la généralité des *conventions fiscales.*

Chapitre 4

La juridiction fiscale française

130 Le Code général des impôts exprime des conceptions très diverses de la juridiction fiscale française. Certains impôts, tels que les *impôts directs locaux,* sont clairement des impôts territoriaux. D'autres, tels que l'*impôt de solidarité sur la fortune* (ISF), ou les *droits de mutation à titre gratuit,* ont une portée variable à l'égard des biens qu'ils concernent, selon la situation du contribuable ou, dans le cas des droits de mutation à titre gratuit, du défunt, du donateur ou même, depuis la loi de finances pour 1999, et sous certaines conditions, du bénéficiaire (cf. l'instruction du 26 avril 1999, *BOI,* 7-G-5-99 et 7-S-3-99). La résidence en France du contribuable (ISF), défunt, donateur ou bénéficiaire (droits de mutation à titre gratuit), détermine une imposition de type mondial. Dans le cas de résidence hors de France des mêmes personnes, ces impositions ont un caractère territorial.

En ce qui concerne les impôts sur le revenu et les bénéfices, particulièrement concernés par les activités économiques internationales, et auxquels on réservera les développements qui suivent, la situation de la juridiction fiscale française est caractérisée par une différence d'approche selon la nature des personnes imposables. En ce qui concerne les personnes physiques, passibles de l'impôt sur le revenu, l'étendue de la compétence fiscale française varie, comme en matière d'ISF, selon que le contribuable est ou non domicilié en France. En principe, les sociétés passibles de l'impôt sur les sociétés sont seulement exposées, en revanche, à une imposition de type territorial.

Les dispositions des conventions fiscales peuvent toutefois réduire les écarts de traitement fiscal entre les redevables prévus, en fonction de leur résidence, par la loi nationale.

SECTION 1 – LA JURIDICTION FISCALE FRANÇAISE EN MATIÈRE D'IMPÔT SUR LE REVENU

131 L'étendue de la juridiction fiscale française en matière d'impôt sur le revenu est fonction d'une distinction fondamentale, posée par la loi n° 76-1234 du 29 décembre 1976, entre deux catégories de redevables : les personnes fiscalement domiciliées en France, imposables sur l'ensemble de leurs revenus, de source française comme étrangère ; les personnes fiscalement domiciliées hors de France, imposables à raison de leurs seuls revenus de source française ou, si elles ont à leur disposition une habitation en France, et sous réserve d'exceptions, sur une base forfaitaire.

Les conditions d'application de l'impôt sur le revenu sont cependant affectées par le jeu des conventions fiscales internationales.

Celles-ci, en premier lieu, énoncent des critères de la résidence qui peuvent contrarier, en cas de conflit de lois, les conclusions auxquelles l'application des règles du droit interne aurait permis d'aboutir, en ce qui concerne la domiciliation fiscale d'un contribuable, et les conséquences qui s'y attachent. Les conventions fiscales fixent, en second lieu, une répartition du pouvoir d'imposition entre les États parties, qui porte atteinte au caractère mondial de la juridiction fiscale en matière d'impôt sur le revenu, appliquée aux contribuables résidents de France, tout en limitant la compétence du fisc français à l'égard des revenus de source nationale perçus par les contribuables résidents de l'État étranger cocontractant.

C'est sous réserve de cette possible, et fréquente, incidence des conventions fiscales internationales, que l'on exposera les traits généraux du statut fiscal des contribuables domiciliés en France, puis des contribuables domiciliés hors de France.

1 – Le statut fiscal des contribuables domiciliés en France

Les contribuables domiciliés en France, quelle que soit leur nationalité, sont en principe assujettis à l'impôt sur le revenu au titre de l'ensemble de leurs revenus mondiaux (CGI, art. 4 A). La localisation, en France, du domicile fiscal d'un contribuable constitue dès lors un élément essentiel de son statut fiscal, puisqu'elle gouverne l'étendue de son obligation fiscale.

A – La localisation du domicile fiscal

1 – Le territoire fiscal français

132 La France, au sens de la législation en matière d'impôt sur le revenu, s'entendait traditionnellement de la *France métropolitaine* et des *départements d'outre-mer* (Guadeloupe, Guyane, Martinique, Réunion), à l'exclusion des territoires d'outre-mer, des collectivités territoriales à statut particulier d'outre-mer (Mayotte, Saint-Pierre-et-Miquelon) et de la Nouvelle-Calédonie (dont le statut particulier est prévu par le titre XIII de la Constitution), qui disposent de leur propre réglementation fiscale.

La loi constitutionnelle n° 2003-276 du 28 mars 2003 relative à l'organisation décentralisée de la République a cependant modifié le cadre institutionnel de l'outre-mer français. À la traditionnelle distinction entre départements d'outre-mer et territoires d'outre-mer, auxquels étaient respectivement consacrés, antérieurement à leur réforme, les articles 73 et 74 de la Constitution, fait place désormais une architecture des collectivités d'outre-mer opposant celles d'entre elles qui sont régies par le principe d'identité législative, dans les conditions prévues à l'article 73 de la Constitution tel qu'issu de la révision précitée, et les autres collectivités d'outre-mer, régies par l'article 74 de la Constitution, connaissant en principe un régime de spécialité législative, et qui « ont un statut qui tient compte des intérêts propres de chacune d'elles au sein de la République ».

133 *Collectivités d'outre-mer relevant de l'article 73 de la Constitution.* L'article 73 concerne les départements d'outre-mer, les régions d'outre-mer, ou les collectivités se substituant à un département et une région d'outre-mer (aucune collectivité d'outremer ne se trouve à ce jour dans ce cas).

En principe régies par le principe d'identité législative, ces collectivités entrent normalement dans le champ d'application de la législation fiscale nationale en matière d'imposition des revenus et des bénéfices, sous réserve des dispositions particulières de cette législation les concernant (v., notamment, les articles 199 *undecies,* 217 *undecies,* 219 *bis,* 208 *quater* du CGI). Cette situation n'exclut pas des solutions différentes en d'autres matières fiscales : les départements d'outre-mer, ainsi, ne font pas partie du territoire communautaire en matière de TVA, laquelle ne s'applique d'ailleurs pas en Guyane.

L'article 73 de la Constitution, par ailleurs, dispose en son troisième alinéa que pour tenir compte de leurs spécificités, les collectivités régies par ledit article peuvent être habilitées par la loi à fixer elles-mêmes les règles applicables sur leur territoire, dans un nombre limité de matières pouvant relever du domaine de la loi. Un tel transfert de compétence pourrait, le cas échéant, concerner la matière des impositions.

En pratique, à l'heure actuelle, les règles fiscales applicables aux collectivités d'outre-mer de Guadeloupe, Guyane, Martinique et Réunion, qui sont en même temps des départements d'outre-mer et des régions d'outre-mer, sont celles fixées par le législateur national, sous réserve des adaptations dites, et sauf le cas particulier de Saint-Martin et Saint-Barthélemy (v. *infra*). En matière d'imposition des revenus et des bénéfices, ces collectivités font donc partie du territoire français.

Par mesure de simplification, on continuera en conséquence, dans le cadre du présent ouvrage, à évoquer les *départements d'outre-mer* pour désigner les espaces ultra-marins faisant partie du territoire fiscal français au sens de la législation en matière d'imposition des revenus et des bénéfices.

134 *Collectivités d'outre-mer régies par l'article 74 de la Constitution.* Les collectivités d'outre-mer régies par l'article 74 de la Constitution sont aujourd'hui celles qui, avec la *Nouvelle-Calédonie,* disposent de la compétence fiscale (anciens territoires d'outre-mer, tels que la Polynésie française et Wallis-et-Futuna, et anciennes collectivités d'outre-mer à statut particulier de Mayotte, devenue « collectivité départementale », et de Saint-Pierre-et-Miquelon).

Ces collectivités connaissent une réglementation fiscale qui leur est propre (la Nouvelle-Calédonie connaît des « lois de pays »). Elles ne font pas partie du territoire français au sens de la législation en matière d'imposition des revenus et des bénéfices. Certaines sont liées à l'État par une convention fiscale.

L'article 72-4 de la Constitution, cependant, autorise les collectivités d'outre-mer autres que la Nouvelle-Calédonie, en tout ou partie d'entre elles, à changer de l'un vers l'autre des régimes prévus par les articles 73 et 74, sous réserve d'une procédure comportant la consultation préalable des électeurs de la collectivité ou de la partie de collectivité intéressée, et l'intervention d'une loi organique. Il ne peut être préjugé, en outre, de la répartition des compétences entre l'État et la collectivité concernée à laquelle procéderait une telle loi, notamment en cas de transfert d'une collectivité du régime de l'article 73 à celui de l'article 74. La distinction constitutionnelle entre catégories de collectivités d'outre-mer pourrait dès lors, à l'avenir, ne pas dispenser de l'examen particulier du statut propre à chaque collectivité, en vue d'éclairer la question de savoir si telle collectivité fait ou non partie du territoire français au sens de la législation en matière d'imposition des revenus et des bénéfices.

135 *Collectivités de Saint-Martin et Saint-Barthélemy.* En ce qui concerne les départements d'outre-mer, l'applicabilité de l'impôt sur le revenu à l'île de *Saint-Barthélemy,* commune rattachée au département de la Guadeloupe, est longtemps demeurée incertaine. Mais, revenant sur un jugement du tribunal administratif de Basse-Terre (Guadeloupe) du 20 novembre 1981, le Conseil d'État a considéré, par un arrêt du 22 mars 1985 (n° 41.277, *DF,* 1985, n° 41, comm. 1668), comme dénué de fondement légal le régime particulier d'exonération revendiqué par les contribuables résidents de cette île. L'administration en déduit que les contribuables de Saint-Barthélemy et de *Saint-Martin,* île dont la partie française forme également une commune dépendant du département de la Guadeloupe, sont passibles tant de l'impôt sur le revenu que des autres impôts directs nationaux (*DB,* 5B-111, n° 3 du 1er septembre 1999).

En application des dispositions rappelées de l'article 72-4 de la Constitution, les électeurs des îles du nord de la Guadeloupe, Saint-Barthélemy et Saint-Martin, consultés le 7 décembre 2003, ont cependant exprimé un large accord en vue du détachement de ces collectivités communales du département d'outre-mer de la Guadeloupe et de leur *transformation* en deux *collectivités* nouvelles relevant de *l'article 74* de la Constitution. Les projets de loi organique en préparation, pour ces deux collectivités, prévoient qu'elles disposeront de la compétence fiscale. Elles ne pourraient plus être regardées, dès lors, comme faisant partie du territoire fiscal français au sens de la législation en matière d'imposition des revenus et des bénéfices

136 La juridiction fiscale française, par ailleurs, s'étend aux eaux territoriales, où s'exerce pleinement la souveraineté étatique, ainsi qu'aux zones maritimes sur lesquelles la France exerce des droits souverains aux fins de l'exploration et de l'exploitation de leurs ressources naturelles (voir à propos de l'application de l'impôt sur les sociétés à des prestations de service effectuées sur le plateau continental, CE, 16 décembre 1998, *SA Services pétroliers Schlumberger,* 9e et 8e s.-s., no 156535, *DF,* 1999, n. 24, comm. 484, concl. Goulard).

Sur ces espaces maritimes, v. *infra,* nos 259 et s., et, à propos de l'activité des *marins-pêcheurs,* no 544.

2 – Les critères du domicile fiscal en France

137 Jusqu'à l'imposition des revenus de 1983, les critères fixés par la loi pour déterminer le lieu du domicile fiscal d'un contribuable s'appréciaient au niveau du *chef de famille.* Depuis cette date, les époux sont soumis à *imposition commune* en France, lorsque l'un ou l'autre répond à l'un des critères de la domiciliation fiscale en France.

Toutefois, si l'un des époux ne répond pas à ces critères (hypothèse dite des *couples mixtes*), l'obligation fiscale du ménage ne porte que sur l'ensemble des revenus de l'époux domicilié en France, et les seuls revenus de source française de l'autre époux, sous réserve des conventions internationales. Les revenus de source étrangère de l'époux non résident ne sont pas pris en compte pour le calcul du taux effectif (v. *infra,* no 149).

De même, si l'un des enfants ou l'une des personnes invalides à charge ne répond pas aux mêmes critères, seuls ses revenus de source française sont compris dans l'imposition commune (cf. *DB,* 5B 1121, nos 3 et 4 du 1er septembre 1999).

Dès lors que les époux n'ont pas cessé la vie commune, la circonstance que l'un d'entre eux réside hors de France ne fait pas obstacle à sa prise en compte pour le calcul du quotient familial (CE, 19 janvier 1998, no 126809, 8e et 9e s.-s., *Lamonica, RJF,* 3/98, no 217).

138 L'article 4 B-1 du Code général des impôts, issu de l'article 2 de la loi précitée du 29 décembre 1976, énumère une série de *critères* du domicile fiscal, pour l'application de l'impôt sur le revenu (v. T. Lambert, Contribution à l'examen des critères relatifs à la domiciliation fiscale des personnes physiques, *DF,* 2001, no 37, p. 1245 et s.).

Il s'agit en premier lieu de critères d'ordre personnel. Sont considérées comme ayant leur domicile fiscal en France, les personnes qui ont en France leur foyer ou le lieu de leur séjour principal.

Suivant la doctrine administrative, le *foyer* s'entend du « lieu où les intéressés habitent normalement, c'est-à-dire du lieu de la résidence habituelle, à condition que cette résidence en France ait un caractère permanent » (*DB,* 5B 1121, n° 5 du 1er septembre 1999).

Cette résidence demeure le foyer d'un contribuable, même s'il est conduit, pour des raisons professionnelles, à séjourner temporairement hors de France, dès lors que sa famille continue d'y habiter. Tel peut être le cas de salariés d'entreprises françaises détachés à l'étranger une partie, même prépondérante, de l'année.

Est également regardée comme domiciliée en France, toute personne y ayant son *lieu de séjour principal.* Pour l'administration, cette circonstance est établie lorsqu'un contribuable séjourne en France plus de six mois dans l'année, quelles que soient les conditions de ce séjour (résidence dans un hôtel, dans un logement mis gratuitement à sa disposition, etc.). Pour l'application de la législation en vigueur avant 1977, le Conseil d'État a pu juger qu'un contribuable avait son lieu de séjour principal en France, dès lors qu'il y résidait pendant une durée nettement supérieure à celle des séjours effectués dans d'autres pays (19 novembre 1969, n° 75925, *DF,* 1970, n° 45, com. 1305, concl. Schmeltz).

Par une décision du 3 novembre 1995 (n° 126513, Section, *Larcher, DF,* 1996, n° 5, comm. 121, concl. J. Arrighi de Casanova), le Conseil d'État a reconnu un caractère *prioritaire* au critère du *foyer,* dans l'ordre des critères personnels. Le lieu de séjour principal ne doit être recherché que dans le cas où l'existence d'un foyer ne peut être déterminée. Il en résulte que le domicile fiscal d'un contribuable dont le foyer familial se situe dans un territoire où le CGI ne s'applique pas, ne peut être rattaché à la France sur la considération de séjours qui y sont effectués. Il pourrait cependant l'être sur la base des critères autres que personnels.

Aux critères d'ordre personnel s'ajoutent en effet un critère d'ordre professionnel, et un critère d'ordre économique, jouant alternativement, entre eux et par rapport aux premiers.

Le législateur considère comme domiciliées en France, les personnes qui exercent en France une *activité professionnelle,* salariée ou non, à moins qu'elles ne justifient que cette activité y est exercée à titre accessoire.

Ce caractère accessoire de l'activité exercée en France, par rapport à celle exercée hors de France, s'apprécie d'abord, selon l'administration (*DB,* 5B 1121, n° 16 du 1er septembre 1999), en tenant compte du temps qui y est effectivement consacré. Si cet indicateur ne peut être utilisé, il convient de considérer que l'activité principale est celle qui procure à l'intéressé la plus grande part de ses revenus.

Sont enfin regardés comme domiciliés en France les contribuables qui ont dans ce pays le *centre de leurs intérêts économiques.* Il faut entendre par là le lieu où le contribuable a effectué ses principaux investissements, où il possède le siège de ses affaires, d'où il administre ses biens. Il peut s'agir également du lieu où il a le centre de ses activités professionnelles, ou encore d'où il tire la majeure partie de ses revenus (pour une illustration du recours à ce critère, voir CAA Paris, 21 mai 1996, n° 95-53, *Fabre, DF,* 1996, n° 31-36, concl. A. Mendras).

139 Selon une disposition particulière de la loi (CGI, art. 4 B-2), *les agents de l'État* qui exercent leurs fonctions ou sont chargés de mission *dans un pays étranger,* et qui ne sont pas soumis dans ce pays à un impôt personnel sur l'ensemble de leurs revenus, sont également considérés comme fiscalement domiciliés en France.

Cette disposition ne concerne pas les agents de l'État en poste dans un territoire d'outre-mer, ou une collectivité territoriale d'outre-mer à statut particulier, qui, pour exercer leurs fonctions « hors de France » au sens de la législation en matière d'impôt sur le revenu, ne se trouvent pas pour autant dans un « pays étranger » (pour une solution contraire, voir CAA Nancy 25 juin 1991, n° 974, *Bonnard, RJF,* 12/91, n° 1463).

Pour apprécier si la condition d'imposition des revenus dans le pays étranger est ou non remplie, il n'est pas tenu compte des revenus de source française autres que la rémunération proprement dite.

3 – L'incidence des conventions fiscales

140 La localisation en France du domicile fiscal d'un contribuable, résultant de l'application de l'un des critères cidessus énumérés, peut rencontrer l'objection des prescriptions d'une convention fiscale internationale.

La référence aux dispositions du droit interne des États parties est certes, dans la généralité des conventions fiscales, un critère prioritaire d'identification de l'État de résidence d'un contribuable (la question de la domiciliation devant, en tout état de cause, être examinée par le juge français d'abord au regard de la loi interne, et ensuite seulement au regard d'une convention fiscale, même non conforme, sur le point concerné, à la convention modèle OCDE ; cf. CAA Marseille, 17 décembre 2002, req. 98-1002, *Esterre, DF,* 2003, n° 37, comm. 631, concl. J.-L. Bédier). Mais elle est dépourvue d'effet dès lors que l'examen des deux législations conduit à reconnaître à un même contribuable la qualité de résident dans les deux États.

Dans cette hypothèse, le conflit de lois de résidence doit être réglé par le recours aux critères subsidiaires de détermination de la résidence du contribuable. Ces critères conventionnels de la résidence sont souvent proches des critères du domicile fiscal dégagés par le législateur français. Mais ils peuvent en différer, dans une mesure variable, et doivent être, en outre, utilisés dans un certain ordre.

Le juge fiscal veille au respect, à cet égard, des prescriptions conventionnelles : le « commun accord » des autorités compétentes des États contractants, pour trancher la question de la résidence d'un contribuable, ne saurait ainsi exercer d'effets si l'examen des critères prioritaires par rapport à cette méthode de règlement du conflit de double domicile fournit clairement une solution (voir, à propos de l'accord amiable intervenu entre les autorités fiscales française et américaine, tendant à localiser en France la résidence d'un contribuable, alors que l'examen de critères prioritaires, posés par la convention fiscale franco-américaine, en particulier celui du « centre des intérêts vitaux », conduisait à conclure en faveur de la localisation aux États-Unis de la résidence du contribuable, CE, section, 13 mai 1983, n° 28831, *DF*, 1983, n° 29-30, comm. 1568, concl. Bissara).

B – L'obligation fiscale des contribuables domiciliés

141 Le contribuable domicilié en France, par application de l'un ou l'autre des critères définis à l'article 4 B du Code général des impôts, est en principe imposable sur l'ensemble de ses revenus mondiaux (CGI, art. 4 A).

Il en est de même pour le contribuable résident de France au sens, et suivant les critères d'une convention fiscale, sous la réserve que les revenus perçus par ce contribuable qui trouvent leur source dans l'État étranger contractant peuvent être exemptés, en France, d'impôt sur le revenu, si la convention concernée réserve le droit de les imposer à l'État de la source.

L'identification de la source d'un revenu, à cet égard, doit s'effectuer conformément aux prescriptions conventionnelles.

142 La loi fiscale française prévoit cependant des cas d'exemption de revenus de source étrangère, en l'absence de toute répartition conventionnelle du droit d'imposition.

Ces avantages, définis à l'article 81-A du CGI, concernent les rémunérations des *salariés envoyés à l'étranger* par un employeur établi en France (voir *infra,* n°s 539 et s.).

Selon la jurisprudence de la Cour administrative d'appel de Marseille, ils ne s'appliquent pas aux agents de l'État en service à l'étranger, notamment à *Monaco* (CAA Marseille, 16 juin 1998, n° 97-652, *Lechner, DF,* 1999, n° 2, comm. 27, concl. Benoît, et 7 décembre 1998, n° 97-853, *Canton, DF,* 99, n° 24, comm. 483).

143 L'imposition des revenus de source extérieure du contribuable domicilié en France est de droit, dès lors que ces revenus ont été mis à sa disposition, qu'ils aient été ou non transférés en France.

C – Le régime d'imposition des revenus de source étrangère

1 – Règles générales

a / Détermination du montant imposable

144 Le montant imposable des revenus étrangers est déterminé conformément aux dispositions du Code général des impôts français.

Les dispositions de l'article 158-I, 2e alinéa du CGI s'opposent toutefois, en ce qui concerne les entreprises et exploitations situées hors de France, à l'évaluation forfaitaire des bénéfices imposables, qui trouve encore à s'appliquer en matière de bénéfices agricoles. Ces bénéfices doivent être retenus pour leur montant réel.

La détermination forfaitaire des charges déductibles peut être en revanche pratiquée, lorsqu'elle est prévue par la loi. Ainsi, au montant brut des salaires de source étrangère (diminué, le cas échéant, des suppléments liés à l'expatriation), peut être appliquée la déduction forfaitaire de 10 % pour frais professionnels. L'abattement de 20 % prévu par la loi en faveur de cette catégorie de revenus est ensuite normalement applicable.

145 Lorsqu'ils sont exprimés en monnaie étrangère, les revenus encaissés hors de France doivent être déclarés pour leur contre-valeur en *euros* calculée d'après le cours du change à Paris au jour de la mise à disposition du revenu à l'étranger (encaissement, inscription au crédit d'un compte).

146 Il faut souligner qu'exception faite des exonérations fondées sur les usages diplomatiques (CGI, art. 5-3°), la *nationalité* des contribuables domiciliés en France ne joue aucun rôle dans la détermination de l'assiette de l'impôt sur le revenu. Il pourrait en aller différemment, en principe, pour le calcul de l'impôt.

b / Liquidation de l'impôt

147 La liquidation de l'impôt applicable aux revenus de source étrangère encaissés par un contribuable domicilié en France s'effectue dans les conditions du droit commun. En fait, l'impôt est calculé, compte tenu du quotient familial, et conformément au barème progressif, sur le revenu imposable d'ensemble du contribuable.

148 L'article 199 du Code général des impôts introduit formellement, toutefois, en matière de calcul de l'impôt sur le revenu, une discrimination entre les personnes domiciliées en France, fondée sur leur *nationalité.*

Ce texte réserve en effet aux *citoyens français* et aux personnes originaires de Saint-Pierre-et-Miquelon, de Mayotte, de Nouvelle-Calédonie, de Polynésie française, des îles Wallis et Futuna et des Terres australes et antarctiques françaises, le bénéfice des dispositions de l'article 193 du même Code, prévoyant, pour le calcul de l'impôt, la division du revenu imposable en un certain nombre de parts fixé d'après la situation et les charges de famille du contribuable. Il en est de même, selon l'administration, de l'abattement prévu pour la prise en compte des enfants ayant fondé un foyer distinct.

Cette discrimination atteignant les contribuables étrangers n'est toutefois applicable que *sous la réserve des traités de réciprocité.* Les clauses d'assimilation aux nationaux, figurant dans les conventions fiscales, traités commerciaux, conventions consulaires, conventions d'établissement, ou autres accords internationaux conclus par la France, réduisent sensiblement la portée des restrictions posées par l'article 199 précité.

L'administration, en outre, assimile aux contribuables français, les étrangers domiciliés en France qui, sans être ressortissants d'un État lié à la France par un accord de réciprocité, sont en instance de naturalisation, ou possèdent la nationalité d'un État qui accorde la *réciprocité de fait,* laquelle est présumée, entre ses nationaux et les français domiciliés sur son territoire. En pratique, dès lors, les avantages familiaux sont accordés à tous les étrangers soumis à l'impôt sur le revenu en France, sous l'éventuelle réserve de ressortissants d'États qui soumettraient les Français à des mesures discriminatoires (cf. *DB,* 5B 314, n° 7 du 1er septembre 1999).

Les atténuations de charge fiscale résultant de la prise en compte de la situation de famille du contribuable sont d'autre part applicables aux *réfugiés* et *apatrides.*

149 Le calcul de l'impôt dû par les contribuables domiciliés en France, et percevant des revenus de source extérieure exonérés, doit cependant tenir compte de la *règle du taux effectif.*

Cette règle, destinée à conserver sa signification à la progressivité, conduit à calculer l'impôt afférent aux revenus imposables en France au taux de l'impôt correspondant à l'ensemble des revenus qui auraient été imposés en l'absence de dispositions spécifiques d'exonération de certains d'entre eux.

Les revenus exonérés doivent être retenus pour calculer le taux effectif *lorsqu'il existe une disposition en ce sens* dans une convention fiscale, conclue avec un État étranger, ou une collectivité d'outre-mer disposant d'un régime fiscal autonome, dans un accord particulier relatif à une organisation internationale, ou encore dans une disposition du droit interne.

L'article 197 C du CGI prévoit ainsi l'application du taux effectif pour les salaires exonérés de certains salariés détachés à l'étranger (cf. *infra,* n° 545), disposant : « L'impôt dont le contribuable est redevable en France sur les revenus autres que les traitements et salaires exonérés en vertu des dispositions des I et II de l'article 81 A est calculé au taux correspondant à l'ensemble de ses revenus, imposables et exonérés ». Ces dispositions, toutefois, ne s'appliquent que sous réserve des conventions internationales. La plupart des conventions conclues par la France comportent une disposition par laquelle la France se réserve expressément le droit de faire application de la méthode du taux effectif, celle-ci s'appliquant alors en vertu de la convention. En l'absence, plus exceptionnelle, de référence à l'application du taux effectif, les dispositions de l'article 197 C ne pourraient trouver application (cf., à propos de la convention franco-italienne du 5 octobre 1989, CAA Douai, 6 avril 2004, *Rec.*, n° 99-1494, *Turon, DF,* 2004, n° 40, comm. 733).

En pratique, l'application de la règle du taux effectif conduit à calculer l'impôt exigible en trois temps (*DB,* 5B 3221, n° 16 du 23 juin 2000) :

— tout d'abord, détermination de la cotisation de base, qui est l'impôt correspondant à l'ensemble des revenus qui seraient

imposables en France en l'absence de dispositions spéciales exonérant certains d'entre eux ;
— ensuite, liquidation de l'impôt exigible en multipliant la cotisation de base par le rapport existant entre le montant des revenus effectivement imposables en France et le montant total des revenus sur lesquels la cotisation de base a été calculée ;
— enfin, calcul de l'impôt effectivement dû après imputation éventuelle de la décote, des réductions d'impôt, des retenues à la source non libératoires, de l'avoir fiscal ou des crédits d'impôt.

Pour la détermination de la base d'imposition fictive servant au calcul du taux moyen d'imposition applicable aux revenus imposables en vertu d'une convention fiscale, le juge admet d'exclure les revenus exonérés en vertu d'une stipulation expresse de la convention ou d'une disposition de droit interne ainsi que, suivant un raisonnement par équivalence, les revenus de source étrangère de même nature que les revenus exonérés par le droit français. Les pensions militaires de source américaine versées à un enfant à la suite du décès de son père, regardées comme étant de même nature que les pensions servies en vertu du Code des pensions militaires d'invalidité et des victimes de guerre, affranchies d'impôt en vertu de l'article 81-4° du CGI, ne sont pas prises en compte, ainsi, pour la calcul du taux effectif applicable aux revenus imposables en France (CE, 30 mars 2005, n° 244173, *Pouffary, DF,* 2005, n° 27, comm. 523, concl. Mme Mitjaville).

L'impôt sur le revenu acquitté à l'étranger à raison d'un revenu de source étrangère peut venir en déduction du revenu retenu pour l'application de la règle du taux effectif (*DB,* 5B 3221, n° 19 du 23 juin 2000).

150 L'imposition pratiquée, le cas échéant, par l'État de la source sur les revenus étrangers encaissés par un contribuable domicilié en France, de nationalité française comme étrangère, n'ouvre droit, *en l'absence de convention fiscale,* à aucun crédit d'impôt. L'impôt étranger est simplement admis en déduction de la base imposable en France, de manière à atténuer la double imposition internationale.

En revanche, la reconnaissance *conventionnelle,* au profit de l'État de la source, du droit d'imposer certains revenus, par ailleurs non exemptés dans l'État de résidence, détermine, en faveur du contribuable résident de France, et bénéficiaire de tels revenus, un droit à *crédit d'impôt.*

Celui-ci est en général égal au montant de l'impôt prélevé à la source par l'État étranger, dans la limite du maximum autorisé par la convention ; il peut être, dans certains cas, supérieur à ce montant.

Le crédit d'impôt étranger est en principe imputable sur l'impôt sur le revenu dans les bases duquel sont compris les revenus ouvrant droit à imputation ; celle-ci est cependant limitée à la fraction de l'impôt français correspondant aux revenus considérés.

2 – Dispositions particulières à certains revenus de source étrangère

a / Modalités d'imposition des dividendes

151 En même temps qu'il supprimait l'avoir fiscal, le législateur a défini, dans la loi de finances pour 2004 (n° 2003-1311 du 30 décembre 2003, art. 93), un nouveau mécanisme d'atténuation de la double imposition économique, pour les dividendes perçus par les personnes physiques domiciliées en France. Désormais, les revenus distribués ne sont soumis à l'impôt sur le revenu qu'après application d'une réfaction de 50 % (principe de *l'imposition sur une demi-base*), l'abattement fixe annuel (1 220 € ou 2 440 € selon la situation de famille) étant maintenu.

Compte tenu de la réduction des taux applicables aux tranches de revenus imposables à l'impôt sur le revenu, prévue pour l'imposition des revenus de 2006 par le projet de loi de finances pour 2006, et rendue possible par l'intégration dans le barème de l'abattement de 20 % dont bénéficient certains revenus, en particulier salariaux, ledit projet de loi prévoit cependant de ramener de 50 % à 40 % l'abattement applicable aux dividendes. L'abattement fixe serait porté à 1 525 € ou 3 050 € selon la situation de famille.

Ces mêmes revenus ouvrent droit à un crédit d'impôt, égal à 50 % des revenus déclarés, plafonnés à 115 € pour les contribuables célibataires, divorcés ou veufs ou 230 € pour les contribuables mariés soumis à une imposition commune.

Notamment pour tenir compte des exigences du droit communautaire, le législateur a cependant prévu que sont éligibles à la demi-base, non seulement les dividendes distribués par les sociétés françaises passibles de l'impôt sur les sociétés, mais plus généralement (CGI, art. 158-3, 2°), « Les revenus distribués par les sociétés passibles de l'impôt sur les sociétés ou d'un impôt équivalent, ayant leur siège dans un État membre de la Communauté européenne ou dans un État ou territoire lié avec la France par une convention fiscale en vue d'éviter les doubles impositions en matière d'impôt sur les revenus et résultant d'une décision régulière des organes compétents ».

À compter du 1er janvier 2009, pour les sociétés n'ayant pas leur siège dans un État de la Communauté européenne, l'imposition sur une demi-base sera réservée aux revenus distribués par des sociétés établies dans un État ou territoire ayant conclu une convention fiscale qui contient une clause d'assistance administrative en vue de lutter contre la fraude ou l'évasion fiscale.

La loi de finances rectificative pour 2004 (n° 2004-1485 du 30 décembre 2004) a précisé (art. 38) les conditions de mise en œuvre du nouveau régime, et notamment les obligations des sociétés distributrices et établissements payeurs.

L'administration a fait le commentaire de ces dispositions dans une instruction du 11 août 2005 (*BOI,* 5-I-2-05).

152 Pour l'éclaircissement de la notion d'*impôt équivalent* à l'impôt sur les sociétés, en ce qui concerne les revenus distribués par des sociétés non établies en France, le commentaire administratif précise que constituent de tels impôts, les impôts de quotité exprimés en unité monétaire, assis sur le résultat fiscal, non déductibles de ce résultat et qui sont versés à titre définitif et sans contrepartie au profit d'États souverains, d'États membres d'États fédéraux ou confédérés ou autres subdivisions politiques d'un État (cantons) ou de territoires non souverains jouissant de l'autonomie financière par rapport à l'État souverain dont ils dépendent (territoires et collectivités territoriales d'outre-mer). Une liste des impôts équivalents à l'impôt sur les sociétés français pour les principaux partenaires de la France figure en annexe (n° 129) à l'instruction précitée du 11 août 2005.

153 Sont exclus du dispositif de la demi-base et donc retenus en totalité dans les bases de l'impôt, les revenus distribués par des sociétés établies dans des États ou territoires n'ayant conclu aucune convention avec la France. L'administration rappelle qu'il en est notamment ainsi des revenus distribués par des sociétés établies dans les îles anglo-normandes.

154 Pour être éligibles à la demi-base, les revenus doivent avoir le caractère de revenus distribués au sens de la législation fiscale.

La demi-base s'applique ainsi aux revenus mentionnés aux articles 108 à 115 du CGI pour les distributions de sociétés dont le siège est établi en France, et aux revenus de même nature mentionnés aux articles 120 à 123 *bis* du même Code, pour les distributions de sociétés étrangères.

Il s'agit notamment des distributions de dividendes décidées par l'assemblée des comptes ou des distributions d'acomptes sur dividendes, des distributions exceptionnelles de réserve décidées par une assemblée autre que celle statuant sur la clôture des comptes, des répartitions de sommes ou valeurs effectuées à titre d'acompte ou de solde de liquidation dans les sociétés dissoutes ou liquidées, des attributions de sommes ou valeurs effectuées en contrepartie d'une réduction de capital non motivée par des pertes, des attributions de sommes ou valeurs aux actionnaires en cas de rachat par la société de ses propres titres, des distributions faites à titre de partage partie d'actif en cours de société.

Les distributions dont le montant n'est pas considéré fiscalement comme un revenu distribué (répartitions qui présentent le caractère de remboursements d'apports ou de primes d'émission, etc.) sont exclues du champ d'application de la demi-base.

155 L'éligibilité de la distribution à la demi-base s'apprécie en outre au regard d'un critère juridique : sont éligibles, les revenus distribués résultant d'une *décision régulière* des organes compétents (en général, l'assemblée). Sont donc normalement exclues du champ de la demi-base, dès lors qu'elles ne résultent pas d'une décision régulière d'un organe compétent de la société, les distributions qui sont qualifiées de rémunérations et avantages occultes (CGI, art. 111, *c*), les revenus réputés distribués imposés au nom de l'actionnaire à la suite d'une rectification du résultats fiscal de la société.

S'agissant des distributions de sociétés établies hors de France, pour apprécier le critère de la régularité, il conviendra d'une part, d'examiner les conditions dans lesquelles la distribution a été effectuée au regard de la réglementation en vigueur dans l'État ou territoire concerné, puis, d'autre part, d'apprécier la régularité de la distribution « par analogie » au regard des règles de droit français (cf. CE, 27 mai 2002, n° 125959, *société Superseal corporation*). Selon le commentaire administratif, il sera tout d'abord examiné si la décision est régulière au regard du droit étranger et, plus précisément si elle a respecté un minimum de formalités, permettant de qualifier ensuite l'opération au regard du droit français (instr. préc. n°s 47 à 52).

Dans tous les cas, le contribuable doit être en mesure de justifier de l'éligibilité à la demi-base des revenus distribués qu'il a perçus (instr. préc., n° 182).

L'article 158, 3-3° du CGI exclut expressément certains revenus distribués du champ d'application de la demi-base. Il s'agit des revenus distribués qui ne constituent pas la rémunération du bénéficiaire en sa qualité d'associé ou d'actionnaire (jetons de présence, etc.), des sommes mises à la disposition des associés à titre d'avances, de prêts ou d'acomptes, y compris lorsque des revenus d'une telle nature et origine sont distribués par les sociétés étrangères. Il s'agit également des revenus ou bénéfices imposés dans les conditions prévues à l'article 123 *bis* du CGI, et qui sont nécessairement des revenus de source étrangère (v. *supra,* n° 125).

156 L'imposition sur la demi-base s'applique également à la part des revenus distribués, de même nature et origine que ceux mentionnés à l'article 158-3-2° du CGI (éligibles à la demi-base), perçus par des actionnaires personnes physiques via des organismes de placement collectif en valeurs mobilières ou assimilés (SICAV, FCP) ou des sociétés d'investissement ayant pour objet la gestion d'un portefeuille de valeurs mobilières.

La demi-base s'applique aux revenus répartis ou distribués tant par les OPCVM français et sociétés d'investissement assimilées que par certains OPCVM étrangers, sous les conditions précisées par l'instruction précitée du 11 août 2005 (nos 57 et s.).

157 *Déclaration.* S'agissant des dividendes de source étrangère, les modalités de déclaration de ces revenus au regard des règles de transfert et d'imputation des *crédits d'impôts étrangers,* lorsque le revenu distribué perçu directement ou indirectement par l'actionnaire est de source étrangère, s'appliquent *mutatis mutandis* dans le cadre du *régime d'imposition des distributions* issu de la loi de finances pour 2004.

Le contribuable qui perçoit un revenu distribué par une société étrangère établie dans un pays avec lequel la France a conclu une convention fiscale déclare le revenu distribué pour son *montant brut,* impôt acquitté à l'étranger compris, lorsque la convention prévoit l'élimination de la double imposition par l'intermédiaire d'un crédit d'impôt représentatif de l'impôt étranger.

En l'absence de convention, le revenu distribué sera déclaré pour son montant net perçu, après déduction des seuls impôts établis dans le pays d'origine dont le paiement incombe au bénéficiaire des revenus (instr. préc. nos 70 et 71).

Les revenus déclarés sont retenus, pour le calcul de l'impôt sur le revenu, pour 50 % de leur montant.

Du revenu net tel qu'il résulte de l'application de la demi-base, sont retranchées les dépenses effectuées pour l'acquisition et la conservation des revenus (déduction pratiquée après la réfaction de 50 %, mais avant l'abattement forfaitaire annuel de 1 220 € ou 2 440 €).

b / Modalités d'imposition des intérêts

1 - Champ d'application du prélèvement libératoire

158 L'article 125 A du CGI offre aux personnes physiques bénéficiant d'intérêts, arrérages et produits de toute nature de fonds d'État, obligations, titres participatifs, bons et autres titres de créances, dépôts, cautionnements et comptes courants, la possibilité d'opter pour leur assujettissement à un prélèvement libératoire. L'option pour le prélèvement forfaitaire libératoire était toutefois, jusque récemment, applicable aux seuls produits de source française. La Cour de justice des Communautés européennes a jugé que cette disposition constituait une entrave à la libre prestation de services et à la libre circulation des capitaux (CJCE, 4 mars 2004, aff. C-334/02, *Commission c/ France, DF,* 2004, n° 44-45, comm. 813).

En conséquence, la loi de finances rectificative pour 2004 (n° 2004-1485 du 30 décembre 2004, art. 40) a prévu l'extension aux *produits de source européenne* de l'option pour le prélèvement libératoire.

Celui-ci est désormais applicable aux produits de placement à revenu fixe de même nature que ceux pour lesquels le prélèvement forfaitaire était précédemment autorisé, dont le débiteur est établi dans un État membre de la Communauté européenne ou dans un autre État partie à l'Espace économique européen (EEE) et ayant conclu avec la France une convention fiscale contenant une clause administrative en vue de lutter contre la fraude ou l'évasion fiscale (soit l'Islande et la Norvège, mais non le Liechtenstein), et dont l'établissement payeur est établi en France. Le prélèvement s'applique en ce cas dans les mêmes conditions que celles prévues pour les produits de source française. La base d'imposition des produits de source européenne (CGI, art. 122) est égale à la valeur brute des produits encaissés, sous déduction des impôts établis dans le pays d'origine et dont le paiement incombe au bénéficiaire. Le contribuable peut cependant bénéficier d'un crédit d'impôt en application de dispositions de conventions fiscales. Le crédit d'impôt, imputable sur l'impôt sur le revenu français, est compris dans l'assiette imposable, le contribuable étant alors imposé au prélèvement forfaitaire sur le montant brut des intérêts, comprenant le crédit d'impôt conventionnel.

Lorsque l'établissement payeur est établi hors de France, le prélèvement forfaitaire est également applicable aux produits de placements à revenu fixe de même nature que ceux décrits ci-dessus, sous la même condition d'établissement du débiteur, ainsi qu'aux produits de bons ou contrats de capitalisation et d'assurance vie souscrits fors de France auprès d'une société d'assurance établie dans un État membre de la Communauté européen, en Islande ou en Norvège. Les modalités d'application du prélèvement sont alors précisées à l'article 125 D du CGI. Celui-ci prévoit (CGI, art. 125 D-VI), pour l'Administration, la possibilité de conclure une *convention avec l'établissement payeur étranger,* en vue d'organiser les modalités d'une imposition à la source à l'étranger pour l'ensemble des contribuables ayant mandaté l'établissement.

Le taux du prélèvement, variable selon la nature des produits, est en général, depuis le 1er janvier 1984, de 16 %. S'y ajoutent les prélèvements sociaux (CSG de 8,2 %, CRDS de 0,5 %, prélèvement social de 2 % et sa contribution additionnelle de 0,3 % créée par la loi du 30 juin 2004, n° 2004-626, relative à la solidarité pour l'autonomie des personnes âgées et des personnes handicapées (cf. instr. du 8 décembre 2004, 5 I-2-04), soit un taux global d'imposition de 27 %.

Le prélèvement est liquidé, au taux prévu, sur le montant brut des produits versés, sans déduction des frais et charges pouvant grever ce revenu. S'agissant des revenus de source européenne, l'impôt étranger retenu à la source est imputable sur le prélèvement dans la limite du crédit d'impôt auquel il ouvre droit en application d'une convention fiscale.

2 - Intérêts versés par un agent payeur établi dans un État membre de la Communauté européenne

159 La directive 2003/48/CE du 3 juin 2003 en matière de fiscalité de l'épargne sous forme de paiement d'intérêts a été transposée en droit français par la loi de finances rectificative pour 2003 (n° 2003-1312 du 30 décembre 2003, art. 24), et codifiée aux articles 242 *ter,* 1768 *bis* et 199 *ter* du CGI. L'objectif de cette directive est l'imposition effective des revenus à caractère d'intérêts dans l'État membre où le bénéficiaire effectif a sa résidence fiscale, conformément à la législation fiscale de cet État. À cette fin, elle prévoit un dispositif *d'échange automatique d'informations* entre États membres de la Communauté européenne concernant le paiement de revenus qualifiés d'intérêts par un agent payeur établi dans un État membre à un bénéficiaire effectif, personne physique ou entité assimilée, établi dans un autre État membre.

La directive prévoit, à titre transitoire, un dispositif alternatif à l'échange d'informations pour l'Autriche, le Luxembourg et la Belgique, consistant en l'application aux revenus versés par les agents payeurs établis dans ces États à un bénéficiaire effectif résident d'un autre État membre, d'une *retenue à la source* dont le taux doit augmenter progressivement (15 % pendant les trois premières années, 20 % pendant les trois années suivantes, 35 % par la suite), assortie d'un partage de recettes entre les deux États concernés.

La directive prévoit également que lorsque les intérêts entrant dans son champ d'application font l'objet de la retenue à la source, celle-ci ne fait pas échec à l'imposition de ces revenus selon les dispositions législatives en vigueur dans l'État membre de résidence fiscale du bénéficiaire effectif. Afin de pallier le risque de double imposition, la retenue à la source temporaire ouvre alors droit à un *crédit d'impôt* égal à cette retenue et déduit de l'impôt sur le revenu dû au titre de l'année au cours de laquelle les revenus concernés, majorés du montant de retenues à la source auxquelles ils ont été soumis, sont déclarés et imposés. Si ce crédit d'impôt se révèle supérieur au montant de l'impôt sur le revenu, l'excédent est restitué au contribuable (CGI, art. 199 *ter*-I ; v. l'instr. du 12 août 2005, *BOI,* 5I-3-05).

L'entrée en vigueur de la directive épargne était subordonnée à la conclusion d'accords avec la Suisse, le Liechtenstein, Saint-Marin, Monaco et Andorre, ainsi qu'avec les territoires dépendants ou associés de Jersey, Guernesey, l'île de Man, les îles Vierges britanniques, Montserrat, les îles Caïmans, Anguilla, Aruba et les Antilles néerlandaises, en vue de l'application par ces juridictions de mesures équivalentes à celles prévues dans la directive (échange d'informations et retenue à la source).

Les accords prévus ayant été signés, la directive épargne est entrée en application pour les intérêts payés à compter du 1er juillet 2005 (cf. décision du Conseil de l'Union européenne du 4 juillet 2004 et art. 36 de la loi de finances rectificative pour 2004, n° 2204-1485 du 30 décembre 2004).

D – Obligations déclaratives

160 Les revenus encaissés hors de France par des contribuables domiciliés doivent être déclarés sur un imprimé spécial (n° 2047) annexé à la déclaration d'ensemble des revenus.

Cette obligation ne concerne pas, toutefois, les revenus déjà compris dans les résultats d'ensemble d'une entreprise commerciale, industrielle, artisanale ou agricole exploitée simultanément en France et à l'étranger, et dont les résultats sont imposés d'après le régime du bénéfice réel.

L'imprimé spécial de déclaration permet de faire apparaître le montant des crédits d'impôt afférents à certains revenus trouvant leur source dans un pays lié à la France par une convention fiscale. Ce montant doit être ajouté au revenu imposable, avant d'être imputé sur l'impôt sur le revenu dû par le contribuable.

En vue de la bonne application de la règle du taux effectif, les contribuables sont tenus de mentionner dans leurs déclarations les éléments du revenu global qui, en vertu des dispositions d'une convention fiscale internationale, ou d'une prescription de la loi française, sont exonérés mais qui doivent être pris en compte pour le calcul de l'impôt applicable aux autres éléments du revenu global.

2 – Le statut fiscal des contribuables domiciliés hors de France

161 *Selon la loi fiscale française,* des personnes n'ayant pas leur domicile fiscal en France peuvent être redevables de l'impôt sur le revenu, dans deux circonstances :

— lorsqu'elles perçoivent des revenus de source française ;
— ou, sauf exceptions, lorsqu'elles ont à leur disposition une habitation en France.

Ces contribuables non domiciliés sont assujettis à une obligation fiscale limitée, en ce sens qu'ils sont imposés sur la base de leurs seuls revenus de source française ou, lorsqu'ils disposent d'une habitation en France, au minimum, sur une base forfaitaire égale à trois fois la valeur locative de cette habitation.

162 Les contribuables qui, *selon les dispositions d'une convention fiscale,* sont résidents de l'État étranger cocontractant, ne peuvent être assujettis à l'impôt français qu'au titre des seuls revenus de source française à l'égard desquels la convention reconnaît un droit d'imposition à l'État de la source.

En vue de l'identification des revenus de source française, les règles de source fixées par la convention l'emportent sur celles du droit interne.

L'exercice du droit d'imposition conventionnellement reconnu à la France, en tant qu'État de la source, peut d'autre part rencontrer certaines limites. La plupart des conventions fiscales, en particulier, fixent un plafond au prélèvement à la source susceptible d'être appliqué aux dividendes, aux intérêts et, le cas échéant, aux redevances.

Par ailleurs, les contribuables domiciliés dans un pays lié à la France par une convention contre la double imposition échappent à l'imposition forfaitaire en fonction de la valeur locative de l'habitation dont ils ont, en France, la disposition.

A – Personnes bénéficiant de revenus de source française

1 – Les règles de source

163 L'article 164 B du CGI fournit une énumération des revenus de source française.

Les règles de source posées par ce texte ont pour objet de délimiter :

— le champ d'application de l'*impôt sur le revenu,* sous réserve des dispositions des conventions fiscales, vis-à-vis des personnes n'ayant pas leur domicile fiscal en France ;
— ainsi que le champ d'application de *retenues à la source* instituées par le législateur en vue de garantir le paiement au Trésor de l'impôt dû à raison de certains revenus, et de prévenir certaines formes de fraude ou d'évasion fiscale internationale.

L'article 164 B distingue deux catégories de revenus, considérés comme de source française : des revenus ainsi qualifiés à raison de leur origine matérielle, parce qu'ils sont afférents à des biens ou droits sis en France, ou à une activité exercée en France ; des revenus dont la source est considérée comme française d'un point de vue personnel, compte tenu de ce qu'ils sont versés par un débiteur domicilié ou établi en France.

164 Les revenus qualifiés de source française à raison de leur *origine matérielle* regroupent :

— Les revenus d'immeubles situés en France, ou de droits relatifs à ces immeubles, qu'il s'agisse de droits immobiliers (nue-propriété, usufruit...) ou de droits mobiliers (actions ou parts de sociétés immobilières).

— Les revenus de valeurs mobilières françaises à revenu variable, et les revenus de tous autres capitaux mobiliers placés en France.

Sont considérés comme revenus de source française tous les produits de valeurs mobilières françaises à revenu variable, que ces valeurs soient déposées en France ou à l'étranger. À l'inverse, les produits de valeurs mobilières étrangères à revenu variable sont regardés comme des revenus de source étrangère, alors même que ces valeurs seraient déposées en France.

En revanche, les produits de tous autres capitaux mobiliers (revenus de parts sociales, produits des diverses formes de placements à revenu fixe, obligations, fonds d'État, bons et autres titres de créances, dépôts, cautionnements, comptes courants) sont considérés comme des revenus de source française dès lors que ces capitaux sont placés en France.

— Les revenus d'exploitations sises en France. Sont ici visés : les bénéfices agricoles, réalisés dans l'exploitation de biens ruraux situés en France ; les bénéfices industriels et commerciaux, réalisés dans des entreprises exploitées en France.

L'identification d'une entreprise exploitée en France, par un entrepreneur individuel non-résident, repose sur les mêmes critères que ceux mis en œuvre en matière d'impôt sur les sociétés. Elle suppose l'exercice habituel d'une activité industrielle ou commerciale, manifesté par l'existence d'un établissement, la présence d'un représentant permanent ou la réalisation d'un cycle complet d'opérations (v. *infra,* n°s 161 et s.).

Les bénéfices d'opérations commerciales isolées, effectuées par un contribuable non domicilié, sans le support d'un établissement stable, ou l'intermédiaire d'un représentant dépendant, et non constitutives d'un cycle commercial complet, échappent donc à l'impôt sur le revenu. Certains de ces bénéfices pourraient être toutefois qualifiés de revenus de source française à raison de la localisation, en France, du domicile ou de l'établissement du débiteur, et entrer dans le champ d'application de la retenue à la source prévue à l'article 182 B du CGI.

— Les revenus tirés d'activités professionnelles, salariées ou non, exercées en France, ou d'opérations de caractère lucratif au sens de l'article 92 du CGI et réalisées en France.

Il s'agit d'abord des traitements et salaires rémunérant une activité exercée en France ; des rémunérations de dirigeants de sociétés françaises ; des revenus retirés de l'exercice, en France, de professions indépendantes.

Il s'agit également des bénéfices de toutes occupations, exploitations lucratives et sources de profits ne se rattachant pas à une autre catégorie de bénéfices ou de revenus, rangés par l'article 92 du CGI dans la catégorie des bénéfices non commerciaux.

— Les plus-values relatives à des immeubles situés en France, à des droits immobiliers s'y rapportant ou à des actions ou parts de sociétés, non cotées en bourse, dont l'actif est constitué principalement par de tels biens et droits (sociétés à prépondérance immobilière), imposées dans les conditions prévues à l'article 244 *bis* A du CGI lorsqu'elles sont réalisées par des non-résidents.

— Les profits retirés d'opérations définies à l'article 35 du CGI, lorsqu'ils sont relatifs à des fonds de commerce exploités en France, ainsi qu'à des immeubles situés en France, à des droits immobiliers s'y rapportant ou à des actions ou parts de sociétés, non cotées en bourse, dont l'actif est constitué principalement par de tels biens et droits (profits des marchands de biens), passibles du prélèvement prévu à l'article 244 *bis* lorsqu'ils sont réalisés par des contribuables ou des sociétés qui n'ont pas d'établissement en France.

— Les gains nets mentionnés au I de l'article 150-0 A et résultant de la cession de droits sociaux, lorsque les droits détenus directement ou indirectement par le cédant avec son conjoint, leurs ascendants et leurs descendants dans les bénéfices sociaux d'une société soumise à l'impôt sur les sociétés et ayant son siège en France ont dépassé ensemble 25 % de ces bénéfices à un moment quelconque au cours des cinq dernières années (CGI, art. 244 *bis* B). La fusion des différents régimes d'imposition des plus-values assurée par la loi de finances pour 2000 n'a pas, à cet égard, modifié les règles précédemment applicables aux plus-values de cessions de droits sociaux visées à l'ancien article 160 du CGI.

Les plus-values de cessions de droits sociaux autres que celles expressément mentionnées à l'article 164 B du CGI ne peuvent être considérées comme des revenus de source française, en vue de l'imposition des personnes non domiciliées qui en bénéficient. Au cas particulier, la règle de source recouvre en réalité une exemption d'imposition, d'ailleurs expressément prévue à l'article 244 *bis* C du CGI, tendant à préserver le caractère attractif du marché financier français.

Les plus-values réalisées par des contribuables non domiciliés à l'occasion de la cession de biens meubles en France, ne figurent pas davantage au nombre des revenus de source française, et ne sont donc pas imposables à l'impôt sur le revenu. Certaines d'entre elles sont cependant passibles des taxes forfaitaires prévues aux articles 150 V *bis* et suivants du CGI (plus-values de cession de métaux précieux, bijoux, objets d'art, de collection et d'antiquité).

— les sommes, y compris les salaires, payées à raison de prestations artistiques ou sportives fournies ou utilisées en France.

165 L'article 164 B du CGI vise une autre série de revenus, considérés comme des revenus de source française lorsque le débiteur a son domicile fiscal, ou est établi en France.

Cette énumération de revenus qualifiés de source française à raison de leur *origine personnelle* recouvre, d'une part, les pensions et rentes viagères, d'autre part, une série de produits ou revenus généralement réunis, en droit fiscal conventionnel, sous l'appellation de redevances.

Les *pensions et rentes viagères* sont regardées comme des revenus de source française, lorsque le *débiteur* est domicilié ou établi en France, quel que soit le pays où ont été rendus les services que la pension rémunère.

L'article 164 B-II considère comme revenus de source française, sous les mêmes conditions de situation du *débiteur* :

— Les produits définis à l'article 92 du CGI et perçus par les écrivains ou compositeurs et par leurs héritiers ou légataires au titre des droits d'auteur, ainsi que par les inventeurs ou leurs héritiers.

— Les produits perçus par les obtenteurs de nouvelles variétés végétales.

— Tous les produits tirés de la propriété industrielle ou commerciale et de droits assimilés. S'agissant de la propriété industrielle, il s'agit de tous produits perçus au titre de la cession ou de la concession de licences d'exploitation de brevets, de la cession ou de la concession de marques de fabrique, de procédés techniques ou formules de fabrication par les inventeurs, par leurs héritiers, ou par toute autre, personne physique ou morale.

— Enfin, les sommes payées, à des personnes physiques ou morales qui ne possèdent pas d'installation fixe d'affaires en France, en *rémunération des prestations de toute nature fournies ou utilisées* sur le territoire national.

Par prestations *fournies* en France, il faut entendre celles qui sont matériellement exécutées sur le territoire national, par exemple : la réparation ou l'entretien en France d'un matériel, quel que soit son lieu d'utilisation ; les études de toute nature réalisées en France ; l'assistance technique ou le « savoir-faire » fournis à divers titres ; la prospection commerciale en France.

Constituent d'autre part des prestations *utilisées* en France, dont la rémunération peut être qualifiée de revenu de source française : les locations de biens meubles, tels que matériels, équipements, films cinématographiques, effectivement utilisés en France ; la fourniture d'informations d'ordre industriel, commercial ou scientifique, ainsi que la fourniture d'études techniques dont les résultats sont effectivement utilisés sur le territoire national.

Ces dernières dispositions autorisent en fait, dans certains cas, un prélèvement fiscal, par voie de retenue à la source, sur des bénéfices réalisés en France par des personnes physiques ou morales résidentes de pays étrangers, qui ne pourraient être normalement atteints par l'impôt sur le revenu, à défaut d'être des « revenus d'exploitations sises en France », ou par l'impôt sur les sociétés, à défaut d'être imputables à des « entreprises exploitées en France » au sens de l'article 209-I du CGI.

166 *L'incidence des conventions fiscales.* Les conventions fiscales auxquelles la France est partie fixent des règles de source et d'imposabilité qui peuvent différer de celles retenues par le législateur français.

Les règles conventionnelles, d'autre part, s'appliquent à des catégories de revenus faisant l'objet d'une délimitation spécifique. La notion de « redevances », en particulier, varie d'une convention à l'autre, mais est fréquemment définie avec précision, incluant ou non divers revenus actifs, tels que les rémunérations d'études ou d'assistance technique.

Les règles de source et d'imposabilité fixées par la loi française peuvent être, de la sorte, contrariées par des règles différentes, posées par une convention.

Elles sont privées d'effet, chaque fois que les revenus auxquels elles seraient susceptibles de s'appliquer font l'objet d'une qualification conventionnelle commandant un mode de répartition du pouvoir d'imposition excluant le droit, pour la France, d'imposer ces revenus en l'absence de critères déterminés de rattachement à sa juridiction fiscale.

2 – L'imposition des revenus de source française

167 *L'obligation fiscale des personnes non domiciliées.* La disposition de revenus de source française par une personne non domiciliée en France justifie son assujettissement à l'impôt sur le revenu.

Compte non tenu des dispositions des conventions fiscales, le contribuable non domicilié est en principe imposable au titre de *l'ensemble de ses revenus de source française,* sauf le cas, bien entendu, des *revenus exonérés* (traitements, salaires ou pensions n'excédant pas une certaine limite ; certaines catégories d'intérêts ; plus-values boursières, sauf pour les participations supérieures à 25 % ; plus-values immobilières, dans certains cas).

Doivent être en outre exclus de la base imposable ceux des revenus de source française perçus par le contribuable non domicilié, qui ont fait l'objet d'une *retenue à la source ou d'un prélèvement libératoires* : dividendes et autres revenus distribués par les personnes morales passibles de l'impôt sur les sociétés, en principe soumis à une retenue à la source de 25 % ; produits de placements à revenu fixe effectués en France, soumis au prélèvement prévu à l'article 125 A du CGI ; plus-values immobilières, profits des marchands de biens et profits de construction réalisés par des personnes domiciliées hors de France ; plus-values de cession de participations excédant 25 % visées au *f* du I de l'article 164 B du CGI ; produits de cession de métaux précieux et autres biens meubles de valeur, soumis à la taxe prévue à l'article 150 V *bis* du CGI ; fraction n'excédant pas la limite supérieure de calcul de la retenue à la source au taux de 15 % des salaires, pensions et rentes versés à des personnes domiciliées hors de France.

Sont également exclus de la base imposable d'un contribuable non-résident les revenus qui, selon les prescriptions d'une *convention fiscale,* ou bien ne peuvent être considérés comme des revenus de source française, ou bien ne peuvent faire l'objet d'une imposition de la part de l'État de la source. Il en est de même pour les revenus de source française ayant fait l'objet d'un prélèvement à la source libératoire en vertu d'une disposition conventionnelle.

168 *La détermination du revenu imposable.* Le montant imposable des revenus de source française est déterminé selon les règles applicables aux revenus de même nature acquis par les personnes domiciliées en France.

La compensation entre les résultats positifs et négatifs catégoriels est admise, sous les réserves de droit commun, dès lors que les revenus ou déficits sont les uns et les autres de source française.

En revanche, l'article 164 A du CGI précise qu' « aucune des charges déductibles du revenu global », en application du Code général des impôts, « ne peut être déduite ». La doctrine administrative expose que c'est afin de tenir compte du fait que les revenus imposés ne représentent qu'une partie de ceux dont dispose le contribuable, qu'aucune charge n'est admise en déduction de l'ensemble des revenus catégoriels de source française soumis à l'impôt sur le revenu (*DB,* 5B 7122, n° 8 du 15 mars 1992). La jurisprudence fait application de cette règle alors même qu'un contribuable devrait être considéré comme domicilié en France au seul regard des dispositions de la loi française, du moment qu'il ne peut être regardé comme résident de France compte tenu des stipulations d'une convention fiscale (CE, 8 juillet 2002, n° 225159, *Lecat, RJF,* 11/02, n° 1202, concl. Mme Mitjaville, *BDCF,* 11/02, n° 133, obs. B. Castagnède, Chr. de fiscalité internationale, *L'Année fiscale 2003,* p. 399 et s.).

La taxation forfaitaire en fonction de certains éléments du train de vie prévue à l'article 168 du CGI ne concerne pas les contribuables qui n'ont pas leur domicile en France (*DB,* 5B-5221, n° 8, 31 mars 1995).

Un contribuable résident d'un pays étranger, même lié à la France par convention fiscale, et disposant de revenus de source française, pourrait en revanche faire l'objet d'une taxation d'office de son revenu global, sur le fondement de l'article L 16 du *Livre des procédures fiscales,* autorisant l'administration à demander à un contribuable des éclaircissements, et des justifications lorsqu'elle a réuni des éléments permettant d'établir que ce contribuable a pu disposer de revenus plus importants que ceux déclarés (CE, 4 décembre 1985, n° 43.383, *DF,* 1986, n° 15, comm. 775, conclusions Latournerie ; v. ég. CAA Lyon, 7 novembre 1990, n° 540-1375, 2e ch., *Filskov* ; *RJF,* 4/91, n° 383).

169 *Le calcul de l'impôt.* Le calcul de l'impôt sur le revenu dû par un contribuable non domicilié, de nationalité française ou étrangère, imposé sur la base de ses revenus de source française, obéit aux règles de droit commun prévues à l'article 197-I du CGI, faisant intervenir le barème progressif et le quotient familial.

Le montant d'impôt résultant de l'application de ces règles ne saurait être toutefois inférieur à celui qui résulterait de l'application d'un *taux minimum d'imposition fixé à 25 %* (18 % dans le cas de revenus trouvant leur source dans un département d'outre-mer).

Ce taux minimum est applicable chaque fois que le taux moyen d'imposition (rapport de l'impôt dû sur le revenu imposable) se situe en dessous de 25 %, sauf le cas du contribuable, non domicilié, qui pourrait établir que le taux moyen d'imposition résultant de l'application de l'impôt sur le revenu à l'ensemble de ses revenus mondiaux demeurerait inférieur à 25 %.

Sur la compatibilité de cette disposition, prévue à l'article 197 A du CGI, avec l'analyse de la Cour de justice des Communautés européennes, telle qu'exprimée par l'arrêt *Gerritse* (12 juin 2003, aff. C-234/01), dans lequel la Cour apparaît admettre la fixation d'un taux proportionnel pour la retenue à la source appliquée à un non résident, à la condition que le taux ne soit pas supérieur à celui qui s'appliquerait effectivement à l'intéressé, conformément au barème progressif, à raison du revenu net augmenté de la tranche exonérée, v. D. Gutmann, Chronique de fiscalité européenne, *L'Année fiscale 2004,* p. 264-265.

Lorsque le taux minimum de 25 % (ou de 18 %) n'est pas applicable, les contribuables non-résidents sont imposables sur leurs revenus de source française au taux moyen (inférieur au taux minimum) qui résulterait de l'imposition en France, dans les conditions de droit commun, de la totalité de leurs revenus de source française et étrangère. Depuis une instruction du 17 octobre 1997 (*BOI,* 5-B-19-97), l'application de ce taux moyen réel aux revenus imposables en France intervient automatiquement, sans le recours à la procédure de réclamation contentieuse précédemment prévu, dès lors que le contribuable a déposé sa déclaration dans les délais de droit et l'a accompagnée de toutes les justifications nécessaires au calcul du taux moyen, inférieur à 25 %.

Le projet de loi de finances pour 2006 prévoyant une réforme du barème de l'impôt sur le revenu, par intégration de l'abattement de 20 % dans les taux et abaissement de ceux-ci, le taux minimum d'imposition auquel sont soumis les revenus de source française des non-résidents serait corrélativement adapté, à compter de l'imposition des revenus de 2006, pour s'établir à 20 % (au lieu de 25 %), ou 14,4 % (au lieu de 18 %) pour les revenus trouvant leur source dans les DOM.

Les *réductions d'impôt* auxquelles ouvrent droit certaines charges du revenu global sont en principe réservées aux seuls contribuables qui supportent l'impôt français sur l'ensemble de leurs revenus et ne sont donc pas applicables aux contribuables domiciliés hors de France (cf. CE, 8 juillet 2002, *Lecat,* préc. n° 130).

Ces contribuables ont toutefois la possibilité de bénéficier de la réduction d'impôt visée aux articles 199 *decies* E à G du CGI, au titre des investissements locatifs réalisés dans les résidences de tourisme classées situées dans les zones de revitalisation rurale, dès lors que les revenus du logement sont imposables en France dans la catégorie des revenus fonciers. Ils ne peuvent prétendre, en revanche, aux réductions d'impôt prévues aux articles 199 *undecies* A et B du CGI au titre d'investissements patrimoniaux, ou d'investissements d'entreprises dans les départements d'outre-mer.

Les contribuables non domiciliés en France peuvent en outre bénéficier (CGI, art. 199 *sexies* B) de la réduction d'impôt visée au *a* du 1 de l'article 199 *sexies* du même Code, en matière d'intérêts de prêts contractés pour la construction, l'acquisition ou les grosses réparations des immeubles dont ils sont propriétaires. Ils doivent, pour cela, s'engager à affecter l'immeuble à leur résidence principale avant le 1er janvier de la cinquième année suivant celle de la conclusion du contrat de prêt ou du paiement des dépenses, et à maintenir cette affectation pendant le même nombre d'années que celui au titre desquelles les réductions d'impôt ont été pratiquées. Cette disposition, notamment destinée à faciliter la réinstallation en France des Français de l'étranger, est désormais de portée limitée, la loi fiscale ne prévoyant plus le bénéfice d'une réduction d'impôt qu'au titre d'intérêts d'emprunts souscrits, selon le cas, avant le 1er janvier 1997, ou le 1er janvier 1998.

Sur le montant de l'impôt dû par les contribuables domiciliés hors de France, il y a lieu d'imputer, le cas échéant, les retenues qui ont été appliquées à certains revenus de source française, dès lors qu'elles ne sont pas libératoires. Il en est ainsi de la partie de la retenue à la source sur les traitements, salaires, pensions et rentes viagères versés à des non-domiciliés correspondant à l'application du taux de 25 %.

Le contribuable domicilié hors de France disposant de *revenus* de source française *exceptionnels ou différés* peut bénéficier, pour le calcul de l'impôt correspondant, du système de quotient prévu à l'article 163-0 A du CGI.

170 *Crédit d'impôt sur les revenus distribués.* Le crédit d'impôt institué par l'article 200 *septies* du CGI, égal à 50 % des revenus perçus éligibles à la demi-base (v. *supra,* nos 151 et s.) est accordé aux personnes physiques fiscalement domiciliées en France.

Selon l'Administration (cf. instr. du 11 août 2005, *BOI,* 5I-2-05, nos 107 à 109), le crédit d'impôt attaché aux revenus distribués par des sociétés établies en France peut faire l'objet d'une restitution aux actionnaires personnes physiques non résidentes, lorsque la convention conclue entre la France et l'État de résidence de l'actionnaire prévoit le transfert de l'avoir fiscal (une liste, non exhaustive, des États concernés figure en annexe no 130 à l'instruction précitée).

En revanche, les revenus distribués par des sociétés non établies en France directement ou indirectement (par exemple via un OPCVM français) à des personnes physiques non résidentes n'ouvrent pas droit à la restitution du crédit d'impôt.

L'administration ajoute que lors du paiement du crédit d'impôt à l'actionnaire non résident, une retenue à la source sera prélevée au taux prévu par la convention fiscale applicable.

171 Les contribuables domiciliés hors de France ne sont pas concernés par la CSG, la CRDS, le prélèvement social de 2 % sur les revenus du capital et sa contribution additionnelle de 0,3 %.

B – Personnes disposant d'une habitation en France

172 Les personnes domiciliées hors de France, mais ayant en France, à leur disposition, une ou plusieurs habitations, sont également passibles de l'impôt sur le revenu, alors même qu'elles ne disposeraient pas de revenus de source française. L'impôt dû par elles est, en ce cas, établi sur une base forfaitaire, égale à trois fois la valeur locative réelle de l'habitation mise à leur disposition (CGI, art. 164 C).

L'imposition forfaitaire est indifférente aux conditions de la mise à disposition de l'habitation, qui peut résulter d'une situation de droit (propriété, usufruit, location) ou d'une situation de fait (mise à disposition de l'habitation sous le couvert d'un tiers). La disposition de l'habitation peut être directe, ou indirecte, par interposition d'une société immobilière française ou d'une société étrangère. Il n'y a pas lieu de rechercher si l'habitation a été effectivement occupée.

Dans le cas où le contribuable n'a disposé de l'habitation que pendant une partie de l'année d'imposition, la base imposable est évaluée à partir de la valeur locative réelle correspondant à cette période.

La valeur locative réelle et actuelle, qui sert de base à la détermination du revenu forfaitaire imposable, est en principe égale au montant du loyer, lorsque le contribuable est locataire. Lorsque celui-ci est propriétaire ou usufruitier de sa résidence, la valeur locative est déterminée par comparaison avec celle des habitations similaires louées dans des conditions normales.

Le revenu forfaitaire constitue le revenu imposable. Il ne peut être diminué des charges imputables sur le revenu global des contribuables domiciliés.

L'impôt dû par les contribuables taxés en fonction de la valeur locative de l'habitation mise à leur disposition est calculé par application des règles de droit commun (barème progressif, quotient familial), sans qu'il y ait lieu de faire intervenir un taux minimum d'imposition.

173 Lorsqu'une personne, non domiciliée en France mais y disposant d'une ou plusieurs habitations, perçoit d'autre part des *revenus de source française,* l'imposition s'établit sur la base de ces revenus si leur montant s'avère supérieur à la base forfaitaire. La comparaison entre les deux bases d'imposition tient compte, en ce qui concerne les revenus de source française, de ceux ayant fait l'objet d'un prélèvement libératoire.

174 L'imposition forfaitaire en fonction de la valeur locative réelle de l'habitation mise à la disposition du contribuable n'est *pas applicable* aux contribuables domiciliés dans un pays ayant conclu avec la France une convention tendant à éviter les doubles impositions (cf. instr. du 26 juillet 1977, *BODGI,* 5-B-24-77, n° 56 et *DB,* 5B 7121, n°s 3 et s. du 1er août 2001).

De même, les contribuables de nationalité française, ainsi que les nationaux de pays liés à la France par un accord de réciprocité, ne sont pas assujettis à l'imposition forfaitaire lorsqu'ils peuvent justifier être soumis dans le pays où ils résident à un impôt personnel sur l'ensemble de leurs revenus comparable à l'impôt français, c'est-à-dire au moins égal aux deux tiers de celui qu'ils auraient à supporter en France sur la même base d'imposition.

175 Dans le cas des résidents de *Monaco,* principauté liée à la France par une convention n'offrant pas les caractéristiques d'une convention d'élimination de la double imposition, et où ne s'applique pas d'impôt sur le revenu comparable à l'impôt français, l'administration a admis, pour tenir compte des relations de voisinage entre les deux États et de l'exiguïté du territoire de la Principauté, l'exonération d'une seule résidence secondaire située dans la région Provence-Alpes-Côte d'Azur pour les nationaux monégasques et les nationaux français titulaires du certificat de domicile à Monaco (cf. RM n° 16229 à M. Ehrmann, *JOAN,* 5 novembre 1990, p. 5135 ; *DF,* 1991, n° 6, comm. 168). L'imposition forfaitaire pourrait en revanche concerner des résidents de Monaco de nationalité autre que monégasque ou française, ayant à leur disposition une habitation en France. Mais l'application des dispositions de l'article 164 C serait mise en échec dans le cas de résidents monégasques possédant la nationalité d'un État lié à la France par une convention contenant une clause de non-discrimination en faveur des nationaux alors même qu'ils ne seraient pas résidents de l'un des États contractants (cf. CE, 11 juin 2003, n° 221075, *Biso, DF,* 2004, n° 12, comm. 355, concl. L. Vallée, *RJF,* 8-9/03, n° 1018, chr.

L. Olléon ; v. ég. Christian Laroche, L'application de l'article 164 C du CGI à certains résidents de Monaco neutralisée par les clauses de non-discrimination, *DF,* 2004, n° 12, p. 591 et s. ; et, sur la situation des couples binationaux, notes Frédéric Dieu sous TA Nice, 15 février 2005, *Bonaventura, DF,* 2005 n° 20, comm. 414 et sous TA Nice, 15 mars 2005, *Margossian, DF,* 2005, n° 29, comm. 553).

176 La taxation forfaitaire n'est pas non plus applicable, l'année du transfert du domicile fiscal hors de France et les deux années suivantes, aux contribuables de nationalité française qui s'expatrient pour des raisons professionnelles, et dont le domicile fiscal était situé de manière continue en France pendant les quatre années précédant celle du transfert (cf. art. 3 de la loi de finances pour 1995 ; v. instr. du 23 mars 1995, *BOI,* 5-B-12-95).

C – Prélèvements et retenues à la source

177 Le régime d'imposition des contribuables domiciliés hors de France est complété par l'intervention de prélèvements et retenues à la source, applicables sous réserve des dispositions des conventions fiscales.

Ces prélèvements et retenues, institués dans le but de prémunir le Trésor contre le risque de non recouvrement, s'appliquent à des revenus variés, généralement susceptibles d'être perçus par des sociétés étrangères, aussi bien que par des personnes physiques n'ayant pas leur domicile en France.

1 – Prélèvements sur certains profits immobiliers

Certains profits immobiliers réalisés en France par des personnes n'ayant pas leur domicile dans ce pays, font ainsi l'objet de prélèvements spécifiques.

a / Plus-values immobilières (CGI, art. 244 bis *A)*

178 Dans sa rédaction applicable jusqu'à l'entrée en vigueur de l'article 10 de la loi de finances pour 2004 (n° 2003-1311 du 30 décembre 2003), portant réforme du régime d'imposition des plus-values immobilières des particuliers, l'article 244 *bis* A du CGI prévoyait, sous réserve des conventions internationales, l'application générale d'un *prélèvement du tiers* aux *plus-values* réalisées par les personnes physiques qui ne sont pas fiscalement domiciliées en France au sens de l'article 4 B, et les personnes morales ou organismes, quelle qu'en soit la forme, dont le siège social est situé hors de France, à l'occasion de la *cession d'immeubles,* de *droits immobiliers* ou d'*actions et parts* de sociétés non cotées en bourse dont l'actif est constitué principalement pat de tels biens et droits (sociétés à prépondérance immobilière).

179 Au principal, la réforme des plus-values immobilières privées introduite par la loi de finances pour 2004 (cf. La réforme des plus-values des particuliers, *DF,* 2004, n° 1-2, p. 5 et s. ; v. ég. les modifications apportées au nouveau régime par l'article 50 de la loi de finances rectificative pour 2004, n° 2004-1485 du 30 décembre 2004) a consisté, on le rappelle, à substituer à l'imposition selon le barème progressif de l'impôt sur le revenu des plus-values immobilières privées, déterminées dans les conditions et sous les atténuations prévues par la loi du 19 juillet 1976 (CGI, art. 150 A et s.), un régime d'imposition au taux proportionnel de 16 %, auquel s'ajoutent 11 % de prélèvements sociaux, l'impôt étant désormais précompté par le notaire sur le prix versé par l'acquéreur. Certaines exonérations, notamment celle de la première cession d'un logement lorsque le cédant n'est pas propriétaire de sa résidence principale, ont été supprimées.

Ont été en revanche maintenues l'exonération de la plus-value réalisée lors de la cession d'une résidence principale, ainsi que l'exonération de la plus-value de cession d'une première résidence par certains non-résidents. Les conditions mises à cette dernière exonération ont été toutefois modifiées.

La loi de finances rectificative pour 2004 a par ailleurs, notamment, étendu les dispositions en matière de taux et de recouvrement du prélèvement prévu à l'article 244 *bis* A du CGI à l'impôt dû par les associés non-résidents de sociétés de personnes dont le siège est en France.

Le régime d'imposition des plus-values immobilières privées, notamment en sa partie applicable aux non-résidents, a été commenté par une instruction du 14 janvier 2004 (*BOI,* 8-M-1-04), modifiée par une instruction du 4 août 2005 (*BOI,* 8-M-1-05).

180 En ce qui concerne les *contribuables domiciliées hors de France,* le prélèvement prévu à l'article 244 *bis* A du CGI s'applique désormais, aux plus-values immobilières réalisées à titre occasionnel :

— par les personnes physiques qui ne sont pas fiscalement domiciliées en France ;

— par les personnes morales ou organismes, quelle qu'en soit la forme, dont le siège social est situé hors de France. Il peut s'agir de sociétés de personnes, de sociétés de capitaux, comme d'organismes de toute nature (trust, association, caisse de retraite, fonds de pension, etc.), même non dotés de la personnalité morale (cf. instr. du 4 août 2005 préc., fiche 14, n° 5) ;
— à compter du 1er janvier 2005, par les sociétés groupements dont le siège est en France et qui relèvent des articles 8 à 8 *ter* du CGI (régime fiscal des sociétés de personnes) au prorata des droits sociaux détenus par des associés qui ne sont pas domiciliés en France ou dont le siège social est situé hors de France.

Pour l'application du dispositif initialement prévu par la loi de finances pour 2004, l'administration avait d'abord rappelé, à propos des *associés non résidents de France d'une société de personnes,* l'analyse selon laquelle les sociétés ou groupements soumis au régime fiscal des sociétés de personnes, qui ont une personnalité distincte de celle de leurs associés, constituent des sujets d'imposition, dont il résulte que les sociétés ou groupements ayant leur siège en France ont la qualité de résident de France au sens des conventions fiscales (cf. CE avril 1997, n° 144211, *Soc. Kingroup Inc* et CE, 9 février 2000, n° 178 389, *Hubertus,* v. *infra,* n° 263).

Dans ces conditions, selon l'analyse administrative, en cas de réalisation de plus-values immobilières, les associés résidents ou non-résidents d'une société ou d'un groupement ayant son siège en France étaient imposables dans les conditions prévues pour les résidents aux articles 150 U à 150 VH du CGI, à raison de la quote-part du résultat de la société de personnes ou du groupement correspondant à leurs droits.

C'est afin d'éviter les pratiques d'évasion fiscales consistant, de la part de contribuables non-résidents, à faire systématiquement le choix de détenir le bien au travers d'une société civile ayant son siège en France (afin de bénéficier du taux de 16 %, v. *infra*), que le législateur a choisi, par de nouvelles dispositions de la loi de finances rectificative pour 2004, *d'aligner les modalités d'imposition des associés non résidents* de sociétés de personnes dont le siège est en France, qu'ils relèvent ou non de l'impôt sur le revenu, sur les modalités d'imposition *des non résidents détenant directement* le bien cédé.

Cet alignement, concernant le taux d'imposition et les modalités de recouvrement, marque une limite à la théorie de la personnalité fiscale des sociétés de personnes.

181 *Personnes exonérées.* Sont exonérés du prélèvement, les organisations internationales, les États étrangers, les banques centrales et les institutions financières publiques de ces États, dans les conditions prévues à l'article 131 *sexies* du CGI.

Le prélèvement, par ailleurs, n'est pas applicable aux cessions d'immeubles réalisées par des personnes physiques non domiciliées ou par des personnes morales ou organismes dont le siège social est situé hors de France et qui *exploitent en France une entreprise* industrielle, commerciale ou agricole ou y exercent une profession non commerciale. La non-application du prélèvement suppose que l'immeuble soit affecté à cette exploitation et soit inscrit au bilan fiscal ou au tableau des immobilisations. La location d'immeubles n'est pas considérée comme l'exploitation d'une entreprise au sens de l'article 244 *bis* A du CGI.

L'article 150 U, III du CGI prévoit une exonération en faveur des plus-values réalisées par certains *titulaires de pensions de vieillesse* ou de la carte d'invalidité.

Pour les cessions intervenues à compter du 1er janvier 2005, ces dispositions, précédemment étendues aux non-résidents par mesure administrative, sont en principe applicables aux seuls ressortissants d'un État membre de l'Union européenne ou d'un autre État partie à l'EEE ayant conclu avec la France une convention fiscale contenant une clause d'assistance administrative en vue de lutter contre la fraude ou l'évasion fiscale (soit l'Islande et la Norvège, à l'exclusion du Liechtenstein).

L'exonération est toutefois applicable aux ressortissants d'un État tiers qui peuvent invoquer le bénéfice d'une clause de non-discrimination, et qui sont placés dans une situation identique à celle où un national de France pourrait prétendre à une exonération de plus-value immobilière sur le fondement de l'article 150, U, III du CGI (cf. instr. préc. du 4 août 2005, fiche 14, n° 9).

182 *Biens imposables.* En ce qui concerne les biens imposables, la loi de finances rectificative pour 2004 a légalisé la définition de la *prépondérance immobilière des sociétés,* précédemment fixée par dispositions réglementaires.

Pour les contribuables résidents, on le rappelle, le champ d'application du régime des plus-values immobilières est limité aux seules cessions de parts de sociétés civiles à prépondérance immobilière qui relèvent des articles 8 à 8 *ter* du CGI.

En ce qui concerne les *contribuables non-résidents,* le régime de la prépondérance immobilière s'applique également aux titres de sociétés soumises à l'*impôt sur les sociétés* non cotées en bourse dont l'actif est constitué principalement d'immeubles ou de droits relatifs à des immeubles. Le régime prévu aux articles 244 *bis* B et 244 *bis* C du CGI ne s'applique pas à ces titres. Les cessions de parts de sociétés à prépondérance immobilière réalisées par les contribuables non-résidents sont imposables au prélèvement prévu par l'article 244 *bis* A du CGI.

Il est désormais précisé aux articles 150 UB et 244 *bis* A (pour les non-résidents) du CGI que sont considérées comme sociétés à prépondérance immobilière, les sociétés dont l'actif est, à la clôture des trois exercices qui précèdent la cession, constitué pour plus de 50 % de sa valeur réelle par des immeubles ou des droits portant sur des immeubles (cf. anciens articles 74 SB et 171 *ter* A de l'annexe II au CGI).

La loi de finances rectificative pour 2004 a d'autre part confirmé l'application aux non-résidents des exonérations et du sursis d'imposition en cas d'apport de titres de sociétés à prépondérance immobilière, applicables aux résidents.

183 *Biens exonérés.* Les contribuables personnes physiques non domiciliés en France bénéficient d'abord d'exonérations applicables aux résidents. La loi de finances rectificative pour 2004 a expressément prévu, lorsque le prélèvement de l'article 244 *bis* A du CGI est dû par des contribuables assujettis à l'impôt sur le revenu, les exonérations visées aux 2° à 6° du II de l'article 150 U du CGI, soit :

— l'exonération des biens pour lesquels une déclaration d'utilité publique a été prononcée en vue d'une expropriation lorsque la condition de remploi est satisfaite ;
— l'exonération des biens échangés dans le cadre d'opérations de remembrement ou assimilées ;
— l'exonération des biens dont le prix de cession est inférieur ou égal à 15 000 €.

La plus-value réalisée lors de la cession d'un bien détenu depuis plus de quinze ans est par ailleurs exonérée par l'effet de l'abattement pour durée de détention.

En revanche, l'article 244 *bis* A du CGI ne prévoit pas l'application aux contribuables non résidents de l'exonération applicable en cas de cession d'une résidence principale (150 U-II-1° du CGI). Les mesures de tempérament précédemment appliquées à cet égard ont été rapportées (cf. instr. préc. du 4 août 2005, fiche 14, nos 15 et 16).

184 *Exonération particulière en faveur de l'habitation en France des non-résidents.* Une exonération particulière est prévue pour les plus-values réalisées lors de la cession d'immeubles, parties d'immeubles ou droits relatifs à ces biens qui constituent l'habitation en France des personnes physiques (l'exonération ne s'applique pas, ainsi, aux plus-values réalisées par une société de personnes), non résidentes en France (sauf le cas des fonctionnaires et agents de l'État en poste à l'étranger domiciliés fiscalement en France), qui sont *ressortissantes* d'un État membre de l'Union européenne.

La loi de finances rectificative pour 2004 a prévu l'extension du bénéfice de l'exonération particulière aux personnes physiques ressortissantes d'un État partie à l'Espace économique européen ayant conclu avec la France une convention fiscale contenant une clause d'assistance administrative en vue de lutter contre la fraude ou l'évasion fiscale (en pratique, l'Islande et la Norvège).

Pour bénéficier de l'exonération, le cédant doit avoir été fiscalement domicilié en France, de manière continue, pendant une durée d'au moins deux années à un moment quelconque antérieurement à la cession.

L'exonération ne s'applique qu'une fois, soit lors de la première cession intervenue à compter du 1er janvier 2004. Il est admis de ne pas prendre en compte les cessions qui ont bénéficié d'une autre exonération ou pour lesquelles aucune plus-value n'a été constatée (cf. instr. préc. du 14 janvier 2004, no 426).

L'administration, dans ses premiers commentaires de la réforme du régime des plus-values immobilières privées intervenue dans le cadre de la loi de finances pour 2004, ne faisait pas état de la portée éventuelle des *clauses de non-discrimination* contenues dans des conventions signées avec des États tiers.

Pour l'application du régime antérieur, le Conseil d'État avait jugé que la disposition (ancien article 150 C du CGI) qui permettait aux français non domiciliés en France d'être exonérés d'impôt sur la plus-value réalisée lors de la cession d'un immeuble constituant leur résidence en France, dans la limite d'une résidence par contribuable, pouvait bénéficier à des étrangers ressortissants d'un État lié à la France par une convention comportant une clause de non-discrimination, et ne réservant pas le droit, pour la France, de n'appliquer l'article 150 C du CGI qu'aux seuls Français (cf. CE,

30 décembre 1996, n° 128 611, *Benmiloud, RJF,* 2/97, n° 158, *DF,* 1997, n° 11, comm. 309).

L'instruction du 4 août 2005 prévoit que l'exonération est applicable aux ressortissants d'un État tiers à l'Union européenne qui peuvent invoquer le bénéfice d'une clause de non-discrimination, et qui sont placés dans une situation identique à celle où un national de France pourrait prétendre à une exonération de plus-value immobilière sur le fondement de l'article 150, U, II-2° du CGI (visant l'exonération particulière en faveur de l'habitation en France des non-résidents de nationalité française ; cf. instr. du 4 août 2005, fiche 14, n° 19).

L'administration avait par ailleurs souligné que le bien cédé devant constituer l'habitation en France du contribuable domicilié hors de France, celui-ci doit en avoir la *libre disposition* au jour de la cession. Tel ne serait pas le cas de l'immeuble donné en location (instr. préc. du 14 janvier 2004, n° 427). Il avait été en outre admis que la libre disposition du bien devant présenter un caractère de permanence suffisante, celui-ci pouvait être reconnu dès lors que le contribuable a la libre disposition du bien depuis le 1er janvier de l'année de cession (RM n° 45379 à M. Bacquet, *JOAN Q,* 23 novembre 2004, p. 9215).

La loi de finances rectificative pour 2004 a cependant renforcé l'exigence de libre disposition de l'habitation, en fixant un *délai minimum* pour celle-ci. L'exonération particulière en faveur de l'habitation en France des non-résidents suppose désormais que le cédant ait la libre disposition du bien au moins depuis le 1er janvier de l'année *précédant* celle de la cession.

185 Les plus-values immobilières réalisées à titre occasionnel par des personnes n'ayant pas leur domicile fiscal en France supportent le prélèvement prévu à l'article 244 *bis* A du CGI, selon des modalités d'assiette et de liquidation variables.

Les règles d'assiette du prélèvement, en particulier, diffèrent selon que le cédant est ou non assujetti à l'impôt sur le revenu.

Lorsque le cédant est assujetti à l'*impôt sur le revenu* en France, les plus-values sont déterminées dans les mêmes conditions que pour les personnes domiciliées en France (cf. CGI, art. 150 V à 150 VE). Le prélèvement est *libératoire* de l'impôt sur le revenu.

Dans tous les cas où le cédant *n'est pas assujetti à l'impôt sur le revenu,* les plus-values soumises au prélèvement sont déterminées par différence entre le prix de cession du bien et son prix d'acquisition diminué d'une somme égale à 2 % de son montant par année de détention. Le prélèvement n'est pas libératoire de l'impôt. Il est toutefois *imputable sur le montant de l'impôt sur les sociétés* dû en France, au titre de l'exercice fiscal de réalisation de la plus-value, par la personne morale non résidente, à raison de l'ensemble des produits dont l'imposition est réservée à la France par les conventions fiscales internationales. L'*excédent* est désormais *restitué,* sur réclamation du contribuable, dont l'admission est subordonnée à la souscription intégrale et conforme des imprimés déclaratifs.

186 En ce qui concerne le cas particulier des *associés d'une société de personnes,* l'administration rappelle qu'une telle société a une personnalité distincte de celle de ses associés, et constitue en principe un sujet d'imposition.

La société, ou le groupement, qui a son siège en France a la qualité de résident de France au sens des conventions, si les conditions requises par ces conventions sont remplies. Il en résulte notamment que les associés, résidents ou non-résidents, sont imposables dans les conditions prévues aux articles 150 U à 150 VH du CGI, à raison de la quote-part du résultat correspondant à leurs droits. En conséquence, la société de personnes verse l'impôt sur le revenu afférent à la plus-value dû au prorata des droits sociaux détenus par les associés soumis à cet impôt présents à la date de la cession de l'immeuble, ces dispositions s'appliquant aux associés résidents ou non-résidents.

Selon les dispositions introduites par la loi de finances rectificative pour 2004 (CGI, art. 150 VF-II-2e al.), cependant, l'impôt sur le revenu afférent à la plus-value dû par les associés qui ne sont *pas fiscalement domiciliés en France* ou dont le siège social est situé hors de France est *acquitté,* à compter du 1er janvier 2005, par la société ou le groupement *selon les modalités prévues à l'article 244* bis *A.*

La société ou le groupement est tenu de désigner un *représentant fiscal* pour acquitter le prélèvement dû par l'ensemble des associés non-résidents.

S'ils ont leur siège hors de France, les sociétés ou groupements dont les bénéfices sont imposés au nom des associés n'ont pas la qualité de résidents de France. Leurs associés, résidents ou non-résidents, sont imposables dans les conditions prévues à l'article 244 *bis* A du CGI (cf. instr. du 14 janvier 2004, nos 435 et 436, et instr. du 4 août 2005, fiche 14, no 34).

187 Le taux du prélèvement est en principe de 33,1/3 %.

Par dérogation, la loi de finances pour 2004 l'a cependant fixé à 16 % pour les plus-values réalisées par des *personnes physiques* ou les associés personnes physiques de *sociétés ou groupements* dont les bénéfices sont imposés au nom des associés, *résidents* d'un État membre de l'Union européenne, qu'ils soient ou non ressortissants de l'un de ces États. La loi de finances rectificative pour 2004 prévoit également l'application du taux de 16 % aux *résidents* de l'EEE (exception faite du Liechtenstein, qui n'a pas conclu avec la France de convention comportant une clause d'assistance administrative en vue de lutter contre la fraude ou l'évasion fiscale).

Le taux de 33,1/3 % est applicable :

— pour les *personnes physiques* résidentes d'un État *non membre* de l'Union européenne, autre que l'Islande et la Norvège, quand bien même elles seraient ressortissantes de France, d'un autre État membre de l'Union européenne de l'Islande ou de la Norvège ;
— pour les *associés* personnes physiques ou morales de *sociétés ou groupements* dont le siège est situé en France et qui relèvent des articles 8 à 8 *ter,* qui ne sont *pas fiscalement domiciliés* ou n'ont pas leur siège social dans un État membre de l'*Union européenne,* de l'Islande ou de la Norvège ;
— pour les associés *personnes morales* de sociétés ou groupements dont le siège est situé en France ou groupements dont le siège est situé en France et qui relèvent des articles 8 à 8 *ter,* qui *sont fiscalement domiciliés* dans un État, autre que la France, membre de l'Union européenne, en Islande ou en Norvège ;
— pour les *sociétés soumises à l'impôt sur les sociétés* détenant directement ou par l'intermédiaire d'une société de personnes un immeuble en France, même si leur siège est situé dans un État membre de l'Union européenne (instr. préc. du 4 août 2005, fiche 14, n° 36).

188 *Modalités de recouvrement – Représentant accrédité.* Le prélèvement de l'article 244 *bis* A du CGI est acquitté sous la responsabilité d'un représentant accrédité.

Les *personnes physiques* domiciliées hors de France et les associés personnes physiques non résidentes de sociétés de personnes ayant leur siège en France, doivent en principe se faire représenter auprès de l'administration fiscale par un représentant accrédité en France. Il peut s'agir de l'acquéreur domicilié fiscalement en France, d'une banque, ou d'une personne agréée par le directeur des services fiscaux.

Tableau des dispositions applicables et des taux

Personnes physiques :		
résident de France	150 U - 200 B	16 %*
résident d'un État membre de l'UE, de l'Islande ou de la Norvège	244 *bis* A	16 %
résident d'un autre État	244 *bis* A	33 1/3 %
Sociétés dont les bénéfices sont imposés au nom des associés :		
Société dont le siège est situé en France :		
associé personne physique :		
résident en France	150 U - 200 B	16 %*
résident d'un État membre de l'UE, de l'Islande ou de la Norvège	150 U - 200 B	16 %
résident d'un autre État	150 U - 200 B-*a*	33 1/3 %
associé personne morale :		
résident en France ou autre catégorie IR ou IS	150 U - 200 B-*a* (CGI, art. 238 *bis* K)	16 % taux IR ou IS
résident d'un État membre de l'UE, de l'Islande ou de la Norvège	150 U ou 244 *bis* A	33 1/3 %
résident d'un autre État	150 U ou 244 *bis* A	33 1/3 %
Société dont le siège est situé hors de France :		
associé personne physique :		
résident en France	244 *bis* A	16 %*
résident d'un État membre de l'UE, de l'Islande ou de la Norvège	244 *bis* A	16 %
résident d'un autre État	244 *bis* A	33 1/3 %
associé personne morale :		
résident en France	244 *bis* A	33 1/3 %
résident d'un État membre de l'UE, de l'Islande ou de la Norvège	244 *bis* A	33 1/3 %
résident d'un autre État	244 *bis* A	33 1/3 %
Autres sociétés :		
Sociétés dont le siège est situé en France	IS	taux IS
Sociétés dont le siège est situé hors de France	244 *bis* A	33 1/3 %

*+ prélèvements sociaux (11 %).

L'administration autorise toutefois des dispenses automatiques de représentant accrédité :

— dans le cas de cession dont le prix est inférieur ou égal à 150 000 € ;
— ou en cas de cession d'un bien détenu depuis plus de quinze ans.

La désignation en France d'un représentant accrédité est en outre obligatoire pour :

— les personnes morales ou organismes dont le siège est hors de France ;
— les associés personnes morales dont le siège est hors de France de sociétés de personnes ayant leur siège en France ;
— les associés personnes physiques ou morales de sociétés ou organismes dont le siège est hors de France.

Le représentant accrédité accomplit les formalités qui incombent à la généralité des résidents, et celle incombant aux non-résidents, relative au dépôt de la déclaration de plus-value. Le représentant s'oblige au paiement de l'impôt, répond de cette obligation sur ses biens personnels, et n'est normalement déchargé qu'à l'expiration du délai de reprise de l'administration.

Le contribuable non domicilié conserve néanmoins la qualité de redevable légal et pourrait être poursuivi, au même titre que son représentant fiscal, pour la totalité de l'impôt dû. Mais il est dans l'esprit des textes, précise l'administration, d'obtenir le paiement auprès du représentant (cf. instr. préc. du 4 août 2005, fiche 14, n° 63).

189 *Obligations déclaratives.* Une déclaration de plus-value (n° 2048 IMM ou 2048 M) doit être déposée auprès du service compétent, accompagnée, s'il y a lieu, du paiement du prélèvement.

Les particuliers sont toutefois dispensés de produire une déclaration de plus-value lorsque le prix de la cession est inférieur ou égal à 15 000 €, ou lorsque la plus-value bénéficie d'une exonération compte tenu de la durée de détention du bien (bien détenu depuis plus de quinze ans). Le notaire ou le déposant doit alors porter dans l'acte de vente la mention attestant du bénéfice de cette dispense ainsi que son motif.

b / Profits immobiliers habituels (CGI, art. 244 bis*)*

190 Selon l'article 244 *bis* du CGI, les *profits immobiliers habituels* des marchands de biens, lotisseurs et constructeurs, mentionnés à l'article 35, donnent lieu à la perception d'un *prélèvement de 50 %* lorsqu'ils sont réalisés par des contribuables ou par des sociétés, quelle qu'en soit la forme, qui n'ont pas d'établissement en France.

Ce prélèvement est libératoire de l'impôt sur le revenu dû en raison des sommes qui ont supporté le prélèvement, pour les personnes physiques fiscalement domiciliées hors de France. Il est imputable sur le montant d'impôt sur les sociétés dû par le cédant au titre de l'année de réalisation des profits. Il ne peut être restitué (CGI, art. 244 *bis,* 5e al.).

Déterminant, pour les sociétés soumises à l'impôt sur les sociétés susceptibles d'y être assujetties, un prélèvement sensiblement supérieur, désormais, au montant de l'impôt sur les sociétés, le prélèvement de l'article 244 *bis* du CGI a pu être regardé comme incompatible avec les clauses de non discrimination des conventions fiscales. La Cour administrative d'appel de Marseille en a jugé ainsi, dans une affaire mettant en cause la convention fiscale franco-suisse, en considérant que les sociétés françaises, dans la mesure où elles y ont au moins leur siège social, possèdent en France un établissement au sens des dispositions de l'article 244 *bis* et échappent au prélèvement de 50 %, alors qu'une société ayant son siège en Suisse, et ne possédant pas d'établissement en France, s'y trouve en principe assujettie, alors même qu'elle n'a pas été dans une situation différente de celle des sociétés françaises réalisant le même type d'opération (CAA Marseille, 11 mars 2003, n° 99-232, Société de promotion écologique, *DF,* 2004, n° 16, comm. 426, concl. J.-L. Bédier ; cf. ég. Bernard Boutemy et Éric Meier, Profits immobiliers réalisés par les non-résidents : vers la fin de l'inégalité résultant de l'article 244 *bis* du CGI ?, *DF,* 2003, n° 49, p. 1537 et s.).

Le Conseil d'État a toutefois annulé l'arrêt rendu par la cour de Marseille par un arrêt du 15 décembre 2004 (n° 257337, *Société de promotion écologique, DF,* 2005, n° 23, comm. 469, concl. Laurent Olléon), en jugeant, conformément aux suggestions du commissaire du gouvernement, que la condition selon laquelle le prélèvement de 50 % ne touche que les sociétés qui n'ont pas d'établissement en France signifie, non pas que le prélèvement est applicable aux sociétés qui n'ont pas leur siège en France et qui n'y exercent pas une activité industrielle ou commerciale dans un établissement stable (cf. *DB*, 8D-151 du 30 juin 1998), mais bien que seules sont taxées « les personnes morales qui ne disposent pas en France d'un établissement auquel seraient rattachés les immeubles faisant l'objet de leur activité de négoce immobilier ou de construction et dont la cession est à l'origine du profit immobilier imposable ». Dans ces conditions, précise le juge, la différence de traitement instaurée par les dispositions de l'article 244 *bis* « n'est pas fondée, s'agissant des personnes morales, sur le lieu de leur siège social, qui détermine leur nationalité, mais sur celui de l'établissement auquel se rattache l'activité immobilière exercée, qu'il s'agisse de l'établissement en France d'une société étrangère ou de l'établissement à l'étranger d'une société française ».

La compatibilité de l'article 244 *bis* avec le droit communautaire et notamment avec les principes de libre prestation de services et de libre circulation des capitaux reste à vérifier (cf. B. Boutemy et E. Meier, art. préc.), compte tenu, notamment, de ce que le rattachement des immeubles à l'origine du profit à l'établissement d'une société française n'emporte pas l'obligation de créer un établissement stable en France, dès lors que la société y dispose déjà de son siège, alors que le rattachement des immeubles à un établissement stable en France implique bien l'exigence, pour une société étrangère, d'un établissement en France.

2 – Retenue à la source de 25 % sur les produits distribués

191 Une retenue à la source de 25 % est pratiquée sur les revenus de valeurs mobilières émises en France et les revenus assimilés (au sens des articles 109 et 117 *bis* du CGI), lorsqu'ils bénéficient à des personnes qui n'ont pas leur domicile fiscal ou leur siège en France (CGI, art. 119 *bis*-2 et 187). Cette retenue à la source est libératoire de l'impôt sur le revenu dû à raison des sommes auxquelles elle a été appliquée. Sur le régime de cette retenue, voir *infra*, n°s 387 et s.

3 – Prélèvement sur les intérêts

192 Selon les dispositions de l'article 125 A-III du CGI, les produits de placements à revenu fixe encaissés par des personnes n'ayant pas en France leur domicile fiscal, comme ceux payés hors de France ou encaissés par des personnes morales n'ayant pas leur siège social en France, font obligatoirement l'objet du prélèvement prévu au même article. Ce prélèvement est libératoire de l'impôt sur le revenu.

La portée du prélèvement de l'article 125 A-III, cependant, a été fortement réduite par le législateur, soucieux de préserver l'attractivité des placements effectués sur le marché français (voir *infra,* n°s 408 et s.).

4 – Prélèvement sur les plus-values de cessions de participations substantielles

193 Conformément aux dispositions de l'article 244 *bis* B du CGI, les gains de cession de droits sociaux visés à l'article 150-0 A sont soumis à un prélèvement de 16 % (CGI, art. 200 A) lorsqu'ils sont réalisés par des personnes physiques qui ne sont pas domiciliées en France, ou par des personnes morales ou organismes, quelle qu'en soit la forme, dont le siège social est situé hors de France, et que les droits détenus directement ou indirectement par le cédant avec son conjoint, leurs ascendants et leurs descendants dans les bénéfices sociaux d'une société soumise à l'impôt sur les sociétés et ayant son siège en France ont dépassé ensemble 25 % de ces bénéfices à un moment quelconque au cours des cinq dernières années. Le prélèvement est acquitté à l'appui d'une déclaration de plus-values de cessions de valeurs mobilières et de droits sociaux souscrite lors de l'enregistrement de l'acte de cession ou, à défaut d'enregistrement, dans le mois suivant la cession.

Le prélèvement est libératoire de l'impôt sur le revenu. Selon l'interprétation administrative, les contribuables concernés ne relèvent pas, à raison de ces opérations, de la règle de l'annualité de l'impôt qui s'impose aux contribuables résidents de France (RM Blum, 3 avril 2001, p. 1956, n° 51139) ; c'est-à-dire qu'un contribuable domicilié hors de France pourrait être conduit à acquitter un impôt sur des plus-values au cours d'une année, alors même qu'il devrait constater, au titre de l'entière année, une moins-value nette. Cette position administrative est malaisément compatible, en outre, avec l'application du seuil d'imposabilité des plus-values prévu à l'article 150-0 A I.1 du CGI, fixé à un montant de cessions excédant, par foyer fiscal, 15 000 € *par an.*

Comme en matière de plus-values immobilières, un représentant accrédité doit être désigné, afin de remplir les imprimés déclaratifs et d'acquitter l'impôt aux lieu et place du non-résident.

5 – *Retenue à la source sur certains revenus non salariaux et assimilés*

194 L'article 182 B du CGI prévoit l'application d'une retenue à la source sur certains revenus non salariaux et assimilés payés par un débiteur exerçant une activité en France à des personnes ou sociétés relevant de l'impôt sur le revenu ou de l'impôt sur les sociétés, qui n'ont pas dans ce pays d'installation professionnelle permanente.

Cette retenue, en principe égale à un tiers du montant brut des sommes payées, concerne :

— les sommes versées en rémunération d'une activité déployée en France dans l'exercice d'une profession indépendante, au sens de l'article 92 du CGI ;
— les produits définis à l'article 92 et perçus par les inventeurs ou au titre de droits d'auteur, ceux perçus par les obtenteurs de nouvelles variétés végétales, ainsi que tous produits de la propriété industrielle ou commerciale et de droits assimilés ;
— les sommes payées en rémunération des prestations de toute nature fournies ou utilisées en France ;
— les sommes, y compris les salaires, correspondant à des prestations artistiques ou sportives fournies ou utilisées en France.

La retenue doit être prélevée sur la rémunération payée par le débiteur de celle-ci lorsqu'il exerce une activité en France.

Le débiteur a le plus souvent en France son domicile fiscal, son siège ou un établissement stable. De fait, l'article 182 B visait, avant sa modification par la loi de finances pour 1990, les sommes ou produits payés par un débiteur « établi » en France. Le critère de « l'exercice d'une activité en France » par le débiteur, depuis lors substitué à celui de son établissement dans ce pays, a permis l'élargissement du dispositif de taxation, qui peut désormais intéresser un débiteur n'ayant en France ni domicile, ni siège, ni établissement stable. Une personne physique ou morale non résidente qui organiserait des manifestations artistiques ou sportives en France sans y disposer d'une installation fixe ou d'un représentant à demeure serait ainsi redevable de la retenue à la source.

Les personnes physiques ou morales qui ont leur domicile fiscal ou leur siège hors de France et qui exercent une activité en France peuvent être invitées à désigner un représentant en France.

La retenue à la source est applicable dès lors que le bénéficiaire des sommes ou produits concernés, qu'il soit une personne physique, une société ou une autre personne morale, n'a pas en France d'installation professionnelle permanente.

L'Administration admet qu'il y a installation professionnelle en France lorsque le contribuable y dispose d'un local aménagé en vue de l'exercice de sa profession, même si ce local n'est pas spécialement adapté à cette profession. L'installation est réputée permanente, dès lors que, suffisamment connue de la clientèle, elle sert à l'accomplissement périodique, à intervalles réguliers ou à des époques fixes, des actes professionnels (*DB,* 5B 7124, n° 51, 15 mars 1992).

La retenue à la source ne peut cependant s'appliquer que si les bénéficiaires sont *passibles de l'impôt français,* impôt sur le revenu ou impôt sur les sociétés selon le cas, sans toutefois qu'il y ait lieu de rechercher s'ils y ont été effectivement soumis (CE, 30 juin 1997, n° 169179, *Sté d'édition des artistes peignant de la bouche et du pied, RJF,* 8/9, 1997, n° 771, *DF,* 1997, n° 51, 1348, concl. J. Arrighi de Casanova ; v. *infra,* n° 217).

La base imposable de la retenue est constituée par le montant brut, hors TVA, des sommes payées. Selon l'Administration, « aucun abattement pour frais professionnels n'est applicable » (*DB,* 5B-7124, n°s 54 et 55). Cette disposition apparaît en contradiction avec le droit communautaire, la CJCE jugeant qu'une « réglementation nationale qui refuse aux non-résidents, en matière d'imposition, la déduction des frais professionnels, accordée en revanche aux résidents, risque de jouer principalement au détriment des ressortissants d'autres États membres et comporte donc une discrimination indirecte selon la nationalité » (CJCE, 12 juin 2003, aff. C-234/01, *Gerritse, DF,* 2004, n° 13, comm. 374, concl. Ph. Léger ; v. le commentaire de D. Gutmann, Chronique de fiscalité européenne, *L'Année fiscale 2004,* p. 263 et s.).

Le taux de la retenue est de 33 1/3 %. Il est ramené à 15 % dans le cas des sommes correspondant à des prestations artistiques ou sportives fournies ou utilisées en France.

La retenue pratiquée est *imputable* sur l'impôt sur le revenu, ou sur l'impôt sur les sociétés éventuellement dû par le bénéficiaire des sommes versées. L'éventuel excédent n'est pas, selon l'Administration, restituable.

6 – Retenue à la source sur les salaires et pensions de source française

195 La loi du 29 décembre 1976 a d'autre part institué une retenue à la source sur les traitements, salaires, pensions et rentes viagères de source française servis à des personnes qui ne sont pas domiciliées en France (CGI, art. 182 A).

La base de la retenue est constituée par le montant net des sommes versées, déterminé conformément aux règles applicables en matière d'impôt sur le revenu, exception faite de celles prévoyant la déduction des frais professionnels réels.

La retenue est calculée sur la base d'un tarif progressif, comportant trois taux, de 0 %, 15 % et 25 %, applicables, respectivement, à des fractions des sommes nettes soumises à retenue, dont les limites sont révisées par chaque loi de finances annuelle. Les taux de 15 % et de 25 % sont réduits à 10 % et 18 % dans les départements d'outre-mer.

La retenue est libératoire pour la fraction nette des traitements, salaires, pensions et rentes qui n'excède pas la limite supérieure d'application de la retenue au taux de 15 %. La fraction nette des revenus soumis à retenue qui excède cette limite doit être prise en compte en vue du calcul de l'impôt sur le revenu ; mais la retenue correspondante, appliquée au taux de 25 %, est imputable sur cet impôt. L'excédent éventuel n'est cependant pas restituable (sur la retenue sur salaires, voir *infra,* n°s 453 et s.).

Sur l'incidence de la réforme du barème de l'impôt sur le revenu, prévue par la loi de finances pour 2006, voir *infra,* n° 457.

7 – L'incidence des conventions fiscales

196 Ces différents prélèvements et retenues à la source, institués par la loi française, ne sont applicables aux contribuables domiciliés hors de France que sous la réserve des dispositions des conventions fiscales.

Celles-ci peuvent, ou bien ne pas reconnaître à l'État de la source un droit d'imposition sur les revenus de la nature intéressée, ou bien limiter ce droit d'imposition.

La plupart des conventions contre la double imposition, en particulier, fixent un plafond aux prélèvements ou retenues à la source susceptibles d'être appliqués, par l'État d'origine de ces produits, aux *dividendes* ou *intérêts* versés à un résident de l'autre État. Le taux maximum de prélèvement conventionnellement autorisé est, en règle générale, inférieur aux taux prévus par la loi fiscale française.

Les conventions fiscales auxquelles la France est partie, d'autre part, lui attribuent généralement le droit d'imposer les *traitements* et *salaires* de source française. Elles ne font pas obstacle, par conséquent, à l'application de la retenue à la source ci-dessus visée.

En ce qui concerne les *pensions et rentes viagères,* les règles conventionnelles s'opposent le plus souvent à l'imposition, par voie de retenue à la source, des pensions et rentes privées, mais permettent l'application de telles retenues aux pensions et rentes publiques. L'imposition à la source des pensions et rentes publiques est généralement exclue, toutefois, lorsque le bénéficiaire est un résident de l'un des pays anciennement membres de la Communauté française, ou à la fois un national et un résident d'un tel pays.

Les conventions fiscales limitent sensiblement, par ailleurs, la portée de la *retenue prévue à l'article 182 B du* CGI en ce qui concerne certains revenus non salariaux et assimilés.

En règle générale, d'abord, les conventions réservent le droit d'imposer les revenus des *professions indépendantes* à l'État de la résidence du bénéficiaire, sauf si celui-ci dispose dans l'autre État contractant d'une *base fixe* pour l'exercice de ses activités. En l'absence d'une telle base fixe, la France ne peut donc imposer, notamment par voie de retenue à la source, les revenus retirés de l'exercice, sur son territoire, d'une profession indépendante, par une personne résidente de l'autre État contractant.

Sur l'abandon, par l'OCDE, de l'identification particulière d'une catégorie de revenus des « professions indépendantes », désormais confondue avec celle des bénéfices d'entreprise, et de la notion de base fixe, confondue avec celle d'établissement stable, v. *infra,* n° 292.

Une base fixe, au sens des conventions, d'autre part, peut être regardée comme une « installation professionnelle permanente » au sens de l'article 182 B du CGI, de sorte que l'exercice en France, par le moyen d'une telle base fixe, d'une profession indépendante exclut l'application de la retenue à la source prévue audit article. L'impôt dû à raison de l'exploitation, en France, d'une base fixe doit être perçu par voie de rôle.

Certaines conventions conclues par la France (Argentine, Brésil, Chine, Corée du Sud, Égypte, Inde, Jordanie, Liban, Madagascar, Malaisie, Malte, Pakistan, Philippines, Singapour, Sri Lanka, Trinité et Tobago), cependant, ne subordonnent pas le droit d'imposer les revenus des professions indépendantes, pour le pays où l'activité est exercée, à la présence d'une base fixe sur son territoire. La retenue à la source prévue à l'article 182 B est dès lors susceptible de s'appliquer aux revenus retirés de l'exercice, en France, d'une profession indépendante, par un résident de l'un des États concernés.

La convention fiscale *franco-algérienne* du 17 octobre 1999 prévoit (art. 14-1-*a*) que les revenus qu'un résident d'un État tire d'une profession libérale exercée dans l'autre État sont imposables dans cet autre État lorsque le bénéficiaire y dispose de façon habituelle d'une base fixe. Mais le *b* du 1 de l'article 14 de la convention prévoit en outre qu'en l'absence d'une telle base fixe, les revenus qu'un résident d'un État tire d'une profession libérale exercée dans l'autre État sont également imposables dans cet autre État lorsque le bénéficiaire y séjourne sur une période d'une durée au moins égale à cent quatre-vingt-trois jours pendant l'année fiscale considérée. Dans le cas de sommes payées en France à titre de revenus de professions non commerciales à un contribuable résident d'Algérie qui n'a pas en France d'installation professionnelle permanente, les débiteurs doivent systématiquement prélever la retenue à la source prévue par l'article 182 B du CGI. Lorsque le résident d'Algérie n'aura pas séjourné en France cent quatre-vingt-trois jours au cours de l'année fiscale considérée, il adressera une demande de remboursement au Centre des impôts des non-résidents (cf. instr. du 22 mai 2003, *BOI,* 14-B-3-03, n° 114). V. ég., par ex., la convention fiscale signée le 15 avril 1999 avec le Botswana, et le commentaire administratif au *BOI,* 14-B-3-04 du 24 février 2004.

En ce qui concerne les *redevances,* l'applicabilité de la retenue du tiers suppose, en règle générale :

— que les sommes payées par le débiteur établi en France aient le caractère de *redevances au sens de la convention* concernée. Dans certains cas, toutefois, la retenue à la source peut être appliquée, le cas échéant à un taux réduit, à des produits (provenant notamment de l'aliénation de droits d'auteur, ou de droit de propriété industrielle ou commerciale) conventionnellement qualifiés de gains en capital ;
— que le droit d'imposer les redevances soit reconnu, par la convention concernée, à l'État où elles trouvent leur source ;
— que la convention fiscale intéressée autorise l'imposition des redevances, par l'État de la source, dans les conditions du droit commun.

Beaucoup des conventions fiscales auxquelles la France est partie, qui autorisent l'application par l'État d'origine d'une retenue à la source sur les redevances payées par un débiteur établi dans ce pays à un résident de l'autre État, limitent ce droit d'imposition par la fixation d'un taux maximum de prélèvement à la source.

D – Obligations administratives des contribuables domiciliés hors de France

197 Les contribuables domiciliés hors de France qui disposent de revenus de source française ou d'une ou plusieurs habitations en France sont assujettis à diverses obligations administratives.

Ils doivent souscrire chaque année une *déclaration* mentionnant notamment la valeur locative de l'habitation mise en France à leur disposition ainsi que, le cas échéant, les différents revenus de source française acquis au cours de l'année d'imposition. Cette déclaration, éventuellement assortie des déclarations spéciales à certaines catégories de revenus, doit être adressée au *Centre des impôts des non-résidents* (9, rue d'Uzès, 75094 Paris cedex 02).

Le service fiscal peut les inviter à désigner un *représentant* en France, autorisé à recevoir les communications relatives à l'assiette, au recouvrement et au contentieux de l'impôt.

E – Obligations particulières d'information des établissements payeurs (directive épargne)

198 *Directive épargne.* En vertu de la directive 2003/48/CE du Conseil du 3 juin 2003 en matière de fiscalité des revenus de l'épargne sous forme de paiement d'intérêts, transposée en droit interne par l'article 24 de la loi de finances rectificative pour 2003 (cf. CGI, art. 242 *ter,* 1768 *bis* et 199 *ter*), est organisée une *transmission automatique d'informations* entre États membres de l'Union européenne concernant le paiement d'intérêts par un agent payeur établi dans un État membre à un bénéficiaire effectif, personne physique ou entité assimilée, établi dans un autre État membre.

Les obligations d'information à la charge des établissements payeurs français, ainsi que des OPCVM, ont été précisées dans une instruction du 12 août 2005 (*BOI,* 5I-3-05). Elles s'étendent, notamment, au cas des intérêts versés aux bénéficiaires effectifs ayant leur domicile ou leur siège social dans les territoires dépendants avec lesquels ont été conclus les accords auxquels était subordonnée la mise l'application de la directive (v. *supra,* n° 159).

L'administration précise ainsi (instr. préc., n° 133) qu'en application de ces accords, « il revient aux établissements payeurs français de déclarer les intérêts versés aux bénéficiaires effectifs ayant leur domicile ou leur siège social à Aruba, aux Antilles néerlandaises, à Guernesey, à Jersey, à l'île de Man, aux îles Vierges britanniques et à Montserrat dans les mêmes conditions et sous les mêmes sanctions que celles prévues pour les "intérêts" au sens de la directive "épargne" payés aux bénéficiaires effectifs résidents d'un autre État membre de la Communauté européenne ».

Les établissements payeurs qui ne respectent pas l'obligation d'identification des bénéficiaires effectifs et d'individualisation des intérêts qu'ils paient à ces derniers (imprimé fiscal unique), omettent des renseignements ou portent des éléments inexacts sur les documents déclaratifs s'exposent aux amendes prévues aux articles 1768 *bis* et 1726 du CGI.

La directive « épargne » est entrée en vigueur le 1er juillet 2005.

3 – Règles applicables aux transferts de domicile

199 Les principes selon lesquels les contribuables domiciliés en France sont assujettis à une obligation fiscale illimitée, alors que les contribuables domiciliés hors de France sont soumis à une obligation fiscale limitée à leurs revenus de source française, ou à une base forfaitaire, sont à l'origine des règles d'imposition fixées par les articles 166 et 167 du CGI en cas de transfert de domicile entre la France et l'étranger.

La loi de finances pour 2005 (n° 2004-1484 du 30 décembre 2004, art. 19) a supprimé le dispositif de taxation des plus-values latentes en cas de transfert de résidence fiscale hors de France *(exit tax)* qui avait été institué par la loi de finances pour 1999 (n° 98-1266 du 30 décembre 1998), et codifié sous les articles 167 *bis* et 167-1 *bis* du CGI, suite à l'arrêt du 11 mars 2004 *de Lasteyrie du Saillant* (aff. C-9/02, *DF,* 2004, n° 20, comm. 483, note B. Boutemy et E. Meier, *RJF,* 5/04, n° 558) par lequel la CJCE a jugé que ce dispositif créait une entrave à la liberté d'établissement, que ne justifie aucune raison impérieuse d'intérêt général.

200 Le contribuable qui *établit son domicile en France* n'est imposable à raison de l'ensemble de ses revenus qu'à partir de la date d'acquisition de son domicile (CGI, art. 166).

S'il n'était pas imposable en France avant d'y établir son domicile, ce contribuable doit être imposé d'après l'ensemble des revenus de source française ou non qu'il a réalisés ou dont il a eu la disposition depuis la date de son arrivée en France.

Si le contribuable disposait de revenus de source française avant d'établir son domicile en France, ou encore d'une habitation dans ce pays, sa base d'imposition doit inclure, outre l'ensemble des revenus acquis depuis la date de son arrivée, le total des revenus de source française dont il a disposé jusqu'à cette date (au cours de l'année d'imposition) ou, le cas échéant, le montant de revenu forfaitaire établi d'après la valeur locative réelle de l'habitation mise à sa disposition, réduit au prorata de la durée de la période antérieure à son transfert de domicile.

201 En cas de *transfert de domicile à l'étranger,* le contribuable qui n'est pas passible de l'impôt sur le revenu postérieurement à ce transfert est imposé, au titre de l'année du changement de domicile, sur une base comprenant :

— les revenus dont il a disposé jusqu'à la date de son départ ;
— les bénéfices industriels et commerciaux qu'il a réalisés depuis la fin du dernier exercice taxé ;
— les revenus qu'il a acquis sans en avoir la disposition antérieurement à son départ (CGI, art. 167, 1).

L'article 30 de la loi de finances rectificative pour 2004 a supprimé l'obligation de fournir une déclaration provisoire des revenus imposables en vertu de l'article 167 du CGI.

Le contribuable passible de l'impôt sur le revenu postérieurement au transfert de son domicile à l'étranger est imposable :

— pour la période antérieure au transfert, sur la base déterminée comme indiqué ci-dessus ;
— pour la période postérieure au transfert, soit sur la base des revenus de source française dont il a eu la disposition ou qu'il a réalisés au cours de cette période, soit sur la base forfaitaire calculée d'après la valeur locative de l'habitation, réduite *prorata temporis.*

202 *La suppression de l'*exit tax *sur les plus-values latentes ou en report d'imposition.* C'est en vue de lutter contre les délocalisations à but fiscal et d'éviter d'éventuels abus que la loi de finances pour 1999 (n° 98-1266 du 30 décembre 1998, art. 24) avait renforcé le dispositif d'apurement de la situation fiscale du contribuable qui transfère son domicile hors de France, en l'étendant au domaine des plus-values.

Le régime d'imposition immédiate concernait d'abord les *plus-values latentes sur les participations substantielles.* Selon les prescriptions de l'article 167 *bis* du CGI, les contribuables qui avaient été fiscalement domiciliés en France pendant au moins six années au cours des dix dernières années étaient imposables, à la date du transfert de leur domicile hors de France, au titre des plus-values constatées sur les participations supérieures à 25 %.

Le contribuable pouvait demander à bénéficier d'un *différé de paiement* de l'impôt jusqu'à la transmission des titres, leur rachat, leur remboursement ou leur annulation. Le sursis de paiement était subordonné à la condition que le contribuable fasse la déclaration provisoire de la plus-value constatée, demande à bénéficier du sursis, désigne un représentant établi en France, et constitue auprès du comptable chargé du recouvrement, préalablement à son départ, des garanties propres à assurer le recouvrement de la créance du Trésor. Le maintien du sursis de paiement était en outre subordonné à la condition que le contribuable souscrive chaque année un état de suivi des impôts en sursis de paiement.

En cas d'expiration du sursis, l'impôt devenait exigible dans la limite de son montant assis sur la différence entre le prix ou la valeur des titres concernés à la date de l'événement entraînant l'expiration du sursis et leur prix ou valeur d'acquisition.

La loi prévoyait que dans le cas où l'opération entraînant l'expiration du sursis fait l'objet d'une imposition à l'étranger comparable à l'imposition en France, l'impôt étranger afférent à la plus-value effectivement réalisée hors de France est imputable sur l'impôt sur le revenu établi en France ; et qu'à l'expiration d'un délai de cinq ans suivant la date du départ, ou à la date à laquelle le contribuable transfère de nouveau son domicile en France si cet événement est antérieur, l'impôt est dégrevé d'office sous réserve que les titres soient toujours dans le patrimoine du contribuable.

Le transfert du domicile hors de France entraînait par ailleurs l'imposition immédiate des *plus-values* de *cession* ou d'*échange* de valeurs mobilières ou de droits sociaux dont l'imposition a été *reportée* (CGI, art. 167-1 *bis*).

Toutefois, le paiement de l'impôt correspondant pouvait être différé dans les conditions et les modalités prévues au II de l'article 167 *bis* pour les plus-values latentes sur participations importantes, jusqu'au moment où s'opérerait la transmission, le rachat, le remboursement ou l'annulation des droits sociaux concernés.

Il était prévu que lorsque le contribuable transfère de nouveau son domicile en France, l'impôt dont le paiement est en sursis est dégrevé d'office en tant qu'il se rapporte à des plus-values afférentes aux titres qui, à cette date, demeurent dans le patrimoine du contribuable. Dans ce cas, les reports existants sur ces mêmes titres à la date du transfert du domicile hors de France sont rétablis de plein droit.

Pour les opérations d'*échange de titres,* le législateur avait substitué à l'ancien régime de report d'imposition, à compter du 1er janvier 2000, un mécanisme de *sursis* d'imposition à l'égard duquel le transfert du domicile fiscal hors de France n'a pas d'incidence. Dans ces conditions, l'article 167, 1 *bis* s'appliquait aux seules plus-values d'échanges réalisées avant le 1er janvier 2000 dont l'imposition a été reportée.

Saisie par le Conseil d'État d'une question préjudicielle relative à la compatibilité avec le droit communautaire du dispositif de l'article 167 *bis* du CGI, la Cour de justice des Communautés européennes devait juger, par l'arrêt précité de la CJCE *de Lasteyrie du Saillant,* que « le principe de la liberté d'établissement posé par l'article 52 du Traité CE (devenu article 43 CE) doit être interprété en ce sens qu'il s'oppose à ce qu'un État membre institue, à des fins de prévention d'un risque d'évasion fiscale, un mécanisme d'imposition des plus-values non encore réalisées, tel que celui prévu à l'article 167 *bis* du Code général des impôts français, en cas de transfert du domicile fiscal d'un contribuable hors de cet État ».

Le juge français a tiré la conséquence de l'interprétation délivrée par la Cour, et annulé le décret du 6 juillet 1999 pris pour l'application dudit article 167 *bis* en tant qu'il a trait à l'application de cet article aux transferts intracommunautaires de domicile fiscal (CE, 10 novembre 2004, req. n° 211341, *de Lasteyrie du Saillant, DF,* 2005, n° 3, comm. 101, concl. S. Verclytte).

La réaction du législateur à la décision de la Cour de Luxembourg a été de portée plus générale, les articles 167 *bis* (plus-values latentes) et 167, 1 *bis* (plus-values en report d'imposition) ayant été purement et simplement abrogés par l'article 19 de la loi de finances pour 2005. Selon le II de ce texte, toutefois, les dispositions d'abrogation sont applicables aux contribuables qui transfèrent leur domicile fiscal hors de France à compter du 1er janvier 2005. Il en résulte que le dispositif prévu aux anciens articles 167 *bis* et 167, 1 *bis* du CGI reste en vigueur pour les contribuables qui ont transféré leur domicile fiscal hors de France entre le 9 septembre 1998 et le 31 décembre 2004, sous réserve de l'aboutissement favorable d'éventuelles actions contentieuses.

Sur cette question, voir Guillaume Goulard, Que reste-t-il de l'*exit tax* ?, *DF*, 2005, n° 28, p. 1187 et s. ; sur les régimes d'*exit tax* appliqués dans les autres États membres de la Communauté européenne, v. Jean Groux, L'*exit tax* de l'article 167 *bis* du CGI, mise à mal par la Cour de justice de Luxembourg, a-t-elle encore un avenir ?, *BF*, 5/04, p. 301 et s.

203 Les contribuables qui transfèrent leur domicile dans un *territoire d'outre-mer* ou une *collectivité territoriale d'outre-mer* ne sont pas tenus de souscrire une déclaration provisoire, et ne font pas l'objet d'une imposition immédiate. Ils sont taxés sur la base de la déclaration de l'ensemble de leurs revenus imposables pour l'année du transfert. Cette déclaration doit être adressée au Centre des impôts des non-résidents dans les délais accordés aux contribuables domiciliés hors de France.

4 – Mesures de lutte contre la fraude et l'évasion fiscales internationales

Le législateur national a prévu diverses mesures visant à protéger la juridiction fiscale française contre la déperdition financière qui serait liée à des pratiques d'évasion ou de fraude fiscale mises en œuvre par des personnes physiques résidentes de France.

204 La protection de la juridiction fiscale française à l'égard de la fraude ou de l'évasion fiscale internationale mettant en cause, directement ou indirectement, des personnes physiques, est d'abord assurée de façon *préventive* par le jeu des retenues et prélèvements à la source précédemment évoqués.

En vue de *sanctionner* les comportements de fraude ou d'évasion fiscale internationale, l'administration peut ensuite recourir aux moyens qu'elle tire de ses pouvoirs généraux de contrôle, et notamment invoquer l'*acte anormal de gestion* ou l'*abus de droit,* dont on rappellera brièvement les caractéristiques.

Elle peut également trouver l'appui de *dispositions spécifiques* aux affaires internationales, s'ajoutant à celle, déjà évoquée, prévue à l'article 123 *bis* du CGI (voir *supra,* n°s 125 et s.) pour ce qui concerne l'usage abusif de régimes fiscaux privilégiés. Le cas échéant, ces dispositions pourront déterminer l'application d'une taxation particulière.

Les *clauses anti-abus* constituent en outre des moyens désormais courants de lutte contre la déperdition de produit fiscal résultant d'une utilisation artificielle des *conventions fiscales* (sur ce point, voir *infra,* n°s 353 et s.). Celles-ci peuvent par ailleurs fonder une *coopération* entre administrations fiscales, par ailleurs prévue, sur une base multilatérale, par le droit communautaire (*infra,* n° 349).

A – Mesures générales

205 *Abus de droit.* L'article L 64 du livre des procédures fiscales accorde à l'administration un pouvoir de requalification à l'égard des actes qui dissimulent la portée véritable d'un contrat, dans le but de faire échec à la loi fiscale. L'administration est alors « en droit de restituer son véritable caractère à l'opération litigieuse ».

La charge de la preuve revient toutefois à l'administration, sauf lorsqu'elle établit l'imposition conformément à l'avis du comité consultatif des abus de droit.

On sait que, suivant la jurisprudence (cf., notamment, CE, 10 juin 1981, n° 19079, *DF,* 1981, n° 48-49, comm. 2187, concl. Lobry), l'administration, lorsqu'elle souhaite écarter les actes passés par le contribuable sur le fondement de l'abus de droit, doit établir, ou bien que ces actes ont un caractère fictif (abus de droit par simulation), ou bien qu'ils n'ont pu être inspirés par un motif autre que celui d'éluder ou atténuer les charges fiscales que le contribuable aurait normalement supportées, eu égard à sa situation ou à ses activités réelles, s'il n'avait pas passé ces actes (abus de droit par fraude à la loi).

L'administration fiscale peut faire usage des dispositions de l'article L 64 du *LPF* en matière internationale, la jurisprudence fournissant quelques exemples de redressements fondés sur une telle base juridique, dans le cas d'utilisation de sociétés de façade par un professionnel du spectacle (CE, 19 janvier 1983, n° 33831, *DF,* 1983, n° 31, comm. 1621, concl. Schricke), dans celui d'un auteur cherchant à dissimuler le montant des droits lui revenant réellement et imposables en France (CE, 6 mai 1985, n° 35572, *DF,* 1986, n° 11, comm. 528), dans celui d'une société française ayant constitué, en vue bénéfice du régime mères/filles, une société holding luxembourgeoise dépourvue de toute substance correspondant à une réalité économique et sous l'entière dépendance d'une société établie aux îles Caïmans (CE, 18 février 2004, n° 247729, *société*

Pléiade, RJF, 5/04, n° 510 ; dans le même sens, CE, 18 mai 2005, n° 267087, *société Sagal, RJF,* 8-9/05, n° 910, *BDCF,* 8-9/05, n° 110, concl. P. Collin).

Dans la dernière jurisprudence citée, le terrain retenu par le Conseil d'État pour fonder l'abus de droit est celui du *but exclusivement fiscal,* et non celui de l'acte fictif : une société ne peut avoir été créée dans un but autre que fiscal lorsqu'elle est dépourvue de toute substance correspondant à une réalité économique (société dépourvue de compétence technique et d'autonomie de gestion). Le Conseil d'État apparaît considérer que l'abus de droit prévu par l'article L 64 du *LPF* représente une forme d'exception au principe communautaire selon lequel la lutte contre l'évasion fiscale n'est pas un motif suffisant pour justifier une discrimination ou une entrave à la liberté d'établissement, telle qu'admise par la Cour de justice lorsqu'il s'agit d'exclure d'un avantage fiscal les *montages purement artificiels* dont le but est de contourner la législation fiscale nationale (cf. les arrêts *ICI* du 16 juillet 1998 et *de Lasteyrie du Saillant* du 11 mars 2004, préc. *supra,* n°s 30, 114 et 121).

Le contribuable peut se préserver des effets de la procédure de répression des abus de droit par le recours au *rescrit fiscal* prévu à l'article L 64 B du *LPF,* c'est-à-dire en procédant, préalablement à la conclusion d'un contrat ou d'une convention, à la consultation, par écrit, de l'administration centrale, et en lui fournissant tous éléments utiles pour apprécier la portée véritable de l'opération. À défaut de réponse de l'administration dans le délai de six mois, la procédure de répression des abus de droit ne peut être appliquée (cf. l'instruction du 9 janvier 1989, *BOI,* 13-L-1-89).

206 *Acte anormal de gestion.* Selon l'article 39-I du CGI, le bénéfice net de l'entreprise est établi « sous déduction de toutes charges ». Mais, pour être admis en déduction, les frais et charges doivent être exposés dans l'intérêt direct de l'exploitation ou se rattacher à la gestion normale de l'entreprise.

Conformément à la jurisprudence du Conseil d'État, l'administration se trouve en droit de remettre en cause les dépenses ne se rattachant pas à une telle gestion.

La théorie de l'acte anormal de gestion trouve diverses applications en matière de relations industrielles ou commerciales internationales.

L'administration pourra par exemple, sur ce fondement, réintégrer dans le bénéfice imposable d'une entreprise française le montant de dépenses payées à une entreprise étrangère hors du cadre d'une gestion commerciale normale, c'est-à-dire sans qu'en apparaisse de véritable contrepartie. Le recours à cette base juridique sera particulièrement approprié au cas de transactions entre des entreprises non liées par des rapports de dépendance, pour lesquelles la sollicitation de l'article 57 du CGI serait inadéquate. Le Conseil d'État a par exemple jugé fondée la réintégration dans la base imposable d'une société française, d'une fraction du prix payé à une société étrangère pour l'achat d'une marchandise, alors que, en l'absence de lien (établi) de dépendance entre ces deux entreprises, cet achat avait été effectué au double du prix du marché, révélant ainsi l'existence d'un acte anormal de gestion (CE, 25 mars 1983, n° 16649, *JCP, éd. CI,* I-11587, n° 4).

Le défaut de contrepartie, y compris en forme d'avantage, ou d'intérêt établi pour l'exploitation commerciale pourrait de même conduire à qualifier d'acte anormal de gestion la perte délibérée d'une recette, par une entreprise française, au profit d'une entreprise étrangère. Le caractère anormal d'une avance sans intérêts ou d'un abandon de créances sera plus volontiers reconnu si ces pertes de recettes sont consenties en faveur d'entreprises indépendantes.

Dans tous les cas, il incombe à l'administration d'établir l'existence d'un acte anormal de gestion. La reconnaissance d'un tel acte a pour effet d'augmenter le bénéfice imposable, mais aussi d'entraîner l'application aux montants réintégrés des dispositions fiscales propres aux distributions de bénéfices, sous réserve des qualifications conventionnelles.

B – Mesures spécifiques

1 – Déclaration des comptes ouverts à l'étranger

207 En application des dispositions de l'article 1649 A du CGI, les personnes physiques, associations, ou sociétés n'ayant pas la forme commerciale, domiciliées ou établies en France, sont de manière générale tenues de déclarer, en même temps que leur déclaration de revenus ou de résultats, les références des comptes ouverts, utilisés ou clos à l'étranger.

Les sommes, titres ou valeurs transférés à l'étranger ou en provenance de l'étranger par l'intermédiaire de comptes non ainsi déclarés sont réputés, sauf preuve contraire, constituer des revenus imposables.

2 – Rémunérations de prestations de services versées à l'étranger : l'article 155 A du CGI

208 L'article 155 A du CGI vise à prévenir le recours à un procédé de fraude ou d'évasion fiscale volontiers employé dans le monde du spectacle et du sport professionnel, consistant dans le versement des sommes rémunérant des prestations effectuées en France, non pas directement aux auteurs des prestations, mais à des personnes domiciliées ou des sociétés établies hors de France (« sociétés d'artistes »). Celles-ci, prestataires apparentes, ne restituent qu'une faible partie des sommes perçues aux prestataires réels, en général sous forme de salaires. Alors que ces salaires sont soumis à l'impôt français, la part principale des rémunérations se trouve soumise à un traitement fiscal plus favorable dans le pays où la société écran a son siège (Pratique dite du *rent-a-star system* ; pour un exemple, voir l'arrêt du Conseil d'État du 29 novembre 1982, n° 24751, relatif au championnat du monde de boxe des poids-moyens organisé à Paris en février 1974, *JCP, éd. CI,* 1983, n° 21, I-11587, n° 6).

L'article 155 A permet d'assurer une complète imposition en France du prestataire réel des services.

Dans sa rédaction d'origine, issue des dispositions de l'article 18 de la loi de finances pour 1973, le texte visait seulement le cas de *prestataires domiciliés ou établis en France.* Le dispositif, codifié au I de l'article 155 A, prévoit ainsi que les sommes perçues par une personne domiciliée ou établie hors de France en rémunération de services rendus par une ou plusieurs personnes domiciliées ou établies en France, sont imposables au nom de ces dernières :

— en tout état de cause, d'abord, lorsque le *bénéficiaire de la rémunération* est domicilié ou établi dans un État étranger ou un territoire situé hors de France (collectivité d'outre-mer fiscalement autonome) où il est soumis à un *régime fiscal privilégié* au sens de l'article 238 A du CGI (voir *supra,* n° 108) ;
— et, si la condition précédente n'est pas remplie, lorsque le bénéficiaire de la rémunération est *contrôlé* directement ou indirectement *par le prestataire de services,* ou *qu'il n'exerce pas de manière prépondérante* une activité industrielle ou commerciale autre que la prestation de services. C'est au contribuable, prestataire des services, qu'il appartient d'établir que l'entité interposée exerce bien, de manière prépondérante, une activité telle que désignée.

L'article 155 A permet ainsi de faire abstraction de la personne interposée : le prestataire de services (artiste, sportif...) est imposable à raison des sommes encaissées par la personne interposée, dans la catégorie qui correspond à l'activité exercée et selon les règles qui lui sont propres. L'imposition est établie par voie de rôle, sous déduction de la retenue à la source prévue à l'article 182 B du CGI (au taux de 15 % dans le cas des sommes correspondant à des prestations artistiques ou sportives) applicable lors du paiement par l'organisateur à la personne interposée (sous réserve des conventions fiscales).

Ces dispositions ont été étendues par la loi de finances pour 1980 aux *prestataires domiciliés ou établis hors de France,* pour les *services rendus en France* (pour un exemple d'application de l'article 155 A à une telle situation, v. CAA Paris, 2e ch., 6 novembre 1997, n° 96-1298, *Roze, DF,* 1998, n° 25, comm. 570.). La loi de finances pour 1990 a supprimé l'exception auparavant prévue, dans ce cas, au principe de recouvrement par voie de *retenue à la source.* Celle-ci est donc applicable et doit être versée par l'organisateur domicilié en France. Applicable à la totalité des rémunérations perçues par la personne interposée, la retenue est imputable sur l'impôt sur le revenu dû par l'intéressé.

L'article 155 A III prévoit en outre la solidarité pour le paiement de l'impôt entre l'intermédiaire qui perçoit la rémunération des services et la personne qui les rend.

Selon l'Administration, l'article 155 A s'applique nonobstant les dispositions de conventions fiscales internationales. Le tribunal administratif de Nancy a toutefois jugé que la convention fiscale franco-luxembourgeoise fait obstacle à l'application de l'article 155 A à une société française, à raison de sommes versées à une société luxembourgeoise ne disposant pas d'établissement stable en France (TA Nancy, 30 décembre 2002, req. 00-113, *SA ANAF France, DF,* 2003, n° 42, comm. 755).

3 – La taxe de 3 % sur la valeur vénale des immeubles possédés par certaines personnes morales

209 Le législateur s'est à plusieurs reprises préoccupé de lutter contre un autre procédé notoire de fraude ou d'évasion fiscale internationale, exerçant notamment des incidences en matière d'impôt sur le revenu, et consistant, de la part de propriétaires effectifs de biens immobiliers situés en France, à en attribuer la propriété apparente à des personnes morales dont le siège est situé hors de France.

Un dispositif entré en vigueur le 1er janvier 1977, codifié à l'ancien article 209-A du CGI, autorisait l'administration à soumettre à l'impôt sur les sociétés, sur une base forfaitaire, toute personne morale ayant son siège hors de France et disposant d'une ou de plusieurs propriétés immobilières en France, ou en concédant la jouissance gratuitement ou moyennant un loyer inférieur à la valeur locative réelle. L'occupant, domicilié en France, de la ou des propriétés immobilières en cause était solidairement responsable du paiement de l'impôt.

Supprimant ce dispositif, la loi de finances pour 1983 lui substitua un moyen nouveau de lutte contre la fraude ou l'évasion fiscale internationale fondée sur l'interposition de personnes morales étrangères, reposant sur l'institution d'une *taxe patrimoniale de 3 %* atteignant certaines personnes morales ayant leur siège hors de France et détenant directement ou indirectement des immeubles en France (CGI, art. 990 D et s.).

La portée de ce texte devait être, toutefois, fortement limitée par la jurisprudence judiciaire.

La Cour de cassation confirma en particulier, à propos du cas de sociétés suisses détenant des immeubles en France, que devaient être exemptées de l'imposition les personnes morales résidentes d'un État lié à la France par une clause de non-discrimination (Cass. com. 28 février 1989, n° 328 P, *Anglo-Swiss Land and Building Company Ltd, DF,* 1989, n° 19, 943, *RJF,* 4/1989, n° 524), dès lors que le critère d'assujettissement à la taxe retenu par l'article 990 D, à savoir la localisation hors de France du siège des sociétés concernées, se référait nécessairement à leur rattachement à un État autre que la France, soit à leur *nationalité.*

La loi de finances pour 1990, dans ces conditions, devait modifier le libellé de l'article 990 D du CGI, et viser désormais « les personnes morales qui ont hors de France leur siège de direction effective, quelle que soit leur nationalité, française ou étrangère ». Mais, par un arrêt en date du 21 décembre 1990 rendu en assemblée plénière, la Cour de cassation réduisit à néant l'effet de cette rectification, en jugeant qu'une société suisse possédant des immeubles en France ne pouvait être assujettie à la taxe de 3 % dès lors que le critère retenu par l'article 990 D du CGI, fondé sur la *situation hors de France* du siège des sociétés, ne se distinguait pas de la nationalité telle que définie par l'article 26 de la Convention franco-suisse et que les sociétés françaises et suisses possédant des immeubles en France se trouvaient dans la même situation, au sens de ce texte (Cass. com. 21 décembre 1990, n° 322 P, *Sté Roval, RJF,* 1/91, n° 106).

Une nouvelle adaptation du texte dut en conséquence être assurée, par la loi de finances pour 1993 (art. 29), en vertu de laquelle sont redevables de la taxe, de manière générale, et hors toute référence à la nationalité, « les personnes morales qui, directement ou par personne interposée, possèdent un ou plusieurs immeubles situés en France ou sont titulaires de droits réels portant sur ces biens ».

La taxe atteint ainsi, en principe, toutes les personnes morales, françaises comme étrangères. Elle n'est cependant pas applicable (CGI, art. 990 E) :

— aux sociétés (ou autres personnes morales) qui n'ont pas le caractère de sociétés à prépondérance immobilière en France, c'est-à-dire dont les immeubles situés en France représentent moins de 50 % des actifs français, étant admis que ne sont pas retenus, pour apprécier cette limite, les immeubles affectés par les sociétés à leur propre activité professionnelle autre qu'immobilière ;
— aux personnes morales ayant leur siège dans un pays ou territoire ayant conclu avec la France une convention fiscale d'assistance administrative, à condition qu'elles souscrivent chaque année une déclaration (n° 2746) fournissant des indications sur leurs immeubles et leurs associés ;
— aux personnes morales qui ont leur siège de direction effective en France et aux autres personnes morales qui, en vertu d'un traité, bénéficient d'une clause d'égalité de traitement, lorsqu'elles communiquent chaque année, ou s'engagent dans les deux mois d'une acquisition à communiquer à l'administration fiscale, sur sa demande, des informations concernant les immeubles et les associés.

Sur les modalités d'appréciation du siège de direction effective, voir CA Aix-en-Provence, 3 juin 2004, n° 04-426, *Sté Manhattan Bridge Holdings Limited, DF,* 2005, n° 11, comm. 292.

Sont également exemptées de la taxe les sociétés cotées en bourse, les organisations internationales, États souverains et institutions publiques, les caisses de retraite et autres organismes à but non lucratif qui exercent une activité désintéressée de caractère social, philanthropique, éducatif ou culturel.

Lorsqu'elle est due, la taxe atteint au taux de 3 % la valeur vénale des immeubles ou droits immobiliers possédés au 1er janvier de l'année d'imposition. Toute personne morale interposée entre le débiteur de la taxe et les immeubles ou droits immobiliers est solidairement responsable du paiement.

La taxe de 3 % n'est pas libératoire de l'impôt sur les sociétés, ni de l'impôt sur le revenu. Elle n'est pas déductible de l'assiette de ces impôts (sur les conditions d'application de la taxe de 3 %, voir instr. du 22 octobre 1993, *BOI,* 7-Q-3-93 et *DB,* 7-Q-2, 1er septembre 1997, et instr. du 23 juin 1998, *BOI,* 7-Q-2-98).

SECTION 2 – LA JURIDICTION FISCALE FRANÇAISE EN MATIÈRE D'IMPÔT SUR LES SOCIÉTÉS

210 Selon l'article 209-1 du CGI, « les bénéfices passibles de l'impôt sur les sociétés sont déterminés... en tenant compte uniquement des bénéfices réalisés dans les entreprises exploitées en France ainsi que de ceux dont l'imposition est attribuée à la France par une convention internationale relative aux doubles impositions. »

En l'absence de convention, la juridiction fiscale française s'exerce ainsi à l'égard des seuls « bénéfices réalisés dans les entreprises exploitées en France ». On regarde ordinairement cette formule comme l'expression du « principe de territorialité » gouvernant le champ d'application de l'impôt sur les sociétés. Elle a en fait une double portée :

— À l'égard des activités en France des sociétés ayant leur siège à l'étranger, cette formule définit une règle de source et d'imposabilité, subordonnant l'assujettissement à l'impôt de bénéfices imputables à des sociétés étrangères à la condition que leurs activités en France soient constitutives d'une « entreprise exploitée » dans notre pays.

— À l'égard des activités à l'étranger des sociétés ayant leur siège en France, la même formule exprime de fait la conception « territoriale » de la juridiction fiscale française en matière d'impôt sur les sociétés, en limitant le champ d'application de l'impôt aux seuls bénéfices réalisés dans les exploitations en France de ces entreprises. Ce principe de territorialité de l'impôt sur les sociétés souffre cependant d'exceptions, fondées soit sur des considérations de politique économique extérieure, soit sur un motif de protection vis-à-vis de la fraude ou de l'évasion fiscale internationale.

1 – Entreprises dont le siège est situé hors de France

211 En l'absence de convention fiscale, une société étrangère est assujettie à l'impôt sur les sociétés au titre des bénéfices imputables à une « entreprise exploitée en France ».

Pour l'application de l'impôt sur les sociétés, *la France* s'entend, comme en matière d'impôt sur le revenu, de la France métropolitaine et des départements d'outre-mer (v. *supra,* n°s 132 et s.).

La notion *d'exploitation d'une entreprise* dans ce pays a dû être explicitée par la jurisprudence. Elle est en fait la transposition à l'impôt sur les sociétés, des règles qui fixaient, auparavant, le champ d'application territorial de l'impôt cédulaire sur les bénéfices industriels et commerciaux. C'est à propos de cet impôt cédulaire, institué par la réforme Caillaux (lois de 1914 et 1917), que le Conseil d'État a dégagé les critères de « l'entreprise exploitée en France », aujourd'hui utilisés pour la mise en œuvre de l'impôt sur les sociétés.

A – Les critères de l'entreprise exploitée en France

212 Après avoir, un temps, subordonné la reconnaissance d'une entreprise exploitée en France par une société étrangère à la présence, sur le territoire français, d'un établissement de cette société, le Conseil d'État, par deux arrêts rendus en 1942 (15 juin 1942, *RO,* 21e vol., p. 148 ; 26 octobre 1942, *RO,* 21e vol., p. 196), a substitué à ce critère, celui, plus large de *l'exercice habituel en France d'une activité commerciale.*

Le juge fiscal reconnaît cet exercice habituel, condition de l'imposabilité des bénéfices de la société étrangère, dans trois circonstances :

- lorsque la société étrangère dispose en France d'un établissement ;
- lorsqu'elle exerce son activité en France par l'intermédiaire d'un représentant dépourvu de personnalité professionnelle distincte de la sienne ;
- lorsque, sans avoir en France d'établissement ou de représentant dépendant, elle y réalise des opérations formant un cycle commercial complet.

1 – L'établissement

213 La notion d'*établissement,* au sens de la loi fiscale française, est proche de celle d'établissement stable, utilisée par les conventions fiscales. Elle s'en distingue néanmoins, notamment en raison de la mobilité du concept conventionnel d'établissement stable, dont le contenu précis est spécifique à chaque traité fiscal.

Le Conseil d'État, à l'origine, a forgé le concept d'établissement pour les besoins de l'application de la contribution des patentes, puis l'a utilisé, en lui conférant un contenu un peu différent, en vue de la délimitation du champ d'application de l'impôt sur les bénéfices industriels et commerciaux, et, plus tard, de l'impôt sur les sociétés.

Selon sa jurisprudence, un établissement est une installation professionnelle présentant une certaine permanence, au moyen de laquelle s'exerce une activité génératrice de profits, disposant d'une certaine autonomie au sein de l'entité juridique constituée par l'entreprise.

214 La reconnaissance d'un établissement suppose, en premier lieu, que l'activité de l'entreprise étrangère en France s'exerce par le moyen d'une *installation matérielle* possédant une certaine *permanence.*

Le cas le plus ordinaire est celui dans lequel l'entreprise étrangère dispose, en France, pour l'exercice de ses activités, d'une installation matérielle fixe : succursale, magasin, agence, bureau de vente ou d'achat, usine, atelier, mine, carrière ou autre lieu d'extraction de ressources naturelles, siège de direction d'une exploitation, etc.

Mais cette installation fixe ne doit pas présenter de caractère occasionnel ou temporaire. Ainsi, un stand installé par une entreprise étrangère dans une foire commerciale ou une exposition n'est pas considéré par lui-même comme un établissement.

La fixité des moyens matériels mis en œuvre n'est pas, toutefois, une condition absolument nécessaire à la reconnaissance d'un établissement. Dans le cas de *chantiers,* ainsi, la réalisation d'opérations offrant, même si elles se déroulent en des lieux distincts du territoire, une réelle continuité, et exigeant des moyens importants, est assimilée à l'exploitation d'un établissement (cf., à propos de chantiers de forage pétroliers, CE, 29 juin 1981, n° 16005, *JCP, éd. CI,* 1982, n° 17, I-10586, n° 7).

La doctrine administrative évoque, de manière générale, « toute unité de production ou d'échange formant un ensemble cohérent, apte à poursuivre certains buts économiques déterminés et siège d'opérations normalement génératrices de profits » (*DB,* 4H 1412, n° 7, 1er mars 1995).

215 La qualification d'établissement n'est attribuée à une installation permanente, en effet, que dans la mesure où elle est le support d'une activité génératrice de *profits.*

Il n'est pas nécessaire que l'entreprise étrangère accomplisse, au moyen de son installation en France, la totalité des opérations permettant l'obtention du profit. Il suffit que l'installation contribue à la formation ou à l'accroissement de la valeur des biens ou des services dont l'entreprise entend tirer profit.

Le simple stockage de marchandises, ne s'accompagnant d'aucune opération d'achat ou de vente, ne saurait ainsi constituer un établissement.

En revanche, les bureaux de vente, en France, des entreprises étrangères, ainsi que leurs *bureaux d'achat* (v. par ex., CE, 22 décembre 1982, n° 26338, *JCP, éd. CI,* 1983, n° 21, I-11587, n° 1, *RJF,* 2/83, n° 185 ; v. également *DB,* 4H-1413, nos 38 à 40, 1er mars 1995), doivent être regardés comme des établissements, dès lors qu'ils ne sont pas de simples organes de transmission des ordres donnés par le siège social, et présentent, de ce fait, la dernière, et nécessaire, caractéristique de l'établissement, l'autonomie au sein de l'entreprise.

216 L'établissement doit être doté d'une *autonomie* de gestion suffisante pour que la réalisation de profits puisse être imputée à son activité propre.

Cette autonomie peut s'exprimer, concrètement, par l'existence d'un personnel distinct, de services commerciaux, financiers ou techniques propres, d'une comptabilité séparée de celle du siège, d'un centre de décision.

Elle suppose, en règle générale, la présence d'une direction propre effective : l'établissement doit être dirigé par un agent disposant des pouvoirs nécessaires pour engager des opérations génératrices de profits, notamment pour conclure des contrats au nom de l'entreprise dont il dépend.

L'installation gérée par un agent qui n'aurait pas d'autres fonctions que celle de transmettre ou d'exécuter les ordres émis par le siège à l'étranger ne pourrait être regardée comme une « entreprise exploitée en France » au sens de l'article 209-1 du CGI.

Dans le cas d'activités industrielles ou de prestations de services, l'autonomie de gestion technique, et non nécessairement juridique, peut suffire à révéler la présence d'un établissement, même si certaines tâches de direction sont effectuées au niveau du siège de la société (cf. CE, 29 juin 1981, préc.).

2 – Le représentant dépendant

217 La jurisprudence fiscale admet ensuite qu'une société étrangère exerce habituellement une activité commerciale en France dans le cas où, en l'absence d'un établissement, elle y réalise des opérations par l'intermédiaire d'un *représentant dépourvu de personnalité distincte.*

Ce représentant doit être un préposé de l'entreprise, c'est-à-dire lui être attaché par un lien de subordination, condition qui conduit à exclure les différents professionnels indépendants (courtiers, commissionnaires, représentants indépendants), traitant pour le compte de clients multiples.

Mais il doit être, simultanément, investi des pouvoirs lui permettant de réaliser directement des affaires au nom de l'entreprise étrangère.

Les opérations effectuées en France par de tels représentants dépendants d'une entreprise étrangère, notamment leurs représentants permanents, sont regardées comme des opérations commerciales réalisées et imposables en France.

3 – Le cycle commercial complet

218 L'exercice habituel d'une activité commerciale en France est enfin constaté lorsqu'une entreprise étrangère, sans disposer en France d'un établissement ou d'un représentant dépendant, y réalise un *cycle commercial ou lucratif complet.*

Un cycle complet correspond généralement à une série d'opérations commerciales, industrielles ou artisanales dirigées vers un but déterminé et dont l'ensemble forme un tout cohérent (*DB,* 4H 1412, n° 19, 1er mars 1995 ; v. ég. CE, 22 mai 1963, n° 46870, *RO,* p. 340).

Sont principalement concernées, ici, les opérations d'achat suivies de ventes de marchandises réalisées en France, soit l'ensemble des opérations nécessaires à la réalisation d'un profit commercial..

Mais d'autres opérations peuvent être considérées comme constitutives d'un cycle lucratif complet réalisé en France, par exemple des opérations d'extraction, de transformation, de lotissement, de prestations de services, ou encore des opérations financières, dès lors qu'elles correspondent à l'exercice *habituel* d'une activité distincte.

Ainsi, la société étrangère qui effectue en France, moyennant commission, des opérations de représentation pour le compte d'une entreprise française, doit être assujettie à l'impôt sur les sociétés à raison des profits retirés de cette activité (cf. CE, 26 septembre 1960, n° 45001, *RO,* p. 149, *DB,* 4H-1413, n° 46, 1er mars 1995).

Une entreprise étrangère qui recueille des ordres d'annonces publicitaires émanant de clients français, en vue d'une diffusion en France par radio, est de même jugée exercer en France une activité commerciale (CE, 13 juillet 1968, n° 66503, *DB,* 4H-1413, n° 46, 1er mars 1995).

Le Conseil d'État, en fait, a développé une conception assez large du « cycle complet d'opérations », en vue de l'assujettissement à l'impôt sur les sociétés d'entreprises étrangères exerçant certaines activités en France. De telles activités sont parfois jugées imposables, lorsqu'elles sont habituelles, alors qu'elles ne constituent pas l'intégralité du cycle lucratif, une partie intermédiaire de celui-ci se déroulant à l'étranger, ou que le centre de décision soit lui-même situé à l'étranger (cf. CE, 13 novembre 1964, nos 50944 et 60449, *RO,* p. 185).

La notion de cycle commercial complet a pu sembler plus *strictement* comprise lorsqu'il s'agissait de l'appliquer aux activités accomplies hors de France par une entreprise française, en vue de la détermination des bénéfices soumis à la juridiction fiscale nationale (v. *infra,* n° 229).

Dans une décision du 30 avril 1980, le Conseil d'État a toutefois étendu au cas d'une entreprise étrangère effectuant des opérations en France l'examen du caractère *détachable* ou non des opérations concernées, par rapport à l'activité habituelle et principale de l'entreprise, exercée sur le territoire de l'État de son siège (n° 5761, *JCP, éd. CI,* 1981, n° 13, I-9583, n° 3). L'affaire jugée concernait une société monégasque qui avait réalisé une digue, dont la majeure partie se trouve située dans les eaux territoriales monégasques, mais le reste dans les eaux territoriales françaises. Le Conseil d'État a jugé que le chantier installé en France, pendant plusieurs années, par la société monégasque, n'avait pas le caractère d'un établissement, et que, d'autre part, cette société n'avait pas réalisé en France un cycle complet d'opérations *détachables* de son activité en territoire monégasque. Dans ces conditions, l'imposition, en France, de la fraction des bénéfices afférente à la partie du chantier réalisée en France, n'était pas justifiée.

D'autres décisions témoignent cependant d'une interprétation extensive du critère du *cycle lucratif complet* dans le cas des *prestations de services.* Le Conseil d'État reconnaît, en ce domaine, l'existence d'un cycle complet d'opérations en France lorsque le service y est rendu à un client qui s'y trouve, le prix du service y étant payé (cf. concl. Dufour sous CE, 8 mai 1967, n° 62113, *DF,* 1967, n° 42, p. 19). Le cycle complet d'opérations pourrait être également reconnu, quels que soient le lieu du paiement ou de la signature du contrat, dès lors que les prestations sur le territoire concerné constitueraient la seule activité de l'entreprise extérieure (cf., pour le cas d'un navire loué dans le port de Papeete, CAA Paris, 26 mai 1992, n° 1404, 3e ch., *Cie maritime wallisienne, RJF,* 7-92, n° 961).

Cette conception large de la juridiction fiscale française en matière d'impôt sur les sociétés, dans le cas des prestations de services fournies ou utilisées en France, est illustrée par la décision *APBP* du 30 juin 1997 (CE, 30 juin 1997, n° 169179, *Sté d'édition des artistes peignant de la bouche et du pied, RJF,* 8/9, 1997, n° 771, *DF,* 1997, n° 51, 1348, concl. J. Arrighi de Casanova), rendue à propos d'un litige où se trouvait posée la question de l'articulation entre l'impôt sur les sociétés et la retenue à la source instituée par l'article 182 B du CGI.

Ce texte (voir *supra,* nos 194 et s.), dans la rédaction applicable à l'époque des faits litigieux, prévoyait l'application d'une retenue à la source à certaines sommes ou produits, notamment « les sommes payées en rémunération des prestations de toute nature fournies ou utilisées en France » payés par un débiteur établi en France à des personnes ou des sociétés *relevant* de l'impôt sur le revenu ou de l'*impôt sur les sociétés,* qui n'ont pas dans ce pays d'installation professionnelle permanente. Au cas particulier, la question était de savoir si devaient être assujetties à la retenue les redevances versées par la société APBP, établie en France, à l'Association des artistes peignant de la bouche et du pied, dont le siège est au Liechtenstein, en contrepartie du droit, concédé par elle à la première, de reproduire et de commercialiser en France des œuvres des artistes que ladite Association représente.

Le Conseil d'État a jugé que la perception de ces redevances, rémunérant des « prestations utilisées en France » au sens de l'article 6-*c)* de la loi du 29 décembre 1976, définissant les revenus de source française, rendait l'Association passible, en France, de l'impôt sur les sociétés, sans qu'il y ait lieu de rechercher s'il avait été effectivement appliqué, de sorte que les sommes qui lui avaient été payées à ce titre devaient être soumises à la retenue à la source.

Éclairée par les conclusions du commissaire du gouvernement, M. Arrighi de Casanova, la décision reflète un effort de combinaison des règles concourant à fixer le champ d'application de l'impôt sur les sociétés, en vue d'en favoriser la coïncidence avec celui du champ d'application de la retenue. Selon le commissaire du gouvernement, il convenait en effet de rechercher si le bénéficiaire de sommes visées par l'article 182 B était « passible de l'IS en France, au regard de la définition des activités rendant une personne morale passible de cet impôt et des règles de territorialité, c'est-à-dire de la combinaison des articles 206-1 et 209-I ». L'exigence d'une activité lucrative au sens de l'article 206-1 lui paraissait satisfaite, dès lors que les sommes visées étaient payées « en rémunération des prestations ». Celle d'une activité rencontrant les exigences de l'article 209-1 l'était également, de l'avis du commissaire, compte tenu de la solution jurisprudentielle dégagée par l'arrêt de Section du 23 juin 1978 (voir *infra,* n° 230), selon lequel sont imposables en France « les bénéfices provenant d'opérations qui, à l'exclusion de celles comportant l'exécution de prestations dans un pays étranger, sont *réalisées en France* ».

Cette analyse reflète la tendance à une acception moins conceptuelle, et davantage matérielle, voire géographique, du principe de territorialité, dans laquelle est privilégiée la considération du lieu de fourniture ou d'utilisation d'une prestation, notamment immatérielle.

Le développement international d'activités lucratives sans le support d'installations fixes d'affaires, en particulier celui du *commerce électronique,* pourrait justifier un recours plus large au critère de l'activité lucrative pour fonder l'imposition en France de bénéfices réalisés par des opérateurs extérieurs, non seulement dans le domaine des services, mais également dans celui des activités commerciales. La référence au « cycle lucratif complet », appliquée aux opérations commerciales, n'est pas, à cet égard, aussi contraignante que ne le suggère cette formule. Il est arrivé au Conseil d'État de déceler, dans le cas d'activités strictement commerciales, la présence d'une activité habituelle en France, en l'absence d'établissement ou d'agent dépendant, alors que l'intégralité du cycle commercial ne s'y trouvait pas accomplie (dans le cas de ventes en gros de marchandises achetées à l'étranger, CE, 5 décembre 1962, n° 49586, *RO,* p. 215, et jp. citée dans *DB,* 4H 1413, n° 50 du 1er mars 1995).

B – Les bénéfices et revenus non imputables à une entreprise exploitée en France

219 Les profits retirés par les sociétés étrangères d'*opérations commerciales* effectuées en France en l'absence d'établissement, de représentant dépendant, ou sans réalisation d'un cycle lucratif complet, ne sont pas considérés comme le fruit de l'exercice habituel d'une activité industrielle ou commerciale dans notre pays. Ils ne sont pas imputables à une « entreprise exploitée en France », et ne trouvent pas, en tant que bénéfices d'entreprises, leur *source* légale en France. Ils n'entrent pas, dès lors, dans le champ d'application de l'impôt sur les sociétés.

Échappent ainsi à l'impôt sur les sociétés, les profits retirés par une société étrangère de la réalisation, en France :

— de ventes, ou d'achats, effectués sans support commercial local propre (établissement, ou représentant dépendant) : ventes directes à l'exportation depuis le siège à l'étranger, ventes par correspondance, etc. ;
— de ventes ou d'achats effectués par l'intermédiaire de professionnels indépendants, courtiers, commissionnaires, représentants indépendants ;
— d'opérations commerciales (ventes, achats), effectuées à l'aide d'une installation permanente, mais n'ayant pas d'autre objet que l'exécution des ordres d'achat ou de vente, le stockage ou la livraison de marchandises consécutifs aux décisions commerciales prises par le siège ;
— d'opérations commerciales réalisées sans support local propre, ou à l'aide d'installations temporaires ou occasionnelles, et non constitutives d'un cycle lucratif complet.

Quant aux *filiales* en France de sociétés étrangères, elles sont bien entendu assujetties à l'impôt sur les sociétés en leur propre nom, en qualité de sociétés françaises, dès lors qu'elles relèvent par leur nature ou leurs activités d'un tel impôt.

220 Les entreprises étrangères peuvent d'autre part encaisser des revenus de source française dépourvus de lien avec l'exercice, même occasionnel, d'une activité commerciale en France.

Les *produits financiers* de source française, les *produits de la propriété industrielle ou commerciale,* ou encore les *rémunérations* perçues au titre de *services* non constitutifs d'un cycle complet d'opérations, acquis par une société étrangère n'exerçant pas d'activité industrielle ou commerciale habituelle en France, ne supportent pas, dans ce pays, l'impôt sur les sociétés.

Ils ne sont pas pour autant exempts de tout prélèvement fiscal. Sous réserve des dispositions des conventions fiscales, ils supportent au contraire les *retenues à la source* applicables à certains revenus de source française perçus par des personnes domiciliées hors de France (v. *supra,* n°s 177 et s.).

Ces prélèvements spécifiques sont parfois regardés comme des modalités dérogatoires de liquidation et de perception de l'IS, lequel atteindrait dès lors, par principe, toute société, y compris étrangère, entrant dans les prévisions de l'article 206-1 du CGI, et percevant des revenus de source française au sens de l'article 164 B du CGI, les restrictions de l'article 209-1 concernant exclusivement les revenus tirés d'une activité d'affaires (cf. Guy Gest et Gilbert Tixier, *Droit fiscal international,* 2e éd., Paris, PUF, 1990, nos 216 et s. ; v. ég. Nicolas Melot, Territorialité et mondialité de l'impôt : le droit américain, un modèle pour la France ?, *L'Année fiscale 2003,* p. 129 et s., *Territorialité et mondialité de l'impôt,* Paris, Dalloz, 2004).

Une autre analyse consiste à distinguer entre le champ d'application *personnel* de l'IS, délimité par l'article 206-1, lequel vise notamment les sociétés de capitaux, mais aussi les « personnes morales se livrant à une exploitation ou à des opérations de caractère lucratif », et son champ d'application *matériel,* notamment concerné par l'article 209-1, qui ne retient dans la base d'imposition que les seuls « bénéfices réalisés dans les entreprises exploitées en France ». Une société anonyme ayant son siège hors de France entre ainsi, à raison de sa forme, dans le champ d'application personnel de l'IS, en vertu des prescriptions de l'article 206-1. Elle ne devrait pourtant se trouver effectivement assujettie à cet impôt qu'à raison de bénéfices réalisés dans une entreprise exploitée en France, eu égard à la délimitation matérielle du bénéfice imposable tracée par l'article 209-1.

Dans ces conditions, à vrai dire non toujours exactement confirmées par la doctrine administrative ou la jurisprudence (voir *infra,* n° 221), les retenues à la source applicables à des revenus réalisés en France par une société étrangère n'exploitant pas une entreprise dans ce pays au sens de l'article 209-1 peuvent être regardées comme des impositions spécifiques, comportant des règles de taux, mais aussi d'assiette, distinctes de celles applicables à l'impôt sur les sociétés.

Sur ce débat, cf. B. Castagnède, Évolution et cohérence des règles de territorialité de l'impôt sur les sociétés, *RFFP,* décembre 1999, p. 286 et s.

221 Les *revenus provenant de la location d'immeubles* situés en France et appartenant à des sociétés dont le siège est à l'étranger posent un problème particulier.

Le Conseil d'État a d'abord jugé qu'une société ayant son siège hors de France devait être soumise à l'impôt sur les bénéfices industriels et commerciaux, au titre de revenus retirés de la gestion d'un immeuble, lorsqu'une telle gestion constitue une forme d'activité commerciale. Pour une société d'assurances, la gestion d'un patrimoine immobilier constitue bien, ainsi, l'exercice habituel d'une activité commerciale (CE, 21 juin 1948, *GP,* 8 octobre 1948).

Ultérieurement, la doctrine administrative a admis qu'une société étrangère n'exerçant en France aucune activité habituelle, mais y possédant un immeuble, à usage commercial *ou d'habitation* donné en location, est passible de l'impôt sur les sociétés, *en raison de sa forme* ou *du caractère lucratif* de l'opération, soit, sur le fondement de l'article 206 du CGI (cf. RM n° 4702 à M. Féron, *JO,* déb. AN, 29 avril 1960 et *DB,* 4H-1413, n° 61, 1er mars 1995).

Cette opinion, confirmée à plusieurs reprises, et expressément appliquée au cas de sociétés de capitaux étrangères propriétaires d'immeubles en France, alors même qu'elles n'auraient dans notre pays aucune exploitation industrielle ou commerciale (cf. RM à M. Seitlinger, *JO,* déb. AN, 30 novembre 1978, p. 8544), a trouvé l'appui d'un certain nombre de décisions du Conseil d'État (CE, 19 juin 1963, n° 55936, *DF,* 1964, n° 44 *bis,* concl. M. Martin ; 30 mai 1980, n° 12790, *JCP, éd. CI,* 1981, 1-9583, p. 113 ; v. ég. 27 février 1984, n° 37377 et 37378, *DF,* 1984, n° 42, comm. 1771, concl. Bissara).

Celles-ci ne troublaient pas particulièrement le dispositif de territorialité de l'impôt sur les sociétés lorsqu'elles visaient le cas de sociétés anonymes ayant leur siège social en Suisse, pays lié à la France par une convention fiscale. En effet, l'article 3-1 de la convention franco-suisse du 31 décembre 1953, comme l'article 6 de la convention du 9 septembre 1966, faisant application d'une solution traditionnelle du droit fiscal conventionnel, attribuent expressément le droit d'imposer les revenus immobiliers au seul État cocontractant où ces biens sont situés, étant précisé que cette règle s'applique aux revenus provenant des biens immobiliers d'une entreprise. C'est donc sur la base de cette disposition conventionnelle qu'une société résidente de Suisse, disposant de revenus fonciers à raison d'un immeuble situé en France, se trouve imposable en France (pour une illustration de cette analyse, cf. CE, 20 octobre 2000, 9e et 10e s.-s., n° 182165, *SA New Building Promotion, DF,*

2001, n° 7, comm. 134, concl. J. Courtial). L'imposition intervient par l'intermédiaire de l'impôt sur les sociétés dès lors que les revenus immobiliers imposables sont perçus par une société qui, en raison de sa forme, relève de l'impôt sur les sociétés, conformément aux dispositions de l'article 206-1 du CGI.

Par un arrêt du 18 janvier 1984, le Conseil d'État a cependant jugé qu'une personne morale ayant son siège social au Liechtenstein, pays non lié à la France par une convention fiscale, et propriétaire en France d'un immeuble qu'elle donnait en location, devait être regardée comme passible de l'impôt sur les sociétés, en application des dispositions de l'article 206-1 du CGI, au motif que cette personne morale se livrait par là en France à des « opérations de caractère lucratif » (n° 1307, *DF,* 1984, n° 27, comm. 1307, concl. Mme Latournerie).

Cette jurisprudence a été confirmée à plusieurs reprises, principalement à propos d'*Anstalt* du Liechtenstein, organismes qui peuvent être regardés comme des sociétés de capitaux, mais aussi à propos de fondations ayant leur siège dans le même pays. Dans tous les cas, le juge fiscal a fondé sa décision, non sur la forme de la personne morale concernée, mais sur son objet social et sur l'exercice en France d'opérations regardées comme lucratives. Cette qualification procédait moins de l'analyse des opérations effectivement réalisées en France que de leur rattachement de principe à l'exercice présumé, par les organismes concernés, et compte tenu de leur objet social, d'une activité commerciale au sens des articles 34 ou 35 du CGI (c'est-à-dire, d'une exploitation ou d'opérations de caractère lucratif, au sens où l'entend la doctrine administrative, pour l'application de l'article 206-1. Cf. *DB,* 4H 1161 du 1er mars 1995, n° 24 ; v. ég. *DB,* 4H 116, n° 6 et 4H 1161, n° 4 du 1er mars 1995). Les opérations en France sont en quelque sorte, en pareils cas, lucratives par détermination statutaire.

Le bien-fondé de l'assujettissement à l'impôt sur les sociétés de revenus immobiliers réalisés en France par des sociétés ou organismes étrangers, en l'absence d'entreprise exploitée en France au sens de l'article 209-1, rencontre toutefois l'objection de la *qualification* des revenus concernés.

Dans le système français d'imposition des bénéfices, en effet, et compte tenu des prescriptions de l'article 38 du Code général des impôts, les revenus réalisés par une entité se livrant à l'exercice habituel d'une activité industrielle ou commerciale ont toujours le caractère de bénéfices industriels et commerciaux. Il en est ainsi des revenus que procure à une entreprise industrielle et commerciale la location de ses propriétés bâties. De même, en vertu de l'article 206-1, les sociétés anonymes sont passibles de l'impôt sur les sociétés quel que soit leur objet. Les revenus locatifs d'une telle société sont de ce fait taxés en tant que bénéfices industriels et commerciaux.

Il peut être alors soutenu que, passibles de l'impôt sur les sociétés sur le fondement, largement entendu, de l'article 206-1, les revenus locatifs de sociétés ou d'organismes à objet lucratif ayant leur siège hors de France, dès lors qu'ils reçoivent nécessairement la qualification de bénéfices d'entreprises, ne doivent être retenus dans les bases de l'impôt qu'aux conditions prévues à l'article 209-1 du Code général des impôts. Aucune disposition légale ne prévoit d'exonérer des conditions posées par ce texte une fraction particulière du bénéfice net des entreprises, « déterminé, aux termes de l'article 38-1 du Code général des impôts, d'après les résultats d'ensemble des *opérations de toute nature* » effectuées par elles.

Les effets de cette qualification nécessaire sur la situation, au regard de l'impôt français sur les sociétés, d'une société de capitaux étrangère réalisant des revenus locatifs en France, ont été mis en évidence par la décision *Raffaella* rendue par le Conseil d'État le 22 mai 1992 (CE, 22 mai 1992, n° 62266, *DF,* 1992, n° 42, comm. 1892, *RJF,* 7-92, n° 960 ; v. ég. CE, 18 mars 1994, n° 79971, SARL *Société d'investissement agricole et forestier, RJF,* 5/94, n° 530). Dans ce cas d'une société italienne mettant gratuitement à la disposition de particuliers une villa qu'elle possédait sur la Côte d'Azur, la Haute Assemblée a dû refuser de suivre l'Administration, qui avait taxé d'office cette société à l'impôt sur les sociétés, au titre des produits qu'elle aurait pu tirer de l'immeuble concerné.

Le litige s'inscrivait dans le contexte d'une convention fiscale, mais, à la différence par exemple de la convention franco-suisse, la convention franco-italienne applicable à l'époque des faits (convention du 29 octobre 1958) ne comportait pas de disposition particulière excluant les revenus de biens immobiliers appartenant à des entreprises de la catégorie des bénéfices d'entreprise. Ayant reconnu, par référence aux catégories du droit interne, l'appartenance des revenus locatifs en cause aux bénéfices industriels et commerciaux de la société, le Conseil dut écarter l'imposition de ces revenus en France, dès lors que ne pouvait être constatée la présence dans ce pays d'un établissement au sens conventionnel, notion proche de celle d'établissement au sens de l'article 209-1 du Code général des impôts.

Voir également, en ce qui concerne les revenus d'immeubles situés en France perçus par une société luxembourgeoise, CE, 18 mars 1994, n° 79 971, *RJF,* 5/94, n° 530, et, sur les perspectives de double exonération en résultant compte tenu de la jurisprudence luxembourgeoise, Stéphane Le Goueff et Éric Jungblut, L'arrêt « La Costa Real » : l'exonération des revenus d'immeubles situés en France perçus par une société luxembourgeoise, *DF,* 2003, n° 44-45, p. 1398 et s. Cf. ég. les réponses ministérielles Zimmermann et Masson des 30 et 25 novembre 2004, citées *infra,* n° 293.

Il est constant, en effet, qu'une entreprise étrangère qui ne réalise en France que des revenus immobiliers n'y dispose pas d'un établissement stable (cf. CE, 20 octobre 2000, *SA New Building Promotion,* préc.).

Certains commentaires de l'arrêt *Raffaella* y ont décelé une mise en question de la jurisprudence rendue à propos des *Anstalt* du Liechtenstein, dès lors qu'appliquée à des revenus locatifs réalisés en France par une société ou un organisme lucratif ayant son siège dans un pays non lié à la France par convention, la même opération de qualification devait nécessairement établir leur nature fiscale de bénéfices industriels et commerciaux, justifiant que leur imposition en France soit subordonnée à l'existence d'une entreprise exploitée dans ce pays au sens de l'article 209-1 (v. B. Gouthière, *Les impôts dans les affaires internationales,* éd. F. Lefebvre, 1998, n° 324 et n° 2317-2 ; B. Delignières, *J.-cl. fiscal, impôts directs,* t. 1, fasc. 305-10, 5-98, n° 80).

La logique de la jurisprudence *Raffaella,* pourtant, n'apparaît pas s'affirmer hors du contexte de conventions fiscales. La Cour administrative d'appel de Nantes a ainsi admis l'imposition à l'impôt sur les sociétés d'une société de capitaux ayant son siège à Panama à raison des revenus tirés d'un bien immobilier situé en France, sur le seul fondement de l'article 206-1, le moyen tiré de l'absence d'exploitation ou d'opérations de caractère lucratif en France étant jugé inopérant (CAA Nantes, 17 février 1998, n° 95-1196, *Sté Darcon Holdings, DF,* 1998, n° 28, comm. 652 ; v. ég. CE, 31 mars 1993, *Sté Gioza, DF,* 93, n° 51, comm. 2478).

Plus récemment, le tribunal administratif de Nice a cependant jugé qu'une société de droit étranger n'entre pas dans les catégories de sociétés énumérées par l'article 206-1 du CGI, qui ne vise que les sociétés relevant de la législation française sur les sociétés commerciales, et que, par ailleurs, la mise à disposition gratuite d'un tiers d'un logement appartenant à une société n'est pas une opération présentant un caractère lucratif au sens du même article, en sorte qu'une société étrangère se bornant à une telle mise à disposition n'est pas passible de l'impôt sur les sociétés au regard de la loi française, nonobstant les dispositions de la convention fiscale franco-belge qui, compte tenu de son caractère subsidiaire, ne saurait par elle-même faire entrer une société de droit belge dans le champ d'application de l'impôt sur les sociétés en France (TA Nice, 5 avril 2001, *Société de Bacquer Immobilier, Petites Affiches,* 18 février 2002, n° 35, p. 15 et s., note Jean-Pierre Maublanc).

222 La société étrangère qui est membre d'une *société de personnes* ou d'un *groupement d'intérêt économique* français n'est pas regardée par la jurisprudence française comme réalisant, par l'intermédiaire de cette société ou de ce groupement, des bénéfices qui seraient imputables à une entreprise qu'elle exploiterait *elle-même.* La société de personnes (ou le GIE) est le seul sujet fiscal, au niveau duquel s'apprécie la matière imposable résultant de son activité propre. Il en résulte qu'une société étrangère, membre d'une société de personnes ou d'un GIE français, peut être redevable de l'impôt français sur les sociétés par simple application des règles prévoyant l'imposition des bénéfices d'une telle société ou d'un tel groupement entre les mains de ses associés ou de ses membres, à proportion des droits qu'ils y détiennent, sans qu'il y ait lieu de rechercher si cette société étrangère dispose d'une entreprise exploitée en France au sens de l'article 209-1 du CGI (CE, 4 avril 1997, n° 144211, 8e et 9e s.-s., *Sté Kingroup, RJF,* 5/97, n° 424 et concl. F. Loloum, p. 293 ; v. ég. B. Gouthière, L'imposition des associés non-résidents des sociétés de personnes, *BF,* 8-9/97, p. 565 et s.).

C – La portée de la juridiction fiscale française

223 Une société étrangère peut exercer en France, de manière habituelle, une activité industrielle ou commerciale, notamment y posséder un établissement, et percevoir simultanément divers revenus de source française, non liés à cette exploitation, ou n'ayant pas la nature de revenus d'une activité commerciale.

Il est parfois avancé que la France applique le principe dit de « la force attractive » de l'établissement, lequel aurait pour effet de faire entrer dans la base imposable à l'impôt sur les sociétés d'une société ayant son siège hors de France l'ensemble de ses revenus ou profits trouvant leur source réelle en France, qu'ils soient ou non liés à l'activité de l'établissement, y compris ceux encaissés directement par le siège à l'étranger. Par le fait d'implanter en France un établissement, la société étrangère se placerait sans réserve, en quelque sorte, sous la souveraineté fiscale française.

Il faut en fait distinguer plusieurs situations :

Une société étrangère peut d'abord exploiter en France un établissement, et exercer parallèlement, par d'autres moyens, une activité commerciale habituelle, dont les résultats pourraient être distingués de ceux de l'établissement. En pareil cas, il est simplement fait application des dispositions de l'article 218 du CGI, selon lequel l'impôt sur les sociétés est établi sous une *cote unique* au nom de la personne morale redevable pour l'ensemble de ses activités imposables en France (cf. RM n° 18622 à M. Kroepflé, *JO,* déb. AN, 27 mai 1966 ; v. ég. CE, 21 juin 1948, *GP,* 8 octobre 1948).

La société étrangère peut ensuite exercer en France une activité commerciale par l'intermédiaire d'un établissement et, simultanément, réaliser directement des affaires à partir de son siège, sans l'intervention de l'établissement. Dans la mesure où les affaires réalisées par le siège peuvent être considérées comme ayant un caractère *détachable* des activités de l'établissement français, elles ne doivent pas être intégrées aux résultats de l'activité dudit établissement.

L'appréciation du caractère détachable ou non des activités réalisées directement par le siège est une question de fait, requérant l'examen de l'ensemble des éléments qui caractérisent l'activité propre de l'établissement, par comparaison avec la nature réelle des opérations traitées directement par le siège de la société étrangère.

Mais la société étrangère peut également percevoir, à côté des bénéfices de son exploitation commerciale en France, des produits divers d'une autre nature, tels que des produits financiers, des redevances, des revenus fonciers.

En ce qui concerne les produits financiers de source française, encaissés par une société étrangère disposant d'un établissement en France, le Conseil d'État a jugé qu'ils sont imposables dès lors qu'ils se trouvent *liés* à l'exploitation située en France, et sont attachés à des titres faisant partie de l'actif de l'entreprise exploitée en France (cf. notamment CE, 1er février 1937, *GP,* 4 mai 1937). Cette solution logique est à rapprocher de la théorie du bilan, sur laquelle se fonde la détermination du bénéfice imposable des entreprises industrielles et commerciales.

De même, les redevances de propriété industrielle ou commerciale encaissées par l'établissement, en France, d'une société étrangère, et procédant de droits inscrits à l'actif du bilan de cet établissement, entrent dans la base imposable de celui-ci. En revanche, les redevances encaissées directement par le siège de la société à l'étranger, et dépourvues de lien avec l'activité de l'établissement, ne sont pas comprises dans la base d'imposition à l'impôt sur les sociétés.

S'agissant des revenus immobiliers, la doctrine administrative conclut à l'imposition, au niveau de l'établissement, de l'ensemble des revenus de cette nature réalisés, en France, par une société étrangère, alors même que certains de ces revenus seraient afférents à un immeuble dépourvu de lien avec l'établissement industriel ou commercial, en France, de la société (cf. RM précitée à M. Kroepflé, *JO,* déb. AN, 27 mai 1966).

Cette position, cependant, procède, non pas de la mise en œuvre du principe « d'attraction » de l'établissement, mais de l'affirmation, par l'administration, de l'imposabilité des revenus immobiliers de toute nature acquis en France par les sociétés de capitaux étrangères, y compris lorsqu'elles ne disposent pas, en France, d'établissement (voir *supra,* n° 221). La règle, posée à l'article 218 du CGI, prévoyant l'application de l'impôt sur les sociétés sous une cote unique au nom de la personne morale redevable, justifie ensuite l'imposition des revenus fonciers, considérés comme imposables, acquis en France par la société étrangère, au niveau de son établissement, lorsqu'elle en possède un.

Ces données ne permettent pas d'affirmer que la juridiction fiscale française en matière d'impôt sur les sociétés prend appui sur le principe de la « force attractive » de l'établissement.

Elle tient bien davantage compte du *lien effectif* existant, le cas échéant, entre le produit encaissé par une société étrangère, et l'activité de son établissement.

Les produits ou revenus de source française encaissés par une société ayant son siège à l'étranger, non imposables à l'impôt sur les sociétés en raison de leur nature et de leur absence de lien avec l'établissement de cette société en France, peuvent être concernés, cependant, par les diverses *retenues à la source* prévues par la loi, souvent plus avantageuses pour le Trésor français, d'ailleurs, que ne le serait l'application d'un impôt sur les sociétés liquidé sur la base d'un résultat net.

D – L'incidence des conventions fiscales

224 Lorsque l'entreprise extérieure exerçant son activité en France a son siège dans un pays lié à la France par une convention fiscale, l'assujettissement à l'impôt sur les sociétés des résultats d'une telle activité dépend, non plus de la reconnaissance dans celle-ci d'une entreprise exploitée en France au sens de l'article 209-1 du CGI, mais des prescriptions de la Convention en matière d'attribution du droit d'imposer les bénéfices des entreprises.

De façon générale, la répartition conventionnelle du droit d'imposer de tels bénéfices est fondée sur le critère de l'*établissement stable*. L'entreprise étrangère exerçant une activité en France, et résidente d'un État lié à la France par convention, sera assujettie à l'impôt sur les sociétés si son activité en France offre les caractéristiques permettant d'y reconnaître la présence d'un établissement stable, au sens de la convention.

Le concept conventionnel d'établissement stable est proche du concept d'établissement, utilisé par l'administration et le juge fiscal français pour déceler l'existence d'une « entreprise exploitée en France » au sens du droit interne. Les deux notions ne sont pas pour autant superposables.

La notion conventionnelle d'établissement stable, d'abord, a une portée plus large que celle d'établissement au sens du droit interne. Elle englobe, en particulier, le cas des activités exercées par un représentant dépendant (même en l'absence d'installation fixe d'affaires), et vise, en fait, à recouvrir l'ensemble des situations dans lesquelles l'activité d'une entreprise sur le territoire de l'État autre que celui de sa résidence est suffisamment tangible pour que l'on puisse admettre que des bénéfices y trouvent leur source, justifiant le droit d'imposition de l'État d'accueil.

Surtout, la définition conventionnelle de l'établissement stable, bien que généralement proche de celle proposée par la convention modèle de l'OCDE, n'est pas absolument uniforme. C'est en fait au regard des prescriptions particulières à *chaque convention* que les entreprises doivent s'assurer de l'imposabilité des résultats de leur activité industrielle ou commerciale à l'étranger (voir *infra*, n°s 309 et s.).

225 *En l'absence d'un établissement stable* en France, une société résidente d'un État lié à la France par une convention fiscale n'est pas, en principe, passible de l'impôt sur les sociétés.

Une société de capitaux étrangère peut être toutefois assujettie à cet impôt, sans avoir réalisé en France de bénéfices d'entreprise au sens de la convention conclue avec le pays dont elle est résidente, au titre de *revenus immobiliers* de source française, dès lors que la Convention attribue le droit d'imposer de tels revenus à l'État de situation de l'immeuble, y compris dans le cas où celui-ci appartient à une entreprise.

L'exclusion du droit, pour la juridiction fiscale française, d'imposer les bénéfices réalisés en France par une entreprise étrangère n'y possédant pas d'établissement stable, au sens d'une convention fiscale, ne fait pas obstacle, de façon générale, à l'application de l'impôt à des revenus de source française n'ayant pas la nature de bénéfices d'entreprise, et à propos desquels la convention concernée reconnaît un droit d'imposition à l'État de la source. Ces revenus (dividendes, intérêts, redevances, notamment) sont en général taxés par voie de retenue à la source.

Une société étrangère, *associée d'une société de personnes française* ou membre d'un GIE français, peut être d'autre part, sauf disposition conventionnelle particulière, redevable de l'impôt français sur les sociétés au titre de la fraction des résultats de cette société ou de ce groupement qui lui reviennent compte tenu de sa participation, sans qu'il y ait lieu de s'interroger sur la présence ou l'absence d'un établissement stable, les revenus imposables étant alors ceux provenant de l'activité propre de la société de personnes ou du groupement, disposant d'une personnalité fiscale, et non ceux provenant de l'activité de la société étrangère (voir *supra,* n° 222).

226 *En présence d'un établissement stable,* d'une société résidente d'un pays lié à la France par convention fiscale, l'étendue de la juridiction fiscale française à l'égard de cette société peut être également affectée par les prescriptions conventionnelles.

2 – Entreprises dont le siège est situé en France

227 Appliqué au cas des sociétés françaises, l'article 209-1 du CGI a pour effet de limiter le champ d'application de l'impôt sur les sociétés aux seuls bénéfices de leurs exploitations situées sur le territoire français.

Ce texte exprime alors le *principe de territorialité* de l'impôt sur les sociétés, qui, en même temps qu'il soustrait à la juridiction fiscale française les bénéfices réalisés par les sociétés françaises dans des « entreprises exploitées » hors de France, a pour effet d'exclure, en règle générale, la prise en compte des charges ou pertes liées à ces exploitations extérieures, en vue de la détermination de la base imposable en France.

Le régime de droit commun d'imposition des sociétés françaises assujetties à l'impôt sur les sociétés s'accommode cependant d'aménagements au principe de territorialité, justifiés par des considérations de politique économique, ou par le souci de lutter contre la fraude et l'évasion fiscales internationales.

Quelques grandes sociétés françaises relèvent toutefois d'un régime d'imposition entièrement dérogatoire au régime de droit commun. Elles se trouvent imposées sur la base de leur bénéfice mondial ou consolidé, dans les conditions prévues par l'article 209 *quinquies* du CGI, procédant d'une conception de la juridiction fiscale opposée à celle que fonde le principe de territorialité.

A – Régime de droit commun

La délimitation de la base imposable des sociétés françaises ayant une activité internationale implique, dans le cas général d'application du régime de droit commun de l'impôt sur les sociétés, un partage entre les résultats de la société imputables à son exploitation sur le territoire français, et ceux imputables à ses « entreprises exploitées » hors de France.

1 – Les bénéfices des entreprises exploitées hors de France

228 Par principe, les critères de « l'entreprise exploitée » hors de France sont identiques à ceux qui permettent d'identifier « l'entreprise exploitée » en France par une société étrangère.

On admet ainsi que les bénéfices extérieurs réalisés par une société ayant son siège en France échappent à l'impôt sur les sociétés dès lors qu'ils sont imputables à l'exercice habituel d'une activité industrielle ou commerciale hors de France (à l'étranger, ou dans un territoire d'outre-mer, ou une collectivité d'outre-mer à statut particulier).

Un tel exercice est constaté lorsque les bénéfices extérieurs sont imputables à l'activité d'un établissement (au sens et selon les critères précédemment exposés) situé hors de France, à celle d'un représentant dépourvu de personnalité propre, ou encore, lorsqu'ils résultent de la réalisation, hors de France, d'un cycle commercial complet, détachable de l'activité accomplie en France.

2 – Les bénéfices rattachables à l'exploitation française

229 Sont en revanche rattachables à l'exploitation française et, de ce fait, imposables à l'impôt sur les sociétés, les bénéfices des exportations réalisées sans le support de relais extérieurs (tels que succursales, bureaux, installations permanentes diverses) dotés d'une réelle autonomie, ou encore par l'intermédiaire de professionnels indépendants (courtiers, commissionnaires, représentants indépendants à l'étranger).

De même, les opérations isolées ou occasionnelles, réalisées à l'étranger en l'absence d'établissement, ou d'un représentant dépendant, et non constitutives d'un cycle commercial complet, doivent être rattachées à l'exploitation française de la société qui les effectue.

La réalisation d'un *cycle commercial complet hors de France* ne constitue pas toujours, cependant, à elle seule, un critère décisif de l'entreprise exploitée hors de France.

Les opérations effectuées à l'étranger *qui ne se détachent pas,* par leur nature ou leur mode d'exécution, des autres opérations de l'entreprise effectuées en France, ne sont pas en effet considérées comme constitutives de l'exercice habituel, hors de France, d'une activité commerciale. Il en est ainsi des opérations d'achats, suivis de reventes, hors de France, qui sont décidées, traitées et contrôlées par le siège en France de l'entreprise (cf. RM à M. du Halgouët n° 10422, *JO,* déb. AN, 20 novembre 1964 ; v. ég., par ex., CE, 3 mars 1976, n° 98680, *BODGI,* 4-A-14-76).

Le Conseil d'État a nettement confirmé cette solution, en jugeant imposables à l'impôt sur les sociétés les bénéfices retirés, par une société française, de la vente en gros en Afrique de vins achetés hors de France, dès lors que ces opérations, matériellement exécutées hors de France, étaient juridiquement décidées et financièrement traitées en France, par le siège de l'entreprise (CE, 14 mars 1979, n° 7098, *DF,* 1979, n° 17-18, comm. 877, et 1980, n° 9, comm. 47, concl. Rivière).

De même, une société exerçant en France une activité de négoce de marbre est imposable au titre des bénéfices procurés par la vente en Arabie Saoudite de produits de marbres ouvragés achetés hors de France, dès lors que, si ces opérations commerciales ont été matériellement exécutées à l'étranger, l'intégralité des tâches de direction et de gestion y afférentes étaient effectuées en France, où la société a son siège social et son seul établissement, les opérations concernées ne pouvant être regardées comme détachables de l'activité exercée en France et n'étant pas constitutives d'un cycle commercial complet à l'étranger (CE, 4 juillet 1997, n° 146930, 9e et 8e s.-s., *SA Marbrek, DF,* 1997, n° 44, comm. 1153, concl. Goulard, *RJF,* 8-9/97, n° 770).

Cette jurisprudence met en évidence l'indispensable caractère d'autonomie que doit offrir l'activité extérieure d'une société française, pour être assimilée à une « entreprise exploitée » hors de France.

3 – Les bénéfices de ventes internationales d'ensembles industriels

230 Les considérations territoriales sont sollicitées d'une manière spécifique, en vue de délimiter le champ d'application de la juridiction fiscale française en matière d'impôt sur les sociétés, dans le cas des opérations internationales complexes que constituent les ventes d'ensembles industriels (ou ventes d'*usines clés en mains*).

Appliqués à ces opérations, qui font intervenir une succession de prestations et d'actes divers (études, achats et fournitures de matériels, chantier de construction et de montage, formation de personnel, assistance technique, etc.), les critères traditionnels de l' « entreprise exploitée » hors de France ou en France perdent, il est vrai, une partie de leur pertinence.

À propos de la vente « clés en mains », par une société française, d'une usine de verrerie à l'Indonésie, le Conseil d'État a d'abord jugé que la construction (exécutée en sous-traitance) et l'équipement d'un tel ensemble industriel ne constituaient pas, pour la société française, l'exercice habituel à l'étranger d'une activité commerciale détachable de son activité en France, et que les prestations d'assistance technique fournies ultérieurement devaient être regardées comme une extension occasionnelle de son activité, ne justifiant pas l'exclusion de la base imposable en France des profits qui s'y trouvaient attachés (CE, 3 avril 1968, n° 70822, *DF,* 1968, n° 18, comm. 659).

Cette méthode, consistant à prendre en considération le caractère non détachable, occasionnel ou accessoire, d'opérations extérieures, par rapport à l'activité habituelle et principale, permettait d'assurer l'unité de traitement fiscal de l'ensemble des profits attachés aux opérations complexes telles que les ventes d'ensembles industriels ou les grands chantiers.

Le juge fiscal l'a appliquée à d'autres affaires litigieuses, y compris lorsque l'examen des faits conduisait à situer à l'étranger le lieu d'exercice de l'activité commerciale habituelle ou principale, et donc à soustraire à la juridiction fiscale française certains actes ou opérations accessoires réalisés en France (cf., à propos de la vente de centrales électriques au Pérou, CE, 6 décembre 1972, n° 85177, *BODGI,* 4-H-2-74, et de la réalisation d'un chantier de construction à Monaco ; CE, 29 mars 1978, n° 4883, *DS,* 1978, 573, note G. Tixier).

Cette approche a été remise en cause par une décision du 23 juin 1978 (n° 99 444, *JCP, éd. CI,* 1978-I-7337), relative au traitement fiscal applicable aux résultats d'une opération de vente, par une société française, d'un ensemble industriel à la Roumanie, assortie de prestations diverses.

Rompant avec la méthode de la « non-détachabilité », et s'inspirant de solutions prévues par certaines conventions fiscales, le juge fiscal admit alors le principe d'une *ventilation* des résultats en fonction du lieu de réalisation effective des opérations en cause, conduisant à l'exclusion de la base imposable en France de la fraction du bénéfice d'ensemble imputable aux opérations matériellement effectuées à l'étranger.

La portée de cette décision est longtemps demeurée incertaine. Il est désormais clair qu'il s'agissait d'une décision de principe, confirmée à plusieurs reprises, notamment à propos de livraisons à l'étranger de raffineries de pétrole (CE, 17 mai 1989, n° 34380, 9e et 8e s.-s., *Procofrance, RJF,* 7/89, n° 815, concl. Mme Liebert-Champagne ; CE, 11 juillet 1991, n° 57391, 7e et 9e s.-s., *Sté française des techniques Lummus, RJF,* 10/91, n° 1208), et constituant un tournant important dans la détermination de la portée de la juridiction fiscale française en matière d'impôt sur les sociétés.

L'arrêt du 23 juin 1978 marquait en effet, pour le cas des ventes d'usines « clefs en mains », un clair abandon des critères de l'établissement stable et du cycle commercial complet, auxquels il substituait celui du *lieu d'exercice des prestations.* On a vu que cette décision était par ailleurs mise au service de la juridiction fiscale française, lorsqu'il s'agit d'asseoir son droit d'imposition sur les bénéfices des prestations utilisées en France, imputables à une société ou un organisme étranger (voir *supra,* n° 218).

Selon l'opinion de commissaires du gouvernement qui ont eu à se pencher sur le traitement fiscal des ventes d'usines clés en mains, cette jurisprudence, privilégiant une approche strictement matérielle, ou mieux, géographique, du principe de territorialité, ne vaudrait cependant que pour le cas d'opérations réalisés par des entreprises *travaillant exclusivement à l'exportation* (cf. concl. Fabre sous CE, 30 avril 1980, n° 3761, *JCP, éd. CI,* 1981, n° 13, I-9583, n° 3, chr. Castagnède et concl. Mme Liebert-Champagne sous CE, 17 mai 1989, préc.).

Elle n'est pas expressément retenue, cependant, dans les décisions du juge fiscal, non plus que dans la doctrine administrative qui, se référant à l'arrêt du 23 juin 1978, expose de façon générale que « dans le cas de la livraison à l'étranger d'une usine « clefs en mains » par une société française, le bénéfice correspondant à l'ensemble des opérations effectivement réalisées sur place dans le pays d'implantation de l'usine ne doit pas être pris en compte pour la détermination du résultat imposable en France à l'impôt sur les sociétés » (*DB,* 4H 1414, n° 32 du 1er mars 1995 ; v. ég. *DB,* 4H 1413, n° 19).

S'agissant de l'identification des prestations réalisées, respectivement, en France et à l'étranger, il ressort de la jurisprudence rapportée que les travaux de construction de bâtiments et de montage des machines, ainsi que la formation dans le pays étranger des personnels chargés du fonctionnement de l'usine, doivent être regardées comme des opérations réalisées dans le pays d'implantation. Il en est de même des opérations de mise en service, essais et assistance technique pendant la période de démarrage. Les travaux d'ingénierie faits en France, l'achat ou la fabrication des matériels exportés, en revanche, se rattachent normalement à l'activité en France. Les considérations de fait, cependant, occupent une place importante dans la répartition à opérer, notamment en ce qui concerne les opérations de financement, celles relatives à l'exportation des matériels, ou celles relatives aux prestations d'études complémentaires.

La détermination de la part des bénéfices provenant des opérations réalisées, respectivement, en France et à l'étranger, peut d'autre part présenter des difficultés. Le Conseil d'État admet qu'à défaut de méthode permettant d'évaluer le taux de marge bénéficiaire par nature d'opération, il puisse être fait recours à une détermination forfaitaire de la part de bénéfices rattachable à l'activité française, ou à l'activité étrangère, telle que la ventilation des bénéfices en fonction de la répartition des dépenses, dès lors que la méthode utilisée comporte une analyse précise et individualisée des composantes de chaque marché (cf. CE, 17 mai 1989 et CE, 11 juillet 1991, préc.).

4 – Autres revenus internationaux

231 Les revenus internationaux des sociétés françaises n'ayant pas le caractère de bénéfices d'exploitation échappent à la juridiction fiscale française s'ils sont rattachables à un établissement de l'entreprise à l'étranger, essentiellement s'ils procèdent de droits ou de biens inscrits à l'actif du bilan d'un tel établissement.

Dans les autres cas, ces revenus internationaux, revenus immobiliers (cf. *DB,* 4H 1413, n° 28 du 1er mars 1995), redevances de propriété industrielle ou commerciale (cf. CE, 3 novembre 1947, *JCP,* 1948.4553 ; 6 avril 1949, n° 95254, *RO,* p. 166), produits financiers, constituent des recettes qui ne sauraient être détachées de celles que l'entreprise retire de son activité en France, et sont donc normalement imposables à l'impôt sur les sociétés.

5 – L'incidence des conventions fiscales

232 Dans le cas où l'entreprise française exerce son activité dans un pays lié à la France par une convention fiscale, la détermination de la juridiction fiscale française devra prendre en compte les prescriptions de la convention. En règle générale, les bénéfices de l'activité exercée dans le pays étranger ne seront pas imposables en France si l'entreprise dispose dans le pays étranger d'un *établissement stable,* au sens de la Convention. Ils pourraient l'être, toutefois, si la Convention l'autorise, dans le cas où ces bénéfices ne seraient pas exempts de l'impôt sur les sociétés en application de la législation fiscale française, la double imposition étant alors évitée par l'octroi d'un crédit d'impôt (voir *infra,* n° 340).

Les conventions fiscales, par ailleurs, précisent la portée de la juridiction fiscale du pays d'accueil d'un établissement stable et, par voie de conséquence, celle du pays de résidence de la société.

Elles précisent également les conditions dans lesquelles la France pourra exercer un droit d'imposition à l'égard de revenus, autres que des bénéfices d'entreprises, trouvant leur source dans l'État cocontractant.

B – Régimes dérogatoires

1 – Dérogations partielles

233 Un certain nombre d'aménagements ou d'exceptions ont été apportés par le législateur aux règles communes de territorialité de l'impôt sur les sociétés, soit pour stimuler les implantations extérieures des entreprises françaises (cf. l'ancien régime des *provisions pour implantations à l'étranger,* supprimé par la loi de finances rectificative pour 2003 n° 2003-1312 du 30 décembre 2003, v. *infra,* n°s 515 et s.), soit pour prévenir ou réprimer la fraude ou l'évasion fiscale internationale, notamment lorsqu'elle prend appui sur un usage abusif des « paradis fiscaux » (cf., principalement, le régime prévu à l'article 209 B du CGI, exposé *supra,* n°s 111 et s.). Ces dispositions n'ont pas pour effet de remettre en cause, en tant que fondement de la juridiction fiscale française en matière d'impôt sur les sociétés, le principe de territorialité, auquel elles apportent ou ont apporté des dérogations à caractère de dépenses fiscales (régime des provisions) ou de pénalisation fiscale (art. 209 B).

Ces dispositions dérogatoires témoignent en fait de l'inadaptation du principe de territorialité aux conditions actuelles de l'activité des entreprises. Ce principe s'avère pénalisant au regard des exigences de déploiement international, ou plus simplement européen, des entreprises françaises, qui se heurtent à l'impossibilité de principe d'une compensation entre leurs charges ou pertes extérieures et leurs bénéfices intérieurs.

En ce qui concerne la lutte contre l'évasion fiscale au sein de l'espace communautaire, en particulier par recours abusif aux régimes fiscaux privilégiés, le maintien d'un régime commun fondé sur la territorialité a de même conduit à recourir à des dispositions dérogatoires prenant appui sur de discutables présomptions d'évasion fiscale (cf. le régime précité de l'article 209 B, et sa réforme, *supra,* n°s 111 et s.).

La territorialité de l'IS, par ailleurs, a longtemps maintenu les administrations fiscales, jusqu'à l'adoption de l'article L 13 B du *LPF* (voir *supra,* n°s 86 et s.), dans une ignorance regrettable des conditions d'exercice de leur activité par les entités dépendantes de groupes internationaux.

2 – Le régime du bénéfice consolidé

234 Pour permettre aux plus grandes entreprises françaises engagées dans des activités internationales d'échapper au handicap d'un cloisonnement excessif de leurs résultats, une loi du 22 juillet 1965 a cependant prévu le droit, pour les sociétés françaises assujetties à l'impôt sur les sociétés, de solliciter une imposition sur la base de leur bénéfice mondial ou de leur bénéfice consolidé.

Selon ce texte, codifié à l'article 209 *quinquies* du CGI, les sociétés françaises agréées à cet effet par le ministre de l'Économie et des Finances, peuvent retenir l'ensemble des résultats de leurs exploitations directes et indirectes, qu'elles soient situées en France ou à l'étranger, pour l'assiette des impôts établis sur la réalisation et la distribution de leurs bénéfices.

Le régime d'imposition fondé sur le principe posé à l'article 209 B a été précisé par décret, et à plusieurs reprises modifié (voir notamment le décret n° 91-1265 du 16 décembre 1991, et son commentaire dans *DF,* 1992, n° 11, p. 501, « La modernisation des régimes du bénéfice consolidé et du bénéfice mondial ». Voir également l'instruction du 16 mars 1995, *BOI,* 4-H-4-95, et le décret n° 97-1227 du 26 décembre 1997, *DF,* 1998, n° 3, comm. 28).

Le dispositif actuellement applicable privilégie l'imposition sur la base du *bénéfice consolidé.* Les sociétés admises au bénéfice de ce régime, sont imposées sur la base des résultats de leurs exploitations directes (succursales), comme indirectes (filiales), hors de France et en France.

Une société pourrait toutefois solliciter un agrément pour le régime d'imposition d'après le *bénéfice mondial.* En ce cas, elle serait taxée, dans des conditions comparables à celles applicables aux entreprises de nombreux pays industrialisés, sur une base comprenant, outre les résultats de leur exploitation en France, ceux de leurs exploitations directes (succursales) à l'étranger.

Dans les deux cas, les impôts comparables à l'impôt sur les sociétés acquittés à l'étranger (ou en France, dans le cas des filiales françaises), au titre des bénéfices des exploitations qui s'y trouvent situées, viennent en déduction, sous certaines conditions, de l'impôt sur les sociétés dû, en France, au titre des résultats mondiaux ou consolidés de la société agréée.

235 L'*agrément* au régime du bénéfice consolidé, qui doit être sollicité auprès de la Direction de la législation fiscale (bureau B1), est accordé pour une période de cinq ans, renouvelable par période de trois ans. Le régime est irrévocable pendant la durée de validité de l'agrément, sauf retrait de celui-ci par l'administration en cas d'abus de la part des sociétés concernées.

L'agrément, généralement regardé comme discrétionnaire, peut être subordonné à des conditions particulières, dont le respect est bien entendu sujet à contrôle de l'administration. En pratique, le régime dérogatoire concerne une dizaine d'entreprises françaises à vocation exportatrice, ou engagées dans l'activité pétrolière.

236 La décision d'agrément fixe le *périmètre de consolidation* des résultats qui seront imputables à la société agréée.

Celui-ci comprend d'abord toutes les *exploitations directes* (succursales, notamment) de la société agréée situées hors de France (et seulement celle-ci, en cas d'agrément au régime du bénéfice mondial, peu usité en pratique).

Il comprend également les *exploitations indirectes* françaises et étrangères soumises à un régime de sociétés de personnes : parts d'intérêts dans des sociétés en participation ou sociétés de personnes et sociétés assimilées, sans exigence d'un pourcentage minimum de participation.

Il comprend en outre les *sociétés de capitaux françaises et étrangères* dans lesquelles la société agréée détient directement ou indirectement au moins 50 % des droits de vote. La détention indirecte, ici, s'apprécie par multiplication des taux de participation entre eux (une société étrangère Z, contrôlée à 80 % par une société française filiale à 80 % de la société agréée au régime du bénéfice consolidé, entre dans le périmètre de consolidation, étant indirectement détenue à 64 % par la société agréée). Des dérogations à la règle de pourcentage minimum peuvent être accordées, notamment dans le cas où la législation de l'État où se trouve implantée une exploitation indirecte de la société agréée interdit la détention de plus de 49 % des actions d'une société domestique par des personnes ou sociétés étrangères.

Depuis le décret de 1991, l'agrément peut autoriser l'option pour le régime d'intégration fiscale.

Les sociétés agréées au régime du bénéfice consolidé et celles incluses dans le périmètre de consolidation relèvent de la Direction des grandes entreprises (DGE) créée par l'arrêté du 13 décembre 2000.

237 Pour la *détermination du résultat consolidé,* la société agréée doit faire la somme algébrique de ses propres résultats, des résultats de ses exploitations directes, françaises et étrangères, et des résultats des filiales françaises et étrangères retenues dans le périmètre de consolidation, dans la proportion des droits à dividendes qu'elle détient dans ces dernières.

En ce qui concerne ses *exploitations étrangères,* directes ou indirectes, la société agréée doit établir un *bilan de départ* pour le premier exercice d'application du régime dérogatoire. Les éléments y figurant doivent être retenus pour la valeur exprimée en monnaie locale qu'ils avaient au regard de la législation fiscale française.

Ensuite, le bénéfice de l'établissement ou de la filiale est calculé à partir des bilans d'ouverture et de clôture de la période d'imposition, d'après les règles fixées par le Code général des impôts français, à l'exception de celles dont l'application ne peut être admise que sur le territoire national.

Le régime implique ainsi la *reconstitution des résultats* des exploitations étrangères en application de la législation fiscale française, notamment en matière d'imposition des plus-values, de calcul des amortissements, d'application du régime des sociétés mères et filiales. Ne sont pas applicables, en revanche, les dispositions de la loi française en matière de provisions pour hausse des prix, risques afférents aux opérations de crédit à moyen et long terme, risques afférents aux opérations de crédit à moyen terme résultant de travaux ou ventes à l'étranger, d'amortissements exceptionnels, comme les dispositions dont l'application est subordonnée à l'obtention d'un agrément ou au respect d'engagements qui ne peuvent être pris s'agissant de sociétés étrangères (application des articles 210 A et 210 B, notamment).

Les *déficits* subis par l'exploitation étrangère antérieurement à son entrée dans le périmètre de consolidation ne sont jamais reportables sur les résultats pris en compte pour le calcul du résultat consolidé. Les déficits constatés au titre des exercices dont les résultats sont pris en compte dans le résultat consolidé ne sont pas reportables sur les résultats des exercices ultérieurs.

Les plus-values ou moins-values de cession d'éléments de l'actif immobilisé *entre exploitations étrangères* ne sont pas prises en compte dans le résultat consolidé.

Le résultat de chacune des exploitations étrangères, déterminé selon les règles du Code général des impôts français, est converti en *euros* selon le taux de change en vigueur à la date de la clôture de l'exercice.

Les *filiales françaises* de la société agréée sont soumises à l'impôt sur les sociétés et paient cet impôt, qui s'impute ensuite sur l'impôt consolidé. Leurs résultats, tels que retenus pour leur imposition à l'impôt sur les sociétés (résultat de droit commun ou résultat d'ensemble du groupe que la filiale a constitué), sont pris en compte dans le résultat consolidé pour une quote-part correspondant aux droits à dividende de la société agréée.

Le résultat consolidé ainsi obtenu fait l'objet de certaines rectifications, concernant les déficits et moins-values à long terme des sociétés françaises, certains profits et pertes de change, les opérations formant double emploi.

238 *Imposition du résultat consolidé.* Lorsqu'il est positif, le résultat consolidé fait l'objet d'une imposition au taux normal de l'impôt sur les sociétés. En vue d'éviter les doubles impositions, la société agréée peut toutefois imputer sur l'impôt ainsi calculé, sous certaines conditions et limites, les impôts payés par les exploitations directes étrangères, comme ceux payés par les exploitations indirectes étrangères et françaises afférents à la part des résultats prise en compte dans le résultat consolidé.

Le *déficit* consolidé est reportable sur le bénéfice consolidé sur l'exercice suivant, ou à défaut et successivement sur les exercices suivants jusqu'au cinquième exercice qui suit l'exercice déficitaire, sous réserve de limites particulières concernant le montant du déficit correspondant aux amortissement réputés différés. La société agréée peut également bénéficier, sous certaines limites, du régime de report en arrière des déficits (CGI, art. 220 *quinquies*).

Les *plus-values ou moins-values nettes à long terme* réalisées au titre d'un exercice par la société agréée et ses exploitations directs et indirectes étrangères font l'objet d'une compensation générale. Si le résultats consolidé est positif, la plus-value nette à long terme consolidée est ajoutée à ce résultat pour une partie de son montant égale au produit de la plus-value nette à long terme consolidée par le rapport entre le taux réduit d'imposition des plus-values à long terme et le taux normal de l'impôt sur les sociétés (19/33, 1/3). La moins-value nette à long terme consolidée ne peut être imputée que sur les plus-values nettes à long terme réalisées au cours des dix exercices suivants.

239 *Règles d'imputation.* Après détermination de l'impôt brut correspondant au résultat consolidé, la société agréée procède à l'imputation des impôts payés par les exploitations directes étrangères et par les exploitations indirectes étrangères et françaises.

Les *impôts étrangers imputables,* sont nécessairement des impôts de quotité, versés à titre définitif et sans contrepartie, exprimés en unité monétaire (sous réserve d'exceptions en faveur des entreprises pétrolières, pour le cas de contrats de partage-production), assis sur un résultat fiscal (et non sur une base forfaitaire), non déductibles de l'assiette fiscale. Il s'agit des impôts qui frappent à la fois la *réalisation* et la *distribution* des bénéfices (s'ils sont, dans ce dernier cas, prévus par les conventions internationales en vigueur).

L'impôt étranger est imputable dans la même *proportion* que celle retenue pour la consolidation des résultats de l'exploitation indirecte concernée pour l'exercice au titre duquel cet impôt a été acquitté.

Les sommes à imputer sont *limitées,* pour chaque État ou territoire dans lequel la société agréée possède des exploitations dont les résultats sont pris en compte dans le résultat consolidé, au *montant de l'impôt français* qui frapperait le *résultat* de ces exploitations, tel que *reconstitué* après application des règles fiscales françaises. La règle du butoir ainsi prévue comporte une limitation *État par État* des sommes imputables, pour le calcul de laquelle doit être faite la somme algébrique des résultats des exploitations situées dans le même État. La limitation s'applique exercice par exercice.

La fraction des impôts payés par les exploitations étrangères qui excède la limite indiquée est reportable sur les cinq exercices suivants et imputable après les impôts payés au titre de chacun de ces exercices, dans la limite du même butoir.

Les *impôts imputables au titre des exploitations indirectes françaises* sont, dans la proportion retenue pour la consolidation des résultats, l'*impôt sur les sociétés* payé par chacune d'elles, les *crédits d'impôt et l'imposition forfaitaire annuelle* (IFA) admis en paiement de l'impôt sur les sociétés. L'imputation, initialement prévue, des *avoirs fiscaux,* et du *précompte* payé sur les distributions de bénéfices compris dans le résultat consolidé, n'a plus d'objet depuis la réforme du régime fiscal des distributions (loi de finances pour 2004, v. *supra,* n° 151 et *infra,* n°s 403 et s., n° 483, n° 499). L'imputation pourrait toutefois intervenir pour l'application du prélèvement exceptionnel intéressant les distributions mises en paiement en 2005.

240 Antérieurement à la réforme visée, dans le cadre du régime consolidé, le précompte n'était pas appliqué sur les distributions effectuées à la société agréée et prélevées sur des bénéfices compris dans le résultat consolidé, par une exploitation indirecte dont les résultats étaient pris en compte pour 95 % au moins de leur montant dans le résultat consolidé ; en ce cas, aucun précompte n'était imputable sur l'impôt consolidé, même si un précompte était dû au titre des distributions à des associés autres que des exploitations indirectes comprises dans le périmètre de consolidation (règle issue du décret du 16 décembre 1991, restreignant les cas d'exonération du précompte ; cf. instr. préc. du 16 mars 1995, n° 133).

241 L'imputation des impôts sur l'impôt consolidé est faite dans l'*ordre* suivant :

— fraction des prélèvements fiscaux effectués hors de France ;
— fraction des crédits d'impôt (anciennement, des avoirs fiscaux) et de l'imposition forfaitaire annuelle admis en paiement de l'impôt sur les sociétés payé par les filiales françaises ;
— fraction de l'impôt sur les sociétés payé par ces filiales afférent aux bénéfices compris dans le résultat consolidé ;
— (intervenait ensuite, avant la réforme du régime des distributions, l'imputation de la fraction du précompte payé à raison de la distribution de bénéfices compris dans le résultat consolidé).

242 Les *impôts étrangers imputables mais non imputés* du fait de l'insuffisance de l'impôt consolidé sont *reportables* et imputables sur l'impôt consolidé des cinq exercices suivants. Lorsque le régime du bénéfice consolidé cesse de s'appliquer, les impôts étrangers non encore imputés sont définitivement perdus.

Les *impôts français non imputés* sont *restituables* à la société agréée, à l'exclusion des crédits d'impôt non restituables en application d'une disposition de la loi.

243 Le régime du bénéfice consolidé assure aux groupes français qui y sont agréés les avantages de l'imputation des pertes étrangères sur les résultats français et d'une meilleure sécurité fiscale au regard des opérations de transfert intragroupe. La réforme du régime des distributions lui a fait perdre l'avantage relatif antérieur d'un élargissement des distributions en franchise de précompte.

Il requiert, de la part des sociétés tentées d'en bénéficier, un délicat exercice de planification fiscale comparée, dans lequel la prévision des résultats économiques nationaux et étrangers tient une place déterminante.

Examiné par le groupe « Code de conduite », le régime du bénéfice consolidé n'a pas été retenu au nombre des mesures fiscales dommageables. Sa compatibilité avec le droit communautaire prête toutefois à discussion (cf. Maurice-Christian Bergerès, Des fissures dans le régime du bénéfice mondial consolidé, *DF,* 2005, n° 13, p. 638 et s.).

À certains égards, il constitue en fait, dans le contexte d'une économie largement internationalisée, un régime fiscal d'avant-garde, susceptible d'inspirer à l'avenir d'autres juridictions fiscales, notamment en vue d'un rapprochement des conditions d'imposition des sociétés exerçant leur activité dans le cadre du marché unique européen.

La bonne articulation du régime du bénéfice consolidé aux prescriptions des conventions fiscales, en revanche, pourrait justifier une adaptation de certaines d'entre elles. L'arrêt du Conseil d'État du 28 juin 2002 *SA Schneider,* précité n° 112, introduit à cet égard une contradiction potentielle entre le régime du bénéfice consolidé et les dispositions conventionnelles reproduisant celles de l'article 7 de la convention modèle OCDE.

Chapitre 5

Les conventions fiscales internationales

Les conventions fiscales internationales ont pour objet principal l'élimination des doubles impositions juridiques, qu'elles poursuivent au moyen d'un partage des compétences entre les juridictions fiscales concernées. Mais les traités fiscaux assurent parallèlement des garanties complémentaires, aux administrations, d'abord, dont elles peuvent prévoir la coopération, aux contribuables ensuite. Le cadre juridique des conventions fiscales détermine les conditions dans lesquelles leurs prescriptions peuvent être invoquées par les opérateurs internationaux.

SECTION 1 – LE CADRE JURIDIQUE DES CONVENTIONS FISCALES

Les conventions fiscales internationales obéissent au droit commun des traités. Elles offrent cependant quelques traits particuliers, au point de vue de leur élaboration, comme de leur application.

1 – L'élaboration des conventions fiscales

L'élaboration des conventions fiscales comporte les étapes classiques de la négociation, de la signature, de la ratification et de la publication.

244 *Négociation.* L'initiative de la négociation d'une convention fiscale a souvent pour origine la demande d'opérateurs internationaux, confrontés à des obstacles d'ordre fiscal dans le développement de leurs activités à l'étranger.

Une fois décidée, la négociation est conduite, dans le cas de la France, par des agents du ministère des Finances, relevant, en l'état actuel de l'organisation de cette administration, de la direction de la législation fiscale. Ceux-ci s'entourent des avis des autres administrations intéressées, et des milieux professionnels. Le paraphe du chef de délégation marque l'achèvement de l'élaboration technique de l'accord.

245 *Signature.* La signature de la convention vient authentifier l'accord intervenu entre les négociateurs. Elle est effectuée par une autorité munie, à cet effet, des pleins pouvoirs (ambassadeur, ministre ou secrétaire d'État). La date et le lieu de la signature permettront l'identification de la convention. Mais celle-ci ne pourra acquérir de force obligatoire, au plan international, qu'au terme de la procédure de ratification.

246 *Ratification.* Les conventions fiscales signées par la France sont ratifiées ou approuvées. La ratification proprement dite est l'œuvre du président de la République. Elle intervient en principe lorsque les dispositions constitutionnelles applicables dans l'État cocontractant prévoient l'intervention du chef de l'État dans la procédure d'élaboration du traité, et que la tradition d'une procédure de ratification s'est établie dans les relations entre les États concernés. La plupart des conventions fiscales font l'objet d'une simple approbation par le ministre des Affaires étrangères.

Mais l'approbation, comme la ratification d'une convention fiscale supposent une autorisation préalable du Parlement. Les conventions fiscales sont en effet au nombre des traités qui « modifient les dispositions de nature législative, ou qui engagent les finances de l'État », visés par l'article 53 de la Constitution. Conformément à ce texte, les assemblées parlementaires se trouvent donc conduites à voter une loi portant autorisation de l'approbation, ou de la ratification du traité fiscal sans pouvoir, d'ailleurs, apporter de modifications au texte paraphé et signé.

Les États signataires doivent procéder à l'échange des instruments de ratification. En pratique, chacun notifiera à l'autre qu'en ce qui le concerne, les opérations de ratification ont été accomplies.

247 *Publication.* Entré en force juridique au regard du droit international après l'échange des instruments de ratification, le traité ne peut recevoir d'application effective, en droit français, qu'après son introduction dans l'ordre juridique national. Celle-ci est assurée, conformément aux prescriptions du décret n° 53-192 du 14 mars 1953, par la formalité de la publication, par voie de décret, au *Journal officiel* de la République française.

248 *Actes diplomatiques secondaires.* La procédure d'élaboration du traité fiscal est également applicable à des actes diplomatiques d'importance moindre, pris pour compléter ou modifier le document principal :

Les *protocoles* sont, en matière fiscale, fréquemment négociés et signés en même temps que le traité. Ils regroupent des dispositions destinées à interpréter ou à préciser les conditions d'application de certaines clauses conventionnelles.

Les *avenants* ont pour objet de modifier ou d'abroger certaines dispositions d'un traité dont l'économie générale peut être conservée, mais qui doit être adapté aux évolutions législatives intervenues dans l'un ou l'autre des États signataires.

249 *Mesures d'application.* La mise en œuvre pratique d'une convention fiscale requiert souvent l'intervention de mesures d'application.

Certaines de ces mesures, élaborées conjointement par les représentants des deux administrations concernées, constituent des dispositions contractuelles non détachables de la convention. Elles sont généralement prévues par le traité lui-même, et conditionnent l'application effective de certaines de ses stipulations. De tels *arrangements* bilatéraux, encore intitulés, selon leur objet précis, *accords de procédure,* ou *règlements d'application,* ont valeur d'actes internationaux. Leur entrée dans l'ordre juridique interne est subordonnée à leur publication au *Journal officiel.* À défaut, ils ne sauraient recevoir de sanction juridique, et les clause conventionnelles pour l'application desquelles ils ont été négociés se trouveraient privées d'effet, à moins que le juge fiscal ne les estime directement applicables, en l'absence de toute mesure complémentaire (v. CE, 18 juin 1980, n° 20094, chronique B. Castagnède, *JCP, éd. CI,* 1981, 9583).

Les mesures d'application adoptées unilatéralement par l'administration de l'un des États contractants ne sont évidemment pas assujetties à la procédure diplomatique. Non nécessaires à la mise en œuvre de la convention, elles font l'objet, dans le cas français, d'une simple publication au *Bulletin officiel des impôts.*

250 Il n'est pas rare, d'autre part, que la clarification d'une question posée par l'application d'une convention s'effectue par la voie d'un *échange de lettres* entre les représentants des deux États qui, par la reprise en des termes identiques de l'analyse commune à laquelle sont parvenues les administrations compétentes, constatent ainsi un accord contractuel par correspondance.

2 – L'application des conventions fiscales

Le bon usage, par les opérateurs internationaux, des conventions fiscales suppose la connaissance des conditions auxquelles leurs dispositions peuvent être invoquées, ainsi que de la portée juridique qui s'y attache.

A – Les conditions d'application des conventions fiscales

L'applicabilité d'une convention fiscale est subordonnée à des conditions de temps, de lieu, de personne, et de nature de l'impôt en cause.

1 – L'application dans le temps des conventions fiscales

251 L'application dans le temps des conventions fiscales soulève trois ordres de problèmes : ceux relatifs à la date d'entrée en vigueur du traité fiscal, ceux relatifs à la date à compter de laquelle les différentes clauses du traité produisent leurs effets, ceux touchant, enfin, à la cessation d'effet du traité.

252 Les conventions fiscales comportent en règle générale un article relatif à leur *entrée en vigueur.* Il prévoit une date générale d'entrée en vigueur, ainsi que la date de première application des dispositions conventionnelles pour les différents impôts concernés.

La date générale d'entrée en vigueur peut être celle de la transmission du dernier acte de ratification. Certaines conventions prévoient cependant un délai d'un, deux ou trois mois entre le jour de la réception de la dernière notification et le jour fixé pour l'entrée en vigueur de la convention.

Ce délai n'est pas toujours suffisant pour permettre l'intervention du décret de publication nécessaire, en droit français, à l'introduction du texte conventionnel dans l'ordre juridique interne : le Conseil d'État ne considère un traité comme applicable qu'à compter de sa publication, et passé le délai d'un jour franc après l'arrivée dans les préfectures et sous-préfectures du *Journal officiel* contenant le décret de publication (cf. CE, 24 février 1967, *Chauvineau, DF,* 1967, n° 11, comm. 331 ; CE, 16 février 1983, n° 28052, *DF,* 1983, n° 20-21, comm. 1037 ; v. ég. Cass. comm., 2 mai 1972, *DF,* 1972, n° 48, comm. 1696).

253 La *date de première application* des dispositions conventionnelles aux différents prélèvements fiscaux concernés varie en fonction de la nature de ceux-ci.

Pour les impositions retenues à la source, elle est fréquemment celle prévue pour l'entrée en vigueur générale de la convention.

Pour les autres impositions, la convention prévoit généralement l'application de ses dispositions aux revenus d'une année civile déterminée ou des exercices clos au cours de cette année. La prise d'effet (1er janvier, par exemple) de clauses conventionnelles peut être alors, indifféremment, postérieure ou antérieure à la date d'entrée en vigueur du traité, voire à la date de sa signature.

La *rétroactivité* de dispositions conventionnelles en matière fiscale n'est pas, en effet, exceptionnelle. Elle offre des intérêts pratiques, notamment celui de permettre le règlement des difficultés ayant motivé la négociation de la convention.

254 En règle générale, les conventions fiscales ont une *durée d'application* illimitée. Elles prévoient cependant la possibilité d'une dénonciation, au terme d'un délai minimum d'application ordinairement fixé à cinq ans. La procédure de dénonciation comporte le respect d'un préavis, notifié par voie diplomatique. En pratique, les dénonciations de traités fiscaux sont exceptionnelles.

La cessation d'application d'une convention fiscale peut avoir d'autres origines : abrogation, caducité résultant de l'état de guerre entre les contractants, ou de la disparition de l'un des cocontractants. Elle est plus fréquemment liée à son remplacement par une nouvelle convention, concernant les mêmes impositions.

2 – Le champ d'application territorial des conventions fiscales

255 Le plus souvent, les conventions fiscales s'appliquent à un espace géographique délimité par l'aire d'exercice de la souveraineté politique de chacun des États signataires. Mais cette règle générale souffre des exceptions, liées au défaut de coïncidence absolue entre la souveraineté politique et le champ d'exercice de la compétence fiscale par l'autorité souveraine. D'autre part, la tendance contemporaine des États possédant une bordure maritime à l'extension de leurs droits sur les espaces marins jouxtant leurs côtes pose le problème de l'applicabilité des conventions fiscales aux zones maritimes.

a / Conventions fiscales et territoires fiscalement autonomes

256 Le démembrement des empires coloniaux a sensiblement réduit la portée des distorsions jadis constatées entre souveraineté politique et juridiction fiscale. Beaucoup de territoires d'outre-mer, qui disposaient sous le régime colonial d'une complète autonomie fiscale, ont aujourd'hui laissé la place à des États pleinement souverains. On rencontre encore, pourtant, d'assez nombreux cas de territoires qui échappent à la juridiction fiscale de la métropole dont ils relèvent au plan de la souveraineté politique, et possèdent leur propre dispositif d'imposition.

Cette situation caractérise les collectivités d'outre-mer de la France qui relèvent de l'article 74 de la Constitution, ainsi que la Nouvelle-Calédonie (v. *supra,* n°s 132 et s.). Certaines dépendances d'outre-mer d'autres pays connaissent un semblable régime d'autonomie fiscale : tel est le cas des Antilles néerlandaises qui, tout en faisant partie du Royaume des Pays-Bas, disposent d'une très large autonomie interne. C'est également la situation de nombreuses dépendances du Royaume-Uni. Gibraltar, Jersey, Guernesey, l'île de Man, en Europe, possèdent un dispositif fiscal spécifique comme, hors d'Europe, divers territoires relevant, à des degrés divers, de la souveraineté politique britannique (Anguilla, les Bermudes, les îles Cayman, les îles Vierges britanniques, etc.). Porto-Rico, Guam et les îles Vierges américaines, de même, échappent à la juridiction fiscale fédérale des États-Unis.

Le champ d'application des conventions contre la double imposition se trouve généralement limité, dans ces conditions, aux parties du territoire relevant de la souveraineté politique d'un État signataire sur lesquelles s'exerce la juridiction fiscale de droit commun de celui-ci.

Dans le cas de la France, il s'agit, à l'heure actuelle, des départements « métropolitains » et des collectivités territoriales d'outre-mer relevant de l'article 73 de la Constitution (départements et régions d'outre-mer), à l'exclusion des collectivités d'outre-mer régies par l'article 74 de la Constitution (anciens territoires d'outre-mer de Polynésie française et de Wallis-et-Futuna, des Terres australes et antarctiques, collectivité départementale de Mayotte, collectivité d'outre-mer à statut particulier de Saint-Pierre-et-Miquelon), ainsi que de la Nouvelle-Calédonie (v. *supra,* n°s 132 et s.). Dans celui des États-Unis, il s'agit des États membres de l'Union, y compris l'Alaska et Hawaï, ainsi que du district de Columbia, à l'exclusion des dépendances d'outre-mer.

257 La convention modèle de l'OCDE prévoit, dans son article 28, la possibilité d'une *extension territoriale* des traités fiscaux à une partie du territoire de l'un des États contractants primitivement exclue du champ d'application conventionnel, ou encore, à un État ou territoire dont l'un des États contractants assure les relations internationales. L'extension est subordonnée à une condition de fond : les territoires ou États bénéficiaires doivent percevoir des impôts de nature analogue à ceux auxquels s'applique la convention. D'un point de vue formel, les conditions de l'extension doivent être fixées d'un commun accord entre les États par un échange de notes diplomatiques ou selon toute autre procédure conforme à leurs dispositions constitutionnelles.

Les conventions fiscales conclues par la France prévoient généralement la possibilité d'une telle extension de leur champ d'application aux collectivités dénommées, jusqu'à la réforme constitutionnelle de 2003, « territoires d'outre-mer » de la République. Mais la clause d'extension au profit des TOM est longtemps demeurée dépourvue d'application. Les échanges de lettres du 7 mai 1984 avec le Koweit ont cependant prévu une telle extension.

D'autres États ont fait une application plus large, au profit de dépendances d'outre-mer, des clauses d'extension territoriale figurant dans des conventions auxquels ils sont partie.

Par exemple, la première convention fiscale signée, en 1945, entre le Royaume-Uni et les États-Unis a été étendue en 1958 à une vingtaine de territoires britanniques d'outre-mer. La deuxième convention fiscale anglo-américaine, signée en 1975, par contre, ne s'appliquait à aucun de ces territoires ; mais ceux-ci pouvaient, vis-à-vis des

États-Unis, prétendre au bénéfice des dispositions de la convention de 1945, jusqu'à ce que la *Treasury* annonce, en 1983, la dénonciation de ces relations contractuelles, qui ne permettaient plus d'éviter l'utilisation de nombre de ces pays (Barbade, Montserrat, Anguilla, Saint-Christophe, Sainte-Lucie, Saint-Vincent) comme paradis fiscaux.

258 Par ailleurs, les relations fiscales entre les territoires fiscalement autonomes et les métropoles dont ils relèvent peuvent être réglés par des dispositifs conventionnels, largement comparables, sur le fond, à ceux institués entre États indépendants.

Il existe ainsi une convention contre la double imposition en matière de revenus de capitaux mobiliers, signée en 1957, entre l'État et la Polynésie française, alors « Établissements français de l'Océanie » (cf. décret n° 57-924 du 1er août 1957, *JORF* du 15 août 1957, p. 8056). Le gouvernement de la République et le Conseil de gouvernement du territoire des Comores ont signé, les 27 mars et 8 juin 1970, une convention contre la double imposition en matière d'impôts sur le revenu et sur la fortune ; cette convention devait régler, après l'accession du Territoire à l'indépendance, les relations fiscales entre la France et la République des Comores. Ses dispositions intéressent les rapports fiscaux entre la métropole et la collectivité territoriale de Mayotte. Des conventions contre les doubles impositions en matière d'impôts sur le revenu et de droits d'enregistrement ont été conclues en 1983 entre l'État et le territoire de la Nouvelle-Calédonie (convention des 31 mars et 5 mai 1983, *JO* du 27 juillet 1983, *DF*, 1983, n° 32-38, comm. 1638 et 1639), en 1988 entre l'État et la collectivité territoriale de Saint-Pierre-et-Miquelon (convention du 30 mai 1988, *JO* du 4 janvier 1989).

De tels accords ne sont pas propres au cas de la République française : les Antilles néerlandaises sont conventionnellement liées avec les Pays-Bas ; Jersey, l'île de Man ont conclu des conventions avec le Royaume-Uni.

b / Conventions fiscales et zones maritimes

259 Devant les perspectives offertes en matière d'exploitation des ressources naturelles de la mer, de son sol et de son sous-sol, les États disposant d'une bordure maritime ont tendance à étendre leurs droits sur les espaces maritimes jouxtant leur territoire.

Le plein exercice de la souveraineté de l'État côtier sur ses *eaux territoriales* est admis, même si tous les États ne se sont pas ralliés au principe, issu des travaux des conférences des Nations Unies sur le droit de la mer, selon lequel la largeur de la mer territoriale ne peut excéder 12 milles marins. Les travaux précités ont cependant conduit à l'identification, au-delà des eaux territoriales, de zones maritimes sur lesquelles les États côtiers sont susceptibles d'exercer certaines prérogatives.

Selon la convention de Genève du 29 avril 1958, ainsi, les États côtiers exercent des droits souverains sur le *plateau continental,* prolongement naturel du territoire terrestre sous le niveau de la mer, aux fins de son exploration et de l'exploitation de ses ressources naturelles.

La convention élaborée par la IIIe conférence des Nations Unies sur le droit de la mer, signée le 10 décembre 1982 à Montego Bay, entrée en vigueur en 1994 (v., pour la France, *JORF,* 7 septembre 1996, p. 13307), a reconnu pour sa part aux États côtiers des droits particuliers sur une zone adjacente à la mer territoriale, dite *zone économique exclusive,* s'étendant au maximum à 200 milles des lignes de base à partir desquelles est mesurée la largeur de la mer territoriale. Dans cette zone, l'État côtier a « des droits souverains aux fins d'exploration et d'exploitation, de conservation et de gestion des ressources naturelles, biologiques ou non biologiques, des fonds marins et de leur sous-sol et des eaux surjacentes, ainsi qu'en ce qui concerne d'autres activités tendant à l'exploration et à l'exploitation de la zone à des fins économiques » (art. 56-1-*a*).

La Convention de Montego Bay n'a pas été approuvée par l'ensemble des États, de sorte que subsistent certaines divergences dans la pratique des États, tant au regard de la délimitation des zones maritimes sur lesquelles ils prétendent exercer des compétences, qu'à celui du contenu même de ces compétences.

Sur ces aspects juridiques, v. J. Combacau et S. Sur, *Droit international public,* 6e éd., Paris, Montchrestien, p. 403.

260 S'agissant de la *mer territoriale,* le principe est très généralement admis que la législation fiscale de droit commun de l'État riverain s'y applique de plein droit.

Le cas des États ayant adopté une délimitation très extensive de leur mer territoriale fait cependant problème, dans la mesure où les États tiers ne sont pas nécessairement disposés à reconnaître une affirmation aussi large de souveraineté sur des zones maritimes. L'Argentine, à l'égal de plusieurs pays d'Amérique latine, a ainsi fixé à 200 milles au-delà des côtes la largeur de sa mer territoriale. L'absence de référence, dans la convention fiscale franco-argentine du 4 avril 1979, aux zones maritimes, y compris la mer territoriale, sur lesquelles les États parties exercent leurs droits, reflète, à cet égard, le défaut de consensus entre les cocontractants (voir, de même, les conventions signées avec l'Argentine le 4 avril 1979, l'Équateur le 16 mars 1989, le Venezuela le 7 mai 1992, la Bolivie le 15 décembre 1994, ou l'Accord fiscal avec le Panama des 6 avril et 17 juillet 1995).

261 De nombreux États ont affirmé des droits particuliers sur le *plateau continental* ou la *zone économique exclusive.* L'exacte portée de la juridiction exercée sur ces espaces reste cependant discutée, particulièrement en ce qui concerne le pouvoir d'imposition.

Les textes unilatéraux par lesquels les États ont affirmé leurs droits sur le plateau continental ou la zone économique exclusive ne comportent pas toujours de dispositions claires et précises tirant les conséquences fiscales d'une telle affirmation. Par ailleurs, rares sont les dispositions des lois fiscales qui, de manière explicite, font référence à la situation de ces espaces maritimes (voir, en ce qui concerne la France, l'arrêt du 16 décembre 1998, *SA Services pétroliers Schlumberger,* préc. n° 136, par lequel le Conseil d'État a admis l'application de la législation fiscale aux installations et dispositifs servant ou participant aux activités d'exploration ou d'exploitation du plateau continental « comme s'ils se trouvaient en territoire français métropolitain », et par suite l'imposition à l'impôt sur les sociétés des bénéfices réalisés par une société dans une entreprise exploitée sur de tels installations ou dispositifs).

Le développement des prétentions des États vis-à-vis des zones maritimes bordant leurs côtes se manifeste clairement, en revanche, *dans le dispositif des conventions fiscales,* dont le champ d'application territorial englobe, de plus en plus fréquemment, les zones maritimes sur lesquelles les États signataires exercent des droits exclusifs en matière de recherche et d'exploitation des ressources naturelles.

Dans le cas des conventions fiscales auxquelles la France est partie, la référence aux « zones situées hors des eaux territoriales » des départements européens et d'outre-mer de la République, « sur lesquelles, en conformité avec le droit international, la France peut exercer les droits relatifs au lit de la mer, au sous-sol marin et à leurs ressources naturelles » apparaît pour la première fois dans le traité signé le 22 mai 1968 avec le Royaume-Uni.

Elle figure de manière à peu près systématique dans les conventions fiscales plus récemment signées par la France, sous réserve de celles conclues avec des États qui ont une conception de leurs droits sur les espaces maritimes distincte de celle issue des travaux des conférences des Nations Unies sur le droit de la mer.

La portée territoriale de la convention est volontiers étendue, désormais, aux eaux surjacentes englobées dans la notion de zone économique exclusive, le traité visant alors les « zones sur lesquelles, en conformité avec le droit international, la République française a des droits souverains aux fins de l'exploration et de l'exploitation des ressources des fonds marins, de leur sous-sol et des eaux surjacentes » (voir, par exemple, les conventions signées avec le Mexique le 7 novembre 1991, l'Inde le 29 septembre 1992, la Suède le 8 juin 1994, les États-Unis d'Amérique le 31 août 1994, l'Espagne le 10 octobre 1995, l'Algérie le 19 octobre 1999).

3 – Le champ d'application personnel des conventions fiscales

262 L'opérateur international désirant invoquer les clauses d'une convention fiscale doit s'assurer qu'elles lui sont applicables.

Les traités fiscaux contiennent fréquemment une disposition analogue à celle figurant à l'article 1 de la convention modèle de l'OCDE, limitant expressément le champ d'application de la convention aux « *personnes* qui sont des *résidents* d'un État contractant ou des deux États contractants ».

Selon l'article 3 du même modèle, « le terme *personne* comprend les personnes physiques, les sociétés et tous autres groupements de personnes » (§ 1, *a*) ; « le terme “société” désigne toute personne morale ou toute entité qui est considérée comme une personne morale aux fins d'imposition » (§ 1, *b*).

La *résidence* est définie, conformément aux prescriptions de l'article 4 du modèle, par référence à l'assujettissement à l'impôt, en raison du domicile, de la résidence, du siège de direction ou de tout autre critère de nature analogue (v. *infra,* n°s 288 et s.).

263 *L'application des conventions fiscales aux sociétés de personnes.* L'application de ces dispositions, généralement reprises dans les conventions effectivement signées, soulève des difficultés en ce qui concerne les sociétés de personnes.

Ces entités, sociétés proprement dites ou groupements de personnes, sont ordinairement reconnues comme des « personnes » au sens des conventions, par référence à l'article 3 précité. Sur le plan fiscal, cependant, elles ont généralement pour caractéristique de ne pas être elles-mêmes débitrices de l'impôt correspondant au résultat de leur activité, la charge fiscale étant renvoyée à leurs associés. La question est alors de savoir si elles peuvent être qualifiées de « résidents » d'un État, compte tenu du critère d'assujettissement à l'impôt posé à l'article 4 du modèle.

Dès lors que la société, dotée d'une complète *transparence fiscale,* ne peut être regardée comme assujettie à l'impôt, elle ne saurait être un « résident » au sens des conventions. L'OCDE estime qu'en un tel cas, le bénéfice des conventions doit être refusé à la société de personnes elle-même, mais que ses associés peuvent y prétendre, à hauteur de la part du revenu de la société qui leur est imputée, aux fins d'imposition dans leur État de résidence (cf. le rapport du comité des affaires fiscales de l'OCDE du 20 janvier 1999 sur *l'application du modèle de convention fiscale aux sociétés de personnes,* Questions de fiscalité internationale, OCDE, n° 35). Restent à déterminer les critères permettant d'identifier la transparence fiscale. Pour de nombreux pays, elle est inhérente à tout régime imposant les associés plutôt que la société elle-même. Telle n'est pas l'appréciation retenue dans le cas de la France.

La conception française des sociétés de personnes leur reconnaît en effet, bien qu'elles ne soient pas directement imposables en leur nom au titre des bénéfices qu'elles réalisent, du moins lorsqu'elles relèvent du régime prévu à l'article 8 du CGI, une *personnalité fiscale.* Elles exercent une activité ou effectuent des opérations qui leur sont propres (CE, 4 avril 1997 *Sté Kingroup,* préc. n° 221 ; 9 février 2000, n° 178389, 8e et 9e s.-s., *Hubertus AG, RJF,* 3/2000, n° 342), dont le caractère imposable s'apprécie d'ailleurs à leur propre niveau, et non compte tenu du statut fiscal de leurs associés ou membres (v., à propos d'un GIE, CE, 27 avril 1994, 8e et 9e s.-s., nos 79604 et 156860, *RJF,* 6/94, n° 723). Sauf le cas particulier des sociétés immobilières d'attribution visées à l'article 1655 *ter* du CGI, les sociétés de personnes françaises ne sont pas dotées de la transparence fiscale et sont seulement « translucides ».

Sur cette conception, v. notamment G. Suchy, L'introuvable résultat fiscal des sociétés de personnes, *L'Année fiscale 2003,* p. 285 et s. ; V. Chaulin, Retour sur la transparence fiscale des sociétés de personnes françaises, *DF,* 2004, n° 4, p. 192 et s.

La personnalité fiscale des sociétés de personnes françaises, ou des GIE, a notamment pour effet que, lorsque les actes correspondant à leur activité sont effectués en France, les bénéfices en découlant sont imposables en France entre les mains de leurs associés ou membres, y compris de ceux qui résident hors de France, à proportion des droits qu'ils détiennent, sauf stipulation contraire d'une convention fiscale (cf. CE, 4 juillet 1973, n° 78179, *DF,* 1973, n° 48, comm. 1659 ; CE, 4 avril 1997, *Kingroup,* préc.).

L'autonomie juridique et fiscale des sociétés de personnes et des GIE français a cette autre conséquence logique qu'ils constituent des *résidents,* au sens des conventions, de sorte que celles-ci s'appliquent à eux, indépendamment de la résidence de leurs associés.

L'administration considère traditionnellement, ainsi, les sociétés de personnes, GIE, ou *partnerships* de droit anglo-saxon, comme des personnes morales aux fins d'imposition, de ce fait habilitées, par exemple, à demander l'ouverture d'une procédure amiable (cf. instruction du 4 mars 1986 de la DGI, *BODGI,* 14-F-1-86).

Dans l'instruction du 26 avril 1999 (*BOI,* 14-B-3-99) relative aux dispositions de la convention fiscale franco-américaine du 31 août 1994 concernant les revenus réalisés par les *partnerships* américains et les sociétés de personnes françaises, elle rappelle clairement (n°s 2 et 3) qu'en droit interne français, c'est la société de personnes qui est le sujet fiscal, même si l'imposition n'est pas établie au nom de la société mais au nom des associés, et qu'il s'ensuit, de manière générale et indépendamment de la convention franco-américaine, que *les sociétés de personnes de droit français sont des résidents au sens conventionnel,* dès lors que leurs résultats sont imposables en France en raison de leur siège, l'ensemble des impositions des associés relatives aux bénéfices sociaux étant assimilable à une imposition de ces sociétés.

Le point de vue de la France, cependant, n'est pas nécessairement partagé par ses partenaires. Il n'est pas assuré, dès lors, que l'État de la source de revenus extérieurs d'une *société de personnes française,* détenue par des associés non résidents, acceptera d'appliquer la convention signée avec la France ; dans certains cas, n'admettant pas l'éligibilité de la société au bénéfice de la convention, il s'attachera aux dispositions des conventions, le cas échéant conclues avec les États de résidence des associés. De même, dans le cas où un associé non-résident est membre d'une société de personnes française, l'existence d'une convention fiscale signée entre son État de résidence et la France est, selon l'analyse française, dépourvue d'incidence sur l'imposition de cet associé en France, du moins lorsque la convention ne comporte pas de dispositions spéciales concernant les sociétés de personnes (cf. CE, 4 avril 1997, *Kingroup,* préc.) ; mais en l'absence d'une reconnaissance par l'État de résidence de l'associé de la personnalité fiscale de la société française, l'imputation par cet État des revenus de la société à l'associé ayant sa résidence chez lui, à proportion de ses droits, peut susciter une double imposition, qui ne pourrait être réglée par la convention que par le recours à la procédure amiable.

Certaines conventions fiscales, cependant, contiennent des dispositions particulières concernant la situation des sociétés de personnes, qui s'imposent aux États contractants.

264 La *convention fiscale franco-américaine* du 31 août 1994 s'efforce ainsi de répondre à la dualité de traitement réservée à de telles entités par l'Administration américaine, qui retient la conception de la transparence fiscale, et par l'Administration française, qui leur reconnaît une personnalité fiscale.

Les *partnerships* sont considérés comme résidents d'un État contractant dans la mesure où leurs revenus sont imposés dans cet État en tant que *revenus d'un résident,* que cette imposition soit effectuée au nom de ces entités, ou au nom de chaque associé (Conv., art. 4, § 2 *b)* IV). Cette règle concerne l'application de la convention par la France aux revenus de source française perçus par le *partnership* : la fraction de ces revenus attribuée à des associés résidents des États-Unis et imposés sur ces revenus aux États-Unis bénéficiera des dispositions de la convention. Le dispositif conventionnel ne permettant pas d'accorder les avantages conventionnels aux partnerships américains ou aux entités transparentes similaires dont l'associé, ou les associés directs, sont eux-mêmes de telles structures, l'administration en a assoupli les conditions d'application, admettant d'abord la possibilité de cumuler trois niveaux de partnerships (instr. du 26 avril 1999, *BOI,* 14-B-3-99), puis six niveaux (instr. du 23 février 2005, *BOI,* 14-B-2-05, n° 6), conformément à l'accord intervenu avec l'administration américaine dans le cadre de la procédure amiable.

En revanche, les revenus de source française perçus par les résidents d'États tiers sont imposables dans les conditions prévues par le droit français.

La même règle est applicable aux sociétés de personnes françaises, pour l'application de la Convention par les États-Unis aux revenus de source américaine perçus par ces sociétés. Mais seule la part des revenus de source américaine attribuée à des associés résidents de France peut bénéficier des avantages conventionnels pour l'application de l'impôt américain.

Dans l'échange de lettre du 31 août 1994 annexé à la Convention, il est précisé que lorsqu'une société de personnes française est détenue par des *associés non-résidents,* l'assujettissement à l'impôt américain est déterminé conformément à la convention fiscale, s'il en existe une, entre les États-Unis et l'État de résidence de ces associés. Dans l'exemple de l'associé résident d'Allemagne d'une société de personnes française percevant des intérêts de source américaine, la société sera imposée aux États-Unis au titre de ces intérêts selon les dispositions de la convention conclue entre les États-Unis et l'Allemagne (cf. instr. préc. du 26 avril 1999, n° 37). Cette règle, reflétant unilatéralement le point de vue américain, est sans incidence sur les modalités d'imposition, en France, des revenus revenant à un résident d'un État tiers, associé d'une société de personnes française.

D'autres conventions fiscales reconnaissent pleinement, au contraire, la qualité de « résidents » aux sociétés de personnes (cf. la convention du 31 juillet 1995 entre la France et Israël).

265 En ce qui concerne les *sociétés de personnes étrangères* disposant de revenus de source française, et en l'absence de précisions conventionnelles, la jurisprudence apparaît admettre qu'il y a lieu de rechercher quelle est la nature juridique et fiscale de l'entité concernée au regard de la législation de l'État où elle a été constituée, plutôt que de l'assimiler à une catégorie juridique du droit français. Le droit néerlandais, ainsi, reconnaissant une totale transparence, juridique et fiscale, aux sociétés à forme de *CV* (commanditaire Vennootschap), le Conseil d'État a admis de faire application de la convention fiscale franco-néerlandaise directement aux associés d'une telle société (CE, 13 octobre 1999, n° 191191, 8e et 9e s.-s., *SA Diebold Courtage, RJF,* 12/99, n° 1492 et chr. Emmanuelle Mignon, p. 931 et s., *DF,* 1999, n° 52, p. 1570 et s., concl. Bachelier, obs. C. Acard ; note Ph. Derouin, *Bull. Joly,* 2000, p. 62 ; v. ég. J.-P. Le Gall, Fiscalité internationale des sociétés de personnes, l'arrêt Diebold : un incident ou un cataclysme ?, *DF,* 2000, p. 621 et s. ; B. Gouthière, L'application des conventions fiscales aux sociétés de personnes, *BF,* 9-10/2000, p. 471 et s.).

L'exacte portée de cette jurisprudence reste à préciser, notamment pour le cas où la société de personnes étrangère, à défaut d'être un « sujet fiscal » au regard de la loi de son État de résidence, serait dotée de la personnalité morale. L'analyse du Conseil d'État a le mérite de renvoyer la notion de résidence aux lois de l'État dans lequel la société est constituée. Elle reflète en même temps une prise de distance par rapport à la position traditionnelle de l'Administration, tendant à appliquer aux sociétés de personnes ou *partnerships* étrangers la conception faisant des sociétés de personnes, en France, des « sujets fiscaux ».

Pour l'interprétation de la convention fiscale franco-américaine précitée du 31 août 1994, les autorités compétentes des deux États sont convenues, dans le cadre de la procédure amiable, qu'une *limited liability company* (LLC) constituée aux États-Unis par un seul associé, et pour laquelle les États-Unis nient l'existence fiscale de la personne morale, ne peut bénéficier des dispositions de la convention. Seul l'associé unique de cette entité peut demander à bénéficier des dispositions conventionnelles s'il remplit lui-même les conditions prévues par le texte, notamment s'il est un résident de l'un ou des deux États contractants (cf. instr. du 23 février 2005, *BOI,* 14-B-2-05).

266 *Clauses anti-abus (renvoi).* Afin de prévenir l'utilisation abusive des conventions, certaines d'entre elles comportent des clauses soumettant l'appréciation de la résidence à des conditions particulières (v. *infra,* n°s 353 et s.).

267 C'est au contribuable qui entend se prévaloir du bénéfice d'une convention fiscale d'apporter la preuve qu'il est un résident de l'un des États contractants. Cette démonstration est facilitée, pour la mise en œuvre de dispositions conventionnelles telles que celles prévoyant la réduction de retenues à la source, particulièrement en matière d'intérêts ou de dividendes, par l'utilisation d'attestations de résidence, établies par l'administration d'un État et agréées par l'autre. La simple production de l'attestation d'un consultant ne saurait suffire à établir la résidence (CAA Paris, 21 mai 1996, n° 95-53, *DF,* 1996, n° 31-36, comm. 1044).

En cas de conflit de lois de résidence, une même personne va se trouver, *a priori,* considérée comme résidente des deux États en présence : les critères subsidiaires de la résidence énoncés par la convention qui lui est applicable, interviendront alors pour régler la question de savoir lequel des deux États doit être, en définitive, regardé comme l'État de résidence en vue de la répartition du pouvoir d'imposition.

Ces critères, visant à résoudre un conflit de lois de résidence, n'ont pas pour objet de vérifier si une personne sollicitant le bénéfice des dispositions d'une convention fiscale satisfait à la condition de résidence dans l'un ou l'autre État. Cette condition s'apprécie exclusivement au regard des législations des États en présence, assujettissant une personne à l'impôt « en raison de son domicile, de sa résidence, de son siège de direction, ou de tout autre critère de nature analogue ». Le Conseil d'État interprète largement cette dernière formule, admettant qu'une personne domiciliée au Liechtenstein, mais ayant en Allemagne « le centre de ses intérêts », et s'y trouvant assujettie à l'impôt sur le revenu et à l'impôt sur la fortune, doit être considérée comme ayant, au regard de la législation allemande, la qualité de résidente de cet État, et peut donc prétendre au bénéfice des dispositions de la convention franco-allemande du 21 juillet 1959 (26 novembre 1982, *DF,* 1983, n° 23, comm. 1216, concl. Bissara).

268 La *clause de non-discrimination* insérée dans de nombreuses conventions fiscales intéresse cependant les *nationaux* des États contractants.

Certaines des conventions concernées subordonnent le bénéfice de la clause de non-discrimination à une *condition de résidence* (cf. la convention franco-américaine du 31 août 1994, art. 25-1). D'autres prévoient expressément que la clause de non-discrimination s'applique aux nationaux des États contractants, *qu'ils soient ou non résidents* de l'un d'eux.

Dans le cas de conventions qui ne *limitent pas expressément leur champ d'application aux résidents* et qui contiennent une clause de non-discrimination qui ne se réfère qu'à la nationalité, le Conseil d'État, privilégiant l'interprétation littérale du texte conventionnel, a jugé par une décision du 30 décembre 1996, qu'une telle clause est applicable aux ressortissants des États contractants ne résidant pas dans l'un d'entre eux (CE, 30 décembre 1996, n° 128611, 8e et 9e s.-s., *Benmiloud, RJF,* 2/97, n° 158, décision rendue à propos d'un ressortissant algérien domicilié en Suisse, et se prévalant de la clause de non-discrimination prévue à l'article 5-1 de la convention franco-algérienne du 2 octobre 1968).

S'agissant enfin des conventions qui *limitent expressément leur champ d'application aux seuls résidents,* alors que la clause de non-discrimination qu'elles contiennent ne pose qu'un critère de nationalité, le commissaire du gouvernement Gilles Bachelier se refusant, dans les conclusions préalables à la décision précitée, à admettre le principe d'une complète autonomie de la clause de non-discrimination, exprimait l'avis qu'en l'absence de dispositions expresses contraires, la clause de non-discrimination ne devait alors s'appliquer qu'aux résidents (*RJF,* 2/97, p. 74).

La *procédure amiable* peut être demandée par une personne à l'autorité de l'État contractant dont elle possède la nationalité, si son cas relève de la non-discrimination, dans les conditions et sous les réserves prévues par chaque convention.

L'échange de renseignements entre les administrations des États contractants peut dans certains cas concerner les résidents d'États tiers (possédant, par exemple, un établissement stable dans un des États contractants ; cf. le commentaire de l'article 28 de la convention fiscale franco-algérienne du 17 octobre 1999, instr. du 22 mai 2003, *BOI,* 14-B-3-03, n° 215).

4 – Les impositions concernées par une convention

269 Les conventions internationales contre la double imposition peuvent concerner une ou plusieurs catégories d'impositions. Beaucoup s'appliquent aux « impôts sur le revenu et sur la fortune ». Dans tous les cas, il y a lieu de préciser quels sont exactement les impôts visés, dans chacun des États signataires.

Deux méthodes de délimitation du champ d'application fiscal des conventions peuvent être utilisées, séparément, ou simultanément, ainsi que le prévoit l'article 2 de la convention modèle de l'OCDE.

La convention peut d'abord disposer qu'elle s'applique « aux impôts sur le revenu et sur la fortune perçus pour le compte d'un État contractant (de ses subdivisions politiques) ou de ses collectivités territoriales, quel que soit le système de perception » (modèle, art. 2-1) et proposer une *définition générale* de ces impôts.

Selon le modèle OCDE (art. 2-3), « Sont considérés comme impôts sur le revenu et sur la fortune les impôts perçus sur le revenu total, sur la fortune totale, ou sur des éléments du revenu ou de la fortune, y compris sur les gains provenant de l'aliénation de biens mobiliers ou immobiliers, les impôts sur le montant global des salaires payés par les entreprises, ainsi que les impôts sur les plus-values. »

La convention peut également *énumérer* les différents impôts auxquels, dans chaque État, ses dispositions s'appliquent. Cette seconde méthode est préférée lorsque les négociateurs entendent mesurer strictement les limitations de souveraineté fiscale, ou les avantages consentis, et notamment exclure les impositions des collectivités locales, voire certains impôts nationaux.

Beaucoup de conventions s'efforcent d'éviter toute solution de continuité dans l'élimination de la double imposition et comportent, à cette fin, une clause d'extension aux impôts « de nature identique ou analogue, qui seraient établis après la date de signature de la Convention et qui s'ajouteraient aux impôts actuels ou qui les remplaceraient ». La portée de telles clauses est appréciée par les administrations fiscales compétentes, sous le contrôle des juges de l'impôt.

Dans son commentaire, à valeur de référence, de la convention fiscale franco-algérienne du 17 octobre 1999, qui détermine la portée du texte conventionnel en matière d'impôts sur le revenu et la fortune en reproduisant la définition de l'article 2-2 du modèle OCDE, puis en visant, pour la partie française, l'IR, l'IS, la taxe sur les salaires, l'ISF et les droits de mutation par décès, l'administration précise que cette convention s'applique également « aux retenues et prélèvements à la source, précomptes ou avances considérés comme impôts sur le revenu, sur la fortune ou sur les successions au sens du § 2 de l'article 2 » (parmi lesquels l'IFA), ainsi qu'aux contributions sociales généralisées (CSG), aux contributions au remboursement de la dette sociale (CRDS), et à la contribution additionnelle à l'impôt sur les sociétés (cf. instr. du 22 mai 2003, *BOI,* 14-B-3-03, n° 22).

270 Lorsque l'impôt sur les grandes fortunes fut introduit dans la législation française, l'administration fiscale estima que les conventions fiscales en vigueur, alors même qu'elles contenaient une clause de cette nature, n'étaient pas applicables à cet impôt nouveau (cf. instruction du 11 mai 1982, *BODGI,* 7-R-1-82). Elle entreprit d'ailleurs un important travail de révision des conventions existantes, en vue d'éviter les surcharges fiscales que la mise en œuvre de cet impôt pouvait déterminer. Elle admit un peu plus tard, cependant, que les conventions en vigueur pouvaient être prises en considération pour résoudre les problèmes touchant à la définition du domicile fiscal (cf. *BODGI,* 7-R-1-83). Mais, après que le Tribunal de grande instance de Paris a conclu à l'application de la convention fiscale franco-autrichienne à une question relative à l'imposition elle-même (cf. jugement du 17 janvier 1985, *DF,* 1985, n° 26, comm. 1243), l'administration devait finalement admettre que les problèmes posés par l'application de l'impôt sur les grandes fortunes, autres que ceux relatifs à la définition du domicile, pouvaient être résolus par référence aux conventions en vigueur, dans la mesure où celles-ci comportaient des dispositions suffisantes pour déterminer les modalités d'imposition de la fortune. Cette condition pouvait être considérée comme remplie pour 21 conventions (cf. instruction du 21 novembre 1985, *BODGI,* 7-R-4-85, *DF,* 1985, n° 51, comm. 2240.). Cette solution est applicable en matière d'impôt de solidarité sur la fortune (cf. instruction du 28 avril 1989, *BOI,* 7-R-1-9).

B – La portée juridique des conventions fiscales

Les conventions fiscales ont une portée juridique ambiguë, qu'expliquent à la fois leur nature et leur objet. Leur nature de traités internationaux leur confère une valeur juridique généralement supérieure à celle des lois fiscales internes. Mais leur objet principal, limité à l'élimination de la double imposition, les maintient dans un rôle subsidiaire par rapport à celui des dispositifs fiscaux internes.

1 – Supériorité des normes conventionnelles

271 La supériorité des normes conventionnelles sur les dispositions des lois internes est admise par beaucoup d'États.

Elle repose, dans le cas de la France, sur les dispositions de l'article 55 de la Constitution, selon lequel « les traités ou accords régulièrement ratifiés ou approuvés ont, dès leur publication, une autorité supérieure à celle des lois, sous réserve, pour chaque accord ou traité, de son application par l'autre partie ».

V. notamment, sur cette question, J. Combacau et S. Sur, *Droit internationale public,* Paris, Montchrestien, 6e éd., p. 184 et s.

Le juge judiciaire admet traditionnellement la supériorité des normes conventionnelles sur les dispositions des lois, même postérieures (Cass. Ch. mixte, 24 mai 1975, *Société cafés Jacques Vabre, D.,* 1975, p. 497, concl. Touffait. Cass. civ. Ass. plén., 14 octobre 1977, *DS,* 1978, 417, note P. Lagarde).

Le juge administratif, pour sa part, n'a pas toujours tiré toutes les conséquences de cette supériorité. Par sa décision *Syndicat général des fabricants de semoules de France* du 1er mars 1968 (*AJDA,* 1968, p. 235, concl. N. Questiaux ; v. ég. CE, Ass. 22 octobre 1979, *UDT, AJDA,* 1980, p. 43, note B. G.), le Conseil d'État, se fondant sur le principe de séparation des pouvoirs, admit ainsi qu'en cas de conflit entre un traité international et les dispositions explicites d'une loi postérieure qui lui seraient contraires, le juge administratif devait appliquer la loi sans s'interroger sur sa conformité audit traité.

Cette jurisprudence trouvait un tempérament dans le cas de traités comportant des stipulations suffisamment précises et contraignantes pour être directement applicables aux particuliers pouvant s'en prévaloir, la Haute Assemblée estimant alors que les dispositions générales d'une loi postérieure n'ont pas pour objet ou pour effet de déroger aux stipulations antérieures spéciales du traité (cf. CE, 7 avril 1965, *Henri, Leb.*, p. 226 ; Ass. 2 mai 1975, *Mathis, Leb.*, p. 279 ; jurisprudence citée par M. Bissara, concl. sous CE, 23 janvier 1985, req. 17897, *DF*, 1985, n°s 32-38, comm. 1530). Tel pouvait être le cas en ce qui concerne les conventions fiscales bilatérales.

Le Conseil d'État devait cependant, par un arrêt d'assemblée rendu le 20 octobre 1989 (*Nicolo*, n° 108243, *RJF*, 11/89, n° 1266), abandonner sa jurisprudence antérieure et affirmer sa compétence pour examiner si une loi est compatible avec les stipulations d'un traité antérieur. Cette décision, rendue dans une affaire mettant en cause un règlement communautaire, a notamment ouvert la voie à une prise en compte plus satisfaisante de la hiérarchie des normes dans le cadre de la Communauté européenne.

Le juge administratif, par ailleurs, ne s'estime pas compétent pour régler la question de savoir si la non application d'une convention par l'autre partie conduit à priver une convention de ses effets en France. Une telle difficulté doit être renvoyée, à titre préjudiciel, à l'examen du ministre des Affaires étrangères (cf. CE, Ass., 29 mai 1981, *Rekhov, Leb.*, p. 220).

Certains États n'admettent pas le principe de supériorité des normes conventionnelles sur les dispositions des lois internes.

Aux États-Unis, ainsi, les conventions internationales et les lois internes ont la même force juridique. En cas de conflit, c'est en principe le texte le plus récent qui l'emporte. Il est traditionnellement admis, cependant, qu'un texte législatif ne peut entraîner la mise à l'écart d'une disposition conventionnelle antérieure qu'à la condition que le Congrès ait clairement manifesté son intention qu'il en soit ainsi *(treaty overriding)*. Cela revient, selon la formule du Pr Gest, à « reconnaître la supériorité de la convention sur le droit interne jusqu'à ce que le législateur exprime clairement son désir d'y mettre fin » (G. Gest, *L'imposition des bénéfices des sociétés françaises aux États-Unis*, Paris, LGDJ, 1979, p. 20). Les dispositions législatives dérogeant aux traités en vigueur se sont, à vrai dire, multipliées au cours de la période récente, suscitant les protestations d'autorités étrangères (cf. RM à M. de Villepin, *JO*, Sénat, 18 février 1993).

272 La prééminence des normes conventionnelles sur les dispositions des lois internes, au moins antérieures, est par ailleurs discutée au regard du principe dit de *préservation des avantages accordés par le droit interne*.

Suivant ce principe, une convention fiscale internationale ne pourrait déroger aux dispositions de la loi fiscale interne que dans le sens de l'allégement des obligations fiscales des contribuables. Elle ne pourrait en aucun cas aggraver celles-ci, ou en créer de nouvelles.

Le principe de « non-aggravation » est parfois évoqué, à l'occasion de décisions jurisprudentielles écartant le jeu de dispositions conventionnelles qui auraient pour effet d'alourdir la charge fiscale d'un contribuable par rapport aux prescriptions de la loi interne (cf. CE, 17 décembre 1984, n° 47293, *DF,* 1985, n° 11, comm. 553, avec les conclusions de M. Fouquet, évoquant le « principe général consacré par la coutume du droit fiscal international suivant lequel la convention ne peut aboutir à une aggravation de la situation du contribuable par rapport au droit interne »).

En fait, le principe de préservation des avantages accordés par le droit interne est fréquemment exprimé par une clause spéciale insérée dans une convention fiscale, et acquiert alors la valeur de norme conventionnelle.

Dans le cas de la France, une règle apparemment contraire a été posée par l'article 3-III de la loi du 28 décembre 1959, codifiée, pour ce qui concerne l'impôt sur les sociétés, à l'article 209-1, qui prévoit que les bénéfices passibles de l'impôt sur les sociétés sont déterminés en tenant compte des bénéfices réalisés dans les entreprises exploitées en France, mais également « de ceux dont l'imposition est attribuée à la France par une convention internationale relative aux doubles impositions ». La même règle s'applique en matière d'impôt sur le revenu, conformément aux dispositions figurant aux articles 4 *bis* et 165 *bis* du CGI, ce dernier précisant que sont passibles en France de l'impôt sur le revenu tous revenus dont l'imposition est attribuée à la France en vertu d'une convention fiscale, « nonobstant toute disposition contraire du présent Code ».

Cette règle permet à la France d'imposer un revenu, ou un bénéfice, si une convention le prévoit, alors même que l'imposition ne pourrait trouver de fondement dans les autres dispositions du droit fiscal national. Elle vise en fait à éviter les situations de *double exonération* qui pourraient surgir de la conjugaison des règles de source et d'imposabilité fixées par une convention et des règles communes de territorialité fixées par la loi française.

Ainsi, les bureaux d'achat sont considérés comme des *établissements* au sens de l'article 209-1 du CGI, mais rarement comme des *établissements stables* au sens des conventions ; dans le cas d'une société française disposant d'un bureau d'achat dans un pays lié à la France par une convention conforme au modèle OCDE, le bénéfice de ce bureau ne serait pas imposable par le pays d'accueil, faute d'y constituer un bureau d'achat au sens conventionnel, et ne serait pas davantage imposable en France s'il fallait s'en tenir à la seule considération du droit national, pour lequel il constitue une entreprise exploitée hors de France. La référence faite à la répartition conventionnelle du droit d'imposer les bénéfices des entreprises, sur le fondement du dernier membre de phrase du premier alinéa de l'article 209-I, permet d'éviter la double exonération par l'application de l'impôt français.

Une situation comparable pouvait concerner les entreprises françaises exerçant des activités de chantier en Russie lorsque s'appliquait aux relations entre ce pays et la France la convention fiscale signée le 4 octobre 1985 avec l'URSS, selon laquelle la durée nécessaire pour conférer le caractère d'établissement stable à un chantier était de vingt-quatre mois. Dans le cas de chantiers d'une durée inférieure, se situant entre une et deux années, le droit d'imposer les chantiers revenait, selon la Convention, à la France ; mais selon le droit interne de celle-ci, un chantier d'une durée supérieure à douze mois réalisé dans un pays étranger y constitue une entreprise exploitée hors de France, non imposable à l'impôt sur les sociétés. Là aussi, la référence à la répartition conventionnelle du droit d'imposition, conférant celui-ci à la France, prise en tant qu'État de résidence, permettait d'éviter la double exonération. (Dans la convention fiscale conclue avec la Russie le 26 novembre 1996, applicable à compter du 1er janvier 2000, la durée nécessaire à la reconnaissance du caractère d'établissement stable à un chantier de construction ou de montage a été ramenée à douze mois. Une rencontre des autorités compétentes, ayant donné lieu à un procès-verbal en date du 22 janvier 2001, a permis de régler, notamment, le cas des chantiers ouverts avant le 1er janvier 2000 et s'achevant après cette date. Cf. instruction du 31 août 2001, *BOI,* 14-A-8-01.)

Visant à éviter les doubles impositions au moyen d'un partage du droit d'imposition entre les États signataires, les conventions fiscales n'ont cependant pas pour objet de modifier les dispositions d'une loi fiscale qui seraient sans rapport avec la définition de la portée territoriale d'une imposition. La préservation de l'avantage prévu par la loi fiscale nationale devrait être en ce cas assuré, nonobstant les dispositions issues de l'article 3-III de la loi du 28 décembre 1959 (voir, en ce sens, Guy Gest et Gilbert Tixier, *Droit fiscal international,* 2e éd., Paris, PUF, 1990, n° 45). Ces dernières, en fait, viennent fournir un fondement à l'imposition en France, par la référence *légale* faite aux conventions fiscales qui, par elles-mêmes, ne sauraient conférer aux administrations le pouvoir d'appliquer un impôt non prévu par le législateur. Elles illustrent, à ce point de vue, le caractère subsidiaire des conventions fiscales.

2 – Subsidiarité des conventions fiscales

273 Pour disposer d'une valeur juridique supérieure à celle des lois, du moins dans le cas français, les conventions fiscales n'ont pas en effet pour objet de substituer aux dispositifs fiscaux nationaux un quelconque système fiscal supranational. Elles interviennent pour corriger les dispositions des lois fiscales internes, là où leur application simultanée aurait pour effet d'engendrer une double imposition.

Cet aspect de *subsidiarité* des conventions fiscales se remarque à la fois dans la démarche par laquelle doit être poursuivi, en particulier par le juge fiscal, le règlement des questions fiscales comportant un aspect d'extranéité, pouvant justifier l'application de dispositions conventionnelles, et dans la méthode d'interprétation des clauses conventionnelles.

274 Confronté à une question fiscale internationale, le juge de l'impôt doit en priorité, selon une jurisprudence désormais établie du Conseil d'État, vérifier d'office si la demande du contribuable ne trouve pas une réponse de nature à lui donner satisfaction sur le terrain *du droit interne*. C'est seulement en cas de réponse négative qu'il devra prendre en considération les dispositions d'une convention fiscale qui, en cas de conflit avec celles posées par la loi interne, l'emporteront sur ces dernières. Cette démarche revient à reconnaître tout à la fois la priorité du droit interne sur les prescriptions conventionnelles, en vue du règlement du litige fiscal international, et la primauté de la convention sur la loi, lorsqu'elles entrent en conflit (cf. CE, 19 décembre 1975, n°s 84774 et 91895, Plén., *RJF,* 2/76, n° 77, chr. p. 41, *DF,* 1976, n° 27, comm. 925, concl. D. Fabre ; 17 mars 1993, n° 85894, 8e et 9e s.-s., *Memmi, RJF,* 5/93, p. 359, concl. J. Arrighi de Casanova).

Le Conseil d'État a réaffirmé la priorité du droit interne dans l'arrêt d'assemblée du 28 juin 2002 *Schneider Electric* (v. *supra,* n° 112), en précisant que, lorsqu'il est saisi d'une contestation relative à une convention fiscale, le juge de l'impôt doit d'abord se placer sur le terrain du droit interne pour rechercher si l'imposition a été valablement établie et, dans l'affirmative, sur le fondement de quelle qualification ; et qu'il lui appartient ensuite, le cas échéant en rapprochant cette qualification des stipulations de la convention, de déterminer en fonction des moyens invoqués devant lui ou même, s'agissant de déterminer le champ d'application de la loi, d'office, si cette convention fait ou non obstacle à l'application de la loi fiscale.

Cette analyse ne saurait signifier, bien entendu, que les qualifications du droit interne devraient être en toutes circonstances retenues, et notamment prévaloir sur les définitions conventionnelles des catégories de revenus, utiles à la mise en œuvre de la répartition du pouvoir d'imposer entre les États parties. Elle doit s'entendre en ce sens que l'analyse de qualification doit être d'abord conduite au regard des catégories telles que définies par le droit interne et, dès lors que son rapprochement avec les stipulations conventionnelles en matière de définition des catégories de revenus ne remet pas en question la qualification fondée sur le droit interne, qu'elle peut ensuite servir de base à l'examen des règles conventionnelles relatives au pouvoir d'imposer, le cas échéant susceptibles de faire obstacle à l'application de l'impôt dans les conditions prévues par la loi nationale (v. *infra,* n° 294, à propos des dividendes).

La subsidiarité des conventions fiscales, par ailleurs, n'exclut pas une certaine dialectique entre règles du droit interne et prescriptions conventionnelles, dans laquelle l'examen de la situation du contribuable prioritairement au regard des prescriptions du droit interne doit parfois céder le pas à la reconnaissance de la portée objective de certaines règles conventionnelles, notamment les règles de résidence. Un contribuable reconnu résident de Belgique au regard des règles de résidence fixées par la convention franco-belge, et qui, de ce fait, ne peut être soumis en France à l'obligation fiscale illimitée prévue pour les domiciliés, ne peut valablement prétendre aux avantages que la loi fiscale française reconnaît aux personnes qui ont leur domicile fiscal en France, alors même que ce contribuable devrait être reconnu comme ayant son domicile en France au seul regard des prescriptions de la loi française (CE, 8 juillet 2002, n° 225159, *Lecat, RJF,* 11/02, *BDCF,* 11/02, n° 133, concl. Mme Mitjaville ; v. B. Castagnède, Chronique de fiscalité internationale, *L'Année fiscale 2003,* p. 399 et s.).

275 S'agissant de l'*interprétation* des clauses conventionnelles, l'article 3, § 2 de la convention modèle de l'OCDE établit une hiérarchie entre les principes pouvant y présider, dans laquelle le renvoi au droit interne occupe une place secondaire par rapport aux définitions conventionnelles, ainsi qu'à l'interprétation par le contexte de la convention.

Mais les définitions conventionnelles ne sont pas suffisamment nombreuses, ni toujours suffisamment précises pour supprimer toute difficulté relative à l'interprétation du traité fiscal. Celui-ci, d'autre part, quel que soit son degré de parenté avec tel ou tel modèle proposé aux négociateurs de conventions fiscales, est toujours le reflet d'une singularité, celle de la relation entre deux systèmes fiscaux inévitablement originaux. Les clauses conventionnelles, dans ces conditions, doivent être constamment situées par rapport à l'ordre fiscal de base au sein duquel elles doivent, le cas échéant, intervenir, fait du dispositif fiscal propre à l'un ou à l'autre des États parties au traité.

Dans ces conditions, non toujours exclusives d'un penchant, de la part d'autorités nationales, administratives ou juridictionnelles, à favoriser l'interprétation assurant au dispositif fiscal national la portée la plus vaste possible, *l'interprétation par renvoi au droit interne* apparaît souvent privilégiée.

Évoquant celui-ci, le modèle OCDE précise, dans la rédaction la plus récente de l'article 3, § 2, que « le sens attribué à ce terme ou expression (non défini par la Convention) par *le droit fiscal* » de l'État concerné « prévaut sur le sens que lui attribuent les autres branches du droit de cet État ».

276 Dans le cas de prescriptions conventionnelles qui lui apparaissent claires, le juge fiscal a par ailleurs tendance à en faire une *interprétation littérale,* alors privilégiée par rapport à la recherche de l'intention des auteurs de l'accord international, voire par rapport au contexte étroit de ce dernier.

C'est sur la base d'une telle interprétation littérale de l'article 7 de la convention fiscale franco-suisse que le Conseil d'État, dans l'arrêt précité du 28 juin 2002 *SA Schneider Electric* (v. *supra,* n°s 112 et 274) a, après la Cour administrative d'appel de Paris (CAA Paris, 30 janvier 2001, *SA Schneider,* préc. n° 112), écarté l'application de l'article 209 B du CGI, dans le cas des bénéfices de la filiale suisse d'une société française, nonobstant l'objet général de la convention concernée qui, conformément au modèle de l'OCDE, poursuit l'élimination de la double imposition susceptible d'atteindre un même contribuable (double imposition juridique), et l'architecture logique qui en découle, fondée sur une distribution de compétences entre un État de la résidence et un État de la source, identifiés par rapport à *un* contribuable déterminé (v. *supra,* n° 112).

Le domaine fiscal apparaît ainsi le lieu d'un certain particularisme dans l'interprétation des traités pour laquelle, pourtant, le Conseil d'État a par ailleurs développé une méthode inspirée des principes généraux du droit public tels que rappelés par les articles 31 à 33 de la convention de Vienne sur le droit des traités : interprétation « suivant le sens ordinaire à attribuer aux termes du traité dans leur contexte et à la lumière de son objet et de son but », avec recours subsidiaire à l'intention des parties ou aux travaux préparatoires (cf. CE, Ass. 29 juin 1990, *Gisti,* p. 171, concl. R. Abraham, *RGDIP,* 1990, p. 807, cité par S. Austry dans ses conclusions dans l'affaire *Schneider Electric, BDCF,* 10/02, p. 13 et s. ; v. ég., pour une référence aux règles posées par la convention de Vienne en matière fiscale, les conclusions de J. Arrighi de Casanova dans l'affaire *Banque française de l'Orient,* jugée le 13 octobre 1999, *RJF,* 12/99, n° 1587).

3 – Conventions fiscales et droit communautaire

277 De façon générale, le principe d'une *primauté du droit communautaire* sur les conventions bilatérales ne fait guère de doute (cf. D. Berlin et J. Malherbe, *Conventions fiscales et droit communautaire, RTDE,* 1995, p. 263), même s'il n'est pas exprimé de manière claire et directe par les textes concernés, Traité CE ou conventions.

De la jurisprudence de la Cour de justice, il ressort d'abord que si les États membres de la Communauté européenne sont libres de fixer, dans le cadre de conventions fiscales bilatérales, les règles de répartition, entre les États signataires, de la compétence fiscale, ils ne peuvent pour autant s'affranchir du droit communautaire. Ainsi, les droits découlant pour les bénéficiaires de l'article 52 (ancien) du Traité relatif à la liberté d'établissement sont inconditionnels et un État membre ne saurait faire dépendre leur respect du contenu d'une convention fiscale conclue *avec un autre État membre* (CJCE, 28 janvier 1986, 270/83, *Commission c/ France,* préc. n° 23).

Les dispositions des conventions fiscales bilatérales contraires au droit communautaire, ensuite, lui sont inopposables, la Cour de justice se reconnaissant le droit d'examiner la compatibilité entre une convention fiscale et le Traité CE (cf. CJCE, 12 mai 1998, *Gilly,* aff. C-336/96).

278 Le droit communautaire peut en outre déterminer une extension du bénéfice des conventions fiscales bilatérales, sur le fondement du *principe de non-discrimination.*

Dans le cas de conventions fiscales conclues par un État membre *avec un État tiers,* le principe du traitement national impose ainsi à l'État membre partie à une telle convention d'accorder aux établissements stables situés sur son territoire de sociétés résidentes d'autres États membres les avantages prévus par la convention aux mêmes conditions que celles qui s'appliquent aux sociétés résidentes (CJCE, 21 septembre 1999, C-307/97, *Compagnie de Saint-Gobain,* préc. n° 24 ; v. ég. l'étude de P. Dibout, Liberté d'établissement, conventions fiscales et entreprises multinationales, *DF,* 2000, n° 11, p. 474 et s.).

S'est cependant posée la question de savoir si le principe communautaire de non-discrimination devait avoir une portée plus générale, et recevoir application non seulement lors de l'examen comparé de la situation d'un résident et de celle d'un non-résident, mais encore à l'examen de la situation comparée de deux non-résidents. Les stipulations des conventions fiscales bilatérales conclues par un État sont loin d'être équivalentes, et peuvent conduire à des traitements fiscaux différents pour les résidents d'États pouvant être également membres de l'Union européenne. Le résident d'un État A pourrait-il, alors, à raison de revenus trouvant leur source dans un État C, ou de biens s'y trouvant situés, prétendre au traitement favorable prévu en faveur des résidents d'un État B par la convention fiscale conclue entre les États B et C, mais qui ne serait pas semblablement prévu par la convention bilatérale liant C et A ? La question n'est autre que celle de l'éventuel octroi au principe communautaire de non-discrimination d'une portée égale à celle de la *clause de la nation la plus favorisée.*

L'application de principe d'une telle « clause » dans le contexte communautaire aurait une portée considérable, puisque venant gommer les nombreuses disparités de traitement fiscal, notamment en matière de base ou de taux des retenues à la source, résultant de la multiplicité et de la diversité des conventions fiscales bilatérales conclues entre États membres. La Commission a prévu, en ce sens, l'organisation de débats avec les États membres, en vue de promouvoir « une sorte de clause de la nation la plus favorisée entre les États membres de l'UE » (communic. du 24 novembre 2003, préc. n° 24).

Le juge communautaire a durablement éludé la question de l'application de la clause de la nation la plus favorisée sur la base du droit communautaire, préférant demeurer sur le terrain du droit interne de l'État membre, qui doit de son propre chef étendre aux ressortissants des autres États membres les avantages qu'il reconnaît à ses propres ressortissants (cf. CJCE, 14 février 1995, *Schumacker,* préc. n° 26, *Cie de Saint-Gobain,* préc. ; v. ég. CJCE, 8 mars 2001, aff. 397/98 et 410/98, *Metallgesellschaft et Hoechst, RJF,* 5/01, n° 734).

L'affaire *D* (aff. C-376/03) jugée le 5 juillet 2005 (*DF,* 2005, n° 30-35), concernant le point de savoir si les Pays-Bas, liés par convention fiscale à l'Allemagne et à la Belgique, devaient accorder à des résidents allemands le bénéfice des mêmes déductions que celles prévues pour les résidents néerlandais et conventionnellement conférés à des résidents belges en matière d'imposition de la fortune, a fourni à la Cour l'occasion d'écarter l'idée d'une application systématique de la clause de la nation la plus favorisée sur le fondement du droit communautaire.

La Cour a d'abord rappelé que les États membres sont libres, dans le cadre de conventions fiscales, de fixer les facteurs de rattachement aux fins de la répartition de la compétence fiscale, et qu'une différence de traitement entre ressortissants des deux États contractants résultant de cette répartition ne saurait être constitutive de discrimination contraire à l'article 39 CE (cf. les arrêts *Gilly* et *Saint-Gobain,* préc.). La clause de la nation la plus favorisée est donc sans effet à l'égard des critères de répartition du pouvoir d'imposition des États parties à une convention (définition des catégories conventionnelles de revenus sur la base desquelles est réparti le pouvoir d'imposition, définition de l'établissement stable, règles d'attribution du pouvoir d'imposer, etc.).

S'agissant, non pas d'apprécier les conséquences d'une répartition des compétences fiscales à l'égard des ressortissants ou des résidents d'États membres parties à une même convention, mais d'établir une comparaison entre la situation d'une personne résidente d'un État tiers à une convention et celle d'une personne couverte par cette convention, la Cour a ensuite rappelé qu'il existe des situations où les avantages d'une convention bilatérale peuvent être étendus à un résident d'un État membre n'ayant pas la qualité de partie à ladite convention (point 55), faisant à cet égard référence (point 56) à la jurisprudence précitée *Saint-Gobain.*

Concernant plus précisément la question de savoir si la situation de M. *D,* qui n'est pas dans une situation comparable à celle d'un résident des Pays-Bas, peut être comparée à celle d'un autre nonrésident qui bénéficie d'un traitement particulier en vertu d'une convention contre la double imposition, la Cour a relevé que « les droits et obligations réciproques prévues par la convention belgo-néerlandaise [...], ne s'appliquent qu'à des personnes résidentes de l'un des deux États membres contractants », ce qui est « une conséquence inhérente aux conventions bilatérales préventives de la double imposition », et qu' « il en découle qu'un assujetti résident de la Belgique ne se trouve pas dans la même situation qu'un assujetti résidant en dehors de la Belgique en ce qui concerne l'impôt sur la fortune établi à raison de biens immobiliers situés aux Pays-Bas ».

En outre, selon la Cour, la prescription conventionnelle prévoyant le bénéfice, pour les résidents de l'un des États (au cas particulier, la Belgique), dans l'autre État (les Pays-Bas), des déductions personnelles accordées par ce dernier à ses propres résidents, « ne saurait être analysée comme un avantage détachable du reste de la convention, mais en fait partie intégrante et contribue à son équilibre général ».

Concluant que les articles 56 et 58 CE (relatifs à la liberté de circulation des capitaux) ne s'opposent pas à ce qu'une règle prévue par une convention bilatérale visant à prévenir la double imposition telle que la règle en cause au principal ne soit pas, « dans une situation et dans des circonstances telles que celles de l'affaire au principal, étendue au ressortissant d'un État membre non partie à ladite convention », la Cour a ainsi marqué des limites aux perspectives d'application de la clause de la nation la plus favorisée aux *modalités d'exercice du pouvoir d'imposition* reconnu à un État, compte tenu des critères conventionnels de répartition du pouvoir d'imposer.

La Cour a certes pris position au regard d'une règle conventionnelle particulière, visant le bénéfice de déductions personnelles, et pris soin de la situation et les circonstances de l'affaire en cause, mais après avoir marqué le lien existant entre la portée des droits et obligations d'une convention, qui ne s'appliquent qu'aux résidents de l'un des États contractants (« conséquence inhérente aux conventions bilatérales préventives de la double imposition ») et la différence de situation en résultant entre le résident de l'État cocontractant et le résident d'un autre État, et que la règle conventionnelle en cause, ou telle autre qui lui serait comparable, n'était pas détachable du reste de la convention et contribuait à « son équilibre général ».

On ne peut exclure qu'une portée comparable à une clause de la nation la plus favorisée soit donnée, sur le fondement du droit communautaire, à d'autres règles relatives aux modalités d'exercice du pouvoir d'imposition reconnu à un État par un dispositif conventionnel, pour des situations ou circonstances autres que celles en cause dans l'affaire *D.* L'arrêt prononcé à l'issue de cette affaire n'en marque pas moins une pause dans le processus de « passation de pouvoir » parfois évoqué à propos des conventions fiscales bilatérales au sein de l'Union européenne (cf. Éric Meirer et Bernard Boutemy, Conventions fiscales bilatérales au sein de l'Union européenne ou l'histoire d'une passation de pouvoir ?, *BF,* 1/05, p. 21 et s. ; v. ég. l'étude de Philippe Derouin, Différences de traitement fiscal résultant des conventions entre États de l'Union, *DF,* 2005, n°s 30-35, p. 1288 et s.).

C – La mise en œuvre des dispositions conventionnelles

Le bénéfice d'une convention fiscale est normalement acquis à l'opérateur international qui satisfait à l'ensemble des conditions mises à l'application de la convention. Mais il peut être aussi réclamé lorsque la décision d'une autorité fiscale méconnaît, de l'avis du contribuable, une disposition conventionnelle.

1 – L'application non contentieuse des conventions fiscales

279 De manière générale, il appartient au contribuable de tirer les conséquences des prescriptions d'une convention fiscale qui lui sont applicables. Il lui revient d'identifier l'État de sa résidence, comme celui de la source de ses revenus. L'entreprise française exerçant des activités dans un pays lié à la France par une convention fiscale doit s'assurer du point de savoir si elle dispose, dans ce pays, d'un établissement stable au sens de la convention.

Sous réserve des conclusions d'un éventuel contrôle de l'administration fiscale, la constatation, par le contribuable, des éléments constitutifs de son statut au regard d'une convention fiscale déclenche automatiquement, à son bénéfice, le jeu des prescriptions conventionnelles appropriées audit statut.

La mise en œuvre de certaines dispositions des conventions fiscales, cependant, requiert l'accomplissement de formalités particulières, conjointement définies par les autorités des deux pays signataires, ou élaborées par l'une d'entre elles (voir *supra,* n° 249). Ces formalités particulières se rencontrent essentiellement en matière de réduction des taux ou d'exemption des retenues à la source normalement appliquées à certains revenus (dividendes, intérêts, redevances) versés à des non-résidents. Elles consistent notamment en la justification, par le demandeur, de sa résidence dans l'État cocontractant. En pratique, ces formalités sont le plus souvent accomplies par les *organismes payeurs* des revenus concernés.

L'application, ou l'interprétation, d'une convention fiscale peut toutefois donner lieu à des difficultés sérieuses, et faire apparaître un litige entre le contribuable et l'une ou l'autre des administrations fiscales concernées.

2 – Le règlement des litiges en matière d'application ou d'interprétation des conventions fiscales

Le règlement des différends en matière d'application ou d'interprétation d'une convention fiscale peut emprunter deux catégories de voies, faisant appel les unes à une autorité internationale, les autres à des autorités nationales.

280 Les litiges nés de l'application ou de l'interprétation d'un traité fiscal ne sont pas soumis, en règle générale, aux juridictions internationales. La volonté des États de préserver leur souveraineté fiscale en est l'explication la plus communément avancée.

Sans doute observe-t-on, dans le cadre des communautés européennes, une nette tendance au développement d'un contentieux fiscal devant la Cour de justice. Mais l'instance ne conduit pas, alors, au règlement direct d'un litige afférent à l'application individuelle de l'impôt.

Jusque récemment, les États ne paraissaient pas davantage enclins à s'en remettre, pour le règlement de différends en matière fiscale internationale, à l'appréciation d'autorités arbitrales. Une certaine place est désormais faite à la *procédure d'arbitrage* en vue du règlement de situations de double imposition, notamment liées à la correction des prix de transfert entre entreprises associées (voir *supra,* n°s 100 et s.).

Le mode international le plus courant de règlement des différends en matière fiscale reste toutefois le recours à la procédure amiable prévue par la plupart des conventions fiscales.

281 *La procédure amiable* consiste en la concertation des « autorités compétentes » des deux pays liés par convention, en vue de résoudre le cas posé par la réclamation d'un contribuable ou, de manière plus générale, « de résoudre les difficultés ou de dissiper les doutes auxquels peuvent donner lieu l'interprétation ou l'application de la convention » (convention modèle de l'OCDE, art 25, § 2).

Fondée sur des dispositions conventionnelles comparables à celles du modèle de l'OCDE, la procédure amiable peut être engagée à l'initiative d'un contribuable et constitue alors une voie de recours spécifique, de nature non juridictionnelle, concernant les difficultés auxquelles peut donner lieu l'application d'une convention fiscale.

Alors même que les conventions fiscales poursuivent l'élimination de *la double imposition juridique,* la procédure amiable permet également de rechercher le règlement des cas de *double imposition économique* internationale. Elle est en particulier le moyen le plus courant d'obtenir l'élimination de la surcharge fiscale résultant de redressements appliqués à une entreprise à raison des prix de transferts pratiqués avec une entreprise extérieure liée, qui n'auraient pas été spontanément compensés par une correction symétrique des résultats de l'entreprise partenaire dans l'autre État concerné.

L'ouverture d'une procédure amiable peut être demandée, en règle générale, par toute personne physique ou morale résidente de l'un ou l'autre État partie à la convention concernée. Dans le cas français, une personne morale peut demander l'ouverture de la procédure même si l'imposition effective de ses résultats est établie au niveau de ses membres ou associés (sociétés de personnes, *partnerships* anglo-saxonnes, GIE).

De nombreuses conventions offrent cependant la possibilité de recourir à cette procédure aux nationaux des deux États, quelle que soit leur résidence, pour l'application des dispositions relatives à la non-discrimination.

La procédure amiable peut être engagée à l'initiative d'un contribuable, lorsqu'il estime que les mesures prises par l'un ou l'autre des États contractants peuvent entraîner, pour lui, une imposition non conforme aux dispositions de la convention (sur les conditions d'application de la procédure amiable prévue par les conventions auxquelles la France est partie, v. l'instruction de la DGI du 4 mars 1986, *BODGI,* 14-F-1-86, *DF,* 1986, n° 13, comm. 621).

Seuls sont en principe concernés, dès lors, les impôts visés par la convention. Toutefois, pour l'application des clauses relatives à la non-discrimination, la procédure amiable intéresse généralement les impositions de toute nature.

La réclamation doit être, d'ordinaire, formée auprès de l'administration du pays de résidence du contribuable. Dans le cas de la France, elle doit être adressée, sans condition de forme, à la direction de la Législation fiscale (sous-direction E, 139 rue de Bercy, 75572 Paris Cedex 12), et non pas, comme en matière de réclamation contentieuse de droit commun, au directeur départemental des services fiscaux.

En matière de non-discrimination, cependant, le contribuable saisit l'administration de l'État dont il possède la nationalité.

Les conventions fiscales fixent souvent un délai pour l'ouverture de la procédure amiable. Variant de trois mois à trois ans, il court à compter de la première notification de la mesure qui entraîne une imposition non conforme à la convention.

L'autorité compétente saisie, dès lors que la réclamation lui paraît fondée, et qu'elle n'est pas en mesure d'y apporter une solution satisfaisante, recherche alors le règlement du litige soulevé en se rapprochant de l'autorité compétente de l'autre État.

Par leur concertation, le cas échéant exercée dans le cadre d'une commission mixte, les administrations des deux pays doivent alors s'efforcer de dégager une solution. Elles n'ont pas d'obligation de résultat. En pratique, cependant, elles parviennent souvent à l'accord amiable recherché (dans 98 % des cas en ce qui concerne les procédures impliquant la France, selon les indications contenues dans le rapport fait au nom de la commission des finances de l'assemblée nationale sur le projet de loi de finances rectificative de 2004 par M. Gilles Carrez ; cf. n° 1976, AN, fasc. 2, p. 117), mais au terme d'un délai parfois substantiel.

282 *Suspension du délai de prescription en cas de mise en œuvre de la procédure amiable (LPF, art. 189 A).* Si l'accord amiable n'est pas intervenu avant l'expiration du délai de reprise de l'administration, celle-ci, invitée à suspendre la mise en recouvrement dans les affaires donnant lieu à une procédure amiable avec un autre État, se trouve en pratique contrainte d'y procéder. C'est pour éviter de telles mises en recouvrement de redressements notifiés, alors qu'une procédure amiable a été ouverte, que l'article 21 de la loi de finances rectificative n° 2004-1485 du 30 décembre 2004 a prévu la suspension du délai de prescription « de la date d'ouverture de la procédure amiable au terme du troisième mois qui suit la date de la notification au contribuable de l'accord ou du constat de désaccord intervenu entre les autorités compétentes » (cf. *LPF,* art. 189 A).

La loi vise, précisément, la suspension du « cours du délai d'établissement de l'imposition », qui doit s'entendre du délai de reprise avant mise en recouvrement. Le point de départ de la suspension correspond à la réception, par l'administration, de la demande d'ouverture d'une procédure amiable faite par le contribuable, et non, bien entendu, à la date de saisine de l'autorité administrative étrangère.

La suspension du délai de prescription ne prive pas l'administration de la possibilité d'une mise en recouvrement effective des redressements notifiés, par exemple si la procédure amiable est interrompue, ou encore si sa prolongation fait craindre que soit atteinte la fin du délai maximal prévu pour exercer le droit de reprise (dix ans à compter du fait générateur, selon les dispositions de l'article L 186 du *Livre des procédures fiscales*).

La suspension du délai de prescription prévue à l'article L 189 A du *LPF* peut intervenir dans en cas d'ouverture d'une procédure amiable conventionnelle, mais aussi en cas d'ouverture de la procédure amiable prévue par la convention européenne dite « d'arbitrage » (v. *supra,* n°s 100 et s.).

283 Le régime de *l'accord amiable* est fonction, d'une part, de sa nature juridique, d'autre part, du principe d'indépendance entre la procédure amiable et les recours prévus par le droit interne des États, posé par l'article 25, § 1 de la convention modèle de l'OCDE, et rappelé dans la plupart des conventions.

L'accord amiable est un acte de caractère international, mais auquel ne s'attache pas normalement la force exécutoire des actes internationaux introduits dans l'ordre juridique interne. Il n'en pourrait aller différemment que dans le cas où l'accord amiable interviendrait en application d'une disposition conventionnelle le prévoyant expressément, aux fins de régler les conditions mêmes de son application (cf. concl. Bissara, sous CE, 13 mai 1983, n° 28831, *DF,* 1983, n° 29-30, comm. 1568).

En règle générale, l'accord amiable intervient au terme d'une procédure de caractère gracieux, et facultatif. Il peut procéder de considérations d'équité, ou d'opportunité, et ne saurait constituer le fondement légal d'une imposition.

C'est pourquoi l'accord amiable peut être accepté ou refusé par le contribuable. De même n'a-t-il pas pour effet de priver le juge fiscal de son pouvoir d'apprécier le bien-fondé, en droit, d'une imposition, y compris au regard des dispositions conventionnelles ayant donné lieu à l'exercice d'une procédure amiable (v. CE, 13 mai 1983, préc.).

Le contribuable, pour sa part, peut engager, parallèlement à la procédure amiable, une procédure de réclamation contentieuse devant le juge de l'impôt compétent.

L'administration française, adoptant un point de vue exprimé par le comité des affaires fiscales de l'OCDE, subordonne toutefois l'exécution d'un accord amiable, non seulement à l'acceptation du contribuable, mais encore à son désistement de l'action contentieuse parallèlement engagée.

Sur la procédure amiable, ainsi que les procédures d'arbitrage conventionnelles et européenne, v. Hugues Perdriel-Vaissière, Le règlement amiable des conflits en droit fiscal conventionnel français, *L'Année fiscale 2003,* p. 245 et s.

284 L'OCDE se préoccupe d'un règlement plus efficace des phénomènes de double imposition internationale, notamment liés au développement des échanges intra-groupe internationaux. Elle a publié en ce sens le 27 juillet 2004, à l'attention de commentaires publics, un projet de rapport d'étape intitulé *Améliorer le processus de résolution des différends fiscaux internationaux.*

Le projet de rapport contient des propositions en vue d'améliorer l'accès à la procédure amiable, dont les conditions de déroulement seraient utilement exposées dans un *Manuel pour des procédures amiables efficaces.* La clarification de la procédure devrait intéresser, notamment, le point de départ du délai dont dispose le contribuable pour demander une procédure amiable, ou encore la portée de la condition mise à l'engagement de la procédure d'une probabilité pratique d'imposition non conforme à la Convention.

Le projet de rapport soulève par ailleurs la question de la suspension du recouvrement de l'impôt, et celle de la suspension ou annulation d'intérêts et sanctions, pendant la procédure amiable. Il suggère l'adoption de délais de traitement, en vue d'accélérer le déroulement de la procédure amiable et d'en renforcer la transparence. Il évoque enfin des techniques supplémentaires de règlement des différends, une attention particulière étant portée à l'arbitrage.

285 *Les recours contentieux du droit interne.* Tout contribuable dispose de la faculté de former une réclamation contentieuse à l'encontre d'une imposition qui ne paraîtrait pas conforme aux dispositions d'une convention fiscale en vigueur. Le juge fiscal français admet la recevabilité des demandes fondées sur la violation de stipulations d'une convention internationale (cf. CE, Ass., 30 mai 1952, *dame Kirkwood, RDP,* 1952, p. 781, concl. Letourneur, et jurisprudence abondante en matière fiscale. Sur le contrôle de conventionalité en matière fiscale par la voie du *recours pour excès de pouvoir,* v. *supra,* n° 42).

Mais la question est alors celle de l'étendue de ses pouvoirs.

Le juge fiscal, dans tous les cas, s'estime compétent pour faire *application,* en vue de la fixation de l'obligation fiscale du contribuable, des dispositions de conventions fiscales et, le cas échéant, pour censurer l'application erronée précédemment faite par l'administration. Sa compétence en cas de difficulté d'*interprétation* d'une clause conventionnelle, en revanche, n'a été que tardivement admise par la juridiction administrative.

286 La Cour de cassation considère de manière traditionnelle que les tribunaux judiciaires qui ont à connaître, sauf exceptions, des litiges en matière d'impôts indirects, ont compétence pour interpréter les traités, « sauf lorsque les dispositions soumises à leur interprétation mettent en jeu des questions de droit public international » (cf. Cass. civ. I, 19 mars 1963, *Chassagne, JCP,* 1963, II, 13270, note Ancel).

Le Conseil d'État, pour sa part, a longtemps refusé de reconnaître au juge administratif de l'impôt le pouvoir d'interpréter une convention fiscale internationale (v., par ex., CE, 25 mars 1983, n° 16649, *RJF,* 1983, p. 346). En cas de contestation sérieuse, le juge devait surseoir à statuer, et renvoyer la question à l'interprétation du ministre des Affaires étrangères qui est, en France, l'autorité normalement compétente pour interpréter les traités.

Mais, en matière fiscale, compte tenu de la technicité des questions posées, comme des conditions de l'élaboration du traité, la difficulté est, en pareil cas, soumise à l'examen de l'administration fiscale. Bien que le service alors chargé d'instruire la question (la Direction de la législation fiscale) soit distinct de ceux ayant compétence pour appliquer l'impôt (les services extérieurs de la Direction générale des impôts), il peut paraître paradoxal que l'interprétation d'une disposition dont peut dépendre la solution d'un litige soit le fait d'une autorité qui est partie au litige (l'article 6-1 de la Convention européenne des droits de l'homme interdit au demeurant qu'un État fournisse la solution d'un litige auquel il est lui-même partie). C'est l'une des raisons pour lesquelles le Conseil d'État a d'abord apporté des tempéraments à sa position de principe, déniant au juge fiscal compétence pour interpréter les traités.

La Haute Assemblée, à cet effet, a fréquemment fait recours à la « théorie de l'acte clair », c'est-à-dire admis d'appliquer toute clause conventionnelle dont le sens est, à son opinion, « clair et certain ». L'appréciation du caractère « clair et certain » de la signification attachée à une disposition conventionnelle conférait, en pratique, un assez large pouvoir d'interprétation au juge qui s'en trouvait, par principe, privé. Les cas de questions préjudicielles renvoyées au ministre des Affaires étrangères se sont avérés peu fréquents (v. cependant, par ex., CE, 25 mars 1983, n° 16649 et 27 juillet 1984, *DF,* 1984, n° 39, comm. 1570).

Cependant, lorsqu'il l'avait sollicitée, le juge fiscal s'estimait lié par l'interprétation fournie par l'autorité compétente (v. par ex. CE, 27 juillet 1984, préc.).

Le Conseil d'État a abandonné cette position dans une décision d'Assemblée *Gisti* rendue le 29 juin 1990 à propos d'un litige non fiscal (n° 78519, *RJF,* 8-9/90, n° 1096, *AJDA,* 1990, 621, concl. R. Abraham). Il admet depuis lors que le juge administratif n'est pas tenu de renvoyer pour interprétation au ministre des Affaires étrangères une disposition conventionnelle dont le sens n'est pas clair et qu'au cas de renvoi préjudiciel, toujours possible, il n'est pas tenu de suivre l'interprétation fournie par le ministre.

Sur les méthodes d'interprétation, v. *supra,* nos 275 et 276.

SECTION 2 – LA RÉPARTITION CONVENTIONNELLE DES COMPÉTENCES FISCALES

Les conventions fiscales organisent une répartition des compétences fiscales entre les États signataires permettant d'éviter la double imposition. Cette répartition s'appuie sur une distinction fondamentale entre l'État de résidence du contribuable, et celui de la source de ses revenus extérieurs. Elle requiert en conséquence la définition de règles déterminant la résidence du contribuable, ainsi que la source de ses revenus, et procédant, pour chaque catégorie d'entre eux, à l'attribution du pouvoir d'imposition.

Compte tenu de la répartition conventionnelle des compétences fiscales, chaque État met ensuite en œuvre les dispositifs techniques visant à assurer une complète élimination de la double imposition.

On décrira ces dispositifs, après avoir exposé les principes directeurs de la répartition des compétences fiscales entre les États signataires d'une convention contre la double imposition, et précisé leur application en ce qui concerne les bénéfices des entreprises.

1 – Principes directeurs

A – Méthode générale

287 Empruntant la démarche préconisée par la convention modèle de l'OCDE, les conventions fiscales fondent l'ajustement des souverainetés fiscales sur l'identification de celui des États signataires auquel doit être reconnu le pouvoir d'imposition principal. Le critère retenu à cet effet est celui de la résidence du contribuable.

Une fois déterminé l'État de résidence, il y a lieu de reconnaître ceux des revenus du contribuable qui trouvent leur source dans l'autre État signataire, alors qualifié d'État de la source.

Puis, les conventions fiscales édictent, pour chacune des catégories de revenus qu'elles distinguent, des règles de répartition du pouvoir d'imposition entre l'État de la résidence, titulaire de la compétence principale, et l'État de la source, dont la souveraineté fiscale n'est pas pour autant méconnue. Ces règles peuvent être précisées dans le cadre des prescriptions conventionnelles relatives à l'élimination de la double imposition dans l'État de résidence.

Pour certains éléments imposables, le pouvoir d'imposition est exclusivement attribué à l'un des deux États en présence, soit à l'État de la résidence, soit à l'État de la source. Pour d'autres éléments imposables, la compétence fiscale est partagée entre les deux États.

En cas de partage du pouvoir d'imposition, le droit d'imposition de l'État de la source se trouve, dans certains cas, limité, la convention fixant un taux maximum de retenue à la source.

L'application d'une convention fiscale suppose ainsi l'identification de l'État de résidence du contribuable, la qualification de ses revenus imposables au regard des catégories conventionnelles, la localisation de leur source, puis la mise en œuvre des règles d'attribution du pouvoir d'imposition.

B – La définition conventionnelle de la résidence

288 Selon la convention modèle de l'OCDE (art. 4), la question de la résidence d'un contribuable doit être d'abord réglée par référence au *droit interne* des États en présence. Est considérée comme un résident de l'un de ces États, « toute personne qui, en vertu de la législation de cet État, est assujettie à l'impôt dans cet État, en raison de son domicile, de sa résidence, de son siège de direction ou de tout autre critère de nature analogue ».

L'article 4-1 du modèle OCDE précise que la référence au droit interne ne peut toutefois permettre de qualifier de résident d'un État une personne qui n'y serait pas soumise à une obligation fiscale illimitée. Mais, dans beaucoup de pays, notamment de pays en développement, le principe de territorialité continue de gouverner l'imposition des revenus ou des bénéfices, de sorte que les conventions conclues par ces pays ne reprennent pas cette restriction. Le modèle de convention de l'ONU ne comporte pas, pour sa part, de disposition écartant le recours prioritaire au droit interne, lorsque celui-ci prévoit l'imposition des seuls revenus de source nationale.

Chaque fois que l'examen de la législation de l'un des États parties à une convention fiscale conduit à reconnaître à une personne la qualité de résident de cet État, sans qu'une même qualification puisse être parallèlement dégagée de l'application, à la situation de la même personne, de la législation de l'autre État, il y a lieu de s'en tenir à ce premier examen.

Il appartient en principe au contribuable d'apporter la preuve qu'il est soumis à l'impôt dans un pays étranger (ou un territoire situé « hors de France ») en tant que résident de ce pays.

C'est seulement en cas de conflit de lois, lorsqu'une même personne est considérée, selon les deux législations en présence, comme domiciliée dans l'un et l'autre État, qu'il convient de recourir aux *critères subsidiaires* de la résidence définis par la convention.

289 La convention modèle de l'OCDE distingue la situation des personnes physiques, et celle des personnes morales. En ce qui concerne les *personnes physiques,* elle énumère une série de critères subsidiaires, hiérarchisés.

Le premier critère subsidiaire à prendre en compte consiste à considérer comme État de résidence celui dans lequel le contribuable a *un foyer d'habitation permanent.* Il faut entendre par là toute forme d'habitation dont la personne concernée dispose de façon durable, sans que s'y attache nécessairement le caractère d'exclusivité attaché au « foyer » au sens de l'article 4 B 1 du CGI. Une même personne, ainsi, peut avoir un foyer d'habitation permanent dans deux États (cas de salariés expatriés ; voir concl. O. Fouquet sous CE, 26 janvier 1990, 7e et 9e s.-s., no 69853, *Renck, DF,* 1990, no 23-24, comm. 1121).

Si le contribuable possède un foyer d'habitation permanent dans les deux États, doit être regardé comme État de résidence celui avec lequel *les liens personnels et économiques* du contribuable *sont les plus étroits (centre des intérêts vitaux)*.

Si l'État où le contribuable a le centre de ses intérêts vitaux ne peut pas être déterminé, ou s'il ne dispose d'un foyer d'habitation permanent dans aucun des deux États, il est considéré comme un résident de l'État où il séjourne de façon habituelle. Ce critère du *séjour habituel* est distinct de celui du séjour principal, visé à l'article 4 B 1 *a)* du CGI. Il n'implique pas de prépondérance du séjour dans un État, mais un simple caractère habituel du séjour ; en sorte qu'une même personne peut séjourner de façon habituelle dans les deux États.

En un tel cas, ou encore si cette personne ne séjourne de façon habituelle dans aucun des deux États, elle est considérée comme un résident de l'État dont elle possède la *nationalité* (v., par ex., CAA Marseille, 17 décembre 2002, *Esterre, DF,* 2003, n° 37, p. 1119).

Enfin, si le contribuable a la nationalité des deux États, ou ne possède la nationalité d'aucun d'eux, la convention modèle OCDE dispose que « les autorités compétentes des États contractants tranchent la question d'un commun accord ».

Le recours à la procédure amiable, alors prévu pour la détermination de l'État de résidence d'un contribuable, ne doit intervenir qu'après qu'aient été épuisées les possibilités de règlement de la question successivement offertes par les critères précédents (v. *supra,* n° 140).

En ce qui concerne les *personnes morales,* la convention modèle de l'OCDE ne retient qu'un seul critère subsidiaire de la résidence, celui du siège de direction effective.

Les conventions fiscales conclues par la France retiennent une telle disposition, sauf le cas de la plupart des conventions conclues avec les États africains anciennement membres de la Communauté, dans lesquelles la résidence des personnes morales est définie par référence au siège social statutaire.

290 En règle générale, les conventions fiscales s'inspirent de la conception de la résidence proposée par le modèle de l'OCDE. Mais chaque dispositif conventionnel doit être, à cet égard, examiné avec minutie, toute différence, dans la formulation ou la hiérarchie des critères subsidiaires, ou dans le sens qui leur est attribué, étant susceptible de modifier la solution à donner au problème de la résidence du contribuable.

Dans la convention franco-suisse du 9 septembre 1966, ainsi, le première critère subsidiaire de la résidence, pour les personnes physiques, est celui du foyer d'habitation permanent, expression qui, selon la Convention, désigne le « centre des intérêts vitaux, c'est-à-dire le lieu avec lequel les relations personnelles sont les plus étroites ». Assimilant le critère du foyer d'habitation permanent à celui du centre des intérêts vitaux, cette convention, s'écartant des préconisations du modèle de l'OCDE, fournit en outre de ce dernier critère une interprétation restrictive, dès lors qu'excluant la prise en compte des liens économiques du contribuable. Seuls sont pris en compte les liens personnels. Pour l'application de ces dispositions, le Conseil d'État prend en compte différents éléments de fait se rattachant à la situation personnelle du contribuable (délivrance d'un permis d'établissement par les autorités helvétiques, immatriculation du véhicule, assujettissement aux impôts helvétiques, lieu de scolarisation des enfants, etc.), sans exclure les condition d'exercice de l'activité professionnelle (cf. CE 12 janvier 2005, req. n° 248627, *Latécoère, DF,* 2005, n° 18-19, comm. 403, note Henri Teissier du Cros et Manon Sieraczek-Abitan).

C – La qualification des revenus imposables

291 Les premiers travaux scientifiques relatifs à l'élimination des doubles impositions internationales ont pris pour base l'approche analytique, ou cédulaire, des revenus qui était propre aux systèmes fiscaux de l'Europe continentale, particulièrement au système français. Cette approche a été conservée, de sorte que les conventions fiscales contemporaines distinguent plusieurs catégories de revenus, et fixent, pour chacune d'entre elles, les règles d'attribution du pouvoir d'imposition.

L'application d'une convention fiscale suppose, par conséquent, que le revenu imposable puisse être clairement rattaché à l'une des catégories identifiées par elle.

La qualification des revenus imposables au regard des catégories conventionnelles est favorisée par la définition, fournie par le traité fiscal, des revenus entrant dans chaque catégorie. Mais les définitions conventionnelles de caractère synthétique sont rares. Plus fréquemment, les conventions donnent une énumération des revenus appartenant à une catégorie déterminée. Cette énumération peut être indicative et se trouver assortie d'un renvoi à la législation de l'un des États contractants.

L'article 10, § 3 de la convention modèle OCDE précise ainsi que « le terme "dividendes" employé dans le présent article désigne les revenus provenant d'actions, actions ou bons de jouissance, parts de mine, parts de fondateur ou autres parts bénéficiaires à l'exception des créances, ainsi que les revenus d'autres parts sociales soumis au même régime fiscal que les revenus d'actions par la législation de l'État dont la société distributrice est un résident ».

Mais dans certains cas, l'énumération se veut limitative, assurant de ce fait une meilleure sûreté à l'opération de qualification des revenus. L'article 12, § 2 de la convention modèle OCDE propose ainsi une énumération de l'ensemble des revenus qu'il y a lieu de considérer comme des « redevances ».

Il arrive également que les conventions ne fournissent pas la définition, ou l'énumération, des revenus correspondant aux catégories qu'elles distinguent. L'imprécision du traité peut être, alors, à l'origine de difficultés d'application. Il en est de même lorsque la définition, ou l'énumération, conventionnelle est assortie d'un renvoi à la législation des deux États.

292 La convention modèle de l'OCDE identifie les catégories suivantes de revenus : revenus immobiliers ; bénéfices des entreprises, des dispositions particulières étant prévues pour les bénéfices des entreprises de navigation maritime, intérieure et aérienne d'une part, pour les entreprises associées, d'autre part ; dividendes ; intérêts ; redevances ; gains en capital ; revenus d'emplois (antérieurement désignés revenus des professions dépendantes) ; tantièmes ; revenus des artistes et sportifs ; pensions ; rémunérations de fonctions publiques ; sommes reçues par les étudiants ; autres revenus.

La catégorie des revenus des « professions indépendantes » (ancien article 14 du modèle) a été supprimée du modèle de convention le 29 avril 2000, compte tenu du fait qu'il n'existait pas de différence voulue entre les concepts d'établissement stable (art. 7), et celui de base fixe utilisé dans l'article 14, ni entre la façon de calculer les bénéfices et l'impôt selon que l'article 7 ou l'article 14 s'applique. Dans la convention modèle, les revenus tirés de l'exercice de professions libérales ou d'autres activités de caractère indépendant sont désormais traités par référence à l'article 7 en tant que bénéfices d'activité d'entreprise, de nombreuses conventions fiscales en vigueur continuant cependant à identifier une catégorie particulière de revenus dite des « professions indépendantes », par référence aux versions antérieures du modèle.

Le rattachement de revenus imposables à l'une ou l'autre de ces catégories soulève de nombreux problèmes, dont les exemples qui suivent donnent un aperçu.

293 L'identification des *revenus immobiliers* doit s'opérer, selon l'article 6, § 2 du modèle OCDE, par référence au droit de l'État où se trouvent situés les biens immobiliers. Mais il n'y a pas toujours d'exacte coïncidence entre la conception du revenu immobilier en droit privé, et celle qui est propre au droit fiscal. La législation fiscale nationale considère ainsi comme des revenus immobiliers les produits des parts de sociétés immobilières transparentes (CGI, art. 1655 *ter*). La France s'est efforcée de faire admettre cette conception extensive de la catégorie des revenus immobiliers, par l'insertion, dans les dispositifs conventionnels, d'une référence à la législation *fiscale* de l'État de situation des biens (cf. la réserve sous les commentaires de l'article 6, par laquelle la France « souhaite se réserver la possibilité d'appliquer les dispositions de sa législation concernant l'imposition des revenus provenant d'actions ou de parts, qui sont traités comme des revenus de biens immobiliers selon sa législation).

L'article 3, § 2 de la convention modèle tel qu'issu de la révision de 1995, retient cette conception, de façon plus générale, en précisant que lorsqu'il y a lieu, pour l'application de la Convention par un État contractant et en vue d'interpréter le sens d'un terme ou d'une expression qui n'y est pas défini, de se référer au sens que lui attribue le droit de cet État (soit, sauf si le contexte exige une interprétation différente), le sens attribué à ce terme ou expression par le *droit fiscal* de cet État prévaut sur le sens que lui attribuent les autres branches du droit de cet État.

Dans la plupart des conventions fiscales, qui suivent en cela le modèle de l'OCDE, les revenus des *exploitations agricoles* et forestières sont assimilés aux revenus immobiliers. Mais, exceptionnellement, quelques traités fiscaux visent expressément les *fermes* ou les *plantations* parmi les exemples d'établissements stables, rangeant de ce fait leurs produits dans la catégorie des « bénéfices d'entreprises » (cf. les convention signées par la France avec Singapour le 9 septembre 1974, la Malaisie le 24 avril 1975, l'Indonésie le 14 septembre 1979).

La revente par une société britannique de *stock de vins* acquis au titre de sa part dans les bénéfices d'une société civile d'exploitation viticole française (rémunération en nature) ne relève pas de l'exercice d'une activité agricole, mais d'une activité commerciale.

Les profits retirés de cette revente ne sont donc pas imposables en France, en l'absence d'un établissement stable dans ce pays de la société britannique (CE, 25 février 2004, n° 250328, *Société Hallminster Ltd, RJF,* 5/04, n° 463, *DF,* 2004, n° 51, concl. Vallée).

Selon le § 4 de l'article 6 de la convention modèle de l'OCDE, les revenus provenant des *biens immobiliers d'une entreprise* doivent être regardés comme des revenus immobiliers. La plupart des conventions fiscales signées par la France reprennent cette disposition, qui permet notamment de faire application des dispositions des articles 244 *bis* et 244 *bis* A du CGI (v. *supra,* n°s 178 et s.). Dans le silence du texte conventionnel, il y a lieu de se référer aux dispositions du droit interne pour qualifier le revenu. L'article 244 *bis* du CGI faisant référence à l'article 35, les profits soumis au prélèvement de 50 % doivent être considérés comme des revenus d'entreprise, et ne sont alors imposables en France que s'ils sont réalisés par l'intermédiaire d'un établissement stable (cf. RM 41773 à M. Zimmermann, *JOAN,* 30 novembre 2004, p. 9441, n° 12118 à M. Masson, *JO,* Sénat, 25 novembre 2004, p. 2687).

Cette solution est applicable aux plus-values immobilières d'une entreprise, dès lors que l'article de la convention relatif aux *gains en capital* ne précise pas que la disposition selon laquelle les plus-values tirées de l'aliénation de biens immobiliers sont imposables dans l'État de situation de l'immeuble s'applique également aux gains en capital réalisés par les entreprises (cf. 25 février 2004, *Hallminster,* préc. ; v. Hervé Israël et Thomas Bouhours, Le traitement fiscal des plus-values immobilières dans les conventions fiscales conclues par la France, *L'Année fiscale 2005,* p. 251 et s.).

294 La question s'est posée, à propos de sommes que la loi fiscale française, en application de l'article 109-1-1° du CGI, qualifie de revenus réputés distribués (charges non déductibles, avantages occultes, sommes réintégrées dans le bénéfice sur le fondement de l'article 57 du CGI), de savoir s'il convient de leur réserver le traitement fiscal des *dividendes,* au sens d'une convention.

Le juge fiscal français, à cet égard, considère qu'une désignation conventionnelle des dividendes conforme à celle proposée à l'article 10-3 de la convention modèle de l'OCDE (« le terme dividendes... désigne les revenus provenant d'actions, actions ou bons de jouissance, parts de mines, parts de fondateur ou autres parts bénéficiaires, à l'exception des créances, ainsi que les revenus d'autres parts sociales soumis au même régime fiscal que les revenus d'actions par la législation de l'État dont la société distributrice est un résident ») ne constitue pas une définition, mais une simple énumération des titres concernés.

En l'absence d'une définition conventionnelle des dividendes autre qu'une « énumération » conforme au modèle de l'OCDE, le Conseil d'État retient de ceux-ci la conception qu'il s'agit des « produits distribués par une société à ses associés en vertu d'une décision prise par l'assemblée générale de ses actionnaires ou porteurs de part dans les conditions prévues par la loi du 24 juillet 1966 modifiée sur les sociétés commerciales » (CE, 13 octobre 1999, 8e et 9e s.-s., n° 190083, *SA Banque française de l'Orient, DF,* 2000, n° 6, comm. 71, à propos de la convention franco-néerlandaise du 16 mars 1973).

Le juge fait ici une application du principe de subsidiarité des conventions fiscales (v. *supra,* n° 274), accordant priorité à la qualification propre au droit interne (au cas particulier, au droit des sociétés). Dans le cas où les distributions ne constituent pas des dividendes au sens du droit interne, ce n'est que lorsque la convention prévoit expressément que les sommes concernées peuvent être imposées selon les règles fixées par la convention pour les dividendes que lesdites sommes sont assimilées à des dividendes au sens de la convention.

Certaines conventions signées par la France, ainsi, placent explicitement dans le champ de l'article « dividendes » les « revenus *soumis au régime des distributions par la législation fiscale* de l'État contractant dont la société est un résident » (cf., par ex., l'art. 10-4 de la convention fiscale franco-algérienne du 17 octobre 1999, ou encore l'art. 10-4 de la convention signée avec la Guinée le 15 février 1999). L'administration estime qu'une telle rédaction laisse à la France la possibilité de percevoir une retenue à la source sur l'ensemble des revenus visés aux articles 108 à 115 du CGI, y compris les revenus réputés distribués (rémunérations et distributions occultes) (cf. instr. préc. du 22 mai 2003, *BOI,* 14-B-3-03, n° 65).

Hors contre-indication résultant d'une prescription conventionnelle, les revenus réputés distribués au sens de l'article 109-1-1° du CGI ne répondant pas à la définition des dividendes au sens du droit interne ressortissent à la catégorie conventionnelle des « autres revenus ». La retenue à la source prévue à l'article 119 *bis*-2 du CGI ne peut leur être appliquée lorsque l'imposition des revenus non dénommés est réservée, conformément au modèle de l'OCDE (art. 21), à l'État de résidence du bénéficiaire (cf. *Banque française de l'Orient,* préc.).

L'attribution du droit d'imposer les revenus non dénommés à l'État de la source autorise au contraire ce dernier à appliquer une retenue à la source sur des revenus distribués qui ne peuvent être qualifiés de dividendes, par exemple des distributions occultes (cf., pour l'application de la convention franco-libanaise du 24 juillet 1962, CE, 30 décembre 2002, req. n° 236096, *Hanna, DF,* 2003, n° 10, comm. 189 ; v. ég. *infra,* n°s 388 à 391).

295 La délimitation de la catégorie des *redevances* est à l'origine de nombreuses difficultés, tant au niveau de l'élaboration des conventions fiscales qu'à celui de leur application.

Comme indiqué, le modèle de convention de l'OCDE fournit, à titre de définition du terme de « redevance », une énumération limitative des rémunérations qu'il convient de ranger sous cette appellation (art. 12, § 2). Il s'agit des « rémunérations de toute nature payées pour l'usage ou la concession de l'usage d'un droit d'auteur sur une œuvre littéraire, artistique ou scientifique, y compris les films cinématographiques, d'un brevet, d'une marque de fabrique ou de commerce, d'un dessin ou d'un modèle, d'un plan, d'une formule ou d'un procédé secrets, et pour des informations ayant trait à une expérience acquise dans le domaine industriel, commercial ou scientifique ».

Avant la révision intervenue en 1992, le modèle OCDE ajoutait à ces rémunérations celles payées « pour l'usage ou la concession de l'usage d'un équipement industriel », formule visant notamment les produits d'opérations de *leasing,* susceptibles d'être rattachés à la catégorie des bénéfices d'entreprises.

À l'égard des nombreuses opérations de crédit-bail dans lesquelles l'aspect financier est prédominant, la qualification retenue par le modèle entraînait des inconvénients, dès lors qu'un pouvoir d'imposition était reconnu à l'État de la source (de façon d'ailleurs non conforme au modèle de l'OCDE, qui attribue au seul État de résidence le droit d'imposer les redevances (cf. art. 12, § 1) : la marge réelle du bénéficiaire peut être, pour de telles opérations, minime, insuffisante en tout cas pour autoriser l'imputation d'un crédit d'impôt correspondant au prélèvement effectué à la source. Dans le modèle issu de la révision de 1992, les produits des locations d'équipements industriels sont clairement rattachés à la catégorie des bénéfices d'entreprises (v. B. Gouthière, Fiscalité internationale : les solutions proposées par le nouveau modèle OCDE, *BF,* 2/93, p. 79 et s.).

La convention modèle OCDE range également dans la catégorie des redevances la rémunération du savoir-faire *(know-how).* Dans la pratique des affaires internationales, cependant, le transfert de savoir-faire s'accompagne fréquemment de prestations de services, rendues au titre d'assistance technique. Une telle association d'opérations est de règle dans les contrats de franchise internationale. Mais, du fait que les rémunérations de prestations de services ressortissent, non pas à la catégorie des redevances, mais à celle des bénéfices des entreprises (ou des revenus des professions indépendantes), l'application des recommandations de l'OCDE, le cas échéant combinée avec la reconnaissance d'un droit d'imposer les redevances à la source, oblige à une délicate ventilation des différents éléments composant la rémunération de la prestation d'ensemble, à moins d'admettre une solution consistant à rattacher l'accessoire au principal.

Les pays en développement sont généralement favorables à une conception large de la catégorie des « redevances », englobant précisément la rémunération des prestations d'études, conseil ou assistance, qu'elles interviennent ou non en complément d'un transfert de technique ou de savoir-faire, et bien entendu assortie de la reconnaissance d'un pouvoir d'imposition à l'État de la source.

Cette analyse permet alors aux pays concernés, essentiellement récepteurs de prestations de services internationales, d'accéder à un droit d'imposition sur des revenus actifs qui, en l'absence d'établissement stable ou de base fixe implantés par leur bénéficiaire, échapperaient à la juridiction fiscale du pays d'accueil s'ils devaient être regardés comme des bénéfices d'entreprises ou des revenus de professions indépendantes (v. *infra,* n°s 310 et s.).

D – Les règles conventionnelles de source

296 La répartition, entre deux États liés par convention, du pouvoir d'imposer les différents revenus imputables à un contribuable suppose une claire localisation de la source nationale de ces revenus.

À cet égard, la théorie juridique des conventions fiscales n'est pas d'une parfaite rigueur. Les règles conventionnelles de source, en effet, ne sont pas toujours nettement distinguées des règles d'attribution du pouvoir d'imposition. On rencontre, en fait, quelques règles de source explicites, distinctes des règles d'imposabilité applicables aux revenus concernés. Mais généralement, la règle de source est implicite, et souvent sous-jacente à la règle d'imposabilité édictée pour une catégorie déterminée de revenus.

297 Des règles de source explicites, distinctes des règles d'imposabilité, sont édictées par les conventions modèles en matière d'intérêts (art. 11, § 5 des modèles OCDE et ONU) et de redevances (art. 12, § 5 du modèle ONU).

Dans l'un et l'autre cas, le critère retenu pour identifier la source du revenu est par principe celui de la *résidence du débiteur*. Une dérogation est toutefois prévue, dans l'hypothèse où les opérations productives d'intérêts ou de redevances ont un lien économique évident avec un établissement stable (ou une base fixe, en dans le cas du modèle ONU), dont le débiteur disposerait dans l'État autre que celui de sa résidence. Si l'emprunt ou l'engagement a été contracté pour les besoins de l'établissement, ou de la base fixe, et que celui-ci ou celle-ci supporte la charge des intérêts ou des redevances, les revenus en cause doivent être alors considérés comme trouvant leur source dans l'État où se trouve situé l'*établissement stable,* ou la base fixe.

298 Le lieu de résidence du débiteur est également considéré, mais de manière implicite, par la convention modèle de l'OCDE, comme celui de la source des revenus, en matière de dividendes, de rémunérations et pensions publiques, de sommes versées à un étudiant ou à un stagiaire.

C'est au contraire le lieu d'exercice de l'activité qui, en matière de salaires ou de rémunérations des artistes et sportifs, est implicitement regardé comme étant celui où ces revenus trouvent leur source.

299 En matière de revenus immobiliers, la règle d'attribution du pouvoir d'imposition reflète clairement une règle de source, qu'il n'a pas été jugé utile d'exprimer distinctement, dès lors que la source réelle du revenu ne fait généralement pas problème. Les revenus immobiliers trouvent d'évidence leur source dans l'État où l'immeuble est situé. À cet État revient le droit exclusif de les imposer.

L'édiction d'une règle explicite de source ne serait cependant pas dépourvue de toute utilité dans le cas des revenus attachés aux actions ou parts de sociétés immobilières transparentes, parfois assimilées à des revenus immobiliers.

300 La confusion des règles de source et d'imposabilité est caractéristique des dispositions applicables à l'imposition des bénéfices des entreprises, d'une part, des revenus des professions indépendantes, d'autre part, lorsque ceux-ci sont distingués des précédents (tel n'est plus le cas dans le modèle OCDE, on l'a rappelé, depuis 2000).

Dans l'un et l'autre cas, le principe de répartition des compétences fiscales procède de l'idée que les bénéfices ou revenus extérieurs d'une entreprise, ou d'un professionnel indépendant, ne doivent échapper à la juridiction fiscale du pays de leur résidence, qu'à partir du moment où leur activité, dans l'autre pays, présente une consistance suffisante pour que l'on puisse admettre qu'elle y génère par elle-même des bénéfices ou revenus.

Dans les conventions fiscales inspirées du modèle OCDE, le critère d'une telle consistance est l'exercice de l'activité extérieure par l'intermédiaire, pour les entreprises, d'un *établissement stable* ou, pour les membres de professions indépendantes, d'une *base fixe* (conventions conformes au modèle antérieur à la révision signalée *supra,* n° 292).

La présence d'un établissement stable, ou d'une base fixe, peut être considérée comme l'indice significatif que des bénéfices ou revenus trouvent leur source dans l'État où ces installations sont implantées. Mais, simultanément, la reconnaissance d'un établissement stable, ou d'une base fixe, exerce un effet attributif de compétence fiscale au profit de l'État d'implantation, qui est bien, alors, l'État de la source.

Règles de source et d'imposabilité sont ainsi confondues dans les critères de l'établissement stable et de la base fixe.

En ce qui concerne les revenus des professions indépendantes, le modèle de convention de l'ONU propose d'étendre le droit d'imposition des États accueillant les activités des professionnels résidents de l'autre État à des hypothèses autres que celle dans laquelle ces activités sont exercées par l'intermédiaire d'une base fixe. L'article 14, § 1 de ce document vise également le cas dans lequel le séjour du professionnel dans l'État d'accueil de ses activités extérieures excède cent quatre-vingt-trois jours pendant une année fiscale, et celui où la rémunération de ses services effectués dans cet État excède un certain montant, à déterminer.

Ces adjonctions visent à élargir le pouvoir d'imposition des pays en développement, récepteurs d'activités de membres de professions indépendantes, résidents de pays industrialisés. Elles s'analysent en une extension de la règle de source sous-jacente à la règle d'imposabilité retenue pour cette catégorie de revenus.

E – L'attribution du pouvoir d'imposition

301 Pour chacune des catégories de revenus identifiées par elles, les conventions fiscales fixent des règles d'attribution du pouvoir d'imposition qui, selon le cas, réservent celui-ci à l'un des États contractants, admettent ou prévoient le partage de la compétence fiscale.

302 Selon les prescriptions du modèle de convention de l'OCDE, la répartition du pouvoir d'imposition s'effectue au *profit exclusif de l'État de la résidence* du contribuable en ce qui concerne les bénéfices des entreprises qui ne sont pas imputables à un établissement stable, les bénéfices des entreprises de transport international, les redevances, les gains en capital (autres que les plus-values immobilières et les plus-values professionnelles rattachables à un établissement stable), les rémunérations des salariés (revenus d'emploi) en mission temporaire, les pensions privées, les sommes versées aux étudiants et stagiaires. Il en est de même pour tous les revenus qui ne sont pas expressément visés par la convention (revenus « non dénommés »), à l'exception de ceux qui, sauf le cas des revenus de biens immobiliers, seraient rattachables à l'activité d'un établissement stable.

303 Compte tenu de l'objet des conventions fiscales, qui est d'éliminer la double imposition internationale susceptible d'atteindre un même contribuable, l'attribution évoquée d'un droit exclusif d'imposition à l'État de résidence d'une entreprise devrait s'entendre au regard des revenus, comportant un aspect d'extranéité, que procure à une entreprise sa propre activité, c'est-à-dire concerner l'entreprise d'un État exerçant certaines activités *dans l'autre État* hors la présence d'un établissement stable.

Faisant une interprétation littérale de l'article 7 de la convention fiscale franco-suisse, et du modèle OCDE qu'elle reproduit, le Conseil d'État a admis dans l'arrêt *SA Schneider* du 28 juin 2002, précité n°s 112, 274 et 276, que ce texte excluait plus généralement la possibilité, pour une société française, de faire l'objet d'une imposition en France au titre des bénéfices réalisés par sa filiale suisse, celle-ci, ne disposant pas d'un établissement stable en France, ne pouvant être imposée que par la Suisse, État de sa résidence.

La pratique conventionnelle française tend désormais, pour éviter qu'échappent à l'impôt français des produits étrangers dont la loi française prévoit la taxation, à insérer dans les dispositions conventionnelles en matière d'élimination de la double imposition, la précision suivant laquelle les revenus qui « sont imposables ou ne sont imposable que » dans l'autre État sont pris en compte pour le calcul de l'impôt français lorsqu'ils ne sont pas exemptés de l'impôt sur les sociétés en application de la législation interne française. L'élimination de la double imposition, sauf cas d'exemption prévue par la loi française, est alors assurée par l'octroi d'un crédit d'impôt (voir, *infra,* n° 340).

De telles dispositions sont de nature à favoriser l'application d'un éventuel régime mondial d'imposition des bénéfices des sociétés, incluant ceux réalisés par des établissement stables hors de France ; elles ne constitueraient d'ailleurs pas, en ce cas, une dérogation au principe d'attribution exclusive du droit d'imposition de l'État de résidence, en l'absence d'établissement stable dans l'autre État, mais seraient plutôt l'illustration du caractère non exclusif du droit d'imposition de l'État de la source, à l'égard des bénéfices réalisés sur son territoire par l'établissement stable d'une société résidente de l'autre État.

Visant surtout à permettre une application effective de l'article 209 B du CGI aux filiales étrangères de sociétés françaises (dont la rédaction a cependant été modifiée par la loi de finances pour 2005 ; v. *supra,* n° 119), la nouvelle pratique conventionnelle française peut être alors regardée comme une dérogation à un principe général de territorialité qui, selon le juge français, serait posé par toute disposition conventionnelle comparable à l'article 7 du modèle, applicable y compris aux bénéfices d'entreprises n'ayant, par elles-mêmes, aucune activité dans l'autre État. Elle confère en outre une certaine relativité au mécanisme conventionnel d'attribution d'un droit « exclusif » d'imposition à l'un des États contractants.

304 Dans le modèle OCDE, le droit d'imposer est *réservé à l'État de la source* en matière de rémunérations de fonctions publiques et de pensions publiques (sauf si elles sont payées à un résident de l'autre État qui a également la nationalité de celui-ci), ainsi que de tantièmes et autres rémunérations des administrateurs de sociétés.

305 Le droit d'imposer est expressément prévu en faveur du même *État de la source* en matière de revenus immobiliers (y compris les plus-values), de bénéfices des entreprises rattachables à l'État autre que celui de la résidence (critère de l'établissement stable), des revenus d'emploi (salaires, sous réserve des dispositions applicables aux salariés en mission temporaire), de revenus des artistes et sportifs. Dans ces cas, toutefois, les revenus concernés pourraient être, en principe, également imposés par l'État de la résidence, à condition que soit assurée l'élimination de la double imposition (c'est-à-dire, en fait, par la méthode de l'imputation).

306 L'accès au droit d'imposer est expressément prévu tant en faveur de l'*État de la résidence* que de l'*État de la source* en matière de dividendes et d'intérêts, la compétence fiscale de l'État de la source étant toutefois limitée, alors que, pour sa part, l'État de résidence devra assurer l'élimination complète de la double imposition.

307 Ces règles de répartition des compétences fiscales, posées par la convention modèle de l'OCDE, sont souvent retenues par les traités contre la double imposition effectivement conclus. Mais il peut y être dérogé.

De fréquents écarts entre le modèle de l'OCDE et la pratique conventionnelle des États sont ainsi constatés en matière de redevances, le pouvoir d'imposition étant alors partagé entre l'État de la source et l'État de la résidence. La convention modèle de l'ONU (art. 12) préconise d'ailleurs une telle solution, plus favorable aux intérêts financiers des pays en développement.

Quelques conventions, d'autre part, réservent à l'État de résidence le droit d'imposer les dividendes (v. les conventions du 8 février 1957 avec le Danemark, du 24 juillet 1962 avec le Liban ; v. ég. la convention fiscale franco-égyptienne du 19 juin 1980, telle que modifiée par l'avenant signé le 1er mai 1999, la convention conclue avec le sultanat d'Oman telle que révisée par l'avenant du 22 octobre 1996) ou, plus fréquemment, les intérêts (v. les conventions avec le Danemark et le Liban, et celles du 21 juillet 1959 avec l'Allemagne, du 19 décembre 1980 avec la Norvège, du 27 novembre 1990 avec la Suède, la convention fiscale franco-suisse du 9 septembre 1966 telle que modifiée par l'avenant du 22 juillet 1997, la convention fiscale signée le 10 février 1999 avec la Macédoine).

308 L'application des règles de répartition du pouvoir d'imposition entre les deux États signataires d'une convention fiscale peut soulever des difficultés dans le cas d'une attribution explicite, mais non exclusive, de compétence fiscale, résultant de l'usage de la formule suivant laquelle certains revenus « sont imposables » dans un État contractant, soit l'État de la source, soit l'État de la résidence.

La question du droit, pour l'autre État, d'imposer les mêmes revenus, à condition d'assurer l'élimination de la double imposition, peut être réglée par la *clause relative à ladite élimination,* autorisant, ou excluant, un tel droit d'imposition (v. *infra,* n°s 334 et s.). Aussi est-il nécessaire, pour prendre une vue complète et précise du dispositif de répartition des compétences fiscales entre les deux États liés par une convention, de considérer non seulement les règles d'attribution du pouvoir d'imposition fixées par les articles concernant les différentes catégories de revenus identifiées par la convention, mais encore celles relatives aux modalités d'élimination de la double imposition. On a vu que, dans la pratique conventionnelle française récente, ces dernières vont jusqu'à exercer une incidence sur la portée de l'attribution, le cas échéant, exclusive, de compétence prévue en matière de bénéfices d'entreprises (v. *supra,* n° 303).

Il est parfois fait référence à un principe suivant lequel le droit d'imposer ne se présume pas, en sorte qu'en présence d'une attribution expresse, mais non formellement exclusive, du droit d'imposer une catégorie de revenus à l'un des États contractants, sans mention de la possibilité pour l'autre État d'imposer à son tour les mêmes revenus, ce dernier se trouverait privé du droit d'imposer les revenus concernés (cf. B. Gouthière, *Les impôts dans les affaires internationales,* éd. F. Lefebvre, 6e éd., 2004, n° 531).

La Cour de cassation fait application d'un tel principe en matière d'imposition de la fortune, et donne à la formule selon laquelle les biens immobiliers « sont imposables » dans l'État de situation, une portée identique à celle qui résulterait d'une formule prévoyant que ces biens « ne sont imposables que » dans cet État (Cass. com., 24 mars 1992, n° 572 P, *Le Marois d'Andlau, RJF,* 6/92, n° 909, étude de S. Salou et P. Juilhard, p. 477 et s.).

La règle évoquée résulte ordinairement, en fait, des clauses conventionnelles en matière d'élimination de la double imposition, ayant l'effet pratique de réserver le droit d'imposer à l'un des deux États. En l'absence de précisions contenues dans ces clauses, l'interprétation littérale des dispositions en matière d'attribution du droit d'imposer ne serait pas en faveur de la reconnaissance du principe ci-dessus évoqué.

L'attribution conventionnelle du droit d'imposer une catégorie de revenus à l'un des États, n'exclut pas, par ailleurs, la possibilité pour l'autre État de prendre en considération l'existence de ces revenus, exempts de son propre impôt, pour déterminer le taux d'imposition applicable aux autres revenus du contribuable résident de ce second État (voir modèle OCDE, art. 23 A 3).

2 – La répartition du pouvoir d'imposer les bénéfices des entreprises

309 À l'égard des bénéfices d'une entreprise ayant des activités internationales, la répartition des compétences fiscales entre les États liés par une convention contre la double imposition repose, on l'a noté, sur le critère de l'*établissement stable* : l'État de résidence de l'entreprise impose tous les bénéfices de celle-ci, sauf lorsque le mode d'exercice de ses activités dans l'autre État contractant conduit à y reconnaître la présence d'un établissement stable. En ce cas, l'État d'accueil des activités extérieures de l'entreprise est investi du pouvoir d'imposer les bénéfices qui sont rattachables à sa juridiction fiscale à raison de la présence de l'établissement stable.

L'étendue des compétences fiscales revenant à l'État d'accueil des activités extérieures de l'entreprise est alors fonction, d'une part, du contenu donné par la convention fiscale au concept d'établissement stable mis en œuvre, et d'autre part, aux effets conventionnellement attachés à la reconnaissance de l'établissement stable, en ce qui concerne les droits de l'État sur le territoire duquel il se trouve situé.

A – La notion d'établissement stable

1 – La notion d'établissement stable selon les modèles de convention

310 Selon l'article 5 de la convention modèle de l'OCDE, « l'expression *établissement stable* désigne une installation fixe d'affaires par l'intermédiaire de laquelle une entreprise exerce tout ou partie de son activité ».

Cette définition générale, d'usage courant dans la pratique conventionnelle, subordonne ainsi le droit d'imposition de l'État accueillant les activités d'une entreprise résidente de l'autre État contractant, à l'utilisation, par l'entreprise, pour l'exercice de ses activités, d'une installation matérielle (locaux, machines, outillage, etc.) établie en un lieu précis et présentant un certain degré de permanence.

Le modèle de l'OCDE fournit une énumération indicative des installations qui doivent être regardées comme des établissements stables : un siège de direction, une succursale, un bureau, une usine, un atelier ; une mine, un puits de pétrole ou de gaz, une carrière ou tout autre lieu d'extraction de ressources naturelles.

Il précise qu'un *chantier* de construction ou de montage ne constitue un établissement stable que si sa durée dépasse douze mois.

311 En principe, l'appréciation de la condition de durée mise à la reconnaissance d'un établissement stable dans une activité de chantier doit s'effectuer au niveau de chaque chantier, sans qu'il soit tenu compte du temps passé par le même entrepreneur sur d'autres chantiers n'ayant pas de lien avec le premier pris en considération (cf. commentaires de l'article 5 de la convention modèle de l'OCDE, al. 18).

Le Conseil d'État a cependant jugé, à propos de chantiers de forage pétroliers effectués, notamment, en Espagne, alors qu'aucun des chantiers n'avait excédé une durée de neuf mois, que les rédacteurs de la convention franco-espagnole, laquelle se réfère, en ce qui concerne la qualification d'établissement stable appliquée aux chantiers, au critère des douze mois fixé par le modèle de l'OCDE, « n'ont pas entendu exclure de la catégorie des établissements stables une activité exercée par l'entreprise plus de douze mois dans le même pays, mais à l'aide de plusieurs chantiers successifs » (29 juin 1981, n° 16095, *JCP, éd. CI,* 1982, n° 17, I-10586, n° 7). Les chantiers successifs, il est vrai, se rattachaient, au cas particulier, à un projet unique.

312 Le modèle OCDE ajoute que la qualification d'établissement stable ne doit pas être reconnue aux installations fixes d'affaires qui sont le support d'*activités simplement préparatoires ou auxiliaires* : installations de stockage, ou seulement destinées à l'exposition ou à la livraison de marchandises ; marchandises elles-mêmes, entreposées aux seules fins de stockage, d'exposition, de livraison, ou de transformation par une autre entreprise ; bureaux d'achat et bureaux d'information ; installations utilisées à l'exercice de toute autre activité préparatoire ou auxiliaire, ou même à l'exercice cumulé de telles activités, dès lors que l'activité d'ensemble conserve un caractère préparatoire ou auxiliaire.

La distinction entre une installation préparatoire ou auxiliaire et un établissement stable peut être source de litiges.

Cf., à propos d'une unité de stockage de produits de la pêche appartenant à une société néerlandaise et réalisant en fait des opérations commerciales en France et à l'exportation, CAA Nantes, 26 juin 2003, *Sté Mermaid BV, DF,* 2004, n° 7, comm. 248.

313 Le même modèle (art. 5, § 5) assimile à la présence d'un établissement stable l'activité d'un *agent dépendant* de l'entreprise extérieure, dès lors qu'il dispose de pouvoirs, exercés de manière habituelle, lui permettant de conclure des contrats au nom de l'entreprise, et qu'il n'accomplit pas seulement des activités de caractère préparatoire ou auxiliaire, au sens précédemment indiqué.

Pour une entreprise, l'exercice d'activités par l'intermédiaire d'un courtier, d'un commissionnaire général ou de tout autre agent jouissant d'un statut indépendant n'est pas, au contraire, assimilable à la présence d'un établissement stable (cf. article 5, § 6 de la convention modèle).

314 Les experts de l'OCDE, enfin (art. 5, § 7), ont entendu écarter la confusion entre les exploitations directes de l'entreprise (établissements) et ses exploitations indirectes (filiales). La filiale, entité juridique indépendante, ne constitue pas, normalement, un établissement stable de la société mère. Il en irait différemment, toutefois, si la filiale exerçait son activité dans les conditions prévues au § 5 de l'article 5, c'est-à-dire agissait en tant qu'agent dépendant de la société mère, disposant de pouvoirs, habituellement exercés, lui permettant de conclure des contrats au nom de celle-ci.

315 Le Conseil d'État, dans une décision remarquée *Interhome AG* du 20 juin 2003 (n° 224407, *RJF,* 10/03, n° 1147, *DF,* 2004, n° 30-36, comm. 657, concl. Austry, *BDCF,* 10/03, n° 130) a jugé que, pour déterminer si une filiale pouvait être requalifiée en un établissement stable, il convenait de rechercher si elle exerçait *en fait,* et non seulement en droit, des pouvoirs lui permettant d'engager sa société mère dans une relation commerciale ayant trait aux opérations constituant *les activités propres* de cette dernière (v. ég. CAA Paris, 26 novembre 2003, *Sté Intercontainer, RJF,* 4/04, n° 404).

Sur la décision *Interhome AG,* cf. chr. L. Olléon, *Une filiale peut cacher un établissement stable, RJF,* 10/03, p. 751 et s. ; C. Nouel et S. Reeb, La filiale française d'une société étrangère peut-elle constituer un établissement stable de sa société mère ?, *BMIS,* 1er décembre 2003, p. 1289 ; P. Donsimoni, chr.

de fiscalité internationale, *L'Année fiscale 2004,* p. 293 et s., et Comment évaluer le risque de qualification d'une filiale en établissement stable ?, *JCP E,* 2004, n° 11, p. 405 ; D. Gutmann, La requalification d'une filiale en établissement stable par l'arrêt *Sté Interhome AG* : une solution contraire au droit communautaire ?, *Revue des sociétés,* 2004, n° 2, p. 385 et s. ; S. Gelin et A. Le Boulanger, Établissement stable et prix de transfert : deux faces d'un même miroir ?, *BFL,* 10/04, p. 661 ; P. Dibout et J.-P. Le Gall, Un hybride atypique : la filiale française établissement stable de la société mère étrangère, *DF,* 2004, n°s 47 et 48, p. 1662 et s. ; B. Castagnède, chr. de fiscalité internationale, *L'Année fiscale 2005,* p. 403 et s.

L'intérêt soutenu porté à la décision *Interhome AG* tient largement à sa relation avec la question de la répartition entre les juridictions fiscales de la base taxable des groupes internationaux (v. *supra,* n°s 73 et s.). La qualification d'établissement stable d'une société étrangère de sa filiale ayant son siège en France a pu être en effet perçue comme un moyen avantageux pour l'administration, alternatif ou complémentaire à la mise en œuvre de la procédure prévue par l'article 57 du CGI, de retenir dans le champ de la juridiction fiscale nationale une part du bénéfice réalisé par un groupe international. Une telle qualification intervenant *a priori* en l'absence de quelconque déclaration de résultats par la société étrangère, le délai de reprise pourrait être porté à six ans, et l'imposition poursuivie dans le cadre d'une procédure de taxation d'office.

Dans l'affaire *Société Interhome AG,* l'éventuelle reconnaissance, dans la filiale d'une société étrangère, d'un établissement stable de celle-ci était recherchée, comme il est habituel, sur la base des critères permettant d'identifier l'exercice d'une activité par l'intermédiaire d'un agent dépendant au sens de l'article 5.5 de la convention modèle de l'OCDE.

La requalification d'une filiale en établissement stable pourrait cependant trouver un fondement autre que celui tiré de prescriptions conformes à celles de l'article 5.5 de la convention modèle de l'OCDE, et prendre appui sur les éléments conduisant plus généralement à la reconnaissance d'un établissement stable d'une entreprise non résidente, savoir la présence d'une « installation fixe d'affaires par l'intermédiaire de laquelle une entreprise exerce tout ou partie de son activité », au sens du § 1 du même article 5 de la convention modèle de l'OCDE. L'installation matérielle de la filiale, autrement dit, serait également une « installation fixe d'affaires » de la société mère.

L'identification d'une telle situation n'est pas nouvelle. Dès la version de 1977 de la convention modèle de l'OCDE, le commentaire 4 du § 1 de l'article 5 relevait que « l'installation d'affaires peut aussi se trouver dans les locaux d'une autre entreprise. Ce peut être le cas, par exemple, lorsque l'entreprise étrangère dispose en permanence de certains locaux ou d'une partie des locaux appartenant à l'autre entreprise ». Rien ne permettait d'exclure que l'autre entreprise soit une filiale.

Par de *nouveaux commentaires* sous l'article 5 de la convention modèle, adoptés en 2004, l'OCDE apparaît toutefois admettre plus nettement la dualité des fondements de la requalification d'une filiale en établissement stable. Selon le nouveau § 41 du commentaire sur l'article 5 : « A parent company may, however, be found, under the rules of paragraphs 1 or 5 of the Article, to have a permanent establishment in a State where a subsidiary has a place of business. »

L'illustration proposée de la reconnaissance d'un établissement stable d'une société non résidente dans un État où une filiale de celle-ci exerce son activité sur le fondement du § 1 s'inscrit à vrai dire dans la continuité des commentaires antérieurs. L'OCDE vise en effet le cas d'un espace ou de locaux appartenant à la filiale, mis à la disposition de la société mère, et qui constituent une installation fixe d'affaires par l'intermédiaire de laquelle la société mère exerce sa propre activité.

Pourrait toutefois s'envisager l'hypothèse où une administration poursuivrait la requalification en établissement stable d'une société non résidente de l'entière installation matérielle d'une filiale, laquelle ne serait pas regardée, par ailleurs, comme un agent dépendant de la première au sens de l'article 5.5 de la convention modèle. La requalification, en ce cas, pourrait procéder de la reconnaissance d'une fictivité de la filiale, sous l'apparence de laquelle la société mère agirait directement.

Les nouveaux commentaires de l'OCDE sous l'article 5 de la convention modèle marquent également, toutefois, les limites de la requalification. L'OCDE expose en effet (§ 42 nouveau des commentaires sous l'article 5) que la circonstance que l'entité d'un groupe multinational fournit des services (tels que des services de management) à une autre entité du groupe, dans le cadre de sa propre activité, à l'aide de ses propres locaux et de son propre personnel, ne peut conduire à la reconnaissance d'un établissement stable de la société à laquelle les services sont rendus. Le fait que la propre activité d'une compagnie en un lieu donné puisse procurer un avantage économique à l'activité d'une autre compagnie, ajoute l'organisation, ne signifie pas que celle-ci exerce son activité en ce lieu. Une compagnie qui se contente d'acquérir des biens produits ou des services rendus par une autre compagnie dans un pays différent n'y dispose pas, pour cette raison, d'un établissement stable, même si elle peut tirer un avantage de la fabrication de ces biens ou de la fourniture de ces services.

Ces développements, plus rassurants pour les groupes internationaux qui recourent à la division, entre entités distinctes réparties entre différents pays, d'un processus de fabrication, ou aux services de quartiers généraux, ne dissipent pas complètement toute incertitude. Visant les services fournis par l'entité d'un groupe « à l'aide de ses *propres* locaux et de son *propre* personnel », le commentaire se réfère à des appartenances juridiques dont on sait la fragilité. Les groupes sont invités, en tout cas, à conforter les options juridiques exercées par la cohérence des effets qui, normalement, en découlent. Il est hautement préférable, en particulier, que le personnel employé dans l'installation d'une filiale soit bien celui de la filiale.

Sur les nouveaux commentaires de l'OCDE, v. B. Castagnède, chronique de fiscalité internationale préc., *L'Année fiscale 2005.*

316 Le risque de requalification d'une filiale en un établissement stable d'une société étrangère n'est pas étranger, en tout cas, à la garantie nouvelle offerte aux contribuables, à cet égard, par l'article 19 de la loi de finances rectificative n° 2004-1485 du 30 décembre 2004. Ce texte a en effet étendu la procédure dite de *rescrit fiscal* avec délai de réponse aux demandes concernant l'existence d'établissements stables, par l'adjonction d'un 6° à l'article L 80 B du *LPF,* disposant que la garantie prévue au premier alinéa de l'article L 80 A est également applicable, désormais :

« Lorsque l'administration n'a pas répondu dans un délai de trois mois à un contribuable de bonne foi qui a demandé, à partir d'une présentation écrite précise et complète de la situation de fait, l'assurance qu'il ne dispose pas en France d'un établissement stable ou d'une base fixe au sens de la convention fiscale liant la France à l'État dans lequel ce contribuable est un résident. »

La garantie nouvelle ainsi offerte intéresse exclusivement, cependant, les entreprises résidant dans un État lié à la France par une convention fiscale, l'appréciation administrative de la situation de fait s'effectuant dès lors au regard des critères de l'établissement stable tels que définis par la convention concernée.

317 Le concept d'établissement stable, instrument d'identification de la source d'un bénéfice et, simultanément, d'attribution du pouvoir de l'imposer, est d'application générale dans les conventions fiscales. Le contenu qui lui est donné est souvent proche de la conception proposée par l'OCDE, mais subit, d'un traité fiscal à l'autre, les variations qui reflètent le particularisme des relations entre deux États.

Curieusement, en fait, alors que les implantations internationales d'entreprises s'effectuent le plus souvent, aujourd'hui, par voie de création de filiales, le débat relatif à la définition de l'établissement stable conserve une certaine acuité. Il reste en quelque sorte le lieu symbolique où se joue et se règle l'affrontement des souverainetés.

Parce que leurs échanges économiques sont relativement équilibrés, les pays industrialisés s'accommodent de la conception plutôt restrictive de l'établissement stable qui est proposée par l'OCDE. Gains et pertes, pour les Trésors des États contractants, sont à peu près compensés, alors que la limitation du nombre des cas de reconnaissance d'un établissement stable allège les charges de gestion des entreprises, comme des administrations.

Les pays en développement, s'ils consentent à ce que la répartition du pouvoir d'imposition des bénéfices des entreprises soit fondée sur le concept d'établissement stable, se satisfont moins volontiers d'une définition qui conduit à écarter du champ de leur compétence de nombreuses activités exercées, sur leur territoire, par des entreprises résidentes de pays industrialisés, alors que ceux-ci n'ont que rarement l'occasion d'accueillir, en retour, les activités d'entreprises résidentes d'un pays en développement.

318 Afin de tenir compte de la non-équivalence des courants d'échanges entre pays industrialisés et pays en développement, le *modèle de convention de l'ONU* retient une conception élargie de l'établissement stable, autorisant un accès plus facile, pour les pays en développement, au droit d'imposer les activités d'entreprises de pays industrialisés exercées sur leur territoire.

L'extension de la notion d'établissement stable apparaît dans la qualification donnée aux chantiers de construction ou de montage : dans le modèle de l'ONU (art. 5, § 3, *a*), ceux-ci, auxquels sont assimilées les activités de surveillance qui s'y exercent, sont considérés comme des établissement stables lorsqu'ils ont une durée supérieure à six mois.

La pratique conventionnelle est assez variable, en ce qui concerne la qualification des chantiers, mais les pays en développement cherchent en tout cas, à travers la fixation d'un critère de durée approprié, à accéder le plus aisément possible au droit d'imposition. La durée retenue est parfois inférieure à six mois. Il arrive même qu'aucune condition de durée ne soit mise à la reconnaissance, dans un chantier de construction ou de montage, d'un établissement stable.

À certaines conditions, la *fourniture de services* pendant plus de six mois au cours d'une période quelconque de douze mois, entraîne également, selon le modèle de l'ONU (art. 5, § 3, *b*), la reconnaissance d'un établissement stable.

Le souci d'étendre le droit d'imposition des pays d'accueil apparaît également dans la qualification d'établissement stable implicitement attribuée à l'installation fixe d'affaires utilisée aux fins de l'exercice *cumulé* d'activités préparatoires ou auxiliaires (suppression, dans le modèle de l'ONU, de l'alinéa *f* figurant à l'article 5, § 4 du modèle de l'OCDE).

De même, les experts de l'ONU ont considéré que pouvait constituer un établissement stable un entrepôt utilisé aux fins de *livraison* de marchandises (suppression de la référence à la livraison faite aux alinéas *a* et *b* de l'article 5, § 4 du modèle de l'OCDE).

Dans le modèle de convention concernant les doubles impositions entre pays développés et pays en développement, d'autre part, l'assimilation à un établissement stable des activités de l'agent dépendant d'une entreprise extérieure est étendue au cas où cet agent, ne disposant pas du pouvoir de conclure des contrats au nom de l'entreprise, « conserve habituellement », dans l'État où il exerce ses activités, « un stock de marchandises sur lequel il prélève régulièrement des marchandises aux fins de livraison pour le compte de l'entreprise ».

Les experts de pays en développement ont obtenu, également, l'insertion dans le modèle de l'ONU d'une disposition spéciale relative à certains aspects du commerce d'*assurances,* souvent exercé par l'intermédiaire d'agents indépendants ou, au contraire, d'agents dépourvus du pouvoir de conclure des contrats, toutes conditions qui, dans la conception traditionnelle de l'établissement stable, privent également le pays où s'exercent de telles activités du droit d'imposer les bénéfices retirés d'elles par des entreprises d'assurances étrangères. L'article 5, § 6 du modèle de convention de l'ONU permet de considérer, sauf en matière de réassurance, une entreprise d'assurance d'un État contractant comme ayant un établissement stable dans l'autre État si elle y perçoit des primes ou assure des risques qui y sont encourus, par l'intermédiaire d'une personne autre qu'un agent jouissant d'un statut indépendant.

Le § 7 de l'article 5 du modèle de l'ONU reprend les dispositions du modèle de l'OCDE excluant de l'assimilation à un établissement stable le cas d'exercice d'activités par l'intermédiaire d'un représentant indépendant. Mais il ajoute ne pas considérer comme un agent indépendant celui qui exerce ses activités, dans un État contractant, exclusivement ou presque exclusivement pour le compte d'une entreprise de l'autre État.

2 – L'établissement stable dans les conventions conclues par la France

319 Dans les conventions conclues par la France avec d'autres pays industrialisés, la définition de l'établissement stable reproduit assez fidèlement, en général, celle de la convention modèle de l'OCDE.

Selon le juge fiscal, la liste des exemples d'établissement stable figurant ordinairement au § 2 de l'article consacré, dans les conventions fiscales, à la définition de l'établissement stable, présente un caractère seulement *indicatif* (CE, 29 juin 1981, n° 16095, *RJF,* 10/81, p. 470). Une installation figurant au nombre de ces exemples, d'autre part, ne constitue un établissement stable que si les autres conditions mises à la reconnaissance de celui-ci sont remplies.

Dans le cas des conventions conclues avec les *pays en développement,* la définition de l'établissement stable tient souvent compte du souci de ces pays, essentiellement récepteurs d'investissements internationaux, d'accéder plus aisément au droit d'imposer les bénéfices réalisés sur leur territoire par les entreprises de partenaires industrialisés.

On remarque ainsi que dans les conventions conclues par la France avec les pays d'Afrique francophone au sud du Sahara, un *chantier de construction ou de montage* est le plus souvent réputé constituer un établissement stable dès sa création, sans condition de durée. Cette solution s'est rencontrée dans quelques autres conventions conclues avec des pays en développement : Algérie (conventions du 2 octobre 1968 et du 17 mai 1982, mais non celle signée le 17 octobre 1999), Maroc (convention du 29 mai 1970, du moins pour les chantiers de construction), Madagascar (convention du 29 septembre 1962).

D'autres traités fiscaux conclus avec des pays en développement ou des pays émergents subordonnent la reconnaissance d'un établissement stable dans un chantier de construction ou de montage à une durée d'activité inférieure à celle d'une année prévue par le modèle OCDE, et qui peut être, selon le cas, de six mois (cas le plus fréquent), ou de trois mois (cas des conventions conclues avec les

Comores, le Nigeria, la Thaïlande, convention franco-algérienne du 17 octobre 1999).

Dans certaines conventions conclues avec des pays en développement, la qualification d'établissement stable est d'autre part reconnue, conformément aux préconisations du modèle ONU, à des *activités de surveillance ou de supervision* liées à un chantier de construction ou de montage, et ayant une certaine durée (conventions avec le Botswana, le Ghana, la Jamaïque, Malte, Maurice, Sri Lanka).

S'inspirant également des propositions de la convention modèle de l'ONU, la convention conclue entre la France et la République populaire de Chine le 30 mai 1984 dispose (art. 5, 3, *b*) que la *fourniture de services,* y compris les services de consultants ou les activités des surveillance, peut être regardée comme un établissement stable lorsque les activités de cette nature se poursuivent pendant des périodes représentant un total de plus de six mois au cours d'une période de douze mois (cf. ég., par exemple, l'article 5-3 de la convention fiscale signée le 15 avril 1999 avec le Bostwana)

Contrairement aux prescriptions de la convention modèle de l'OCDE, par ailleurs, la plupart des conventions fiscales conclues par la France avec les États africains anciennement membres de la Communauté (la convention du 27 novembre 1987 avec le Congo, proche du modèle OCDE, faisant exception) regardent également comme un établissement stable une installation fixe d'affaires utilisée aux fins d'acheter des marchandises *(bureaux d'achat),* ou de réunir des informations faisant l'objet même de l'activité de l'entreprise *(bureaux d'information),* ou à des fins de *publicité.*

La convention signée avec la Guinée le 15 février 1999 range cependant (art. 5-4) les bureaux d'achat et les bureaux d'information au nombre des installations qui, utilisées pour des activités de caractère préparatoire ou auxiliaire, ne sont pas constitutives d'un établissement stable.

Par exception, les chantiers sont exclus de la catégorie des établissements stables dans la convention franco-tchécoslovaque du 1er juin 1973.

3 – Établissement stable et commerce électronique

320 Le Comité des affaires fiscales de l'OCDE a engagé une série de travaux sur les problèmes fiscaux relatifs au commerce électronique.

Il a d'abord élaboré des conditions cadres d'imposition, favorablement accueillies par la Conférence interministérielle d'Ottawa d'octobre 1988, fixant les principes de base devant guider les pouvoirs publics en matière d'imposition du commerce électronique. Suivant l'analyse du Comité, au stade actuel de développement de l'environnement technologique et commercial, les principes d'imposition existants, applicables au commerce traditionnel, permettent d'assurer la taxation du commerce électronique et doivent en conséquence s'appliquer à celui-ci.

Dans le domaine des conventions fiscales, le Comité a cependant admis que si les normes internationales actuelles pouvaient être mises en œuvre à l'égard des activités commerciales en ligne, des précisions devaient être apportées en vue d'un recours pertinent au modèle de convention fiscale, en particulier en ce qui concerne l'interprétation de la notion d'*établissement stable* au regard des transactions commerciales réalisées par le réseau Internet. À la suite de commentaires provisoires, et d'une procédure de consultation, le Comité a publié le 22 décembre 2000 des modifications aux Commentaires sur le modèle de convention fiscale de l'OCDE relatifs à son article 5, reflétant un large consensus (voir *DF,* 2001, n° 6, comm. 105, et les commentaires 42.1 à 42.10 sur l'article 5, dans la version éditée en 2003 de la convention modèle).

S'agissant de la question de savoir si la *simple utilisation de matériel informatique* situé dans un pays pour y effectuer des transactions de commerce électronique dans ce même pays peut constituer un établissement stable, le Comité estime qu'il convient de distinguer entre, d'une part, l'équipement informatique, qui, à certaines conditions, peut constituer un établissement stable, et d'autre part les données et les programmes utilisés par cet équipement.

Un *site web* peut être ainsi considéré comme une combinaison de logiciels et de données stockées sur un serveur qui les exploite. Ce site web lui-même ne représente aucun bien tangible et ne peut pas constituer une « installation d'affaires », et donc un établissement stable. Cette conclusion vaut pour le site web logé sur le serveur d'une entreprise indépendante, comme pour le site web hébergé sur le serveur d'un fournisseur de services d'hébergement.

En revanche, le *serveur* hébergeant des sites web est un élément d'équipement ayant une localisation physique et cette localisation peut constituer une « installation fixe d'affaires » de l'entreprise qui exploite ce serveur.

Un équipement informatique à un endroit donné ne peut toutefois constituer un établissement stable que si les autres conditions prévues à l'article 5 du modèle OCDE sont remplies. Le serveur devra être ainsi situé à un certain endroit pendant un laps de temps suffisant pour devenir « fixe » au sens du § 1 dudit article ; en outre, l'entreprise devra exercer tout ou partie de son activité par l'intermédiaire de cet équipement. Cette dernière question, selon le Comité, devra être examinée au cas par cas.

Ainsi qu'il était déjà admis par les commentaires existants, la présence d'une *intervention humaine* n'est pas une condition nécessaire à la reconnaissance d'un établissement stable, dès lors qu'aucun personnel n'est en fait requis pour l'exercice, en un lieu donné, des activités de l'entreprise.

Aucun établissement stable ne peut être réputé exister, par ailleurs, lorsque les opérations de commerce électronique effectuées à l'aide d'un équipement informatique situé à un endroit donné d'un pays se limitent aux *activités préparatoires ou auxiliaires* visées au § 4 de l'article 5 du modèle, question justifiant également un examen au cas par cas.

Des activités généralement reconnues comme préparatoires ou auxiliaires, telles que celles consistant à assurer un lien de communication entre fournisseurs et clients, à faire la publicité de biens ou services, à collecter des données pour le compte de l'entreprise, à fournir des informations, peuvent dans certains cas constituer en elles-mêmes une partie essentielle et significative de l'activité commerciale de l'entreprise. Dans cette hypothèse, lorsque de telles fonctions, ou d'autres fonctions essentielles de l'entreprise, sont exercées par l'intermédiaire de l'équipement informatique, et si celui-ci constitue une installation fixe d'affaires de l'entreprise, il existe un établissement stable.

La détermination des fonctions essentielles d'une entreprise dépend de la nature des activités qu'elle exerce. Dans le cas des *fournisseurs de services sur l'Internet* (FSI), l'exploitation de leurs serveurs en vue de fournir des services à des clients constitue une composante essentielle de leur activité commerciale et ne saurait être considérée comme étant préparatoire ou auxiliaire. Le serveur pourra être constitutif d'un établissement stable. Sauf circonstances très exceptionnelles, en revanche, un FSI ne constitue pas un agent dépendant d'une autre entreprise et ne saurait constituer un établissement stable de cette entreprise.

Dans le cas des *cybermarchands,* qui se consacrent à la vente de produits via l'Internet, l'entreprise n'a pas pour activité d'exploiter des serveurs, et le simple fait qu'elle puisse le faire à un endroit donné n'est pas suffisant pour conclure que les activités exercées à cet endroit sont davantage que des activités préparatoires ou auxiliaires. Il faudra examiner la nature de ces activités à la lumière de l'activité générale de l'entreprise. Par exemple, si l'endroit est utilisé pour exploiter un serveur qui héberge un site web utilisé exclusivement pour la publicité, l'affichage d'un catalogue de produits ou la fourniture d'information aux clients potentiels, cet endroit ne constitue pas un établissement stable. Il en irait autrement si les fonctions typiques liées à une vente étaient exercées à cet endroit, par exemple si la conclusion du contrat avec le client, le traitement du paiement, la livraison des produits étaient effectuées automatiquement par l'intermédiaire de l'équipement situé à cet endroit.

En pratique, les cyberentreprises seront le plus souvent imposables dans l'état de leur siège sur les bénéfices réalisés par Internet, où qu'ils soient réalisés. Certains pays, notamment le Royaume-Uni qui a émis une observation en ce sens, considèrent plus généralement que les serveurs ne constituent pas des établissements stables des cybermarchands (Sur les problèmes fiscaux posés par le développement du commerce électronique, voir notamment P.-J. Douvier et P. Bozzacchi, Le régime fiscal des moyens modernes de communication : Cyberspace et commerce électronique, *BF,* 5/1998, p. 285 et s.).

B – Les droits de l'État d'accueil de l'établissement stable

1 – L'étendue de la compétence fiscale de l'État d'accueil selon les modèles de convention

321 La reconnaissance d'un établissement stable dans les activités exercées sur le territoire d'un État contractant par une entreprise résidente de l'autre État confère au premier un droit d'imposition sur les bénéfices de l'entreprise.

Celle-ci, cependant, peut exercer des activités commerciales dans le même pays par l'intermédiaire de l'établissement stable qu'elle y possède, mais également, dans le cas d'affaires directement traitées par le siège, sans utiliser cet établissement. D'autre part, la même entreprise peut retirer du pays où elle possède un établissement stable une variété de revenus n'ayant pas tous la nature de bénéfices d'entreprise.

Deux conceptions s'opposent alors, en ce qui concerne l'étendue du pouvoir d'imposition reconnu à l'État sur le territoire duquel est situé l'établissement stable d'une entreprise résidente de l'autre État.

Selon la théorie dite du *caractère attractif* de l'établissement stable, l'identification d'une installation d'affaires ainsi qualifiable aurait pour effet de conférer à l'État d'implantation de l'établissement une compétence de principe à l'égard de tous les bénéfices ou revenus de l'entreprise étrangère, trouvant leur source dans cet État. Par l'implantation d'un établissement stable, l'entreprise étrangère se placerait en quelque sorte sous l'autorité de la juridiction fiscale du pays d'accueil, pour l'ensemble des opérations génératrices de profits ayant leur origine dans ce pays.

Dans la conception opposée, dite du *lien effectif*, le pouvoir d'imposition de l'État d'accueil de l'établissement est au contraire limité aux seuls bénéfices ou revenus qui sont effectivement rattachables à l'établissement.

322 L'article 7, § 1, de la convention modèle de l'OCDE expose que lorsqu'une entreprise d'un État contractant exerce son activité dans l'autre État par l'intermédiaire d'un établissement stable qui y est situé, « les bénéfices de l'entreprise sont imposables dans l'autre État, mais uniquement dans la mesure où ils sont imputables à cet établissement stable ».

Cette formule est l'expression d'un choix en faveur de la conception du « lien effectif », que l'on retrouve dans la plupart des conventions fiscales. Le droit d'imposition de l'État d'accueil de l'établissement stable ne s'étend généralement pas aux bénéfices que l'entreprise étrangère peut retirer d'opérations effectuées dans le même État autrement que par l'intermédiaire de son établissement.

En ce qui concerne les revenus n'ayant pas, par eux-mêmes, la nature de bénéfices d'entreprise (dividendes, intérêts, redevances, gains en capital, revenus innomés), ils ne sont imposables par l'État de la source, dans les conditions prévues pour les bénéfices d'entreprise, que dans la mesure où ils se rattachent effectivement à l'établissement stable (revenus de biens ou valeurs figurant à l'actif de l'établissement, principalement). À défaut, la compétence fiscale de l'État où ils trouvent leur source n'est autre que celle prévue par les dispositions conventionnelles applicables aux différentes catégories de revenus dont ils relèvent.

323 Recherchant l'extension du pouvoir d'imposition de l'État où les revenus internationaux trouvent leur source, le modèle de convention de l'ONU emprunte, dans le dispositif énoncé à son article 7, § 1, à la théorie du caractère attractif de l'établissement stable.

Dans ce texte, en effet, la compétence fiscale de l'État accueillant l'établissement stable s'applique non seulement aux bénéfices imputables à l'établissement (*a*), mais encore « aux ventes, dans cet (autre) État, de marchandises de même nature que celles qui sont vendues par l'établissement stable, ou de nature analogue » (*b*), ou « à d'autres activités commerciales exercées dans cet (autre) État et de même nature que celles qui sont exercées par l'établissement stable, ou de nature analogue » (*c*).

L'application faite du principe d'attraction de l'établissement stable est ainsi limitée à certaines opérations commerciales. Elle ne s'étend pas, en tout état de cause, aux revenus du capital qui ne seraient pas rattachables à l'établissement.

2 – La compétence fiscale de l'État d'accueil d'un établissement stable dans la pratique conventionnelle française

324 La plupart des conventions fiscales conclues par la France, reproduisant la formule de l'article 7, § 1, *in fine,* de la convention modèle de l'OCDE, précisent expressément que le droit d'imposition de l'État sur le territoire duquel se trouve un établissement stable d'une entreprise résidente de l'autre État contractant ne peut s'exercer qu'à l'égard des bénéfices « imputables à cet établissement stable ».

À l'égard des bénéfices de ventes ou d'autres activités commerciales, la règle exprimée par cette formule a pour effet de priver la juridiction fiscale sur le territoire de laquelle se trouve l'établissement stable du droit d'imposer les bénéfices d'opérations réalisées directement par le siège de l'entreprise, en dehors de toute intervention de l'établissement.

Dans l'hypothèse, toutefois, où l'établissement aurait prêté son concours à de telles opérations, sous forme, par exemple, de participation aux négociations, il pourrait être imposé au titre d'une activité de représentation, dans la mesure où la convention concernée regarderait une telle activité comme constitutive d'un établissement stable.

325 Mais les bénéfices de l'établissement stable s'entendent au sens large de « tous les revenus tirés de l'exploitation » (cf. commentaire de l'article 7, § 7, de la convention modèle de l'OCDE). Ils peuvent, dès lors, comprendre des éléments de revenu traités dans des articles d'une convention fiscale autres que celui relatif aux « bénéfices des entreprises », tels que des dividendes, intérêts, redevances.

Reprenant la disposition du § 7 de l'article 7 de la convention modèle de l'OCDE, les conventions fiscales conclues par la France prévoient souvent, en ce cas, que « les dispositions de ces articles ne sont pas affectées par les dispositions » de l'article relatif aux bénéfices des entreprises.

Mais, précisément, les dispositions particulières aux revenus n'ayant pas, par eux-mêmes, le caractère de bénéfices d'entreprises, spécialement celles relatives aux dividendes, intérêts, redevances, réservent très souvent le cas où ces revenus sont rattachables à un établissement stable, ou peuvent lui être attribués (cf. les dispositions des articles 10-4, 11-4 et 12-3 du modèle OCDE).

En ce qui concerne, dès lors, les revenus accessoires de l'entreprise qui n'ont pas par eux-mêmes, le caractère de bénéfices d'exploitation, il y a lieu de distinguer suivant qu'ils sont, ou non, rattachables à l'établissement stable.

326 À l'égard de revenus n'ayant pas le caractère de bénéfices d'exploitation commerciale, et qui ne sont *pas rattachables à un établissement stable,* l'étendue de la juridiction fiscale de l'État où ils trouvent leur source est le plus souvent fonction des dispositions conventionnelles particulières à la catégorie de revenus dont ils relèvent.

Il en résulte que les dividendes, intérêts ou redevances de source française encaissés par une société résidente d'un État étranger conventionnellement lié à la France, non susceptibles d'être attribués à l'établissement stable, en France, de cette société, ne peuvent normalement faire l'objet d'une imposition en France que dans la mesure où les dispositions conventionnelles spécifiques à chacune de ces catégories de revenus accordent un droit d'imposition à l'État de la source.

Inversement, les dividendes, intérêts ou redevances encaissés par une société française, et qui trouvent leur source dans un pays conventionnellement lié à la France, sans être rattachables à l'établissement stable possédé par la société dans ce pays, entrent dans la base imposable à l'impôt sur les sociétés, en France, de ladite société, dès lors que les dispositions conventionnelles relatives au droit d'imposer ces revenus accordent un tel droit à l'État de résidence du bénéficiaire.

Exceptionnellement, toutefois, quelques conventions admettent une certaine « force attractive » de l'établissement stable, dont la seule présence peut alors altérer les règles de partage du pouvoir d'imposition applicables à des catégories de revenus autres que les bénéfices des entreprises. Dans les conventions conclues avec le Danemark, le Luxembourg, ainsi, le droit d'imposer les redevances, en règle générale réservé à l'État de résidence du bénéficiaire, est attribué à l'État de leur source dès lors que le bénéficiaire y exerce son activité par l'intermédiaire d'un établissement stable. Cette disposition a disparu des relations fiscales entretenues avec d'autres pays, tels que le Canada, l'Italie, les Pays-Bas ou la Finlande, à la faveur d'un renouvellement des traités fiscaux, destiné à les rapprocher des prescriptions de la convention modèle de l'OCDE.

327 Celle-ci ne prévoit la mise à l'écart des règles spéciales de partage du pouvoir d'imposition fixées en matière de dividendes, d'intérêts ou de redevances, que dans l'hypothèse où les revenus de cette nature sont payés par une personne résidente d'un État à une personne résidente de l'autre État, exerçant dans le premier une activité industrielle ou commerciale par l'intermédiaire d'un établissement stable, et où la participation génératrice des dividendes, la créance génératrice des intérêts, ou le droit ou le bien générateur des redevances, se *rattache effectivement à l'établissement* (OCDE, art. 10-4, 11-4 et 12-3).

La plupart des conventions fiscales conclues par la France reprennent cette disposition, qui permet alors à l'État où se trouve l'établissement stable d'appliquer à ces revenus accessoires de l'entreprise les règles de droit commun de sa législation fiscale.

De nombreuses conventions disposent expressément que de tels revenus, rattachables à l'établissement stable d'une entreprise, sont imposés conformément aux règles prévues en matière de bénéfices des entreprises. Le rattachement à l'établissement stable des revenus accessoires à caractère de dividendes, d'intérêts, de redevances, ou même de gains en capital, conduit ainsi à leur déqualification, et à la modification des règles de répartition du droit d'imposition, ainsi que des modalités de l'imposition, qui en découlent.

328 Le *caractère rattachable* de ces revenus accessoires par rapport à l'établissement stable s'apprécie généralement de manière stricte, compte tenu du rejet manifesté dans la plupart des conventions françaises, conformément aux recommandations de l'OCDE, du principe de la « force attractive » de l'établissement.

Les revenus de valeurs mobilières ne sont en principe taxés avec les bénéfices de l'établissement stable que dans la mesure où ils sont le produit d'un portefeuille-titres figurant à l'actif de l'établissement.

Les revenus des créances, de même, ne sont rattachés au bénéfice d'un établissement stable que si la créance est inscrite à l'actif de l'établissement.

Les redevances de propriété industrielle ou commerciale sont également attribuées à l'établissement stable, lorsque le droit ou le bien qui les génère figure à son actif.

Dans les conventions s'inspirant du modèle de l'OCDE, les gains en capital provenant de l'aliénation de biens mobiliers dépendant de l'actif d'un établissement stable sont également imposables dans l'État où se trouve cet établissement.

Il en est de même, parfois, des revenus non désignés, imposables dans l'État de leur source et non, comme de règle, dans celui du bénéficiaire, s'ils se rattachent effectivement à l'activité de l'établissement stable.

C – *La détermination du bénéfice imputable à l'établissement stable*

329 Après avoir délimité la compétence fiscale de l'État sur le territoire duquel est situé l'établissement stable d'une entreprise de l'autre État, les conventions fiscales en précisent les conditions d'exercice, par la fixation du mode de détermination du bénéfice imposable.

Une définition claire des conditions d'évaluation de la fraction du bénéfice de l'entreprise qui est imposable par le pays d'implantation de son établissement est en effet une condition nécessaire de l'élimination complète de la double imposition.

D'un point de vue théorique, l'évaluation du bénéfice imputable à l'établissement stable peut procéder de deux méthodes distinctes, la méthode d'évaluation séparée et la méthode d'évaluation unitaire.

La méthode *d'évaluation séparée* revient à assimiler l'établissement à une entreprise indépendante, et à dégager son bénéfice imposable de la comparaison entre le produit brut qui lui est imputable, et les charges engagées pour son acquisition ou sa conservation.

La méthode d'*évaluation unitaire* (dite encore de « répartition fractionnaire ») consiste à partir du bénéfice global de l'entreprise, pour le répartir ensuite entre l'établissement stable (ou les différents établissements stables) et le siège sur la base de critères tels que le chiffre d'affaires, les dépenses salariales, les valeurs d'actif, etc. Elle peut être étendue à l'évaluation du bénéfice imputable à chacune des entités (succursales ou filiales) d'un groupe.

330 Conformément aux recommandations des experts de l'OCDE, les conventions fiscales retiennent par principe la première méthode. Les bénéfices imputables à l'établissement stable sont ceux « qu'il aurait pu réaliser s'il avait constitué une entreprise distincte exerçant des activités identiques ou analogues dans des conditions identiques ou analogues et traitant en toute indépendance avec l'entreprise dont il constitue un établissement stable » (convention modèle de l'OCDE, art. 7, § 2).

Le bénéfice de l'établissement est donc déterminé comme le serait celui d'une entreprise indépendante, ses relations avec le siège étant traitées aux conditions de *pleine concurrence.*

331 Le bénéfice ainsi conçu peut être évalué *directement,* à partir des énonciations de la comptabilité de l'établissement.

À défaut de comptabilité propre à celui-ci, il faudra parvenir à une estimation du bénéfice à partir de méthodes *indirectes* d'évaluation de la base imposable (application d'un pourcentage forfaitaire aux recettes brutes, évaluation par comparaison, etc.). Le recours à une méthode basée sur la répartition des bénéfices totaux de l'entreprise entre ses différentes parties est admis par la convention modèle de l'OCDE (art. 7, § 4), dès lors qu'une telle méthode est d'usage, dans un État contractant, en l'absence de convention, et que le résultat obtenu s'avère conforme aux principes contenus dans le même article.

Les dépenses à prendre en compte dans la détermination du bénéfice imposable s'entendent de l'ensemble des dépenses engagées pour l'activité de l'établissement stable, qu'elles aient été exposées dans l'État où il se trouve situé, ou ailleurs. L'établissement doit notamment prendre en charge une quote-part des frais généraux engagés par le siège. L'évaluation de ces charges déductibles, à l'origine de nombreuses difficultés pratiques, peut faire appel à des méthodes forfaitaires.

332 *Attribution de bénéfices aux établissements stables et principe de pleine concurrence.* L'OCDE développe, depuis plusieurs années, des travaux approfondis destinés à favoriser une interprétation commune et une application cohérente de l'article 7 de la convention modèle, relatif à l'imposition des établissements stables (cf. le *Rapport de référence sur l'attribution de bénéfices aux établissements stables,* partie I, 2 août 2004, disponible sur le site de l'OCDE).

En leur état actuel, ces travaux permettent d'identifier l'interprétation privilégiée, dite « approche autorisée de l'OCDE », du § 1 de l'article 7 de la convention modèle, permettant à l'État d'accueil de l'établissement stable d'une entreprise de l'autre État contractant d'imposer les bénéfices de cette entreprise, dans la mesure où ils sont imputables à l'établissement stable.

L'organisation expose les deux interprétations principales du concept de « bénéfices d'une entreprise » utilisées chez les pays membres, celle de l'activité commerciale pertinente, et celle de l'entité fonctionnellement distincte, les différences d'interprétation pouvant évidemment conduire à une double imposition, ou une imposition insuffisante.

L'approche de l'*activité commerciale pertinente* définit les bénéfices d'une entreprise en retenant uniquement les bénéfices de l'activité commerciale à laquelle l'établissement stable participe. Les bénéfices attribués ne peuvent pas excéder les bénéfices que l'entreprise dans son ensemble tire de l'activité commerciale pertinente. Si l'activité commerciale pertinente inclut les activités d'autres divisions de l'entreprise, et si ces activités occasionnent une perte, la perte créé par les autres divisions de l'entreprise réduit le bénéfice qui peut être imputé à l'établissement stable, dès lors qu'elle vient réduire les bénéfices globaux que l'entreprise tire de l'activité commerciale pertinente.

L'approche de l'*entité fonctionnellement distincte* ne limite pas les bénéfices imputables à l'établissement stable par référence aux bénéfices de l'entreprise dans son ensemble, au titre d'une activité commerciale donnée. Les bénéfices à imputer à un établissement stable sont ceux qu'il aurait réalisés, dans des conditions de pleine concurrence, s'il était une entreprise « distincte » exerçant des fonctions identiques ou analogues, dans des conditions identiques ou analogues, déterminés en appliquant le principe de pleine concurrence. De tels bénéfices peuvent être attribués même si aucun bénéfice n'a encore été réalisé par l'entreprise dans son ensemble.

Compte tenu de ses avantages aux points de vue de la simplicité, de la facilité d'administration, ou de la neutralité selon que l'activité est exercée par une entreprise résidente ou non résidente, c'est l'interprétation de l'*entité fonctionnellement distincte* qui a été retenue en tant qu'approche autorisée de l'OCDE, et se trouvera, par incorporation aux commentaires de l'article 7, proposée à une application symétrique par les États liés par une convention fiscale, en vue de l'élimination de la double imposition, ou de l'insuffisance d'imposition, à laquelle pourrait donner lieu l'attribution de bénéfice à un établissement stable.

L'établissement stable est, dans l'approche retenue, regardé comme une entreprise fictive distincte de l'entreprise dont elle constitue un établissement stable, l'une et l'autre devant être en même temps considérées comme des entreprises associées. Dans ces conditions, les orientations sur l'application du principe de pleine concurrence visé à l'article 9 de la convention modèle relatif aux transactions entre *entreprises associées* doivent être appliquées à l'attribution de bénéfices à un établissement stable, compte tenu des fonctions exercées, des actifs utilisés et des risques assumés par celui-ci.

L'identification des éléments permettant l'attribution d'un bénéfice à un établissement stable doit reposer sur une analyse fonctionnelle et factuelle, dans laquelle les considérations juridiques ne sont pas nécessairement déterminantes. En particulier, l'attribution à l'établissement stable d'actifs corporels et incorporels doit être fondée, selon les travaux évoqués, sur la propriété économique, plutôt que sur « l'acquisition effective d'un actif par une partie de l'entreprise ».

Apparaît ainsi renforcée la tendance à une « approche économico-financière des relations internes entre siège et établissement » (cf. Guy Gest, Chronique de fiscalité internationale, *L'Année fiscale 2004,* p. 291).

D – Le cas des ventes d'usines clés en mains

333 Certaines conventions fiscales précisent, dans le cadre de protocoles qui y sont annexés, les conditions d'imposition des bénéfices des *ventes d'usines clés en mains.*

Le protocole annexé à la convention fiscale du 4 avril 1979 entre la France et l'Argentine dispose ainsi que « dans le cas de contrats d'étude, de fourniture, d'installation ou de construction d'équipements ou d'établissements industriels, commerciaux, ou scientifiques, ou d'ouvrages publics, lorsque l'entreprise a un établissement stable, les bénéfices de cet établissement stable ne sont pas déterminés sur la base du montant total du contrat, mais sont déterminés seulement sur la base de la part du contrat qui est *effectivement exé-*

cutée par cet établissement stable dans l'État où cet établissement est situé. Les bénéfices afférents à la part du contrat qui est exécutée par le siège de l'entreprise ne sont imposables que dans l'État dont cette entreprise est un résident... » (Protocole préc., art. 3, *a,* premier et second alinéas, *BODGI,* 14-A-2-81).

Voir également, notamment, les protocoles annexés aux conventions conclues avec la Bulgarie, l'Égypte, l'Équateur, la Hongrie, l'île Maurice, l'Inde, la Jordanie, le Mexique, le Nigeria, la Turquie, le Venezuela, ainsi que l'échange de lettres des 5 et 14 décembre 1983 entre les autorités française et marocaine à propos de l'imposition des contrats « clés en mains » conclus par les entreprises françaises avec des clients marocains ; note DGI du 26 décembre 1983, *BODGI,* 14-B-6-83.

Voir aussi l'article 4, *b* du protocole annexé à la convention fiscale franco-algérienne du 19 octobre 1999 (*BOI* du 21 janvier 2003, 14-A-1-03) et son commentaire, à valeur de référence pour l'interprétation d'autres traités bilatéraux conclus par la France contenant des clauses identiques ; instr. du 22 mai 2003, *BOI,* 14-B-3-03, n° 44.

La jurisprudence française fait application de principes similaires, on l'a vu, pour déterminer les conditions d'imposition, en France, de bénéfices résultant de ventes d'usines clés en mains dans un pays étranger non lié à la France par convention (v. *supra,* n° 230).

3 – Les méthodes d'élimination de la double imposition

A – Méthodes de l'exemption et de l'imputation

334 Dans le cas où les règles d'attribution du pouvoir d'imposition posées par une convention fiscale autorisent les deux États à appliquer une imposition à un même revenu, il est nécessaire de compléter le dispositif conventionnel par la fixation de moyens permettant l'élimination de la double imposition.

De nombreux États, par ailleurs, appliquent à leurs résidents (ou, plus rarement, à leurs nationaux) un impôt progressif établi sur la base de leur revenu mondial (ou de leur fortune mondiale). Ces États doivent être en mesure, le cas échéant, de respecter les prescriptions d'une convention qui réserverait le droit d'imposer certains revenus d'un contribuable résident à l'État de la source, tout en conservant sa signification à l'imposition personnelle, par l'application aux revenus imposables d'un taux d'imposition prenant en compte l'existence des revenus non imposables, en vertu de la convention.

À ces fins, la convention modèle de l'OCDE expose les deux méthodes classiques d'élimination de la double imposition dans l'État de résidence que sont la méthode de l'*exemption* (art. 23 A du modèle de l'OCDE), et celle de l'*imputation* (art. 23 B).

335 Dans la *méthode de l'exemption,* l'État de résidence du contribuable renonce à imposer les revenus pour lesquels la convention reconnaît un droit d'imposition à l'État de la source. La méthode comporte cependant deux variantes :

— Dans l'exemption *intégrale,* l'État de résidence, non seulement n'impose pas les revenus concernés, mais encore ne prend pas en compte leur existence dans le calcul de l'impôt dû au titre des revenus non exemptés.

— Dans l'exemption avec *taux effectif,* l'État de résidence, s'il n'impose pas les revenus entrant dans la compétence fiscale de l'État de la source, tient compte de leur existence dans la détermination du taux d'imposition applicable aux revenus non exemptés. Cette variante est appropriée à la mise en œuvre des impôts progressifs sur le revenu, auxquels elle conserve une meilleure signification. En pratique, l'impôt est d'abord calculé sur la base des revenus d'ensemble, incluant les revenus exemptés de source étrangère, suivant le barème progressif de droit commun. Puis, le montant d'impôt effectivement dû est calculé en appliquant à l'impôt théorique, dégagé du premier calcul, le rapport existant entre les revenus non exemptés et l'ensemble des revenus.

336 La *méthode de l'imputation* consiste, de la part de l'État de résidence du contribuable, à accorder à celui-ci une déduction fiscale (impôt sur impôt) au titre de l'impôt payé dans l'État de la source.

L'imputation peut être *intégrale,* auquel cas le crédit d'impôt dont bénéficie le contribuable dans l'État de sa résidence correspond à l'impôt prélevé par l'État de la source, quel qu'en soit le montant.

Dans l'imputation *ordinaire* ou *limitée,* le crédit d'impôt accordé par l'État de résidence ne peut excéder la fraction de son propre impôt correspondant au revenu imposable trouvant sa source dans l'autre État. Cette variante limite, pour l'État de résidence, le risque de perte de recettes afférent à la fixation, par l'État de la source, d'un taux élevé de prélèvement. Mais elle peut laisser subsister des éléments de double imposition, dans la mesure où l'impôt prélevé par l'État de la source s'avère supérieur, à raison des règles d'assiette (impôt sur le revenu brut) ou de taux mises en œuvre, à celui appliqué par l'État de résidence (généralement appliqué à un revenu net, suivant des taux qui peuvent varier en fonction de l'importance des revenus du contribuable).

La méthode de l'imputation, principalement utilisée en vue de l'élimination de la double imposition en matière de dividendes, d'intérêts, ou de redevances, peut offrir des inconvénients pour les États soucieux d'attirer, par des concessions fiscales, le capital ou la technique étrangers. La réduction, à cette fin, des impositions prélevées à la source va se traduire alors par la diminution parallèle du crédit d'impôt accordé à l'investisseur par l'État de sa résidence. Aucun effet d'incitation n'est finalement obtenu, le sacrifice fiscal consenti par l'État de la source ayant pour seule contrepartie un accroissement de recettes pour l'État de la résidence.

Afin de conserver aux pays en développement le bénéfice des dispositifs d'incitation fiscale à l'investissement ou aux transferts de technologie qu'ils mettent en œuvre, un certain nombre de conventions fiscales conclus entre ces pays et des États industrialisés comportent des clauses dites de *crédit d'impôt fictif,* en vertu desquelles le montant du crédit d'impôt accordé par l'État de résidence est déterminé de manière forfaitaire, quel que soit le montant du prélèvement effectivement pratiqué par l'État de la source, voire même en l'absence de tout prélèvement à la source.

B – Pratique française

337 La pratique conventionnelle française révèle une sensible évolution en ce qui concerne les méthodes retenues pour l'élimination de la double imposition.

Traditionnellement, la France faisait appel, pour ce qui la concernait, d'une part à la méthode de l'imputation de l'impôt étranger, d'autre part à la méthode de l'exonération.

La méthode de l'*imputation de l'impôt étranger* était en général mise en œuvre pour les dividendes, intérêts, redevances, revenus des artistes et sportifs, le cas échéant tantièmes, perçus tant par les personnes physiques que par les personnes morales. La méthode s'appliquait selon la variante de l'*imputation limitée,* l'impôt étranger payé en application de la convention ouvrant droit à un crédit d'impôt imputable sur l'impôt dans la base duquel se trouvaient compris les revenus concernés, dans la limite de l'impôt français afférent à ces mêmes revenus.

La méthode de l'*exonération* était retenue pour les autres revenus, lorsqu'ils étaient imposables par l'autre État en vertu de la Convention. Cette mention conventionnelle, dès lors qu'elle n'était pas corrigée par une autre disposition, revenait à écarter, pour les revenus concernés (bénéfices d'entreprises réalisés dans l'autre État par l'intermédiaire d'un établissement stable, dividendes, intérêts ou redevances rattachables à un tel établissement stable, etc.), leur imposition par la France.

Dans le cas de revenus perçus par des personnes physiques, assujetties à un impôt progressif, il s'agissait d'une *exonération avec taux effectif,* la France étant admise à calculer l'impôt français sur le revenu imposable en France au taux correspondant au montant global du revenu imposable conformément à la législation française.

Pour le calcul du taux moyen d'imposition, déterminé par application du barème au revenu imposable mondial du contribuable, applicable au revenu imposable en France de celui-ci, l'impôt payé dans l'autre État était admis en déduction du revenu imposable mondial.

Les conventions récemment conclues par la France font apparaître différents changements.

338 *Méthode du crédit d'impôt généralisé.* Le champ d'application de la méthode du crédit d'impôt, d'abord, est étendu aux revenus autres que ceux auxquels cette méthode était traditionnellement appliquée. On évoque alors le recours à la méthode du crédit d'impôt généralisé, usuellement pratiquée par les pays anglosaxons. La France, cependant, en prévoit des modalités d'application variables, explicitées dans le commentaire administratif des conventions, notamment celui de la convention franco-algérienne du 17 octobre 1999 (instr. du 22 mai 2003, *BOI,* 14-B-3-03), qui, selon l'administration, « pourra servir de référence pour l'interprétation d'autres traités bilatéraux conclus par la France, sous réserve, bien entendu, qu'ils contiennent des clauses identiques ».

En ce qui concerne, notamment, les dividendes, intérêts, redevances, tantièmes, revenus des artistes et sportifs, le *crédit d'impôt* demeure généralement *égal au montant de l'impôt payé dans l'État cocontractant,* conformément aux dispositions conventionnelles pertinentes, *dans la limite de l'impôt français* correspondant à ces revenus.

Selon le commentaire « modèle » de la convention fiscale franco-algérienne, l'*impôt français* s'entend, pour les personnes physiques, de l'impôt sur le revenu mais également de la CSG, de la CRDS ainsi que de toute autre contribution additionnelle tel que le prélèvement social de 2 % sur les revenus du capital (instr. préc., n°s 172 et 174, n. 4).

Le montant de l'impôt français *correspondant aux revenus* concernés s'entend, selon le cas, du produit du montant des revenus nets concernés par le taux qui leur est appliqué (revenus imposés à taux proportionnel), ou du produit du montant des revenus nets concernés par le taux résultant du rapport entre l'impôt effectivement dû à raison du revenu net global imposable et le montant de ce revenu net global (revenus imposés selon le barème progressif).

Le crédit d'impôt s'impute en premier lieu sur l'impôt sur le revenu. L'excédent éventuel s'impute ensuite indifféremment sur la CSG, la CRDS ou le prélèvement social de 2 %. Lorsque le crédit d'impôt ne peut être imputé en totalité, l'excédent ne peut être ni reporté ni restitué.

La substitution de la méthode du crédit d'impôt limité à celle de l'exonération avec taux effectif, dans le cas de revenus tels que les jetons de présence ou les rémunérations des artistes et sportifs, vise à améliorer le niveau d'imposition, en France, de ce type de revenus, dans l'hypothèse d'une sous-taxation à l'étranger, voire à éviter une situation de double exonération (cf. La France et les conventions fiscales internationales, Service de la législation fiscale, *DF,* 1996, n° 7, p. 236 et s.).

Pour les autres revenus, tels que *revenus immobiliers, bénéfices d'entreprises, revenus de professions indépendantes,* salaires, le crédit d'impôt imputable sur l'impôt français est dans certains cas égal, non plus à l'impôt payé dans l'autre État, mais *à l'impôt français* correspondant à ces revenus (Voir par exemple l'article 20-2-*a-cc* de la convention fiscale franco-allemande telle que modifiée par l'avenant du 28 septembre 1989, et son commentaire, instr. du 19 mars 1993, *BOI,* 14-B-2-93, n°s 59 et s., l'article 24 de la convention franco-italienne du 5 octobre 1989, de la convention du 31 août 1994 entre la France et les États-Unis, de la convention du 17 octobre 1999 entre la France et l'Algérie ; v. instr. préc.).

Cette méthode de *crédit d'impôt égal à l'impôt français* permet le bénéfice du crédit d'impôt en l'absence d'une connaissance exacte de l'impôt étranger. Elle assure une meilleure égalité de traitement fiscal entre les contribuables, en supprimant l'effet d'abaissement du taux moyen d'imposition que déterminait, dans le cas d'un contribuable disposant de revenus trouvant leur source dans un pays lié à la France par convention, l'imputation sur le revenu mondial de l'impôt prélevé dans ce pays. Elle a, autrement dit, pour effet de « préserver la progressivité de l'impôt sur le revenu acquitté en France » (instr. préc. relative à la convention franco-algérienne, n° 176). « Il s'agit donc, admet l'administration, d'une règle analogue à celle dite du *taux effectif* prévue par d'autres conventions fiscales. Toutefois, l'impôt étranger acquitté à raison de ces revenus n'est pas déductible pour le calcul du revenu imposable en France » *(ibid.)*.

Elle n'apparaît pas incompatible avec le principe de liberté de circulation des travailleurs posé par l'ancien article 48 du Traité CE, même si sa mise en œuvre peut conduire à l'octroi d'un crédit d'impôt inférieur à l'impôt effectivement payé dans l'autre État (cf., à propos de la convention franco-allemande, CJCE 12 mai 1998, 336/96, *Gilly, RJF,* 7/98, n° 890).

Dans certaines conventions récentes, le bénéfice du crédit d'impôt égal à l'impôt français est en outre subordonné à la condition que le résident de France *soit soumis à l'impôt dans l'autre État* à raison de ces revenus (cf. l'article 25 de la convention franco-suisse telle que modifiée par l'avenant du 22 juillet 1997 et, pour des exemples les plus récents, l'article 23 des convention du 14 avril 1997 avec la Lettonie, du 7 juillet 1997 avec la Lituanie du 28 octobre 1997 avec l'Estonie, *DF,* 2001, n° 26, comm. 603 à 605). La subordination de l'avantage conventionnel à l'assujettissement effectif à l'impôt dans l'État de la source concourt à éviter la situation de sous-imposition qui résulterait de l'application du crédit d'impôt par la France en l'absence d'imposition dans l'autre État.

Dans les conventions récentes, il est précisé que la méthode du crédit d'impôt est applicable, non seulement pour les bénéfices et autres revenus positifs qui *sont imposables* dans l'autre État contractant conformément aux dispositions de la convention (cf., par exemple, les conventions franco-allemande, franco-italienne), mais aussi pour ceux *qui ne sont imposables que* dans cet autre État (cf. par exemple, l'article 24 de la convention entre la France et les États-Unis du 31 août 1994, l'article 25 de la convention fiscale *franco-suisse,* tel que modifié par l'avenant du 22 juillet 1997, l'article 24-1-*a* de la convention franco-algérienne du 19 octobre 1999).

339 S'agissant des revenus provenant de l'État cocontractant, qui sont imposables ou ne sont imposables que dans cet État conformément aux dispositions de la Convention, et qui concernent des résidents de France soumis à l'*impôt sur les sociétés,* certaines conventions récentes, prévoyant l'application de la méthode du crédit d'impôt, précisent que ces revenus sont pris en compte pour le calcul de l'impôt français lorsque leur bénéficiaire est un résident de France « et qu'ils ne sont *pas exemptés de l'impôt sur les sociétés en application de la législation interne française* » (cf. l'article 24 de la convention franco-américaine précitée, ou de la convention franco-algérienne précitée, l'article 25 A de la convention franco-suisse révisée).

Ces dispositions impliquent que si ces revenus sont exemptés de l'impôt sur les sociétés en application de la législation française, ainsi que le prévoit le droit commun de l'impôt sur les sociétés, fondé sur le principe de territorialité, la double imposition est alors éliminée par référence à cette législation et non d'après les dispositions prévues par la convention (cf. instr. préc. du 22 mai 2003, n° 189). L'élimination de la double imposition est alors assurée, en fait, selon la méthode de l'*exemption.*

340 La convention fiscale franco-suisse, telle que modifiée par l'avenant du 22 juillet 1997, dispose (art. 25 A-1) que « *nonobstant toute autre disposition de la présente Convention,* les revenus qui sont imposables ou ne sont imposables qu'en Suisse conformément aux dispositions de la Convention, et qui constituent des revenus imposables d'un résident de France, sont pris en compte pour le calcul de l'impôt français lorsqu'ils ne sont pas exemptés de l'impôt sur les sociétés en application de la législation interne française », et accorde un crédit d'impôt égal au montant de l'impôt payé en Suisse (et non au montant de l'impôt français), dans la limite du montant de l'impôt français correspondant à ces revenus (v., dans le même sens, notamment, la convention France-Ukraine du 31 janvier 1997, *DF,* 2000, n° 3, comm. 27, ou encore les conventions conclues le 22 avril 1996 avec l'Ouzbekistan, le 14 avril 1997 avec la Lettonie, le 7 juillet 1997 avec la Lituanie, le 28 octobre 1997 avec l'Estonie, le 9 décembre 1997 avec l'Arménie, le 3 février 1998 avec le Kazakhstan, le 10 février 1999 avec la Macédoine, le 15 février 1999 avec la Guinée, le 15 avril 1999 avec le Botswana).

Une telle rédaction tend à permettre l'application par la France, nonobstant la lettre de certaines autres prescriptions conventionnelles, de l'impôt sur les sociétés à des bénéfices dont la loi fiscale française ne prévoit pas l'exemption. Tel était le cas des bénéfices visés par l'article 209 B du CGI, avant sa récente modification (v. *supra,* n°s 111 et s.). Les modalités de calcul du crédit d'impôt assurent une complète élimination de la double imposition.

Elle illustre l'impact des dispositions conventionnelles en matière d'élimination de la double imposition sur le dispositif de partage des compétences fiscales entre les États contractants.

341 *Crédit d'impôt fictif.* La France a durablement développé une pratique favorable aux crédits d'impôt fictif, dans ses conventions conclues avec les pays en développement. Elle tend désormais à en limiter l'usage, notamment en veillant à ce que l'application des mécanismes de crédit d'impôt fictif prévus par de telles conventions soit bien réservée, ainsi qu'il est fréquemment prévu par le texte conventionnel, au cas où l'exonération ou la réduction de retenue à la source pratiquée par le pays partenaire correspond à la mise en œuvre d'une législation spéciale d'encouragement aux investissements étrangers (cf. la suppression de certains crédits d'impôt forfaitaires prévus par les conventions conclues avec Chypre, la Corée, l'Égypte, l'Espagne, la Grèce, l'Iran, Israël, le Maroc, le Portugal, Singapour, la Tunisie, *BOI,* 14-B-4-93, et, pour le cas du Brésil, l'instr. du 5 décembre 1997, *BOI,* 14-A-7-97 ; v. ég., pour les conventions conclues avec Israël et le Venezuela, *BOI,* 14-B-2-04 et 14-B-1-04 du 2 février 2004).

En ce qui concerne les dividendes provenant des pays d'Afrique francophone, la France continue de mettre en œuvre, sauf exceptions, le mécanisme de « décote forfaitaire » permettant le calcul direct du crédit d'impôt et reposant sur l'application au montant brut des dividendes d'un pourcentage déterminé par la formule $\frac{100 - (t + 25)}{2}$, dans laquelle t représente le taux de l'impôt prélevé par le pays de la source.

Dans le cas d'une absence totale de retenue à la source ($t = 0$), le crédit d'impôt est de 37,5.

Le crédit d'impôt constitue un revenu imposable pour le bénéficiaire et doit être ajouté au produit y ouvrant droit.

SECTION 3 – LES GARANTIES CONVENTIONNELLES COMPLÉMENTAIRES

Si l'élimination de la double imposition internationale demeure un objectif central des conventions fiscales, celles-ci poursuivent d'autres buts, dont l'importance est croissante. Elles constituent un moyen efficace de protection des intérêts financiers publics, notamment en offrant un cadre de coopération aux administrations des pays signataires. Elles peuvent parfois assurer aux contribuables des avantages autres que la protection contre le risque de surcharge fiscale. Une place particulière doit être faite aux clauses de non-discrimination contenues dans de nombreuses conventions fiscales, et qui font l'objet d'une sollicitation croissante.

1 – La protection des intérêts financiers publics

A – Les clauses d'assistance et la coopération administrative

Sur cette question, voir l'étude de Franck Le Mentec, L'intensification de l'assistance fiscale internationale : les administrations fiscales à l'heure de la mondialisation, *L'Année fiscale 2005,* p. 221 et s.

1 – L'assistance au recouvrement des créances fiscales

342 La coopération entre États signataires d'une convention fiscale peut d'abord s'appliquer au *recouvrement* des créances fiscales. La clause d'assistance au recouvrement permet à un État contractant, titulaire d'une créance fiscale, de requérir l'autre État, sur le territoire duquel le contribuable réside, ou possède des biens, aux fins de recouvrement.

L'assistance au recouvrement des créances fiscales ne figure pas de manière systématique dans les conventions contre la double imposition. Elle est prévue dans la plupart des traités fiscaux conclus entre la France et les pays d'Afrique francophone, ainsi que dans un certain nombre de conventions conclues avec nos partenaires industrialisés (Allemagne Fédérale, Belgique, États-Unis, etc., mais non le Royaume-Uni).

Pour en permettre les progrès, l'OCDE a publié, en 1981, un modèle de convention concernant l'assistance administrative en matière de recouvrement des créances fiscales.

La version du modèle OCDE de convention contre la double imposition publiée en janvier 2003 comporte en outre un nouvel article 27 relatif à *l'assistance en matière de recouvrement des impôts,* de nature à favoriser le développement des procédures ayant un tel objet. Les commentaires sous l'article laissent la voie largement ouverte à des adaptations du dispositif décrit à l'article 27.

343 Cette forme de coopération administrative internationale, lorsqu'elle est prévue, demeure cependant enfermée dans des limites relativement strictes :

Celles-ci concernent d'abord la définition des créances pour le recouvrement desquelles le concours mutuel des États contractants peut être assuré. Seules entrent en général dans le champ d'application de la clause d'assistance les créances intéressant les *impôts visés par la convention* liant les deux États (principal de l'impôt, ou amendes fiscales s'y rapportant), sauf le cas des conventions conclues par la France avec les pays d'Afrique francophone, dans lesquelles l'assistance au recouvrement est étendue aux créances de toute nature des États (v., par ex., art. 40 de la convention du 6 avril 1966 avec la Côte-d'Ivoire).

L'assistance, d'autre part, ne peut s'exercer qu'à l'égard de créances fiscales *définitives,* et non recouvrables sur le territoire de l'État requérant.

Le recouvrement procédant de la mise en œuvre d'une clause d'assistance, par ailleurs, doit être poursuivi par l'État requis, sauf disposition conventionnelle contraire, conformément aux procédures prévues pour le recouvrement de ses propres impôts. La clause d'assistance administrative, cependant, peut écarter l'exercice, au bénéfice de la créance fiscale de l'État requérant, des privilèges spécialement attachés aux créances fiscales de l'État requis.

Un certain nombre d'accords contenant des clauses d'assistance au recouvrement, enfin, excluent la mise en œuvre d'une telle assistance à l'encontre des nationaux de l'État requis (voir, par ex., l'article 28 de la convention franco-américaine du 31 août 1994).

344 Une assistance mutuelle pour le recouvrement des créances relatives à certaines cotisations, droits, taxes et autres mesures a par ailleurs été organisée dans le cadre de la *Communauté européenne* par une directive 76/308 du 15 mars 1976. Concernant les créances résultant d'opérations faisant partie du système de financement du FEOGA, ainsi que de agricoles et de droits de douane, son champ d'application a été étendu à la TVA par la directive 79/1071 du 6 décembre 1979, modifiant la précédente, puis à certains droits d'accise.

En matière de TVA, par conséquent, un État membre de la Communauté européenne peut demander à la France de procéder au recouvrement, sur son territoire, de sommes qui lui sont dues, dans les conditions prévues par la législation française, réserve faite des dispositions relatives au privilège du Trésor.

Le dispositif de coopération communautaire a été à nouveau précisé par deux directives de 2001 et de 2002. La directive 2001/44/CE du 15 juin 2001 (*JOCE,* L 175/17 du 28 juin), a étendu le champ d'application de l'assistance au recouvrement, notamment, aux créances afférentes aux *impôts sur le revenu et sur la fortune* et aux taxes sur les primes d'assurance. La directive n° 2002/94/CE du 9 décembre 2002 (*JO,* L 337 du 13 décembre) a précisé les modalités pratiques de transmission des informations entre autorités administratives.

Ces dispositifs communautaires ont été transposés par le législateur français et sont codifiés sous les articles L 238 A et L 238 B du *Livre des procédures fiscales.*

345 Une convention *multilatérale* d'assistance administrative a été par ailleurs élaborée par le Conseil de l'Europe et l'OCDE. Concernant l'échange de renseignements (voir *infra*) et l'assistance au recouvrement, elle est en cours de ratification par les pays membres des deux organisations.

Son article 27 précise (§ 2) que les États membres de la Communauté européenne « appliquent, dans leurs relations mutuelles, les règles communes en vigueur dans cette Communauté ».

2 – L'assistance en matière d'assiette fiscale

346 L'assistance en matière d'assiette est évoquée à l'article 26 de la convention modèle de l'OCDE, dont une nouvelle version a été approuvée le 1er juin 2004 par le Comité des affaires fiscales.

Elle repose sur l'*échange de renseignements* entre les administrations des États contractants, en vue de l'application des dispositions conventionnelles, mais aussi de celles des lois internes relatives aux impôts visés par la convention.

La lutte contre la fraude et l'évasion fiscales internationales apparaît bien, ainsi, comme un objectif spécifique, distinct de l'élimination des doubles impositions, des conventions fiscales bilatérales qui prévoient un tel échange de renseignements.

L'échange s'opère selon des modalités variables. La procédure la plus traditionnelle est celle de l'échange *sur demande.* Elle consiste, de la part d'une administration, à demander à l'autre de lui fournir des informations spécifiques relatives à la situation d'un contribuable.

Certaines conventions limitent l'assistance administrative en matière d'assiette au seul échange de renseignements sur demande. D'autres prévoient en outre un échange *automatique* de renseignements entre les administrations concernées. Il portera, par exemple, sur les revenus de valeurs mobilières trouvant leur source dans un État contractant, et encaissés dans l'autre État, ou encore sur les acquisitions immobilières faites dans un État par un résident de l'autre État. De telles communications, réciproques et systématiques, d'informations supposent la conclusion d'arrangements administratifs spécifiques.

Des informations, enfin, peuvent être *spontanément* fournies par l'administration d'un État contractant à l'administration de l'autre État.

347 L'assistance administrative en matière d'assiette, fondée sur une clause conventionnelle relative à l'échange de renseignements, rencontre cependant, elle aussi, plusieurs limites.

Une première limite tient à la nécessaire *réciprocité* des services que les États contractants peuvent se rendre. Cette condition de réciprocité réduit d'abord le champ des demandes que peut formuler l'État requérant : il ne peut solliciter de l'État requis des informations que sa propre législation ne lui permet pas d'obtenir, et qu'il ne serait pas en mesure, par conséquent, de fournir en retour.

L'État requis, pour sa part, doit fournir l'assistance sollicitée conformément aux prescriptions de sa loi. Il ne peut être contraint de prendre des mesures ou de fournir des renseignements sur des bases qui dérogeraient à son propre droit, ou à sa pratique administrative.

Dès lors, l'échange de renseignements ne peut être assuré que sur la base de la plus restrictive des deux législations.

Les clauses des conventions fiscales prévoyant l'échange de renseignements lui assignent d'autres limites, relatives au *secret des affaires* et au *secret fiscal*.

L'État requis, ainsi (OCDE, art. 26, § 2), ne peut être obligé « de fournir des renseignements qui révéleraient un secret commercial, industriel, professionnel ou un procédé commercial... ».

Dans la version de la convention modèle de l'OCDE précédant la révision adoptée en 2004, il était précisé (art. 26 § 1) que l'État requérant ne peut communiquer les renseignements qui lui sont fournis par l'État requis qu'aux seules personnes ou autorités concernées par l'établissement ou le recouvrement des impôts visés par la convention, par les procédures ou poursuites concernant ces impôts, ou par les décisions sur les recours relatifs à ces impôts. Le texte ajoutait que « ces personnes ou autorités n'utilisent ces renseignements qu'à ces fins » (« secret fiscal »). Les renseignements recueillis, autrement dit, ne pouvaient être valablement utilisés à l'appui de procédures mises en œuvre dans le cadre de législations autres que fiscales (contrôle des changes, réglementation des prix, etc.).

La nouvelle rédaction de l'article 26 s'écarte sensiblement des prescriptions antérieures. Elle autorise, d'abord, la communication d'informations aux « autorités de contrôle », c'est-à-dire les autorités qui surveillent l'administration fiscale et les autorités chargées de l'application du droit dans le cadre de l'administration générale d'un État contractant.

Le nouveau § 4 de l'article 26 prévoit expressément, ensuite, la possibilité d'utiliser les renseignements fournis par un État dans le cadre de l'assistance fiscale internationale à des fins telles que la lutte contre le blanchiment des capitaux, contre la corruption, ou contre le financement du terrorisme. Le nouveau § 5 permet l'échange de renseignements concernant la propriété et de renseignements détenus par des banques, des institutions financières, des mandataires, des agents et des fiduciaires. Il empêche l'invocation du secret bancaire comme motif pour refuser d'échanger des renseignements.

Un autre paragraphe a été ajouté pour empêcher des obligations relevant de « l'intérêt fiscal national » d'entraver l'échange de renseignements. La notion d'obligation relevant de l'intérêt fiscal national fait référence aux lois ou pratiques de nature à empêcher un partenaire à une convention d'obtenir des renseignements ou d'en échanger à la demande d'un autre partenaire à moins que le partenaire requis n'ait un intérêt à disposer de tels renseignements à ses propres fins fiscales. Le nouveau paragraphe précise que les États contractants doivent obtenir et échanger des renseignements indépendamment de la question de savoir s'ils en ont besoin pour leurs propres fins fiscales.

Une autre limite à l'assistance administrative est constituée par la clause de l'*ordre public,* suivant laquelle un État ne saurait être non plus tenu de « fournir... des renseignements dont la communication serait contraire à l'ordre public » (OCDE, art. 26, 62, *c, in fine*). Censée préserver les intérêts vitaux des États signataires, cette réserve leur ouvre en fait la possibilité de refuser de déférer à une demande de renseignements sans autre justification.

Les conventions, par ailleurs, peuvent énoncer des restrictions supplémentaires à la procédure d'échange de renseignements, en limiter le champ d'application (par exemple, à l'application de la convention et non pas des législations internes, comme il est prévu par la convention fiscale franco-suisse ; v. cependant les dispositions du VII du protocole annexé à cette convention, tel qu'issu de l'avenant du 22 juillet 1997, prévoyant un échange de renseignements pour l'exonération de la taxe de 3 % sur la valeur vénale des immeubles en France dans les conditions prévues à l'article 990 E 3° du CGI), ou les modalités de mise en œuvre.

Ces restrictions ne privent pas d'intérêt les clauses d'assistance administrative en matière d'assiette. Leur usage, lorsqu'il est prévu, semble désormais plus fréquent. Et le développement des réseaux de convention de pays industrialisés, telle que la France, en direction d'États de faible dimension, avec lesquels les échanges économiques sont réduits, paraît bien répondre autant au souci de mettre en place, à travers le jeu des clauses d'assistance, les moyens d'une information sur les courants de fraude et d'évasion fiscales internationales, qu'à celui d'éliminer les surcharges fiscales (sur cette question, voir T. Lambert, Un aspect méconnu du contrôle fiscal : l'assistance fiscale internationale, *BF,* 4/2000, p. 215 et s. ; v. ég. l'étude précitée de F. Le Mantec, *L'Année fiscale 2005*).

348 Le caractère bilatéral des conventions fiscales n'exclut pas certaines formes d'action *multilatérale* des administrations fiscales, en vue de lutter contre la fraude et l'évasion fiscales internationales.

Il a pu s'agir d'une multilatéralisation indirecte de la coopération administrative, dans le cas des actions concertées menées par les administrations de quatre grands pays industrialisés (dits « groupe des quatre », réunissant la France, l'Allemagne Fédérale, les États-Unis et le Royaume-Uni). Prenant appui sur les clauses d'échange de renseignements qui figurent dans les différents traités bilatéraux qui relient chacun d'eux aux trois autres, les États concernés ont pu définir entre eux les objectifs et les modalités d'une action commune contre la fraude et l'évasion fiscales internationales, allant jusqu'à organiser des opérations de vérifications fiscales simultanées auprès des filiales d'un même groupe, établies sur leurs différents territoires.

Des accords multilatéraux formels ont vu le jour, telle que la convention nordique relative à l'assistance administrative en matière fiscale signée en 1972 entre la Suède, le Danemark, la Finlande, l'Islande et la Norvège, ou la convention multilatérale d'assistance administrative précitée n° 345, élaborée par le Conseil de l'Europe et l'OCDE. Cette dernière convention prévoit notamment (art. 8 et 9) la faculté pour les États d'effectuer des contrôles simultanés et la possibilité pour les représentants d'un État de participer à des contrôles fiscaux dans un autre État.

349 L'assistance mutuelle en matière d'assiette fiscale est par ailleurs organisée, sur une base multilatérale, dans le cadre de la *Communauté européenne.*

La directive générale 77/799 du 19 décembre 1977, complétée par les directives 79/1070 du 6 décembre 1979, 92/108 du 14 décembre 1992, n° 2003/93/CE du 7 octobre 2003, n° 2004/56/CE du 21 avril 2004, ainsi que par les actes relatifs aux conditions d'adhésion, ont prévu l'échange de renseignements entre les États membres, en matière d'impôts sur le revenu et la fortune, de taxe sur la valeur ajoutée (directive 79/1070), de droits d'accises (directive 92/108), de taxes sur les primes d'assurance (directive 03/93).

Sur ces bases, les administrations fiscales des États membres peuvent se consulter mutuellement, et communiquer leurs expériences, par exemple dans le domaine des prix de transfert au sein des groupes d'entreprises. La directive du 21 avril 2004 (n° 2003/56/CE, *JOUE,* L 127/70 du 29 avril 2004) ouvre notamment aux États la possibilité de procéder à des contrôles simultanés dans plusieurs États de l'Union européenne.

Un règlement 218/92 du 27 février 1992, lié à la mise en place du régime transitoire de TVA, avait par ailleurs prévu un système commun d'échange d'informations sur les *transactions intracommunautaires.* Régie par deux instruments juridiques différents (la directive 77/799 et le règlement 218/92) non parfaitement coordonnés, la coopération entre États membres dans le domaine de la TVA ne s'est pas développée avec l'efficacité nécessaire à la lutte contre la fraude liée aux échanges intracommunautaires (cf. le sévère troisième rapport de la Commission sur l'application du règlement 218/92, COM (2000)28 final).

Un nouveau règlement n° 1798/2003 du 7 octobre 2003 (*JOUE,* L 264/1 du 15 octobre 2003) a abrogé le règlement du 27 février 1992 et remplacé les dispositions de la directive 77/799, afin de renforcer la coopération entre les administrations fiscales des État membres pour combattre la fraude en matière de TVA (cf. proposition de la Commission du 18 juin 2001 COM(2001)294 final).

350 La directive n° 2003/48 CE du 3 juin 2003 relative à la fiscalité des revenus *de l'épargne* sous forme de paiement d'intérêts à des personnes physiques prévoit par ailleurs un mécanisme d'échange d'informations entre États membres concernant les intérêts payés dans un État membre à des particuliers qui résident dans d'autres États membres (voir *supra,* n° 198).

351 La Commission considère l'échange d'informations comme un moyen efficace de parvenir à l'élimination des entraves fiscales à la fourniture transfrontalière des *retraites* professionnelles sans préjudice pour les recettes fiscales des États membres (cf. la communication du 19 avril 2001 sur *l'élimination des entraves fiscales à la fourniture transfrontalière des retraites professionnelles,* COM(2001)214).

352 Pour permettre à l'administration fiscale française, en cas de contrôle, d'utiliser effectivement les informations pouvant être obtenues d'autres administrations sur la base des mesures d'assistance prévues par les conventions fiscales, ou la réglementation communautaire, l'article 40 de la loi du 12 avril 1996, dont les dispositions sont codifiées à l'article L 188 A du *LPF,* a par ailleurs institué une *prorogation du délai général de reprise* d'une durée maximum de deux ans.

Ce texte concerne principalement les demandes d'information nécessaires au contrôle des prix de transfert, mais a une portée plus large et peut être mis en œuvre à raison de demandes de renseignements faites à l'occasion de toute procédure de contrôle fiscal, portant sur toute imposition susceptible d'être influencée par une relation internationale, et concernant tout contribuable pouvant être assujetti à l'imposition visée par la demande.

La notification de redressements faisant suite à la demande pourra être adressée jusqu'à la fin de l'année suivant celle de la réponse et au plus tard, jusqu'à la fin de la cinquième année suivant celle au titre de laquelle l'imposition est due, étant bien entendu que seuls les redressements liés aux éléments contenus dans la demande de renseignements pourront être notifiés au-delà du délai normal de reprise.

B – Les clauses « anti-abus »

353 Une convention fiscale contre la double imposition confère par nature un avantage économique aux personnes qui peuvent en bénéficier, c'est-à-dire, par principe, à celles « qui sont des résidents d'un État contractant ou des deux États contractants » (art. 1 du modèle de convention OCDE).

Des personnes n'ayant pas cette qualité, et ne pouvant légalement prétendre aux avantages du traité, peuvent être cependant tentées d'y accéder, notamment en ayant recours à l'interposition de personnes résidentes, pour leur part, de l'un des États conventionnés.

En vue de se prémunir contre une telle utilisation abusive des conventions, conduisant à accorder indirectement les avantages conventionnels à des résidents d'États tiers, les États ont été conduits à insérer dans les traités fiscaux des dispositifs appropriés, dits « clauses anti-abus ».

354 L'article 4, § 1 du modèle de convention de l'OCDE relatif à la notion de résident précise que « cette expression ne comprend pas les personnes qui ne sont assujetties à l'impôt dans cet État que pour les revenus de sources situées dans cet État ou pour la fortune qui y est située ».

Cette formule signifie qu'une personne ne devrait être considérée comme résidente d'un État que dans le cas où elle s'y trouverait soumise à une obligation fiscale illimitée. Certaines conventions reprennent cette disposition.

La France, pour sa part, considère qu'un assujetti à l'impôt, au sens du modèle de l'OCDE, s'entend d'une personne *effectivement soumise* à cet impôt. Dès lors, les entités exonérées d'impôt, ou qui se trouvent dans le champ d'application de l'impôt sans y être effectivement soumises, ne sont en principe pas des résidents au sens des conventions (cf. La France et les conventions fiscales internationales, Service de la législation fiscale, *DF,* 1996, n° 7, p. 238).

355 *Le critère du bénéficiaire effectif.* Conformément au modèle de l'OCDE, de nombreuses conventions fiscales réservent désormais les avantages (réduction ou exonération de retenue à la source) prévus en matière de dividendes, intérêts, redevances, au seul « bénéficiaire effectif » de ces produits (dans sa rédaction actuelle, l'avantage est accordé « si le bénéficiaire effectif... est un résident de l'autre État contractant »).

La notion de bénéficiaire effectif est désormais systématiquement reprise par la France, qui en recherche l'extension à la catégorie des « autres revenus » (sur la notion de bénéficiaire effectif, voir P.-J. Douvier, Imposition à la source dans les relations transfrontalières : notions de bénéficiaire effectif et de résident, *BF,* 8-9/92, p. 529 et s.).

356 *Clauses anti-abus spécifiques.* Les particularités du système fiscal de certains pays ont conduit à des exclusions expresses de catégories nommément citées de personnes, telles que les sociétés holdings luxembourgeoises créées sous le régime de la loi du 31 juillet 1929 (les bénéfices encaissés par de telles holdings étant distribués à des bénéficiaires qui sont nécessairement non-résidents).

D'autres conventions excluent le bénéfice d'avantages conventionnels lorsque le bénéficiaire est contrôlé par des personnes non-résidentes d'un État contractant (cf. l'article 13 de la convention franco-chypriote du 18 décembre 1981, l'article 14 de la convention franco-suisse du 9 septembre 1966).

De façon générale, l'article 4, § 5 de la convention fiscale franco-suisse du 9 septembre 1966 dispose (a) que « n'est pas considérée comme résident d'un État contractant », une personne qui, bien que répondant à la définition de la résidence fournie par les paragraphes 1 à 3 du même article, « n'est que le bénéficiaire apparent des revenus, lesdits revenus bénéficiant en réalité – soit directement, soit indirectement par l'intermédiaire d'autres personnes physiques ou morales – à une personne qui ne peut être regardée elle-même comme un résident dudit État au sens du présent article ».

En vue de s'assurer que les avantages conventionnels ne vont pas être détournés, la *convention fiscale franco-américaine* du 31 août 1994 (art. 30) comporte un dispositif complexe d'identification des véritables résidents. Les avantages conventionnels sont dans tous les cas reconnus aux résidents s'il s'agit de personnes physiques, des États contractants eux-mêmes, de leurs subdivisions politiques, collectivités locales, ou personnes morales de droit public. Le droit aux avantages conventionnels est en revanche très strictement mesuré lorsque les bénéficiaires des revenus sont des sociétés, les critères retenus visant à en exclure les sociétés « écran » (cf. A. de Waal, La nouvelle convention fiscale franco-américaine, *DF,* 1995, no 40, p. 1417).

La France, en tant qu'État de la source, ne se montre pas favorable à l'inclusion généralisée de telles clauses détaillées visant à préciser, au moyen de différents critères, les catégories de bénéficiaires de la convention, et qui lui paraissent affaiblir la portée des concepts de bénéficiaire effectif et d'assujettissement à l'impôt (cf. La France et les conventions fiscales internationales, préc. p. 238 ; voir cependant, pour un autre exemple de cette pratique, l'art. 10 de la convention fiscale France-Japon du 3 mars 1995, comparable à la clause « anti-abus » de la convention franco-américaine).

D'autres clauses « anti-abus » ont un *objet particulier,* par exemple relatif au champ d'application des taux réduits de retenue à la source propres aux dividendes distribués aux sociétés mères. L'avenant du 22 juillet 1997 à la convention fiscale franco-suisse (art. 11, § 3, *c),* II) a prévu l'insertion dans cette convention d'une clause anti-abus, figurant déjà, notamment, dans la convention fiscale franco-américaine du 31 août 1994, tendant à prévenir les transferts indus de l'avoir fiscal par le biais des démembrements de titres.

C – Autres dispositions protectrices des intérêts financiers publics

357 Il est de plus en plus fréquent que les conventions fiscales comportent d'autres dispositions spécifiques visant à protéger les intérêts financiers publics, et notamment à permettre, nonobstant les autres prescriptions conventionnelles, l'application de mesures nationales tendant à lutter contre l'usage abusif des régimes fiscaux privilégiés.

La France, on l'a vu (v. *supra,* n°s 113, 340), a eu recours à différents moyens pour que la mise en œuvre des mesures prévues à l'article 209 B du CGI, ou à l'article 123 *bis,* ne soit pas contrariée par le jeu des mécanismes conventionnels classiques de partage du droit d'imposition entre les États contractants.

La méthode de la mention expresse, dans le texte conventionnel, de la mesure qu'un État signataire entend pouvoir mettre en œuvre est également utilisée en ce qui concerne le dispositif de prévention contre la *sous-capitalisation* prévu à l'article 212 A du CGI (v. *supra,* n° 70 et, par exemple, les dispositions de l'article 4 *b*) du protocole annexé à la convention fiscale entre Chypre et la France du 18 décembre 1981. Voir également l'article 5 du protocole annexé à la convention franco-mexicaine du 7 novembre 1991, ou le point VIII du protocole annexé à la convention fiscale franco-suisse, tel que modifié par l'avenant de 1997.

2 – La protection des contribuables

A – Les clauses de non-discrimination

358 De nombreuses conventions fiscales comportent des clauses de non-discrimination, visant à proscrire les discriminations fiscales fondées sur la *nationalité.*

Ces dispositions s'inspirent du modèle de l'OCDE, dont l'article 24, § 1, dispose que « les nationaux d'un État contractant ne sont soumis dans l'autre État contractant à aucune imposition ou obligation y relative, qui est autre ou plus lourde que celles auxquelles sont ou pourront être assujettis les nationaux de cet autre État qui se trouvent dans la même situation, notamment au regard de la résidence ».

Le même texte ajoute que « la présente disposition s'applique aussi, nonobstant les dispositions de l'article 1 » (personnes visées par la convention) « aux personnes qui ne sont pas des résidents d'un État contractant ou des deux États contractants ». Il prévoit également (§ 6) que ses dispositions s'appliquent, « nonobstant les dispositions de l'article 2 » (impôts visés) « aux impôts de toute nature ou dénomination ».

La formulation de la clause de non-discrimination, selon les conventions, lui confère en pratique un champ d'application variable. Par principe, elle s'applique aux nationaux des États parties. Dans le cas des conventions reprenant intégralement la proposition du modèle OCDE, l'interdiction des discriminations fondées sur la nationalité est indépendante de la *résidence*. Mais certaines conventions ne reproduisent pas la mention prévue à l'article 24, § 1 *in fine* du modèle, étendant le champ d'application de son dispositif aux non-résidents ; en principe, la portée de la clause de non-discrimination est alors limitée aux seuls nationaux résidents d'un État contractant.

La clause s'applique en règle générale aux *impôts de toute nature* ou dénomination, même s'ils ne sont pas visés par la convention. Par exception, certaines conventions limitent le jeu de la clause aux seuls impôts visés par la convention (v. les conclusions signées par la France avec l'Indonésie, la Malaisie, Singapour ou le Canada).

L'interdiction d'application d'un traitement fiscal moins favorable ne joue cependant qu'en présence d'une *similitude de situation*. En ajoutant, à la faveur de la révision du modèle en 1992, la précision « notamment au regard de la résidence », le Comité des affaires fiscales de l'OCDE a souhaité établir clairement, ainsi, qu'un contribuable résident et un contribuable non-résident ne se trouvent pas dans la même situation et peuvent dès lors faire l'objet de traitements fiscaux distincts, ainsi qu'il est d'ailleurs prévu dans la plupart des législations fiscales.

Les tribunaux français, cependant, considèrent que la résidence d'une société et sa nationalité, reposant sur des critères identiques, ne peuvent être distinguées, en sorte qu'une société française et une société étrangère sont dans la *même situation* pour l'application d'une clause de non-discrimination. La société étrangère ne doit pas être traitée plus défavorablement que la société française (cf. la jurisprudence de la Cour de cassation citée *supra,* n° 158, à propos de la taxe patrimoniale de 3 % ; v. ég., à propos d'une société panaméenne détenant des biens immobiliers en France, CE, 16 décembre 1991, n° 54611, *DF,* 1992, n° 47, comm. 2197 ; comparer avec la jurisprudence de la CJCE suivant laquelle la discrimination selon le siège d'une société équivaut à une discrimination selon la nationalité, par ex. 28 janvier 1986, aff. 270/83, *Commission c/ France,* 8 mars 2001, aff. 397/98 et 410/98, *Metallgesellschaft et Hoechst,* préc. n° 28).

Cette jurisprudence est de nature à entraver tout dispositif de droit interne établissant une distinction dans le traitement fiscal des sociétés en fonction de leur résidence, alors même qu'une telle distinction peut être fondée sur des considérations objectives, autres que la volonté d'établir une discrimination selon la nationalité.

Les conventions fiscales récemment conclues par la France témoignent de l'effort accompli par les négociateurs pour prendre en compte cette jurisprudence, et assurer la conformité des règles fiscales internes à la clause de non-discrimination.

Parfois, le dispositif conventionnel reproduit le texte de l'article 24-1 de la convention modèle de l'OCDE tel que révisé en 1992, ou confirme plus expressément encore qu'une personne physique ou morale qui est un résident d'un État contractant ne se trouve pas *dans la même situation* qu'une personne physique ou morale qui est un résident de l'autre État contractant (cf. l'échange de lettres du 14 mars 1991 faisant suite à la convention du 27 novembre 1990 entre la France et la Suède, ou l'art. 8 de l'avenant du 8 juillet 1994 à l'accord fiscal du 25 juillet 1977 entre la France et Malte).

Parfois, et conformément à une réserve introduite par la France au modèle de 1992, la portée de la clause générale de non-discrimination (art. 24-1 dans le modèle OCDE) est limitée aux seules *personnes physiques* (voir, par exemple, l'article 25-1 de la convention France - États-Unis du 31 août 1994, l'article 25-1 de la convention du 10 octobre 1995 signée avec l'Espagne), les sociétés établies dans l'État autre que celui de leur résidence pouvant être par ailleurs protégées par l'insertion d'une clause de non-discrimination applicable aux *établissements stables* de sociétés non résidentes (v. *infra,* n° 359).

De façon plus radicale, l'accord fiscal conclu sous forme d'échange de lettres des 6 avril et 17 juillet 1995 entre la France et le

Panama prévoit (art. 5) que les dispositions de la convention d'établissement du 10 juillet 1953 et de l'accord sur le traitement et la protection des investissements du 5 novembre 1982, comportant l'égalité de traitement avec les nationaux et une clause de la nation la plus favorisée, *ne s'appliquent pas en matière fiscale*. Cette mesure vise à prévenir le risque d'évasion fiscale lié aux facilités offertes par la législation panaméenne en matière de constitution de sociétés écrans, garantissant l'anonymat des actionnaires.

Des dispositions conventionnelles autres que celles issues des conventions fiscales, particulièrement celles du traité de Rome, fondent une approche plus exigeante du principe de non-discrimination, susceptible de mettre en cause, dans une certaine mesure, la liberté de différenciation de traitement fiscal entre résidents et non-résidents, y compris lorsqu'il s'agit de *personnes physiques* (v. *infra*, n° 361).

359 *Établissements stables.* Dès lors qu'en principe elles autorisent un traitement fiscal discriminatoire selon la résidence du contribuable, les clauses générales prohibant les discriminations fiscales fondées sur la nationalité n'assurent pas de protection significative aux entreprises exerçant leur activité dans un État, notamment au moyen d'un établissement stable, alors qu'elles sont résidentes d'un autre État.

Aussi à ces clauses sont généralement ajoutées, dans les conventions fiscales, des dispositions spéciales tendant à éviter, pour les entreprises, les discriminations fondées sur leur lieu d'établissement.

La convention modèle de l'OCDE propose, sous l'article 24, § 3, une clause de non-discrimination applicable aux *établissements stables* fréquemment reproduite dans les conventions effectivement conclues, garantissant à l'entreprise d'un État contractant que l'imposition de l'établissement stable qu'elle a dans l'autre État n'y est pas établie d'une façon moins favorable que l'imposition des entreprises de cet autre État qui exercent la même activité.

Les clauses de cette nature peuvent être invoquées par toutes les personnes physiques ou morales résidentes d'un État contractant ayant un établissement dans l'autre État, quelle que soit leur nationalité.

Leur application soulève des questions proches de celles posées par la mise en œuvre, sur le terrain de la fiscalité des entreprises, du principe de liberté d'établissement prévu par le Traité CE (Sur les clauses de non-discrimination des conventions fiscales, v : Allard de Waal, L'imposition des sociétés étrangères et la clause de non-discrimination, *DF,* 1998, n° 38, p. 1126 et s. Sur l'articulation ou la comparaison avec le droit communautaire, cf. jp. citée *supra,* n°s 22 et s. ; v. ég. H. Kruger, Portée du principe de non-discrimination au regard de la jurisprudence européenne récente, *BF,* 2/96, chr. p. 69 et s. ; P. Dibout, Liberté d'établissement, conventions fiscales et entreprises multinationales, *DF,* 2000, n° 11, p. 474 et s.).

360 Posé par les conventions fiscales, ou par le droit communautaire, le principe de non-discrimination fait l'objet, dans le contexte favorable d'ouverture des marchés, d'invocations fréquentes de la part des opérateurs économiques, et d'une reconnaissance plus affirmée de la part des juridictions, conduisant, dans certains cas, à la remise en cause d'éléments substantiels de législation fiscale.

La sollicitation parallèle des garanties offertes par le droit communautaire et par les conventions fiscales a parfois conduit, en dépit de leurs différences de portée et de contenu, à une harmonisation des régimes applicables aux établissements stables d'entreprises résidentes, soit d'un pays membre de la Communauté européenne, soit d'un pays lié à la France par une convention fiscale comportant une clause d'égalité de traitement en matière d'établissements stables (v. *infra,* n° 367, à propos de l'application du régime des sociétés mères et du bénéfice de l'avoir fiscal, l'instruction du 31 juillet 1986, *BODGI,* 4-J-1-86, faisant suite à des décisions du Conseil d'État et de la Cour de justice des Communautés européennes).

361 La convention modèle OCDE comporte également (art. 24-4) une disposition tendant à éviter que la déductibilité des dépenses payées par une entreprise résidente d'un État soit mise en cause dans le cas où le bénéficiaire est un résident de l'autre État. Fréquemment introduite dans les conventions fiscales, cette clause prévoit que « les intérêts, redevances et autres dépenses payées par une entreprise d'un État contractant sont déductibles, pour la détermination des bénéfices imposables de cette entreprise, dans les mêmes conditions que s'ils avaient été payés à un résident du premier État ». Elle fait toutefois la réserve des cas de paiements excessifs intervenant entre entreprises apparentées, visés par d'autres dispositions conventionnelles (cf. l'article 9-1 du modèle OCDE, relatif à la correction des bénéfices d'entreprises associées, et les articles 11-6 et 12-4 du même modèle, excluant l'application des règles conventionnelles relatives aux intérêts et aux redevances, en ce qui concerne la fraction excédentaire des montants payés à ces titres, lorsque existent des relations spéciales entre le débiteur et le bénéficiaire effectif).

362 La convention modèle OCDE cherche enfin à éviter le traitement discriminatoire des sociétés qui sont *contrôlées par des non-résidents.* L'article 24-5 dispose à cet égard que les entreprises d'un État contractant dont le capital est en totalité ou en partie, détenu ou contrôlé par des résidents de l'autre État contractant ne sont soumises dans le premier État à aucune imposition ou obligation y relative, qui est autre ou plus lourde que celles auxquelles sont ou pourront être assujetties les autres entreprises similaires du premier État.

La présence d'une clause de cette nature dans un dispositif conventionnel fait obstacle à l'application à une filiale française d'une société résidente de l'autre État contractant des dispositions de l'article 212 du CGI relatives à la limite de déductibilité des intérêts qu'une société peut servir à certains de ses associés (CE, 30 décembre 2003, *SA Andritz,* voir *supra,* n° 55, et *infra,* n° 384).

B – Les dispositions spécifiques

363 Les conventions fiscales, par ailleurs, peuvent comporter des dispositions spécifiques, assurant des garanties ou avantages complémentaires aux contribuables.

Certaines clauses conventionnelles, ainsi, visent à supprimer des éléments de double imposition économique internationale. Tel était le sens des clauses prévoyant l'*extension de l'avoir fiscal,* désormais aboli, aux actionnaires de sociétés françaises résidents de l'État cocontractant, qui ont été introduites dans un certain nombre de conventions fiscales conclues par la France.

D'autres dispositions, assurant des avantages spécifiques aux bénéficiaires d'une convention, répondent à des objectifs de politique économique ou financière internationale. Il en est ainsi des clauses de *crédit d'impôt fictif.*

TROISIÈME PARTIE

FISCALITÉ DIRECTE DES IMPLANTATIONS INTERNATIONALES D'ENTREPRISES

Paradoxalement, c'est au moment où se profile un divorce entre l'impôt et le territoire (voir l'avant-propos de cet ouvrage), et où s'amenuisent les marges de libre conduite de leurs politiques fiscales par les États, qu'est affirmée avec une particulière vigueur l'urgence de politiques fiscales territoriales. La promotion des territoires nationaux sur les marchés mondiaux est perçue comme un impératif pour les gouvernements ; il s'agit d'attirer ou de retenir sur le territoire, y compris par des moyens fiscaux, les entreprises, les capitaux et les emplois. Parallèlement est réclamé un encouragement, notamment sur le plan fiscal, à la conquête des marchés extérieurs par les entreprises et les groupes français, pourtant désormais difficiles à identifier, du moins au regard de la nationalité des détenteurs de leur capital. La lutte contre les délocalisations et le déploiement mondial des entreprises nationales sont des objectifs prioritaires des politiques fiscales.

Celles-ci peuvent sans doute favoriser, dans une certaine mesure, l'un et l'autre de ces objectifs ; mais le facteur fiscal est rarement déterminant dans les choix de localisation d'investissements productifs. L'internationalisation de l'activité des entreprises confère néanmoins une importance croissante aux conditions fiscales de l'implantation extérieure. Invitées à prendre en compte d'éventuelles incitations à la réalisation d'opérations représentant une priorité pour les politiques publiques, les entreprises engagées dans l'activité transfrontalière sont en tout cas assujetties, spécialement dans le cadre d'une Union européenne élargie, à un nombre croissant de contraintes fiscales variées. Les entreprises sont tenues à des exigences alourdies de mise en conformité de leurs pratiques avec des législations fiscales qui demeurent différentes, spécialement, dans le cadre européen, en matière de fiscalité directe et doivent être attentives à l'articulation générale des dispositifs de taxation.

On évoquera successivement, ici, sous l'angle de la fiscalité directe, le traitement fiscal des implantations d'entreprises étrangères en France, puis celui des implantations internationales effectuées par les entreprises françaises.

Chapitre 6

Fiscalité des implantations en France d'entreprises étrangères

SECTION 1. LE TRAITEMENT FISCAL DES RÉSULTATS D'EXPLOITATIONS ET DE LEUR DISTRIBUTION

364 Les entreprises dont le siège est situé hors de France peuvent réaliser en France des bénéfices imputables à des exploitations directes (succursales, essentiellement). Beaucoup d'entre elles, d'autre part, possèdent des exploitations indirectes (filiales) en France, dont elles encaissent les dividendes. Un régime fiscal particulier est applicable aux quartiers généraux ou centres de logistique, implantés en France par des entreprises étrangères ou groupes internationaux.

1 – Le régime fiscal des succursales d'entreprises étrangères

365 On sait que les entreprises ayant leur siège à l'étranger, ou dans une collectivité d'outre-mer disposant de la compétence en matière fiscale, sont imposables à l'impôt sur les sociétés, ou à l'impôt sur le revenu, au titre de leurs bénéfices réalisés en France, lorsque ceux-ci sont imputables à une « entreprise exploitée » en France au sens de l'article 209-1 du CGI, ou à un établissement stable au sens d'une convention fiscale. La situation la plus courante est celle dans laquelle une société étrangère dispose en France d'une ou plusieurs succursales.

A – La détermination du bénéfice imposable

1 – Principes généraux

366 L'évaluation du bénéfice imposable en France des succursales d'entreprises étrangères obéit à des principes largement communs, que ces entreprises aient ou non leur siège dans un pays lié à la France par une convention fiscale.

La succursale (ou autre forme *d'entreprise exploitée* en France au sens de l'article 209-1 du CGI), ou l'établissement stable au sens d'une convention, est en règle générale traitée comme une entreprise autonome, dont le bénéfice est directement évalué par comparaison entre les produits qui lui sont imputables et les charges engagées pour leur acquisition ou leur conservation.

Produits et charges sont évalués par application des règles de droit commun de la législation fiscale française, notamment de la théorie du bilan.

Dans l'évaluation du bénéfice imputable à l'exploitation étrangère, il est tenu compte de la nature exacte de ses activités. Cette exigence peut conduire à la dissociation entre la part de bénéfice imputable à des opérations de fabrication et celle imputable à des opérations de commercialisation, lorsque les unes et les autres ne sont pas également effectuées sur le territoire français.

En ce qui concerne ses relations avec le siège de l'entreprise à l'étranger, la succursale est regardée comme une entreprise indépendante, traitant dans des conditions de pleine concurrence.

La constatation de frais et charges communs à l'exploitation en France, et à celle située à l'étranger, doit donner lieu à une ventilation appropriée, permettant de dégager la part de ces frais qui peut être déduite du bénéfice imposable en France. Cette ventilation peut s'appuyer sur l'utilisation de méthodes forfaitaires (voir *infra,* n°s 470 à 472).

De manière plus générale, lorsque ni les conditions de fonctionnement de l'entreprise ni les données de sa comptabilité ne permettent de faire un partage précis entre les opérations françaises et les opérations étrangères, la détermination du bénéfice imposable de l'exploitation en France d'une entreprise étrangère devra s'effectuer par application de telles méthodes forfaitaires, méthode de répartition proportionnelle, ou méthode de répartition par comparaison.

La méthode de répartition par comparaison est plus particulièrement appropriée au cas des entreprises étrangères exerçant une activité imposable en France. Elle trouve notamment à s'appliquer pour l'évaluation du bénéfice imputable à une activité ne représentant qu'une fraction du cycle lucratif, par exemple celle des bureaux d'achat qui, selon le droit fiscal français et certaines conventions, constituent des établissements imposables dès lors qu'ils font l'objet d'une gestion autonome.

Le bénéfice réputé réalisé en France par le *bureau d'achat* d'une entreprise étrangère est ainsi déterminé par comparaison avec celui que réaliserait le même bureau s'il effectuait pour le compte de tiers les opérations qu'il accomplit pour l'entreprise dont il dépend (méthode dite « de la commission »).

Certaines précisions méritent cependant d'être apportées en ce qui concerne, d'une part, les produits imposables au niveau de l'établissement, en France, d'une entreprise étrangère, et d'autre part les charges déductibles de ce bénéfice.

2 – Produits imposables : le régime fiscal des dividendes encaissés par l'établissement, en France, d'une société étrangère

367 Les dividendes encaissés par l'établissement en France d'une société étrangère sont normalement inclus dans les résultats imposables de cet établissement, en application de la théorie du bilan. Leur régime d'imposition a toutefois soulevé une série de questions, liées au fait qu'un tel établissement n'a pas de personnalité juridique distincte de celle de la société dont il dépend, dont le siège est situé hors de France.

Une première question a concerné l'application, aux dividendes encaissés par l'établissement, de la *retenue à la source* de 25 % prévue par l'article 119 *bis*-1 du CGI en cas de distribution à des personnes ayant leur domicile ou leur siège hors de France. Initialement, l'administration fiscale estimait que cette retenue devait s'appliquer aux produits perçus par la succursale en France d'une société étrangère, sous réserve des conventions fiscales. Le Conseil d'État devait infirmer cette doctrine par un arrêt du 19 décembre 1975 (n°s 84774 et 91895, *DF,* 1976, n° 27, comm. 925, concl. Fabre), au motif que l'établissement de la société étrangère était assimilable à un « siège en France » au sens de l'article 119 *bis*-2, dès lors qu'il était assujetti à l'impôt sur les sociétés. Les produits des actions et parts sociales de sociétés françaises perçus par des établissements sis en France de sociétés étrangères ne se trouvent plus, depuis lors, amputés par la retenue à la source de 25 %, sous réserve de l'accomplissement de formalités : établissement d'une attestation par la succursale bénéficiaire des produits, visée par le service fiscal local (cf. commentaire administratif, *BODGI,* 4-J-7-76).

Les nouvelles dispositions introduites sous l'article 119 *ter* du CGI par la loi de finances rectificative pour 2004 confirment cette solution pour les distributions consenties par des filiales françaises aux établissements en France de sociétés mères situées dans la Communauté européenne (v. *infra,* n° 400).

D'autres difficultés ont surgi, à propos de l'application aux établissements, en France, de sociétés étrangères, du *régime des sociétés « mères et filiales »* visé aux articles 145, 146 et 216 du CGI, à raison des dividendes encaissés par eux et provenant de filiales, françaises ou étrangères, de la société dont ils dépendent, puis de l'attribution de *l'avoir fiscal* aux dividendes de sociétés françaises encaissés par de tels établissements. Dans l'un et l'autre cas, l'administration fiscale a longtemps refusé le bénéfice des régimes concernés, en se fondant, comme à propos de la retenue à la source, sur le défaut de dissociation juridique entre ces établissements et les sociétés étrangères dont ils dépendent.

L'article 145 du CGI a longtemps réservé l'application du régime fiscal des sociétés mères aux sociétés françaises. L'article 158 *ter* du même Code attribuait le bénéfice de l'avoir fiscal aux seules personnes ayant leur domicile réel ou leur siège social en France. La doctrine administrative en concluait que les dividendes encaissés par l'établissement, en France, d'une société étrangère devaient être inclus dans les résultats imposables de cet établissement, même s'ils provenaient de participations remplissant par ailleurs les conditions d'application du régime des sociétés mères, et que ces dividendes, provenant de sociétés françaises, ne pouvaient être assortis d'un avoir fiscal.

Par un arrêt du 18 novembre 1985, le Conseil d'État a cependant jugé que la clause relative à la nationalité française de la société mère prévue par l'article 145 du CGI ne pouvait s'appliquer à la succursale française d'une société italienne, compte tenu des dispositions de la convention fiscale franco-italienne en vigueur à l'époque des faits litigieux, qui comportait une clause de non-discrimination applicable aux établissements stables (n° 50643, *DF,* 1986, n° 9, comm. 347, concl. Fouquet).

De son côté, le 28 janvier 1986, la Cour de justice des Communautés européennes jugeait non compatibles avec les dispositions du traité de Rome relatives à la liberté d'établissement (art. 52, al. 2), les règles sur la base desquelles l'avoir fiscal était refusé aux établissements stables implantés en France par des sociétés d'assurances ayant leur siège social dans un autre pays membre de la Communauté, à raison des dividendes d'actions de sociétés françaises détenues par eux (CJCE, aff. 270/83, *DF,* 1986, n° 18, comm. 903, concl. avocat général F. Mancini).

Faisant la synthèse de ces décisions, fondées sur le principe de non-discrimination, l'administration fiscale devait alors fournir une nouvelle définition du régime fiscal des dividendes perçus par les établissements, en France, de sociétés étrangères, variable selon le lieu du siège de la société dont ils dépendent (cf. instruction du 31 juillet 1986, *BODGI,* 4-J-1-86) :

Dans le cas d'une société ayant son siège dans un pays situé hors de la Communauté européenne, et n'ayant pas conclu avec la France un accord de non-discrimination relatif aux établissements stables, la doctrine administrative antérieure demeurait applicable : les dividendes encaissés ne pouvaient être exonérés sur la base du régime des sociétés mères et filiales, et n'étaient pas assortis de l'avoir fiscal.

Dans le cas d'une société ayant son siège dans un État membre de la Communauté, ou dans un État avec lequel la France était liée par une clause de non-discrimination relative aux établissements stables, ou dans un territoire d'outre-mer ou une collectivité d'outre-mer à statut particulier, le régime applicable aux dividendes encaissés par l'établissement tenait compte de la jurisprudence évoquée.

368 La suppression de la condition de nationalité, pour le bénéfice du régime des sociétés mères et filiales, par loi de finances pour 1989, a conduit à une adaptation de ce dispositif, le *régime des sociétés mères* s'appliquant désormais de manière générale aux établissements en France de sociétés étrangères, même en l'absence de convention, si les titres figurent à l'actif de l'établissement stable et si celui-ci est effectivement soumis à l'impôt sur les sociétés au taux normal, sous réserve, bien entendu, que soient remplies les autres conditions mises au bénéfice de ce régime (conditions modifiées par la loi de finances pour 2001, réservant le bénéfice du régime aux titres de participation représentant au moins 5 % du capital de la société émettrice, quel qu'en soit le prix de revient ; voir *infra,* n° 496).

Les dividendes de source française encaissés par les établissements stables de sociétés ayant leur siège dans la Communauté européenne ou dans un pays lié à la France par une clause de non-discrimination relative aux établissements stables, et qui ne relèvent pas du régime des sociétés mères, étaient par ailleurs assortis de l'*avoir fiscal,* jusqu'à la suppression de celui-ci, et intégrés à la base de l'impôt sur les sociétés pour leur montant brut, avoir fiscal inclus. En contrepartie, *l'avoir fiscal* était *déduit de l'impôt sur les sociétés* dû par l'établissement stable. Celui-ci bénéficiant de l'avoir fiscal dans les mêmes conditions que les sociétés françaises, le précompte éventuellement acquitté lors de la distribution par la société française n'était pas remboursable (cf. *DB,* 4-J-1313 du 1er novembre 1995, sous-section 3, nos 5 et s.).

3 – Produits imposables : l'incidence des restructurations

369 Une société étrangère disposant d'un établissement en France peut en souhaiter la transformation en une entité juridique, soit par filialisation de l'établissement, soit par transfert du siège social en France. Ces deux opérations pourraient exercer une incidence sur la fiscalité du résultat de l'établissement.

a / Filialisation d'une succursale

370 La filialisation consiste en un apport de l'établissement à une société constituée à cette fin. Elle est *a priori* susceptible d'emporter, au niveau de l'imposition de l'établissement, les conséquences qui s'attachent à une cessation d'entreprise (taxation des plus-values et des provisions en sursis d'imposition).

L'article 22 de la loi de finances pour 2000 (loi n° 99-1172 du 30 décembre 1999), visant à aménager les conditions d'application du régime spécial d'imposition défini aux articles 210 A (fusions) et 210 B (scissions, apports partiels d'actif) du CGI (v. *infra,* n° 385), en ce qu'il intéresse les opérations de scissions et *d'apports partiels d'actif,* a implicitement validé, cependant, les règles appliquées par l'administration aux opérations de *filialisation,* en France, de *succursales* détenues par des sociétés d'États membres de la Communauté européenne.

Le régime de faveur des fusions permet notamment de placer en sursis d'imposition les plus-values d'apport et les provisions relatives aux actifs transférés. Dans le cas de scissions, ou apports partiels d'actif, il peut, selon les cas, s'appliquer de plein droit ou sous réserve de l'octroi d'un agrément administratif.

Il s'applique de plein droit aux *apports partiels d'actif* qui portent sur une *branche complète d'activité,* lorsque la société apporteuse prend l'engagement de conserver les titres remis en contrepartie de l'apport pendant une durée ramenée à trois ans par la loi de finances pour 2000, et de calculer ultérieurement les plus-values de cession afférentes à ces titres par référence à la valeur que les biens apportés avaient, du point de vue fiscal, dans ses propres écritures (CGI, art. 210 B-1).

En principe, les apports partiels d'actif réalisés par des sociétés étrangères à des sociétés françaises pourraient être admis à bénéficier de plein droit du régime de faveur, dès lors qu'ils porteraient sur une branche complète d'activité (cas général des filialisations de succursales). L'engagement pris par la société apporteuse de calculer les plus-values futures sur les titres reçus par elle en contrepartie de l'apport par rapport à la valeur fiscale des biens apportés peut s'avérer, toutefois, de portée limitée, dans la mesure où la société étrangère ne sera pas dans tous les cas imposable en France à raison de ces plus-values. Elle pourra l'être sur le fondement de l'article 244 *bis* B du CGI, prévoyant l'imposition des plus-values de cession de participations substantielles (cf. CGI, art. 164 B, *f*) réalisées par des personnes morales ayant leur siège hors de France (voir *supra,* n° 193), mais sous réserve des conventions fiscales internationales, qui ne réservent pas nécessairement à la France le droit d'imposer de telles participations.

La doctrine administrative, dans ces conditions, subordonne le bénéfice du régime de faveur à un agrément préalable, dans le cas d'apport d'une succursale à une filiale par une société ayant son siège dans un pays lié à la France par une convention excluant le droit, pour celle-ci, d'imposer les plus-values futures de cession des titres reçus en contrepartie de l'apport (cf. RM Mesmin, n° 26597, *JOAN,* 14 février 1983, p. 779).

Les conditions de délivrance de l'agrément, lorsqu'il est nécessaire, sont celles prévues au § 3 de l'article 210 B (cf. instr. du 7 juillet 2000, *BOI,* 13-D-1-00).

Celui-ci est délivré lorsque :

— l'opération est justifiée par un motif économique, se traduisant notamment par l'exercice par la société bénéficiaire de l'apport d'une activité autonome ou l'amélioration des structures, ainsi que par une association entre les parties ;
— l'opération n'a pas comme objectif principal ou comme un de ses objectifs principaux la fraude ou l'évasion fiscales ;
— les modalités de l'opération permettent d'assurer l'imposition future des plus-values mises en sursis d'imposition.

Dans le cas de filialisation d'une succursale par une société étrangère, ayant son siège dans un pays lié à la France par une convention n'accordant pas à celle-ci le droit d'imposer les plus-values de cession des titres reçus en contrepartie de l'apport, cette dernière condition pourra être remplie si les titres sont inscrits à l'actif d'un autre établissement français détenu par la société apporteuse, ou encore à l'actif d'une holding française interposée entre la société apporteuse et la société bénéficiaire de l'apport, et prenant les engagements prévus par la loi en matière de conservation des titres et de calcul des plus-values de cession (sur cette exigence ressortant de la doctrine de l'agrément, cf. A. de Waal, Filialisation d'une succursale française par une société européenne : la loi de finances pour 2000 légalise une doctrine administrative contestable, *DF,* 2000, n° 367, p. 367 et s.).

En vue de dissiper les doutes relatifs à l'application de la directive 90/434/CEE à la filialisation des succursales, la directive 2005/19 du 17 février 2005 (*JOUE,* L 58 du 4 mars 2005), modifiant la précédente, indique expressément (art. 1, 10), que cette opération entre dans le champ d'application du régime de report d'imposition, l'article 10-1 de la directive modifiée contenant désormais un nouvel alinéa où il est précisé que le régime fiscal prévu pour le transfert d'un établissement stable s'applique aussi « dans le cas où l'établissement stable est situé dans le même État membre que celui dont la société bénéficiaire est résidente ».

b / Transfert du siège social d'une société étrangère en France

371 L'administration admet que le transfert du siège social d'une société étrangère en France, où elle disposait d'un établissement stable, n'entraîne pas les conséquences fiscales d'une cessation d'entreprise lorsque ce transfert s'effectue sans perte de la personnalité morale de la société, selon la législation de l'État d'origine, et sous réserve que le transfert s'effectue sans autre modification substantielle des statuts, et sans changement d'activité ou cessation de l'activité déjà exercée en France.

Logiquement, cette doctrine devrait être assouplie, compte tenu de l'adoption, par le législateur, d'un dispositif assurant une complète neutralité du transfert de siège des sociétés françaises vers l'étranger, y compris en cas de perte de la personnalité morale au regard du droit français (cf. art. 34 de la loi de finances pour 2005, v. *infra,* n° 495).

Le maintien d'une imposition des plus-values latentes d'un établissement stable en France d'une société d'un État membre de l'Union européenne souhaitant transférer son siège en France pourrait être considéré en outre, comme une restriction « à l'entrée » contraire au principe de liberté d'établissement (cf. *supra,* n° 29).

Un projet de *quatorzième* directive relative au transfert frontalier de siège statutaire de sociétés de capitaux dans l'Union européenne suggère que les États membres prennent les dispositions nécessaires pour que le transfert du siège d'une société dans un autre État membre puisse s'effectuer sans donner lieu à dissolution ou création d'une personne morale nouvelle, le transfert entraînant seulement un changement de la législation nationale applicable.

Le règlement 2157/2001 du 8 octobre 2001, entré en vigueur le 8 octobre 2004, relatif à la *société européenne* (SE, v. *infra,* n° 386), organise d'ores et déjà la neutralité juridique du transfert de siège de la SE dans un autre État membre en prévoyant (art. 8) qu'un tel transfert ne donne lieu ni à dissolution ni à la création d'une personne morale.

La directive 2005/19 du 17 février 2005 (*JOUE,* L 58 du 4 mars 2005), basée sur une proposition de la Commission d'octobre 2003 (COM/2003/613 final), a pour sa part aménagé la directive « fusions » du 23 juillet 1990 (v. *infra,* n° 495) en assurant notamment la neutralité fiscale des opérations de transfert de siège au sein de l'Union pour les SE ou les SCE (sociétés coopératives européennes). Elle reconnaît cependant le droit exclusif pour l'État membre d'origine de la société d'imposer les plus-values liées aux actifs de celle-ci. La société européenne concernée bénéficierait d'un report d'imposition de ces plus-values, les actifs étant désormais rattachés à l'établissement stable dont disposerait la société dans l'État de sa résidence fiscale avant le transfert du siège.

4 – Charges déductibles

372 En application des principes généraux de la fiscalité des entreprises, une société étrangère possédant un établissement en France peut déduire de son bénéfice imposable en France les charges afférentes à cet établissement.

Cette règle peut concerner certaines dépenses engagées, au profit de l'ensemble de l'entreprise, par le siège situé à l'étranger. La France admet l'admission en charges déductibles d'une *quote-part des frais généraux du siège.* Dans la mesure où l'affectation des dépenses communes ne résulte pas des écritures comptables, la part de ces frais imputable aux établissements exploités en France peut être valablement fixée d'après la proportion existant entre le chiffre d'affaires de ces établissements et le chiffre d'affaires global de l'entreprise (cf. *DB,* 4-H-1414 du 1er mars 1995, n° 43). Cette ventilation forfaitaire peut notamment concerner, dès lors qu'ils ont été engagés dans l'intérêt de l'ensemble de l'entreprise, les frais de gestion, les frais financiers, les frais de fusion, les frais de personnel de siège social.

Elle intéresse également les charges supportées par la succursale elle-même.

Le défaut de dissociation de personnalité juridique entre la succursale en France et le siège de l'entreprise à l'étranger, cependant, continue de faire obstacle à l'admission en charges déductibles de la base imposable en France, de versements opérés au profit du siège par la succursale française, en rémunération des sommes octroyées par le siège sur ses fonds propres.

La doctrine administrative s'oppose ainsi à la déduction de versements effectués sous la dénomination d'intérêts ou de redevances par la succursale en France d'une société étrangère, qui viendraient rémunérer les fonds mis par celle-ci à la disposition de sa succursale (RM Mesmin, *JO,* déb. AN, 19 janvier 1981, p. 245, n° 31725, et *DB,* 4-H-1414, n° 40 du 1er mars 1995). Ces versements sont censés représenter une partie du bénéfice réalisé en France par la société étrangère.

373 *« Sous-capitalisation » des succursales bancaires.* L'administration admet toutefois la déduction d'intérêts versés par un établissement au siège d'une *banque* ou d'un *établissement de crédit,* en rémunération de « prêts » ou « avances » (*DB,* 4-H-1414, n° 41), mais dans la mesure d'une capitalisation suffisante de la succursale française.

À la faveur du commentaire des arrêts du Conseil d'État du 30 décembre 2003 *SARL Coréal Gestion* et *SA Andritz,* relatifs aux conditions d'application de l'article 212 du CGI aux intérêts versés à des sociétés étrangères par des filiales françaises (v. *infra,* n° 384), l'administration a souligné que la question de la répartition de l'endettement, et donc de la charge de paiement des intérêts, entre le siège et *l'établissement* d'une seule et même entreprise n'a pas été abordée par les arrêts précités, et précisé que les services de contrôle restent par conséquent en droit d'analyser la capitalisation des succursales françaises de banques étrangères, et éventuellement de dénoncer son caractère insuffisant.

La répartition des charges financières entre établissement français et siège étranger, indique l'administration, doit rester conforme au principe de territorialité.

Dès lors, et sans qu'il soit nécessaire de faire référence à l'article 57 du CGI, les avances consenties par une banque étrangère à son établissement français ne sauraient être génératrices d'intérêt, lorsqu'elles couvrent la dotation en capital dont aurait besoin une entreprise indépendante (instr. du 12 janvier 2005, *BOI,* 13-0-2-05).

374 Le défaut de relations contractuelles entre le siège étranger et la succursale française fait également obstacle à l'admission en charges déductibles de « redevances » qui seraient versées au siège pour l'utilisation de marques ou brevets par la succursale.

Une fraction des redevances de propriété industrielle ou commerciale payées par le siège à des tiers pourrait toutefois être admise en déduction du bénéfice imposable en France de la société étrangère, dès lors que celle-ci pourrait établir que ces dépenses ont été exposées, en tout ou partie, pour son exploitation française.

De façon générale, la succursale française est autorisée à déduire les remboursements effectués au siège de dépenses supportées par celui-ci lorsque ces dépenses sont afférentes à la succursale française, ou, dans la proportion appropriée, lorsqu'elles sont exposées au profit de l'ensemble de l'entreprise.

375 Les transferts de fonds intervenant entre le siège d'une société étrangère et son établissement en France, cependant, dès lors qu'ils constituent des opérations internes à une même personne juridique, et ne peuvent être regardés comme la contrepartie de services rendus à un tiers, ne sont pas passibles de la TVA (CE, 9 janvier 1981, n° 10145, Plén., *Timex, JCP, éd. CI,* 1981, I-9583, p. 115, chr. B. Castagnède ; CAA Paris, 5 octobre 1995, n° 94-429, *Banque Sudaméris, RJF,* 12/95, n° 1368), à la différence de ceux intervenant entre une société étrangère et sa filiale française.

B – L'imposition du bénéfice

376 Le bénéfice imposable réalisé en France par une société de capitaux étrangère, dans le cadre d'une « entreprise exploitée » dans notre pays, ou d'un établissement stable s'y trouvant situé, déterminé dans les conditions ci-dessus exposées, est imposé à *l'impôt sur les sociétés,* dans les conditions du droit commun, soit, en règle générale, au taux de 33,1/3 % (15 % pour la plus-value nette relevant du régime du long terme, pour les exercices ouverts à compter du 1er janvier 2005 ; cf. art. 39 de la loi nº 2004-1485 du 30 décembre 2004).

La *contribution additionnelle,* dont le taux est fixé à 1,5 % pour les exercices clos en 2005 (3 % pour les exercices clos ou la période d'imposition arrêtée à compter du 1er janvier 2002 et jusqu'à 2004), et qui est supprimée pour les exercices clos à compter du 1er janvier 2006, et la *contribution sociale* de 3,3 % due sur la fraction d'impôt excédant 763 000 €, lorsque le chiffre d'affaires de l'entreprise dépasse 7 630 000 €, s'appliquent indifféremment aux sociétés françaises et étrangères.

C – L'imposition des revenus réputés distribués

377 Selon l'article 115 *quinquies* du CGI, « les bénéfices réalisés en France par les sociétés étrangères sont réputés distribués, au titre de chaque exercice, à des associés n'ayant pas leur domicile fiscal ou leur siège social en France ».

Visant les bénéfices réalisés par les sociétés étrangères, ce texte ne concerne pas les établissements stables en France de sociétés ayant leur siège dans un territoire ou une collectivité à statut particulier d'outre-mer.

Les dispositions de l'article 115 *quinquies,* par ailleurs, ne sont pas applicables à la quote-part des bénéfices revenant aux sociétés étrangères qui sont des *associées,* ou autres membres *de sociétés de personnes ayant leur siège en France* à raison de leurs droits dans ces sociétés de personnes. En effet, les sociétés ou groupements soumis au régime fiscal des sociétés de personnes ont une personnalité fiscale distincte de celle de leurs associés ou membres ; ils constituent des sujets d'imposition et, s'ils ont leur siège en France, ont la qualité de résident de France au sens des conventions fiscales conclues par la France lorsque les conditions requises par les dispositions pertinentes de ces conventions sont remplies. Ce sont les sociétés de personnes elles-mêmes qui réalisent les bénéfices tirés de l'exploitation de leurs activités exercées en France et non leurs associés ou membres. En conséquence, les sociétés étrangères associées de sociétés de personnes ayant leur siège en France ne peuvent être assujetties au prélèvement de 25 % prévu aux articles 115 *quinquies* et 119 *bis*-2 du CGI. Elles demeurent bien entendu redevables en France de l'impôt sur les sociétés pour le résultat de la société de personnes se rapportant à leurs droits (cf. instr. du 26 février 2003, *BOI,* 4-H-1-03).

La présomption de distribution intégrale à des actionnaires domiciliés hors de France, au contraire, justifie l'application de principe, au bénéfice après impôt de l'établissement français d'une société étrangère, de la retenue à la source de 25 % prévue à l'article 119 *bis* 2 du CGI. Celle-ci peut être cependant remise en cause par les dispositions des conventions fiscales, cependant que, de façon plus générale, l'application de l'article 115 *quinquies* est désormais écartée dans le cadre communautaire.

1 – Règles fiscales de droit interne et incidence du droit communautaire

378 Indépendante des distributions effectives de dividendes, la retenue à la source appliquée en vertu des dispositions de l'article 115 *quinquies* du CGI doit faire l'objet d'une liquidation sur une base provisoire, constituée par le montant total des résultats imposables ou exonérés, après déduction de l'impôt sur les sociétés, les résultats étant déterminés conformément aux règles de droit commun.

La retenue initiale peut être révisée ultérieurement, dans deux cas :

La société peut d'abord demander que la retenue soit révisée sur la base des *distributions effectives,* lorsque les distributions qui ont été réparties par la société étrangère au cours de la période de douze mois suivant la clôture de l'exercice sont inférieures à la base provisoire liquidée au niveau de la succursale française.

La retenue initialement liquidée peut être également révisée si la société étrangère justifie que les revenus ont été *distribués à des bénéficiaires ayant leur résidence en France.*

Pour obtenir le bénéfice de la révision, la société étrangère doit déposer une demande sur papier libre à la recette des impôts compétente.

Afin d'éviter les lourdeurs de la procédure de perception suivie de remboursement, les sociétés étrangères peuvent être autorisées, sur leur demande, à *limiter le versement* initial de la retenue au montant qui leur paraît devoir être définitivement exigible, compte tenu des perspectives de distribution, et du domicile de leurs actionnaires.

379 À l'invitation de la Commission européenne (voir l'avis du 5 août 1997, *BF,* 8-9/97, n° 833), le législateur français a tardivement (cf. l'article 23 de la loi n° 97-1239 du 29 décembre 1997) écarté l'application de l'article 115 *quinquies* dans le cas des sociétés étrangères qui ont leur siège de direction effective dans un État membre de la Communauté européenne, et qui y sont passibles de l'impôt sur les sociétés (soit d'un impôt sur le revenu des personnes morales comparable à l'impôt français), sans possibilité d'option et sans en être exonérées (cf. instr. du 10 juin 1998, *BOI,* 4-J-1-98).

2 – Incidence des conventions fiscales

380 Certaines des conventions fiscales conclues par la France maintiennent la retenue à la source dans les conditions prévues par le droit interne (v., par ex., l'art. 14, § 1 de la convention du 24 juillet 1962 avec le Liban, l'article 10, § 6 de la convention du 27 décembre 1974 avec la Thaïlande).

D'autres ont pour effet de modifier les dispositions résultant des articles 115 *quinquies* et 119 *bis* 2 du CGI, soit qu'elles suppriment la retenue à la source (voir l'article 9, § 6 de la convention du 30 mai 1984 avec la Chine, l'article 7 de l'avenant du 22 juillet 1997 à la convention fiscale franco-suisse, l'article 10, § 7 des conventions fiscales signées en 1997 avec l'Estonie, la Lettonie, la Lituanie, l'article 10, § 6 de la convention fiscale franco-algérienne du 17 octobre 1999), soit, plus communément, qu'elles en prévoient le maintien, mais dans des conditions différentes de celles qui sont prévues par le droit interne. La base de la retenue peut être réduite par rapport à l'évaluation résultant des dispositions du droit interne (voir par exemple les conventions conclues avec le Brésil, la Nouvelle-Zélande, Singapour), pour être fixée au tiers, à la moitié ou aux deux tiers de la base prévue en droit interne. Le plus souvent, l'avantage conventionnel est représenté, par une réduction du taux de la retenu (s'ajoutant parfois à la réduction de base), fixé à un niveau qui peut être sensiblement inférieur à 25 % : 15 % (cas de Singapour), 10 % (Indonésie, par exemple), ou 5 % (États-Unis, Arménie, notamment).

En ce qui concerne la plupart des conventions conclues avec les pays africains anciennement membres de la Communauté, le taux de la retenue demeure fixé à 25 %, mais la base est la moins élevée des deux bases suivantes : celle que prévoit le droit interne, ou le montant des bénéfices distribués par la société multiplié par le rapport entre les bénéfices réalisés par l'établissement stable en France et le bénéfice global de la société (sur ces points, cf. l'instruction du 31 juillet 1986, *BODGI,* 4-J-1-86, dont il y a lieu, bien entendu, d'actualiser les données).

Dans le cas de conventions fiscales qui ne traitent pas des revenus réputés distribués, de la nature de ceux visés par l'article 115 *quinquies* du CGI, ceux-ci ne doivent pas être confondus avec les bénéfices eux-mêmes, imposables à l'impôt sur les sociétés. Les règles conventionnelles de répartition du droit d'imposer les bénéfices ne leur sont pas applicables. Ces revenus ont le caractère d'une distribution de bénéfices. Dès lors qu'ils n'entrent pas dans le champ d'application des dispositions en matière de dividendes, ils relèvent de la catégorie des revenus non dénommés, qui ne sont imposables que dans l'État de résidence du bénéficiaire. La retenue à la source (distincte de l'impôt sur les bénéfices) ne leur est pas applicable (cf. CE, 31 janvier 2001, n° 199543, 8° et 3° s.-s., *SA Bank Polska Kasa Opieki, RJF,* 4/01, n° 489. Cette jurisprudence, délivrée à propos de la convention fiscale franco-polonaise du 20 juin 1975 peut être transposée, par exemple, à l'application des conventions conclues avec la Hongrie ou la Roumanie).

D – Autres dispositions

381 *Prélèvement sur les intérêts.* De manière générale, le prélèvement prévu à l'article 125 A III du CGI (v. *infra,* n°s 408 et s.), qui n'a pas un caractère libératoire, n'est pas applicable aux produits financiers qui sont compris dans le bénéfice d'un établissement stable, en France, d'une entreprise étrangère. L'entreprise étrangère qui désire bénéficier de cette solution doit remettre à l'établissement payeur, à l'appui de sa demande de dispense de prélèvement, une attestation délivrée par le service des impôts, mentionnant le siège de l'établissement français ainsi que le lieu de son imposition (*DB,* 5-I-1224, n° 47 du 15 décembre 1991).

2 – Le régime fiscal des filiales françaises de sociétés étrangères

Les filiales françaises de sociétés étrangères sont assujetties aux règles de droit commun applicables à toutes les sociétés ayant leur siège en France. Le plus souvent, les filiales créées en France par des entreprises étrangères sont des sociétés de capitaux, dont les résultats sont imposables à l'impôt sur les sociétés.

A – L'imposition du résultat

1 – La détermination du bénéfice

382 La détermination du bénéfice imposable des filiales françaises de sociétés étrangères obéit au régime commun de l'impôt sur les sociétés. Elles ont accès à toutes les dispositions prévues par la loi fiscale en faveur des entreprises françaises, ou des sociétés dont le siège est situé en France.

Le *lien de dépendance* qui les unit à une société mère ayant son siège à l'étranger en fait cependant les destinataires privilégiés des mesures visant à prévenir ou à réprimer les transferts anormaux de bénéfices hors de France, particulièrement celles prévues aux articles 57 du CGI et L 13 B du *LPF* (v. *supra,* nos 82 et s.). Le service fiscal apportera une attention particulière au niveau des prix de transfert auxquels s'échangent les biens entre la société mère étrangère et sa filiale française, ainsi qu'au taux des redevances rémunérant les cessions ou concessions de marques commerciales, ou de licences d'exploitation de brevets d'invention, ou les prestations de services diverses, effectuées par la société étrangère au bénéfice de sa filiale.

De même, les filiales françaises de sociétés étrangères peuvent être concernées par les dispositions de l'article 238 A du CGI (voir *supra,* nos 106 et s.), subordonnant à certaines conditions la déductibilité de paiements effectués au bénéfice de personnes physiques ou morales domiciliées ou établies dans un État ou territoire à fiscalité privilégiée.

Certains aspects des relations entre mères étrangères et filiales françaises méritent d'autre part d'être soulignés, ou rappelés.

383 En application d'un principe général, la filiale française est admise à déduire de son bénéfice imposable la *redevance* versée à la société mère étrangère au titre des *frais généraux* engagés par celle-ci pour le fonctionnement de la filiale. Mais il appartient à la société française de justifier la réalité et le montant des sommes qu'elle entend déduire (CE, 16 avril 1982, n° 17218, *DF,* 1982, n° 31, comm. 1651, et concl. Racine sous CE, 20 avril 1984, nos 37098 et 37099, *DF,* 1984, n° 47, comm. 2039).

384 La déductibilité des *intérêts de comptes courants d'associés* rencontre par ailleurs les limites précédemment évoquées, notamment celles prévues par l'article 212 du CGI (voir *supra,* n° 70).

Selon ce texte, concernant les sociétés relevant de l'impôt sur les sociétés, les intérêts déductibles au titre des avances faites par les associés dirigeants sont calculés sur la base d'un plafond d'avances qui est égal à une fois et demie le montant du capital social. Cette limitation est écartée en ce qui concerne les avances consenties par les associés dirigeants qui ont la qualité de sociétés mères au sens de l'article 145 du CGI, lequel en subordonne la reconnaissance à l'assujettissement à l'impôt sur les sociétés au taux normal.

Les intérêts des avances consenties par une société mère étrangère, non soumise à l'impôt sur les sociétés, se trouvent ainsi exclus, en pratique, du bénéfice de la non-application de l'article 212. Toutefois, dès lors que les intérêts seraient versés par la filiale à *l'établissement stable,* en France, de la société étrangère, au titre d'avances consenties par lui, ils seraient déductibles sans tenir compte de la limitation prévue audit article 212.

Ainsi qu'il a été exposé (v. *supra,* n° 70), le Conseil d'État a cependant jugé que cette limitation devait être écartée dans le cas où la société mère est établie dans un État membre de l'Union européenne, son application étant alors constitutive d'une restriction à la liberté d'établissement (cf. Conseil d'État 30 décembre 2003, *SARL Coréal Gestion,* préc.), et lorsque la société mère est établie dans un État, non membre de l'Union européenne, ayant conclu avec la France une convention contenant une clause de non-discrimination (cf. Conseil d'État, 30 décembre 2003, *SA Andritz,* préc.).

Prenant acte des décisions du juge, l'administration a admis (cf. instr. du 12 janvier 2005, *BOI,* 13-0-2-05) que « les dispositions de l'article 212 du CGI peuvent seulement trouver à s'appliquer à l'égard des filiales françaises dont la société mère est établie dans un État non membre de l'Union européenne :

— lorsque cet État n'est pas lié à la France par une convention fiscale ;
— ou lorsque la convention ne contient pas de clause de non-discrimination ;
— ou encore, lorsque la clause de non-discrimination de la convention ne fait pas obstacle à la mise en œuvre des dispositifs nationaux de lutte contre la sous-capitalisation ;
— ou enfin, lorsque la France s'est réservé expressément le droit d'appliquer les dispositions de l'article 212 du CGI dans la convention conclue avec cet État ».

Voir, par ex., l'article 20 de l'Avenant du 22 juillet 1997 à la Convention fiscale franco-suisse, introduisant au Protocole additionnel à celle-ci un

§ VIII, selon lequel « les dispositions de la Convention n'empêchent en rien la France d'appliquer les dispositions de l'article 212 de son Code général des impôts, dans la mesure où cette application est compatible avec les principes de l'article 9 de la Convention ».

Bien entendu, la clause indiquant que les dispositions de la convention n'empêchent pas l'application de l'article 212 du CGI, serait privée d'effet dans le cas d'une convention fiscale conclue entre la France et un État membre de la Communauté européenne (cf. les conventions conclues avec l'Espagne, l'Italie, l'Autriche, l'Estonie, la Lettonie, la Lituanie).

Si la jurisprudence du Conseil d'État, à laquelle s'est ralliée l'Administration, prive celle-ci de la possibilité de critiquer le choix de financement opéré par deux entreprises qui, même si elles appartiennent à un même groupe, sont juridiquement distinctes, son commentaire administratif (instr. préc. du 12 janvier 2005) laisse entendre que les dispositions de l'article 57 du CGI permettraient toutefois de s'opposer à l'anormalité des modalités du prêt, soit principalement le taux servi.

Le projet de loi de finances pour 2006 (art. 70) prévoit cependant une modification du dispositif de lutte contre la sous-capitalisation prévu à l'article 212 du CGI, tendant à en assurer la compatibilité sur le plan communautaire et conventionnel, et qui entrerait en vigueur au titre des exercices ouverts à compter du 1er janvier 2007.
Selon ce projet, pour être déductibles du résultat fiscal, les intérêts versés à des sociétés du même groupe économique devront respecter une double limite :

— une limite d'endettement global, d'abord, reposant sur une comparaison entre les avances en provenance de sociétés liées et les capitaux propres de la société qui en bénéficie ; les avances ne devraient pas excéder une fois et demi le montant des capitaux propres ;
— une limite de couverture d'intérêts, ensuite, reposant sur une comparaison entre les intérêts versés à des sociétés liées et le résultat de la société bénéficiaire des avances ; le montant des intérêts ne devrait pas dépasser 25 % du résultat courant avant impôts, majoré de certains postes (intérêts, amortissements, notamment).

La fraction des intérêts excédant la limite la plus favorable à l'entreprise ne serait pas perdue mais pourrait être déduite au titre des exercices suivants dans les mêmes conditions. Une décote annuelle de 5 % serait appliquée à compter de la deuxième année de report.
Cette disposition ne s'appliquerait pas aux établissements financiers, ni aux situations à faibles enjeux (150 000 €). Elle ne s'appliquerait pas non plus aux entreprises ayant démontré que leur endettement n'est pas anormal au regard de l'endettement du groupe auquel elles appartiennent.

Le nouveau régime de l'article 212 du CGI sera notamment commenté dans le cadre de la « Chronique de fiscalité internationale » de *L'Année fiscale,* 2006.

2 – L'incidence des restructurations

385 Principes généraux. Les restructurations internationales d'entreprises, par lesquelles au moins deux sociétés de nationalité différente mettent en commun tout ou partie de leurs activités situées dans un ou plusieurs pays, se sont multipliées, à la faveur de l'unification européenne et, plus généralement, de la mondialisation des activités économiques.

En l'absence d'instruments juridiques communs, et compte tenu du coût fiscal généralement élevé du changement de nationalité d'une société, les opérations de restructuration transfrontalières conservent aujourd'hui encore, le plus souvent, le caractère d'opérations locales intéressant des sociétés étrangères (voir M. Cozian, Les fusions transfrontalières : mythe ou réalité ?, *Petites Affiches,* 2000, n° 255).

Dans le contexte durable d'une coexistence de droits nationaux distincts, tant en matière juridique que fiscale, les institutions européennes ont cherché à éliminer les obstacles aux restructurations transfrontalières par un effort d'harmonisation des impôts grevant de telles opérations. L'harmonisation des impôts indirects frappant les rassemblements de capitaux a été assurée par la directive 69/335 du 17 juillet 1969 et la directive 73/79 du 9 avril 1973 qui a fixé un taux commun, au maximum de 1 %, du droit d'apport susceptible d'être appliqué par les États membres (voir *supra,* n° 18).

La directive 90/434 du 23 juillet 1990 a ensuite défini un régime fiscal commun applicable aux *fusions, scissions, apports d'actifs et échanges d'actions* intéressant des sociétés d'État membres différents, en vue d'assurer la neutralité fiscale des opérations transfrontalières de restructuration au sein de la Communauté européenne.

Selon cette directive, les opérations de restructuration concernées ne doivent entraîner aucune imposition des plus-values qui sont déterminées par différence entre la valeur réelle des éléments d'actif et de passif transférés et leur valeur fiscale. Pour cela, la société bénéficiaire des apports doit calculer les amortissements et les plus et moins-values afférentes aux éléments d'actif et de passif transférés dans les mêmes conditions qui auraient été applicables à la société apporteuse si l'opération n'avait pas eu lieu. Les États membres peuvent toutefois autoriser la société bénéficiaire des apports à calculer les amortissements des biens transférés d'après leurs valeurs d'apports, auquel cas le principe d'exonération des plus-values d'apport ne trouve pas à s'appliquer.

Les provisions constituées par la société apporteuse doivent être reprises par la société bénéficiaire des apports dans les mêmes conditions de franchise d'impôt et de réintégration

Lorsque la société bénéficiaire détient une participation dans le capital de la société apporteuse, la plus-value obtenue par la société bénéficiaire à l'occasion de l'annulation de sa participation ne donne lieu à aucune imposition

En principe, l'échange de titres réalisé par les actionnaires de la société ne doit donner lieu à aucune imposition immédiate, sous réserve de l'obligation de calculer les plus-values réalisées ultérieurement en cas de cession des titres reçus en échange d'après la valeur fiscale des titres remis.

Les États membres peuvent refuser le bénéfice du régime communautaire lorsqu'ils estiment que les opérations ont pour objectif principal ou comme un de leurs objectifs principaux la fraude ou l'évasion fiscale (art. 11 de la Directive). Cependant, l'institution d'une règle revêtant une portée générale excluant certaines catégories de l'avantage fiscal irait au-delà de ce qui est nécessaire pour éviter une telle fraude ou évasion et porterait atteinte à l'objectif poursuivi par la directive (CJCE, 17 juillet 1997, n° 28/95, *Leur Bloem, RJF,* 10/97, n° 1002).

La France, qui connaissait déjà un régime de faveur d'exonération des plus-values liées à des apports d'actifs, universels (fusions, scissions) ou partiels, en a assuré l'adaptation à la directive communautaire dans le cadre de la loi de finances rectificative pour 1991 (n° 91-1323 du 20 décembre 1991, art. 25, *DF,* 1992, n° 2-3).

Le régime fiscal français des fusions, scissions et apports (CGI, art. 210 A à 210 C), qui présente un caractère facultatif, s'applique de plein droit aux fusions, et de plein droit ou sur agrément, selon le cas, aux scissions et apports partiels d'actif. Il a fait l'objet de plusieurs aménagements :

— La loi de finances pour 2000 a précisé les conditions d'application du régime des fusions aux scissions et apports partiels d'actif, les aménagements intervenus intéressant, notamment, le cas de *filialisation d'une succursale,* en France, de société étrangère (v. *supra,* n° 370).

— La loi de finances pour 2002 (n° 2001-1275 du 28 décembre 2001, art. 85), visant notamment à faciliter les restructurations internationales, a précisé la définition fiscale des opérations de fusions et scissions de sociétés éligibles aux régimes de faveur (CGI, art. 210-0 A), et étendu l'application du régime spécial des fusions prévu à l'article 210 AA du CGI aux opérations de dissolution sans liquidation (opérations de *dissolution-confusion des patrimoines*) visées à l'article 1844-5 du CGI, qui représentent une solution attractive pour les restructurations transfrontalières (v. ég. l'instruction du 7 juillet 2003, *BOI,* 4-I-1-03).

Elle a également précisé le champ d'application territorial des régimes de faveur en excluant les opérations de restructuration impliquant des sociétés localisées dans des États ou territoires considérés comme des *paradis fiscaux* (CGI, art. 210-0 A II) ; et, notamment, modifié la procédure d'agrément applicable aux opérations transfrontalières en supprimant le caractère discrétionnaire de l'agrément prévu à l'article 210 C-II du CGI, désormais délivré dans les conditions prévues à l'article 210 B-3 pour les opérations internes (cf. Aménagement des régimes spéciaux prévus en faveur des restructurations d'entreprises, *DF,* 2002, p. 7 et s.)

La directive 90/434, par ailleurs, a fait l'objet d'une modification par une *directive 2005/19 du 17 février 2005* (*JOUE* L 58 du 4 mars 2005), basée sur une proposition de la Commission d'octobre 2003 (COM/2003/613 final).

Ce dernier texte étend le champ d'application de la directive à de nouvelles entités juridiques particulières, telles que certaines sociétés coopératives et sociétés mutuelles, ainsi qu'à la société européenne (SE) et la société coopérative européenne (SCE).

La directive est par ailleurs étendue à l'opération dite de « scission partielle », ou « scission par échange d'actions », par laquelle une société existante transfère, sans être dissoute, au moins une ou plusieurs de ses branches d'activité à une ou plusieurs sociétés existantes ou nouvellement créées en échange de l'attribution à ses associés de titres représentatifs du capital des sociétés bénéficiaires du transfert des éléments d'actif et de passif.

386 *Société* européenne. Le règlement communautaire relatif au statut de la *société européenne* (n° 2157/2001 du Conseil du 8 octobre 2001, *JOCE,* L 294/1 ; voir ég. la directive 2001/86 du 8 octobre 2001, *JOCE,* L. 294/22) prévoit un *dispositif de fusion harmonisé* applicable aux *sociétés anonymes* qui adopteront le statut de société européenne, dont les éléments se retrouvent dans la proposition de *dixième directive* sur le droit des sociétés, visant à établir un instrument juridique communautaire permettant à tous les types de sociétés de capitaux de procéder à des fusions transfrontalières.

S'agissant de la société européenne (SE), le règlement 2157/2001 prévoit qu'elle peut être constituée par fusion, par création d'une société holding, par constitution d'une filiale commune ou par transformation d'une société anonyme de droit national. En cas de création par fusion, il pourra s'agir d'une fusion par absorption au terme de laquelle la société absorbante prend la forme de la société européenne, d'une fusion simplifiée ou d'une fusion par création d'une nouvelle société sous forme de société européenne. Le règlement, cependant, ne couvre pas le domaine de la fiscalité.

L'application à la société européenne des dispositions fiscales communautaires en matière de fusion n'a pu être assurée, en conséquence, que par la modification récente de la directive « fusion » de 1990 (cf. directive 2005/19 précitée du 17 février 2005).

Le statut fiscal de la SE (ou de la SCE) a été par ailleurs précisé par la modification de la directive mère/fille 90/435/CEE assurée par la directive du 22 décembre 2003 (n° 2003/123/CE, *JOUE,* 2004, L 7/41), qui étend le champ d'application de la directive, notamment, à la société européenne.

Ces éléments permettent d'envisager la mise en place effective de sociétés ayant le statut de société européenne, susceptibles d'assurer une meilleure sécurité juridique aux fusions transfrontalières, et par exemple de favoriser la réorganisation des groupes de sociétés ou la création d'une sociétés holding commune (sur cette question, cf. Dr Alfred Fink, Fusions transfrontalières : quels avantages tirer de la société européenne ?, *L'Année fiscale 2004,* p. 95 et s.).

Reste cependant à préciser le régime d'imposition des bénéfices de la société européenne, qui reposerait utilement, selon la Commission, sur une base d'imposition consolidée (v. communications citées *supra,* nos 23 et s.).

B – L'imposition des distributions

1 – Principes

387 Le bénéfice des sociétés de capitaux, filiales françaises de sociétés étrangères, est imposé dans les conditions de droit commun de l'impôt sur les sociétés (v. *supra,* n° 376).

Les *distributions* effectuées à la société mère étrangère obéissent en principe au régime applicable aux versements de dividendes à des personnes ayant leur domicile ou leur siège social hors de France. Celui-ci prévoit l'application de la retenue à la source de 25 % visée à l'article 119 *bis*-2 du CGI.

La retenue exigible est opérée par la personne qui assure le paiement des revenus au moment de l'encaissement effectif des sommes par le bénéficiaire. Les *établissements payeurs* sont tenus de demander aux bénéficiaires une justification de leur identité et de leur domicile ou siège pour savoir si la retenue est ou non exigible. Les sommes prélevées doivent être versées à la recette des impôts des non-résidents au plus tard le 15 du mois suivant celui de leur prélèvement (CGI, annexe III, art. 381 A), chaque versement étant accompagné d'une déclaration établie sur un imprimé modèle n° 2777. Les versements de retenue à la source d'un montant supérieur à 1 500 € doivent obligatoirement être effectués par virement direct sur le compte du Trésor à la Banque de France (CGI, art. 1681 *quinquies,* 1 et art. 1762 *sexies*).

À ce régime sont toutefois apportés d'importants aménagements, à raison d'une part des prescriptions des conventions fiscales, d'autre part de celles du droit communautaire.

2 – L'incidence des conventions fiscales sur l'application de la retenue à la source

388 Les conventions fiscales peuvent exercer une incidence sur le principe même de l'application de la retenue à la source, sur le champ d'application de celle-ci ou, plus fréquemment, sur son taux.

Quelques conventions fiscales réservent de manière générale le droit d'imposer les dividendes à l'État de résidence du bénéficiaire (v. *supra,* n° 307). Leurs dispositions ont pour effet de priver le fisc français du droit de prélever la retenue, ou d'ouvrir droit, pour le bénéficiaire, au remboursement de la retenue néanmoins pratiquée.

389 *Convention fiscale franco-suisse.* Afin de bénéficier d'un régime comparable à celui prévu par la Directive communautaire du 23 juillet 1990 relative aux sociétés mères et filiales (v. *infra,* n° 396), la Suisse a obtenu, dans le cadre de l'avenant du 22 juillet 1997, une modification des prescriptions en matière de dividendes de la convention fiscale avec la France, ayant pour effet d'*exonérer* de retenue à la source les dividendes payés par une société résidente d'un État à une société résidente de l'autre, qui en est le bénéficiaire effectif et qui détient directement ou indirectement au moins 10 % du capital de la première. La convention exclut de cette exonération les dividendes dont le bénéficiaire effectif est une société, résidente d'un État contractant, dans laquelle une ou des personnes qui ne sont pas des résidents de cet État ou d'un État membre de l'Union européenne ont un intérêt prépondérant, dès lors que ni la société distributrice ni la société bénéficiaire ne sont cotées en bourse. Les dividendes sont alors passibles de la retenue à la source au taux plafond de 15 %.

390 Le champ d'application de la retenue peut être, d'autre part, affecté par les conventions fiscales qui accordent à l'État de la source un droit d'imposition des dividendes, lorsqu'apparaît une discordance entre la *définition conventionnelle* des « dividendes » et la notion de « revenus distribués » au sens du droit interne. Une telle discordance peut notamment concerner les revenus que la loi fiscale française répute « distribués », alors qu'ils ne consistent pas en des répartitions de bénéfices effectuées à raison de la détention de droits sociaux (cf. *supra,* n° 294).

Le Conseil d'État a ainsi jugé que ne pouvaient être assimilés à des dividendes au sens de l'article 9 de la convention franco-allemande du 21 juillet 1959, en vue de l'application de la retenue à la source, des revenus réputés distribués au sens de l'article 109-1 du CGI, et provenant de l'avantage procuré à un résident allemand de la location à bas prix d'une villa située en France, possédée par une société française. Selon le juge fiscal, de tels revenus, n'entrant dans aucune des catégories identifiées par la convention, ne sont imposables que dans l'État de résidence du bénéficiaire, selon les dispositions de l'article 18 du traité concernant les revenus non dénommés (26 novembre 1982, n° 28177, *DF,* 1983, n° 23, comm. 1216, concl. P. Bissara).

De même, ne saurait être regardée comme un dividende au sens de la convention franco-belge du 10 mars 1964, et donc donner lieu à la retenue à la source prévue à l'article 119 *bis*-2 du CGI, la fraction, réintégrée dans la base imposable d'une société française, du prix d'achat payé par elle à une société belge, d'un certain volume de matière première à usage pharmaceutique, excédant la valeur courante de ce produit, et réputée par l'administration fiscale française revenu distribué, au sens de l'article 109-1-1° du CGI (CE, 27 juillet 1984, n° 16649, *DF,* 1984, n° 39, comm. 1570, concl. Racine).

D'autres décisions, rendues à propos des conventions franco-italienne (CE, 10 juin 1983, n° 27391, *DF,* 1984, n° 10, comm. 489), franco-britannique (CE, 14 octobre 1985, n° 37583 et 37585), franco-danoise (CE, 14 octobre 1985, n°s 37584 et 42832), franco-suisse (30 mars 1987, n° 52574, *SA Labo Industries, DF,* 1987, n° 30, comm. 1434, note G. Tixier et X. Rohmer), franco-portugaise (4 avril 1990, n° 63858, *SA Allomat, DF,* 1990, n° 44, comm. 2050, concl. M. Liebert-Champagne, note G. Tixier et T. Lamulle), illustrent l'incidence exercée par les définitions conventionnelles sur le champ d'application de la retenue à la source en matière de dividendes.

En fait, en l'absence d'une définition conventionnelle des dividendes autre qu'une « énumération » conforme au modèle OCDE, le Conseil d'État en retient la conception du droit français des sociétés. Les dividendes doivent alors s'entendre des produits distribués par une société à ses associés en vertu d'une décision prise par l'assemblée générale de ses actionnaires ou porteurs de parts dans les conditions prévues par loi du 24 juillet 1966 modifiée sur les sociétés commerciales (cf. CE, 13 octobre 1999, *SA Banque française de l'Orient ;* 30 décembre 2002, req. n° 236096, *Hanna,* préc. *supra,* n° 294).

Dans sa rédaction issue de l'avenant précité de 1997, l'article 11.5 de la convention fiscale *franco-suisse* de 1966 précise en revanche que le terme « dividendes » recouvre « les revenus soumis au régime des distributions par la législation fiscale de l'État contractant dont la société distributrice est un résident », les *distributions déguisées ou occultes* pouvant alors faire l'objet d'une retenue à la source (au taux de 15 %), sauf le cas d'exonération.

L'article 10.5 *a)* de la convention fiscale *franco-américaine* du 31 août 1994 retient une conception analogue. La même formule se retrouve, notamment, dans les conventions franco-allemande (telle que modifiée par l'avenant du 28 septembre 1989), franco-britannique, franco-italienne.

391 *Doctrine administrative.* Suite à l'interprétation jurisprudentielle de la notion de dividendes donnée, à propos de l'avoir fiscal, dans l'arrêt *Anzalone* du 26 février 2001 (n° 219834, *DF,* 2001, n° 27, comm. 611), l'administration a elle-même précisé, dans une instruction du 14 décembre 2001 (*BOI,* 4-J-2-01), qu'étaient ainsi désignées les seules « distributions... décidées par l'assemblée générale des actionnaires ou des associés, réunie annuellement pour statuer sur les comptes de l'exercice écoulé ou (les) distributions d'acomptes sur dividendes effectuées avant l'approbation des comptes de l'exercice ». Ne donnaient lieu, ainsi, ni à l'avoir fiscal ni au précompte les distributions décidées par une assemblée autre que l'assemblée des comptes.

L'administration apparaît appliquer la même analyse en ce qui concerne, non plus l'application de l'avoir fiscal et du précompte, mais celle de la *retenue à la source* en France.

En cas de définition conventionnelle des dividendes conforme à celle du modèle OCDE, l'application de la retenue à la source est limitée par la convention aux distributions de dividendes telles que définies dans l'instruction précitée du 14 décembre 2001 (voir par ex. l'instruction du 24 février 2001 relative à la convention fiscale conclue entre la France et le Botswana, *BOI,* 14-B-3-04, *DF,* 2004, n° 11).

En cas de définition plus large, plaçant dans le champ de l'article conventionnel relatif aux dividendes les revenus soumis au régime des distributions par la législation fiscale de l'État contractant dont la société est un résident, l'application de la retenue à la source n'est pas limitée aux distributions de dividendes décidées par l'assemblée des comptes. Elle peut notamment concerner les distributions exceptionnelles de réserve (cf. l'instruction du 22 mai 2003 relative à la convention franco-algérienne, *BOI,* 14-B-3-03), ou les distributions occultes. Les entreprises, ainsi, peuvent être conduites à effectuer un « pilotage » des distributions, « selon leurs impératifs en matière de retenue à la source » (cf. Antoine Vergnat et Allard de Waal, Distribution exceptionnelle de réserves et retenue à la source : *suite et fin, DF,* 2005, n° 20, p. 849 et s.).

Dans l'instruction du 25 février 2005 relative à la procédure d'accès aux avantages conventionnels en matière de retenue à la source (v. *infra,* n° 393), l'administration précise (n° 4) que lorsque la notion de dividendes n'est pas expressément définie par la convention, elle s'entend de « celle prévue par la législation fiscale interne française ». Cette mention n'apparaît pas viser le cas des conventions dans lesquelles la notion de dividendes est précisée dans les termes retenus par le modèle OCDE, et n'exprime pas, dès lors, un changement de l'interprétation administrative.

392 Mais les conventions fiscales ont fréquemment pour effet, d'autre part, de modifier le *taux* de la retenue.

En règle générale, elles fixent pour celle-ci un taux maximum, variant selon que le bénéficiaire a, ou non, la qualité de société mère de la société distributrice. En matière de dividendes de titres de placement, le taux conventionnel le plus courant est de 15 %.

Dans le cas de *dividendes versés à une société mère,* il s'établit fréquemment à 5 % (voir, par ex., l'article 10 des conventions franco-américaine du 31 août 1994, franco-japonaise du 3 mars 1995).

Le bénéfice du taux réduit de retenue à la source prévu en faveur des dividendes de filiales est bien entendu délimité par l'énoncé de critères permettant de les distinguer des dividendes de titres de placement. L'admission au régime des dividendes de filiales peut être ainsi subordonnée à la détention, directe ou indirecte, par la société bénéficiaire, d'au moins 10 % du capital de la société distributrice (convention fiscale franco-suisse ou, lorsque la société distributrice est un résident de France, convention fiscale franco-américaine), ou à la détention directe d'au moins 10 % des droits de vote dans la société qui paie les dividendes (convention fiscale franco-américaine, lorsque cette dernière société est un résident des États-Unis). Le seuil de participation requis est parfois plus élevé.

393 *Procédures.* Une instruction du 25 février 2005 (4-J-1-05) admet qu'à compter du 1er janvier 2005, les associés de sociétés françaises résidents d'États ayant conclu avec la France une convention contre la double imposition peuvent bénéficier de la *procédure simplifiée* jadis prévue pour les dividendes de source française ouvrant droit au transfert de l'avoir fiscal en vertu d'une convention fiscale.

Cette disposition permet la mise en paiement des dividendes sous déduction directe de la retenue à la source au taux prévu par les conventions. Elle concerne toutes les personnes physiques ou morales les bénéficiaires effectifs de dividendes, résidentes d'un État ou territoire lié à la France par une convention fiscale qui prévoit un taux réduit de retenue à la source. Elle n'est toutefois pas applicable aux dividendes payés à des actionnaires personnes morales qui sont des résidents de Suisse, ou à des OPCVM situés en Suisse, ainsi qu'aux résidents de Singapour.

Dans le cadre de la procédure simplifiée, l'actionnaire non-résident est autorisé à faire sa demande de réduction du taux de retenue à la source sur présentation d'une attestation de résidence conforme à un modèle joint en annexe à l'instruction précitée, visée par l'administration fiscale de l'État de résidence, laquelle en conserve un exemplaire. L'actionnaire adresse avant la mise en paiement des dividendes l'autre exemplaire de cette attestation à l'établissement, en France ou à l'étranger, qui gère son compte.

Si des comptes de l'actionnaire sont gérés à l'étranger, le gestionnaire du compte à l'étranger fait connaître à l'établissement payeur en France, avant le paiement des dividendes, le montant global des dividendes aux quels ont droit ces actionnaires et pour lesquels peut s'appliquer le taux réduit de retenue à la source. Postérieurement à la mise en paiement des dividendes, le gestionnaire du compte à l'étranger fournit à l'établissement payeur en France une liste d'informations relatives à la distribution concernée, à laquelle doivent être jointes une attestation conforme à un modèle défini par l'administration (annexes III ou IV à l'instruction précitée), ainsi que, pour chaque actionnaire, l'attestation de résidence.

L'établissement payeur en France, qu'il gère directement les comptes d'actionnaires non-résidents ou qu'il intervienne simplement dans le paiement de dividendes à des actionnaires dont les comptes sont gérés à l'étranger, doit fournir à l'administration fiscale française (centre des impôts des non-résidents) :

— une liste nominative des bénéficiaires des revenus, comportant pour chaque bénéficiaire les éléments d'identification utiles visés par l'instruction précitée, ou encore une liste par société française distributrice des dividendes ;
— une page récapitulative, ainsi que les attestations prévues en annexe à l'instruction ;
— et, avant le 31 mars de l'année suivant celle de la mise en paiement des dividendes, une liste récapitulative comportant pour chaque bénéficiaire de la procédure simplifiée une récapitulation annuelle des dividendes qui lui ont été payés.

Sur agrément, peut être mise en œuvre une procédure de transmission par voie dématérialisée des informations relatives aux bénéficiaires non-résidents de dividendes de source française.

Le contrôle de la régularité de l'application immédiate du taux conventionnel est assuré par le centre des impôts des non-résidents.

394 Procédure normale. Lorsque le bénéficiaire non-résident n'a pas été en mesure de produire, avant la date de mise en paiement des dividendes, un certificat de résidence de l'administration de son État de résidence, la procédure dite « normale » doit être appliquée. Le dividende est payé à l'actionnaire non-résident sous déduction d'une retenue à la source au taux de 25 %. Le taux réduit de retenue peut être accordé ultérieurement, par voie d'imputation ou de remboursement du trop perçu, après souscription d'un imprimé conventionnel. Dès réception de l'imprimé conventionnel comportant la certification, par le service des impôts dont dépend le bénéficiaire non-résident, de la résidence de celui-ci, l'établissement payeur est autorisé à procéder au remboursement du trop perçu de retenue à la source.

La revendication de la créance correspondant à la différence entre la retenue prélevée au taux de 25 % et le taux réduit conventionnel devant être appliqué doit être formulée par l'établissement payeur à l'occasion du dépôt ultérieur d'une déclaration n° 2777, faisant mention de l'imputation de la créance, accompagnée du formulaire conventionnel au vu duquel l'établissement payeur a procédé au remboursement de retenue à la source. Sur agrément de l'administration, l'établissement payeur pourra être autorisé à produire sous forme dématérialisée les documents justifiant de l'application du taux réduit conventionnel.

395 *Crédit d'impôt dans l'État de résidence du bénéficiaire.* En application des dispositions des conventions fiscales ou, le cas échéant, de celles de certaines législations fiscales internes, l'application de la retenue à la source française ouvre droit, pour le bénéficiaire du dividende, résident de l'État cocontractant, à un crédit d'impôt à valoir sur l'impôt dû à l'État de résidence à raison, notamment, des dividendes perçus.

3 – Le régime communautaire des dividendes de filiales

a / La directive mères et filiales

396 La directive européenne 90/435/CEE du 23 juillet 1990, modifiée par une nouvelle directive 2003/123/CE du 22 décembre 2003, a défini un régime fiscal commun applicable aux sociétés mères et filiales d'États membres différents prévoyant, d'une part, l'élimination des doubles impositions susceptibles d'atteindre les bénéfices distribués par une filiale à sa société mère, par principe déjà imposés chez la première, d'autre part l'exonération de retenues à la source en ce qui concerne les distributions faites à une société mère par sa filiale (cf. P. Dibout, La directive communautaire du 23 juillet 1990 relative au régime fiscal commun applicable aux sociétés mères et filiales d'États membres différents, *DF,* 1991, n° 11, p. 477 et s.).

L'élimination de la double imposition des bénéfices peut être assurée, suivant la Directive, soit par l'exonération d'impôt, chez la société mère, des bénéfices distribués par sa filiale, soit par l'imputation sur l'impôt dû par la première de la fraction de l'impôt de la filiale afférente à ces bénéfices.

Le régime des sociétés mères défini aux articles 145 et 216 du CGI, permettant d'exclure des bases de l'impôt sur les sociétés les dividendes reçus de leurs filiales par les sociétés mères (dividendes entrants), correspond à la première méthode (v. *infra,* n°s 496 et s.).

S'agissant de *l'exonération de retenue à la source* des dividendes de filiales (dividendes sortants), les prescriptions de la directive du 23 juillet 1990 ont été introduites en droit français par la loi de finances rectificative pour 1991 (v. ég. l'instruction du 3 août 1992, *BOI,* 4-J-2-92) et codifiées sous l'article 119 *ter* du CGI, dont les termes ont été aménagés par la loi de finances rectificative pour 2004 n° 2004-1485 du 30 décembre 2004 (art. 44), assurant la transposition dans le droit fiscal français des prescriptions de la directive du 22 décembre 2003 précitée.

La directive modificative de 2003 a doublement élargi le champ d'application du dispositif défini en 1990. Celui-ci, d'abord, a été étendu à de nouvelles formes d'entités juridiques, notamment à la société européenne (ou à la SCE). La portée de l'exonération de retenue à la source, ensuite, a été élargie par l'abaissement du seuil obligatoire de participation requise pour l'accès au régime des sociétés mères et filiales. La directive de 2003 prévoit un abaissement graduel de ce seuil de 25 % à 10 % du capital ou des droits de vote (20 % pour les années 2005 et 2006, 15 % pour 2007 et 2008, 10 % pour l'année 2009).

Cf. Cécile Bokelind, Les modifications apportées à la directive sociétés mères et filiales du 23 juillet 1990 : une amélioration ?, *L'Année fiscale 2004*, p. 75 et s.

b / Le régime français des dividendes sortants

397 Le régime français des sociétés mères et filiales, tel que modifié par la loi de finances rectificative pour 2004, prévoit, en application de la directive communautaire, l'exonération de retenue à la source des dividendes distribués à une société mère ayant son siège dans un État membre de la Communauté européenne, à un certain nombre de conditions, relatives d'une part à la société distributrice, d'autre part à la société bénéficiaire.

398 L'exonération prévue à l'article 119 *ter* s'applique désormais, de manière générale, aux dividendes distribués par « une société ou un organisme soumis à l'impôt sur les sociétés au taux normal ».

La loi française, visant les sociétés et organismes, quelle que soit leur forme juridique, va ainsi au-delà des exigences de la directive, qui imposait seulement d'ajouter à la liste initialement prévue des sociétés dont les distributions pouvaient ouvrir droit à l'exonération (société anonyme, société en commandite par actions ou société à responsabilité limitée) sous réserve de leur assujettissement à l'impôt sur les sociétés, les SAS, les sociétés d'assurance mutuelle, caisses d'épargne et de prévoyance, sociétés civiles assujetties de plein droit à l'IS, coopératives et unions de coopératives et autres sociétés constituées conformément au droit français et assujetties à l'IS en France, ainsi, bien entendu, que la SE et la SCE.

Le taux normal de l'IS s'entend non seulement du taux de 33 1/3 %, mais aussi du taux de 15 % prévue en faveur des PME (à hauteur de 38 120 € de bénéfice, CGI, art. 219, I, *b*).

Alors que la directive prévoit en outre que les sociétés comprises dans le champ d'application du régime mères filiales doivent être assujetties à l'IS « sans possibilité d'option », la loi française n'apporte pas cette précision, puisque visant l'ensemble des sociétés ou organismes soumis à l'IS. Il en résulte que le bénéfice de l'exonération est, en France, étendu aux *distributions des sociétés de personnes ayant opté pour l'IS* (SNC, sociétés en commandite simple, sociétés civiles, etc.).

399 La *société mère bénéficiaire* des dividendes doit être le bénéficiaire effectif des dividendes et :

— avoir son siège de direction effective dans un État membre de la Communauté européenne et n'être pas considérée, au terme d'une convention en matière de double imposition conclue avec un État tiers, comme ayant sa résidence fiscale hors de la Communauté ;
— revêtir l'une des formes énumérées sur une liste établie par arrêté, conformément à l'annexe à la directive du 23 juillet 1990, modifiée par la directive du 22 décembre 2003 ;
— être passible de l'impôt sur les sociétés dans l'État où elle a son siège de direction effective, sans possibilité d'option et sans en être exonérée ;
— détenir directement, de façon ininterrompue depuis deux ans ou plus, *25 % au moins du capital* de la société distributrice, ou prendre l'engagement de conserver cette participation de façon ininterrompue pendant un délai de deux ans au moins, et désigner, comme en matière de taxes sur le chiffre d'affaires, un représentant qui est responsable du paiement de la retenue à la source en cas de non-respect de cet engagement.

La loi de finances rectificative pour 2004 prévoit, conformément au calendrier prévu par la directive de 2003, un abaissement du taux de détention du capital de la filiale par la société mère :

— à 20 % pour les dividendes distribués à compter du 1er janvier 2005 ;
— à 15 % pour ceux distribués à compter du 1er janvier 2007 ;
— à 10 % pour ceux distribués à compter du 1er janvier 2009.

Devrait ainsi subsister une différence entre le taux de détention requis pour le bénéfice de l'exonération de retenue à la source et celui (5 %) auquel est subordonné le bénéfice du régime des sociétés mères (élimination de la double imposition économique des dividendes).

Le niveau de détention requis pour le bénéfice de l'exonération de retenue à la source concerne, selon l'administration, à la fois les droits de vote et les droits à dividende.

Initialement, la loi fiscale française, se prévalant de la faculté donnée aux États par la Directive de ne pas en faire application « à celles de leurs sociétés qui ne conservent pas, pendant une période ininterrompue d'au moins deux ans, une participation donnant droit à la qualité de société mère, ni aux sociétés dans lesquelles une société d'un autre État membre ne conserve pas, pendant une période ininterrompue d'au moins deux ans, une telle participation », prévoyait d'en réserver le bénéfice au seul cas de détention directe d'une participation de 25 % de façon ininterrompue *depuis deux ans* ou plus. Ainsi conçu, le dispositif revenait à interdire aux sociétés mères ayant acquis une participation de bénéficier de l'exonération de retenue à la source pendant les deux premières années, le délai de deux ans s'appréciant au moment de la distribution, et non, le cas échéant, *a posteriori*.

Par un arrêt *Denkavit International BV* du 17 octobre 1996, la Cour de justice des Communautés européennes devait cependant préciser, à propos du régime des sociétés mères appliqué par l'Allemagne, qu'un État membre n'était pas en droit d'exclure une société mère ayant son siège dans un autre membre du bénéfice de l'exemption de retenue à la source lorsqu'au moment de la distribution le délai de participation minimale n'est pas encore écoulé (C 283/94, C 281/94 et C 292/94 ; cf. J.-L. Calisti, *La première décision afférente à la directive mère-filiale, DF,* 1997, n° 5, p. 188 et s.).

C'est pour tenir compte de cette jurisprudence que la loi de finances rectificative n° 96-1182 du 30 décembre 1996 a ajouté à l'article 119 *ter* du CGI la précision suivant laquelle le délai de deux ans sera réputé respecté lorsque la société mère aura pris l'engagement de conserver la participation de façon ininterrompue pendant un délai de deux ans au moins, et désigné un représentant responsable du paiement de la retenue en cas de non-respect de l'engagement (v. ég. l'instruction du 2 décembre 1997, *BOI,* 4-J-3-97).

400 *Distributions à des établissements stables.* Par transposition des prescriptions de la directive du 22 décembre 2003, l'article 119 *ter* 2 *bis* prévoit en outre que l'exonération de retenue à la source s'applique aux distributions consenties, à compter du 1er janvier 2005, par des filiales françaises aux établissements stables des sociétés mères remplissant les conditions mises au bénéfice du régime d'exonération (CGI, art. 119 *ter*-2), lorsque ces établissements stables sont situés en France ou dans un autre État membre de la Communauté européenne.

L'exonération de retenue à la source concernera ainsi le cas où la filiale distributrice et l'établissement stable sont situés en France et la société mère dans un autre État membre, sans véritable changement ici, du régime existant (cf. *supra,* nos 367 et 368), mais aussi les cas où la société filiale et la société mère sont situées en France alors que l'établissement stable est situé dans un autre État membre, et ceux où la filiale est située en France, la société mère dans un autre État membre, alors que l'établissement stable est situé dans un troisième État membre.

401 L'article 119 *ter* comporte par ailleurs, en son § 3, une *clause anti-abus,* excluant du régime d'exonération les dividendes distribués à une société contrôlée directement ou indirectement par un ou plusieurs résidents d'États non membres de la Communauté, sauf si la société bénéficiaire des dividendes justifie que la chaîne de participations n'a pas comme objet principal ou comme un de ses objets principaux de tirer avantage du dispositif d'exonération.

402 Bien entendu, lorsque les dispositions d'une *convention fiscale* s'avèrent plus favorables que celles de la règle nationale, telle que transposée de la Directive communautaire, les premières trouvent à s'appliquer.

Un certain nombre des conventions fiscales conclues par la France avec d'autres États membres de la Communauté européenne, de fait, prévoient une exonération de retenue à la source, pour les dividendes de filiales, dans le cas de participations moins substantielles que celle prévue par l'article 119 *ter* du CGI (10 %, et non 25 %, dans le cas des conventions avec l'Allemagne, l'Autriche, l'Espagne, la Suède). La convention franco-danoise réserve de façon générale le droit d'imposer les revenus des valeurs mobilières à l'État de résidence du bénéficiaire. Les conventions peuvent comporter d'autres aspects avantageux, telle que l'absence d'une condition de durée de détention, ou d'une clause anti-abus comparable à celle issue de la Directive.

4 – Incidence de la suppression de l'avoir fiscal et du précompte

403 En principe réservé aux actionnaires ayant leur domicile réel ou leur siège social en France, l'*avoir fiscal* avait été étendu, à partir de la loi de finances pour 1970, aux actionnaires de certains États étrangers liés à la France par convention fiscale (47 en 2004). Compte tenu de l'internationalisation croissante du capital des sociétés françaises, le coût global de la restitution de l'avoir fiscal aux non-résidents s'était progressivement accru, pour s'élever à 800 millions d'euros en 2002. Cet aspect n'a pas été absent des réflexions qui ont conduit à la suppression de l'avoir fiscal par la loi de finances pour 2004.

Accordé en principe aux personnes physiques, le transfert de l'avoir fiscal était le plus souvent écarté, on le rappelle, *dans le cas des dividendes attachés à des titres de participation* détenus par une société résidente de l'État étranger. Les négociateurs français avaient entendu, par là, ne pas avantager les sociétés mères étrangères par rapport aux sociétés mères françaises, lesquelles ne pouvaient utiliser l'avoir fiscal que par imputation sur le précompte, en cas de redistribution. Octroyé à un non-résident, l'avoir fiscal donnait lieu au contraire à un paiement direct.

Dans le cas où l'utilisateur de l'avoir fiscal était une personne morale, par ailleurs, le taux de l'avoir fiscal avait été progressivement réduit, pour atteindre 10 % des sommes nettes distribuées pour les crédits d'impôt utilisés à compter du 1er janvier 2003. Dans le cas où le précompte avait été acquitté par la société distributrice, l'avoir fiscal était alors majoré d'une somme égale à 80 % de ce même précompte. Les sociétés mères (CGI, art. 145) avaient conservé la possibilité d'imputer un avoir fiscal au taux de 50 % sur le précompte dû en cas de redistribution de leurs produits de participations exonérés.

404 La suppression de l'avoir fiscal prévue à l'article 93 de la loi de finances pour 2004 étant applicable pour les personnes morales aux crédits d'impôt utilisables à compter du 1er janvier 2005, les personnes morales dont l'exercice coïncide avec l'année civile ont été privées de la restitution de l'avoir fiscal sur les revenus distribués perçus à compter de 2004 (pour les entreprises ayant clôturé un exercice en 2004, v. l'instr. du 28 avril 2005, 4-J-2-05, n° 4).

Les personnes morales non résidentes bénéficiant du transfert de l'avoir fiscal ont été bien entendu concernées par la suppression de l'avoir fiscal.

Les actionnaires de sociétés française ayant leur domicile ou leur siège hors de France, par ailleurs, supportaient définitivement, en principe, la charge du *précompte mobilier* appliqué par la société distributrice lorsqu'elle répartissait des produits n'ayant pas supporté l'impôt sur les sociétés au taux de droit commun, dès lors que lesdits actionnaires *n'avaient pas le bénéfice de l'avoir fiscal.* Afin de supprimer ce traitement défavorable, par rapport aux actionnaires domiciliés en France, pour lesquels le précompte venait simplement compenser l'avoir fiscal qui leur était acquis, l'administration fiscale avait prévu unilatéralement, dès 1966, le *remboursement* des sommes versées au Trésor au titre du précompte, en faveur des actionnaires résidents d'un pays lié à la France par une convention fiscale, d'un territoire d'outre-mer, ou d'un État anciennement membre de la Communauté (cf. instruction du 8 juillet 1966, *BOCD,* 1966-II-342, *DF,* 1966, n° 3, comm. 743 ; v. ég. *DB,* 4-K-1122). Cette restitution a été expressément prévue, par la suite, dans de nombreuses conventions. Le remboursement de précompte était considéré comme un complément de dividende, justifiant l'application de la retenue à la source de l'article 119 *bis*-2 du CGI.

Le remboursement du précompte était exclu dans le cas où les non, domiciliés bénéficiaient de l'*avoir fiscal* (cf. *DB,* 4-J-1326 du 1er novembre 1995, nos 1 et 2). L'actionnaire résident d'un État lié à la France par une convention prévoyant le transfert de l'avoir fiscal, de fait, se trouvait dans une situation comparable à celle de l'actionnaire résident de France, le précompte ayant simplement « gagé » l'avoir fiscal.

Le remboursement pouvait être obtenu, en revanche, dans le cas de versement d'un dividende de filiale à sa société mère étrangère, dès lors que celle-ci se trouvait exclue du bénéfice de la clause conventionnelle de transfert de l'avoir fiscal.

Le précompte ayant été supprimé à compter du 1er janvier 2005, les dispositions des conventions fiscales prévoyant le remboursement du précompte sont, à cette date, devenues sans effet.

S'agissant des dividendes mis en paiement en 2004, le remboursement du précompte pouvait être obtenu dans le cadre de la procédure dite « normale » d'obtention des avantages conventionnels, ou à titre exceptionnel dans le cadre de la procédure « simplifiée ». Les entreprises sollicitant ce paiement mais susceptibles d'obtenir le transfert de l'avoir fiscal devaient attester de leur renoncement à ce dernier. La doctrine administrative prévoyant le remboursement du précompte en l'absence d'une disposition d'une convention fiscale a été rapportée pour les dividendes distribués en 2004 (cf. instr. du 28 avril 2005, 4-J-2-05, n° 15).

405 La suppression de l'avoir fiscal a eu l'effet d'améliorer le régime des sociétés mères, par réduction de la base de calcul de la quote-part de frais et charges, fixée à 5 % du montant des produits de participation exonérés d'impôt, crédit d'impôt compris. L'assiette incorporant ainsi l'avoir fiscal, la quote-part représentait 7,5 % du dividende net. L'allégement de la base imposable à l'IS au titre des dividendes provenant de filiales françaises permet ainsi à une société mère française de redistribuer un montant plus élevé de produits aux actionnaires non-résidents.

De même, la suppression du précompte permet d'augmenter les distributions, et bénéficie notamment aux actionnaires non-résidents, en particulier à ceux qui n'avaient pas droit au remboursement du précompte L'actionnaire non-résident qui était bénéficiaire du transfert de l'avoir fiscal constate pour sa part un gain de trésorerie, puisque désormais assuré de la disponibilité immédiate d'un dividende additionnel, au lieu d'un transfert ne pouvant être réalisé qu'à compter du 15 janvier de l'année suivant la distribution (cf. Gilles Entraygues et Raphaël Bera, Quel est l'impact prévisible de la réforme du régime des distributions pour les entreprises ayant une activité internationale ?, *L'Année fiscale 2004,* p. 24 et s.).

406 On rappelle cependant que la réforme du régime fiscal français des distributions s'est accompagnée de l'institution d'un *prélèvement exceptionnel* de 25 % applicable aux seules distributions de 2005, et intéressant, comme le précompte, les distributions prélevées sur des sommes non soumises à l'IS au taux normal (le taux réduit de l'IS prévu en faveur des PME étant exclu) ou sur des résultats d'exercices clos depuis plus de cinq ans. Le paiement du prélèvement fait naître une créance sur le Trésor d'égal montant, imputable par tiers sur l'IS au titre de chacun des trois exercices clos postérieurement au fait générateur du prélèvement, l'excédent du tiers non imputé étant restitué à l'entreprise (sur les conditions d'application du prélèvement exceptionnel, v. l'instr. préc. du 28 avril 2005, n°s 18 et s.).

C – Le traitement fiscal des intérêts versés par la filiale

407 Sous réserve d'exonérations, édictées par la loi française, ou résultant de conventions fiscales, les *intérêts* versés par la filiale française à la mère étrangère sont assujettis au prélèvement forfaitaire libératoire prévu par l'article 125 A du CGI.

Selon les dispositions du III de ce texte, le *prélèvement* prévu au I (applicable depuis la loi de finances pour 2004 aux produits de placements à revenu fixe de source européenne, v. *supra,* n° 158), est *obligatoirement* applicable, en effet, aux produits de placements à revenu fixe dont le débiteur est établi ou domicilié en France, qui sont encaissés par des personnes n'ayant pas en France leur domicile fiscal, ou qui sont payés hors de France ou encaissés par des personnes morales n'ayant pas leur siège social en France.

L'article 119 *bis*-I du CGI prévoit par ailleurs l'application d'une *retenue à la source* sur les intérêts des obligations, des emprunts négociables ou des prêts participatifs.

Le législateur fiscal français a toutefois apporté, pour des raisons de politique économique, ou pour se conformer au droit communautaire, d'importantes dérogations à ces dispositions. En pratique, les intérêts de source française servis à des non-résidents sont rarement imposables en France.

1 – Prélèvement de l'article 125 A-III

408 En réaction à des mesures comparables prises par les autorités américaines, la loi de finances pour 1985 (art. 32-1) a supprimé le prélèvement sur les *intérêts des obligations* et *titres participatifs* émis à compter du 1er octobre 1984 par un débiteur domicilié ou établi en France, lorsque le bénéficiaire de ces intérêts justifie avoir son domicile ou son siège hors de France, de Monaco, ou d'un État de l'ancienne zone franc.

Par mesure de tempérament, l'administration admet de ne pas soumettre au prélèvement les intérêts dispensés de retenue à la source versés aux résidents des territoires d'outre-mer, des pays africains de l'ancienne zone franc et de Monaco (v. l'instruction de la DGI du 4 février 1986, *BODGI,* 5-I-3-86). Pour les intérêts soumis à la retenue à la source, le prélèvement est limité à 10 % (cf. instr. du 18 juillet 1966, *BOCD,* 1966-II-3419 et *DB,* 5-I-1224, n° 14 du 15 décembre 1991).

Sont par ailleurs exonérés du prélèvement obligatoire les produits exonérés de l'impôt sur le revenu, ainsi que :

— les produits d'obligations négociables émises en France par des organismes internationaux ou étrangers ;
— les produits de certains emprunts émis à l'étranger par des sociétés françaises avec l'autorisation du ministre des Finances, ainsi qu'à certaines conditions, les intérêts payés hors de France par les centrales de trésorerie (v. instr. 5-I-1-99) ;
— les produits de certains placements effectués en France par des organisations internationales, des États souverains étrangers ou des institutions publiques étrangères ;
— les produits payés par des établissements de crédit en France à raison de certaines opérations (dépôts en devises, en francs ou en *euros,* effectués par des non-résidents, opérations de trésorerie à court terme) ;
— les produits des opérations à court terme réalisées par les banques étrangères sur le marché hypothécaire ;
— les produits des titres de créances négociables sur un marché réglementé et des parts de fonds communs de créance.

Ces mesures dérogatoires visent notamment à faciliter les opérations entre banques, le financement international des entreprises françaises, les émissions d'emprunt en France par les organisations internationales, ou, de manière plus générale, à favoriser l'ouverture du marché français aux capitaux internationaux.

Le prélèvement de l'article 125 A-III n'est par ailleurs pas applicable aux produits versés à des entreprises étrangères possédant un établissement stable en France et compris dans les résultats imposables de cet établissement, non plus qu'aux produits versés à l'établissement situé à l'étranger d'une entreprise ayant son siège en France, s'ils sont fiscalement rattachés au résultat du siège (*DB,* 5-I-1224, n° 49 du 15 décembre 1991).

409 Concernant, sous réserve des exonérations mentionnées, tous les produits de placements à revenu fixe visés à l'article 125 A-I, sans qu'il y ait lieu de distinguer suivant la nature civile ou commerciale des opérations génératrices des produits, le prélèvement est par exemple susceptible de s'appliquer aux *intérêts de retard* versés par une entreprise française à l'un de ses fournisseurs domicilié à l'étranger, du fait du défaut de paiement des factures aux dates prévues, ainsi qu'aux intérêts versés par une entreprise française à l'un de ses clients, également domicilié à l'étranger, en *rémunération d'un acompte* sur commande (*DB,* 5-I-1224, n° 2 du 15 décembre 1991).

De même, les produits des clauses d'indexation afférentes aux sommes mises ou laissées à la disposition d'une société par ses associés ou actionnaires étant assimilés à des intérêts, le prélèvement est applicable dans tous les cas aux produits de cette sorte qui sont encaissés par des personnes n'ayant pas en France leur domicile fiscal, ou payés hors de France ou encaissés par des personnes morales n'ayant pas leur siège social en France (*DB,* 5-I-1224, n° 4 du 15 décembre 1991).

410 Lorsqu'il est exigible, le *prélèvement* prévu à l'article 125 A-III doit être opéré par l'établissement payeur, qui peut être soit le débiteur, soit l'intermédiaire (CGI, art. 125 A-I, 3e al.). Lorsque l'établissement payeur est établi dans un État de l'Espace économique européen (autre que le Liechtenstein), le prélèvement peut être acquitté par le contribuable lui-même.

Le fait générateur du prélèvement est le paiement des sommes imposables. Le Conseil d'État estime toutefois que la seule inscription au crédit d'un compte courant vaut paiement (29 septembre 1982, n° 22688, *DF,* 1983, n° 13, comm. 602, concl. Bissara. Dans cette affaire, une société luxembourgeoise avait consenti des avances à sa filiale française en difficulté, le contrat de prêt prévoyant le paiement des intérêts seulement au moment du remboursement du capital. La filiale française ayant inscrit ces intérêts par anticipation au crédit du compte courant de la société mère, le juge fiscal a considéré que, par cette seule inscription, les intérêts avaient été mis à la disposition de la société mère), sauf indisponibilité indépendante de la volonté du bénéficiaire.

La base du prélèvement est constituée par le montant brut des produits versés, hors déduction de tous frais et charges pouvant grever ce revenu.

411 Le taux du prélèvement est variable selon la nature des produits (CGI, art. 125 A III *bis*).

Il est, depuis le 1er janvier 1984, de 16 %, notamment pour les produits d'obligations négociables et de titres participatifs et pour les produits des titres de créance négociables sur un marché réglementé et non susceptibles d'être cotés.

En sus du prélèvement forfaitaire, les produits de placements à revenu fixe supportent en principe la CSG (8,2 %), la CRDS (0,5 %), le prélèvement social de 2 % et la contribution additionnelle à ce dernier (0,3 %), le taux global d'imposition se trouvant ainsi porté à 27 %.

Les produits perçus par les *non-résidents,* toutefois, ne sont *pas soumis* aux prélèvement sociaux.

2 – Retenue à la source de l'article 119 bis-I du CGI

412 L'article 119 *bis*-I du CGI prévoit l'application d'une retenue à la source aux produits des obligations, titres participatifs et autres titres d'emprunts négociables. Cette retenue ne concerne plus, cependant, que les seuls produits des obligations et titres émis avant le 1er janvier 1987, sauf exonérations. Son taux est de 10 % (12 % s'il s'agit d'emprunts émis avant le 1er janvier 1965 ou de lots et primes de remboursement attachés à des valeurs émises avant le 1er janvier 1986).

3 – Incidence des conventions

413 Conformément au modèle de l'OCDE, beaucoup de conventions fiscales prévoient un partage du droit d'imposer les intérêts, entre l'État de la source et celui de la résidence du bénéficiaire. Mais, en règle générale, elles fixent alors un taux maximum de prélèvement à la source, que le modèle de l'OCDE propose de fixer à 10 % du montant brut des intérêts.

Bien entendu, l'État de la source n'est pas alors tenu d'appliquer effectivement l'imposition qu'il est autorisé à percevoir.

414 Un nombre croissant de conventions prévoit toutefois l'*exonération* de toute imposition à la source. Cette solution, prévue dans certaines conventions antérieures au modèle de l'OCDE (conventions avec l'Allemagne, l'Autriche, le Danemark, le Liban, la Suède), est désormais retenue, par exemple, dans le cadre des relations conventionnelles de la France avec les États-Unis, le Royaume-Uni, différents États de l'Europe centrale et orientale, ou encore la Suisse.

415 Les conventions font généralement la réserve des « intérêts excédentaires », s'expliquant par les relations spéciales existant entre le débiteur et le bénéficiaire ou que l'un et l'autre entretiennent avec de tierces personnes. La partie excédentaire des paiements reste imposable selon la législation de chaque État contractant et compte tenu des autres dispositions de la Convention.

4 – Paiements intracommunautaires d'intérêts au sein des groupes

416 Dans le cadre du « paquet fiscal » défini à la fin de 1997 (cf. la communication de la Commission du 5 novembre 1997 : « Un ensemble de mesures pour lutter contre la concurrence fiscale dommageable », COM(97) 564 final), et dans la logique d'orientations retenues dès 1990 (v. la communication « Orientations en matière de fiscalité des entreprises » du 20 avril 1990, SEC(90)601 final ; v. ég. le rapport du Comité de réflexion des experts indépendants sur la fiscalité des entreprises, dit Rapport Ruding de mars 1992), la Commission européenne avait présenté le 4 mars 1998 une *proposition de directive* concernant un régime fiscal commun applicable aux *paiements d'intérêts et de redevances effectués entre des sociétés associées* d'États membres différents (COM(1998)67 final).

Cette proposition a conduit à l'adoption de la *directive du Conseil du 3 juin 2003* (*JOUE,* L 157/49 du 26 juin), dont les dispositions ont été incorporées en droit interne par la loi de finances rectificative pour 2003 (n° 2003-1312 du 30 décembre 2003, art. 27), sous les nouveaux articles 119 *quater* et 182 *bis* B du CGI.

L'article 119 *quater* prévoit, sous certaines conditions, l'exonération de la retenue à la source visée à l'article 119 *bis* 1, et du prélèvement obligatoire visé à l'article 125 A III, à compter du 1er janvier 2004, pour les paiements d'intérêts entre entités associées de la Communauté européenne.

Pour l'application de ce texte, les intérêts s'entendent « des revenus des créances de toute nature, à l'exclusion des pénalités pour paiement tardif ».

Les intérêts exonérés sont ceux payés par une société anonyme, une société par actions simplifiée, une société en commandite par actions, une société à responsabilité limitée, un établissement public à caractère industriel ou commercial ou une entreprise publique.

La personne morale doit être passible de l'impôt sur les sociétés sans en être exonérée.

Le débiteur des intérêts peut également être un *établissement stable,* s'il satisfait aux mêmes conditions d'imposition que les personnes morales et qu'il dépend d'une personne morale remplissant les conditions visées aux *a* à *c* du 2 du même article 119 *quater* (v. *infra*).

La personne morale débitrice doit être directement ou indirectement *associée* avec la personne morale bénéficiaire des intérêts. Le lien d'association requis est reconnu :

— lorsque l'une des deux personnes morales détient une participation directe d'au moins 25 % dans le capital de l'autre personne morale ;
— lorsque une troisième personne morale détient une participation directe d'au moins 25 % dans le capital de chacune des deux personnes morales.

La participation constitutive du lien d'association doit être détenue de façon ininterrompue depuis deux ans au moins ou faire l'objet d'un engagement selon lequel elle sera conservée de façon ininterrompue pendant la même durée. Si cet engagement est pris par une personne morale qui n'a pas son siège de direction effective en France, il donne lieu à la désignation d'un représentant qui est responsable du paiement de la retenue à la source en cas de non-respect de cet engagement.

Dans le cas où les intérêts sont payés par un établissement stable, la personne morale bénéficiaire des paiements ou la personne morale dont dépend l'établissement stable bénéficiaire est considérée comme associée de l'établissement payeur si elle est associée de la personne morale dont dépend l'établissement.

Le § 2 de l'article 119 *quater* définit les conditions mises à l'exonération, et qui sont relatives à la *personne morale bénéficiaire.* Celle-ci doit justifier auprès du débiteur ou de la personne qui assure le paiement de revenus qu'elle en est le *bénéficiaire effectif,* et :

— avoir son siège de direction effective dans un État membre de la Communauté européenne (119 *quater*-2, *a*) ;
— revêtir l'une des formes juridiques énumérées sur une liste établie par arrête ministériel conformément à l'annexe à la directive du 3 juin 2003 (119 *quater*-2, *b*) ;
— être passible, y compris au titre des revenus concernés par l'exonération, dans l'État membre où elle a son siège de direction effective, de l'impôt sur les sociétés de cet État sans en être exonérée (119 *quater*-2, *c*).

Lorsque la reconnaissance de sa qualité de personne morale associée au débiteur en dépend, la personne morale bénéficiaire doit détenir la participation prévue au I (119 *quater*-2, *d*).

Si le bénéficiaire des revenus est un *établissement stable,* il doit justifier qu'il en est le bénéficiaire effectif, que ces revenus sont soumis dans l'État membre où il se situe à l'impôt sur les sociétés, ou un impôt équivalent, et que la personne morale dont il dépend remplit les conditions précédemment rappelées (119 *quater*-2, *a* à *d*).

L'article 119 *quater* 3 institue un *dispositif de prévention des fraudes et abus.*

Il exclut, de manière comparable à celle prévue en matière d'exonération de retenue à la source pour les distributions de dividendes intracommunautaires par l'article 119 *ter* du CGI (v. *supra,* n°s 397 et s.), l'exonération de prélèvement à la source lorsque les revenus bénéficient à une personne morale ou à un établissement stable d'une personne morale contrôlée directement ou indirectement par un ou plusieurs résidents d'États qui ne sont pas membres de la Communauté européenne et que la chaîne de participations a pour objet principal ou comme un de ses objets principaux de tirer avantage du régime d'exonération.

Il ajoute, selon une formule courante dans les conventions fiscales, que lorsqu'en raison des relations spéciales existant entre le payeur et le bénéficiaire effectif des intérêts ou de celles que l'un et l'autre entretiennent avec un tiers, le montant des intérêts excède le montant dont seraient convenus le payeur et le bénéficiaire effectif en l'absence de telles relations, l'exonération ne s'applique qu'à ce dernier montant.

Un nouvel article L 208 A du *Livre des procédures fiscales* prévoit enfin un droit à des intérêts moratoires en cas de remboursement tardif de la retenue à la source supportée indûment : les sommes remboursées à la suite d'une réclamation présentée sur le fondement des articles 119 *quater* et 182 B *bis* (pour les redevances) du CGI donnent lieu au paiement de tels intérêts lorsque le remboursement est effectué plus d'un an après la demande.

D – Le traitement fiscal des redevances

417 La suppression de retenue à la source prévue par la directive 2003/49/CE précitée en ce qui concerne les paiements effectués entre sociétés apparentées, résidentes d'un État membre de l'Union européenne, concerne également les *redevances*. Sa transposition, pour celles-ci, dans la loi nationale (par la loi de finances rectificative pour 2003), a été assurée par l'introduction, dans le code général des impôts, d'un nouvel article 182 B *bis*.

418 La législation française prévoit en principe, en cas de versement de redevances par une société française à une société dont le siège est situé hors de France, l'application de la retenue à la source de 33, 1/3 % prévue à l'article 182 B du CGI (v. *supra,* n° 194). Cette retenue n'est pas libératoire. Imputable sur l'impôt sur le revenu, ou sur l'impôt sur les sociétés éventuellement exigible à raison des revenus qui ont supporté la retenue, celle-ci ne peut, en cas d'excédent par rapport à l'impôt réellement dû, faire l'objet d'une restitution, du moins selon la doctrine administrative (*DB,* 5-B-7124, n° 59 du 15 mars 1992).

Son application intervient cependant sous réserve des *conventions fiscales.*

Certaines d'entre elles autorisent l'application d'une retenue à la source, mais uniquement à ceux, parmi les produits visés à l'article 182 B du CGI, qui entrent dans la catégorie des « redevances » selon la définition qu'en fournit le texte conventionnel. Elles peuvent d'autre part fixer un taux maximum, pour l'application de la retenue, inférieur à celui prévu par la loi française. L'application de la retenue française ouvre droit, en règle générale, à un crédit d'impôt, imputable sur l'impôt dû par le bénéficiaire dans l'État de sa résidence.

D'autres conventions, s'inspirant de la recommandation du modèle OCDE, réservent le droit d'imposer les redevances à l'État de résidence du bénéficiaire. Il s'agit en général de conventions conclues entre pays connaissant, entre eux, des flux de redevances équilibrés. C'était également le cas général des conventions fiscales franco-africaines, mais une tendance au partage de la compétence fiscale se remarque dans les révisions récentes, ou en cours, de ces traités. Beaucoup des conventions s'inspirant du modèle OCDE réservent le cas des *redevances excessives,* dont le versement s'explique par l'existence de *relations spéciales* entre le débiteur et le bénéficiaire effectif, et dont la partie excédentaire reste imposable selon la législation de chaque État contractant et compte tenu des autres dispositions de la Convention.

419 L'exonération de la retenue à la source prévue à l'article 182 B du CGI pour les paiements de redevances effectués par des personnes morales françaises à des personnes morales associées résidentes d'autres États membres de la Communauté européenne (CGI, art. 182 B *bis*) est subordonnée aux mêmes conditions, relatives aux personnes morales débitrices et bénéficiaires, que celles prévues en matière d'intérêts (cf. *supra,* n° 416).

Pour l'application de l'exonération prévue à l'article 182 B *bis,* les redevances s'entendent des « paiements de toute nature reçus à titre de rémunération pour l'usage ou la concession de l'usage d'un droit d'auteur sur une œuvre littéraire, artistique ou scientifique, y compris les films cinématographiques et les logiciels informatiques, d'un brevet, d'une marque de fabrique ou de commerce, d'un dessin ou d'un modèle, d'un plan, d'une formule ou d'un procédé secret, ainsi que pour des informations ayant trait à une expérience acquise dans le domaine industriel, commercial ou scientifique. Les paiements reçus pour l'usage ou la concession de l'usage d'un droit relatif à des équipements industriels, commerciaux ou scientifiques sont considérés comme des redevances » (art. 182 B *bis*-1, second alinéa).

L'article 182 B *bis* comporte un dispositif de prévention des fraudes et abus identique à celui défini à l'article 119 *quater* du CGI.

E – Participations dans des sociétés de personnes ou des GIE

420 Des sociétés étrangères, relevant de l'impôt sur les sociétés, peuvent détenir des participations dans des sociétés de personnes ou des groupements d'intérêt économique réalisant des bénéfices imposables en France.

Dans ces cas, les personnes morales étrangères sont personnellement assujetties à l'impôt sur les sociétés à raison de la quote-part des bénéfices des sociétés de personnes ou des GIE correspondant à leurs droits sociaux (v. *supra,* n° 221 et n°s 263 et s.). Les stipulations d'une convention fiscale qui ont pour effet d'attribuer à l'État cocontractant l'imposition des bénéfices d'une entreprise de ce pays qui ne dispose pas en France d'un établissement stable ne visent que les bénéfices réalisés en propre par une telle entreprise et sont sans application dans le cas où cette dernière perçoit, en qualité de membre d'un GIE, une part des bénéfices que celui-ci tire d'une activité exercée en France (CE, 4 avril 1997, req. 144211, *Sté Kingroup* préc.).

3 – Le régime fiscal des quartiers généraux et centres de logistique

421 Comme d'autres juridictions fiscales européennes, la France offre aux groupes internationaux des conditions fiscales à la fois simplifiées et avantageuses pour l'implantation, sur son territoire, de quartiers généraux ou de centres de logistique. Ces mesures ont été regardées comme des éléments de concurrence fiscale dommageable par le groupe « Code de conduite » (v. *supra,* n° 37), et peuvent comporter des éléments d'aides d'État au sens de l'article 87 du Traité CE. Les États membres de l'UE concernés, dont la France, ont été conduits, en conséquence, à apporter aux régimes de « quartiers généraux » les modifications de nature à leur assurer une meilleure compatibilité avec le droit communautaire.

Sur l'impact du Code de conduite sur le régime belge des Centres de coordination, cf. J. Malherbe, M. de Wolf et C. Schotte, Les centres de coordination après la réforme fiscale belge pour 2003, *L'Année fiscale 2003*, p. 177 et s.

Dans le cas français, le régime fiscal applicable aux quartiers généraux et centres de logistique des groupes internationaux est défini par une simple instruction administrative. Faisant suite à une note de la direction générale des impôts du 13 février 1975, demeurée longtemps confidentielle, l'instruction du 21 janvier 1997 (*BOI*, 13-G-1-97), modifiée comme indiqué ci-après, décrit le régime, largement commun, applicable aux deux catégories d'entités qu'elle distingue, et fixe en outre le traitement applicable aux indemnités d'expatriation versées aux personnels détachés temporairement en France auprès d'un quartier général ou d'un centre de logistique.

A – Quartiers généraux

422 *Notion.* L'instruction du 21 janvier 1997 (n° 4) considère comme « quartier général » une société dont le siège est en France ou un établissement stable situé en France d'une société dont le siège est à l'étranger, qui dépend d'un groupe international contrôlé depuis la France ou l'étranger, et qui exerce au seul profit de ce groupe des fonctions de direction, de gestion, de coordination ou de contrôle.

Juridiquement, il peut s'agir d'une société de droit français, d'un simple établissement d'une société étrangère, ou d'un département ou d'une division adjoint à une branche d'activité industrielle ou commerciale d'une entreprise préexistante ou à une société holding.

Il doit s'agir d'une entité passible en France de l'impôt sur les sociétés.

En principe, le quartier général doit exercer ses fonctions exclusivement pour le compte des entreprises du groupe, et non pour des tiers. Le régime fiscal des quartiers généraux pourrait être toutefois appliqué à une entité fournissant également des services à des entreprises étrangères au groupe, mais en ce cas les bénéfices correspondants doivent être déterminés dans les conditions de droit commun.

La notion de contrôle permettant de délimiter le périmètre du groupe de sociétés placées sous le contrôle d'une société mère française ou étrangère s'entend au sens de l'article L 233-3 du Code de commerce (anciennement article 355-1 de la loi du 24 juillet sur les sociétés commerciales), soit par référence à l'importance des droits de vote détenus.

L'activité du quartier général consiste en la fourniture de prestations de service qui correspondent à des fonctions de nature essentiellement administrative, non susceptibles de donner lieu à une commercialisation à des tiers. Il s'agit, note l'administration, d'activités pour lesquelles il est en pratique extrêmement difficile d'évaluer une valeur marchande, ces activités étant, par nature, spécifiques aux groupes.

Ces activités, est-il précisé, correspondent à l'exercice des fonctions de direction, de gestion, de coordination ou de contrôle dans les domaines suivants : services à caractère administratif et services informatiques relatifs à la gestion administrative du groupe ; services à caractère « stratégique » (définition de la politique du groupe) ; services de ressources humaines telles que la gestion du personnel, la formation, la mise au point des systèmes de paie ou la gestion de la paie ; services de communication ou de relations publiques (y compris la publicité) et services en charge de la fourniture et du rassemblement d'informations ; services de recherche et de développement (voir cependant, *infra,* n° 427, le nouveau régime des Centres de coordination de recherche et de développement défini par l'instruction du 24 février 2005).

La compétence du quartier général ne doit plus être nécessairement limitée, comme il était prévu dans le régime antérieur à l'instruction de 1997, à un secteur géographique déterminé.

Conformément à la vocation internationale de ce type d'entité, le quartier général doit en toute hypothèse rendre des services de manière prépondérante à des sociétés dont le siège est hors de France ou à des établissements situés hors de France de sociétés du groupe, cette condition s'appréciant au regard du ratio entre le montant des charges d'exploitation courante (y compris les frais de sous-traitance et les débours) correspondant aux prestations rendues aux sociétés ou établissements situés hors de France et le montant total des charges d'exploitation courante.

L'instruction du 21 janvier 1997 n'a pas pour objet de préciser le champ d'application territorial de l'impôt sur les sociétés, et notamment de poser en principe que toute entité exerçant des activités de « quartier général » est imposable à l'impôt sur les sociétés, mais de définir un régime spécial d'imposition à l'impôt sur les sociétés susceptible d'être appliqué aux quartiers généraux offrant certaines caractéristiques, précisées par l'instruction, en particulier celle d'être passible en France de l'impôt sur les sociétés. Des entités non dotées d'une personnalité juridique, exerçant pour le compte de sociétés étrangères certaines des activités qui sont généralement celles d'un quartier général, pourraient ne pas répondre aux critères de « l'entreprise exploitée » en France au sens de l'article 209-1 du CGI, ou à ceux de l'établissement stable au sens d'une convention fiscale, et dans ces conditions n'être pas concernées par le régime spécial, faute d'être passibles de l'impôt sur les sociétés (v. en ce sens, CAA Paris, 22 janvier 1998, n° 94-1614, *Sté Publicis FCB Europe, RJF,* 4/98, n° 382).

423 *Régime.* La nature des services rendus par le quartier général, comme la qualité des bénéficiaires, qui sont des entités dépendantes, rendent difficile l'application du principe de pleine concurrence par référence à des prix de marché pour la détermination du résultat imposable.

Afin de prévenir le risque fiscal lié à une telle situation, les quartiers généraux ont la possibilité d'obtenir *a priori* de l'administration l'assurance que le montant de leurs bénéfices imposables à l'impôt sur les sociétés ne sera pas remis en cause s'ils le déterminent en fonction d'une marge bénéficiaire pour l'ensemble des activités qui relèvent des fonctions « quartier général », calculée en appliquant un *pourcentage donné au montant des charges d'exploitation courante.*

Ces charges, déterminées selon les règles de droit commun de l'impôt sur les sociétés, s'entendent des frais figurant au débit des comptes de charges, y compris les charges d'intérêt liées au fonctionnement et les amortissements pratiqués selon le mode linéaire ou dégressif. Les débours qui font l'objet de remboursements au quartier général de la part des sociétés membres du groupe, dès lors qu'ils conservent un caractère accessoire (leur montant n'excédant pas 10 % des charges d'exploitation courantes hors débours), sont exclus de la base servant à l'application de la marge.

Il en allait de même, selon l'instruction du 21 janvier 1997, des frais de *sous-traitance.* Mais, compte tenu de l'analyse de la Commission européenne, regardant comme des éléments d'aide d'État certains aspects du régime français des quartiers généraux (cf. décision C[2003] 1483 fin du 13 mai 2003), une instruction du 14 août 2003 (*BOI,* 4-C-6-03) a modifié sur ce point le régime des quartiers généraux et des centres de logistique, en disposant que « dans la mesure où une partie des activités du quartier général (ou du centre de logistique) serait sous-traitée, les frais de sous-traitance seront pris en compte dans les charges, pour leur totalité ». L'instruction précise toutefois que « Selon les circonstances, il pourra être approprié de déterminer un taux de marge spécifique pour les frais de sous-traitance, reflétant dans ce cas la seule activité d'intermédiaire du quartier général (ou du centre de logistique).

Les provisions pour charges sont exclues de la base servant à l'application de la marge. L'impôt sur les sociétés n'est pas considéré comme une charge de fonctionnement.

Le taux de marge retenu est fixé au cas par cas, en fonction des caractéristiques de l'activité du quartier général et de ses conditions d'exercice au niveau qui correspond le mieux au profit qui aurait été réalisé par une entreprise indépendante dans le respect du principe de pleine concurrence. La pratique administrative conduit en général à retenir un taux de marge se situant entre 6 % et 12 % (le plus souvent, entre 8 % et 10 %).

Pour tenir compte des observations faites par le groupe « code de conduite » sur le régime français des quartiers généraux, l'administration a décidé (cf. instruction n° 175 du 11 octobre 2002, *BOI*, 4-C-5-02) que la marge appliquée aux entités concernées ferait l'objet d'une révision périodique, le § 37 de l'instruction du 21 janvier 1997 étant alors rédigé comme suit :

« Le taux de marge originellement admis n'est pas intangible pour toute la durée d'existence du quartier général, mais fixé, dans le cadre de la procédure de négociation, pour une période qui ne pourra être inférieure à trois ans, ni supérieure à cinq ans. Il est par ailleurs susceptible d'être modifié, avant l'expiration de ce délai, en fonction des changements intervenus dans la nature ou les conditions d'exercice des activités et à compter de l'exercice au titre duquel interviennent ces changements. Il incombe aux entreprises titulaires des accords de signaler à l'administration de tels changements dans le délai d'un mois. »

La garantie de l'administration est subordonnée à la condition que le quartier général « facture » ses prestations sur la base du coût majoré de la marge bénéficiaire fixée.

Les bénéfices du quartier général, ainsi déterminés, font l'objet d'une imposition à l'impôt sur les sociétés au taux de droit commun.

Les demandes de garantie *a priori* de l'administration doivent être adressées à la direction des grandes entreprises (DGE), division IV, affaires juridiques, 8, rue Courtois, 93505 Pantin Cedex.

B – Centres de logistique

424 Répondant en règle générale aux mêmes caractéristiques que les quartiers généraux, en ce qui concerne leur forme juridique, leur dépendance par rapport à un groupe international, l'identité des bénéficiaires de leurs prestations, qui doivent être des entreprises du groupe, les centres de logistique se distinguent des premiers par la nature de leurs fonctions : ils doivent exercer au seul profit du groupe des fonctions de stockage, de conditionnement, d'étiquetage ou de distribution de produits et les activités administratives liées à ces fonctions.

L'administration précise toutefois qu'un centre de logistique ne peut être adjoint à une branche d'activité industrielle ou commerciale d'une entreprise existante afin d'éviter tout risque de confusion entre ses activités propres et celle de l'entreprise. Il ne peut non plus être adjoint à une société holding, mais pourrait être adjoint, en revanche, à un quartier général.

L'instruction du 21 janvier 1997 fournit une description détaillée (n° 58) des activités du centre de logistique, qui revêtent pour l'essentiel un caractère préparatoire et auxiliaire et ne constituent donc pas des fonctions directement productives. Ces activités recouvrent notamment l'achat, l'entreposage et le conditionnement des matières premières et fournitures destinées aux sociétés du groupe, leur transport et leur livraison à celles-ci, l'entreposage, la gestion et le conditionnement des marchandises et produits finis de ces dernières, l'étiquetage des éléments précités, le transport et la livraison des marchandises et produits finis pour le compte des sociétés du groupe, hors toute intervention dans la vente finale, la prise de commandes, excluant un droit de regard sur celle-ci, la gestion des factures, l'accomplissement de formalités administratives, toujours pour le compte des sociétés du groupe.

425 Comme les quartiers généraux, les centres de logistique pourront être imposés à l'impôt sur les sociétés sur une base déterminée en fonction d'une marge bénéficiaire calculée en appliquant un pourcentage donné au montant de leurs charges d'exploitation courante. Ces charges sont déterminées comme pour les quartiers généraux, sous réserve des adaptations utiles (cf. instr. du 21 janvier 1997 préc., n°s 68 et s.). Le taux de marge, généralement inférieur à celui d'un quartier général, est fixé par l'administration.

C – Impositions autres que l'impôt sur les sociétés

426 Les quartiers généraux et centres de logistique sont redevables des impôts et taxes autres que l'impôt sur les sociétés dans les conditions de droit commun. L'instruction du 30 janvier 1997 vise à cet égard la TVA, la taxe d'apprentissage, les taxes et participations assises sur les salaires, la taxe professionnelle, les droits d'enregistrement, la retenue à la source prévue par les articles 115 *quinquies* et 119 *bis* 2 du Code général des impôts...

Les quartiers généraux et les centres de logistique sont redevables de l'imposition forfaitaire annuelle dans les conditions du droit commun (cf. instr. préc. du 14 août 2003).

4 – Le régime fiscal des centres de coordination de recherche et développement

427 Les prestations de coordination de recherche et développement réalisées par une société au profit des membres du groupe auquel elle appartient sont au nombre des activités visées par l'instruction du 30 janvier 1997, éligibles au régime fiscal défini par cette instruction pour les quartiers généraux (v. *supra,* n° 422).

Une nouvelle instruction du 24 février 2005 (4-C-2-05) définit cependant un régime spécial pour les *centres de coordination de recherche et développement,* visant à améliorer le traitement fiscal des activités de recherche développées en France au sein des groupes par l'instauration d'un dispositif simplifié et garanti d'imposition et par la sécurisation des prix de transfert dans le domaine de la recherche. Ce dispositif comporte, pour l'essentiel, la détermination forfaitaire du bénéfice imposable par application de la méthode du *prix de revient majoré,* ou de toute autre méthode pertinente.

L'instruction considère comme « centre de coordination de recherche et développement » une société dont le siège est en France ou un établissement stable situé en France d'une société dont le siège est à l'étranger, qui dépend d'un groupe au sens économique du terme, contrôlé depuis la France ou l'étranger et qui exerce au seul profit de ce groupe des opérations de coordination de recherche.

Comme un « quartier général », il peut être constitué sous la forme d'une société de droit français, d'un simple établissement d'une société étrangère, ou d'un département ou d'une division adjoint à une branche d'activité industrielle ou commerciale d'une entreprise préexistante ou à une société holding.

Il doit s'agir d'une entité passible en France de l'impôt sur les sociétés.

Le régime fiscal des centres de coordination de recherche est réservé aux fonctions exercées exclusivement pour le compte des entreprises du groupe. Si le centre fournit des services à des entreprises extérieures au groupe, les résultats correspondants doivent être déterminés dans les conditions de droit commun.

La notion de contrôle permettant de délimiter le périmètre du groupe de sociétés placées sous le contrôle d'une société mère française ou étrangère s'entend au sens de l'article L 233-3 du Code de commerce.

Les activités éligibles au régime consistent en la fourniture au sein d'un groupe de prestations de coordination de la recherche, non susceptibles de donner lieu à commercialisation auprès de tiers. Ces opérations peuvent notamment relever des activités de centralisation et coordination de la recherche scientifique, de planification et développement des programmes de recherche concernant des produits, procédés et méthodes de production, de coordination, centralisation et standardisation des procédures de contrôle de qualité, sans intervention opérationnelle, de création et gestion administrative de laboratoires, suivi et évaluation de leur activité.

La mission du centre de coordination de recherche doit être distinguée de celles des unités opérationnelles de recherche, poursuivant des activités de recherche fondamentale, de recherche appliquée, ou réalisant des opérations de développement expérimental, et qui ne sont pas éligibles au régime des centres de coordination de recherche. Il en est de même de l'exploitation d'actifs incorporels (marques, brevets, etc.) ou des activités financières.

Compte tenu de la difficulté à déterminer la valeur marchande des activités de coordination de la recherche réalisées par une entité au profit des sociétés du groupe auquel elle appartient, l'instruction admet que les centres de coordination de recherche auront la possibilité d'utiliser *la méthode du prix de revient majoré* (v. *supra,* n° 75) dans le cadre de leurs relations intragroupe, lorsque cette dernière s'avérera la plus appropriée pour respecter le principe de pleine concurrence.

Ils pourront obtenir *a priori* de l'administration l'assurance que le montant de leurs bénéfices imposables à l'impôt sur les sociétés ne sera pas remis en cause s'ils le déterminent selon la méthode du « coût de revient majoré », qui consiste à appliquer un pourcentage de marge préétabli au total des charges d'exploitation courantes, ou toute autre méthode dont la pertinence aurait été démontrée.

Les *charges d'exploitation* à prendre en compte sont définies comme pour l'application du régime des quartiers généraux. Le *taux de marge* est fixé dans les mêmes conditions et pour la même durée qu'il est prévu pour les quartiers généraux (v. *supra,* n° 423).

La *garantie a priori* de l'administration porte à la fois sur le caractère éligible des activités et sur la méthode de détermination du bénéfice imposable. La durée de la garantie est déterminée d'un commun accord entre l'administration et la société, pour une période compris entre trois et cinq ans. La demande de garantie *a priori* doit être adressée à la direction des grandes entreprises (v. *supra,* n° 423).

Une même société peut bénéficier simultanément du régime des quartiers généraux et centres de logistique pour certaines de ses activités et du régime des centres de coordination de recherche pour ses opérations se rattachant à une telle activité.

L'instruction du 24 février 2005 ajoute que la procédure d'*accord préalable de prix de transfert* prévue par l'instruction du 7 septembre 1999 (légalisée par l'article 20 de la loi de finances rectificative pour 2004, v. *supra,* n° 94), pour les transferts internationaux de biens et de services, peut concerner les activités opérationnelles de recherche.

L'administration précise qu'en règle générale, la méthode du prix de revient total majoré est appliquée dans les cas les plus simples. Dans d'autres cas, un taux de redevance peut être appliqué pour déterminer le prix du transfert d'actifs incorporels. La méthode du partage du profit résiduel peut s'avérer pertinente pour le règlement des dossiers complexes. L'administration peut être amenée à prendre en considération les accords de répartition de coûts (ARC) et leur gestion (sur ces accords, v. Olivier Marichal et Thierry Schmitt, Accords de répartition des coûts et fiscalité internationale française, *DF,* 2003, n° 48, p. 1500 et s.).

L'instruction de la demande et la conclusion de l'accord relèvent de la compétence de la sous-direction du contrôle fiscal de la DGI (bureau CF 3, 64-70, allée de Bercy, télédoc 873, 75574 Paris Cedex 12).

4 – Les autres régimes d'aide fiscale à la localisation d'entreprises en France

428 Dans le cadre des efforts tendant à la préservation, ou au développement, de l'attractivité du territoire national au regard de la localisation des activités et de l'emploi, et compte tenu des contraintes exercées par le droit communautaire sur le libre exercice des politiques fiscales, le législateur a institué, au cours des années récentes, différents régimes d'aide fiscale à l'implantation ou au maintien d'entreprises en France, d'intensité en général limitée.

Ces régimes d'aide, à caractère de dépenses fiscales, et d'une efficacité sans doute inférieure à celle qui s'attacherait à une restructuration plus résolue de la fiscalité commune des entreprises (sur la politique fiscale d'attraction territoriale « par la norme », voir *supra,* n°s 49 et s.), visent, selon le cas, à favoriser la relocalisation d'entreprises en France (crédit d'impôt relocalisation), ou à réduire les risques de délocalisation (régimes des pôles de compétitivité, régime des zones d'emploi en grande difficulté).

De façon générale, l'ensemble des régimes fiscaux de faveur institués par le législateur au bénéfice des entreprises ne peuvent plus être réservés aux seules entreprises françaises, et peuvent constituer des éléments d'attraction pour, au moins, l'ensemble des entreprises résidentes d'un pays membre de l'Union européenne.

A – Crédit d'impôt relocalisation

429 La loi de finances pour 2005 n° 2004-1484 du 30 décembre 2004, comportant diverses mesures fiscales visant à lutter contre les délocalisations, a en particulier institué (art. 22) un mécanisme temporaire de crédit d'impôt destiné à favoriser la réimplantation en France d'entreprises ayant précédemment quitté le territoire national.

Codifié sous les articles 244 *quater* I, 199 *ter* H, 220 J et 223 O, I, j du Code général des impôts, le dispositif de crédit d'impôt relocalisation concerne plus précisément les entreprises qui, après avoir délocalisé leur activité exercée en France hors de l'Espace économique européen (EEE, constitué de l'Union européenne, de la Norvège, de l'Islande et du Liechtenstein) entre le 1er janvier 1999 et le 22 septembre 2004, la relocalisent en France entre le 1er janvier 2005 et le 31 décembre 2006.

Sont exclues du dispositif les activités faisant l'objet d'encadrements communautaires spécifiques, telles que l'agriculture, la pêche, les transports, la sidérurgie, la construction automobile ou la construction navale, ainsi que, pour tenir compte des engagements convenus dans le cadre du code de conduite dans le domaine de la fiscalité directe des entreprises, les activités aisément localisables telles que celles exercées dans les secteurs de l'assurance et du crédit.

430 Le dispositif d'aide comporte un *crédit d'impôt « de base »,* d'un montant égal aux dépenses dc personnel relatives aux emplois créés, affectées d'un coefficient linéairement dégressif dans le temps.

Le taux est égal à 50 % pour les dépenses de personnel exposées durant les douze premiers mois suivant la réimplantation de l'activité en France, 40 % du 13e au 24e mois, 30 % du 25e au 36e mois, 20 % du 37e au 48e mois, 10 % pour les dépenses de personnel exposées du 49e au 60e mois suivant la réimplantation.

Sont éligibles les dépenses, rémunérations et accessoires et charges sociales obligatoires, afférentes aux personnes rémunérées en France. Ne sont considérés comme emplois créés pour le bénéfice du régime d'aide que les emplois résultant d'un contrat de travail à temps plein ou à temps partiel, pour lesquels les cotisations sociales sont acquittées auprès des organisme régis par le Code de la sécurité sociale (emplois exercés en France).

Le crédit d'impôt « de base » s'applique dans les limites fixées par le règlement du 12 janvier 2001 concernant l'application des articles 87 et 88 du Traité CE aux aides d'État de faible montant, dites « aides *de minimis* ». Ce règlement autorise les aides, ou combinaisons d'aides, dont le montant total octroyé à une même entreprise n'excède pas 100 000 € sur une période de trois ans, les États membres étant dispensés de notifier à la Commission les régimes d'aides plafonnés au même montant par période glissante de trois années consécutives. Il est rappelé que le montant de 100 000 € ne s'apprécie pas régime d'aide par régime d'aide, mais s'entend du cumul de l'ensemble des aides relevant du régime *de minimis* apportées à une même entreprise.

431 Un *crédit d'impôt « supplémentaire »* est prévu en faveur des entreprises qui relocalisent leur activité dans une zone éligible à la prime d'aménagement du territoire classée pour les projets industriels. Les zones « PAT industries » sont définies par le décret n° 2001-312 du 11 avril 2001, dont l'annexe 1 distingue des zones à taux normal, des zones à taux réduit et des zones à taux majoré, les départements d'outre-mer bénéficiant d'un taux spécifique.

Applicable pendant une période de trente-six mois suivant la relocalisation, le crédit d'impôt supplémentaire est calculé en multipliant, pour chaque période de douze mois, un coefficient dépendant de la zone de relocalisation (10 %, 15 %, 20 %, ou 65 % pour les départements d'outre-mer) par le plus élevé des montants suivants : *montant des dépenses de personnel* engagées à la suite de la relocalisation ou *montant des investissements* réalisés. Les petites et moyennes entreprises au sens de la réglementation communautaire (cf. annexe I du règlement (CE) n° 70/2001 de la Commission du 12 janvier 2001, modifié par le règlement (CE) n° 364/2004 de la

Commission du 25 février 2004) bénéficient d'une majoration de 10 points du coefficient qui leur est applicable.

Le crédit d'impôt « supplémentaire » n'est pas limité par référence à la règle *de minimis,* de sorte que la mesure l'instituant a dû être notifiée, pour accord préalable, à la Commission européenne. Il est cependant plafonné dans le cas d'opérations importantes, comportant des dépenses de personnel ou des investissements éligibles d'un montant supérieur à 50 millions d'euros. La fraction de ces dépenses ou investissements comprise entre 50 et 100 millions d'euros se voit appliquer un taux égal à 50 % du taux régional applicable. La fraction des dépenses ou investissements supérieure à 100 millions d'euros n'est pas prise en compte.

432 Les deux crédits d'impôt sont, le cas échéant, *cumulables.* En tout état de cause, *le montant global* du crédit d'impôt relocalisation *ne peut excéder* le montant des dépenses de personnel engagées ou le montant des investissements réalisés par l'entreprise concernée (CGI, art. 244 *quater* I, IX).

Les crédits d'impôt sont imputés, selon le cas, sur l'impôt sur le revenu ou sur l'impôt sur les sociétés dû au titre de l'année au cours de laquelle chaque période de douze mois s'achève. Ces crédits d'impôt ne sont pas reportables, mais si le montant du crédit d'impôt excède le montant d'impôt dû au titre de l'année, l'excédent est restitué.

433 Le bénéfice du crédit d'impôt relocalisation est subordonné à la délivrance d'un *agrément préalable.* Celui-ci est accordé si, notamment : les biens et services produits dans le cadre de l'entreprise relocalisée sont de même nature que ceux produits préalablement à la cessation et au transfert de cette activité compte tenu des évolutions technologiques et économiques de l'activité, le financement des investissements éligibles est assuré à 25 % au moins par l'entreprise bénéficiaire du crédit d'impôt, la société prend l'engagement de maintenir les emplois créés ou les investissements réalisés pendant une période minimale de cinq ans à compter de la nouvelle implantation.

434 La portée de l'aide fiscale assurée au moyen du dispositif, de gestion lourde et complexe, du crédit d'impôt relocalisation s'apprécie, par exemple, à travers l'observation qu'une entreprise embauchant quatre salariés rémunérés au SMIC en relocalisant son activité en France atteint le plafond *de minimis* prévu pour le crédit d'impôt de base (à condition qu'elle ne bénéfice pas d'autres aides prises en compte pour le calcul du respect du plafond *de minimis* ; cf. le rapport fait par M. Philippe Marini au nom de la commission des finances du Sénat sur le projet de loi de finances pour 2005, observations sous le projet d'article 10).

Bien entendu, une entreprise se relocalisant en France après s'être délocalisée dans un État appartenant à l'Espace économique européen, en ce inclus les nouveaux pays membres de l'Union européenne, ne pourrait prétendre au bénéfice du crédit d'impôt relocalisation. Il n'est pour autant pas assuré qu'un dispositif réservant le bénéfice d'une aide fiscale aux seules entreprises implantées en France, préalablement à leur délocalisation hors de l'EEE, soit reconnu conforme au droit communautaire.

La complexité du mécanisme, son intérêt financier limité et l'insécurité juridique qu'il peut créer ont en tout cas conduit le rapporteur de la commission des finances du Sénat à juger que « le nombre de candidats à ce régime sera vraisemblablement anecdotique » (Rapport préc.).

B – Pôles de compétitivité

435 Le projet de loi de finances pour 2005 insérait également dans une stratégie de lutte contre les délocalisations les mesures fiscales tendant à favoriser l'émergence de *pôles de compétitivité.*

L'article 24 de la loi de finances pour 2005 a défini en effet, à partir d'expériences réussies telle que la « technopole » de Sophia Antipolis, des pôles de compétivité, constitués par « le regroupement sur un même territoire d'entreprises, d'établissements d'enseignement supérieur et d'organismes de recherche publics ou privés qui ont vocation à travailler en synergie pour mettre en œuvre des projets de développement économique pour l'innovation ». La désignation d'un pôle de compétitivité peut être assortie de celle d'une zone de recherche et de développement (v. *DF,* 2005, n° 4, comm. 113).

Les entreprises implantées dans les zones de recherche et de développement des pôles de compétitivité, et qui participent à un projet de recherche et de développement agréé, pourront bénéficier d'une *exonération totale d'impôt sur les bénéfices* pour les résultats des trois premiers exercices bénéficiaires, puis à hauteur de 50 % pour les deux exercices bénéficiaires suivants (CGI, art. 44 *undecies*), ainsi que d'une exonération d'imposition forfaitaire annuelle (CGI, art. 223 *nonies* A) et le cas échéant, sur délibération des collectivités territoriales, d'une exonération pendant cinq ans de taxe foncière sur les propriétés bâties et de taxe professionnelle (CGI, art. 1383 E et 1466 F).

Peuvent être en outre *exonérées de cotisations sociales* les rémunérations versées aux personnes impliquées dans la réalisation des projets de recherche et développement agréés.

Le régime de franchise fiscale ainsi institué est cependant *plafonné* en application des dispositions du règlement de la Commission européenne du 12 janvier 2001 modifié, les exonérations d'impôt ne pouvant excéder la limite de 100 000 € par période de trente-six mois pour chaque entreprise concernée.

Le bénéfice de ces mesures n'est pas subordonné à l'octroi d'un agrément préalable, mais la procédure de *rescrit avec délai de réponse* (au cas particulier fixé à quatre mois) prévue à l'article L 80 B du *Livre des procédures fiscales* est étendue aux entreprises souhaitant s'assurer qu'elles remplissent les conditions requises pour y accéder.

C – Zones d'emploi en grande difficulté (CGI, art. 1647 C sexies)

436 L'article 28 de la loi de finances pour 2005 a introduit la technique du crédit d'impôt en matière de *taxe professionnelle* (CGI, art. 1647 C *sexies*), en faveur des entreprises dont les établissements sont situés dans des zones d'emploi reconnues en grande difficulté au regard des délocalisations au titre de la même année. L'objectif est ici de réduire un risque potentiel de délocalisation.

Pour être éligibles au crédit d'impôt, les établissements doivent être affectés à une activité industrielle, de recherche scientifique et technique ou de services de direction, d'études, d'ingénierie et d'informatique, à l'exception d'activités faisant l'objet d'encadrements communautaires spécifiques (construction automobile, construction navale, fabrication de fibres artificielles ou synthétiques, sidérurgie).

Le dispositif s'applique aux impositions dues à compter de 2005 et jusqu'en 2011. Le crédit d'impôt est égal au produit de 1 000 € par le nombre de salariés employés depuis au moins un an au 1er janvier de l'année d'imposition dans l'établissement. Le crédit d'impôt est toutefois plafonné au montant de 100 000 € par période de trois ans, afin de respecter la réglementation communautaire en matière d'aides dites *de minimis,* soustraites à la prohibition de principe des aides d'État.

Si le montant du crédit d'impôt imputable est supérieur à l'ensemble des sommes mises à la charge du contribuable, l'excédent est dû au redevable (cf. instr. du 29 juillet 2005, *BOI,* 6-E-7-05).

6 – Mesures de sécurité fiscale

437 L'attractivité fiscale du territoire pouvant être renforcée par des mesures tendant à assurer aux investisseurs ou opérateurs extérieurs une meilleure sécurité en ce qui concerne leurs obligations fiscales, le législateur a multiplié, au cours des années récentes, les dispositions allant en ce sens, en particulier les procédures dites de *rescrit* visées à l'article L 80 B du *Livre des procédures fiscales.*

On rappelle que, selon le premier alinéa de l'article L 80 A du *Livre des procédures fiscales (LPF),* « il ne sera procédé à aucun rehaussement d'impositions antérieures si la cause du rehaussement poursuivi par l'administration est un différend sur l'interprétation par le redevable de bonne foi du texte fiscal et s'il est démontré que l'interprétation sur laquelle est fondée la première décision a été, à l'époque, formellement admise par l'administration ».

Cet élément de la protection assurée aux contribuables contre les changements de doctrine de l'administration fiscale est notamment applicable, selon les prescriptions du 1° de l'article L 80 B du même livre, « lorsque l'administration a formellement pris position sur l'appréciation d'une situation de fait au regard d'un texte fiscal ». De façon générale, ainsi, un contribuable a la possibilité de rechercher auprès de l'administration l'appréciation d'une situation de fait au regard de la loi fiscale, en vue de s'assurer du régime fiscal qui lui est applicable.

Pour renforcer l'efficacité de la procédure de « rescrit » prévue à l'article L 80 B du *LPF,* le législateur a prévu que, dans certains cas, le silence conservé par l'administration pendant un délai déterminé vaut accord tacite, de sa part, sur l'appréciation sollicitée d'une situation de fait au regard d'un texte fiscal.

La loi de finances rectificative pour 2004 a étendu le bénéfice d'une telle procédure de rescrit avec délai de réponse aux demandes concernant l'existence d'établissements stables (*LPF,* L 80 B, 6°), notamment en vue d'écarter le risque de requalification d'une filiale en établissement stable (v. *supra,* n° 316).

La procédure d'accords préalables en matière de prix de transfert repose également, désormais, sur le « rescrit » de l'article L 80 B (sans délai de réponse, v. *supra,* n° 94).

De nombreux régimes d'aide fiscale, le cas échéant susceptibles de bénéficier à des entreprises d'origine étrangère implantées en France, peuvent être désormais « sécurisés » par le recours à une telle procédure de *rescrit* (par exemple, pour l'admission au bénéfice du régime des pôles de compétitivité – v. *supra,* n° 435 –, pour l'éligibilité au *crédit d'impôt recherche* prévu à l'article 244 *quater* B du CGI, au régime de faveur de la *jeune entreprise innovante* au sens de l'article 44 *sexies*-0 A du CGI), ou encore par l'intervention obligée d'un *agrément* préalable (cas du crédit d'impôt relocalisation).

SECTION 2 – LE RÉGIME D'IMPOSITION DES SALARIÉS « IMPATRIÉS »

Dans le cadre d'une politique favorable à l'implantation en France des quartiers généraux ou centres de logistique des groupes internationaux, l'administration a défini, à l'occasion de l'instruction précitée du 21 janvier 1997 (*BOI,* 13-G-1-97) relative à de telles entités, un régime d'imposition avantageux pour les salariés temporairement employés par un quartier général ou un centre de logistique.

En vue de renforcer l'attractivité du territoire français, et en particulier d'encourager la venue en France de cadres de haut niveau (cf. les rapports Charzat, Badre et Ferrand, Huygue, cités *supra,* n° 14), la loi de finances rectificative pour 2003 (n° 2003-1312 du 30 décembre 2003) a défini un régime favorable plus généralement applicable aux salariés détachés en France par une entreprise étrangère.

Hors ces particularités, le régime d'imposition des salariés d'entreprises étrangères temporairement détachés en France varie selon qu'ils doivent être, ou non, regardés comme domiciliés en France, et selon les dispositions le cas échéant applicables d'une convention fiscale.

1 – Le régime d'imposition des salariés temporairement employés par un quartier général ou un centre de logistique

438 Le bénéfice du régime particulier défini en faveur des salariés qui viennent temporairement de l'étranger en France pour travailler auprès d'un quartier général ou d'un centre de logistique concerne les personnels qui remplissent les conditions générales suivantes :

— Ils ne doivent pas avoir été fiscalement domiciliés en France l'année précédant la date de leur arrivée en France pour exercer leur activité professionnelle.

— Ils doivent être employés en France pour une durée n'excédant pas six ans en qualité de salarié dans le quartier général ou le centre de logistique d'un groupe international.

439 Le régime de faveur concerne les *indemnités* perçues par ces salariés. L'instruction précitée distingue à cet égard entre trois catégories d'indemnités et remboursements de frais, déclinées sous les rubriques A, B et C.

1 / Un certain nombre d'indemnités et remboursements de frais sont *exonérés de toute imposition,* dès lors qu'ils sont utilisés conformément à leur objet (A). Ils correspondent à des frais liés à l'établissement du salarié en France, tels que les frais de déménagement et de voyage, ou de location temporaire de voiture, à l'aller comme au retour, les frais de scolarité des enfants à charge, les frais de voyage annuels dans le pays d'origine, etc. L'instruction précitée vise les indemnités et remboursements de frais correspondant à 18 circonstances précises, liées à une situation d'expatriation (v. *infra,* n° 442).

Ces indemnités sont par ailleurs à exclure de l'assiette de la CSG et de la CRDS chaque fois qu'elles remplissent les conditions pour être exonérées de cotisations de sécurité sociale.

2 / D'autres indemnités et remboursements de frais (B) peuvent être soumis à un *régime spécial simplifié* sur demande du quartier général ou du centre de logistique. Il s'agit :

— du *remboursement du surcoût du logement* constituant la résidence du salarié expatrié en France, sous réserve que les montants en cause ne soient pas excessifs au regard de la situation des intéressés, et qu'il soit justifié du surcoût ;

— et *du remboursement de l'excédent d'impôt et de cotisations de sécurité sociale* correspondant à des régimes obligatoires *par rapport à ceux qui auraient été payés dans le pays d'origine* (indemnités de *tax equalization*). Dans ces derniers cas, l'excédent doit être justifié. L'excédent d'impôt est limité à la différence entre l'impôt sur le revenu acquitté en France par le salarié en raison des éléments de la rémunération globale imposés selon le droit commun (à l'exclusion des indemnités visées à la catégorie A et, le cas échéant, à la catégorie B) et l'impôt sur le revenu qu'il aurait payé dans son pays d'origine sur la rémunération de base augmentée des avantages éventuels indépendants de l'expatriation.

Le régime spécial consiste en l'application à ces indemnités ou remboursements de frais d'un *impôt calculé au taux normal de l'impôt sur les sociétés, acquitté par le quartier général ou le centre de logistique*.

Pour bénéficier de ce régime, les personnes remplissant les conditions précédemment énoncées (n° 438), doivent en outre ne pas avoir été fiscalement domiciliées en France durant une période minimale de cinq années civiles consécutives avant la date de leur arrivée en France pour exercer leur activité professionnelle.

En cas d'option pour le régime spécial, les sommes concernées n'ont pas à être comprises par leurs bénéficiaires dans leur déclaration des revenus. Elles demeurent en revanche soumises à la CSG et à la CRDS dans les conditions de droit commun et aux diverses cotisations sociales.

Par ailleurs, ces indemnités et remboursements de frais ne sont pas pris en considération pour le calcul de la taxe sur les salaires et de la participation des salariés.

Ils demeurent toutefois inclus dans les charges à prendre en compte pour effectuer le calcul du bénéfice imposable du quartier général ou du centre de logistique.

3 / L'ensemble des indemnités et remboursements de frais qui ne sont ni exonérés de toute imposition (A) ni soumis au régime spécial (B) sont assujettis à *l'impôt sur le revenu dans les conditions du droit commun*.

Il s'agit notamment des indemnités d'expatriation autres que le remboursement du surcoût du logement, du remboursement des frais personnels, de l'indemnité d'achat de véhicule automobile, etc.

Ces indemnités et remboursements sont traités à tous égards comme des suppléments de salaires.

2 – Le régime commun d'imposition des salariés temporairement détachés en France

A – Le régime spécial d'imposition en faveur des impatriés (CGI, art. 81 B)

440 En vue de favoriser la venue en France de salariés, plus particulièrement de cadres, et de dirigeants d'entreprises internationales, différents rapports et études ont, au cours des années récentes, préconisé, pour les salariés « impatriés », l'institution d'un régime spécial d'imposition comparable à celui déjà existant, dans la législation française, en faveur des salariés expatriés (v. *infra,* n°s 539 et s.).

De nombreuses législations étrangères, il est vrai, connaissent des régimes fiscaux destinés à renforcer l'attractivité territoriale par l'offre d'avantages spéciaux aux salariés impatriés. Le régime fiscal de la Suède comporte ainsi un dispositif d'abattement de 25 % pendant trois ans sur le montant imposable des rémunérations salariales attribuées par les entreprises suédoises (ou les établissements en Suède d'entreprises étrangères) aux personnels « impatriés » répondant à certaines conditions. Le Luxembourg, de même, connaît un régime de déductions forfaitaires spécifiques aux cadres ou dirigeants « impatriés » exerçant leur activité dans des entreprises industrielles.

D'autres pays membres de l'Union européenne appliquent des traitements de faveur aux salariés ou cadres « impatriés » : exonération des remboursements de dépenses d'expatriation (Autriche, Belgique, Pays-Bas), application de taux allégés d'imposition pendant une certaine durée (Danemark, Finlande), assimilation au régime des non-résidents, déterminant une imposition sur la base des seuls revenus trouvant leur source dans le pays de détachement (système dit de *remittance basis* : Belgique, Pays-Bas, Royaume-Uni, Irlande, sous réserve, dans ces deux derniers cas, du non-transfert des revenus dans le pays d'établissement).

441 La loi de finances rectificative pour 2003 (art. 23) a défini à son tour, pour la France, un dispositif fiscal favorable pour certains salariés et dirigeants impatriés, reposant sur l'exonération, pendant six ans, des suppléments de rémunération directement liés à l'impatriation, et la possibilité de déduire du revenu imposable les cotisations versées aux régimes de sécurité sociale du pays d'origine. Ce régime spécial d'imposition a été commenté par une instruction administrative du 21 mars 2005 (5-F-12-05), confirmant en outre l'exonération des remboursements de frais professionnels.

1 – Remboursements de frais professionnels

442 L'instruction du 30 janvier 1997 relative aux quartiers généraux prévoyait (n° 112) que les salariés employés par une entité (établissement, société...) qui ne constitue *ni un quartier général ni un centre de logistique* peuvent bénéficier de l'*exonération* des indemnités et remboursements visés au A (indemnités liées à l'établissement en France du salarié et de sa famille : frais de déménagement, frais de scolarité des enfants, frais de voyage dans le pays d'origine, etc.), s'ils remplissent par ailleurs les conditions générales mises au bénéfice du régime spécial.

L'exonération des indemnités et remboursement concernés correspondait, à vrai dire, à une interprétation favorable de la règle prévue à l'article 81, 1° du CGI, selon laquelle sont affranchies de l'impôt « les allocations spéciales destinées à couvrir les frais inhérents à la fonction ou à l'emploi et effectivement utilisées conformément à leur objet ».

L'instruction du 21 mars 2005, faisant le commentaire du régime spécial d'imposition en faveur des impatriés défini par la loi du 30 décembre 2003 (CGI, art. 81 B) confirme cette analyse en exposant qu'en application de l'article 81, 1° du CGI, un certain nombre d'indemnités correspondant à la prise en charge par l'entreprise du surcoût résultant pour les bénéficiaires de l'exercice temporaire de leur activité en France sont exonérées d'impôt sur le revenu. Cette exonération, précise à nouveau l'administration, concerne, outre les salariés détachés auprès d'un quartier général ou d'un centre de logistique, tous les salariés qui, n'ayant pas été fiscalement domiciliés en France l'année civile précédant celle de leur arrivée en France, viennent exercer leur activité auprès d'une entreprise établie en France pour une durée n'excédant pas six années.

Les indemnités et remboursement de « frais professionnels » exonérées de manière générale, dans le cadre du régime spécial des impatriés, comme dans celui des quartiers généraux et centres de logistique, sont énumérées en annexe à l'instruction du 21 mars 2005. Il s'agit des indemnités pour :

Voyage de reconnaissance par le salarié détaché et son conjoint, frais d'agence occasionnés par la recherche d'un logement locatif en

France, frais de garde-meuble dans le pays d'origine, frais de déménagement et de voyage aller et retour, à l'arrivée et au départ pendant une période maximum de deux mois dans chaque cas, frais de scolarité des enfants fiscalement à charge, cours de français pour le salarié détaché et sa famille, voyage annuel (aller-retour) dans le pays d'origine pour le salarié détaché et sa famille, voyage annuel (aller-retour) des enfants scolarisés à l'étranger et fiscalement à charge pour rejoindre leurs parents, voyage d'urgence vers le pays d'origine pour le salarié détaché et sa famille, frais de séjour (à l'hôtel notamment) pendant la période de déménagement pour le salarié détaché et sa famille, loyer supplémentaire éventuellement exposé à l'arrivée et au départ, en cas de double résidence provisoire, frais de gardiennage de la résidence du pays d'origine, frais de dédouanement et droits de douane, frais d'obtention de permis de conduire français, frais de conversion technique des véhicules, frais de carte grise, remboursement des honoraires d'assistance administrative et d'assistance fiscale.

Comme dans le cadre du régime des quartiers généraux, les autres indemnités, telles que remboursement de dépenses personnelles, dépenses d'aménagement de l'appartement et d'achat de matériel électro-ménager, indemnité d'achat de véhicule automobile, etc., restent imposables.

2 – Exonération de la prime d'impatriation

443 L'article 81 B du CGI prévoit, à certaines conditions, l'exonération des suppléments de rémunération liés à l'impatriation.

Cette exonération concerne les *salariés* appelés par une entreprise établie dans un autre État à occuper un emploi dans une entreprise établie en France pendant une période limitée, ainsi que, dans les mêmes conditions, les *mandataires sociaux,* l'expression recouvrant l'ensemble des dirigeants qui, mentionnés à l'article 80 *ter, b*, 1°, 2° et 3° du CGI, leur sont fiscalement assimilés.

Concernant les personnes *appelées* par une entreprise étrangère auprès d'une entreprise établie en France, le dispositif s'adresse, selon l'administration, aux personnes *employées préalablement par une entreprise établie hors de France* avant d'être appelées à exercer leur activité en France. Il ne saurait bénéficier à une personne *recrutée directement à l'étranger* par une entreprise établie en France ou à un salarié venant exercer un emploi en France *de sa propre initiative*. Par ailleurs, l'entreprise établie en France doit posséder des liens, quelle qu'en soit la nature (capitalistique, juridique ou commerciale...), avec l'entreprise d'origine (instr. préc. n°s 16 et 17).

L'entreprise d'origine doit former une *entité juridique existante* à la date de la prise de fonction du salarié ou du mandataire social. Ce peut être un établissement stable. Il est admis que *l'entreprise d'accueil* puisse ne pas exister juridiquement à la date de la prise de fonction, si l'objet de la venue en France de la personne impatriée est la création de cette entreprise.

Les personnes concernées ne doivent pas avoir été *fiscalement domiciliées en France,* de façon ininterrompue, *au cours des dix années* précédant celle de la prise de fonctions dans l'entreprise établie en France. La date de prise de fonctions s'entend de la date à laquelle commence effectivement l'exécution du contrat, soit de travail, soit de mandat social, au sein de l'entreprise située en France. L'administration considère en outre que les personnes concernées doivent fixer leur résidence en France à compter de leur prise de fonctions.

Le projet de loi de finances rectificative pour 2005 prévoit cependant la réduction de dix à cinq ans du délai de non-domiciliation antérieure en France, pour les personnes dont la prise de fonctions en France est intervenue à compter du 1er janvier 2005.

444 L'exonération s'applique aux suppléments de rémunération « directement liés » à la situation d'impatrié (CGI, art. 81 B, I), qualifiés par l'administration de *prime d'impatriation.*

Celle-ci, correspondant aux suppléments de rémunération, en espèces ou en nature, directement liés à l'exercice temporaire par les bénéficiaires de leur activité en France, est exonérée d'impôt pour son montant réel. Ce montant doit apparaître distinctement dans le contrat de travail ou de mandat social des personnes concernées, ou dans un avenant à celui-ci, établi préalablement à la prise de fonctions en France.

Une clause anti-abus (CGI, art. 81 B, II) permet la réintégration dans les bases imposables de l'intéressé de la différence constatée entre la rémunération soumise à l'impôt sur le revenu, compte tenu des exonérations spéciales, et *la rémunération versée au titre de fonctions analogues* dans l'entreprise ou, à défaut, dans des entreprises similaires établies en France.

La rémunération de référence est celle de l'année civile au cours de laquelle a eu lieu la prise de fonctions (avec *prorata temporis*). La comparaison s'effectue sur des rémunérations annuelles imposables nettes. Ne sont toutefois à prendre en compte dans les termes de comparaison que les éléments de rémunération imposables selon les règles applicables aux traitements et salaires dans les conditions du droit commun, à l'exception notamment des sommes versées ou des gains issus des dispositifs d'épargne salariale ou d'actionnariat salarié (y compris les *stock options*).

Selon l'exemple proposé par l'administration, le salarié impatrié disposant d'une rémunération annuelle nette de 200 000 € dont 60 000 € de prime d'impatriation est exonéré pour la totalité de la prime, s'il justifie que la rémunération nette comparable en France est égale ou inférieure à la rémunération nette hors prime qui lui est allouée (140 000 €). L'exonération serait limitée à 50 000 € si le salaire net comparable en France était de 150 000 €.

Pour justifier du respect de cette condition, les intéressés pourront produire une attestation de leur employeur établissant que leur rémunération soumise à l'IR est effectivement au moins égale à celle versée au titre de fonctions analogues dans l'entreprise ou, à défaut, dans des entreprises similaires établies en France.

Le salarié n'a pas à justifier de l'objet de la prime d'impatriation, dès lors que les conditions prévues par l'article 81 B du CGI, y compris celle relative à la limite d'exonération, sont remplies.

Le projet de loi de finances rectificative pour 2005 prévoit d'exonérer également *la part de rémunération se rapportant à l'activité exercée à l'étranger* par les salariés impatriés. Le montant de l'exonération serait limité à hauteur de 20 % de la rémunération imposable. La mesure s'appliquerait pour l'imposition des revenus perçus à compter du 1er janvier 2005.

445 L'exonération s'applique à compter de l'année de prise de fonctions en France et jusqu'au 31 décembre de la cinquième année suivante.

446 Le régime de l'article 81 B du CGI ne remet pas en cause celui des quartiers généraux, mais le cumul de l'un et de l'autre à raison des indemnités liées au surcoût du logement et au supplément d'impôt et de cotisations sociales est bien entendu exclu. Le salarié réunissant les conditions pour bénéficier de l'un et de l'autre doit effectuer une *option irrévocable* pour l'un ou l'autre.

Compte tenu de l'identité de traitement appliqué aux indemnités et remboursement de « frais professionnels » (exonérées de manière générale), et aux « autres indemnités » (imposables), le choix doit s'exercer au regard d'une exonération de l'indemnité différentielle de logement et de *tax equalization* (régime des quartiers généraux) ou d'une exonération de la prime d'impatriation (régime spécial des impatriés), compte tenu de la différence des conditions d'accès à chacun des régimes concernés (notamment en matière de durée de la domiciliation hors de France avant l'impatriation).

3 – Déductibilité des cotisations versées à des régimes étrangers de protection sociale

447 Le régime fiscal de l'impatriation défini par la loi de finances rectificative pour 2003 prévoit par ailleurs (CGI, art. 83) la déduction en totalité des cotisations versées par les salariés impatriés à des régimes *obligatoires* de sécurité sociale dans leur pays d'origine, et, pour partie, des cotisations versées par les salariés et mandataires sociaux impatriés à des *régimes complémentaires* de retraite et de prévoyance dans leur pays d'origine.

448 La déduction des cotisations versées à des régimes obligatoires étrangers n'est pas limitée aux seuls salariés et mandataires sociaux répondant aux conditions prévues à l'article 81 B nouveau du CGI, et concerne toute personne exerçant une activité salariale imposable en France. Elle n'est pas limitée dans le temps.

449 La déduction des cotisations versées aux régimes complémentaires de retraite et de prévoyance est réservée aux salariés et mandataires visés à l'article 81 B du CGI. Elle s'effectue dans les mêmes limites que celles prévues pour les cotisations versées à des régimes complémentaires en France. Elle est subordonnée à la condition que les régimes complémentaires répondent aux conventions fixées soit par la directive 98/49 du Conseil du 29 juin 1998 relative à la sauvegarde des droits à pension complémentaire des travailleurs salariés et non-salariés qui se déplacent à l'intérieur de la Communauté, soit par une convention ou un accord international de sécurité sociale. Elle peut être pratiquée à compter de l'année de prise de fonctions jusqu'au terme de la cinquième année suivante (v. instr. préc. du 21 mars 2005).

450 Ces dernières mesures, améliorant l'attractivité du territoire français, s'inscrivent également dans le cadre d'une amélioration du traitement fiscal des *cotisations de retraite* pour les salariés appelés à exercer leur activité hors de leur pays d'origine. Il n'est pas rare, en effet, que ceux-ci souhaitent continuer de cotiser au régime de retraite de leur pays d'origine. Or, les cotisations versées dans le pays d'origine par une personne exerçant son activité à l'étranger ne sont pas toujours déductibles de son revenu imposable dans le pays d'emploi, non plus d'ailleurs que dans le premier.

L'OCDE a proposé, dans les commentaires sur l'article 18 du modèle tel que révisé en 1992 relatif aux traitements et pensions, que les cotisations versées aux régimes de retraite reconnus dans l'État d'origine soient traitées par l'État d'emploi de la même façon que les cotisations aux régimes de retraite reconnus par lui (Comm. OCDE, art. 18, n° 11).

Certaines des conventions fiscales signées par la France comportent des dispositions ayant un tel objet. L'article 16 du protocole annexé à la convention franco-italienne du 5 octobre 1989 dispose ainsi que « les cotisations payées par ou pour une personne physique qui est un résident d'un État ou qui y séjourne temporairement, à une institution de retraite agréée par les autorités compétentes de l'autre État dont cette personne était précédemment un résident, sont traitées fiscalement dans le premier État de la même façon que les cotisations payées à une institution de retraite reconnue par les autorités compétentes de cet État, si celles-ci acceptent l'agrément obtenu dans l'autre État par cette institution de retraite ». Des dispositions comparables figurent dans les conventions conclues avec le Canada (art. 29-5), les États-Unis (art. 18-2), le Royaume-Uni (art. 25-8), et tendent à se généraliser dans le cadre européen (dispositions conclues ou à conclure avec l'Autriche, l'Espagne, la Suède, la Belgique, le Danemark, l'Irlande, le Luxembourg, les Pays-Bas).

La Commission européenne, pour sa part, a engagé une action en vue de l'élimination des entraves fiscales à la fourniture transfrontalière des retraites professionnelles (cf. Communication du 19 avril 2001, COM(2001)214), estimant que les libertés fondamentales prévues par le traité imposent aux États membres d'accorder l'égalité de traitement aux régimes de retraite gérés par des institutions de retraite établies dans d'autres États membres ; v. ég. Daniel Gutmann, Le traitement fiscal des retraites en Europe. Perspectives comparatives, *DF,* 2002, n° 4, p. 178 et s.

B – Autres éléments du régime fiscal des traitements et salaires des personnels des entreprises étrangères en France

Le régime général des traitements et salaires versés aux personnels, le cas échéant « impatriés », des entreprises étrangères en

France dépend de la situation personnelle du salarié, qui peut être ou non domicilié en France, ainsi que de l'éventuelle application des dispositions d'une convention fiscale.

1 – Salariés domiciliés en France

451 Sous réserve des particularités ci-dessus rappelées, en matière d'imposition des suppléments de rémunération, remboursements et indemnités, les salariés « impatriés » en France et qui, compte tenu des dispositions de la loi française (voir *supra,* n°s 137 et s.) ou, le cas échéant, d'une convention fiscale, doivent être regardés comme domiciliés en France, y sont imposables sur l'ensemble de leur revenu, notamment salarial, de source française comme étrangère (sous réserve, également, du jeu des conventions fiscales).

2 – Salariés non domiciliés

452 Les personnels exerçant temporairement une activité salariée en France, notamment auprès d'un établissement d'une société étrangère, ou d'une filiale française d'une société étrangère ou d'un groupe international, sans pouvoir être regardés comme ayant leur domicile fiscal en France, sont généralement imposables à l'impôt sur le revenu au titre des salaires rémunérant l'activité en France (ainsi que de leurs autres revenus de source française), soit en vertu des dispositions de la loi française en matière de revenus de source française, soit compte tenu des prescriptions des conventions fiscales, qui retiennent communément le principe de l'imposition des salaires dans l'État d'exercice de l'activité. Seules font exception les rémunérations de missions temporaires, imposables par l'État de résidence.

a / Retenue à la source de l'article 182 A du CGI

453 *Retenue à la source.* Dans le cas de traitements et salaires versés en rémunération d'une activité exercée en France à un salarié n'ayant pas son domicile fiscal en France, l'imposition s'effectue par voie de retenue à la source (CGI, art. 182 A).

Celle-ci est applicable quelle que soit la durée d'exercice en France de l'activité, même si le débiteur est domicilié ou établi à l'étranger. En pratique, elle sera exigée dans le cas où le débiteur peut, aux termes de l'article 164 D du CGI, être invité à désigner un représentant en France, ce qui est généralement le cas (*DB,* **5-B-**7124, n° 1, 15 mars 1992).

454 *Base.* La base de la retenue à la source est constituée par le montant net des sommes versées, déterminé conformément aux règles applicables en matière d'impôt sur le revenu, à l'exclusion de celles qui prévoient la déduction des frais professionnels réels.

Sont soumis à la retenue toutes les sommes et tous les avantages alloués ou servis au salarié à l'occasion ou en contrepartie de son travail ou de sa fonction en France, à l'exception des allocations pour frais exonérés. Il y a lieu de retenir non seulement le montant des traitements, indemnités, émoluments et salaires, mais aussi, conformément aux règles de droit commun, tous les avantages en argent ou en nature accordés en sus de la rémunération proprement dite.

Les personnels détachés en France par un employeur établi à l'étranger pour y exercer une activité salariée peuvent demeurer, pendant plusieurs années, en application de la réglementation communautaire ou de conventions sociales internationales, affiliées au régime de protection sociale de leur pays d'origine, et ne paient pas, alors, de cotisations sociales en France.

455 Pour autant, les *cotisations versées à des régimes étrangers de sécurité sociale* n'ont pas été, jusque récemment, regardées comme déductibles du revenu imposable en France.

La Cour administrative d'appel de Paris a ainsi jugé qu'un salarié fiscalement domicilié en Belgique ne peut déduire de ses salaires de source française les cotisations de sécurité sociale obligatoires versées à un organisme belge de sécurité sociale, l'article 39 du Traité CE relatif à la liberté de circulation des travailleurs ne s'opposant pas, en principe, à l'application d'une réglementation imposant un non-résident plus lourdement sur ses revenus qu'un résident occupant le même emploi, dès lors que ces deux catégories de contribuables ne se trouvent pas dans une situation comparable. Il en irait différemment, toutefois, compte tenu de l'interprétation faite du même principe par la Cour de justice des Communautés européennes (cf. CJCE, 14 février 1995, 279/93) dans le cas où le non-résident tirerait son revenu presque exclusivement de l'activité exercée dans l'État d'emploi et ne percevrait pas dans l'État de résidence des revenus suffisants pour y être soumis à une imposition permettant de prendre en compte sa situation personnelle et familiale (cf. CAA Paris, 1er juillet 1999, n° 96-1138, 2e ch., *Van Hecke* ; *RJF,* 12/99, n° 1543).

La portée de cette jurisprudence demandait à être précisée, notamment au regard des *cotisations de retraite,* ouvrant droit ultérieurement à des prestations à caractère de pensions, généralement imposables dans l'État de résidence du bénéficiaire. La Cour de justice des Communautés européennes a certes jugé, dans l'arrêt *Bachmann* du 28 janvier 1992 (aff. C-204/90, *Rec.*, 1992, p. I-249), que les atteintes portées aux principes de libre circulation des travailleurs et de libre prestation des services à l'intérieur de la Communauté par un dispositif subordonnant la déductibilité de cotisations sociales dans un État membre à la condition que ces cotisations soient versées dans cet État pouvaient être justifiées par la nécessité de garantir la cohérence du régime fiscal (voir *supra,* n° 25) ; mais elle a nettement marqué, ultérieurement, les limites d'une telle justification, notamment dans sa décision *Wielockz* (aff. C-80/94, *Rec.*, 1995, p. I-2493), où elle a précisé qu'en présence d'une convention fiscale liant l'État d'emploi à l'État de résidence d'un contribuable, la cohérence fiscale doit s'apprécier au niveau de la réciprocité des règles applicables dans les États contractants. Dans le cas d'une convention réservant le droit d'imposer les pensions, conformément au modèle OCDE, à l'État de résidence, l'État d'emploi du contribuable, où il ne réside pas, ne peut fonder sur sa renonciation au droit d'imposer les prestations de retraite le refus d'admettre la déductibilité des cotisations.

Pour la Commission, visant le cas des régimes de *retraite par capitalisation,* les règles nationales qui subordonnent la déductibilité des cotisations de retraite et d'assurance vie à la condition que ces cotisations soient versées à une institution de retraite établie sur le territoire national sont contraires aux articles 39, 43, 49 et 56 du Traité (cf. la communication précitée du 19 avril 2001 sur *l'élimination des entraves fiscales à la fourniture transfrontalière des retraites professionnelles*). Les États membres doivent veiller à accorder les mêmes déductions fiscales pour les cotisations versées aux institutions de retraite nationales et à celles qui sont établies dans d'autres États membres (comm., p. 14).

Les dispositions de la loi de finances pour 2003, autorisant la déduction, en totalité, des cotisations versées par les salariés impatriés à des régimes *obligatoires* de sécurité sociale dans leur pays d'origine, ont cependant pour effet de réduire la base de la retenue à la source du montant des cotisations déductibles en vertu de l'article 83 du CGI.

Selon l'administration, en revanche, seules les personnes qui remplissent les conditions de l'article 81 B, 1 du CGI peuvent déduire, dans certaines limites, les cotisations versées à des régimes complémentaires de retraite et de prévoyance dans leur pays d'origine. Il faut sans doute en déduire que, selon la doctrine administrative, ces cotisations ne viennent pas en déduction de la base imposable de la retenue à la source, applicable aux seuls salariés non résidents.

456 Les *allocations spéciales pour frais* qui ont été utilisées conformément à leur objet et qui ne font pas double emploi avec la déduction normale de 10 % sont exclues de la base imposable, conformément aux dispositions des articles 81-1° et 83-3° du CGI, applicables également aux salaires servis à des personnes qui ne sont pas fiscalement domiciliées en France.

Pour déterminer la base de la retenue, il convient de faire application, conformément aux dispositions de l'article 182 A du CGI, de la *déduction forfaitaire de 10 %* pour frais professionnels ainsi que, le cas échéant, de la *déduction supplémentaire* (cf. TA Lyon, 13 octobre 1998, n° 88-12056, 4e ch., *Sté Scorpio Production* ; *RJF*, 12/98, n° 1387). Les employeurs qui versent des salaires à des personnes pouvant prétendre à une déduction supplémentaire ont le choix entre deux solutions, pour déterminer la base de la retenue : soit comprendre les allocations spéciales pour frais dans le revenu brut avant application de la déduction normale de 10 % et de la déduction supplémentaire, soit laisser ces allocations en dehors du revenu imposable et n'appliquer que la déduction normale.

Le salaire net de frais ainsi déterminé est ensuite réduit de *l'abattement de 20 %* dont bénéficient, de façon générale, les salariés.

Pour le calcul de la base de la retenue, il y a lieu de faire abstraction des diverses limites prévues par la loi fiscale, en matière de déduction forfaitaire de 10 % (CGI, art. 83-3°, 2e al.), de déductions supplémentaires (CGI, art. 83-3°, 3e al.), minimum de déduction pour frais professionnels (CGI, art. 83-4°, 3e al.), d'application de l'abattement de 20 % (CGI, art. 158-5-*a*, 5e et 6e al.).

Pour tenir compte de ces limites, une régularisation doit être opérée lors de l'établissement de l'impôt sur le revenu dû au titre de l'année d'imposition. Cependant, eu égard au caractère définitif de la retenue à la source portant sur la fraction annuelle des salaires imposables qui est inférieure à la limite d'application du taux de 25 % les contribuables non domiciliés ayant travaillé en France pendant une courte période peuvent se trouver pénalisés en raison de la non-application du minimum de déduction pour frais professionnels. Ceux d'entre eux qui, de ce fait, auraient supporté une retenue supérieure à la somme effectivement due, peuvent obtenir, par voie de réclamation la restitution des droits supportés en trop (*DB*, 5-B-7124, nos 8 à 10, 15 mars 1992).

457 *Taux.* Selon l'article 182 A-III du CGI, la retenue à la source est calculée suivant un barème annuel à trois tranches, auxquelles correspondent les taux de 0 %, 15 % et 25 %.

Les taux de 15 % et 25 % sont réduits à 10 % et 18 % dans les départements d'outre-mer, si l'activité y est exercée.

Lorsque les traitements, salaires, pensions et rentes viagères qui donnent lieu à la retenue à la source sont payés par trimestre, au mois, à la semaine ou à la journée, les limites des tranches du tarif annuel sont divisées par 4, par 12, par 52 ou par 312, de façon à correspondre aux périodes concernées. Un arrêté du ministre chargé de l'économie et des finances fixe chaque année les limites de chaque tranche du tarif de la retenue à la source.

Pour le calcul de la retenue, chaque employeur applique le barème correspondant à la durée pendant laquelle la personne concernée a travaillé pour son compte. Lorsque le salarié n'a pas travaillé à temps complet au cours du mois ou de la semaine, ou lorsque la rémunération n'est pas payée au mois ou à la semaine, il y a lieu d'appliquer le barème journalier au montant de la rémunération divisé par le nombre de jours de travail. Les journées de travail à temps partiel sont comptées pour un jour. Si le salarié travaille de manière concomitante pour plusieurs employeurs, les régularisations doivent être effectuées par voie de rôle.

Pour les revenus de 2005, le taux de 0 % était applicable au dessous d'un revenu net par jour de 33 €, le taux de 15 % à la tranche de revenu net par jour allant de 33 € à 96 €, le taux de 25 % à la fraction du revenu net excédant 96 € par jour.

La retenue à la source dispense le salarié de toute déclaration si sa rémunération imposable n'excède pas la limite à partir de laquelle s'applique le taux de 25 % et s'il ne perçoit pas d'autres revenus passibles de la retenue à la source et impliquant une régularisation par voie de rôle.

Le projet de loi de finances pour 2006 prévoyant une réforme du barème de l'impôt sur le revenu, par intégration de l'abattement de 20 % dans les taux et abaissement de ceux-ci, les taux et limites de la retenue à la source sur les salaires perçus par les non-domiciliés seraient corrélativement adaptés. Selon ce projet de loi (art. 59), les taux de 15 % et 25 % seraient, à compter de l'imposition des revenus de 2006, remplacés par les taux de 12 % et 20 %, et les taux de 10 % et 18 % (départements d'outre-mer) par les taux de 8 % et 14,4 %. Les limites de tranche du barème de la retenue à la source seraient majorées de 25 % (le taux de 12 % s'appliquant au revenu net annuel compris entre 13 170 € et 38 214 €, le taux de 20 % à la fraction du revenu excédant 38 214 €).

458 *Paiement.* La retenue à la source doit être opérée par le débiteur des sommes versées et remise à la recette des impôts du lieu de son domicile ou du siège de l'établissement au plus tard le 15 du mois suivant celui du paiement.

La retenue n'est toutefois ni opérée ni versée au Trésor lorsque son montant n'excède pas 8 € par mois pour un même salarié.

Les débiteurs sont tenus de produire, dans les conditions de droit commun, la déclaration annuelle prévue aux articles 87 et 88 du CGI (déclaration annuelle des salaires et pensions). Cette déclaration mentionne, outre les indications habituelles, le montant de la retenue effectuée.

459 *Imputation - remboursement.* La retenue à la source est *libératoire* de l'impôt sur le revenu pour la fraction nette imposable des traitements, salaires, pensions et rentes viagères qui n'excède pas la limite d'application du taux de 25 % de la retenue par an et par bénéficiaire. Cette fraction n'est pas prise en compte pour le calcul de l'impôt sur le revenu. En contrepartie, la retenue correspondante n'est pas imputable.

Le bénéfice de cette mesure est réservé par l'article 197 B du CGI aux personnes de nationalité française qui n'ont pas leur domicile fiscal en France, mais s'étend bien entendu aux nationaux de pays ayant conclu avec la France un accord comportant une clause de non-discrimination.

La fraction nette imposable des traitements, salaires, pensions et rentes viagères qui excède la limite susvisée doit être prise en compte pour le calcul de l'impôt sur le revenu et la retenue correspondante est *imputable* sur l'impôt dû. Dans le cas où cette retenue ne peut être entièrement imputée sur l'impôt dû, l'excédent peut être *remboursé* lorsque la totalité de la retenue excède l'impôt calculé sur la totalité de la rémunération (cf. art. 44 de la loi n° 93-1353 du 30 décembre 1993 ; voir inst. 23 août 1994, *BOI,* 5-B-19-94).

L'excédent de retenue à la source remboursable est dès lors égal à la différence entre :

— d'une part, le montant de la retenue à la source supportée (au taux de 15 % et de 25 %) sur la totalité des salaires, pensions ou rentes viagères de source française perçus par le contribuable au cours de l'année d'imposition ;
— et, d'autre part, le montant de l'impôt afférent au montant total de ces salaires, pensions et rentes (y compris la fraction de ces

revenus ayant supporté la retenue au taux de 0 % et 15 %) calculé dans les conditions prévues au *a* de l'article 197 A du CGI.

Le remboursement de l'excédent de retenue à la source doit être sollicité par la voie d'une réclamation contentieuse.

460 Ces règles n'ont pas pour effet de limiter l'obligation déclarative des contribuables à la seule fraction nette imposable des salaires (ou pensions et rentes) qui excède la limite d'application du taux de 25 %. Ceux-ci doivent dans tous les cas faire figurer sur la déclaration annuelle de leurs revenus l'intégralité des salaires, pensions ou rentes de source française dont ils ont eu la disposition au cours de l'année d'imposition, ainsi que le montant total de la retenue à la source à laquelle ces revenus ont donné lieu.

Ces renseignements permettent, en ce qui concerne les traitements et salaires, d'apprécier sur la totalité de la rémunération les limites d'application de la déduction forfaitaire de 10 % et le cas échéant d'une déduction supplémentaire pour frais professionnels (CGI, art. 83-3°, al. 2 et 3) ainsi que l'abattement de 20 % ou encore de fixer, s'il y a lieu, le montant des frais réels professionnels correspondant à cette fraction excédentaire et dont le contribuable peut être autorisé à faire état.

461 *Recouvrement - sanctions.* En cas de défaut ou d'insuffisance de versement de la part du débiteur, le comptable de la DGI lui notifie un avis de mise en recouvrement, conformément aux dispositions de l'article L 256 du *LPF*. Le privilège en matière de taxes sur le chiffre d'affaires est applicable.

Les personnes qui se sont abstenues d'opérer la retenue à la source prévue à l'article 182 A du CGI ou qui, sciemment, n'ont opéré que des retenues insuffisantes, sont passibles d'une amende égale au montant des retenues non effectuées (sur le régime de cette amende, v. *DB,* 5-B-7124).

Par décisions du 13 mars 1996 (n° 148038, 8e et 9e s.-s., *Clappier,* n° 165436, 8e et 9e s.-s., *SA Rena Ware Distributeurs, RJF,* 5/96, n° 586), rendues à propos de la retenue à la source prévue à l'article 182 B du CGI, mais transposables au cas de la retenue visée à l'article 182 A, le Conseil d'État a jugé que lorsque le débiteur n'a pas opéré la retenue à la source, l'assiette de l'amende dont il est passible en vertu de l'article 1768 du CGI comprend, en plus de la somme qu'il a effectivement payée au bénéficiaire, un montant égal à l'avantage résultant, pour ce dernier, de ce que la somme reçue n'a pas supporté la retenue.

L'administration, en revanche, n'est pas en droit de notifier à celui qui a perçu les salaires un redressement correspondant au montant de la retenue à la source non effectuée par l'employeur (TA Paris, 18 mars 1999, n° 94-11566, 1re section, 2e ch., Masureel ; *RJF,* 11/99, n° 1315).

462 *Prise en charge de la retenue à la source par le débiteur.* Il arrive que, suite à la conclusion de contrats prévoyant que les revenus de source française doivent être payés nets de toute imposition, la retenue à la source prévue par la loi française soit prise en charge par le débiteur des revenus. Pour la mise en œuvre de telles clauses de *gross up,* la reconstitution du revenu brut théorique assujetti à la retenue à la source est déterminée par la formule A x [B : (100-B)], dans laquelle A représente le montant net contractuel à payer et B, le taux de la retenue à la source applicable.

Dans certains cas, le Code général des impôts interdit expressément la prise en charge de la retenue à la source (cf., en matière d'intérêts, l'article 1678 *quater*). Lorsque une telle prise en charge n'est pas expressément interdite par le texte fiscal (cas de la retenue visée à l'article 182 A), la base de la retenue prise en charge par le débiteur français devrait être recalculée selon la méthode du *gross up,* sans préjudice de l'application des sanctions prévues aux articles 1764 et 1768 du CGI.

Sur cette question, voir P. Donsimoni, La prise en charge, par le débiteur français, de la retenue à la source due au titre de revenus payés à des non résidents ou le régime juridique et fiscal de la clause dite de « gross up », *La Semaine juridique,* éd. Entreprise et affaires, 1998, n° 24, p. 934 et s.)

b / Déductions sur le revenu net global et réductions d'impôt

463 Les dispositions de l'article 164 A du CGI excluent la déduction des charges du revenu global, en ce qui concerne les personnes n'ayant pas leur domicile fiscal en France, qui ne sont imposables que sur une partie de leur revenu d'ensemble, constituée des seuls revenus de source française (voir *supra,* n° 168). Les contribuables non résidents sont de même, sauf exceptions (voir *supra,* n° 169), exclus du bénéfice des réductions d'impôt auxquelles ouvrent droit certaines charges du revenu global.

Ces règles pourraient, dans certains cas, s'avérer contraires au principe communautaire de non-discrimination (cf. l'étude de H. Kruger, Portée du principe de non-discrimination au regard de la jurisprudence européenne récente, *BF,* 2/96, p. 73 ; v. ég.

P. Martin, La portée fiscale des libertés communautaires de circulation : réflexions au regard du droit interne, *DF,* 2000, n° 44, p. 1444 et s.).

La Cour de justice des Communautés européennes, dans l'arrêt *Schumacker* du 14 février 1995 (aff. 279/93, préc. n° 22), a de fait jugé que lorsqu'un non-résident tire la totalité ou la quasi-totalité de ses ressources imposables de l'État où se situe son emploi, sa situation dans cet État est comparable à celle d'un résident, dès lors, en particulier, que l'État où il réside n'est pas en mesure de lui accorder les avantages résultant de la prise en compte de sa situation personnelle et familiale. En l'absence de réglementation interne, il appartient au juge national de fixer le seuil à partir duquel la situation d'un non-résident est comparable à celle d'un résident (v. ég., CJCE, 11 août 1995, aff. C-80/94, *Wielockx, DF,* 1995, n° 40, comm. 1883, concl. P. Léger ; 27 juin 1996, aff. C-107/94, *Asscher, Rec.*, p. I-3089).

La Commission, dans une Recommandation du 21 décembre 1993 (94/79, *JOCE,* 1994, L 39, p. 22, *DF,* 1994, n° 11, comm. 517), a pour sa part indiqué que les personnes ayant une activité dans un État membre, tout en gardant leur résidence dans un autre État membre, devraient bénéficier dans le premier État du même traitement fiscal que les résidents s'ils réalisent dans cet État au moins 75 % de leurs revenus.

Chapitre 7

Fiscalité des implantations internationales d'entreprises françaises

SECTION 1 – FISCALITÉ DES IMPLANTATIONS DE SUCCURSALES À L'ÉTRANGER

464 L'implantation hors de France d'une entreprise française peut d'abord s'effectuer sans le recours à la création d'une personne juridique distincte. De telles exploitations directes hors de France consistent généralement en succursales, mais peuvent être constatées dans toutes les circonstances conduisant à reconnaître une *entreprise exploitée* dans un État étranger ou un territoire situé hors de France au sens de l'article 209-1 du CGI, ou un *établissement stable* au sens d'une convention fiscale.

1 – L'imposition dans le pays d'accueil

465 Le premier aspect de la fiscalité des implantations de succursales à l'étranger est représenté par le régime d'*imposition applicable dans le pays d'accueil.* Ce régime, variable selon chaque juridiction fiscale, peut être corrigé par les prescriptions de la convention fiscale, le cas échéant conclue avec la France.

La fiscalité applicable au *bénéfice* de la succursale française établie dans un État ou territoire situé hors de France constitue un élément central de ce régime d'imposition. La détermination du bénéfice des exploitations étrangères exerçant leur activité sur le territoire d'un État obéit le plus souvent aux mêmes règles que celles applicables à la détermination du bénéfice des entreprises ayant leur siège dans cet État. Dans le cas d'exploitations dépendant de sociétés passibles de l'impôt sur les sociétés, et en présence d'une imposition comparable dans le pays d'accueil, le bénéfice de la succursale française supportera l'impôt sur les sociétés de ce pays, en principe aux mêmes conditions de taux que celles prévues pour les sociétés locales.

Dans certains cas, cependant, des règles particulières d'assiette, ou de taux, pourront être prévues pour les entreprises étrangères. Elles devront être bien entendu compatibles avec les dispositions en matière de non-discrimination relative aux établissements stables, le cas échéant convenues avec le pays de résidence de l'entreprise étrangère.

Dans le cas de l'Union européenne, de telles dispositions particulières ne devront pas contrevenir aux grandes libertés posées par le Traité : la Cour de justice des Communautés européennes a ainsi, par un arrêt du 29 avril 1999, *Royal Bank of Scotland,* jugé discriminatoire l'application à l'établissement stable en Grèce d'une banque du Royaume-Uni d'un taux d'impôt sur les bénéfices supérieur à celui réservé aux sociétés ayant leur siège en Grèce (aff. C-311/97, *Rec.*, p. 2651 ; v. ég. CJCE, 8 juillet 1999, *Société Baxter,* aff. C-254/97, 21 septembre 1999, aff. C-307/97, *Compagnie Saint-Gobain, DF,* 2000, n° 11, chr. P. Dibout, p. 474 et s.). L'État membre lié à un État tiers par une convention fiscale accordant des avantages spécifiques à ses sociétés résidentes doit les étendre aux établissements stables situés sur son territoire des sociétés résidentes d'autres États membres (*Compagnie Saint-Gobain,* préc.).

En Allemagne, un taux spécifique d'imposition, inférieur de quelques points au taux applicable aux bénéfices mis en réserve (50 % au lieu de 56 %, puis 48 % au lieu de 51 %), a longtemps été appliqué aux établissements stables de sociétés étrangères sur leurs bénéfices de source allemande. Ce taux spécifique a été abandonné lorsque le taux d'impôt sur les sociétés applicable aux bénéfices mis en réserve a été fixé à 40 %, l'établissement stable ne pouvant toutefois, dès lors qu'il ne distribuait pas de bénéfices, bénéficier du taux réduit à 30 % applicable aux bénéfices distribués par les sociétés allemandes. La différence de traitement fiscal apparaissant alors entre les établissements stables de sociétés étrangères et, par exemple, les filiales de celles-ci en Allemagne, compte tenu de la différenciation des taux d'imposition selon que celle-ci s'appliquait ou non à des bénéfices distribués, n'était pas d'évidence compatible avec les dispositions du Traité CE. La réforme fiscale issue de la loi du 23 octobre 2000 a mis un terme aux discussions à cet égard, en abandonnant le système du double taux, pour fixer un taux unique de 25 % applicable tant aux bénéfices distribués qu'à ceux mis en réserve, y compris à ceux réalisés par les établissements stables de sociétés étrangères (voir J. Viegener, La réforme fiscale en Allemagne, *DF,* 2000, n° 45-46, p. 1484 et s.).

466 De même que la France procède, en cas de réalisation de bénéfices sur son territoire par une succursale étrangère, à la taxation de la distribution présumée de ce bénéfice, après impôt, à des associés non résidents (CGI, art. 115 *quinquies,* v. *supra,* nos 377 et s.), certaines juridictions fiscales appliquent successivement aux succursales étrangères un impôt sur leur bénéfice, puis un *impôt sur la distribution* présumée de celui-ci.

Le *Tax reform Act* de 1986 a ainsi créé, aux États-Unis, un impôt sur les bénéfices réputés distribués par les succursales américaines à leur siège à l'étranger et sur les versements d'intérêts rattachables à leur activité d'affaires aux États-Unis *(branch tax).* L'assiette de cet impôt est constituée par les bénéfices d'exploitation de la succursale trouvant leur origine dans une activité aux États-Unis, et peut faire apparaître des différences par rapport aux revenus imposables au *corporate income tax.* Le taux de cet impôt est de 30 %, sous réserve des dispositions des conventions fiscales. La convention fiscale franco-américaine du 31 août 1994 (art. 10.7) en autorise l'application dans la limite d'un taux maximum de 5 %. La France accorde un crédit d'impôt correspondant au montant de la *branch tax* payée aux États-Unis.

Les lois fiscales de l'Allemagne, comme des Pays-Bas, entre autres exemples, ne prévoient pas de système de taxation extraterritoriale des dividendes comparable à celui de l'article 115 *quinquies* du CGI. Les conventions fiscales conclues par la France avec ces pays excluent expressément l'application d'une *branch tax,* qui serait d'ailleurs contraire aux principes du droit communautaire, dans le cas d'établissements stables implantés dans un État membre de l'Union européenne d'une société ayant son siège de direction effective dans un autre État membre (v. *supra,* n° 379).

2 – L'incidence d'implantations de succursales à l'étranger sur la détermination du bénéfice imposable en France

467 Sous réserve du cas particulier du régime du bénéfice mondial ou consolidé (*supra,* nos 234 et s.), et de celui des dispositions de l'article 209 B tendant à lutter contre l'usage abusif des régimes fiscaux privilégiés (*supra,* n°s 111 et s.), les bénéfices réalisés dans des entreprises exploitées hors de France par des sociétés ayant leur siège en France se trouvent soustraits à l'application dudit impôt, en vertu du principe de territorialité de l'impôt français sur les sociétés posé à l'article 209-1 du CGI.

L'application des règles de partage du droit d'imposer les bénéfices des entreprises posées par les conventions fiscales conduit à un résultat identique, en ce qui concerne les bénéfices imputables aux établissements stables, à l'étranger, des entreprises françaises.

Compte tenu de la disposition finale de l'article 209-1 précité, selon laquelle les bénéfices passibles de l'impôt sur les sociétés sont déterminés en tenant compte, également, de « ceux dont l'imposition est attribuée à la France par une convention internationale relative aux doubles impositions », les bénéfices d'activités constitutives, au regard de la loi française, d'une entreprise exploitée dans un État étranger, mais ne pouvant être regardées comme imputables à l'activité d'un établissement stable au sens de la convention conclue avec ce pays, pourraient cependant être imposés en France (cas des bénéfices d'activités de chantier, lorsque la convention subordonne la qualification d'établissement stable à une durée spécialement longue).

468 Le fait, pour une entreprise française, de posséder à l'étranger une exploitation, au sens de l'article 209-1 du CGI, ou un établissement stable, au sens d'une convention fiscale, exerce cependant une incidence sur la détermination de son bénéfice imposable en France.

Dans le cas, fréquent, d'entreprises dont l'activité est exercée conjointement en France et à l'étranger, il y a lieu, d'abord, de procéder à une ventilation de ses résultats d'ensemble, tenant compte de la nature des opérations effectuées en France, et hors de France, en vue de la détermination du résultat de l'activité réputée française.

L'exclusion de la base imposable, en France, des bénéfices des succursales étrangères, ensuite, a ensuite pour contrepartie logique la non-déductibilité des charges liées à ces exploitations extérieures, y compris lorsqu'elles sont exposées par le siège.

En dérogation au principe de territorialité, par ailleurs, la loi fiscale a pu offrir aux entreprises françaises certaines possibilités, aujourd'hui très limitées, d'admission en charges déductibles de dépenses liées à leurs implantations à l'étranger, dans le but de favoriser leur développement.

A – La ventilation des résultats de l'entreprise dont l'activité est exercée conjointement en France et à l'étranger

469 Il est fréquent qu'une entreprise possède plusieurs exploitations, les unes en France, les autres à l'étranger, concourant ensemble à la réalisation d'une même activité. Le résultat global doit être considéré, en vue de la détermination de la base imposable en France, pour partie français, et pour partie étranger.

La ventilation des résultats globaux de l'entreprise ne soulève pas de difficultés majeures lorsque les opérations françaises et les opérations étrangères sont nettement distinctes, et qu'en particulier, ces dernières sont imputables à des établissements dotés d'une comptabilité propre. Il en est de même lorsque l'organisation comptable de l'entreprise rend possible l'extraction des éléments propres à chacune des exploitations. Dans ces cas, la ventilation des résultats globaux s'effectuera, sous réserve d'un éventuel contrôle fiscal, sur la base des énonciations de la comptabilité de l'entreprise.

470 *Méthodes forfaitaires de ventilation.* Une ventilation forfaitaire, ou approchée, des résultats d'ensemble de l'entreprise est au contraire nécessaire chaque fois que les conditions de son fonctionnement ou les caractéristiques de sa gestion comptable ne permettent pas de faire un partage précis entre les opérations françaises et étrangères.

L'administration propose deux méthodes forfaitaires de ventilation, la méthode de répartition proportionnelle et la méthode de répartition par comparaison (cf. *DB,* 4-H-1414 du 1 mars 1995, n°s 13 à 24).

La méthode de *répartition proportionnelle* consiste à appliquer aux résultats globaux, ou à certains postes comptables qui n'ont pu être ventilés de manière exacte, un coefficient permettant d'obtenir la part française et la part étrangère de ces résultats.

La fixation de ce coefficient résulte du rapport existant entre deux grandeurs préalablement choisies et exactement connues. L'administration laisse aux entreprises la liberté du choix des grandeurs à retenir. Elle marque cependant une préférence pour la méthode consistant à retenir pour coefficient le rapport existant entre le chiffre d'affaires de l'établissement étranger et le chiffre d'affaires de l'ensemble de l'entreprise.

Le recours à d'autres grandeurs, telles que les dépenses (achats, salaires, etc.), le capital investi, le bénéfice brut réalisé, pourra s'avérer, dans certains cas, plus pertinent.

La méthode de *répartition par comparaison* conduit à dégager le bénéfice imposable en France en comparant l'exploitation concernée à des entreprises similaires, fonctionnant dans les mêmes conditions, et participant au même processus économique.

Cette méthode est plus appropriée, à vrai dire, à l'évaluation du bénéfice imputable à l'établissement, en France, d'une société étrangère. Le bénéfice recherché peut être obtenu en appliquant au chiffre d'affaires de l'établissement, le pourcentage moyen de bénéfice net constaté dans les entreprises comparables. Il est également possible de multiplier le chiffre d'affaires par un coefficient de bénéfice brut, constaté dans les entreprises comparables, et de déduire ensuite les frais généraux de l'établissement.

471 Fondée sur les énonciations de la comptabilité de l'entreprise ou, le cas échéant, sur des méthodes forfaitaires, la ventilation du résultat de l'entreprise dont l'activité est exercée conjointement en France et à l'étranger intéresse à la fois les produits et les charges.

La répartition du *bénéfice* total de l'entreprise doit tenir compte des conditions de fonctionnement de l'entreprise. Dès 1929, le Conseil d'État a jugé nécessaire, à propos d'une entreprise industrielle française possédant un établissement commercial en Algérie, de décomposer le bénéfice d'ensemble en un « bénéfice de fabrication imposable en France », et un « bénéfice de vente imposable pour partie en France et pour partie en Algérie » (25 juillet 1929, n° 87324, *RO,* 5336, p. 436).

L'administration admet, de façon générale, que l'entreprise qui possède une usine de fabrication en France doit y être imposée uniquement d'après le bénéfice provenant de ses opérations de fabrication. Ce bénéfice correspond aux profits que réaliserait ladite usine si elle exportait ses produits à des entreprises indépendantes.

Dans le cas d'une entreprise française possédant des succursales de vente à l'étranger, s'approvisionnant en tout ou partie auprès de la maison mère, le bénéfice imposable en France doit nécessairement comprendre les profits réalisés sur la vente des marchandises fournies aux succursales. Il faut alors procéder comme si ces ventes avaient été conclues avec des tiers dans des conditions normales, et si la comptabilité de l'entreprise française ne permet pas de fixer exactement le montant du bénéfice ainsi réalisé, il y a lieu de le déterminer par comparaison avec des entreprises similaires.

472 En ce qui concerne la ventilation des *frais et charges,* il y a lieu de distinguer entre les dépenses propres à l'établissement et les dépenses exposées par le siège au profit de l'ensemble de l'entreprise.

Les *dépenses propres à l'établissement* situé hors de France, qui lui sont directement imputables, telles que les dépenses de personnel et de direction propres à l'établissement, des achats de marchandises, acquisitions de matériels directement affectés à l'établissement, amortissement des immobilisations sises au lieu d'implantation de l'établissement, etc., sont aisément identifiables. Elles ne sont pas admises en déduction du bénéfice imposable au niveau du siège français.

Les *dépenses exposées au profit de l'ensemble des exploitations de l'entreprise* doivent faire l'objet d'une répartition, pouvant conduire à la réintégration des frais de gestion des succursales étrangères.

473 *Réintégration des frais de gestion des succursales étrangères.* En règle générale, l'exploitation ou l'établissement à l'étranger d'une société française ne dispose pas d'une autonomie totale. Le siège doit souvent apporter son aide à sa succursale étrangère, tant du point de vue financier que du point de vue technique, largement entendu.

Les conventions internationales prévoient ordinairement (cf. l'article 7-3 de la convention franco-américaine du 31 août 1994) la possibilité, en vue de la détermination du bénéfice de l'établissement stable, d'admettre la déduction des « dépenses qui ont un lien raisonnable avec ses bénéfices, y compris les dépenses de direction et les frais généraux d'administration, que ces dépenses soient exposées dans l'État où est situé cet établissement stable ou ailleurs ».

De nombreux États accordent, en l'absence de conventions, une possibilité analogue, parfois enfermée dans certaines limites, aux succursales, sur leur territoire, de sociétés étrangères.

En contrepartie, l'administration fiscale du siège de l'entreprise exige de celle-ci la réintégration, dans son bénéfice imposable, des frais engagés pour la réalisation, par la succursale, d'un profit qui n'est pas imposable dans l'État où est situé le siège de l'entreprise.

Dans le cas de la France, qui fait application de ces principes, et dans la mesure où l'affectation des dépenses communes ne résulte pas des écritures comptables, la part des frais généraux imputable aux succursales étrangères, exclue des frais déductibles pour le calcul des bénéfices imposables en France, peut faire l'objet d'une ventilation au prorata des chiffres d'affaires des succursales à l'étranger, et de l'établissement en France. Cette méthode peut s'appliquer aux frais de gestion, aux frais financiers, aux frais de fusion, aux frais de personnel du siège social (voir *DB,* 4-H-1414, n° 43 du 1er mars 1995, et la jurisprudence citée).

S'agissant des frais financiers, la ventilation peut intéresser, selon la doctrine administrative, les intérêts de dettes obligataires, dans la mesure où ces emprunts n'ont pas été contractés en faveur d'un établissement déterminé ou des seules activités du siège.

La dotation en capital d'un établissement à l'étranger est, pour sa part, regardée comme reflétant une partie du capital de l'entreprise elle-même, pour lequel il n'est pas admis de déduire de frais financiers.

B – Le principe de non-imputation des pertes et déficits subis hors de France

474 Les *pertes et déficits* se rattachant à une exploitation étrangère ne sauraient en principe affecter les résultats de l'entreprise imposable en France.

Cette règle vaut d'abord pour les *déficits* provenant d'exploitations situées hors de France, qui ne peuvent être pris en considération pour la détermination du bénéfice passible en France de l'impôt sur les sociétés (v., par ex., CE, 12 novembre 1969, n° 75410, *RJCD,* Ire partie, p. 288).

Elle est également applicable aux *pertes* affectant *l'actif net de la société imposable* en France, imputables à l'activité exercée hors de France.

Il n'y a pas lieu, à cet égard, de distinguer entre les différentes causes des variations de l'actif net selon que celles-ci sont imputables notamment aux résultats de l'exploitation proprement dite, aux amortissements pratiqués ou aux plus-values ou moins-values constatées.

Une société dont le siège est en France et possédant des succursales en Algérie ne peut ainsi déduire de ses propres résultats, ni les pertes résultant de la destruction d'actif immobilisé en Algérie, ni les pertes provenant du non-recouvrement de créances sur les clients, ni les autres pertes d'exploitation subies par ses succursales algériennes (CE, 25 octobre 1972, n° 91999, *DF,* 1973, n° 22, comm. 843, concl. Mehl).

Une société française possédant un établissement stable en Allemagne n'est pas davantage fondée à déduire de son bénéfice imposable des pertes de change se rapportant aux remboursements d'un emprunt effectué pour les besoins de ses activités en Allemagne (CE, 18 mars 1985, n° 38036, *DF,* 1985, n° 26, comm. 1210).

C – Le régime des abandons de créance consentis par le siège à l'établissement stable

475 La doctrine administrative étendait le principe d'exclusion de l'imputation sur le bénéfice imposable d'une société française des pertes et déficits rattachables à des exploitations directes hors de France, aux différentes formes *d'aides* ou *abandons de créance* consentis à des succursales étrangères, y compris dans le cadre d'une gestion commerciale normale.

Elle justifiait cette position, distincte de celle adoptée dans le cas des rapports d'une société française avec une filiale (voir *infra,* n°s 491 et s.) ou toute autre entreprise établie hors de France et possédant une personnalité juridiquement indépendante de la sienne, précisément par le défaut de personnalité juridique, et d'autonomie patrimoniale par rapport au siège, de la succursale (cf. *DB,* 4-H-1414 du 1er mars 1995, n° 48).

476 Cette analyse, accordant une attention privilégiée à *la forme juridique* de l'implantation, pouvait trouver l'appui d'un certain nombre de décisions du juge fiscal.

Les transferts de fonds entre le siège et l'établissement, dans cette approche, se trouvent assimilés aux apports ou prélèvements que fait l'entrepreneur individuel dans la caisse de son entreprise. Le Conseil d'État a appliqué cette analyse aux subventions d'exploitation versées par une société américaine à son établissement français, qui ont ce caractère d'apports, et ne constituent pas des recettes de l'établissement (CE, 18 mars 1985, n° 38036, *DF,* 1985, n° 26, comm. 1210). La perte de créances d'une société française sur son établissement étranger doit être regardée comme la perte d'une dotation faite audit établissement. Elle n'est pas déductible du bénéfice imposable en France (CE, 20 novembre 1974, n° 85191, *RJF,* II, p. 160, et 14 novembre 1984, n° 40368, *DF,* 1985, n° 9, com. 434, concl. Bissara).

De façon générale, en concluait la doctrine administrative, l'impossibilité d'avoir une créance ou une dette sur soi-même s'oppose à la constatation de la perte ou de la charge, ou à la dotation d'une provision (RM à M. Barbier, *JOAN,* 23 septembre 1996, p. 5054, n° 31552).

La jurisprudence a cependant marqué quelque hésitation, dans les années 1980, au regard de la question précise des abandons de créance présentant le caractère d'aides. Le juge fiscal a d'abord admis dans les mêmes termes la déductibilité d'aides consenties à des *filiales* ou à des *succursales* hors de France, à titre exceptionnel, lorsque ces entités traversaient, temporairement, une situation particulièrement difficile (CE, 14 mars 1984, n° 33188, *DF,* 1984, n° 30, comm. 1416, concl. Racine, 20 décembre 1985, n° 46390, *DF,* 1986, n° 20-21, comm. 991, concl. Racine). Il a paru ensuite accepter d'en asseoir plus généralement le bien-fondé sur l'intérêt commercial propre de l'entreprise française, dont l'activité en France peut être affectée par des pertes à l'étranger (CE, 2 mars 1988, n° 49054, *RJF,* 4/88, *DF,* 1988, n° 42, comm. 1919-1920, note G. Tixier et T. Lamulle).

477 Une position plus nette a été exprimée par le Conseil d'État dans l'arrêt *Société Télécoise,* rendu le 16 mai 2003 (CE, Sect., n° 229956, *DF,* 2003, n°s 30-35, comm. 582, concl. M.-H. Mitjaville, *RJF,* 7/03, n° 823), et abondamment commenté (v. notamment N. Chahid-Nouraï, Abandon de créance à caractère commercial entre siège français et succursale étrangère, *BGFE,* 4/03, p. 21 et s. ; G. Gest, Télécoise, réelle avancée ou décision à contre-courant ?, *L'Année fiscale 2004,* p. 284 et s. ; B. Gouthière, Le Conseil d'État précise la portée du principe de territorialité de l'IS, *FR,* n° 26-03, p. 23 à 25 ; L. Olléon, Territorialité de l'impôt : des trous dans le mur, *RJF,* 7/03, chr., p. 571 et s.).

Le Conseil a d'abord relevé qu'eu égard aux différences juridiques existant entre une succursale et une filiale et tenant notamment à ce qu'une succursale n'a pas de personnalité morale, les règles relatives à la prise en compte, pour l'imposition dont le siège est en France, des aides qu'elle apporterait à une filiale dont le siège est à l'étranger ne sont pas applicables aux aides qu'une telle société apporte à une succursale implantée à l'étranger. Etait par là écartée la transposition pure et simple au cas des succursales étrangères du régime jurisprudentiel défini en matière d'abandons de créance consentis à des filiales étrangères (v. *infra,* n°s 493 et 494).

Pour autant, n'a pas été exclue toute déductibilité, pour une société française, des pertes résultant des aides apportées à une succursale à l'étranger. Le Conseil d'État a en effet admis que, si la succursale entretient avec le siège des *relations commerciales* favorisant *le maintien et le développement des activités en France* de la société, celle-ci peut déduire de ses résultats imposables les pertes, subies ou régulièrement provisionnées, résultant des aides apportées à la succursale dans le cadre de ces relations.

Le mécanisme des abandons de créance est ainsi étendu aux relations entre le siège et l'établissement stable étranger qui, s'il ne dispose pas de la personnalité morale, est doté d'une « personnalité fiscale » (cf. les conclusions de Mme Mitjaville). Mais l'intérêt propre de l'exploitation française, justifiant la déduction de l'abandon de créance sans contourner l'interdiction de faire remonter les déficits en France, ne peut être ici constaté que dans le cadre des relations commerciales entre le siège et sa succursale étrangère. Seule peut être envisagée la déductibilité d'abandons de créance à caractère commercial, non celle, admise pour les filiales, d'abandons de créance à caractère financier.

Plus précisément, la déductibilité de l'abandon de créance est limitée au cas des aides consenties en vue du maintien et du développement de l'activité exploitée en France, lesquels génèrent un profit taxable en France, de sorte que serait préservé le principe de territorialité de l'impôt sur les sociétés. Le critère de la déductibilité, à vrai dire non exempt d'incertitudes, réside dans « l'impact escompté sur l'activité de l'exploitation française » (Mme Mitjaville, concl. préc.).

La jurisprudence *Télécoise* a pu être analysée comme « révélatrice d'une approche essentiellement juridique de la question des rapports entre le siège et les établissements étrangers d'une société française » (Guy Gest, chr. préc.), demeurant éloignée de l'approche essentiellement économique qui tend à prévaloir dans les conceptions récentes de l'attribution de bénéfices aux établissements stables qui s'expriment dans le cadre des travaux de l'OCDE (cf. le Rapport de référence sur l'attribution de bénéfices aux établissements stables, OCDE, 2001).

On pourrait également y voir, en présence d'une succursale située dans un État membre de l'Union européenne, une différence de traitement entre filiales et succursales incompatible avec le droit communautaire (cf. B. Gouthière, commentaire préc.).

D – Les régimes d'aide à l'implantation de succursales à l'étranger

478 *Le régime des provisions pour implantations à l'étranger (rappel)*. Par exception au principe de territorialité de l'impôt sur les sociétés, les articles 39 *octies* A-II et 39 *octies* D du CGI autorisaient, sous certaines conditions, les entreprises françaises à déduire de leurs résultats imposables certaines pertes ou dépenses liées à des opérations d'implantation à l'étranger. Ce régime dit de provisions pour implantations commerciales, industrielles, agricoles ou de services à l'étranger intéressait tant les implantations par voies de filiales que celles réalisées dans le cadre d'établissements. Il a été supprimé à compter du 1er janvier 2004 par la loi de finances rectificative pour 2003 (v. *infra*, nos 515 et s.)

E – Les obligations fiscales et comptables des sociétés exerçant partiellement leur activité à l'étranger

479 Conformément aux dispositions de l'article 38 *terdecies* A de l'annexe III au CGI, les sociétés qui exercent partiellement leur activité à l'étranger sont tenues de produire deux séries de tableaux normalisés à l'appui de leur déclaration de résultat :

— la première série regroupe les éléments comptables concernant l'ensemble des activités exercées, quelle que soit leur localisation ;
— la seconde mentionne les éléments afférents aux seules opérations dont le résultat est imposable en France au sens de l'article 209-1 du CGI.

En ce qui concerne les tableaux de la seconde série, le total du bilan figurant sur les tableaux à caractère fiscal doit être identique à celui du bilan comptable. En conséquence, les éléments actifs et passifs qui sont rattachables aux activités exercées hors de France doivent être extournés des postes correspondants.

En vue d'assurer la concordance avec le total du bilan, le montant total des postes ainsi extournés doit être compris respectivement dans les comptes de régularisation actif et passif. La ventilation des comptes de régularisation doit être annexée aux tableaux à caractère fiscal.

Les autres tableaux fiscaux ne doivent mentionner que les opérations courantes ou exceptionnelles qui participent à la réalisation des résultats imposables en France.

Il est rappelé que les entreprises dont le chiffre d'affaires excède 15 M€ HT et celles qui relèvent de la Direction des grandes entreprises (cf. CGI, ann. III, art. 344-0 A) sont tenues de procéder à la *transmission électronique* des déclarations de résultats et de leurs annexes.

3 – Les aspects fiscaux des situations triangulaires

480 Les situations triangulaires, fréquentes dans les secteurs de la banque ou de l'assurance, sont celles qui mettent en présence trois États. Des intérêts, dividendes ou redevances, ainsi, peuvent trouver leur source dans un premier État (S), être payés à un établissement stable situé dans un autre État (P) d'une société résidente d'un troisième État (R).

De telles situations soulèvent différentes questions, notamment celle de savoir si, dans un contexte conventionnel, l'État de la source doit appliquer la convention passée avec l'État du siège de l'entreprise, ou bien celle conclue avec l'État de situation de l'établissement stable, ou encore celle de savoir si l'État de situation de l'établissement stable doit accorder un crédit d'impôt au titre de l'impôt payé dans l'État de la source.

L'OCDE a ajouté en 1992 un nouveau commentaire à ceux relatifs à l'article 24 du modèle, qui traite de la non-discrimination, tendant à un traitement de la question de la retenue à la source par référence à la convention fiscale signée entre l'État de la source et l'État de la résidence. L'OCDE invite d'autre part à la reconnaissance d'un droit au crédit d'impôt au bénéfice de l'établissement stable, conformément au principe de non-discrimination, en vue d'éliminer les doubles impositions qu'il pourrait subir, cette solution ne faisant pas, toutefois, l'objet d'un consensus.

L'établissement stable, de fait, n'est généralement pas regardé comme une « personne » au sens des conventions fiscales, et ne peut être considéré comme un résident au regard de celles-ci. Lorsque le revenu est imposé à la fois par l'État de la source (S) et par l'État de situation de l'établissement (P), la double imposition ne peut être éliminée par ce dernier que sur la base d'une prescription conventionnelle conforme à celle visée à l'article 24-3 du modèle OCDE (clause de non-discrimination applicable aux établissement stables), conduisant à appliquer dans l'État P un crédit d'impôt égal à celui que cet État accorde aux entreprises résidentes recevant des revenus de l'État S. Un élément résiduel de double imposition subsisterait si le crédit d'impôt accordé par l'État P était inférieur à la retenue à la source pratiquée par l'État S.

En ce qui concerne l'impact des situations triangulaires au regard du traitement fiscal des revenus dans *l'État de résidence* de la société, il diffère selon le régime d'imposition des bénéfices appliqué par celui-ci. Dans le cas d'un régime de bénéfice mondial, les bénéfices de l'établissement stable étranger entrent dans la base imposable, dans l'État de résidence (R) de la société dont il dépend. Sur le fondement de la convention conclue avec l'État de la source (S), l'État R pourrait accorder un crédit d'impôt, sauf de sa part à considérer qu'il appartient au seul État d'accueil de l'établissement stable (P) d'éliminer la double imposition. *La France* appliquant, en droit commun, un régime de territorialité, les produits payés à l'établissement stable situé dans un autre État (P) d'une société française ne sont pas imposables en France. La question du crédit d'impôt ne trouve pas à s'y poser.

On rappelle (voir *supra,* n° 278) que le droit communautaire, tel qu'interprété par la Cour de justice, fait obligation à l'État membre lié à un État tiers par une convention fiscale ouvrant droit à des avantages spécifiques en faveur des sociétés résidentes d'étendre ces avantages aux établissements stables de sociétés résidentes d'autres États membres implantés sur son territoire (v. 21 septembre 1999, aff. C-307/97, *Cie Saint-Gobain,* préc.).

4 – La distribution du bénéfice des exploitations étrangères

481 Si les bénéfices des exploitations directes hors de France des sociétés françaises ne sont pas, en droit commun, imposables dans notre pays, leur distribution reste soumise aux impositions applicables aux revenus de capitaux mobiliers, conformément aux dispositions de l'article 110, alinéa 2 du CGI.

Lorsqu'elles *bénéficient à des personnes n'ayant pas leur domicile fiscal,* ou leur siège *en France,* ces distributions donnent lieu à l'application de la retenue à la source de 25 % prévue à l'article 119 *bis*-2 du même Code, sous réserve des dispositions des conventions fiscales. Cette retenue à la source « de sortie », cependant, se calcule sous déduction du crédit d'impôt représentant l'impôt de distribution perçu hors de France (retenue à la source « d'entrée »).

Les distributions de bénéfices de succursales étrangères échappent au contraire à toute retenue à la source lorsque leurs bénéficiaires sont *domiciliés en France.*

482 Entrant dans la base imposable à l'impôt sur le revenu, ou, le cas échéant, à l'impôt sur les sociétés, dû par un bénéficiaire domicilié en France, ces distributions ouvraient droit, jusqu'à l'intervention de la réforme du régime français des distributions (loi de finances pour 2004), à un *avoir fiscal,* dès lors qu'étaient réunies les conditions prévues par la loi pour son bénéfice.

On sait que l'avoir fiscal répondait à un souci d'atténuation de la double imposition économique atteignant un même revenu – le bénéfice de l'entreprise –, d'abord au niveau sociétaire (impôt sur les sociétés), ensuite au niveau des associés (impôt sur le revenu ou, à nouveau, impôt sur les sociétés). Or, dans le cas de distribution de bénéfices provenant d'exploitations directes hors de France, qui n'entrent pas dans la base de l'impôt sur les sociétés, la double imposition économique n'était pas constituée, du moins dans le cadre de la juridiction fiscale française.

C'est pourquoi la distribution de bénéfices provenant d'exploitations situées hors de France, n'ayant pas supporté l'impôt sur les sociétés, entraînait l'exigibilité du *précompte mobilier* (applicable, de façon générale, en cas de distribution de profits qui n'avaient pas supporté l'impôt sur les sociétés au taux de droit commun, ou de résultats de toute nature provenant d'exercices clos depuis plus de cinq ans), destiné à compenser l'avoir fiscal. Le précompte était égal à 50 % des distributions qui y donnaient ouverture.

Si l'avoir fiscal est demeuré égal à 50 % des sommes nettes distribuées lorsque son utilisateur était une *personne physique,* son taux a été progressivement réduit lorsque l'utilisateur était une *personne morale,* pour être fixé à 10 % par la loi de finances pour 2003 (n° 2002-1575 du 30 décembre 2002, art. 19), en ce qui concernait les crédits d'impôt utilisés à compter du 1er janvier 2003. L'avoir fiscal demeurait toutefois fixé à 50 % des sommes distribuées lorsqu'il était destiné à être utilisé dans le cadre du régime mères et filiales.

Lorsque le *précompte* avait été acquitté par la société distributrice, *l'avoir fiscal* calculé au taux de 10 % (crédits d'impôts utilisés à compter du 1er janvier 2003) était majoré d'un montant égal à 80 % du précompte versé par la société distributrice, afin de corriger l'excès de prélèvement effectué au titre du précompte.

Dans le cas de distributions faites à un actionnaire résident d'un État lié à la France par une convention fiscale, d'un État anciennement membre de la Communauté, ou d'un territoire d'outre-mer, le précompte était restitué au bénéficiaire des dividendes, sous déduction de la retenue à la source prévue à l'article 119 *bis*-2 du CGI, appliquée au montant des sommes remboursées, et réserve faite des cas où le bénéficiaire pouvait prétendre au transfert de l'avoir fiscal.

483 La loi de finances pour 2004 (n° 2003-1311 du 30 décembre 2003, art. 93 et 95) a profondément modifié le régime fiscal français des distributions. L'avoir fiscal et le précompte ont été supprimés. Un nouveau régime d'atténuation de la double imposition économique a été institué, en faveur des distributions revenant aux personnes physiques.

La *suppression du précompte* mobilier concerne les distributions mises en paiement à compter du 1er janvier 2005, et notamment celles trouvant leur origine dans des bénéfices réalisés dans des succursales étrangères, non imposables en France compte tenu du principe de territorialité de l'impôt sur les sociétés.

À titre de mesure de transition, la loi de finances pour 2004 a cependant prévu l'application d'un *prélèvement exceptionnel de 25 %* aux distributions mises en paiement au cours de l'année 2005. Le prélèvement temporaire, dont l'économie est proche de celle du précompte, présente cependant un caractère non définitif, puisque constituant une créance sur le trésor imputable par tiers sur l'impôt sur les sociétés dû au titre des trois exercices suivant la mise en distribution, l'excédent étant restituable, également par tiers.

À l'avenir, les distributions, à des personnes domiciliées en France, de bénéfices d'exploitations directes à l'étranger, exempts d'impôt sur les sociétés, s'effectueront donc indépendamment de l'application de tout prélèvement fiscal au niveau de la société distributrice. Bénéficiant d'une distribution non amputée par le précompte, les actionnaires ne disposeront plus, en contrepartie, de l'avoir fiscal.

Les actionnaires, *personnes physiques* domiciliées en France, pourront en revanche bénéficier du nouveau dispositif d'atténuation de la double imposition économique, reposant sur un principe d'imposition *en demi-base* (abattement de 50 % sur le montant des dividendes distribués), assorti de l'application de l'abattement préexistant (1 220 € ou 2 440 € selon la situation de famille du contribuable), et de celle d'un crédit d'impôt (50 % des dividendes, plafonné à 115 € ou 230 € selon la situation de famille du contribuable).

Le projet de loi de finances pour 2006 prévoit cependant (art. 60) qu'à compter des revenus de 2006, et pour tenir compte de la modification du barème de l'impôt sur le revenu, les dividendes seront imposés sur 60 % de leur montant au lieu de 50 % (demi-base), l'abattement fixe de 1 220 € ou 2 440 € selon le cas étant porté à 1 525 € ou 3 050 €.

484 Le traitement fiscal des bénéfices d'exploitations à l'étranger d'entreprises françaises doit également prendre en compte les caractéristiques du *dispositif fiscal des pays d'accueil* de ces exploitations.

Selon les cas, le pays d'implantation de la succursale d'une société française est, ou non, lié à la France par une convention fiscale, cependant que sa législation prévoit, ou non, l'application d'une *retenue à la source* sur les bénéfices réalisés par les sociétés étrangères.

L'hypothèse la plus simple est celle dans laquelle le pays d'accueil n'a pas signé de convention contre la double imposition avec la France, et n'applique pas de retenue à la source sur les bénéfices des sociétés étrangères. La société française réalisant un bénéfice dans ce pays, pourra en distribuer le montant, net de l'impôt étranger sur les bénéfices des sociétés, désormais hors paiement du précompte.

Si, au contraire, la législation du pays d'accueil prévoit l'application d'une retenue à la source sur les bénéfices réalisés par les sociétés étrangères, la société française ne va percevoir qu'un montant de bénéfice (après impôt local sur les sociétés) net de cette retenue à la source. La distribution s'en trouvera amoindrie, mais sans que cette pénalisation, depuis la réforme du régime français des distributions, soit aggravée par l'application du précompte.

485 Les *conventions fiscales* internationales peuvent apporter des correctifs à ce schéma.

Dans le cas de pays, liés à la France par convention, mais dont la législation ne prévoit pas de retenue à la source sur les bénéfices après impôt des sociétés étrangères, la distribution, par la société française, du bénéfice provenant d'un tel pays va s'opérer comme en l'absence de convention.

Dans le cas de pays qui, comme la France, pratiquent l'imposition extra-territoriale des distributions, c'est-à-dire appliquent en principe une retenue à la source sur les bénéfices réalisés par les sociétés étrangères, les conventions fiscales peuvent prévoir l'*exemption,* totale ou partielle, de la retenue à la source, ou encore son application, mais assortie de l'octroi d'un *crédit d'impôt* en faveur de la société étrangère.

486 Beaucoup des conventions fiscales signées entre la France et les pays africains anciennement membres de la Communauté conservent un dispositif complexe de partage des revenus soumis aux impôts de distribution, et d'attribution à la société française réalisant des bénéfices dans une succursale africaine, d'un crédit d'impôt fictif, censé correspondre à l'application, par l'État africain, de son impôt de distribution.

Ces conventions, si elles posent en principe que les revenus des valeurs mobilières sont imposables à la source dans l'État contractant où la société distributrice a son siège social, n'excluent pas que l'autre État contractant perçoive, lorsque la société distributrice exerce ses activités sur son territoire, son propre impôt de distribution. Mais, pour prévenir les risques de double imposition, les conventions prévoient un partage des revenus soumis aux impôts de distribution entre l'État du siège des sociétés distributrices et l'autre État contractant sur le territoire duquel se trouvent des établissements stables de ces sociétés.

Cette répartition repose sur la comparaison entre les bénéfices comptables réputés réalisés dans l'État où la société n'a pas son siège (terme A) et le bénéfice comptable total de la société (terme B). L'État dans lequel la société n'a pas son siège peut appliquer son impôt de distribution sur la part de bénéfice local réputée être incluse dans le dividende distribué par la société française, dégagée du rapport $\frac{A}{B}$.

Les mêmes conventions, d'autre part, prévoient un mécanisme de crédit d'impôt au profit des sociétés ayant leur siège en France, et distribuant des bénéfices provenant d'exploitations situées dans l'autre État contractant.

Ce crédit d'impôt peut être supérieur à l'impôt effectivement prélevé à la source. Il est le plus souvent déterminé par l'application de la formule, déjà évoquée (*supra,* n° 341) dite de la « décote africaine » : $\frac{100 - (t + 25)}{2}$, dans laquelle t représente le taux de l'impôt de distribution perçu dans chacun des États partenaires de la France.

Par une interprétation administrative libérale des prescriptions conventionnelles, la décote forfaitaire peut être appliquée, non seulement à la part du bénéfice distribué assujettie à l'impôt de distribution local, mais aussi à l'autre part du bénéfice (*DB,* 4-K-1211 du 1er novembre 1995, n° 17).

487 Le crédit d'impôt prévu, le cas échéant, par une convention fiscale, pour compenser l'application, par l'État où se trouve implantée l'exploitation directe d'une société française, d'un impôt de distribution sur les bénéfices réalisés par cette exploitation, *ne peut cependant être imputé sur l'impôt sur les sociétés,* puisque les bénéfices de l'exploitation étrangère n'y sont pas, par principe, assujettis.

Jusqu'à la récente réforme du régime fiscal des distributions, ce crédit d'impôt était en revanche imputable sur le *précompte* dû par la société française en cas de distribution des bénéfices de source étrangère.

Ne pouvant faire l'objet d'une telle utilisation, depuis la suppression du précompte, le crédit d'impôt correspondant à la retenue à la source « d'entrée » peut cependant venir en *déduction de la retenue à la source « de sortie »* appliquée par la France dans le cas de *distribution à un non-résident* (v. *infra,* n° 501).

SECTION 2 – FISCALITÉ DES IMPLANTATIONS DE FILIALES À L'ÉTRANGER

Dans le droit commun de l'impôt sur les sociétés, les résultats des filiales étrangères des sociétés françaises ne sont pas pris en compte dans la détermination du bénéfice imposable de celles-ci. Cette exclusion résulte à la fois du principe de territorialité, et de celui selon lequel les bénéfices sont imposables au niveau de chaque exploitation individualisée par une personnalité juridique propre.

L'implantation de filiales à l'étranger, comme celle de succursales, peut toutefois exercer une incidence sur le résultat imposable de la société mère française. L'encaissement et la redistribution, par celle-ci, des dividendes provenant de ses filiales étrangères sont l'objet de règles fiscales particulières.

1 – L'incidence d'implantation de filiales à l'étranger sur la détermination du résultat imposable de la société mère française

A – Principes généraux

488 Le bénéfice réalisé par la filiale, implantée dans un pays étranger, d'une société française est imposable dans ce pays, dont elle est résidente, conformément aux prescriptions de sa législation fiscale. Dans le cadre du régime de droit commun de l'impôt français sur les sociétés, il n'est pas compris dans la base imposable de la société mère française.

Le résultat fiscal de celle-ci, cependant, peut être affecté par les relations existant entre elle et sa filiale étrangère.

Le principe de territorialité, d'abord, ne fait pas obstacle à ce que les dividendes versés par une société étrangère à sa société mère française entrent dans la base de l'impôt sur les sociétés. Mais l'application, à ce cas particulier, du régime général des « sociétés mères-filiales », conduit à une exemption presque complète de ces dividendes.

Les rapports établis entre la société mère française, d'une part, et sa filiale étrangère, d'autre part, sont tributaires de la dissociation de leurs personnalités juridiques. Ce sont des rapports contractuels. Les transferts de biens, ou de services, entre la mère et la filiale, doivent normalement donner lieu à contrepartie financière, sous forme de paiement de prix, de versement d'intérêts, de paiement de redevances.

Comme dans le cas de transactions opérées avec des entreprises indépendantes, les créances acquises sur la filiale, les intérêts, redevances, ou paiements divers reçus en contrepartie d'avances, de prêts ou de services rendus, contribuent à la formation du produit brut imposable de la société mère. Mais la nature particulière des relations entre ces personnes morales dépendantes l'une de l'autre peut justifier une correction des règles ordinaires de détermination du bénéfice imposable de la société mère.

489 Cette correction peut d'abord intéresser les *produits* de l'entreprise.

L'administration fiscale s'appliquera, à cet égard, à rechercher d'éventuels transferts indirects de bénéfices à l'étranger, qui pourraient être réalisés par la société mère, à la faveur des opportunités offertes par le contrôle qu'elle exerce sur sa ou ses filiales étrangères, par le biais de ventes à prix minorés, de l'octroi d'avances ou de prêts sans intérêt ou à intérêts réduits, d'abandons de créances, etc.

Sur la base de dispositions spécifiques de la loi, particulièrement de l'article 57 du CGI, ou de l'application, à ces relations, de théories, de portée plus générale, telles que celle de l'acte anormal de gestion, les sommes alors réputées irrégulièrement transférées à l'étranger pourront être réintégrées dans le bénéfice imposable de la société mère et fiscalement traitées, le cas échéant, comme des revenus distribués.

490 Les liens particuliers entre la société mère française et sa filiale étrangère exercent ensuite une incidence sur la détermination des *charges déductibles* du bénéfice imposable en France.

De même que le siège d'une société assure un certain nombre de tâches pour le fonctionnement des succursales, de même une société mère se trouve-t-elle conduite à organiser des services communs à l'ensemble du groupe, ou à effectuer des opérations particulières pour le fonctionnement d'une filiale. Se pose alors la question de la répartition des coûts correspondants entre la société mère et ses filiales étrangères.

Les administrations fiscales étrangères admettent généralement la déduction du bénéfice imposable localement d'une partie des frais engagés par la société mère pour le fonctionnement de sa filiale locale. L'administration fiscale française, pour sa part, admettra la déduction de la base imposable de la société mère des coûts devant effectivement rester à sa charge, mais procédera à la réintégration de tous frais engagés pour le fonctionnement de filiales étrangères.

Les discordances le cas échéant constatées, dans le cas de rapports entre sociétés résidentes de pays liés entre eux par une convention fiscale, pourront donner lieu, en vue de leur règlement, à l'engagement d'une procédure amiable. Une facturation soigneuse, par la société mère française, des services rendus aux filiales étrangères doit être en tout cas pratiquée, afin d'éviter la constitution de doubles impositions économiques.

Certains paiements effectués par une société mère française à une filiale étrangère ayant son siège dans un État ou territoire à régime fiscal privilégié pourraient d'autre part se trouver exclus du droit à déduction, s'ils entraient dans les prévisions de l'article 238 A du CGI.

B – Le régime fiscal des abandons de créance consentis aux filiales étrangères

491 *Provisions pour dépréciation de titres de participation* La considération du principe de territorialité, et de celui de l'imposition séparée des entités juridiques distinctes, a longtemps fait obstacle à la prise en compte, au niveau de la société mère française, des pertes d'une filiale étrangère autrement qu'au moyen d'une provision pour dépréciation de titres de participation.

La constatation de pertes régulières et importantes chez la filiale autorise la constitution d'une telle provision, dès lors que peut être établie une dépréciation réelle des titres par rapport à leur prix de revient. La provision pour dépréciation de titres de participation est soumise au régime fiscal des moins-values à long terme, et peut seulement s'imputer, par conséquent, sur les plus-values à long terme de l'exercice ou des dix exercices suivants.

Conformément aux dispositions de l'article 39-1-5°, 16e et 17e alinéas du CGI, la provision éventuellement constituée par une entreprise en vue de faire face à la dépréciation d'une participation dans une filiale implantée à l'étranger n'est toutefois admise sur le plan fiscal que pour la fraction de son montant qui excède les sommes déduites en application des articles 39 *octies* A et 39 *octies* D du CGI (provisions pour implantations industrielles ou commerciales à l'étranger, voir *infra* nos 409 et s.) et non rapportées au résultat de l'entreprise. L'entreprise doit donc réintégrer dans son résultat fiscal à hauteur du montant de la provision pour implantation à l'étranger qui est inscrite à son bilan à raison d'une filiale étrangère, la provision pour dépréciation précédemment constituée à raison de cette même filiale. En outre, si le montant des dotations à la provision pour implantation à l'étranger qui figurent au bilan de l'entreprise française à raison d'une filiale étrangère est supérieur à celui de la provision pour dépréciation des titres de cette filiale, l'entreprise ne peut pas déduire de son résultat fiscal la fraction des dotations complémentaires à cette dernière provision qui ne porte pas celle-ci à un montant supérieur à celui de la provision pour implantation à l'étranger (v. *DB,* 4-E-5552, nos 147 et 148, 26 novembre 1996).

Le régime des provisions pour implantations industrielles ou commerciales à l'étranger a été supprimé par la loi de finances rectificative pour 2003, mais demeure néanmoins applicable aux implantations commerciales effectuées jusqu'au 31 décembre 2003, ainsi qu'aux implantations industrielles, agricoles ou de services, dans le cas des entreprises qui ont déposé une demande d'agrément jusqu'à la même date.

Pour tenir compte de l'exonération des plus-values de cession de titres de participation prévue par la loi de finances rectificative pour 2004, par ailleurs, le projet de loi de finances pour 2006 prévoit de limiter la déductibilité des provisions pour dépréciation des titres de participation au montant des moins-values latentes nettes à la clôture de l'exercice. La fraction des dotations aux provisions sur ces actifs, correspondant aux plus-values latentes sur des actifs de même nature serait rendue non déductible.

492 Mais la question s'est posée de savoir si des pertes ou déficits d'exploitations indirectes à l'étranger pourraient être pris en considération de manière plus significative dans le résultat imposable de la société mère française, en dehors de l'application d'un régime d'imposition dérogatoire, par la voie de la constitution de provisions pour créances douteuses ou pour risques afférents aux exploitations étrangères, ou par la déduction des *abandons de créance* ou autres formes de secours financiers consentis aux filiales étrangères (abandons de créance proprement dits, conditions tarifaires particulières, prise en charge de frais, etc.).

La jurisprudence rendue à cet égard marque une profonde évolution, non exclusive d'hésitations, des analyses du juge fiscal.

493 Traditionnellement, celui-ci faisait interdiction à une société française d'admettre en charges déductibles de son bénéfice imposable des dépenses ou pertes liées aux activités de ses exploitations, directes ou indirectes, hors de France, dès lors que ces dépenses ou pertes n'étaient pas engagées pour l'acquisition ou la conservation d'un produit imposable. C'est en fait l'articulation logique entre le principe de territorialité, excluant du champ d'application de l'impôt les bénéfices des exploitations hors de France, et le corps de principes généraux gouvernant la déductibilité des charges des entreprises, qui conduisait à refuser aux sociétés françaises la déduction des dépenses de leurs activités à l'étranger. L'exclusion de la déductibilité était confortée, dans le cas de charges ou pertes liées à l'activité de filiales, par la règle d'imposition séparée des entités juridiques distinctes.

Ces strictes conséquences du principe de territorialité ont été bien résumées dans la décision du Conseil d'État du 25 octobre 1972 (Plénière, n° 81999 et 82309, *DF,* 1973, n° 22, comm. 843, concl. Mehl.), mettant un terme provisoire à certains errements antérieurs, et selon laquelle « lorsqu'une société dont le siège est en France exerce hors de France une activité industrielle ou commerciale distincte, elle ne peut pas tenir compte, pour la détermination du bénéfice imposable en France à l'impôt sur les sociétés, des variations de l'actif net imputables à des événements ou opérations qui se rattachent à l'activité exercée hors de France », sans qu'il y ait lieu de distinguer entre « les différentes causes de variation de l'actif net, selon que celles-ci sont imputables notamment aux résultats de l'exploitation proprement dite, aux amortissements ou aux plus-values ou moins-values constatées ».

Les rigueurs de la territorialité, au regard de la « remontée » vers la base imposable en France, de charges ou pertes liées à des exploitations hors de France, ont été, par la suite, considérablement atténuées dans le cas d'exploitations par voie de *filiales.*

Cette évolution trouve son origine dans les décisions du Conseil d'État en date des 30 avril 1980 (Plénière, n° 16253, *DF,* 1980, n° 30, comm. 1642, *RJF,* 6/80, p. 265 et concl. Martin Laprade, p. 246.) et 27 novembre 1981 (n° 16814, *DF,* 1982, n° 31, comm. 1630, *RJF,* 1982, n° 1, p. 8, concl. J.-F. Verny), admettant, hors le cas d'actes anormaux de gestion, la déductibilité par une société mère de l'abandon de créance consenti à une filiale, dans la mesure où l'abandon n'augmente pas la valeur de sa participation, sans même cette restriction lorsque l'abandon a été consenti pour des raisons exclusivement commerciales.

Cette jurisprudence a été systématisée par l'administration, dans une instruction du 22 août 1983 (*BODGI,* 4-A-7-83), distinguant entre les abandons de créance à caractère *commercial,* consentis à une filiale pour préserver des débouchés ou conserver des sources d'approvisionnement, déductibles chez la société mère sous réserve qu'ils s'inscrivent dans le cadre d'une gestion normale, et les abandons de créance à caractère *financier,* déductibles dans la limite de la situation nette négative de la filiale, ou à concurrence de sa situation nette positive représentative de la participation des autres associés. L'administration n'établissait pas de discrimination, pour l'application de ce régime, fondée sur la localisation, en France ou hors de France, de la filiale bénéficiaire de l'abandon.

Deux arrêts du Conseil d'État des 14 mars 1984 (n° 33188, *DF,* 1984, n° 30, comm. 1416, concl. Racine) et 20 décembre 1985 (n° 46390, *DF,* 1986, n° 20-21, comm. 991, concl. Racine) devaient au contraire témoigner de la forte réticence du juge à admettre, eu égard au principe de territorialité de l'impôt sur les sociétés, la déductibilité des aides consenties par les sociétés françaises à leurs exploitations *étrangères.* De telles aides déductibles, que leur objet soit commercial ou financier, exposait alors la Haute Assemblée, ne peuvent être apportées « qu'à titre *exceptionnel,* lorsque (les) *filiales ou succursales* traversent, temporairement, une situation particulièrement difficile... ».

Le Conseil devait ensuite se raviser et admettre, par une décision du 30 mars 1987 (Plén., n° 52754, *DF,* 1987, n° 30, comm. 1434, note G. Tixier et X. Rohmer, *RJF,* 5/87, n° 489, concl. Martin Laprade, p. 262), la déductibilité d'aides à caractère *commercial* consenties par une société française à sa filiale étrangère, dès lors qu'elles revêtent le caractère d'actes de gestion commerciale normaux.

La déductibilité des aides à caractère *financier,* regardée par certains magistrats du Conseil comme contraire au principe de territorialité (cf. concl. préc. de M. Martin Laprade sous CE, 30 mars 1987), est restée durablement incertaine. Elle a été en définitive admise par une décision *SA Les Éditions Jean-Claude Lattès* du 11 février 1994 (n° 119726, *RJF,* 4/94, n° 396 ; v. ég. CAA Paris, 2 février 1995, n° 89-891, 3e Ch., *RJF,* 4/95, n° 462), depuis laquelle il n'y a plus lieu de distinguer, en ce qui concerne les aides consenties par les sociétés françaises à leurs *filiales* selon qu'elles ont un caractère national ou international, ou un objet commercial ou financier. Seul doit être pris en compte, pour apprécier le caractère déductible ou non d'un abandon de créance, son caractère *normal* ou anormal. L'avantage consenti à une filiale étrangère est déductible s'il est justifié par « une *gestion normale de l'ensemble des intérêts propres* de l'entreprise exploitée en France » qui consent l'abandon.

494 Au terme de cette évolution jurisprudentielle, il apparaît acquis qu'au moyen d'un abandon de créance, une société française peut déduire de son résultat imposable une charge ou perte liée à une exploitation hors de France, alors même que l'abandon consenti n'a pas pour contrepartie directe la réalisation d'un profit taxable, dès lors qu'il s'inscrit dans le cadre d'une gestion normale de l'ensemble des intérêts propres de l'entreprise exploitée en France.

Le recours fait à la notion *d'intérêts propres de l'entreprise* qui consent l'abandon de créance mérite attention. Il se justifie par la nécessité, pour préserver le respect dû aux règles posées à l'article 209-1, ou encore par les conventions fiscales, de rattacher les aides déductibles à l'activité exercée en France. Il ouvre cependant des perspectives d'imputation, sur le bénéfice imposable en France, de charges ou pertes liées à des implantations extérieures, qui, à considérer cette référence isolément, seraient à peu près sans limites.

On perçoit aisément, en effet, l'intérêt propre, pour une entreprise française, soucieuse de conserver ses débouchés ou ses sources d'approvisionnement extérieurs, comme son renom ou sa propre santé financière, de s'assurer non seulement de la pérennité de ses filiales commerciales étrangères, mais encore de leur prospérité. Aussi la seule considération de l'intérêt propre de l'entreprise française ne saurait, bien entendu, fonder un droit, pour elle, à la déduction de charges normalement imputables à ses filiales hors de France. L'identification d'un intérêt propre de l'entreprise française n'est ici pertinente qu'appliquée au cas d'une opération de cette entreprise elle-même, ayant le caractère d'une *aide* apportée à une filiale.

L'abandon de créance consenti par une société française, dans son intérêt propre, n'est autrement dit déductible que dans la mesure où il consiste en une *aide* accordée à sa filiale, qui doit en conséquence en éprouver le besoin.

Un abandon de créances et des avances sans intérêt consentis par une société française à ses filiales italiennes sont déductibles lorsque ces avantages ont été accordés pour permettre à ces filiales de revenir à l'équilibre, de fixer la concurrence italienne et de s'appuyer sur la compétitivité des produits de ces filiales pour atteindre le marché nord-américain (TA Nantes, 23 janvier 2004, req. n° 99-5190, *SA Multimixing, DF,* 2004, n° 47, comm. 846). La circonstance que les décisions d'abandons ont été prises dans le but d'assurer sa croissance externe n'est pas étrangère à l'intérêt de la société (même déc.).

En revanche, les avances sans intérêt consenties par une société aux dirigeants de filiales étrangères dans le seul but d'acquérir une participation au capital de ces sociétés ne constituent pas des mesures prises dans l'intérêt de l'entreprise. Ne relevant pas d'une gestion normale, elles caractérisent un transfert indirect de bénéfices au sens de l'article 57 du CGI (TA Nantes, 23 janvier 2004, préc.).

La contrepartie dont bénéficie la société mère doit être proportionnée à l'avantage qu'elle consent (v. par ex. CE, 26 novembre 1982, n° 24360, *DF,* 1983, n° 22, comm. 1127, concl. P. Bissara).

Bien que la jurisprudence fiscale n'ait pas fixé avec précision le *quantum* des abandons de créance déductibles, il est permis de considérer que la déductibilité d'un abandon de créance consenti à une filiale en situation *bénéficiaire* ne saurait être justifiée sur le terrain des aides, et que la répétition prolongée d'aides au bénéfice d'une même filiale étrangère, en situation de déficit structurel, ne saurait être valablement regardée comme une pratique *normale* d'entreprise.

Dès lors qu'elle est strictement cantonnée au domaine des aides aux exploitations étrangères en difficulté, la jurisprudence en matière d'abandons de créance n'apporte qu'une atténuation limitée au principe de territorialité de l'impôt sur les sociétés. Elle est néanmoins plus sensible que celle qui était prévue par le législateur dans le cadre du régime des provisions pour implantations à l'étranger (articles 39 *octies* A et D du CGI), supprimé par la loi de finances rectificative pour 2003, n° 2003-1312 du 30 décembre 2003 (art. 31). V. *infra,* n°s 515 et s.

C – Incidences fiscales du transfert de siège à l'étranger

495 En règle générale, une société n'a d'existence qu'en tant qu'entité créée dans le cadre de l'ordre juridique d'un État déterminé. Le transfert de son siège dans un autre État entraîne sa dissolution et la création d'une nouvelle personne morale dans l'État d'accueil.

Sur le plan fiscal, le transfert à l'étranger d'une société française passible de l'impôt sur les sociétés détermine en principe les conséquences fiscales de la cessation d'entreprise (CGI, art. 221-2). Il en résulte l'imposition immédiate des bénéfices d'exploitation dégagés depuis le début de l'exercice en cours, celle des plus-values latentes sur éléments d'actif (immobilisations, stocks) et de tous les bénéfices en sursis d'imposition (provisions, plus-values dont la taxation a été différée). Si le transfert du siège s'accompagne, comme il est de règle générale, d'une perte de la personnalité morale de la société, les associés sont imposables sur le boni de liquidation, comme pour une dissolution.

La loi de finances pour 2005 n° 2004-1484 du 30 décembre 2004 a introduit une exception à ces règles en assurant (art. 34) la neutralité fiscale du transfert de siège d'une société française dans un autre État membre de l'Union européenne, qu'il s'accompagne ou non de la perte de la personnalité morale.

Fondée sur la nécessité d'une mise en conformité de la loi française avec les principes du droit communautaire, notamment celui de la liberté d'établissement (cf. la décision de la CJCE du 11 mars 2004 *de Lasteyrie du Saillant*, v. *supra*, n° 202, jugeant contraire au droit communautaire l'*exit tax* qui était exigée des personnes physiques par l'article 167 *bis* du CGI en cas de transfert de domicile fiscal vers un autre État membre de l'UE), ainsi qu'avec le règlement relatif à la société européenne et les dispositions fiscales qui étaient attendues (cf. la directive 2005/19 du 17 février 2005, *JOUE*, L 58 du 4 mars 2005), le nouveau dispositif législatif (CGI, art. 221-2, 3e al.) conduit à écarter la taxation immédiate des bénéfices en sursis d'imposition et des plus-values latentes, en cas de transfert du siège vers un État de l'Union européenne (mais non des autres États membres de l'EEE).

Dans le cas d'un transfert limité au siège, les éléments d'actif demeurant en France devraient caractériser la présence d'un établissement stable d'une société étrangère, soumis à l'impôt sur les sociétés dans les conditions qui étaient celles de la société elle-même, avant le transfert de siège. Les plus-values le cas échéant constatées à l'occasion de cessions ultérieures d'actifs seront imposées dans les conditions du droit commun.

En revanche, si le transfert du siège s'accompagne du *transfert d'actifs* dans le pays d'accueil, les plus-values afférentes au transfert devraient être immédiatement imposables, le transfert se traduisant par une sortie de l'actif du bilan de l'entreprise imposable à l'impôt sur les sociétés en France (voir cependant D. Gutmann, Chronique de fiscalité européenne, *L'Année fiscale 2005,* p. 390).

2 – Le traitement fiscal des dividendes de filiales étrangères encaissés par une société française

496 *Régime des sociétés mères.* La législation fiscale française comporte traditionnellement un dispositif d'élimination de la double imposition économique *a priori* constituée par la succession de l'impôt atteignant le bénéfice réalisé par une société, puis de l'impôt atteignant le résultat d'une société détenant une participation dans la première, ledit résultat incluant les dividendes reçus de celle-ci. Le régime fiscal des sociétés mères défini aux articles 145, 146-2 et 216 du CGI tend à effacer cette double imposition lorsque la participation qui est à l'origine du flux de dividendes reçus d'une société permet à la société participante d'exercer une certaine influence sur la gestion de la société distributrice, compte tenu de l'importance des titres détenus et de leur durée de détention.

Le régime des sociétés mères est ouvert aux produits des participations détenues dans des filiales étrangères.

L'article 145-1 c du CGI réserve le bénéfice du régime spécial aux titres de participation souscrits à l'émission, ou aux titres que la société mère s'est engagée à conserver pendant deux ans au moins.

L'article 9-III de la loi n° 2000-1352 du 30 décembre 2000 (loi de finances pour 2001) a modifié les conditions d'application du régime des sociétés mères tenant à l'importance de la participation, pour la détermination des résultats imposables des exercices clos à compter du 31 décembre 2000.

Le dispositif précédemment applicable prévoyait que, pour ouvrir droit au régime des sociétés mères, la participation détenue par la société participante devait représenter au moins 10 % du capital de la société émettrice ou avoir un prix de revient au moins égal à 150 millions de francs.

La réforme assurée par la loi de finances pour 2001 a comporté la suppression du seuil en valeur absolue de 150 MF et l'abaissement à 5 % du seuil proportionnel de détention du capital de la filiale.

Selon les dispositions de l'article 145-1-*b* du CGI, tel qu'issu de cette réforme, le bénéfice du régime spécial est désormais subordonné à une condition unique de détention d'une participation d'au moins 5 % du capital de la société émettrice, quel que soit par ailleurs le montant du prix de revient de la participation.

Par exception, le seuil en valeur de 22,87 millions d'*euros* a été rétabli en ce qui concerne les participations détenues par les entités de certains groupes bancaires mutualistes (cf. art. 58 de la loi de finances rectificative pour 2000, n° 2000-1353 du 30 décembre 2000).

Les seuils de détention s'apprécient à la date de mise en paiement des dividendes. La condition de détention s'apprécie en prenant en compte les seuls titres complets, à savoir les titres conférant à la fois un droit de vote et un droit à dividende.

Supposant l'exercice d'une *option* par la société qui entend en bénéficier, le régime des sociétés mères permet de retrancher du résultat imposable le produit des participations y ouvrant droit, sous réserve de la *réintégration d'une quote-part des frais et charges* afférents aux produits de participation exonérés, portée à 5 % du total de ces produits, crédit d'impôt compris, par la loi de finances pour 1999.

Compte tenu de la suppression de l'avoir fiscal à compter de 2005, seuls sont à comprendre dans l'assiette de la quote-part afférente aux exercices clos à compter du 1er janvier 2005 les crédits d'impôt attachés aux produits de filiales étrangères résidentes de pays liés à la France par une convention fiscale.

497 Les dividendes provenant de filiales étrangères reçues par la société mère française, et qui entrent dans les prévisions du régime des sociétés mères, se trouvant, dans le cas d'option pour le régime spécial, exempts d'impôt sur les sociétés *(déduction revenu sur revenu),* les crédits d'impôt le cas échéant attachés à ces distributions *ne peuvent* bien entendu *s'imputer sur l'impôt sur les sociétés* dû à raison des autres revenus.

498 *Dividendes exclus du régime des sociétés mères.* Dans le cas où, compte tenu, notamment, de la modification des conditions d'application du régime des sociétés mères, une société française détiendrait une participation substantielle dans le capital d'une filiale étrangère (par exemple supérieure à 22,87 millions d'*euros*), mais n'atteignant pas le seuil en pourcentage requis pour le bénéfice du régime spécial, les dividendes reçus de cette filiale se trouveraient soumis au régime de droit commun applicable à ces produits.

En règle générale, lorsqu'ils sont encaissés par une entreprise assujettie à l'impôt sur les sociétés, ces revenus entrent dans les bases de l'impôt pour leur montant net encaissé (montant brut perçu, déduction faite de l'impôt étranger), et n'ouvrent pas droit à crédit d'impôt. Ce régime d'imposition, fixé par la loi fiscale française, peut être toutefois corrigé par le jeu des *conventions fiscales.*

Quelques-unes des conventions conclues par la France réservent le droit d'imposer les dividendes à l'État de la résidence du bénéficiaire (voir *supra,* n° 307). Ce dernier, en un tel cas, peut obtenir le dégrèvement de la retenue pratiquée, le cas échéant, dans le pays d'origine du dividende. Le montant du dégrèvement constitue alors un complément de revenu imposable dans l'État de la résidence.

La plupart des conventions fiscales, appliquant les recommandations de la convention modèle de l'OCDE, prévoient un partage du droit d'imposer les dividendes, entre l'État de la résidence du bénéficiaire, et celui de la source du revenu, dans la limite, pour celui-ci, d'un taux fixé par la convention.

En ce qui concerne les produits de portefeuille, encaissés par un bénéficiaire détenant une participation inférieure à un pourcentage lui-même fixé par une disposition conventionnelle, le prélèvement maximum susceptible d'être effectué par l'État de la source est en règle générale limité à 15 % du montant brut des dividendes.

Dans le cadre du partage conventionnel du droit d'imposition des dividendes, l'imposition pratiquée dans l'État de la source ouvre droit, pour le bénéficiaire, à un *crédit d'impôt,* en principe égal au prélèvement à la source effectué dans le pays d'origine, dans la limite du taux maximum d'imposition autorisé par la convention au profit de ce pays.

Attaché à des dividendes non admis au bénéfice du régime des sociétés mères, encaissés par une société assujettie à l'impôt sur les sociétés, le crédit d'impôt est imputable *sur l'impôt sur les sociétés* dû au titre de l'année ou de l'exercice auquel se rattachent les dividendes concernés, dans la limite de la fraction de l'impôt français sur les sociétés correspondant aux revenus donnant lieu à imputation *(imputation impôt sur impôt).*

Le crédit d'impôt effectivement imputable constitue normalement un revenu imposable, qui doit être ajouté aux produits y ouvrant droit, les revenus mobiliers de source étrangère étant alors imposables pour leur montant brut.

Il est toutefois admis, sauf certaines exceptions, que les revenus mobiliers encaissés par les personnes morales passibles de l'impôt sur les sociétés soient pris en compte dans la base dudit impôt pour leur montant net, c'est-à-dire compte non tenu des crédits d'impôt. La somme à imputer sur l'impôt sur les sociétés est dès lors égale, pour un taux normal d'impôt sur les sociétés de 33 1/3 %, à

66 2/3 % des crédits d'impôt (*DB,* 4-H-5411 du 30 octobre 1996, n°s 50 à 52).

L'éventuel excédent de crédit d'impôt imputable, par rapport à l'impôt dû, n'est ni reportable ni restituable.

En cas de résultats *déficitaires,* les crédits d'impôt auxquels peuvent prétendre les entreprises passibles de l'impôt sur les sociétés ne peuvent ainsi être imputés et ne peuvent faire l'objet de remboursements. Les entreprises se trouvant dans cette situation sont admises à faire figurer en charge déductible l'impôt supporté à l'étranger, mais cette opportunité est en tout état de cause utilisée dans le cas de comptabilisation des revenus de valeurs mobilières étrangères pour leur montant net.

3 – La redistribution des dividendes de filiales

A – Incidence de la suppression de l'avoir fiscal et du précompte

499 Lorsque les distributions de dividendes par les sociétés françaises ouvraient droit à l'avoir fiscal, la redistribution par une société des produits de filiales qui, ayant bénéficié du régime des sociétés mères, n'avaient pas supporté l'impôt sur les sociétés, entraînait en principe l'exigibilité du *précompte mobilier.*

Le régime de faveur des sociétés mères comportait cependant un système de déduction « impôt sur impôt », par lequel le précompte se trouvait diminué des crédits d'impôt et avoirs fiscaux attachés aux produits de participations encaissés au cours des exercices clos depuis cinq ans au plus (CGI, art. 146-2). Les sociétés mères pouvaient dès lors imputer sur le précompte exigible lors de la redistribution de produits de filiales ayant leur siège dans un État lié à la France par une convention fiscale, ou encore dans un territoire d'outre-mer ou dans un des États de l'ex-Communauté, le montant des crédits d'impôts attachés à ces produits ou de la décote en tenant lieu.

Dans les autres cas, les dividendes étaient soumis au précompte pour leur montant net d'impôt étranger.

La suppression de l'avoir fiscal (v. *supra,* n° 483) s'est accompagnée de celle du précompte mobilier, lequel n'est plus applicable pour les distributions mises en paiement à compter du 1er janvier 2005.

Pour les distributions mises en paiement en 2005 par une société mère de ses produits de participation exonérés d'impôt sur les sociétés, cependant, est prévue l'application d'un *prélèvement exceptionnel de 25 %* (v. *supra,* n° 483).

Les avoirs fiscaux et crédits d'impôt attachés aux produits de participation ayant bénéficié du régime des sociétés mères et filiales encaissés au cours des *exercices clos depuis cinq ans* au plus sont admis en paiement du prélèvement (cf. instr. préc. du 28 avril 2005, n° 28). Ultérieurement, les avoirs fiscaux et crédits d'impôt non utilisés tomberont en non-valeur.

B – Redistributions à des actionnaires domiciliés hors de France

1 – Retenue à la source

500 Dans le cas de redistribution à des actionnaires domiciliés à l'étranger, les dividendes font en principe l'objet de la retenue à la source au taux de 25 % prévue par les articles 119 *bis*-2 et 187 du CGI.

Lorsque les produits distribués par la société mère bénéficient à des personnes résidentes d'un État lié à la France par une convention fiscale, il y a cependant lieu de tenir compte des dispositions de cette convention, qui peut prévoir l'exonération totale, ou le plus souvent partielle de la retenue à la source.

Dans ce dernier cas, le taux maximum de retenue à la source applicable fixé par la Convention varie généralement selon que le bénéficiaire des distributions détient ou non une participation substantielle, précisée par la convention, dans la société distributrice. Le taux maximum de retenue à la source applicable aux dividendes de filiales est le plus souvent fixé à 5 %.

La directive 90/435 du 23 juillet 1990 a supprimé, on le rappelle, toute retenue à la source entre sociétés mères et filiales d'États membres de l'Union européenne (v. *supra,* n°s 396 et s.).

501 Par ailleurs, la société française distributrice peut *imputer* sur la retenue exigible les *crédits d'impôts* trouvant leur origine dans les impositions établies à l'étranger, dans les conditions et limites fixées par les conventions fiscales, sur les produits mis en paiement par les filiales étrangères (de même que sur les bénéfices réalisés par les sociétés mères dans leurs succursales étrangères).

La somme à imputer doit être ajoutée au montant brut des revenus distribués pour la liquidation de la retenue au taux de 25 %, ou à un taux réduit.

Le droit à imputation de chaque actionnaire non domicilié en France, par rapport au total des crédits d'impôt, est proportionnel à sa part dans les bénéfices distribués au titre du même exercice. Ce droit ne peut excéder 25/75 du montant brut des produits distribués.

2 – Atténuation de la double imposition économique

502 *Ancien régime (rappel).* Un nombre significatif des conventions fiscales conclues par la France (47 en 2003) comportent, on le rappelle, une clause faisant bénéficier les résidents des États ou territoires concernés du *transfert de l'avoir fiscal.* L'avoir fiscal ainsi transféré, tant qu'il a été applicable, était assimilé à un complément de dividende soumis, comme le dividende proprement dit, à la retenue à la source au taux fixé par la convention.

L'attribution de l'avoir fiscal excluait toute prise en compte de crédits d'impôt pour la liquidation de la retenue à la source, ainsi que tout remboursement du précompte payé en France par la société mère.

L'évolution législative avait cependant conduit, dans les dernières années d'application de ce régime, à une différenciation des conditions de sa mise en œuvre. L'avoir fiscal est demeuré, jusqu'à sa suppression, fixé à la moitié des sommes effectivement versées par la société distributrice lorsque son utilisateur était une *personne physique.*

Dans le cas d'actionnaires *non-résidents, personnes physiques,* détenant directement leurs titres, la réforme prévue par la loi de finances pour 2004, a eu pour effet d'exclure le *droit au remboursement* de l'avoir fiscal, à compter du 1er janvier 2006, pour les dividendes mis en paiement à compter du 1er janvier 2005. Le paiement de l'avoir fiscal à de tels actionnaires pouvait être encore effectué en 2005 à raison des dividendes distribués jusqu'au 31 décembre 2004.

Lorsque l'utilisateur de l'avoir fiscal était une *société,* le cas échéant non résidente, le régime de l'avoir fiscal variait en fonction de la participation de cette société, le *taux* de l'avoir fiscal ayant été progressivement *réduit* (jusqu'à 10 % selon la loi de finances pour 2003) pour les sociétés ne remplissant pas les conditions mises au bénéfice du régime des sociétés mères.

Les sociétés non résidentes ayant droit, sous réserve du prélèvement de la retenue à la source prévue par la convention, à un avoir fiscal d'un montant égal à celui qui leur aurait été attribué si elles avaient été résidentes de France, pouvaient en principe prétendre à un *avoir fiscal égal à 50 %* du montant des dividendes reçus, lorsqu'à la date de mise en paiement des dividendes elles possédaient une *participation d'au moins 5 %* dans le capital de la société distributrice. Dans beaucoup des conventions fiscales conclues avec la France et prévoyant le transfert de l'avoir fiscal, celui-ci était cependant exclu dans le cas où le bénéficiaire de la distribution était une société détenant une participation d'au moins 10 % du capital de la société distributrice.

Par ailleurs, le transfert de l'avoir fiscal était subordonné, dans les conventions fiscales pertinentes, à l'imposition effective des dividendes et de l'avoir fiscal correspondant. Il ne pouvait donc être autorisé lorsque la législation interne de l'État dont la société qui reçoit les dividendes est résidente prévoyait une exonération des dividendes.

Dans le régime d'atténuation de la double imposition économique reposant sur la combinaison de l'avoir fiscal et du précompte, le *précompte* afférent aux dividendes encaissés par des personnes ou des sociétés ayant leur siège ou leur résidence dans un pays ayant conclu avec la France une convention fiscale était remboursé aux bénéficiaires de ces dividendes, sauf le cas où ceux-ci avaient droit à l'avoir fiscal.

En l'absence de convention fiscale, ni l'avoir fiscal ni le précompte versé ne pouvaient faire l'objet d'une restitution.

La suppression de l'avoir fiscal prévue par la loi de finances pour 2004 s'est appliquée pour les personnes morales aux crédits d'impôt utilisables à compter du 1er janvier 2005. Les sociétés étrangères ont donc cessé de bénéficier du transfert de l'avoir fiscal à compter de cette date.

Compte tenu de la suppression concomitante du précompte, les dispositions conventionnelles en matière de remboursement du précompte acquitté par la société française distributrice sont sans effet depuis le 1er janvier 2005, aucun remboursement de précompte ne pouvant être effectué à compter de cette date.

503 *Régime issu de la loi de finances pour 2004.* La suppression, par la loi de finances pour 2004 (n° 2003-1311 du 30 décembre 2003, art. 93 et 95) du régime d'atténuation de la double imposition économique reposant sur le mécanisme de l'avoir fiscal, s'est accompagnée de la mise en place d'un nouveau dispositif ayant le même objet, comportant (voir *supra,* n°s 151, 483) l'application d'un abattement de 50 % sur le montant des dividendes distribués, celle de l'abattement préexistant (1 220 € ou 2 440 € selon la situation de famille du contribuable), et celle d'un crédit d'impôt (50 % des dividendes, plafonné à 115 € ou 230 € selon la situation de famille du contribuable).

Voir *supra,* n° 483, les aménagements prévus par le projet de loi de finances pour 2006.

Ces mesures d'atténuation de la double imposition économique, cependant, concernent exclusivement les *personnes physiques.*

Le nouvel article 158-3 du CGI, instituant un abattement de 50 % sur les dividendes distribués, ne comporte pas de précision relative aux bénéficiaires. L'abattement apparaît néanmoins réservé aux seuls contribuables ayant leur *domicile fiscal en France* (cf. l'instruction du 11 août 2005, *BOI,* 5-I-2-05, qui expose les conditions d'éligibilité à la demi-base sous l'intitulé « distributions perçues par des personnes physiques *résidentes* à compter du 1er janvier 2005 »).

En ce qui concerne le *crédit d'impôt* égal à 50 % des revenus imposés, retenu dans les limites de 115 € (célibataires, divorcés ou veufs) ou 230 € (contribuables mariés), l'article 200 *septies* du CGI précise qu'il concerne les contribuables qui ont leur domicile fiscal en France.

Il peut faire l'objet d'une restitution aux actionnaires personnes physiques non résidentes, dans les conditions et limites précédemment exposées (v. *supra,* n° 170). Cet avantage est évidemment de portée plus modeste que celui qui s'attachait au transfert de l'avoir fiscal.

4 – Le traitement fiscal des autres produits provenant des filiales

A – Intérêts

504 *Intérêts d'obligations.* L'article 120 du CGI énumère, parmi les revenus des valeurs mobilières émises hors de France, les intérêts, arrérages et autres produits des obligations des sociétés ayant leur siège social à l'étranger, ou des organismes publics étrangers.

Au point de vue du droit fiscal interne, ces produits se trouvent donc soumis au même régime que les dividendes de source étrangère.

Encaissés par une entreprise exploitée en France, au bilan de laquelle figurent les valeurs ou titres qu'ils rémunèrent, les intérêts d'obligations de source étrangère entrent dans la base imposable de cette entreprise pour leur montant brut, diminué des retenues à la source le cas échéant pratiquées dans le pays d'origine. Ils n'ouvrent pas droit à crédit d'impôt.

Ceux de ces intérêts provenant de pays liés à la France par une convention fiscale bénéficient toutefois de dispositions particulières.

505 Certaines conventions contre la double imposition conclues par la France prévoient l'exonération de retenue à la source, dans le pays d'origine, des intérêts perçus par un résident de France. Celui-ci peut alors obtenir de l'administration étrangère le dégrèvement de l'impôt à la source effectivement pratiqué (le cas échéant). Le montant d'impôt étranger restitué constitue cependant un complément de revenu taxable en France, évalué par référence au cours du change en vigueur au moment de la restitution.

506 D'autres conventions fiscales prévoient un partage du droit d'imposer les intérêts entre le pays d'origine et celui de la résidence du bénéficiaire. Les retenues à la source pratiquées dans le premier ouvrent alors droit, dans le second, à un *crédit d'impôt*.

Comme en matière de dividendes, le crédit d'impôt afférent à des intérêts d'obligations encaissé par un résident de France, et provenant d'un pays lié à la France par une convention, est en principe égal au montant de l'impôt effectivement prélevé à l'étranger, dans la limite fixée par la convention. Mais, dans certains cas, il résulte de l'application d'un taux forfaitaire fixé par la convention, et peut s'avérer supérieur au montant d'impôt prélevé par le pays d'origine, ou même intervenir au titre d'intérêts exemptés de toute imposition dans l'État de la source.

Le crédit d'impôt, calculé suivant les dispositions conventionnelles, est *imputable* sur l'impôt français dans la base duquel les revenus correspondants ont été compris, dans les conditions décrites à propos des dividendes. L'imputation est, dans tous les cas, limitée à la fraction de l'impôt français correspondant aux intérêts donnant lieu à crédit d'impôt.

Le montant du crédit d'impôt doit être normalement réintégré dans la base imposable en France. Mais, en ce qui concerne les sociétés assujetties à l'impôt sur les sociétés, qui comptabilisent leurs revenus de valeurs mobilières pour leur montant net, l'impôt n'est pas calculé à raison du crédit afférent aux intérêts de source étrangère. Comme en matière de dividendes, l'imputation du crédit d'impôt sur l'impôt sur les sociétés est réduite en conséquence.

507 *Intérêts de créances non négociables.* Les intérêts, arrérages et tous autres produits de créances, dépôts, cautionnements et comptes courants trouvant leur source hors de France, encaissés par des entreprises soumises à l'impôt sur les sociétés, sont imposables dans les conditions du droit commun, dès lors qu'ils ne sont pas rattachables à une entreprise exploitée hors de France.

Les dispositions des conventions fiscales relatives aux intérêts, cependant, visent fréquemment à la fois les intérêts de titres négociables, et les intérêts des créances ordinaires. Il y a lieu, dès lors, de faire application aux produits des créances, dépôts, cautionnements ou comptes courants, des règles conventionnelles exposées à propos des intérêts d'obligations.

508 On rappelle que, sous certaines conditions (v. *supra,* n°s 416 et 417), sont exonérés de retenue à la source les paiements d'intérêts et de redevances effectués entre sociétés européennes associées.

B – Rémunérations d'administrateurs

509 Les rémunérations des administrateurs des sociétés anonymes dont le siège social est situé à l'étranger figurent au nombre des revenus des valeurs mobilières émises hors de France et revenus assimilés énumérés par l'article 120-4° du CGI.

Ces revenus, encaissés par un bénéficiaire domicilié ou établi en France, sont donc soumis au même régime que les dividendes et intérêts d'obligations de source étrangère, sous réserve des dispositions des conventions fiscales conclues par la France.

Beaucoup d'entre elles, conformément à l'article 16 de la convention modèle de l'OCDE, prévoient que « les tantièmes, jetons de présence et autres rétributions similaires qu'un résident d'un État contractant reçoit en sa qualité de membre du conseil d'administration ou de surveillance d'une société qui est un résident de l'autre État contractant sont imposables dans cet autre État ». L'imposition, autrement dit, est assurée dans l'État de résidence de la société qui verse ces rémunérations (cf. le commentaire administratif de la convention fiscale franco-algérienne du 17 octobre 1999, instr. du 22 mai 2003, *BOI,* 14-B-3-03, n°s 129 à 131). Les rémunérations versées par des sociétés ayant leur siège dans l'un des États cocontractants concernés à leurs administrateurs domiciliés en France échappent donc à toute imposition en France.

D'autres conventions fiscales conclues par la France prévoient au contraire que le droit d'imposer les rémunérations d'administrateurs revient à l'État de résidence du bénéficiaire (cf. art. 11 de la convention franco-allemande).

C – Redevances

510 Les entreprises françaises reçoivent fréquemment de leurs filiales étrangères, comme d'ailleurs d'autres débiteurs domiciliés ou établis hors de France, des rémunérations variées, payées pour l'usage, ou la concession de l'usage, de différents droits, ou biens incorporels ou corporels, ou au titre de divers services, généralement désignées « redevances ».

Dès lors qu'elles ne se rattachent pas à une entreprise exploitée hors de France, les rémunérations de toute nature susceptibles d'être ainsi désignées, encaissées par une entreprise résidente, et provenant d'un pays n'ayant pas conclu avec la France de convention contre les doubles impositions, sont imposables en France à l'impôt sur les sociétés selon les règles de droit commun applicables à chaque nature de produits concernés.

Ces produits divers de source étrangère sont en règle générale retenus dans les bases de l'impôt pour leur montant brut, diminué d'une part de l'impôt éventuellement prélevé à la source dans le pays d'origine, d'autre part des charges déductibles du revenu brut, conformément au droit interne français. Ils n'ouvrent droit à aucun crédit d'impôt. Sur l'exonération de retenue à la source des paiements de redevance effectués entre sociétés européennes associées, v. *supra*, n° 417.

511 *Application du régime des plus-values à long terme à certains produits de la propriété industrielle.* L'application aux redevances de source étrangère des règles fiscales du droit interne a pour effet d'étendre à certaines d'entre elles, qui répondent aux conditions prévues par la loi, le bénéfice de dispositions favorables.

L'article 39 *terdecies* du CGI prévoit ainsi l'application à certains produits de la propriété industrielle d'un régime fiscal de faveur, dont la portée a été toutefois sensiblement réduite.

En ce qui concerne les produits perçus par les entreprises, et dans le cas d'entreprises *relevant de l'impôt sur le revenu,* le régime des plus-values à long terme, comportant l'application d'un taux de base de 16 % (majoré des prélèvements sociaux) demeure applicable aux produits de la propriété industrielle qui proviennent des *cessions* ainsi que des *concessions* de licences d'exploitation portant sur des brevets, des inventions brevetables ou des procédés de fabrication industriels qui en sont l'accessoire.

Le bénéfice de ce régime, également applicable aux certificats d'obtention de nouvelles variétés végétales, suppose que les brevets et autres éléments concernés, cédés ou concédés, aient le caractère d'éléments de l'actif immobilisé. Si les droits de propriété industrielle ou assimilés ont été acquis à titre onéreux, il faut que l'acquisition remonte à deux ans au moins.

En cas de cession des brevets et autres éléments, la plus-value réalisée est soumise au régime du long terme en totalité. En ce qui concerne les redevances de concession, seul le résultat net de la concession est soumis au régime du long terme.

Dans le cas de produits perçus par des entreprises passibles de *l'impôt sur les sociétés,* le régime des plus-values à long terme est applicable aux seuls produits nets de *concession de licences d'exploitation de brevets,* inventions brevetables et procédés industriels de fabrication. Les plus-values de cession en sont exclues.

L'article 39 de la loi de finances rectificative pour 2004 n° 2004-1485 du 30 décembre 2004 a ramené de 19 % à 15 % le taux d'imposition des plus-values à long terme pour les exercices ouverts à compter du 1er janvier 2005 (l'abaissement ultérieur à 8 % du taux d'imposition, puis, à compter de 2007, l'exonération complète des plus-values intéressant seulement les plus-values à long terme sur titres de participation). L'obligation de doter la réserve spéciale des plus-values à long terme a été en outre supprimée, au titre des exercices ouverts à compter du 1er janvier 2004. Le bénéfice du taux réduit est donc définitivement acquis dès l'exercice au cours duquel est constaté le produit éligible, sans obligation de maintien du produit net au bilan.

Jusqu'en 2002, l'article 39 terdecies-1 *bis* du CGI excluait l'application du régime des plus-values à long terme aux redevances tirées de l'exploitation des brevets et droits assimilés lorsqu'il existait des liens de dépendance, directs ou indirects, entre l'entreprise concédante et l'entreprise concessionnaire, et que ces redevances avaient été déduites des résultats imposables en France du concessionnaire.

Cette exclusion ne concernait donc pas les redevances versées par des entreprises associées exerçant leur activité hors de France, dès lors que ces produits n'avaient pas été compris dans les charges

« admises en déduction pour l'assiette de l'impôt sur le revenu ou de l'impôt sur les sociétés ».

Le régime prévu par l'article 39 *terdecies*-1 du CGI pouvait ainsi constituer une incitation, pour une entreprise française soucieuse de récupérer ses dépenses de recherche et de développement, à concéder des licences d'exploitation de brevets à ses filiales à l'étranger, plutôt que d'intégrer les coûts correspondants dans le prix des biens qu'elle leur vendait. Il pouvait être également perçu comme une incitation, pour les groupes étrangers, à localiser en France des sociétés détenant des brevets concédés à des sociétés liées étrangères.

Le groupe *Code de conduite* (v. *supra,* nos 37 et 38), ayant fait cette analyse, et rangé le régime au nombre des mesures de concurrence fiscale déloyale, le législateur national a corrigé le dispositif dans la loi de finances rectificative pour 2004, n° 2004-1485 du 30 décembre 2004 (art. 39).

La règle d'exclusion du régime de faveur pour les redevances versées à l'intérieur d'un groupe (art. 39 *terdecies*-1 *bis* précité du CGI) a été supprimée, le bénéfice du régime des plus-values à long terme s'appliquant désormais à l'ensemble des redevances éligibles versées par des entreprises dépendantes, françaises ou étrangères. Corrélativement, le droit à déduction de la charge correspondante pour la détermination du résultat imposable de l'entreprise concessionnaire a été limité, et ne s'exerce que dans le rapport existant entre le taux réduit d'imposition applicable au résultat net concerné et le taux normal de l'impôt (CGI, art. 39-12, soit, à compter du 1er janvier 2005, dans le rapport 15/33, 33 pour les entreprises soumises à l'impôt sur les sociétés dans les conditions de droit commun).

512 *Incidence des conventions fiscales.* Certaines des conventions fiscales signées par la France réservent le droit d'imposer les redevances à l'État de la résidence du bénéficiaire. Les produits entrant dans cette catégorie se trouvent de ce fait exonérés dans le pays d'où ils proviennent.

Les conventions réservant le droit d'imposer les redevances à l'État de la résidence du bénéficiaire prévoient souvent, cependant, une exception à cette attribution de compétence, destinée à prévenir certaines formes de fraude ou d'évasion fiscale internationale : lorsque les redevances versées sont exagérées, la partie excédentaire est imposable dans chaque État, conformément à sa législation (le plus souvent, cette fraction excédentaire est alors traitée comme un revenu distribué).

D'autres conventions, s'écartant du Modèle de l'OCDE, prévoient un partage du droit d'imposer les redevances entre les deux États signataires.

L'imposition dans le pays d'origine s'applique généralement au montant brut des redevances, à un taux souvent limité par le texte conventionnel.

La France impose ensuite ces revenus à l'impôt sur les sociétés (ou à l'impôt sur le revenu), sur leur montant *net,* c'est-à-dire déduction faite des frais et charges qui leur sont rattachés. Le bénéficiaire des redevances dispose alors d'un crédit d'impôt, imputable sur l'impôt exigible au titre des revenus correspondants. Comme en matière de dividendes ou d'intérêts, ce crédit d'impôt constitue lui-même un complément de revenu imposable, sous la réserve indiquée en ce qui concerne les sociétés soumises à l'impôt sur les sociétés.

Le crédit d'impôt attaché à des redevances de source étrangère n'est imputable, comme celui afférent à des dividendes ou intérêts, que dans la limite du montant de l'impôt français afférent aux revenus correspondants.

Certaines redevances de propriété industrielle bénéficient, on l'a vu, d'une assimilation au régime des plus-values à long terme, et se trouvent donc taxées à un taux réduit (15 %, désormais). Le Conseil d'État a jugé, à cet égard, que les retenues à la source pratiquées à l'étranger sur des produits admis au bénéfice du régime de faveur prévu par l'article 39 *terdecies* du CGI sont exclusivement imputables sur l'impôt dû au titre de revenus imposés dans les mêmes conditions. Elles ne sauraient venir diminuer l'impôt sur les sociétés au taux de droit commun (50 % jusqu'en 1986) dû au titre d'autres revenus (CE, 19 mars 1980, n° 10708).

SECTION 3 – LES INCITATIONS FISCALES AU DÉPLOIEMENT INTERNATIONAL DES ENTREPRISES FRANÇAISES

513 L'internationalisation des entreprises françaises, ou opérant à partir du territoire français, est regardée comme un objectif essentiel à leur compétitivité, ainsi qu'au maintien, sur le territoire national, d'un niveau d'activités suffisant pour garantir la croissance et l'emploi. Elle doit être clairement distinguée des phénomènes de délocalisation d'exploitations, ou de compétences, évidemment préjudiciables à l'économie nationale. Si les politiques d'attraction d'activités justifient un concours d'initiatives nationales, régionales et locales, les politiques d'internationalisation relèvent plus clairement de la compétence de l'État. De telles politiques requièrent l'utilisation d'une grande variété de moyens, institutionnels, juridiques, financiers ou encore fiscaux. Une politique fiscale de l'internationalisation concerne en premier lieu l'entreprise elle-même, dont les implantations extérieures ne doivent pas être handicapées par des restrictions ou pénalisations fiscales mais, au contraire, s'inscrire dans le cadre d'un dispositif propice à l'ouverture internationale. Elle concerne en second lieu les agents de l'entreprise, dont la mobilité internationale doit être, de même, facilitée par un dispositif fiscal propice à l'expatriation.

La fiscalité française a durablement tenu compte de ces impératifs au moyen de dispositifs dérogatoires au droit commun fiscal. Les exigences de l'appartenance à l'Union européenne ont conduit le législateur à renoncer à certaines mesures ayant le caractère d'aides fiscales non conformes au droit communautaire, telles que le régime des provisions pour implantations à l'étranger, pour développer une politique reposant sur des dépenses fiscales de portée plus réduite, accompagnant la recherche d'un cadre fiscal général plus propice au déploiement international des entreprises.

1 – Le soutien fiscal aux activités déployées à l'étranger

A – La compensation transfrontalière des profits et des pertes

514 La politique fiscale française en faveur de l'internationalisation des entreprises trouve une première expression, en matière de fiscalité des résultats et de leur distribution, dans le régime dérogatoire du *bénéfice consolidé,* déjà présenté (voir *supra,* n°s 234 et s.), offert sous condition d'agrément à quelques très grandes entreprises.

Les autres entreprises, sauf le cas d'activités engagées par des opérateurs relevant de l'impôt sur le revenu, doivent développer leurs activités à l'étranger sur la base d'un régime d'imposition de leurs résultats fondé sur le principe de territorialité. Celui-ci fait obstacle à l'imputation sur le résultat imposable d'une entreprise française soumise à l'impôt sur les sociétés des pertes ou charges de leurs exploitations directes ou indirectes hors de France.

Afin de limiter le handicap ainsi constitué pour le déploiement international des entreprises françaises, empêchées de compenser leurs bénéfices nationaux et leurs pertes ou charges étrangères, la loi fiscale française a longtemps admis certaines exceptions au cloisonnement territorial des résultats, dans le cas d'opérations d'implantations industrielles ou commerciales, puis de services, agricoles et des professions non commerciales, à l'étranger.

515 *L'ancien régime des provisions pour implantations industrielles ou commerciales à l'étranger.* Reposant sur un mécanisme de constitution de provision en franchise d'impôt, le dispositif légal de soutien aux implantations d'entreprises à l'étranger, introduit dès 1954, puis modifié à plusieurs reprises, a été codifié sous les articles 39 *octies* A-II et 39 *octies* D du CGI.

Le régime des provisions pour implantations industrielles, commerciales et de services permettait de déduire du résultat imposable d'une société française, selon le cas, et dans certaines limites, une partie du capital investi dans des filiales ou établissements à l'étranger, ou des pertes constatées par de telles exploitations. L'aide ainsi apportée revêtait un caractère temporaire, les déductions pratiquées devant faire l'objet, selon des modalités variables, d'une réintégration ultérieure.

516 *Provisions pour implantations industrielles* (CGI, art. 39 *octies* A-II). Le bénéfice du régime de provision pour implantation industrielle était subordonné à l'octroi d'un agrément ministériel. À l'origine destiné à favoriser les implantations industrielles dans les pays en développement, le régime fut ultérieurement ouvert aux implantations réalisées dans tous les pays autres que les États membres de la Communauté européenne.

L'investissement industriel aidé pouvait concerner des établissements exploités directement par la société française, ou des filiales industrielles contrôlées à 10 % au moins. L'aide fiscale consistait en une déduction provisoire, égale à la moitié des sommes investies, sans référence aux pertes le cas échéant enregistrées. La production déductible était calculée à partir des sommes investies en capital au cours des cinq premiers exercices. Les provisions constituées devaient être rapportées par fractions égales aux résultats imposables du sixième exercice suivant celui de la réalisation du premier investissement et des quatre exercices suivants.

Le régime des provisions pour implantations industrielles a été étendu aux investissements agricoles hors Communauté européenne par une loi n° 95-95 du 1er février 1995.

517 *Provisions pour implantations commerciales* (CGI, art. 39 *octies* D). La loi de finances pour 1992 (art. 86) a procédé à l'unification des régimes de provision pour implantation commerciale à l'étranger, précédemment distincts selon qu'ils étaient effectués dans un État membre de la Communauté européenne ou situé hors de celle-ci. L'aide fiscale, auparavant réservée aux implantations sous forme de filiales, a été étendue aux investissements effectués dans le cadre d'établissements.

Le régime d'aide consistait en la possibilité offerte aux entreprises exerçant une activité de production en France, et effectuant une implantation commerciale dans un État étranger, de constituer en franchise d'impôt une provision dont le montant était égal à celui des pertes subies par l'établissement ou à une fraction des pertes subies par la filiale, sans toutefois pouvoir excéder l'investissement. La provision était réintégrée successivement à hauteur des bénéfices réalisés par l'établissement ou la filiale étrangère au cours des exercices suivant celui de l'investissement et, au plus tard, au titre du dixième exercice suivant.

Le bénéfice du régime de provision pour implantation commerciale n'était pas subordonné à un agrément préalable. Il impliquait toutefois le respect de strictes conditions, précisées par la doctrine administrative (voir les instructions du 29 octobre 1992, *BOI,* 4-H-16-92 et du 24 juillet 1995, *BOI,* 4-H-12-95, et *DB,* 4-E-5553 du 26 novembre 1996), et notamment relatives à l'activité de l'entreprise française, au niveau de la participation dans la filiale de commercialisation (un tiers au moins des droits de vote et des droits pécuniaires), à la consistance de l'investissement, à la forme, au régime fiscal et à l'activité de l'implantation extérieure.

518 *Provisions pour implantations de services* (CGI, art. 39 *octies* D, IV) La loi de finances pour 1992 avait étendu le champ d'application du régime des provisions pour implantations commerciales à l'étranger aux implantations de *services* commerciaux satisfaisant à certaines conditions. Le régime d'aide était pour l'essentiel identique à celui des provisions pour implantations commerciales, notamment en ce qui concerne la nature des investissements, la nature et la portée de l'avantage fiscal, les modalités de calcul de la provision et sa réintégration. Toutefois, le montant de l'investissement ouvrant droit à provision était limité à 20 millions de francs. En outre, la constitution d'une provision pour implantation de services à l'étranger était subordonnée à un agrément préalable.

La loi de finances pour 1995 a ensuite étendu le régime des provisions pour implantations de services à l'étranger aux implantations de *services non commerciaux*. L'extension concernait les investissements réalisés à l'étranger par les entreprises françaises, soumises à l'impôt sur les sociétés, exerçant une activité professionnelle au sens de l'article 92-1 du CGI (professions libérales et exploitation de charges et offices, principalement).

519 Les régimes de provisions pour implantations industrielles et commerciales ou agricoles et de service à l'étranger étaient applicables, sur agrément préalable, aux *groupements* constitués par plusieurs entreprises françaises en vue de la réalisation d'une action de commercialisation par l'intermédiaire d'une filiale commune.

De même, également sous condition d'agrément, le bénéfice du régime des provisions pouvait être accordé aux *investissements d'accompagnement* effectués dans l'intérêt d'une entreprise française réalisant elle-même un investissement à l'étranger, des établissements de crédit ou d'autres entreprises industrielles et commerciales ou agricoles.

520 *Appréciation du régime d'aide.* La pratique administrative réservait le bénéfice du régime des provisions, lorsqu'il était subordonné à un agrément préalable, aux investissements porteurs d'exportation (IPEX), c'est-à-dire générant un flux de devises suffisamment significatif, par rapport à l'investissement en capital. Ce critère ne semblait pas correspondre, en tout cas à lui seul, aux stratégies d'internationalisation des entreprises. Celles-ci peuvent être fondées à implanter une filiale industrielle dans un pays étranger, non pour accroître un flux d'exportations depuis la France, mais pour maintenir une activité internationale. Certaines implantations à l'étranger, d'autre part, peuvent favoriser un abaissement du coût global de production et, de ce fait, le maintien de la compétitivité des produits, y compris sur le marché français.

De façon générale, les entreprises ne faisaient qu'un recours modéré au régime des provisions pour implantations à l'étranger (de 1999 à 2001, seules 35 entreprises par an avaient constitué de telles provisions), soit que leurs stratégies ne s'accordaient pas avec les priorités reconnues par l'administration (cas des opérations soumises à agrément), soit que les contraintes du régime leur apparaissaient trop lourdes, alors que les avantages de trésorerie qu'il comportait n'étaient pas toujours déterminants.

À certains égards, le régime jurisprudentiel des *abandons de créance* (voir *supra,* n°s 491 et s.), autorisant, à certaines conditions, des déductions fiscales de caractère définitif, semblait plus avantageux. La comparaison entre ce régime et celui des provisions pouvait dès lors conduire « *a priori,* à écarter le régime des provisions pour investissement, ou encore, à le marginaliser » (cf. P. Legros, Soutien financier d'une filiale à l'étranger : augmentation de capital ou abandon de créances, *BF Francis Lefebvre,* 8-9/98, p. 482).

Alors qu'il n'avait pas été retenu par le groupe Code de conduite au nombre des mesures fiscales dommageables, le régime des provisions pour implantation à l'étranger a cependant retenu l'attention de la Commission européenne, qui l'a considéré comme une aide d'État interdite par le traité CECA (cf. décision du 21 novembre 2001, 2002/347/CECA, *JOCE,* L 126/27 du 13 mai 2002), ainsi que par le Traité CE (lettre du 29 avril 2003).

Tenant compte de ces appréciations, le législateur a supprimé le régime des provisions pour implantations à l'étranger à l'occasion de la loi de finances rectificative pour 2003, n° 2003-1312 du 30 décembre 2003 (art. 31).

Le dispositif demeure néanmoins applicable aux implantations commerciales effectuées jusqu'au 31 décembre 2003, ainsi qu'aux implantations industrielles, agricoles ou de services, dans le cas des entreprises qui ont déposé une demande d'agrément jusqu'à la même date.

B – Le crédit d'impôt prospection commerciale (CGI, art. 244 quater *H)*

521 La loi de finances pour 2005 (n° 2004-1484 du 30 décembre 2004, art. 23) a mis en place à compter du 1er janvier 2005 un dispositif de crédit d'impôt en faveur des PME et des sociétés de professions libérales pour les dépenses de prospection commerciale qu'elles engagent en dehors de l'Espace économique européen (États de l'UE, Islande, Norvège, Liechtenstein).

La mesure d'aide, d'une intensité limitée, répond au souci de renforcer la place des PME dans l'appareil exportateur français (18 % des PME allemandes sont exportatrices, contre 4 % des PME françaises). Il s'agit d'accompagner leurs efforts de prospection commerciale en vue d'exporter en dehors de l'Espace économique européen, notamment en direction des marchés des pays « émergents ».

1 – Personnes éligibles

522 Sont éligibles au nouveau régime d'aide les entreprises qui répondent aux critères de la *petite et moyenne entreprise* (PME), tels que précisés par la recommandation de la Commission européenne du 6 mai 2003 [reprise dans l'annexe du règlement (CE) n° 364/2004 de la Commission du 25 février 2004, modifiant l'annexe 1 du règlement (CE) n° 70/2001 du 12 janvier 2001 concernant l'application des articles 87 et 88 du Traité aux aides d'État en faveur des PME].

L'article 244 *quater* H-I du CGI fait une transposition de ces critères, explicitée par une instruction du 18 avril 2005 (*BOI,* 4-A-9-05).

523 *Critères de la PME éligible.* Le dispositif légal admet au bénéfice de l'aide les petites et moyennes entreprises, quelle que soit leur forme juridique (entreprises individuelles, sociétés de capitaux, sociétés de personnes, etc.), qui répondent *cumulativement* à plusieurs conditions :

524 Une première condition est relative à *l'effectif* de l'entreprise. Celle-ci doit avoir employé *moins de 250 salariés* au cours de chaque période d'imposition ou exercice clos pendant la période d'éligibilité des dépenses au crédit d'impôt (v. *infra,* n° 532). L'effectif de l'entreprise est apprécié, tous établissements confondus, en fonction de la moyenne, au cours de la période d'imposition ou de l'exercice, des effectifs déterminés chaque mois conformément aux dispositions de l'article L 421-2 du Code du travail.

Pour ce calcul, sont pris en compte :

— pour une unité, les salariés sous CDI, les travailleurs à domicile et les travailleurs handicapés ;
— au prorata de leur temps de présence au cours des douze mois précédents, les salariés sous CDD, contrat de travail intermittent ou mis à disposition par une entreprise extérieure, y compris les travailleurs temporaires (sauf s'ils remplacent un salarié absent ou dont le contrat de travail est suspendu avec reversement de rémunération).

Les salariés à temps partiel sont pris en compte au prorata de leur temps de présence.

Ne sont pas pris en compte dans le calcul de l'effectif, notamment, les apprentis, les bénéficiaires d'un contrat emploi-solidarité, d'un contrat d'accès à l'emploi, d'un contrat d'insertion (voir les précisions apportées par l'instruction préc. du 18 avril 2005, n°s 7 à 10).

525 Une deuxième condition est relative au *montant du chiffre d'affaires* ou au *total du bilan* de l'entreprise. La qualification de PME suppose que l'entreprise ait réalisé, au cours de chaque période d'imposition ou exercice clos pendant la période d'éligibilité des dépenses au crédit d'impôt, un chiffre d'affaires inférieur à 50 M€ ou disposé d'un total de bilan inférieur à 43 M€, les deux critères étant alternatifs.

Le chiffre d'affaires s'entend du montant hors taxes des recettes réalisées par le contribuable dans l'accomplissement de son activité professionnelle normale et courante. Sauf cas particuliers, il n'est pas tenu compte des produits financiers ni des recettes exceptionnelles, tels que les produits provenant de la cession d'éléments de l'actif immobilisé. Les refacturations de frais présentant le caractère de débours (CGI, art. 267-II-2°) ne sont pas prises en compte. Les recettes à prendre en compte s'entendent des créances acquises, pour les entreprises passibles de l'IS ou relevant de l'IR dans la catégorie des BIC, des recettes encaissées par les titulaires de bénéfices non commerciaux.

La limite de 50 M€ de chiffre d'affaires s'apprécie par référence aux recettes retirées de l'ensemble des opérations de l'entreprise quel que soit le régime fiscal applicable au résultat de ces opérations. Doit être ainsi pris en compte le chiffre d'affaires réalisé dans le cadre d'opérations faisant l'objet d'un régime d'imposition particulier, d'une exonération, ou qui sont placées hors du champ d'application de l'impôt sur les sociétés. Pour l'administration, il en résulte que les sociétés, françaises ou étrangères, exerçant leur *activité en France et hors de France* répondent à la définition des PME si, notamment, le chiffre d'affaires qu'elles retirent de l'ensemble de leurs opérations est inférieur à 50 M€ (instr. préc., n°s 14 à 16).

526 Pour qu'une *société* soit qualifiée de PME au sens du régime d'aide, son *capital* doit être entièrement libéré et doit être détenu de manière continue, pour 75 % au moins, par des personnes physiques ou par une société répondant aux mêmes conditions. Pour la détermination du pourcentage de 75 %, les participations des sociétés de capital-risque, des fonds communs de placement à risques, des sociétés de développement régional et des sociétés financières d'innovation ou des sociétés unipersonnelles d'investissement à risque ne sont pas prises en compte à la condition qu'il n'existe pas de lien de dépendance entre la société en cause et ces dernières sociétés ou fonds. Un lien de dépendance est réputé exister entre deux entreprises (cf. CGI, art. 39-12, 2e à 4e al.) lorsque l'une détient directement ou par personne interposée la majorité du capital social de l'autre ou y exerce en fait le pouvoir de décision, ou encore lorsqu'une tierce entreprise détient directement ou par personne interposée la majorité du capital social des deux entreprises ou y exerce en fait le pouvoir de décision (cf. instr. du 11 octobre 2002, *BOI,* 4-H-4-02, nos 51 à 64).

527 Pour les PME membres d'un *groupe fiscal* (CGI, art. 223 A), le chiffre d'affaires et l'effectif à prendre en compte s'entendent respectivement de la somme des chiffres d'affaires et de la somme des effectifs de chacune des sociétés membres de ce groupe. La condition tenant à la libération et à la composition du capital doit être remplie par la société mère du groupe.

528 Le crédit d'impôt prospection commerciale bénéficie également aux *sociétés des professions libérales* soumises à un statut législatif ou réglementaire ou dont le titre est protégé, soit, notamment, aux sociétés d'exercice libéral et aux sociétés en participation des professions libérales. Il peut aussi bénéficier aux sociétés de participations financières des professions libérales (cf. loi n° 90-1258 du 31 décembre 1990 modifiée).

Il n'est pas exigé que les sociétés des professions libérales aient la qualité de petite ou moyenne entreprise pour le bénéfice du crédit d'impôt (cf. instr. préc., nos 25 à 29).

529 L'article 244 *quater* H, V, du CGI prévoit que peuvent bénéficier du crédit d'impôt prospection commerciale les associations de la loi de 1901, ou celles régies par la loi locale maintenue en vigueur dans les départements de la Moselle, du Bas-Rhin et du Haut-Rhin lorsqu'elles sont soumises à l'impôt sur les sociétés en vertu des dispositions de l'article 206-1 du CGI, et les groupements d'intérêt économique mentionnés à l'article 239 *quater,* dès lors que ces organismes répondent aux critères de la PME.

530 Peuvent bénéficier du crédit d'impôt les entreprises soumises à l'impôt sur les sociétés ou à l'impôt sur le revenu selon le régime du bénéfice réel normal ou simplifié d'imposition, de plein droit ou sur option, ou à l'impôt sur le revenu selon le régime de la déclaration contrôlée. Ne sont pas éligibles à la mesure d'aide les entreprises non soumises à l'impôt sur les sociétés (associations n'exerçant pas d'activités lucratives, par exemple) ou exonérées par une disposition particulière. Les entreprises exonérées totalement ou partiellement par application d'un abattement sur les bénéfices réalisés (cf. CGI, art. 44 *sexies,* 44 *sexies* A, 44 *octies,* 44 *decies,* 44 *undecies*) peuvent en bénéficier.

2 – Dépenses éligibles

531 Les dépenses ouvrant droit au crédit d'impôt prospection commerciale sont limitativement énumérées à l'article 244 *quater* H-II du CGI. Sont éligibles, quatre catégories de dépenses, à condition qu'elles soient *déductibles du résultat imposable* :

— Les *frais et indemnités de déplacement et d'hébergement* liés à la prospection commerciale. Ces dépenses doivent être afférentes à la réunion d'informations sur les marchés et les clients situés en dehors de l'EEE, à la participation à des salons et à des foires expositions ayant lieu en dehors du même Espace. Sont également éligibles, les frais et indemnités de déplacement ayant pour objet de faire connaître les produits et services de l'entreprise en vue d'exporter en dehors de l'EEE. Le déplacement ne doit pas nécessairement avoir lieu en dehors dudit Espace, mais peut avoir lieu en France ou à l'étranger dès lors que l'objet du déplacement est lié à la prospection commerciale en vue d'exporter en dehors de l'EEE (instr. préc. n°s 38 et 39).

— Les *dépenses* visant à réunir *des informations* sur les marchés et les clients situés en dehors de l'EEE. Il peut s'agir de dépenses (études de marché, information sur la réglementation en vigueur, etc.) confiées à un prestataire établie en France.

— Les *dépenses de participation à des salons et foires expositions* ayant lieu dans un pays situé en dehors de l'EEE. Il peut s'agir de frais de location de stand, de montage et de démontage, etc. Les droits d'entrée relatifs à une participation passive, en tant que simple visiteur, sont éligibles uniquement si la manifestation, se déroulant hors de l'EEE, a pour objet l'exportation en dehors de ce même Espace. La manifestation à laquelle l'entreprise participe doit avoir pour objet la présentation pratique des produits, services ou activités des entreprises participantes, et non la présentation d'un sujet général théorique.

— Les *dépenses visant à faire connaître les produits et services* de l'entreprise. Il s'agit des dépenses de publicité et de communication confiées à des prestataires français ou étrangers relatives aux produits ou services de l'entreprise à destination d'un public situé hors de l'EEE. Les dépenses de diffusion d'un message publicitaire par l'*Internet* entrent dans l'assiette du crédit d'impôt si le site Internet est orienté à l'export en direction des pays situés hors de l'EEE et que l'entreprise expose en parallèle des dépenses de prospection commerciale au sens de l'article 244 *quater* H.

532 Sont éligibles au crédit d'impôt *les dépenses exposées pendant les vingt-quatre mois* qui suivent le recrutement de la personne affectée au développement des exportations ou la signature de la convention avec le volontaire international en entreprise affecté à cette mission.

3 – Condition de recrutement

533 L'obtention du crédit d'impôt prospection commerciale est subordonnée au recrutement d'une personne affectée au développement des exportations ou au recours à un volontaire international en entreprise (cf. les articles L 122-1 et s. du Code du service national) affecté à la même mission.

Dans le cas de recrutement d'une personne, la condition de recrutement sera considérée comme satisfaite en cas de conclusion d'un contrat de travail à durée déterminée même si celui-ci est d'une durée inférieure à la période de vingt-quatre mois pendant laquelle les dépenses sont exposées. Il doit cependant s'agir d'un recrutement effectif, la condition de recrutement n'étant pas considérée comme remplie dans le cas où il serait mis fin au contrat de travail pendant la période d'essai, ou en cas de recrutement d'un intérimaire, stagiaire ou apprenti.

À titre dérogatoire, l'entreprise peut procéder à un recrutement « en interne », par affectation au développement des exportations d'un salarié ou collaborateur déjà présent dans l'entreprise, à condition que l'entreprise recrute un autre salarié dans les six mois de la signature de l'avenant matérialisant l'affectation de la personne déjà présente dans l'entreprise (instr. préc. n° 57).

La fonction confiée à la personne recrutée, ou au volontaire international en entreprise, doit être en relation directe avec l'essor de l'entreprise vers l'international. S'il est admis que l'agent concerné ne soit pas affecté de manière exclusive au développement des exportations, le poste occupé doit être principalement dédié à cet objet.

4 – Régime du crédit d'impôt

534 *Base, taux et plafonnement.* Le crédit d'impôt prospection commerciale est égal à 50 % des dépenses de prospection commerciale précédemment définies. Les subventions publiques reçues par l'entreprise à raison des dépenses ouvrant droit au crédit d'impôt sont toutefois déduites des bases de calcul du crédit. Il en est de même des dépenses garanties par une assurance prospection.

Le crédit d'impôt est plafonné pour chaque entreprise, y compris les sociétés de personnes et groupement assimilés, à 40 000 € pour l'ensemble de la période de vingt-quatre mois qui suit le recrutement de la personne ou le recours à un volontaire international en entreprise.

Le plafonnement est toutefois porté à 80 000 € pour les associations soumises à l'IS en vertu des dispositions de l'article 206-1 du CGI et les groupements d'intérêt économique mentionnés à l'article 239 *quater*. Ces organismes doivent toutefois répondre à la définition des petites et moyennes entreprises, avoir pour membres des petites et moyennes entreprises et exposer des dépenses de prospection commerciale pour le compte de ces petites et moyennes entreprises.

535 Calcul et imputation. Le crédit d'impôt prospection commerciale ne peut être obtenu qu'une seule fois par l'entreprise.

La période de vingt-quatre mois pendant laquelle les dépenses exposées par l'entreprise ouvrent droit au crédit d'impôt peut cependant couvrir plusieurs exercices. Aussi le crédit d'impôt doit-il être fractionné pour permettre l'imputation, sur l'impôt dû au titre de chacun des exercices concernés, de la fraction de crédit calculée au titre des dépenses exposées au cours de chaque exercice. Le crédit d'impôt est donc calculé au titre de chaque période d'imposition ou exercice clos au cours desquels ont été exposées des dépenses éligibles.

Le crédit d'impôt est imputé sur l'impôt sur le revenu ou sur l'impôt sur les sociétés dû au titre des années au cours desquelles les dépenses éligibles ont été exposées. L'imputation s'effectue sur l'impôt dû après les prélèvements non libératoires et les autres crédits d'impôt. Il ne peut être utilisé pour acquitter l'imposition forfaitaire annuelle, ni un rappel d'impôt sur les bénéfices qui se rapportérait à des périodes d'imposition ou exercices clos pendant la période au titre de laquelle il est obtenu.

L'excédent de crédit d'impôt non imputé est restitué (CGI, art. 199 *ter* G).

Les entreprises prétendant au crédit d'impôt prospection commerciale doivent souscrire une déclaration annexe spéciale 2079-P-SD (cf. instr. préc. du 18 avril 2005, n°s 106 à 111, et modèle annexé).

2 – Fiscalité des expatriations de personnels d'entreprises françaises

536 Le déploiement international des entreprises françaises suppose la mobilité de ceux de leurs agents qui doivent y participer, et la suppression ou réduction des entraves, notamment fiscales, qui pourraient l'altérer. Il peut être également favorisé, le cas échéant, par des mesures de stimulation fiscale bénéficiant aux personnels détachés à l'étranger.

Dans le cas de détachement de personnels détachés dans un pays lié à la France par convention fiscale, celle-ci constitue *a priori* le moyen le plus sûr d'éviter tout risque de double imposition qui viendrait pénaliser le salarié et, plus généralement, l'activité extérieure de l'entreprise. Le législateur fiscal français a par ailleurs prévu un dispositif unilatéral d'élimination de la double imposition, assorti pour certains cas d'une incitation fiscale au détachement, généralement applicable en l'absence de convention fiscale réglant la situation du salarié.

A – Les dispositions des conventions fiscales

537 S'il doit être considéré comme *domicilié en France* selon la loi fiscale française (voir *supra,* n°s 132 et s.), l'agent de l'entreprise momentanément détaché à l'étranger est normalement soumis en France à une obligation fiscale illimitée. Il est en principe imposable à l'impôt sur le revenu au titre de l'ensemble de ses revenus, y compris ceux acquis au titre de son activité exercée à l'étranger.

Le détachement, de durée significative, d'un personnel ayant conservé son foyer en France, dans un pays lié à celle-ci par une convention fiscale peut cependant poser la question du *lieu de sa résidence fiscale, au sens de la Convention.* Si, compte tenu de la législation fiscale de l'État de détachement, le salarié doit être regardé comme un résident des deux États, sa situation sera réglée par application des critères subsidiaires de la résidence tels que fixés par la Convention (voir *supra,* n° 289).

538 Le statut fiscal du salarié d'une entreprise française détaché à l'étranger sera surtout fonction des dispositions conventionnelles relatives à la répartition du droit d'imposer les salaires (rémunérations des professions dépendantes).

En principe, conformément aux prescriptions de l'article 15, § 1 de la convention modèle de l'OCDE, la rémunération de l'activité salariée est imposable dans l'État où *l'activité est exercée.*

En application de ce principe, retenu dans les conventions fiscales conclues par la France, les rémunérations des salariés détachés dans un pays « conventionné » ne sont donc pas imposables, sauf les situations évoquées ci-après. Les salaires de détachement doivent cependant être déclarés en France, si le salarié y a conservé son domicile fiscal, en vue de l'application de la règle du taux effectif.

Comme il est proposé au § II du même article 15 du modèle OCDE, toutefois, la plupart des conventions apportent une importante exception au principe de l'imposition dans l'État d'exercice de l'activité, visant les *missions temporaires.*

La rémunération n'est en effet imposée que dans *l'État de résidence,* si les trois conditions suivantes sont toutes réunies :

— le bénéficiaire séjourne dans l'État où il exerce son activité pendant une ou des périodes *n'excédant pas au total cent quatre-vingt-trois jours* durant *toute période de douze mois* commençant ou se terminant durant l'année fiscale considérée ;
— les salaires sont payés par un employeur ou pour le compte d'un employeur qui n'est pas un résident de l'État de détachement ;
— les salaires ne sont pas compris dans les charges d'un établissement stable que l'employeur possède dans l'État où l'activité salariée est exercée.

Dans le modèle OCDE de convention fiscale antérieur à la révision de 1992, l'exonération dans l'État de la source au titre des missions temporaires n'était possible que si la durée de cent quatre-vingt-trois jours n'avait pas été dépassée *au cours de l'année fiscale* considérée. Les conditions de l'imposition exclusive en France devront bien entendu s'apprécier en fonction des prescriptions de la Convention pertinente qui, selon le cas, se référera au modèle issu de la révision de 1992 ou aux modèles précédents.

B – Les mesures unilatérales d'exonération (art. 81-A du CGI)

539 L'article 81 A du CGI prévoit, à certaines conditions, une exonération totale ou partielle des traitements et salaires perçus par des personnes qui ont leur domicile fiscal en France et qui sont envoyées à l'étranger par un employeur établi en France.

Pour en bénéficier, le salarié doit avoir la nationalité française, ou celle d'un pays lié à la France par une convention, à objet fiscal ou non, comportant une clause de non-discrimination en fonction de la nationalité (cf. *DB,* 5-B-721). Il doit en outre être lié, par contrat de travail ou statut, à un employeur établi en France. La rémunération, en revanche, peut être payée en France ou à l'étranger, et la charge salariale supportée par l'entreprise établie en France, comme par un de ses établissements ou une de ses filiales.

En pratique, les dispositions de l'article 81-A trouvent application dans le cas de détachement dans des pays non liés à la France par une convention fiscale, ou, pour l'hypothèse inverse, aux missions temporaires à l'étranger.

540 *Exonération totale.* L'exonération totale peut intervenir dans deux cas :

1 / Lorsque le salarié détaché justifie que les traitements et salaires perçus en rémunération de son activité à l'étranger ont été effectivement *soumis à un impôt sur le revenu dans l'État où s'exerce son activité et que cet impôt est égal au moins égal aux deux tiers* de celui qu'il aurait à supporter en France sur la même base d'imposition (CGI, art. 81 A-I).

2 / Lorsque le salarié envoyé à l'étranger par un employeur établi en France justifie d'une activité à l'étranger d'une durée supérieure à cent quatre-vingt-trois jours au cours d'une période de douze mois consécutifs, si les rémunérations se rapportent à l'exercice des activités suivantes (CGI, art. 81 A-II) :

— chantiers de construction ou de montage, installation, mise en route et exploitation d'ensembles industriels, prospection et ingénierie y afférentes ;
— prospection, recherche ou extraction de ressources naturelles ;
— navigation à bord de navires immatriculés au registre international français.

La mention de la dernière activité précitée, ajoutée au texte par l'article 7 de la loi n° 2005-412 du 3 mai 2005 (*JO* du 4 mai), s'inscrit dans le cadre d'une politique de développement promotion du pavillon français, notamment fondée sur la création d'un registre d'immatriculation dénommé « registre international français ». La politique de soutien aux entreprises de transport maritime établies en France a par ailleurs comporté la définition d'un régime forfaitaire d'imposition *au tonnage* (cf. art. 19 de la loi de finances rectificative pour 2002, n° 2002-1576 du 30 décembre 2002, CGI, art. 209-0 B ; v. instr. du 12 février 2004, *BOI,* 4-H-1-04)

L'exonération peut également être accordée aux salariés dont les rémunérations se rapportent à la prospection de la clientèle de certains marchés commerciaux, lorsqu'il est établi que cette prospection conditionne réellement l'implantation de sociétés françaises à l'étranger.

Les travailleurs frontaliers sont exclus de ce régime de faveur car, dans leur situation, il ne peut s'agir d'une véritable expatriation.

Le projet de loi de finances pour 2005 prévoit que l'exonération totale d'impôt sur le revenu à raison des salaires rémunérant l'activité à l'étranger serait acquise pour les salariés en charge de l'export passant *plus de cent vingt jours* à l'étranger. Cette mesure, qui devrait s'appliquer pour l'imposition des salaires perçus à compter du 1er janvier 2006, sera commentée, notamment, dans la chronique de fiscalité internationale de *L'Année fiscale,* 2006.

541 Pour calculer la charge fiscale qui serait supportée en France, en vue du bénéfice de l'exonération totale prévue au I de l'article 81 A du CGI, il convient de retenir les modalités de détermination de la base imposable et le quotient familial normalement applicable en cas d'imposition en France. Il est fait abstraction des autres revenus perçus par le contribuable ou les membres de son foyer fiscal. Le second terme de la comparaison est constitué par le montant de l'impôt acquitté à l'étranger. Enfin, si le salarié détaché déclare à l'étranger d'autres revenus que des salaires, il y a lieu de réduire proportionnellement l'impôt payé à la part de salaires comprise dans ces revenus.

En principe, le contribuable doit justifier qu'il peut bénéficier de l'exonération prévue par la voie d'une *réclamation* contentieuse, appuyée de toutes les pièces justificatives nécessaires (notamment, attestation de l'employeur mentionnant d'une manière distincte le montant de la rémunération proprement dite, les indemnités complémentaires d'expatriation et les allocations pour frais professionnels, document fiscal délivré par les autorités fiscales étrangères faisant apparaître le montant des revenus imposés à l'étranger et le montant de l'impôt correspondant).

Cette procédure contentieuse n'est cependant retenue que pour l'année de l'installation à l'étranger. Lorsque le salarié exerce son activité dans le même pays pendant plusieurs années consécutives, il est sursis à l'imposition de la rémunération correspondante si l'intéressé a apporté la preuve que la condition tenant au montant de l'impôt acquitté à l'étranger était remplie pour l'année antérieure. Le sursis d'imposition est accordé jusqu'au 31 décembre de l'année suivant celle de perception des salaires. L'intéressé doit fournir les pièces justificatives pour chaque année d'imposition, sauf à s'exposer à une demande de production de pièces et, le cas échéant, à une procédure de redressement.

L'exonération totale prévue en cas d'application au salarié, dans le pays où il exerce son activité, d'un impôt comparable à l'impôt français sur le revenu, répond clairement à un objectif d'élimination de la double imposition. Il n'en va pas de même dans le second cas d'exonération totale, où le régime fiscal du pays d'exercice de l'activité n'est pas pris en considération.

542 Pour apprécier si la condition de durée prévue au II de l'article 81 A du CGI est remplie, il convient de retenir la durée de l'activité exercée à l'étranger, y compris les jours de repos hebdomadaires se rapportant normalement à cette activité.

Il doit être également tenu compte de la durée des congés de récupération (RM à M. Francou, *JO,* Sénat, 22 juin 1979, p. 2210) et des congés payés auxquels donne droit l'activité exercée à l'étranger (note du 10 janvier 1978, *BODGI,* 5-B-8-78 et *DB,* 5-F-1312), ainsi que des congés pour accident du travail ou pour maladie consécutifs à cette activité, même s'ils sont pris en France (*DB,* 5-F-1312). Cette solution administrative a été confirmée par le Conseil d'État, au moins pour les congés payés et les congés de récupération auxquels donne droit la mission du salarié à l'étranger, quel que soit le lieu dans lequel ces congés sont effectivement pris (CE, 17 décembre 2003, req. n° 248854, *David, DF,* 2004, n° 40, comm. 732).

Il peut se trouver que le salarié travaille sur plusieurs chantiers de manière discontinue. Dans ce cas, seuls sont exonérés les salaires versés en rémunération de l'activité exercée à l'étranger qui se rapportent à la période de douze mois consécutifs pour laquelle la condition d'activité à l'étranger pour une durée supérieure à cent quatre-vingt-trois jours est remplie.

Dans le cas où la durée d'activité à l'étranger atteint cent quatre-vingt-trois jours, mais répartis sur deux années civiles, il y a lieu de surseoir à l'imposition de la rémunération perçue à l'étranger lorsque le salarié peut fournir une attestation de son employeur indiquant la durée probable de son activité à l'étranger ainsi que celle du chantier.

La condition relative à la nature des activités exercées à l'étranger, pour le bénéfice de l'exonération totale prévue au II de l'article 81 A du CGI, a donné lieu à un certain nombre de précisions de la part du juge fiscal. La notion de *chantier,* en particulier, est désormais interprétée largement, et ne se limite pas aux seuls chantiers de construction de bâtiments et de travaux publics (voir l'étude de V. Haïm, Le régime fiscal des revenus tirés d'une activité salariée à l'étranger, *DF,* 1995, n° 16, p. 724 et s.). L'exonération prévue à l'article 81 A-II du CGI n'est pas liée à une opération d'exportation (cf. CE, 13 mars 1996, n° 146982, 8e et 9e s.-s., *Meslier, RJF,* 5/96, n° 583, *DF,* 1996, n° 23, comm. 721, concl. J. Arrighi de Casanova, à propos de la construction en Corée du Sud d'un navire destiné à une entreprise française).

543 *Exonération partielle.* Lorsque le salarié ne se trouve pas dans l'un des cas d'exonération totale, ses rémunérations ne sont soumises à l'impôt en France qu'à concurrence du montant du salaire qu'il aurait perçu si son activité avait été exercée en France (CGI, art. 81 A-III).

L'exonération s'attache dès lors aux avantages spéciaux liés à l'expatriation, constitués par les primes ou indemnités journalières que peuvent allouer les entreprises à leurs salariés et qui sont destinées à compenser les sujétions liées à l'éloignement familial ou aux difficultés du travail dans certains pays.

La doctrine administrative admet désormais que l'exonération s'applique au supplément de salaire perçu par non seulement des salariés qui effectuent des séjours prolongés dans un pays étranger, mais aussi des missions de courte durée à l'étranger, à la demande de leur employeur (*DB,* 5-B-1122, n° 13 du 1er septembre 1999). L'exonération n'est donc pas subordonnée à une condition de durée de séjour ou de résidence personnelle temporaire à l'étranger. Elle ne peut toutefois s'appliquer aux suppléments de salaires versés à l'occasion de réunions périodiques à l'étranger, internes au groupe de sociétés auquel appartient l'entreprise et qui ont un caractère institutionnel ou un but d'information ou de formation interne.

Seuls sont exonérés les émoluments particuliers perçus pendant les séjours effectués à l'étranger, à raison de ceux-ci. Lorsque le versement d'un tel complément de salaire n'est pas prévu, le salarié ne peut pas bénéficier de l'exonération pour une partie de son salaire annuel, même si son contrat de travail prévoit de fréquents déplacements à l'étranger. L'administration précise (*DB,* 5-B-1122 n° 17) que l'exonération est subordonnée aux conditions suivantes :

— l'exonération ne peut s'appliquer qu'à des suppléments de rémunération directement liés à des déplacements à l'étranger effectués dans l'intérêt de l'entreprise ;
— le supplément de rémunération doit être fixé préalablement au séjour à l'étranger ;
— cette rémunération particulière, qui peut être différente selon le pays de séjour, doit être strictement proportionnelle à la durée du séjour (indemnité ou prime par jour de mission) ;
— son montant doit rester dans les limites compatibles avec la rémunération principale et les contraintes effectivement supportées.

Le Conseil d'État admet pour sa part que les majorations de salaire soient déterminées non de manière spécifique à l'occasion de chacune des missions accomplies à l'étranger mais globalement pour la totalité des déplacements effectués au cours d'une période déterminée, dès lors que le bénéficiaire peut justifier que le supplément de salaire a été fixé, même de manière forfaitaire, en rapport avec l'importance de ses séjours hors de France (CE, 19 octobre 1994, n° 117128 et 117129, *RJF,* 12/94, n° 1323. Voir P. Donsimoni, Le régime des primes d'expatriation relevant de l'article 81 A-III du CGI, *Semaine juridique,* éd. Entreprises, 1997, n° 47, I, n° 708).

544 *Marins pêcheurs exerçant leur activité hors des eaux territoriales françaises.* Une instruction administrative du 4 mars 2005 (*BOI,* 5-B-13-05) expose que les dispositions de l'article 81 A, III du CGI sont susceptibles de s'appliquer aux marins pêcheurs.

Pour le bénéfice de l'exonération partielle prévue par ce texte, les marins pêcheurs et leur employeur doivent être fiscalement domiciliés en France. L'activité doit être exercée à l'étranger. L'exonération s'applique aux rémunérations imposées dans la catégorie des salaires.

L'administration, estimant que la définition de l'espace géographique français (v. *supra,* n° 136, n°s 259 et s.) est inadaptée à l'activité de pêche, admet que tout espace marin situé au-delà des limites de la mer territoriale, c'est-à-dire à plus de 12 milles des côtes métropolitaines ou des départements d'outre-mer correspond à « l'étranger ». Sont dès lors présumés exercer leur activité *à l'étranger,* de manière exclusive en principe, les marins embarqués sur des navires armés pour la pêche à plus de 12 milles des côtes (instr. préc. n°s 6 et 7).

La détermination de la fraction de rémunération exonérée s'effectue en outre selon des modalités spécifiques en raison des particularités propres à ce secteur d'activité. La fraction exonérée est égale à 40 % de la part du salaire qui excède une rémunération de référence correspondant à la rémunération moyenne d'un matelot exerçant son activité en France (16 000 € pour 2004). Ce taux est porté à 60 % pour les marins embarqués sur des navires pratiquant la « pêche au large » et la « grande pêche ».

545 *Règle du taux effectif.* Bénéficiant d'une exonération totale ou partielle des traitements et salaires perçus en rémunération de son activité à l'étranger, s'il entre dans les prévisions des I ou II de l'article 81 A du CGI, le salarié d'une entreprise française détaché à l'étranger est cependant tenu d'en déclarer l'existence, afin de permettre au service fiscal de fixer l'imposition par application de la règle dite du *taux effectif.* Selon les prescriptions de l'article 197 C du CGI, l'impôt dont le contribuable est redevable en France sur les revenus autres que les traitements et salaires exonérés est en effet calculé au taux correspondant à l'ensemble de ses revenus, imposables et exonérés.

Pour la détermination des revenus exonérés à prendre en compte, l'administration admet toutefois que seule doit être retenue la fraction du salaire de détachement qui correspond à ce qu'aurait perçu le contribuable s'il avait exercé la même activité en France, abstraction faite, par conséquent, des avantages particuliers liés à l'expatriation (*DB,* 5-B-3221, n° 20 du 23 juin 2000).

546 *CSG, CRDS.* L'exonération prévue à l'article 81-A du CGI est propre à l'impôt sur le revenu. Les personnes physiques ayant leur domicile fiscal en France sont assujetties à la CSG et à la CRDS. Elle est sans incidence sur l'assiette des cotisations et contributions sociales.

C – Situation des salariés détachés n'ayant pas conservé leur domicile fiscal en France

547 Le salarié détaché à l'étranger dans des conditions qui lui font perdre la qualité de contribuable domicilié en France est soumis à un certain nombre de formalités au moment de son départ. En outre, s'il continue, pendant la période d'expatriation, à disposer de revenus de source française, il demeurera assujetti à une obligation fiscale en France, de caractère limité, mais justifiant la souscription de déclarations.

548 *Obligations fiscales lors du départ.* Le salarié dont les conditions de détachement déterminent le transfert de son domicile fiscal à l'étranger est assujetti aux obligations fiscales, y compris déclaratives, qu'entraîne un tel transfert (voir *supra,* n°s 199 et s.).

549 *Situation fiscale lors du séjour à l'étranger.* Lors de son séjour dans le pays où il se trouve détaché, et dont il est un résident, l'agent se trouve assujetti, vis-à-vis du fisc français, aux obligations des personnes domiciliées hors de France. S'il dispose de revenus de source française, ou d'une ou plusieurs habitations en France, il doit souscrire une déclaration de revenus pour l'année considérée, en vue de son imposition à l'impôt sur le revenu dans les conditions précédemment exposées (*supra,* n°s 199 et s.).

Dans le cas où, sans être domicilié en France, il percevrait des salaires de source française, imposables en France en vertu des dispositions de la loi, ou de celles d'une convention fiscale, s'appliquerait la retenue à la source prévue à l'article 182 A du CGI.

D – Les charges fiscales de l'employeur en matière de taxes assises sur les salaires

551 *Taxe sur les salaires.* La taxe sur les salaires est due par les employeurs qui ne sont pas assujettis à la TVA ou qui ne l'ont pas été sur 90 % au moins de leur chiffre d'affaires au titre de l'année précédant celle du paiement des rémunérations. Dans ce dernier cas, la taxe est due à raison du rapport existant au titre de cette année de référence entre le chiffre d'affaires qui n'a pas été passible de la TVA et le chiffre d'affaires réel.

Jusqu'en 2002, la taxe sur les salaires était calculée sur une assiette propre. L'article 10 de la loi de finances pour 2001 (n° 2000-1352 du 30 décembre 2000) a prévu d'aligner l'assiette de cette taxe sur celle des cotisations de sécurité sociale pour les rémunérations versées à compter du 1er janvier 2002, ainsi qu'il était déjà prévu pour les assiettes des autres taxes assises sur les salaires (taxe d'apprentissage et participations des employeurs au développement de la formation professionnelle continue et à l'effort de construction) depuis 1996 (v. *infra,* n° 552).

La réforme de l'assiette de la taxe n'a cependant pas modifié son champ d'application, notamment au point de vue territorial (cf. instr. du 12 septembre 2002, *BOI,* 5-L-5-02, n° 3). La portée territoriale de la taxe sur les salaires, à vrai dire, n'est guère explicitée par la loi fiscale, laquelle dispose seulement (CGI, art. 231, dont l'origine réside dans les dispositions de l'article 70 du décret n° 48-1986 du 9 décembre 1948 instituant un versement forfaitaire à la charge des employeurs) que :

« 1 / Les sommes payées à titre de rémunérations sont soumises à une taxe sur les salaires égale à 4,25 % de leur montant, évalué selon les règles prévues aux chapitres Ier et II du titre IV du livre II du Code de la sécurité sociale [...], et à la charge des personnes ou organismes, [...] qui paient ces rémunérations lorsqu'ils ne sont pas assujettis à la taxe sur la valeur ajoutée ou ne l'ont pas été sur 90 % au moins de leur chiffre d'affaires au titre de l'année civile précédant celle du paiement desdites rémunérations... »

De cette formulation a pu être cependant tirée, par application du principe général de territorialité, la conséquence que la taxe est due par tous les employeurs auxquels s'applique la loi fiscale française, c'est-à-dire tous ceux qui sont domiciliés ou établis sur le territoire fiscal français (cf. concl. Verny sous CE, 7e, 8e et 9e s.-s., 30 juin 1982, n° 22796, *DF,* 1983, n° 10, comm. 420 ; v. ég. 7e et 9e s.-s., 13 décembre 1982, n° 23492, *SA des services Dowell-Schlumberger,* concl. Bissara, *DF,* 1983, n° 25, comm. 1359). Cette analyse, partagée par la doctrine administrative (cf. *DB,* 5-L-121, nos 1 et 7, 1er juin 1995), ne conduit pas par elle-même à tenir compte du lieu de domicile des bénéficiaires (cf. CGI, annexe III, art. 51-2), ni du lieu où ils exercent leur activité.

S'appliquant aux *employeurs,* et non, comme en matière de cotisations de sécurité sociale, aux employés (les personnes qui travaillent en France sont assujetties aux cotisations sociales que leur employeur soit établi en France ou à l'étranger), la taxe est ainsi due, en principe, par les employeurs domiciliés ou établis sur le territoire fiscal français à raison de l'ensemble des salaires versés effectivement à leurs employés, où qu'ils exercent leur activité, sans qu'il y ait lieu, selon le juge fiscal, de rechercher s'ils exercent leur activité dans un pays étranger dans le cadre d'un *établissement,* ou d'un établissement stable au sens des conventions fiscales, qui s'y trouverait implanté (v. concl. Verny sous CE, 30 juin 1982, préc. ; v. ég. 13 décembre 1982, n° 23492, préc.).

La taxe sur les salaires est également due par une société établie en France au titre de la rémunération versée à des salariés détachés auprès de *filiales* étrangères, dès lors que ces salariés restent membres de son personnel, alors même que les filiales étrangères rembourseraient à la société française les rémunérations payées à ses salariés détachés (cf. CE, 13 décembre 1982, n° 23492, préc).

Au regard de personnels d'une société établie en France détachés auprès de succursales ou filiales à l'étranger, ainsi, l'assujettissement de celle-ci à la taxe sur les salaires devrait seulement dépendre, suivant la lecture de la loi fiscale faite par le juge de l'impôt, du point de savoir si cette société est ou non le véritable employeur des agents détachés à l'étranger.

Dans le cas d'agents détachés à l'étranger recrutés par une société établie en France, qui demeurent liés à elle par un contrat de travail, reçoivent leur affectation et perçoivent leur rémunération de cette société, laquelle fixe leurs conditions d'emploi, une telle société doit être regardée comme l'employeur des agents détachés (cf. CE, 13 décembre 1982, préc.).

Par une circulaire n° 2261 du 11 mai 1950, l'administration avait cependant apporté des précisions relatives à la territorialité du versement forfaitaire à la charge des employeurs, jugées applicables à la taxe sur les salaires (v., par ex., CE, 30 juin 1982, préc.). Prévoyant que le versement était dû par les employeurs domiciliés ou établis en France, elle indiquait : « Le mot "établi" doit être pris dans un sens large... l'employeur doit être considéré comme établi en France dès l'instant qu'il y possède un centre d'opérations présentant un caractère de permanence suffisante et doué d'une certaine autonomie », et ajoutait : « Par identité de motifs, il convient d'admettre que les entreprises françaises qui possèdent à l'étranger des centres répondant aux caractéristiques indiquées ci-dessus ne sont point passibles en France » (de l'imposition) « à raison des salaires payés au personnel relevant de ces centres ».

À la différence de l'interprétation jurisprudentielle, cette doctrine, constamment réaffirmée par l'administration (cf. *DB,* 5-L-121, n°s 7 et s. du 1er juin 1995), établit une symétrie dans l'assiette de la taxe, ainsi due à raison des salaires versés aux employés d'établissements implantés en France par des employeurs domiciliés hors de France, mais non par les employeurs français à raison des salaires versés aux employés d'établissements implantés hors de France.

Elle délivre par ailleurs une interprétation extensive de la notion d'employeur « établi » en France ou hors de France, recouvrant un éventail de situations plus large que celui couvert par la notion d'entreprise exploitée en France au sens de l'article 209-1 du CGI ou par celle d'établissement stable au sens des conventions fiscales. La taxe, ainsi, est exigible même si l'employeur n'effectue pas en France un cycle complet d'opérations caractérisant l'exercice d'une véritable profession, ou si son représentant en France ne dispose pas des pouvoirs nécessaires pour agir au nom de l'entreprise et engager celle-ci vis-à-vis de ses clients ou fournisseurs (*DB,* 5-L-121, n° 8). En sens inverse, une société envoyant à l'étranger, dans le cadre de missions d'études présentant un caractère d'autonomie et de permanence suffisant, des ingénieurs et des techniciens chargés d'y implanter des laboratoires ou des cellules d'assistance technique auprès des autorités locales, doit être regardée comme disposant de « centres d'opérations » à l'étranger, au sens de la circulaire précitée, et n'est pas assujettie à la taxe au titre des rémunérations payées à ces personnels (*DB,* 5-L-121, n° 11, et CE, 30 juin 1982, n° 22796 préc.).

A fortiori cette doctrine administrative exclut-elle de l'assujettissement effectif à la taxe sur les salaires, ou aux autres contributions comportant une assiette identique, les rémunérations payées par des employeurs établis en France à leurs salariés détachés à l'étranger auprès de véritables établissements au sens de l'article 209-1 du CGI, ou d'établissements stables au sens des conventions fiscales, nécessairement constitutifs de « centres d'opérations » tels qu'évoqués par la circulaire du 11 mai 1950.

Le Conseil d'État, intervenant sur le terrain de la protection du contribuable contre les changements de doctrine de l'administration (art. L 80 A du *LPF,* anciennement art. 1649 *quinquies* A du CGI), admet ainsi d'écarter la taxation dans le cas de salaires versés à des personnels détachés auprès de « centres d'opérations » à l'étranger, au sens de la circulaire précitée, et notamment auprès de véritables *succursales* à l'étranger de sociétés françaises (CE, 13 décembre 1982, n° 23492 préc.).

En revanche, relevant que la doctrine administrative concernée évoque « les entreprises françaises » qui possèdent des centres d'opérations à l'étranger, le même juge considère que cette doctrine ne peut être appliquée dans le cas de centres d'opérations appartenant à une société étrangère, dotée d'une personnalité juridique distincte. Il en résulte que la taxe est due à raison de rémunérations versées au personnel détaché auprès de *filiales* situées à l'étranger, dès lors que ce personnel a pour véritable employeur la société mère française *(ibid.)*.

Dans les *conventions fiscales* récemment conclues par la France, il est volontiers fait application à la taxe sur les salaires des règles relatives aux bénéfices des entreprises ou aux revenus des professions indépendantes (cf. point 1 du protocole annexé à la convention franco-algérienne du 19 octobre 1999, et instr. du 22 mai 2003, *BOI,* 14-B-3-03, n° 23).

552 *Autres taxes assises sur les salaires.* Depuis le 1er janvier 1996, en application des articles 105 et 107 de la loi n° 95-116 du 4 février 1995 portant diverses dispositions d'ordre social, l'assiette de la taxe d'apprentissage, de la participation à la formation continue et de la participation-construction est identique à celle des *cotisations de sécurité sociale,* et ne fait plus référence, comme précédemment, à la taxe sur les salaires.

S'agissant de leur champ d'application, l'administration précise (*DB,* 4-L-213 du 30 août 1997, n° 1) que « les règles gouvernant la territorialité de la *taxe d'apprentissage* sont, en ce qui concerne les personnes imposables, identiques à celles qui régissent l'impôt sur le revenu (catégorie des bénéfices industriels ou commerciaux) ou l'impôt sur les sociétés ».

La jurisprudence apparaît pourtant retenir, pour les taxes et participations assises sur les salaires, des solutions identiques à celles dégagées à propos de la taxe sur les salaires (v., en ce qui concerne la taxe d'apprentissage, CE, 7e et 9e s.-s., 13 décembre 1982, req. n° 23493, *DF,* 1983, n° 25, comm. 1357, et, en ce qui concerne, également, la participation à la formation continue et de la participation-construction, les arrêts de la CAA Paris du 28 mai 2002, req. n° 98-58, 98-59 et 98-60, *Sté Alitalia, DF,* 2002, n° 50, comm. 990, note J.-J. Bataillon).

553 *Taxe professionnelle.* La taxe professionnelle est due par les personnes qui exercent une activité professionnelle dans un établissement situé en France. Les entreprises qui exercent une partie de leur activité en dehors du territoire national ne sont imposables qu'à raison de la valeur locative de leurs immobilisations corporelles situées en France, en principe prise en compte pour son montant intégral (*DB,* 6-E-2411).

On rappelle que la part salariale de l'assiette de la taxe professionnelle a été complètement supprimée à compter des impositions établies au titre de 2003.

Éléments de bibliographie

En addition, le cas échéant, aux articles, notes, conclusions, rapports, ouvrages, textes ou documents cités dans le corps de l'ouvrage, on trouvera ci-après l'indication des principaux ouvrages, revues ou éléments de documentation en langue française utiles à l'étude des problèmes fiscaux internationaux.

Documentation électronique

Assemblée nationale : http://assemblee-nationale.fr/
Communautés européennes : http://europa.eu.int/
Conseil d'État : http://www.conseil-etat.fr/
Cour de justice des Communautés européennes : http://curia.eu.int/
Droit français : http://www.legifrance.gouv.fr/
Ministère de l'Économie, des Finances et de l'Industrie : http://www.minefi.gouv.fr/
OCDE : http://www.oecd.org/
Sénat : http://www.senat.fr/

Ouvrages, chroniques

Berlin D., *Droit fiscal communautaire,* Paris, PUF, coll. « Droit fondamental », 1988.
Berlin D., Jurisprudence fiscale européenne, chr. *RTDE.*
Bienvenu J.-J. et Lambert T., *Droit fiscal,* Paris, PUF, 3e éd., 2003.
Bouvier M., *Introduction au droit fiscal et à la théorie de l'impôt,* Paris, LGDJ, 5e éd., 2003.
Combacau J. et Sur S., *Droit international public,* Paris, Montchrestien, 6e éd., 2004.
Communier J.-M., *Droit fiscal communautaire,* Bruxelles, Bruylant, 2001.
Cozian M., *Précis de fiscalité des entreprises,* Paris, Litec, 28e éd., 2004.
Cozian M., *Les grands principes de la fiscalité des entreprises,* Paris, Litec, 4e éd., 1999.
Cozian M., Viandier A., Deboissy F., *Droit des sociétés,* Paris, Litec, 15e éd., 2002.
David C. *et al., Fiscalité des instruments financiers des entreprises dans la Communauté européenne,* Paris, Les Nouvelles Éditions fiduciaires, 1991.
David C., O. Fouquet, B. Plagnet, P.-F. Racine, *Les grands arrêts de la jurisprudence fiscale,* Paris, Dalloz, 4e éd., 2003.
Deboissy F., *La simulation en droit fiscal,* Paris, LGDJ, 1997.
Derouin P. et Martin P., *Droit communautaire et fiscalité,* Paris, Litec, 2004.
Di Malta P., *Droit fiscal européen comparé,* Paris, PUF, coll. « Droit fondamental », 1995.
Douvier P.-J., *Fiscalité internationale,* Paris, Litec, coll. « Fiscal », 1996.

Douvier P.-J., *Droit fiscal dans les relations internationales,* Paris, Pedone, 1996.
Duccini R., *Fiscalité des contrats internationaux,* Paris, Litec, 1991.
Fradin J.-P. et Geffroy J.-B., *Traité du droit fiscal des entreprises,* Paris, Litec, 2003.
Gest G., *L'imposition des bénéfices des sociétés françaises aux États-Unis,* Paris, LGDJ, 1979.
Gest G. et Tixier G., *Droit fiscal international,* Paris, PUF, coll. « Droit fondamental », 2e éd., 1990.
Gouthière B, *Les impôts dans les affaires internationales,* Éd. F. Lefebvre, 6e éd., 2004.
Grosclaude J., *La doctrine fiscale en France (1987-1999),* Paris, Litec, 2000.
Grosclaude J., *La doctrine fiscale en France (1999-2002),* Paris, Litec, 2003.
Grosclaude J., Marchessou P., *Droit fiscal général,* Paris, Dalloz, 5e éd., 2005.
Jarnevic J.-P., *Droit fiscal international,* Paris, Economica, 1986.
Lamarque J., *Droit fiscal général,* Paris, Litec, 1999.
Lamorlette T. et Rassat P., *Stratégie fiscale internationale,* Paris, Laurent du Mesnil, coll. « Maxima », 1993.
Mc Daniel P. R. et Ault H. J., *Introduction à la fiscalité internationale américaine,* Pays-Bas, Kluwer, 1982.
Maitrot de la Motte, *Souveraineté fiscale et construction communautaire,* Paris, LGDJ, 2005.
Margairaz A., *La fraude fiscale et ses succédanés,* Lausanne, Imprimerie vaudoise, 1972.
Melot N., *Territorialité et mondialité de l'impôt,* Paris, Dalloz, 2004.
Montagnier G., Harmonisation fiscale communautaire, chr. *RTDE.*
Nguyen Phu Duc, *La fiscalité internationale des entreprises,* Paris, Masson, 1985.
Niboyet J.-P., *Les doubles impositions au point de vue juridique,* Paris, Sirey, 1931.
Plagnet B., *Droit fiscal international,* Paris, Litec, 1986.
Rassat P. et Monsellato G., *Les prix de transfert,* Paris, Laurent du Mesnil, coll. « Maxima », 1998.
Santini A., *Le régime fiscal des sociétés étrangères en droit comparé,* Paris, Pedone, 1985.
Schmidt J. et Kornprobst E., *Fiscalité immobilière,* Paris, Litec, 8e éd., 2004.
Serlooten P., *Droit fiscal des affaires,* Paris, Dalloz, 3e éd., 2003.
Tixier G., *Droit fiscal international,* Paris, PUF, « Que sais-je ? », 1995.

Documentations et recueils

Dictionnaire permanent fiscal.
Documentation de base de la Direction générale des impôts (v. www.impots.gouv.fr).
Documentation pratique, Francis Lefebvre.
Encyclopédie Dalloz, Sociétés.
Juris-classeur Europe.
Juris-classeur fiscal.
Lamy, Fiscal.
Lamy, Optimisation fiscale.
Memento fiscal, Francis Lefebvre.
Navis fiscal, Éd. Francis Lefebvre (CD-Rom).
Recueil des décisions du Conseil d'État.
Recueil des arrêts de la Cour de justice des Communautés européennes.

OCDE

Concurrence fiscale dommageable : un problème mondial, rapport, janvier 1998.
Modèle de convention de double imposition concernant le revenu et la fortune, version

abrégée, 28 janvier 2003 (après adoption de la 5e mise à jour), et nouvelle version 2005 publiée le 7 septembre 2005.

Modèle de convention de double imposition concernant les successions et les donations, 1983.

Principes applicables en matière de prix de transfert à l'intention des entreprises multinationales et des administrations fiscales, 1er juin 2001.

ONU

Principes directeurs concernant les conventions fiscales entre pays développés et pays en voie de développement, NY, 1975 (ST/ESA/14).

Manuel de négociation des conventions fiscales entre pays développés et pays en voie de développement, NY, 1980 (ST/ESA/94).

Modèle de convention des Nations Unies concernant les doubles impositions entre pays développés et pays en voie de développement, NY, 1980 (ST/ESA/102).

Revues

L'Actualité juridique, éd. droit administratif *(AJDA).*
L'Année fiscale.
Banque & Droit.
Bulletin des conclusions fiscales (BDCF).
Bulletin fiscal Francis Lefebvre (BF).
Bulletin de gestion fiscale des entreprises (BGFE).
Bulletin Joly Sociétés.
Bulletin officiel des impôts (BOI) v. www.impots.gouv.fr.
Cahiers de droit fiscal international, International Fiscal Association (v. www.ifa.nl/index.htm).
Droit fiscal (DF).
Feuillets rapides Francis Lefebvre (FR).
Fiscalité européenne, Cahiers fiscaux européens (v. www.fontaneau.com).
La Semaine juridique – éd. Entreprise.
Petites Affiches.
Recueil Dalloz.
Revue Banque.
Revue de droit des affaires internationales.
Revue fiduciaire.
Revue française de comptabilité.
Revue française de droit administratif (RFDA).
Revue française des finances publiques (RFFP).
Revue de jurisprudence fiscale (RJF).
Revue du Marché commun et de l'Union européenne.
Revue des sociétés.
Revue trimestrielle de droit européen (RTDE).

Revues et documentations en langue anglaise, voir notamment :

Bulletin for International Fiscal Documentation, IBFD (v. www.ibfd.org).
Congress Seminar Series, International Fiscal Association (v. www.ifa.nl/index.htm).
EC Tax Review, Kluwer (v. www.kluwerlawonline.com).
European Taxation, International Bureau of Fiscal Documentation (IBFD).
International Tax Review.

Intertax, Kluwer.
Journal of International Taxation.
Journal of Taxation.
Materials on International & EC Tax Law, ed. by Kees van Raad, ITC, Leiden-IBFD, 2 vol, 2005-2006.
Tax Law Review.
Tax Notes.

Index des matières[1]

1. Le présent index renvoie aux numéros des développements. Les numéros en caractères **gras** correspondent aux développements principaux.

Revue annuelle - Parution en mai
408 pages - 110€

DOSSIER

Le contrôle de conventionnalité par les juridictions nationales en matière fiscale, pratiques européennes.

Contributions :

- Dr. Axel Cordewener, *Allemagne*
- Eva Burgstaller, *Autriche*
- Juan José Bayona-Gimenez, *Espagne*
- Georges J. Pitsilis • Stavroula Marousaki
- Maria Vrachati, *Grèce*
- Anapaula Trindade-Marinho, *Portugal*
- J.D.B. Oliver, *Royaume-Uni*

ÉTUDES

• Equality and Tax Law: A Matter of Principle, *Dr. J.L.M. Gribnau and Prof.dr. R.H. Happé* • Résistance à l'impôt et résistance par l'impôt, *Christophe de la Mardière* • La systématique des contentieux en matière fiscale, *Marc Pelletier* • Le volet civil de l'article 6-1 et le droit fiscal au lendemain de l'arrêt Cass., 12 juillet 2004, *Consorts Pelat, Ludovic Ayrault* • Le contrôle de constitutionnalité en matière fiscale au Portugal, *Victoria Soledad Alvarez* • L'intensification de l'assistance fiscale internationale, *Franck Le Mentec* • Le traitement fiscal des plus-values immobilières dans les conventions fiscales conclues par la France, *Hervé Israël et Thomas Bouhours* • U.S. Tax Law and Policy: When Is a Foreign Corporation a Domestic Corporation? *Charles H. Gustafson* • Life in a Capitalist Russia - Recent Developments in Russian Taxation, *Diane Juzaitis*

CHRONIQUES

Fiscalité personnelle, *Emmanuel de Crouy-Chanel* • Fiscalité de l'entreprise, *Daniel Gutmann et Yves Lévy* • TVA, *Yolande Sérandour* • Procédures fiscales, *Pierre Collin* • Fiscalité européenne, *Daniel Gutmann* • Fiscalité internationale, *Bernard Castagnède* • Fiscalités étrangères avec le concours de la Direction de la législation fiscale - Allemagne, *Gisela Suchy* Autriche, *Mag. Hubert Ganz* • États-Unis, *Patrick Donsimoni* • Grèce, *Kalliopi I. Stougiannou* La fiscalité albanaise - *aperçu, Adea Meidani* • L'impôt sur les sociétés en Turquie, *Balca Celener* • Informations diverses

Renseignement et abonnement - Presses Universitaires de France
Service des revues - 6, avenue Reille - 75685 Paris Cedex 14
Tél : 01 58 10 31 63 - Fax : 01 58 10 31 82

puf

Imprimé en France
par Vendôme Impressions
Groupe Landais
73, avenue Ronsard, 41100 Vendôme
Février 2006 — N° 52 640